場所の運命

哲学における隠された歴史

エドワード・ケーシー
江川隆男　堂囿俊彦　大﨑晴美　宮川弘美　井原健一郎――〔訳〕

新曜社

三人の特別な師の思い出に

ミケル・デュフレンヌ（一九一〇―一九九五）、

ウィリアム・アール（一九一九―一九八八）、

ジョン・ニーマイヤー・フィンドレイ（一九〇三―一九八七）

私は、発言や書くことにおける彼らの模範的な実践から、

哲学の歴史を真剣に引き受ける力や価値を学んだ。

THE FATE OF PLACE: A Philosophical History
By
Edward S. Casey

Published by arrangement with the University of California Press, Berkeley, California
through Tuttle-Mori Agency, Inc., Tokyo

場所の運命

哲学における隠された歴史

目次

Ⅲ　空間の覇権

Ⅳ　場所の再現出

【凡例】

①本書は、Edward S. Casey, *The Fate of Place : A Philosophical History*（University of California Press, 1998）の全訳である。

②本文中の『　』は原文で引用されている文献などの題名を示し、「　」は原文における引用“　”を示す。（　）は原文中の（　）にそのまま対応する。ただし、英語以外の原語が（　）で挙げられている際に、訳者の判断で省略した場合がある。また、英語以外の原語が文中で直に用いられている場合は、訳語にその原語をカタカナ表記したルビをふった。

③〈　〉は原文において大文字ではじまる語句を示し、［　］は著者ケーシー自身が補った語句を、〔　〕は訳者が補った語句をそれぞれ示す。傍点は原文イタリック体の語句を示す。ただし、文脈上、上の凡例に必ずしも従っていない場合が若干ある。

④著者ケーシーによる引用に関して、引用されている文献の原書が英語以外の場合、訳文はその英訳に沿って作成した。そのため、必ずしも元の原書をふまえた訳になっていない場合がある。

⑤註は巻末の索引の前に一括して置き、註番号は本文中に（1）のように数字で示した。また、原注で挙げられた著作、論文のなかで邦訳があるものについては、各章での初出にかぎり、〔　〕でその書名、訳者名等を示した。

装幀——木下弥

序論——消えゆく場所

場所の力は注目に値する。

——アリストテレス『自然学』

それゆえにある場所において理解しなければ、誰も何も理解することはできないのである。

——トマス・ホッブス『リヴァイアサン』

現代はおそらく何よりもまず空間の時代であろう。……われわれの時代が抱える不安は基本的に、時間よりもずっと密接に空間に関わっている。

——ミシェル・フーコー「他の空間について」

1

空間や時間について何が言えるにしても、場所についてこれだけは言える。われわれは場所に浸っており、場所なしには済まされない。そもそも存在するとは、つまり何らかの仕方で実在するとは、どこかに存在することなのであり、どこかに存在するとは、何らかの類の場所に存在するということなのである。場所は、われわれが吸う空気、われわれが立つ大地、そしてわれわれがもつ身体と同じように必要である。われわれは場所に取り囲まれている。われわれは場所の上を歩き、場所の中を歩く。われわれは場所の内で生き、他者と関わり、死ぬ。われわれのすることはすべて場所に関わる。そうではないなどということがありうるだろうか。この根本的事実を認めないなどということができるだろうか。

アリストテレスはこの事実を認めていた。彼は「どこ」を、あらゆる実体にとって不可欠な十個のカテゴリーの一つとし、彼の『自然学』では場所が、矛盾なく明確に説明されているのである。彼の議論はいまだに続く論争の口火を切った。たとえばハイデガーは、場所の内にあることが「世界内存在」にとって何を意味するのかをめぐり、アリストテレスと対立している。さらにもっと最近ではイリガライが、性的差異の倫理学に場所は不可欠だとするアリストテレスのアイデアに立ち返った。アリストテレスとイリガライとの間には、場所に関する思索、教説、著作を含んだ二千年以上の時が横たわっている。その間、イアムブリコスとプロティノス、クザーヌスとブルーノ、デカルトとロック、ニュートンとライプニッツ、バシュラールとフーコーといったさまざまな人々が論争を交わしたのである。

それにもかかわらず、場所に対して絶え間なく注がれてきたこの関心の歴史は、ほとんど知られていない。知られていないというのは、それが隠されてきたからである。わざとでもなければ、あいまいなためでもなく、ましてや欺くためでもない。無意識とは違い、場所は抑圧される必要があるほど議論を呼ぶものでも、出しゃばったものでも、厄介なものでもないということである。逆に言えば、場所は、あまりにもわれわれにとって身近であり、われわれがつねにともにあるからこそ、とくに考察するほどのものではないと見なされ、判断されてきたのである。また、われわれがそもそも場所の中にいる存在であり、場所はわれわれが地上に存在するためのア・プリオリなもの〔条件〕であるという事実は当然だと見なされている。われわれにはそのことについて選択の余地はなく、だからこそわれわれはこの基本的な事実性について、仮に考える必要があるにしてもそれほど手をかけなくてもよいだろうと信じるのである。混乱したり、道に迷ったりする——あるいはアリストテレスの『自然学』に異議を唱える——場合は別として、その問題は解決している、つまりその主題について言うべきことはもはや何もないと思い込んでいるのである。

しかし、過去の思想家が大方のことをすでに語ってしまったとしても、言うべきことはたくさんある。さらに場所についての言説が培ってきたこの豊潤な伝統は、その大部分が無視されてきたし、忘れられてきた。主な理由としては、場所が、絶対的なものだと想定された他の用語——この中でも最も有名なのは空間と時間である——に従属してきたことが挙げられる。六世紀のピロポノスに始まり、十四世紀における神学の頂点、そして何よりも十七世紀における自然学（physics）の頂点に至るまで、場所は空間に吸収され続けていた。後者は、無限の延長と見なされることで、宇宙の、そして宇宙外のモレク〔旧約聖書などに出てくる悪魔〕となり、このモレクは、自らの欲望が及ぶ限り、場所のあらゆる微粒子を食べるのである。結果として場所は、空間の単なる「変容」（ロックの啓発的な用語では）——用地＝位置とうまい具合に呼ぶことのできる変容、つまりレベルダウンした、単調な、建物を建てたり他者が活動したりするための空間——と考えられるようになった。さらに悪いことには、十八世紀、十九世紀という流れの中で、場所は、クロノメーターで測定され、普遍的だと見なされ、さらに、カントの堂々とした文章では、「あらゆる現象一般のア・プリオリな形式的条件」(1)と見なされた時間にも従属させられた。空間すらも「外官」の形式として、時間規定に従うようになったのである。場所は、諸々の所在、すなわちそれらの間で物理的物体の運動が起きる所在へと還元されることにより、時間中心主義（すなわち、時間の支配権に対する信念）の時代において、ほぼ完全に視界から消え去ったのである。この時間中心主義は、ヘーゲル、マルクス、キルケゴール、ダーウィン、ベルクソン、ウィリアム・ジェームズの影響を受けて、過去二百年のあいだ哲学を支配してきた。

私は、場所は「ほぼ完全に」消えたと言う。つまり場所は決して完全に消えたわけではなかった。ハイデガーが言いそうなことだが、それがまさに隠されているということの一部は、少なくとも部分的には隠されていないということを含むのである。隠されている場所の歴史を明るみにだす際、私は、つねに注目されたわけではないにもかかわらず、場所が重要な意義をもち続けてきたことを示そうと思う。だからプラトンの『ティマイオス』は、空間をコーラとして重視しながらも、物質的事物のために一定の場所を創造するという結末になっている。ピロポノスは、空虚な次元というアイデアにとりつかれていたにもかかわらず、三次元空間は実際のところつねに場所で満たされていると主張している。デカルトは、延長した空間という世界の内部における容積および位置という形で場所を語る余地を残している。カントでさえも場所に、彼が「宇宙の領域」と呼ぶものを構成する際の特権的な地位を認めている。これは、方位における身体の役割、つまり、およそ百五十年後に、ホワイトヘッド、フッサール、メルロ＝ポンティ、そしてイリガライの研究に見られる二十世紀版場所概念への鍵を与えると思われる役割のおかげである。しかしこうした場合それぞれについて（そして、この本で論じられることになるこの他の人々の場合に）、場所を、それが葬られているテキストの墓場から掘り起こし、蘇らせることによって、西洋哲学の明晰なテキストの中で場所が占める隠された位置から引っぱり出すことが重要なのである。

『場所の運命』に課された目的は、現代の西洋思想において深い眠りについている場所というこのアイデアを、いま一度、哲学的論議の白日の下にさらすことである。これは四部に分けてなされる。第Ⅰ部では、まず、神話や宗教で語られる創造の物語を考察することにする。ここでの目的は、事物の始まりにおける場所の根源性を確認することである。その後で、プラトンの『ティマイオス』で論じられる神話のような宇宙論に、そして同じようにアリストテレスの『自然学』で論じられる場所の詳細な取り扱いに注目するつもりである。第Ⅱ部では、ヘレニズムや新プラトン派の思想から中世やルネサンスの思想に至る、曲がりくねってはいるが魅力的な道程をたどることにする。第Ⅲ部では、ガッサンディからカントに至る、場所と空間を扱った近代の理論を詳細に見ることにする。これによって最終部の土台が出来上がる。最終部では、現代の思想家やポストモダンの思想家たちがなぜ場所――もはや空間にも時間にも従属しない――に対して再び熱心に関心を寄せているのかを検討する。『場所への回帰』という私の以前の著作では、場所‐世界がもつ、具体的で、多重的で、経験的な側面が描写された(2)。本書は、場所がもつ力を再び認識させるプロジェクトを進めるものである。しかしこれはきわめて異なった方法で、つまり、場所と空間の本性をめぐる西洋の思想の危機に際して生じた、場所をめぐる理論を描写することによってなされる。本書での私の目的は、こうした理論が実際のところ何を言っているのか、そしてまったく同じように、何を言っていないのかを述べる点にある。私が描き出そうと思うのは、場所の歴史そのもの、つまり、芸術ないしは建築、地理学ないしは世界史の実在性に場所が構成要素として含まれているということではなく、どのように人間（主として哲学者）は場所を概念もしくはアイデアとして見なしてきたかをめぐる物語である。それゆえにこれは、知的歴史、もっと正確に言えば、場所についての哲学的思索の歴史を叙述したエッセイである。西洋哲学の流れの中でどれほどの洞察に満ちた知的な思惟が場所に注がれてきたのか、これを理解するだけで、場所がもつ予想もしなかった重要性を、そして同じようにそれがどれほどの射程距離をもつのかを再評価し始めることになるのである。

2

　歴史の上から見て現在という時期は、場所の運命を評価するのに好都合である。哲学において――さらに言えば、心理学、社会学、文学理論、宗教学においても――場所に関して貴重な言説がほとんどなくともそうである。建築学、人類学、経済学で場所への関心が急速に高まっているのは事実であるが、この関心は場所そのものを不明瞭な概念のままにしている。これは異常な状況である。なぜなら、期待は大きいのにそれに見合う成果が欠けているからである。この本が十分な形で説明するように、場所はそれ自身、複雑で多様な議論を引き起こしうることを示してきた。たとえ一義的ではないにしても、「場所」は、綿密な分析によってばらばらになるような支離滅裂な概念ではないし、ある根本的な仕方で欠陥があるわけでも、簡単に他の用語に還元されうるのでも、結果として単にトリヴィアルなのでもない。それにもかかわらず、今日われわれは考察に値する概念である場所を見過ごすようになってしまった。部分的には、これは近世から生じた、空間の用地＝位置モデルが主導権を握っているということと関係がある。これはまた時間中心主義から来る絶えることのない悪影響を反映している。この時間中心主義は、場所がもつ複雑で繊細な構造を、自らの混沌とした支配へと引きずり込むのである。

　初めから西洋文化に備わっていた普遍主義は、場所をあいまいにするという点でも同じように働いている。この普遍主義は、普通「本質」と名づけられるイデアを探究する際にきわめて明らかである。この本質はどこでも通用し、この本質にとって特定のどこか、つまり所与の場所はおそらく無関係である。キリスト教、つまり普遍主義的志向をもつ宗教の広がりと時を同じくして、無限で遍在するものである空間にとりつかれるというのは偶然だろうか。ピロポノスはキリスト教に身を委ねた信者であったが、彼はまず間違いなく、単なる空虚ではない絶対空間というアイデアを検討した、西洋における最初の哲学者であった。カンタベリー大司教のトマス・ブラドワディーンは十四世紀にそうした空間を論じた指導的な理論家であった。彼にしてみれば、神の広大さは、われわれに知られている宇宙とだけではなく、その宇宙を含む無限の空虚な空間とも同じ広がりをもつのである。次の世紀に始まった大航海時代には、原住民の支配というものが、彼らを移住させること、つまり、局所的な文化にしてみれば具体的な境界線の役割を果たしていた地域景観を、組織的に破壊することによりなし遂げられたのである。

今世紀〔二十世紀〕、倫理学と政治学との探究は、普遍主義を志向し続けている。これに対して場所は、単に範囲が狭いものと考えられたせいで被害をこうむっているのである。論理や言語を扱うとなると、場所を考慮に入れることは一層なくなる。話したり考えたりする場所は、そうした活動にはまったく影響しないと言わんばかりである。第一次世界大戦も間近に迫った頃、ラッセルとホワイトヘッドは『プリンキピア・マテマティカ』を書き上げた。この書では、ニュートンの『自然哲学の数学的諸原理』に、間接的ではあっても明らかに言及しながら、純粋数学の普遍的論理的基礎が探究された。ホワイトヘッドとラッセルによるこの画期的な書は一九一〇年から十三年の間に出版されたが、ソシュールはまさにこの時期、体系的な「一般言語学」について講義していた。この言語学の目的は、すでに知られているあらゆる言語に、こうした言語が話される時期や場所の違いにかかわりなく妥当する共時的諸原理を設定することである。十九世紀前半の言語哲学者ヘルダーとフンボルトの方がもっと分別がある。しかしソシュールの成功は、ヤコブソンやプラハ学派の成功、そして後には（まったく異なる文脈であるが）チョムスキー言語学を受けて、言語理論の中心に再び形式的普遍主義を導入したのである。

場所を重要な概念としては扱おうとしない理由は他にもある。こうした理由はそれほど論理的でもないし言語的でもないが、それでもこれまでのもの以上に重要である。そこには、世界大戦という大変革をもたらした出来事、国民が移住を強いられるということ、そして電子テクノロジーの大規模な広がりが含まれる。第一に、世界大戦は、住まう場所は安全なのだという考えを蝕んだ（実際に、アウシュヴィッツのような根本的な反-場所のケースでは、そうした考えが完全に破壊されたのである）。第二に、国民が移住を強制されることは、部分的に多くの個人が絶え間なく放浪することと同じく、世界は果てしない移住の場にほかならないということを示唆し、第三に、電子テクノロジーが大規模に広がった結果、同じテクノロジーを使っている他のユーザーとリンクできさえすれば、ど・こ・に・い・る・の・かはどうでもよくなったのである。こうした現象はどれも、たしかに「宇宙的」、つまり真の意味で世界的であるし、結局のところ大規模な時間中心主義へと至る速度中心主義《ドロモセントリズム》を示している。時間だけではなく、速度を上げた時間（dromos は、「ランニング」、「競争」、「競争場」を意味する）が時代の本質をなすのである(3)。これはあたかも、落下する物体に備わっているこ とがガリレオによって発見された加速度が（コミュニケーションの唯一の場と解された）地球に行き渡り、積極的な意味ではなく、実際のところは場所なき場所として、この星を「地　球　村《グローバル・ヴィレッジ》」にしてしまったかのようである。

こうしたさまざまな理論的、文化的、歴史的傾向を見ると、これから場所に対する新たな関心が生じるかについては、実際のところ期待はもてない。それにもかかわらず、場所を再び深く考えるよう求める動きが起きている。こうした有望な動きが起きているのを示す一つの兆候は、次のような事実に認められる。すなわち、ベルクソン、ジェームズ、フッサールといった時間中心主義の使徒すべてが、生きられた時間についての有名な分析の陰に隠れてしまっている、それほど有名ではないが重要な著作で、空間と場所とに慎重な配慮をしている点で一致していたという事実である。ハイデガーは初期の著作では正真正銘の時間中心主義者であったが、同じく彼も、現代の技術文化が辿るべき運命を深く考察する際に、場所の重要さを主張したのである。

より一層明白なことに、二十世紀に見られたいくつかの衝撃的な現象のために、いわば後遺症という形で、場所に対する感受性が再び活気づけられた。核兵器は、ある所与の領域から見渡すことのできる場所すべてを破壊しうるが、まさにこの能力のために、核兵器によって世界は滅亡するのではないかという見通しは、こうした場所は交代できないのだということ、それら独自の布置、そして繰り返すことのできない歴史に対する意識を高めるのである。ちょうど同じことが、都市や郊外の平穏さを乱すような破壊的な出来事についても言える。おそらく最も重要な点は、グローバルなレベルで起きている、差異のない場所の同一性という浸食――このことは、多くの都市で見られる、建築や商業のうえでの圧倒的な単一性を考えると、時として自分がどの街にいるのかも確信できないくらいに進んでいる――のために、人間主体が場所の多様性を、つまり場所差異性を望むようになっているということである。この差異性は、西洋（もっと正確に言えば、アメリカ）の経済的、政治的パラダイムにもとづいた世界規模の単一文化の中で失われてきた。これはノスタルジアの問題では済まされない。場所の特殊性――何が真の意味で「局所的」ないしは「領域的」なのか――を解明したいという欲求は実際にあるが、この欲求はこうした日々増大する共通の経験によって培われているのである。扁平な位置の中で削り取られる要素そのもの、つまり、独自性、特性、微妙な差異、歴史は、場所によって得られるのである。

たとえわれわれがテクノロジーに巻き込まれていたとしても、そのおかげで思いがけず場所へと戻ることになる。テクノロジーに没頭している人がいる正確な位置はどうでもいいと言うことはできるが、それでもこの位置はどこでもないということはない。私を取り囲む環境は、テレビを観たり、電子メールでやりとりするとき、観ているドラマやモニター上の文字に没頭している点でそれほど重要ではない。しかし場所の新しい局面は、まさにこの環境から、つまり「仮想現実《ヴァーチャル・リアリティー》」をめぐっていま交わされている議論を踏まえれば、「仮想的場所」と呼ぶことのできるその環境から生じるのである。仮想的場所に住む際に私は、自分がコミュニケーションをとっている人、テレビスターは、物理的に目の前にいるわけではないが、それでもいわば面と向かった相互関係において彼ら自ら私の目の前にいるのだという明確な印象をもつ。彼らは私にアクセスできるし、私は彼らにアクセスできる（少なくとも電子メールやオーディエンス参加型のラジオ番組の場合は）。本当はこの星のどこか他の場所にいる他者と、私は「同じ空間」を共有しているように思われる。この仮想的な共同場所設定は、イメージないしは語、あるいはそれら両者において生じる。そうした共在がもつ相関的な結託と離散性は――明確な制限ではなくとも、境界をもつという意味で――場所の本当の――たとえ十分に理解されないにしても――現象を作り上げるのである(4)。

哲学的な背景――これこそ本書において全面的に問題とされるのだが――については、最も不快な範囲内ですら、場所の痕跡ないしは亡霊が隠れている。「政治学《ポリティクス》」および「倫理学《エシックス》」両者の語源は、それぞれ場所を意味するギリシャ語であるpolisとēthea、つまり都市国家と住処である。社会《ソサイエティー》という言葉自体も「分かち合い《シェアリング》」を意味するsociusに由来し、分かち合いは共同の場所で行われるのである。ここで問題になっていることは言葉の歴史に止まらない。今世紀、倫理学や政治学を論じた思想家はほぼすべて、直接的にせよ間接的にせよ共同体の問題を扱っている。ヴィクター・ターナーが強調したように、共同体《コムニタス》は、単に共に結束すればできるようなものではなく、積極的に人々を共同体の一員とする儀礼を通じて、ともに結びつけるものである――そしてそのためには、実行する特定の場所が必要である(5)。ハンナ・アーレントは、ポリスが公開論争のための舞台であったことを示す――むしろそう要求する――が、その際、境界づけられ、制度上認められた場所を、「現象の公共圏」の土台として引き合いに出す(6)。人間社会における「正義の客観的環境」というジョン・ロールズのアイデアには、（たとえこの議論を詳細にたどらなくとも）場所設定の具体的な特異性が含意されている(7)。さらに驚くべきなのは、言語および論理における一定の展開が、場所的な視点から期待されているということである。私は、非形式的な論証のもつ構造、つまり局所的な習慣や文化を反映すると思われる構造に対する検討を考えている。それは、ジャック・デリダやポール・

ド・マンの追随者と同じように、レオ・シュトラウスの亜流に見られるレトリックに対する新たな関心であり、言うまでもなくウィトゲンシュタインが初めて取り入れた家族的類似性という概念、つまり、認識論、言語哲学、心の哲学における基本的な論題にとって局所性や領域はとりわけ適切だということを（支持しないにしても）含意する概念である。

それでも、現代哲学にはこうした有望な方向性が見られるのに、「場所」がそうしたものとして挙げられることはほとんどない。真剣に議論されることなど論外である。ハイデガーが空間について明言したように、場所はいまだ隠されており、「いまだベールで覆われている」(8)。それゆえに、この瞬間に場所の運命をじっくりと考えるということは、新たな緊急事態を前提とし、新たな約束を指し示すのである。問題はこうだ。われわれは場所を隠れ家から引っぱり出し、新たに考察することができるのか。場所そのものがもつ複雑な歴史を考察することから始めるのがよいだろう。この歴史に精通するようになれば、われわれの生活に、つまり言語や論理、そして同じように、倫理学や政治学、身体の振る舞い、個人的な関係に場所がどれほど広がっているのかをもっと簡単に証明することができるだろう。場所の歴史は隠されている。この隠された歴史を明らかにするとは、とりもなおさず場所−世界へと戻る道――どこまでも頑強に抵抗する領域においてさえも場所の復興を体験する道――を見つけることなのである。

謝辞

この本の着想を最も直接的に得たのは、一九九二年の春にエモリー大学で開いた大学院生に対するゼミからである。このゼミを開くことができたのは、同大学哲学科の援助や責任者であるディヴィッド・カール氏からのお誘いのおかげである。そのゼミで簡単に説明した場所の歴史に対して強烈な興味を覚えたのは、その授業に参加していた驚くほど優秀な学生たちからの鋭い質問によってであった。私はこの主題について本を書く必要があると感じたのである。場所をめぐる哲学的解釈史はまだ語られていなかったので、私は（場所をより正確に見極めようという、それ以前に私が試みた著作上の努力に引き続き）この物語を包括的な形で語ることに決めたのだった。院生に対する他のゼミは、私の努力を実質的な形で助けてくれた。一つは一九九三年に開かれたニュー・スクール・フォー・ソーシャル・リサーチでのゼミ、もう一つは一九九四年に開かれたストーニー・ブルック州立大学でのゼミである。いずれのゼミでも、参加した学生の熱心な検討のおかげで、私の原稿は見違えるほど洗練された。私の考えは、「場所の意義」をテーマとする一週間にわたるセミナーでも発表した。ニュー・メキシコ州サンタフェにあるスクール・オブ・アメリカン・リサーチで開かれたこのセミナーでは、多くの人類学者が新たな方向性と論点とを提供してくれた。その中でもとくに感謝したいのは、このイベントを主宰し、自らの先駆的な研究を紹介してくれたキース・バッソとスティーブン・フェルドである。このトピックについて講義をしたときに、とくにヴァンダービルト大学、ビンガムトンにあるニューヨーク州立大学、ニュー・スクール・フォー・ソーシャル・リサーチ、ドゥーケン大学、エール大学では、一般聴衆から同じように有益な意見を得た。

個人的にも多くの方が、隠された場所の歴史を探るという私の進めていた研究を助けて下さった。ジャネット・ギャムツォは原稿の多くの部分を読み、とくに論証の明確さ、内容、スタイルについて有益なアドバイスをしてくれた。彼女の心地よく暖かな励ましがなければ、この本はいまだ出版されていなかったと思う。原稿全体は、カート・ウィルデルムートの炯眼で統制のとれた検討のおかげで洗練された。ロバート・グーディングーウィリアムズ、アイリス・ヤング、トム・フリン、ディヴィッド・マイケル・レビン、エリザベス・ベンク、ヘンリー・ティルボワ、ブルース・ウィルシャー、グレン・マジス、そしてとくにエリザベス・グロースとのやりとりからも有益なものを得た。

ストーニー・ブルックでの同僚は惜しみなく手をさしのべてくれた。トム・アルティツァーは、私が最初に思いついた神話にもとづく場所の説明を議論してくれた。ピーター・マンチェスターのおかげで私は、『ティマイオス』に関する自らの解釈をもう一度考えてみようという気になった。プラトン、フッサール、メルロ＝ポンティ、イリガライを論じるにあたって、イレーネ・クレーバーは大きな助けとなった。リー・ミラーは、中世の思想家たち（とくにニコラウス・クザーヌス）に対する私の見解についてコメントしてくれ、私はそこから多くを学んだ。ウォルター・ワトソンはアリストテレスに対する私の見解を注意深く読み、ロバート・クリースはライプニッツに対する私の見解を検討してくれた。ディヴィッド・アリソンはデカルトを扱った章をじっくりと読み、フランシス・ラフォールとジェフリー・エドワーズはカントに対する賢明な洞察力をもっていた。そしてメアリー・ローリンソンはイリガライをめぐる私の議論を修正してくれた。セリアン・シェーンバッハは原稿の最終手直しを喜んでタイプし、アン・カーヒルはインデックスを作成してくれた。両者にも感謝している。

私はブレンダ・ケーシーに心から感謝している。彼女は最後まで私を悩まし続けた多くのやっかいな問題について手助けをしてくれた。コンスタンス・ケーシーはいつだって私にとって重要な存在だった。重大な点で私の相談に乗ってくれたのはエリック・ケーシーだった。古代における言語と文化とについて彼がもつ知識は、この本が完成するのに欠かせないものであることが分かった。

ジェームズ・ヒルマンのおかげで私は、場所の歴史を全面的に、そして効果的に伝えるべく、すみずみまで場所を探求することができた。彼とは場所のさまざまな側面、とくに現代において見過ごされているその重要性について語り合ったが、この会話から私はいつもインスピレーションを受けてきた。この計画を進めるにあたって、カリフォルニア大学出版局の哲学部門編集者であるエドワード・ディメンドバーグの知的で熱心な努力に助けられたことを幸運に思う。そもそも彼はこの本を出版しないかと私に声をかけてくれ、あらゆるところで信頼できる助言を与えてくれた。同出版局のミシェル・ノードンは、出版に至る全過程において親切で責任のある気遣いをしてくれた。彼女にも感謝したい。

I

空虚から器へ

第1章　空虚を避ける——原初的な傾向

彼らの言うには、創造者、つまりタイオワだけが初めにいた。他にあるものといえば果てしのない空間、つまりトクペラだけであった。創造者タイオワの心には、始まりも終わりも、時間も、形も、生命もなかった。

——ホピ族の創造神話

初めは大地も天空もなかった。シュンザグとその妻ツミナンヌイは浮いて暮らしていた。ある日シュンザグは妻に言った。「いつまで踏みしめる場所なしで生きなければならないのだ。」

——ダマイ伝説

1

ニーチェは『道徳の系譜』で次のように警告した。すなわち「ひとは目的を欠くよりもむしろ、空虚を目的とすることを望む」(1)。この警告に従えば、真空が構成的で承認された役割を果たす時代を人間は経験するということである。こうしたことは、そもそも事物はどのように存在するようになったのかに関心を寄せる創造論に見られる。「そもそも《イン・ザ・ファースト・プレイス》」というのはきわめて問題のある仮定である。なぜなら、いかなる事物もいまだ存在しない宇宙の瞬間があるとすれば、場所もその「時間」には存在しえないと思われるからである。たしかに場所は普通の（つまり物質的な）意味では事物ではないが、ある種の存在者ないしは契機である。場所は何ものでもないということはない。この原初的な瞬間（これは永遠に持続するであろう）において、絶対的な意味で何ものも存在しないとなれば、たとえ事物を置くためにすぎないにせよ、どうやって場所のようなものが存在できるのだろうか。そうした状況は、場所ではない状態というだけではなく、いかなる場所もまったくない状態、つまり完全な空虚なのである(2)。

この明確な「宇宙論」によって、場所がないという考えは、どんな形であれ、創造を思慮に富んだ仕方で説明する際に取り組まなければならないものとなる。一見するとその身分は宇宙論的推論からおのずと出てくるようであるが、にもかかわらず本当の空虚という考えは、人間の間に計り知れない実存的不安を引き起こす空虚な場所に似ている。ユダヤ教とキリスト教に共通する創造主たる神も、この不安と似たもの、つまり安全な場所から離れた人間が抱く苦境と同じように耐えることのできない神的な分離を経験したかもしれないということさえ示されてきたのである。仮にそうであるなら、人間がはるかに限定された自らの空虚を埋めるべく運命づけられているように、創造者も宇宙的空虚を十分な存在で埋めようと必死であったかもしれない。それどころか創造者は、他のどこでも手に入れることのできない内容を生み出すために自らを空虚にするという行為に進んで取り組んだかもしれない。空虚化《ケノシス》（「空虚」を意味するケノンからきている）というこの矛盾した行為において、創造者は外部の空虚を満たすための第一段階として、内部の空虚を創造したのかもしれないのである。

世界ないしは普遍宇宙をまず初めに創造されたものと考える場合、宇宙論的観点からして場所はきわめて問題が多い。事物は永久に存在するのだと主張し、創造を認めない考えによれば、場所――これとともに、その他すべてのもの――は永遠に存在し続けることになるだろう。ジャイナ教のマハプラーナ中のある文章には、「世界は創造されないということを知れ」と記してある(3)。これは永遠の完全性を擁護する。それにもかかわらずこうした主張は、創造されたのではない唯一の宇宙が変化する様子に言及することがよくあり、つまりは変化や発展を認めているのである。たとえばヒンドゥー教の宇宙創生論では次のように言われる。「宇宙の根源的な創造をイメージすることはできない。唯一できるのは、部分における、そして全体における出現と消滅との交代である」(4)。

創造を認めない教説は、場所の必然性を強めこそすれ、場所が広く行き渡っていることを否定したりなどはしない。なぜなら、仮に創造も創造者も事物のあり方の原因ではないとすると、事物の実在、連鎖、運命はその多くを場所に負うことになるからである。タレントゥムのアルキュタスは次のように主張した。（いやしくも）存在するとは（ある）場所に存在することである(5)。このアルキュタスの公理を少しだけ変えて、次のように言うことができるだろう。世界の事物は、すでに存在しているならば、すでに場所も所有しているはずであると。世界は、どんな場合でも、そして永遠に、場所－世界である。実際のところ、存在ないしは実在が創造あるいは創造者によって与えられたものではない以上、場所は、こうした状況でなければ神という創造者ないしは創造という行為に帰される役割、つまり事物の存在を保持するという役割を受け継いでいると言うことができる。事物が創造されたのではなく、かつ場所にもないのであれば、意味のある形でそれらが存在すると言うことはできないと思われるからである。原初的な場所設定――本当の「最初の場所」――が前提とされれば、事物は少なくとも実在するのに必要な一つの厳密な要求を満たすことになるだろう。分離が創造のための条件であるならば、場所設定は、たとえ事物が決して創造されたことがなくとも、それが存在するための必要条件である。

それでは宇宙が創生される状況に焦点を当ててみよう。この状況において、場宙《トポコズム》と考えられる宇宙は、創造という活動から生まれると考えられる。「場宙」という言葉を私は、伝統的社会に見られる比較的安定した世界観、つまりそうした社会の宇宙論を示すためにこの語を用いる民族学者から借りている。この言葉は偶然にも「場所」と「宇宙」という語をくっつけたものであり、これによって宇宙の完全な組織、つまり見事に秩序づけられた世界において、場所は果たすべき重要な役割を担っているのだということを示している。事実、少し前に確認したように、創造を認めない筋書きにおいてさえも、場所は中心的な役割を演じるのである。そして（すぐに確認するが）場所は完全な空虚という考えから分けることができない。こうした例のどれをとっても、場所は、特定の登場人物、つまり宇宙という劇場に出てくる一人の役者としてだけではなく、宇宙創生の場そのものとして、すなわち永遠のあるいは展開する場宙の物質的ないしは霊的（6）媒体としても現れるのである。

宇宙の創生《コスモジェネシス》は——すみずみまで、そしてあらゆる段階において——場所の創生《トポジェネシス》である（7）。

「宇宙創生説」（cosmogony）はこの二重の発生を意味する。これは、どのようにして、創造された宇宙が存在するようになるのかを意味している。「創生《ジェネシス》」（cosmogony の中に隠されている言葉）は、最も広い意味における生成を含意し、時間上の発展にだけ還元することはできない。だからこそ、宇宙創生を伝える神話や物語は何らか一貫した形で連続的であることはまれであり、時間的な秩序に従って連続的であるということなどなおさらまれなのである。そこで示される叙述は年代順にはなっておらず、それらを支配する論理は、宇宙論的であり、年代順ではない。宇宙論で扱われるのは、同時に存在する諸々の実在者のある段階から別の段階への連続的な発展というよりも、そうした実在者の要素が相互に浸透しているということである。このために、宇宙創生説から宇宙論への移行——私はこの移行を次の章で追おうと思うが——は、思想史家たちが提案してきたものよりもいくぶんかは連続的なのである。なぜなら宇宙の創生にはすでに、見事に作られ複雑につなぎ合わされた要素、つまり少なくとも論理《ロゴス》、すなわち理性的構造を予感させる要素が含まれるからである。場所はそうした原初的な構成にとって基本的なものである。というのも空間的秩序を世界に導入するのは、というより世界は形成期においてすでに秩序へと向かっているということを示すのは、まさしく場所だからである。こうして場所は宇宙創生説から宇宙論へと移行する際に、重要な橋渡しの役割を果たすのである。

以上のことは神統系譜論ないしは神学といった思弁の問題で

は済まされない。場所設定の具体的な儀礼によって、宇宙創生説的な説明が再び主張され、力を得ることがよくあるのである。ミルチア・エリアーデが説明するように、多くの土着のひとびとは、新しい場所へと移動すると、実質上は宇宙創生説の再演である儀式を行う。たとえばオーストラリアの放牧民アキルパ族は、カウワアウワという神聖な棒をもち運んでいる。彼らはこの棒を新しいキャンプ地に埋め、この行為によってその位置を神聖にし、同時に、初めてガムの木の幹からカウワアウワをこしらえた彼らの神話上の祖先ヌンバルカの宇宙的な力と——そこに位置している地軸《アクシス・ムンディ》により——結びつくのである。結局のところ「アキルパの世界が本当に彼らの世界となるのは、もっぱらこの世界がヌンバルカによって組織され神聖にされた宇宙を再生するのに比例してのことなのである」(8)。そうした儀礼は、特定の場所に対して、その特異性や新しさという点ではなく、それがあらかじめ存在していた宇宙創生説上の場所の代わりをする能力という点で影響を与える。仮に、「ある領域に移住することは、ある世界を創設するに等しい」(9)ならば、その移住は場所による場所の設定なのである。これは、あの場所——創造の原初的な〈場所〉(決して創造の原初的な時間、すなわちあの時間《イン・イロ・テンポレ》においてではない)——を考慮して、そしてあの場所の再現として、この場所を形づくり、神聖化することである。

　原初的な場所の復興というそうした具体的な行為は、宇宙創生説／宇宙論の抽象性と場所を奪われた個人の実存的な苦境との中間に位置する。この苦境は、場所のパニックの一つである。つまり空っぽの場所というアイデアにおいてすら感じられ、ましてやそうした場所を経験した際に襲ってくる意気消沈ないしは恐怖である。未知の場所——普通の旅行でちょっと立ち寄る場所でさえ——を予想するときわめて落ち着かなくなるひとがいるように、まったく慣れ親しんでいない場所を、荒れ果てている、あるいは薄気味悪いと考えるひとも多くいる。いずれにしても、まったくの空虚、完全に場所がないという見通しは、耐え難いように思われる。この見通しはあまりにも耐え難く、個人的ないしは集合的アイデンティティを根本から揺るがすので、場所を固定し、場所を満たすというあの実践活動が直ちに行われるのである。こうした実践活動が宇宙の発生を再現する公の儀礼になる場合もあれば、異常なまでの特徴をもった個人的な儀礼として、つまり使える手段ならどんなものでも使って裂け目を隠そうとする努力として起きる場合もある。にもかかわらずどちらにしても目的はまったく同じで、充足した場所によって与えられる保証を手に入れることである。場所がないという空虚の状態は、どんな犠牲を払っても避けられるのである。

　一貫した宇宙創生説であればどんなものでも、場所という問題、そしてとくに場所がないという問題が生じるのは明らかである。なぜなら最も基本的な宇宙創生説上の問題の一つは、どこで事物は生成し始めるのかということだからである。「どこでもない」という答えは魅力的である。その宇宙創生説が厳密な無から《エクス・ニヒロ》の創造理論と見なされるならなおのことである。仮に無が威力を十分に発揮するならば——仮に創造の瞬間よりも前に完全に空っぽな状態があるなら——始まりとなる位置はどこにも存在しえない。つまり創造されたものが位置づけられるべき場所はどこにもない《ヌスクワム》のである。この場合に空虚は、単に役立たずの考えというよりも、無からの創造を理論化しようとする要求を満たすべく積極的な（そしてきわめて経済的な）役割を果たしているのである。

そうした理論化には二つの前提が作用している。一つ目の前提とは、さまざまな事物からなる宇宙は不変でも永遠でもないということである。過去には、今われわれに知られているものが実在しない時があった。結果として〔そうしたものとは〕別の創造的な力がさまざまな事物を実在させたのでなければならない。すなわち「何ものも無からは生じない《エクス・ニヒロ・ニヒル・フィト》」⑽。二つ目の前提とは、場所がないという状況としてだけ記述できるような、いかなるものも含まない厳密な空虚と呼ぶにふさわしい状態があったというものである。いかなる場所も伴わない無というこの最初の状態から、創造された実在《エンス・クレアトゥム》の状態へと進展するには、宇宙を創造するような力が必要なのはもちろんだが、さらに空虚から充満への移行が生じうるための一連の時間性が必要とされる。そうした移行の物語は、宇宙の創造、宇宙創生説の語りそのものである。この語りでは、場所のない状態から場所で満たされた実在への移り行きが触れられ、言葉で表現されるだけでなく、この語りはそれ自体として、宇宙を創造する過程の一部であり、両者を分けることはできないのである。「初めに言葉ありき」、この主張は決して旧約聖書にだけ当てはまることではない。マリ共和国のドゴン族もまた宇宙を創生するような力を言葉に見ている。彼らは創造を、言葉を織りなす過程と考えているのである。

〈言葉〉は〔織機の〕滑車と杼の音のなかにある。滑車という名前は「言葉のきしみ」を意味する。誰でも「その言葉」によって意味されるものを知っている。これは布地に織り込まれ、その隙間を埋めていく。これは八人の祖先に属する。最初の七人はこれをもっているが、七番目はこれの主人である。つまりこれはそれ自身、八番目の祖先である⑾。

宇宙創生が真剣に考えられているところなら、つまり、さまざまな事物は昔から今のような形で存在するのだということが想定されていないところならどこでも、おそらく創造の語りが見られるであろう。

宇宙創生説的な語りは、時間の内にある出来事を物語るだけではない。これはもちろん、創造という行為ないしはもろもろの行為に関係し、それゆえに宇宙の時間性、つまり「前／後」、すなわち「創造の前／創造の後」を最小構造とする時間性を前提とする。しかしそうした語りでは、場所の内にある事物についても、どのようにしてそうしたものが場所を占めるのか、あるいは場所を獲得するようになったのかが物語られる。さらにそこでは場所の内で生じる出来事についても語られる。出来事、これの原型である時間上の事件は、宇宙における場所設定を必要とする。つまりどんな出来事も、場所のない精気《エーテル》のなかで、場所をもたないまま、漂ったままでは、起こりえないのである。創造という出来事それ自体も例外ではない。創造といえども場所で起きる。宇宙の創造にとって不可欠なのは、決して創造されたものそれ自体のための場所を創造することではなく、創造のための（だから創造者のための）場所を創造することなのである。宇宙の発生そのものは場所の発生と不可分である。

「そもそも」（in the first place）創造するとは、最初の場所（first place）を創造することに他ならない。初めに〈言葉〉があったというのはおそらく真実であろう。しかし初めに場所——創造それ自体の場所——があったというのも同じように真実ではないだろうか。あるいは〈言葉〉が〈場所〉に先立ち、場所を存在させるのだと想定するべきなのだろうか。それとも〈言葉〉そのものが〈場所〉を前提とするのだろうか。どちらの順番で行くのかを選ぶにせよ、創造を語りによって説明するとは、そうした説明が時間や言語に依存する場合ですらも、場所に関わるということ、これは明らかである。このためにわれわれはそうした説明を、場所——そして他のすべての事物とともに場所そのものの起源であるとしばしば考えられる場所がないことも視野に入れつつ考えざるをえなくなる。それでは、いかなる存在もなく、それらの場所もない状態は、いかにしてさまざまな存在が場所の内にあるという状態へとつながっていくのか。いかにしてこうした存在は、創造というそれ自体、自らを場所の内に置くことを特徴とした原初的な行為から、自らの場所と同じようにその実在を得るのだろうか。

2

こうしてもろもろの事物は発展した、そして無秩序な混乱から、各々の事物は自らの場所を見つけ永遠の秩序へと拘束された。

——オヴィディウス『変身物語』

あらゆるものは混沌《カオス》から生じたのであろうか。この考えには普遍的な説得力がある。現代の「混沌の理論家たち」は、きわめて古い創造理論のいくつかに端を発する一連の思弁活動を続けている。少なくとも紀元前三五〇〇年にまでさかのぼるペラスギ族の創造物語は次のように進む。

最初に、あらゆる事物の女神であるエウリュノメは〈混沌〉

から裸のままで生まれたのだが、足を踏みしめることのできる堅固なものが何もないのに気づいた、それゆえに、空から海を分け、たった一人、その波の上で踊った(12)。

〈混沌〉の不確定性、つまり基本的に混沌としており、割れているというその性質は(13)、この経験にはつきものの恐怖——場所がないということによって引き起こされる場所パニックと密接に関係している恐怖を生じさせるものである。しかしペラスギ族の〈混沌〉の「堅固なものが何もない」ということは、まったく何もないということと同じであろうか。これはまったくの空虚と同じであろうか。「エウリュノメ」、すなわち万物の創造主である女神の正式名称は、どちらの問いにも「ノー」と答えなければならないことを示唆している。というのもエウリュノメは、文字通りに理解すると、「広大な領域の放浪者」だからである。放浪者は、たとえ宇宙を創生する根源的な放浪者ですらも、無のただなかを放浪することはできない。放浪するとは、ある種の場所の間を歩き回ることである。実際のところエウリュノメは、「〈混沌〉から裸のままで生まれた」のであり、これは、〈混沌〉がそもそもこの女神が生まれるくらいの堅固さをもっているということを示している。この堅固さが踏みしめるには十分ではないなら、エウリュノメが「それゆえに、空から海を分け、たった一人、その波の上で踊った」とき彼女が進んでしたように、もっとしっかりとさせることができるのである。この「それゆえに」は重要である。というのもこれは、仮にあることが達成されるなら、他のことは事実でなければならないという特別な宇宙創生説上の強制力をもつからである。

われわれは突然、次のことを思い出す。すなわち『創世記』第一章において、大地からの天空の分離——そしてこの分離の結果として起こるすべてのこと——には「水からの水の」分離が要求されるということ、つまり基礎を作りでもしないと未分化なままの〈深淵〉の中に基礎を作ることが要求されるということである。やがて『創世記』に戻ることになるが、さしあたり今は次のことに注意を促すに止める。旧約聖書やペラスギ族の説明では、同じように、創造という営みが進行するには分化が起きなければならない。さらにこの分化は、ある場所が別の場所から分化することである。「混沌」とは、場所の原初的分化というこの不可欠の活動を別の仕方で言い表したものだろうか。ヘシオドスの『神統記』の序に見られる文章、すなわちペラギス族の語りと『創世記』という著作との間で形づくられた文書は、これが実際にそうであることを示唆している。

何よりも先立って混沌が生じた。そして次に胸幅広い大地、あらゆる事物の永久に揺るぎない御座、そして路広の大地の奥底にいるぼんやりとしたタルタロス、さらに不死の神々の中でもとりわけ美しいエロスが生じた。この神は四肢の力を萎えさせ、神々と人間たちの意見と思慮深い勧告をその胸の内に押さえ込む。幽冥と暗い夜とが生じた。そしてさらに、夜から澄明と昼日が生じた。夜が幽冥と情愛の契りを交わして妊娠し、産んだのである。さて大地は、何よりもまず、彼女自身と同じ大きさの星の輝く天空を産んだ。天空が大地をすっかり覆いつくし、神聖な神々の永久に揺るぎない御座となるようにと。その後に大地は、高い山々を産んだ。緑陰濃い山々に住む女精の女神たちの楽しい遊山の場所を。また大地は、喜ばしい情愛の契りもせずに、大波あれる不毛の海、ポントスを産んだ。さて次に、天空に添寝して彼女は、深い渦の巻く大洋を産んだ(14)。

この紀元前七世紀に書かれた文書と『創世記』とは、大地を天空から一定の時間をおいて分離するという点について驚くほど似ているし、この類似性に注目する注釈者も何人かいた(15)。しかし何より目につくのはヘシオドスの説明に見られる次のような考えである。つまり〈混沌〉は最初に――安定した状態としてではなく、つまり(ある解釈者が提示しているように)「宇宙の未分化な状態とずっと共に存在していた」(16)ものとしてではなく、それ自身、分化されかつ分化するものとして存在するようになったということである。

混沌を原初的な裂け目あるいは隔たりとする考えは、結果として次のようなことを示す。つまり隔たりは、すでに実在するもの(たとえば大地と天空)との間の開きであり、同時にそれらの間の開き(つまり、これらの二つのものの分化をそもそも引き起こすもの)である。隔たりというのは、境界を、それゆえにどれほど原初的にせよ形式を備えている。隔たりは無際限の空間ではないし、ましてや空虚で果てしのない空間などではない。ジョン・バーネットが注意したように、ヘシオドスにとっての〈混沌〉とは「形式を欠いた混合体ではなく、むしろその語源が示しているように、今はまだ何もない、大きな口を開けている深い裂け目ないしは隔たり」(17)なのである。〈混沌〉の中にはまだ何もないかもしれないが、〈混沌〉そのものは無ではない。隔たりとして、〈混沌〉は原始的な場所、すなわちここでさまざまな事物が発生しうる場所なのである。アリストテレスは『神統記』の最初の数行を引用し、これに賛成したうえで、次のようなコメントをしている。「事物はそもそも空間をもつ必要がある。というのも[ヘシオドスは]大方の人たちと同じく、すべての事物はどこかにあり場所にあると考えたからである」(18)。

だから〈混沌〉は無秩序、つまり現代人が近視眼的に「混沌としたもの」と呼ぶものが支配するような場面ではない(19)。これは生まれ出る秩序の場面なのである。こうした場面は、完全な空虚、つまり単なる空虚な空間ではありえない。これは隔たりを作り出す場面であって、決して大きく割れているという[静的な]場面ではなく、宇宙創生説上の観点から言っても能動的な意味での「隔たっていく」場面なのである。この意味で混沌であるということは、秩序を壊すのではなく創造するということである。実際、ヘシオドスの説明では、〈混沌〉は創造行為のまさに第一ステージなのである。つまりこれはそもそも、残りの創造される秩序を可能にするものである。現実に混沌は、創造が起きる最初の場所である。カーク、レーヴン、スコフィールドの言うように、〈混沌〉は「分化された世界の永遠の前提条件ではなく、その前提条件の変様である」(20)。活動であって変わることのない状態ではないので、〈混沌〉は永遠ではない。〈混沌〉は生じるのである。ただし場所——さまざまな事物が生成するための場所として生じるのである。

これはいったいどんな場所であろうか。これが分離の場所であるということは、ペラギス族の宇宙創生説、『創世記』、そして『神統記』がこぞって主張するところである。空っぽの場所としてではなく、分離の場面として生じることで、この場所は区分する——何よりも大地を空から（あるいはこの代わりに、海を天空から）区分するべく活動するのである。だから、混沌が生じる《カオス・ゲネト》と言うことによって、同時に、「大地と空との間の隔たりが生成したということ、つまり宇宙創生説の第一ステージは大地と空の分離であったということが含意され」(21)ているのである。この最初の分離が生じた後で、〈昼〉からの〈夜〉の分離、〈大地〉からの〈山〉の分離、〈大洋〉からの〈海〉の分離といった、他のもっと限定された分離——「局所的分化」(22)——は生じうるのである。だんだんと増えていく一連の特殊な差異は、原初的な差異、つまりアリストファネスが（ヘシオドスの陽気なパロディーで）「初めの隔たり」と呼ぶものから生じる。

初めに隔たりがあった。それに夜、深い闇、裂け目、タルタロスが。まだ空気も大地も空もなかった。そのとき深い暗闇の足場のない懐で、黒い翼をつけた夜が一人でもって「無精の」卵を産んだ(23)。

〈隔たり〉としての〈混沌〉は無秩序でも空っぽでもない（原初的な隔たりは空気を含んでいると主張したギリシア人も昔はいた）。たしかにそうだが、なにしろ宇宙規模の分離のため、これは相かわらず埋めなければおさまらないような恐怖だったのである。だからアリストファネスはそこに、無精卵を置いたのである。ヘシオドス自身はその〈隔たり〉を初めにエロス——これは、彼の分裂した親である大地と空とを再統合するべく活動する——によって、そしてその後にはクロノスとゼウスとによって——『神統記』はもっぱら彼らを称賛したものである——埋めようとしている(24)。その〈隔たり〉を埋めようとするこうしたいろいろな独創的試みからすでに、真空の恐怖、つまりいかなる場所もまったくないということの耐えがたさが見て取られる。

この宇宙創生説的〈隔たり〉は普通であれば天空と大地との

間の深い裂け目と考えられるが、これはたまたまそうなのではない。これらの間の分離は、きわめて具体的な現象学上の理由から最初の分離であると考えることができる。外の景色を見渡せば多くの場合、陸地と空（海であれば、水と空）との間のはっきりとした違いが見られる。これらは日常的な知覚に見られる分離した原初的領域であり、つまりは知覚される景色を始めから分け隔てる。この始まりは宇宙創生説上の始まりを確証する――そしてとくに、多くの創造物語にとってストーリー上の起源である夜明けが、文字通り大地と空との開きから生じるという事実を考慮すれば、この始まりは宇宙創生説上の始まりにモデルを提供するであろう。日常の知覚のうえでの生活が、「押しつけ」（基礎的なレベルの知覚において与えられる対象を表現するためにフッサールが用いた言葉）(25)によって満たされているという理由から、実際にあるような形で「隔てられている」ならば、古代の宇宙創生説があらゆる隔たりの中でも最も押し付けがましいこの隔たりを選び出しているということは、驚くようなことだろうか。

なにも地中海沿岸に見られる宇宙創生説だけがこの隔たりを選び出しているわけではない。中国南部の創造神話では次のように言われている。創造神パンクーは「すぐに、力強く仕事に取りかかり、こうして世界を秩序づけた。彼は陸地と空とを別々に創った」(26)。パンクー自身は、〈混沌〉を含んだ宇宙の卵――まるで〈混沌〉が無限ではないことを示しているようだが――から生まれた(27)。まったく違った伝統が天空と大地との分離を物事の始まりに据える。これに属するのは、ケルト族、古代日本、そして現代ナバホ族の伝統である。

> ナバホ族の世界ないし宇宙は、皿の形をした、浅く平らな円盤からできており、その頂きは、蓋のようにこれを覆っている同じような形をした円盤である。低い方の部分は〈大地〉であり、高い部分（いわゆる蓋）は〈天空〉である…両者は、弓形に引き伸ばされたように一方を他方の上に横たえながら、人間的ないしは擬人的な形で表されている。…事物は〈大地〉の上に、そして〈空〉の中に、〈神聖な仕方〉で置かれたのである(28)。

ナバホ族にとって〈大地〉と〈空〉とは、どんな個物でも、創造される運命にあるならば「置かれ」なければならない二つの大きな領域である。地中海沿岸、そして極東で見られる説明と同じように、ナバホ族が原初的な霧の時代と考えた〈混沌〉という最初の段階は、〈天空〉から〈大地〉が分離するという事態に取って代わられる（もっと言ってしまえば、そうした事態として現れる）のである(29)。まるでこの分離の重要性を強調するためであるかのように、ナバホ族は、皿を二枚重ねたような〈大地〉と〈空〉との構造の縁あたりに開きがあると信じている。「〈空〉は本当のところ、どんな場所でも、地平線ですらも、〈大地〉に接してはいない」(30)。仮に〈空〉と〈大地〉とが触れ合っているならば、これは世界の崩壊を意味することになる――まるで創造された世界が整合的な宇宙という自己同一性を保持しうるならば、分離という根源的な活動は地平線として維持されなければならないと言わんばかりに。

宇宙創生説の上では〈大地〉が〈空〉から分離するわけだが、この分離を具体的に表現している日々の知覚における要素こそが地平である。身近な実在の中でこれら二つの領域をお互いに区分するという地平がもつ奇妙な力――われわれがそうしたものとして注意することなどめったにない力――とは、〈天空〉と〈大地〉との間に横たわる隔たりの力学上の基礎なのである。画家であれば知っているように、これは「地平の線」、つまり空間の上で時間線に対応するものなどでは決してない。経験の上での地平は、視覚の領域における中心的な創造力である。とくに一日の始まりないしは終わりにおいて見られる場合はそうである(31)。この差異をもたらす活動――これをナバホ族は多様な配色によって象徴化している――なくしては、差異がまったくない原初的な霧、知覚上の泥沼、不定という「ぬかるみ」で実際のところ道に迷うであろう。このぬかるみとは、日本のアイヌの人々が事物の最初の状態として想定したようなものである。「初めに世界はぬかるみであった。というのも水と泥とがすべて一緒に混ぜ合わされていたからである。あるのは沈黙だけであり、音は一切なかった。寒く、空には鳥は一羽も飛ばず、生き物もまったくいなかった」(32)。地平のない世界は最も荒れ果てた環境（environment）であろう――仮にそれを取り巻いている（environing）とまだ考えることができるなら。これは、〈天空〉と〈大地〉との区分を欠いた世界だろうし、それゆえにいかなる世界でも、いかなる「宇宙」でもないのである。そうしたぬかるみ、そうした混沌を、世界である（そして世界内存在である）ために必要な最小限の秩序にもたらすべく、創造者が求められるのも決して不思議ではない。〈混沌〉から〈宇宙〉へと至る道のりで、地平が〈大地〉と〈空〉とを差異化するということは、きわめて重要なのである。

地平がもつ世界を創造するという特徴、つまり天空と大地とを、別個の宇宙的領域としてそれらがもつ差異を尊重しつつ、相互に隣り合った関係に置くというそれ特有の能力を把握するために、ナバホ族の住むアメリカ南西部（あるいはどこか他の特定の場所）に住む必要はない。月から撮影された地球の写真を見るだけで、すべてを取り囲む空と境界を隔てて分けられた地球という天体が見られるのである。こうした注目するべき像――見たとたんに心をかき乱し、インスピレーションを与える――において、われわれは地球そのものを場所の中の場所、すなわちもっと特殊な物体にとっての「基礎となる物体」と見なすのである(33)。実際のところわれわれは、〈空〉からの〈大地〉の原初的な分離、すなわち〈混沌〉からの秩序だった〈宇宙〉の差異化を認めるのである。目の前にあるのは、何か〈創造〉のイコンのようなものである。

3

水は山々を登り、谷を下り
あなたが彼らのために設けられた場所に向かった。
あなたは境を置き、水に超えることを禁じた。

——詩篇一〇四

多くの人々が信じていることに反するが、『創世記』第一章、すなわち「モーセの第一の書」は、無からの創造を物語っているのではない。そのような物語だと信じられているということ、このことは、誤解を示しているというよりも、ある種の宇宙論がもつ力、つまり創造という行為には何ものも先だつべきではないし、先だってはならないという力を示している。しかし『創世記』の有名な書き出しでは、別のことが示されているのである。

初めに神は天空と大地とを創った。大地は形なく空虚であり、暗黒が深淵の表面にあった。そして〈神の霊〉が水の表面を吹き荒れていた(34)。

「深淵」——この用語については、後になってまた述べる機会がある——は、創造以前に存在しただけではなく、それにはすでに「表面」があったのである。表面はそれ自体、薄っぺらなものではない。すなわち「水の」、つまり「きわめて元素的なもの」の表面であり、この上を霊が吹き荒れることのできるほど安定しているのである。だから初めにあったのは、〈神〉の霊（言い換えれば「風」）の動きに対置されるのに十分なほどの濃度と形とをもった元素的な質料なのである。〈深淵〉が無であるとすれば、これは、〈混沌〉と同じく、「実体的である無」、つまり奇妙な形で実体的な無なのである。

たしかに大地は「形なく空虚である」と言われている。しかしこれは、宇宙論的な推論において情け容赦なく想定されるあの「絶対的空虚」に言及しているのだろうか。そうではないと考えられる。ここで問題となっている空虚は、形がない、すなわち形を欠いているものという相対的な空虚なのである。このことは、同一テキストの数行後で次のように言われるとき、明らかになる。

また〈神〉は言った。「天の下の水は一ケ所に集まり、陸現れよ。」するとそうなった。〈神〉は乾いた陸を〈大地〉と呼び、水の集まりを〈海〉と呼んだ。神はこれらを見てよしとした。（『創世記』一・九—一〇）

この文章から明らかなように、「大地」に初めて言及されるのは、大海やその他の水と分け隔てられることでようやく十分な同一性を得る未規定な存在に言及されるときである。この存在が「乾いた陸」になるとき、「大地」という名称にふさわしいものとなる。これは形を欠いた状態から自らに固有な状態へと移行したのであり、まさにこの瞬間、神はそれが何か一定のものとして形をもったという事実を祝福する。彼は「これらを見てよしとした。」この文章が『創世記』テキスト中のまさにこの箇所で、つまり陸を海から分け隔てるという根源的な活動が起きたときに初めて使われるということは、注目に値する。

この活動によって二つの場所が創造されたのであり、こうして宇宙－場所－論の基本原理、すなわち「たった一つの場所はどこにも存在しないし、創造の過程においてさえもそうである」という原理を例示しているのである。これはあたかも宇宙創生説が、別の文脈でアリストテレスによって宣言された、「厳密に言えば最小の数は二である」(35)という一般規則を尊重しているかのようである。そもそも創造すること、これはそれ自体、二つの場所を創造することにほかならない。この原理は『創世記』第一章のまさに最初の文章で機能し（「神は天空と大地とを創った」）、海と陸との分離を記述した箇所に至る前でさえ、さらに二回繰り返されるのである。第一に、神は「光を闇から分けた」（一・四）、そしてこれにより、時間だけではなく空間という特徴をもつ二つの大きな圏域を創造した、という箇所である。第二に、「蒼穹」、つまり大空、ないし〈天空〉は、「水を水から」（一・六）分離すること、大海の水を空の水から分離することを必要とするのである。二つの水の領域は、水が存在するための二つの別個の場所を指し示している。

それゆえに数行の間に、場所創造の二値論理に従い、慣れ親しんだ世界のおそろしく複雑な始まりを目撃するのである。実際のところ『創世記』の主張するところでは、創造という道りにおいて、場所は二重にされ、さらに二度、二重化されるのである。〈空〉が〈大地〉から区分されるためには、蒼穹の創造において二つの水の領域があらかじめ分離されていることが必要である。そして大地の方では、本当の意味で〈大地〉になるために、今度は陸を海から分け隔てることが求められるのである。単純なんてとんでもない。とくに、そもそも場所を欠いているなどということはないのである。

だから空虚からの創造ないしは空虚としての創造というものは存在しない。神は無という性質をもったあらかじめ存在する裂け目から創造するのではない。神が創造に着手するさい、すでに事物はあたりに存在する。すなわち基本的要素と呼ぶことのできる事物、詳しく言うと、水の〈深淵〉、この〈深淵〉の表面にある暗黒、形をもつ以前の大地である。しかも神は、彼自身の存在の内に空虚を構成する空虚化の活動において、神自身を空っぽにするのではない。『創世記』の最初の説明では、空虚は外にも内にも存在しないのである。

空虚の代わりにさまざまな場所が存在する。そして仮に領域が場所として数えられるならば――もちろんそうされなければならないが――、いよいよもって空虚の代わりとして場所が存在するのである。すでに存在しているのは、深淵と暗黒という圏域である。実際のところここで活動しているのは〈神の霊〉であり、これは「水の表面を吹き荒れる」際に、必ず場所の間を動き回っていなければならないのである。というのも場所なくしてはいかなる運動もないからである。アリストテレスが言ったように、「場所なくしてはいかなる変化もありえない」(36)、そして運動とはある種の変化に違いないのである。暗い〈深淵〉の上を吹き荒れる際に神はすでに、場所の上はもちろん、場所の間を吹き荒れている。彼はたとえば、彼自身の宇宙創生説的な旅路の始めの場所と終わりの場所との間を動いている。テキストの中では名づけられていないにしても、こうした根源的な場所は名づけられているもっと特殊な場所よりも前に実在するのである。

事実、われわれは『創世記』の第一章において三つのレベルの場所を分けることができるだろう。(一)〈神〉自身の活動そのものによって、彼の運動の源泉としてあらかじめ前提とされる根源的な場所。(二)暗黒、〈深淵〉、そしていまだ形をもたない〈大地〉という元素的領域。(三)乾いた陸として形を与えられた〈大地〉の領域、「一ケ所に集め」られた水である〈海〉、そして〈昼〉と〈夜〉という形態。明らかに『旧約聖書』の説明において創造は、すでに与えられている多くの場所において立ち現れるものとして描かれている。そしてここでは同じように、ある場所から別の場所への――もっと正確に言えば、ある種類の場所から別の種類の場所へと至る、一定の宇宙的進展が描かれているのである。要するに創造とは、場所(そしてさまざまな場所に置かれるさまざまな事物)の創造であるだけでなく、こうした場所の創造を含めて、場所なしでは生じえない。創造という営みは場所において生じるのである。

もちろんこれですべてというわけではない。創造が進むにつれて、さらに別の種類の場所が現れる。このように創造の結果として、次から次へと場所が生まれるのであるが、こうした場所は後になればなるほど、もっとはっきりとした特性をもつようになる。こうした場所の中には次のような場所が含まれる。太陽と月という場所、すなわち「昼と夜とをつかさどり、光を闇から分け隔てる」(一・一四―一八)「二つの大きな光」の場所。「天の蒼穹の中、大地の上を飛ぶ」(一・二〇)鳥の場所。「水中で群がる」(一・二一)海獣の場所。「大地の野獣」(一・二五)の場所。「大地すべての表にある種を生ずるすべての草」(一・二九)の場所。そしてこうした被造物や事物すべての支配権を与えられた人間(一・二六―二八)の場所。『創世記』第二章において、「地下水がたえず湧き出て、地表をあまねくうるおしていた」(二・六)、そして「神は東の方、エデンに園を設けた」(二・八)と書き加えられる際、よりいっそうはっきりとした場所規定に、つまり固有名をもち、だいたいの方向さえも分かっているきわめて個別的な場所を含む場所規定（すなわち土地区画）に到達するのである。

　いましがた素描したような進展には、多くの創造理論に共通して見られる宇宙創生のパターンが現れている。すなわち、場所がない状態から場所へ単純に移行するというよりも、創造における移行とは、それほど規定されていない場所からもっと規定された場所への移行なのである。たとえばヨブ記において見られるように、そうした移行は、同じく測定可能な場所をさらに要求するステップに過ぎない。

大地の基を私が据え置いたとき、あなたはどこにいたのか。
もしあなたが悟性をもつなら答えよ。
誰が度量を定めたのか——あなたは知っているはずだ！
誰が縄を地上の上に張ったのか
その基礎は何の上に置かれているのか
その隅石は誰が据えたのか
このときには明の星あいともに歌い
神の子たちみな喜びを求めて叫んだ(37)

「幾何学」の起源——語源から言えば、大地の測量（geô-metria）——は場所にある。とりわけ、自然の境界線が建物を建てたり、測量を行ったりするひとびとによって決められた規則的な区画、つまり「限界づけられた形」に移行するにつれて、ますます厳密になっていく境界設定に、この起源はある(38)。だからといって、このパラダイムにもとづくと測定はもっぱら創造の後に行われる、と言うつもりはない。というのもこれはそれ自身、創造するという営みだからである。測量するとは創造することである。このような形で大胆に同一視すること、これは、次章に出てくる一つの事例において見られるように、創造を扱う別のテキストでも繰り返されるものなのである。

　さしあたり私は次の事実にだけ注目しておきたい。すなわち正当なユダヤ-キリスト教に属する、最初の創造を扱ったテキストでは、場所は遍在しており、かつ雑多である——そしてこの展開は、進展しているようにも見える（しかし決して継続的ではない）仕方で示されてすらいるという事実である。空虚は避けられる。そしてその代わりに見られるのは、宇宙創生説のうえできわめて重要な諸々の場所の拡散であり、そうした場所はどれも、創造の物語が進んでいくうえで不可欠なのである。物語られるこの場所の拡散は、空虚という裂け目を取り繕う努力を表しているのだろうか。仮にそうだとすれば、これは他のところでも見られる行為——われわれが自分自身の場所パニックを処理する方法で始まる——を繰り返しているにすぎない。というのも誰が空虚と向き合うことができるだろう。絶対的な空虚と向き合うことは（この語をどのように理解しても）できない。『創世記』が示すように、神自身はすでに表面のある

〈深淵〉の上だけを動くことができるのである。〈深淵〉自身の表面がすでにその暗黒の表面の上に描かれているかぎりでのみ、神はその〈深淵〉と向き合うのである。

4

純粋な無をどこか一つの場所で考えることは、それをすべての場所で考えるのと同じくらい精神に大きな打撃を与える。そしてある場所で無が存在しえないのは、他の場所で存在しえないのと同じように自明である。だからもしある場所で無が存在しうるなら、あらゆる場所で存在しうるのである。

――ジョナサン・エドワーズ「存在について」

以上のことから、宇宙創生説的な説明が明確な形で空虚から始められるということは決してないと言えるだろうか。この章のエピグラフとして引用したホピ族の創造神話の文章では、実際にはそうした始まり方が可能だということが示されている。ホピ族にとって、「最初の世界」、つまり世界の最初の状態は、まさにトクペラの状態、つまり「果てしのない空間」という状態である。トクペラは、始まりも終わりもなく、時間も、形も、生命もない、「測量することのできない空虚」と考えられている。ところがひとたび果てしのない空間という展望が与えられるやいなや、この空間を、恐ろしさの程度がより低い空っぽの何かへと変化させようという試みが始まる。恐ろしい空虚とは創造によって変えられなければならないものであり、これにこそタイオワ、すなわちホピ族の創造神は取り組むのである。

そこで彼、すなわち無限者は、有限者を認めた。最初に彼はこの有限者を明らかにするべく、ソツクナングを創造し、彼に言った。「私は、生命を生み出そうとする私の計画を果てしのない空間で実現するべく、おまえを、すなわち第一の力強い道具を、人格として創造した。私はおまえの〈叔父〉であり、おまえは私の〈甥〉である。行け、そしてこれらの宇宙を、私の計画に従い互いに調和した形で作用し合うような正確な秩序へと展開させよ。」

ソツクナングは命じられた通りに活動した。果てしのない空間から彼は、堅固な実体として明らかにされえたものを集め、これをさまざまな形へと作り上げた(39)。

この〔空虚を変えるという〕義務はあまりにも大変なので、タイオワはこの義務を引き受けてくれる若くて強い人格、すなわち彼の甥であるソツクナングを創造する。「これらの宇宙を正確な秩序へと展開する」べく、ソツクナングは集めるという行為に従事する。『創世記』において水は「一ケ所に集められた」(『創世記』一・九)が、それとまったく同じように、ホピ族の創造物語では、堅固な実体あるいは大地の部分が集められ、形を与えられるのである。いずれの場合でも形を与えることは、場所を授けることを含意する。そうでもなければ、他のどこで形を与えられたものは存在しうるのだろうか。宇宙創生においてこうして集めることは、実際のところ場所の形成に他ならない。だから宇宙の始まりを場所がない状態として特徴づけるにしても、この逃げることのできない努力は場所へと――そしてつねに増大していく場所の特殊性へと、つまり場所が正しい（そして最終的には、測量することのできる）秩序へと展開されることへと向かっているのである。たとえ空虚がそれ自体として場所ではないにしても、場所にならなければならないのである。

創造を説明しようとするあらゆる試みにはかなりの多様性が見られる。しかしその多様性にもかかわらず、そうした説明は一つの基本的な宇宙-公理、つまり「場所からのみ、創造されるものは生じうる」という公理ついては同意している。われわれになじみ深いこの普遍宇宙は、たとえ空虚に起源をもつにしても、場所から場所へと展開したのである。ここから言えるのは、創造というのは、漸進する場所設定の過程だということである。

5

これまでわれわれは、一連のかなり異なる宇宙創生説のモデルを見てきた。ニュアンスのうえで重要な違いがあるものの、いずれのモデルにおいても場所はきわだっている。『創世記』では、漫然と領域化されている場所から始まり、この場所は創造のさまざまな段階によってつねに、ますます規定されていく。ヘシオドスの『神統記』のモデルでは、あらかじめ存在する領域はまったく想定されておらず、原初的な〈隔たり〉という宇宙の怪物だけが想定されている。この〈隔たり〉は分裂するが、その活動こそさまざまな種類の場所を生み出すのである。『創世記』における分裂は、事物の最初の状態――すでにそこにあるものを分けるという行為――に続くが、分裂そのものがヘシオドスの話では最初の状態なのである。もっと正確に言えば、〔ヘシオドスの話では〕最初の状態とはいかなる状態でもなく、まさにその本性によって場所を創造するような分裂という活動であることが明らかになるのである。ナバホ族の創造神話でもまったく同じことが言える。ここでは宇宙創生説上の特別な意義を、〈空〉および〈大地〉という円盤の間にある宿命的な地平線に帰している。ホピ族の伝説の場合、創造は果てしのない空間という状況で始まる。そこでは領域も行為もまったくありえない。（他の物語において宇宙の空虚は、第一の始まりと創造そのものの充足との間に位置づけられる、第二の宇宙の状態と見なされる。）(40) しかしホピ族の神話に見られるこの始めの契機である根本的に場所のない状態には、その後すぐに、これに取って代わる充足活動が続く。つまり『神統記』におけるエロス、クロノス、ゼウスといった、隔たりをふさぐ存在を彷彿とさせる活動である。たとえこの救済的な活動を度外視しても、宇宙創生における空虚はもともとの状態において、場所の性質を何がしかはもっているものである。どれほど空っぽであっても、これは創造の、そして創造のための場所なのである。ここで、そしてここから、創造が生じる。多くの場合、最初は、大地ないし海とは異なる圏域である天空（ないしは蒼穹）の創造である。

場所なくしてはいかなる創造もない。場所が、（『創世記』における暗い〈深淵〉、あるいはナバホ族の信じる、原初的な霧が立ち上がってくる地下世界におけるように）あらかじめ存在すると考えられようが (41)、（おそらく道教が述べるであろうように）「一万の創造」の一つとして混沌から生まれてこようが、（創造神が自らを空っぽにするという空虚化のモデルにおいて劇的に実行されているのを見たように）まさに空っぽの状態として、世界創造に必要な空っぽな状態であろうが、（古代バビロニアの説明の場合のように）創造の、より厳密に言えば創造神の場所そのものであろうが (42)、いずれの場合にもそうなのである。場所は、あらかじめ想定されたものであろうが創られたものであろうが、創造と同時に与えられるにしてもその後に続くにしても、首尾一貫して姿を現す。場所とは創造の物語の絶え間ないサブテキストであり、それらが織り成すメロディーの通奏低音なのである。

6

語られることにおいて——あるいは語られないことにおいて——空虚は無効にされる。

——エドモン・ジャベス『類似の書』

しかし空虚、すなわち徹底的な空虚とは、これを削除しようとする最も断固とした努力のもとですら、簡単に消え去るものではない。個人的な生活と同じように創造神話においても、この空虚はいつでも戻って来るのである。マオリ族は「果てしない空間を埋める空虚」(43) について語り、他方でズニ族はさまざまな事物の根源的な状態として「あらゆる場所を荒廃させる空虚」を強調する (44)。ト・アペイロン、すなわち「境界をもたないもの」というアナクシマンドロスの考えは、「場所のない状態」と同じである。ただし、果てしなく広大な場所であろうとも、場所であればある種の境界を必要とするという条件のもとでの話であるが。「境界をもたないもの」という考えは、場所を自らの領域からきっぱりと排除した（あるいは、たとえ含むにしても、差異のない区域としてだけ含む）無限な空間という近世の考えを先取りしている。場所という視点からすると、いかなる種類の境界ももたないということ、つまり限界のない形で空っぽであるということ、これは実際に恐ろしい苦境（straits）へと入り込むことである。こうした恐ろしい際限のない水には、有効な囲いは何もないのだが、にもかかわらず「海峡」（straits）なのである(45)。完全な空虚を立てる宇宙創生説では、もしかしたら水はそれ自体、――〈深淵〉、原初的な霧、あるいはエジプトの『死者の書』で言われる「混沌とした流れ」という形ですらも――まだ実在していないのかもしれない。

　私はすべてのものの上りつつあるアトゥムなり
　唯一のものなり
　そしてヌン、すなわち混沌とした流れのなかにいる(46)

生命を引き起こす水のような要素がなければ、そしてとくに、そうした水のような要素が大地もしくは空から分離されないなら、われわれは、極限的空、つまり、創造が「無から」生じなければならないようなアポリア的宇宙創生説にしてみれば必要条件に思われる、そうした極限に行き着くのである。この極限、つまりゼロ地点について、次のように問わなければならない。ここでわれわれはついに、いかなる意味でも場所を提示しえないほど根本的な空虚に出くわすのだろうかと。

　このアポリア――この文字通りの行き詰まり――において、アリストテレスはとても謎に満ちた主張をしている。すなわち「空虚が実在するという主張は、場所の実在を含んでいる。つまりわれわれは空虚を、物体を奪われた場所と定義［さえ］できるだろう。」(47)仮にアリストテレスが正しいとすれば、空虚そのものは場所を欠いているわけではなく、おそらくはそれ自体、一種の場所なのだろう。どれほど理解するのが難しいとしても、そしてどれほど不安を呼び起こすことが体験されようとも、最も徹底した空虚でさえも場所と無関係というわけではないのだ。少なくともこの空虚は、たとえば「物体を奪われた」といった何らかの残余的な場所の性質をもっているのかもしれない。物体を欠いているということは、（たとえ当の物体がまだ実在しない、あるいはもはや実在しないとしても）やはり物体を含むことができるということなのである。ここでアリストテレスはアルキュタスの公理に制限を加えている。すなわち、（物体で）あることは場所の内に存在することである、しかし（いかなる）物体もない（空虚な）場所はありうる。普通なら空虚と場所とは反義的と考えられるが、これらは矛盾するのではないのかもしれない。つまりこれらはある法《ノモス》を、言い換えれば何らかの共通した構造を共有しているのかもしれない。

　空虚と場所とが共有しているもの、それはさまざまな物体

〈それゆえに物体が部分を構成する出来事〉が現れるための劇場（arena）であるという共通の性質である。しかし場所が、そのように現れるための直接的な劇場（arena）である――およそ物体はまさにある特定の場所に現れる――のに対し、空虚とはこの種の場所のための場面である。創造に先立つ存在として、空虚は、第一に場所を欠いているということであり、第二に物体を欠いているということである。空虚とは、物体を欠いた場所を欠いているということである。だからわれわれはアリストテレスの格言を次のように訂正する必要がある。つまり空虚とは「物体を奪われた場所」であるだけではなく、「空虚とは、物体を奪われた場所を奪われている」と。空虚とは二重の意味で奪われている。空虚は場面として、いまださまざまな場所あるいはさまざまな物体へと特定されていない空っぽの舞台なのである。（「場面」はもともと、演劇の舞台を意味するようになる前は、空っぽのテントないしはブースを意味した。）

さまざまな場所や事物が現れ出る場面と見なされることにより、空虚は宇宙創生説において、何の意味ももたない役割ではなく、積極的な役割を果たす。これはまさに、ホピ族によって「トクペラ」（果てしのない空間）と名づけられた場面として、あるいはハワイの原住民であるツアモツ人によって「タアロア」――字義通りには「広大無辺性」あるいは「空虚」を意味する――と名づけられた場面として登場するのである(48)。これら空虚な場面はいずれも、自分で動くことのない、あらかじめ与えられた存在者である。ホピ族の伝統によれば、〈創造者〉タイオワはすぐにトクペラをふさぐ。しかし、実際には、トクペラの果てしのない広大無辺性は、自分で動くこともなくあらかじめ存在しているどころか、すでにタイオワの心の内に実在しており、それゆえに初めから能動的な行為者の一部であると言われる。トクペラとは、「自らの始まりや終わり、時間、形、生命を〈創造者〉タイオワの心の内にもっていた測量することのできない空虚」(49)なのである。ツアモツ族の人たちにしてみれば逆に、創造神は空虚の内に実在するのであり、こうしてそのダイナミズムが内部から生じることを確信しているのである。「キホは〈空虚〉の内に住むと言われる。キホはハヴァイキの基礎の下に［つまりある特殊な場所の内に］住むと言われ、これは〈ハヴァイキの黒く輝きのない領域〉と呼ばれていた」(50)。こうした内在的な仕方で空虚の内に住むこと、これは創造という積極的な場面に、つまり生じるべきものの場面に住むことである。それはつまり、場所を与えるものとしての空虚の内に住むこと、すなわち空虚の内に置かれることなのである。さらに続くツアモツ族の叙事詩の句では、この奇妙な場所論が見られる。

キホが住む場所は、〈土地の実在しない状態〉と言われていた。その場所の名前は〈黒く輝きのない領域〉であった。
キホはそこに住んでいる。実際、その場所で彼はどんなものでも創造した。

これ以降は、彼の住む場所のさまざまな名前［を私は与える］。

キホは、〈夜の領域〉の奥底にある自らの天空に住む。

キホは、〈黒く輝きのない領域〉にある自らの天空に住む。

キホは、〈多くのものが釣り合っている夜の領域〉にある自らの天空に住む。

これらの場所は〈夜の領域〉の内部に位置づけられた(51)。

創造が行われるこの夜の領域とは、生成する場所の場面である。これは、可能な場所が生じる、「多くのものが釣り合っている」劇場なのである。宇宙創生説上の空虚は、場所にはまったく無関心であったり、単に場所を奪われていたりするどころか、次から次へと場所を生み出すという点で、場所産出的である。

ツアモツ族のテキストでは、「場所反転」と呼ぶことのできる原理が例示されている。空虚はいかなる場所もない状態として置かれる。しかし結果として、その後すぐに場所の定立が続くのである。もっと正確に言えば、いかなる場所もない状態には、何か、すなわちまさに何かとして、そこに場所をもち込む何かが続く。この反転が最も劇的に見られるのは、ヒカリーヤ族の創造物語である。

初めには、いま世界が立っているところには何もなかった。土壌も、大地も、——ただし暗闇、水、そして大竜巻を除いて——何もなかった。生きているひとは誰もいなかった。ハクトシン［物がもつ力や自然の力を人格化したもの］だけが実在した。それは孤独な場所であった(52)。

ここで問題となっている反転は、「何も」から「ただし〜を除いては何も」へと突如として移ることで特徴づけられる。最初の段階では徹底して空っぽな状態が示されているのに対して、第二の段階ではそこには少なくとも三つの自然物と、いくつかの人格化された力が存在する。まったく同一の文章内部でさえも方向の逆転は見られるのであり、この逆転は続く文章において拡張されている。〔空虚を〕一杯にすることは決してできない——問題の場所はやはりとても「孤独」なのである。とはいえ、何もない事態からわずかではあっても何かがあるという事態への変化は、宇宙創生説の観点からすると進展である。場所配置がまったくないという状態は場所設定に移行する。大竜巻、暗黒、そして水は自らが宇宙でもつ所在に固執するようになるのである。

この場所反転は、同じく反対の方向へと移行しうる。すなわち何かある状態から何もない状態への反転へと。『淮南子』という中国漢王朝のテキストでは、偉大な始まりは空っぽな状態に移行する。さもなければ、何か（something）と無（nothing）とが同時に実在すると考えられうる。だから荘子は次のように書き記している。「存在がある。非存在がある」[53]。古代マヤ族のテキストでは、初めには「何ものも存立してはいなかった。ただ穏やかな水、静かな海だけが、孤独に、そして落ち着いた様子で存立していた。何ものも実在してはいなかった」[54]。何ものも存立してはいない——にもかかわらず水と海とはすでにそこで存立している。この交差する転回よって、最小限の「ただし～を除いては何も」ないしは「～だけ」（つまり、裸のままの何か）さえも、否定された実在なのであるが、にもかかわらずやはり所与の実在なのである。それゆえにこの転回は、ウパニシャッドの一つで次のように表現されている。「初めにこの世界は単なる非存在であった。世界は実在していた」[55]。非存在として実在すること、これはすなわち入り組んだ宇宙論に見られる、自己を複雑にする主張なのである。

こうした反転や撚りにもかかわらず、実際にはこれらを通じてわれわれが目撃するのは、無、すなわちおそらくは場所の死に他ならないと考えられてきた無に直面した際に、場所が示す根強さである。「黒く輝きのない領域」という何か薄っぺらなものとしてであれ、もっと薄っぺらな非存在——にもかかわらず実在する（それゆえに文字通り「外に-立つ」《エグズィスト》）——としてであれ、場所はもちこたえるのである。宇宙創生説の文脈において——言い換えれば、世界の生成に関する説明において——場所がない状態のための場所はまったくない。場所の欠乏、そして文字のうえでは場所ではない状態さえ、われわれは承認してもよい。ヒカリーヤ族の創造神話で言われる「孤独な場所」はそうした状態である。しかしこれは場所の死、つまりいかなる場所もまったくない状態と同じではない。場所の消滅を扱うことよりもむしろ、宇宙創生説は場所そのものの生誕を論じているのである。

そういうわけで完全な空虚でさえも、発生の場面、つまり、さまざまな事物が場所を占めるものとして、そして自分自身の場所をもつものとして生じうる前舞台であるというダイナミックな性質は保持しているのである。混沌といえども多少の形式をもつことはすでに見たが、これと同じようにいまや次のことが分かる。すなわち空虚という空っぽの、場所がない状態は、いままで想像していた以上の形や力をもつのである。実際のところ、もし混沌を規定される前の場所と見なすことができるなら、空虚は場所が生まれ出る場面として解釈するのが最も適切なように思われる。宇宙創生説の観点から考えてみると、空虚とは、よりいっそう明確な場所になるための途上にいるのである。空虚とは世界創造の場面であり、それゆえにいっそう整合的で、緻密に構造を組み立てられた場所-世界の基礎なのである。

7

空虚をめぐる以上の解釈によって、場所に対する空虚の名誉が挽回されるわけではない。それどころか、この解釈は空虚を場所——個別の場所——から、そして場所を空虚から奪うのである。しかし、この解釈は次のように主張することで空虚における場所の可能性に余地を残している。すなわち、空虚はそれ自体、自分自身が初めにもっていた、場所を設定されていない、そして場所を設定しない特質を欠くようになると主張することで。「可能性」や「なる」と言うことで、私は空虚を宇宙創生説の文脈に保持している。ある種の経験や知識が可能であるなら前提とされなければならないものとして、場所を超越論的に演繹しようとする誘惑と対しつつ、この文脈を保持することは重要である。この誘惑には抵抗しなければならない。超越論的論証——カントが試みた類の——から演繹されうるものといえば、せいぜい空っぽの空間という前提である。こうした空間は、直観形式の内に（もっと正確に言えば、として）位置づけられたときはとくに、心的な身分をもつというだけではない。もっと深刻なのは、それが単に客観的な位置、すなわち手前にある存在（a present-at-hand entity）だということである。そうしたものとして——絶対的な、ないしはハイデガー用語における手前《フォアハンデン》にあるものとして——それは場所に特有なものを捉え損ねている。つまり事物を確保し、位置づけ、それらに局所的な住処を与えるという能力を。こうした確保する行為では、手許《ツーハンデン》にある何か、つまり愛情を抱くことができ、具体的に感じることのできる何かが提供されるのである。この感覚可能性は、正式には、空間にではなく場所に属する[56]。

容赦のない演繹的宇宙論は、空っぽで境界のない、場所がない状態——それでも多くの神話的な説明では「空間」とはいまだ呼ばれない——を前提とするように駆り立てられる。これは抽象的で、確保し局所化する特質を欠いているという点では、近世の考え方にもとづく空間と変わりない。この宇宙論主義（これによってある存在は宇宙という観点からは必然的なものとして定立され、それにもかかわらずいかなる構成的な役割も果たすことができない）を避けるために、空虚はただちにさまざまな場所で満たされるのである。ナバホ族の宇宙創生説では、発生の場所、つまり地下世界が主張されている。この世界は、（目に見ることのできる上部世界の下に）局所化され、かつ（上部世界の上に、そしてその内にあるすべてを）局所化している。こうした下部世界は、具体的な事物を確保する環境であり、空虚が純粋に理解された場合にはすることのできないことをする。つまり事物に対して感じることのできる場所設定を施すのである。この文字通りの場宙的な動きの利点は、場所の役割が初めから中心に据えられ明確になるということである。場所はこっそりと想定されている何かとして推論される必要はない。空間の超越論的な演繹は、場所を宇宙創生説の観点から擁護することによって、教えを受けるのである。

生起する場所設定の場面として空虚を解釈することで、われわれは中道を、つまり密かに超越論的でも、明らかに神話的でもない道を探究する。この中道に従うと、空虚は場所が発生する場面と見なされる。この見方を取るからといって、徹底的な空虚を無限で等方向的な空間へと変形させるわけでも、運命的な神話上の場所に進んで変えるわけでもない。宇宙創生説という観点からして形成的なのは、規定されていないものでも規定されたものでもなく、これから規定されるものである。徹底的な空虚は、空虚をすでに場所への途上にあるものと見なすことで避けられる。そうした空虚は前提とされてはいないし、宇宙論ないしは認識論の観点から必然的なものとして演繹されることなどなおさらない。これは、まず初めに――最初の場所としてではなく、場所そのものの最初の生成として――定立される。超越論的演繹論において定立された空間は、自らが個別的な場所を提供しうることを示すが、これと同じように、宇宙創生説の説明に見られる空虚は、やがて個別的な場所を規定することになるのである。空虚は〔個別的な〕場所に備えて準備をしている。これは条件付きではあるが、場所なのである。

いま述べた一連の考えを追求することで、私はその宇宙創生説上の裂け目を自分自身のとりとめのない考察で埋めていないのか。仮にそうだとしても、私は最初の哲学者、つまり作りかけの世界の膨大な前場所配置を示すことで場所パニックを避けようとした最初の哲学者ではないだろう。次章で私たちは、プラトンが似たようなことをやっているのを見ることになる。空虚に直面して、そして空間の演繹可能性がない場合に、場所へ回帰することはたしかに魅力的となるのである。

にもかかわらず、場所の永続的な前存在を確実なものとするための共同の（そして受け身である可能性が十分にある）ステップは別として、最終的には、まさに空虚そのものがある程度の慰めとなる。完全な空虚、事物のまったくない状態そのものに直面した場合でさえ、場所はすでに予示されている。これはすでに確認した。場所は暗い〈深淵〉の表面を形づくり、用地化する。場所がない状態を必然的な出発点と見なす、宇宙創生説という観点からすれば厳格な説明――あるいは混沌を起源に認めるもの――でさえも、場所のさまざまな源泉を欠いているわけではない。そうした源泉を完全に欠いているような説明には、居場所はない。空虚ですらも場所を生じさせる。つまりそれがいま、物体と場所を奪われている（言い換えれば、いかなる物体にとっても場所がない状態）としても、創造という仕事がなされてしまったあとであれば、そのとき、空虚は物体および場所双方に道を譲ることを約束するのである。

実際のところ、場所が重要だと見なされるあらゆる宇宙創生説上の契機（ただしここの契機は、何らかの厳格な年代の順に配列されてはいない）を反省するにつれて、われわれは異なる展望を経験し始める。これは創造された世界の前場所配置であり、現在も進行している場所設定である。実在する非存在であろうと、宇宙への途上にある混沌であろうと、創造の各段階の規則だった進展であろうと、宇宙創生は、場所を起源において創造（ないしは発見）するのであり、だからこそ、それは場所の創造になるのである。宇宙《コスモス》と場所《トポス》は場宙の生成において結合する。

シュンザグの妻に対する質問、「いつまで踏みしめる場所なしで生きなければならないのだ」は、「初めは〈大地〉も〈空〉もなかった」ときに発せられた。しかし、大地と空とが互いに分けられるやいなや――いつものように、創造が始まるやいなや――シュンザグに対する答えは明々白々となる。「正しい場所――最初の場所――を訪問しさえすれば、踏みしめる場所はあるわよ」と。アリストテレスが「時間は終わらないであろう」(57)と私たちに保証してくれたように、シュンザグは確信できるのである。場所を欠くことはないと。

第2章 母胎を支配する――『エヌマ・エリシュ』とプラトンの『ティマイオス』

遠くて、きわめて深いもの、誰がこれを見つけることができるのか。

――伝道の書七・二四

[マルドクは] 無限の距離を見渡そうと空を横切った。彼はアプスーの上に立った。このアプスーは、彼が今、測定し、印をつけながら見渡した古い裂け目の上に、ヌディンムドによって建てられたものである。

――『エヌマ・エリシュ』

それ以前、これらすべてのものにはまだ比率も尺度もなかった。……この普遍宇宙の秩序づけが試みられたとき、それらの本性はそうした状態であったので、神が形や数を用いて、それらに明確な輪郭を与えることから始めたのである。

――プラトン『ティマイオス』53b

誰もが場所は何ものかであると言っている。しかし[プラトン]一人だけが、それが何であるのかを言おうとしていた。

――アリストテレス『自然学』第四巻

1

空虚というパニックを生み出すアイデアはつねに(あらかじめ)場所の問題だということ――それゆえにパニックを引き起こす恐ろしい無性、つまり徹底的な、場所がない状態に還元することはできないということ――を受け入れるやいなや、私たちは第二の主要な問題に直面しなければならない。これは、不安を軽くする方法としてその空虚を埋めるというだけではなく、何よりもまずその空虚を支配するような傾向である。支配するとは、そもそも生み出すということではなく、すでに生み出されたものをコントロールし形づくることである。これはやはり創造の問題である。少なくとも『創世記』で用いられているヘブライ語の bara に本来そなわっている創造の意味ではそうなのである。というのもこの語と語源的に同じ意味には、(たとえば矢の先端を）「刻む」あるいは（たとえば死骸を）「切り裂く」等が含まれるからである(1)。ここで問題なのは、無からの創造――前章で明らかになったように、問題を孕むと同時にまれである――ではなく、与えられたものからの、つまり「所与からの」創造である。しかし空虚は内容をもつということ、つまり何ものかが空虚自体の内に、そして空虚と共に（さらには空虚自体として）すでに与えられているということを進んで認めるのであれば、いかにして創造活動は進展していくのだろうか。

　前もって与えられているものとは、通常であれば物質的だと、つまり物質《マター》の問題だと考えられる。しかし古代の伝統的な宇宙創生説では、「質料《マター》」は変えようのない何か――つまり規定され耐久性のある「質料的対象」という形で、例外なく自然物理的なもの――を意味するのではない。逆に質料は母胎「マトリックス」を意味する。質料と母胎は語源を同じくし、母胎は確かに何らか質料的である（たとえその構成において完全に規定されたものではないにしても）。この語には「子宮」ないしは「胎内」という意味もあり、こうした意味だと、母胎は創造された事物の発生体である。つまりそれらの母親《マテール》ないしは質料上の前提条件なのである。母胎はこうしたものとして、創造という過程の中でもっと細かく規定されていくことになる事物を形成する局面である。生殖力のある母胎に対して、創造活動の仕事は、母胎自身の中にある形成されていないもの、ないしは形成以前のものを工作し、形づくり、究極的にはコントロールすることである。創造活動はせいぜいのところ、母胎を支配するということになるのである。

　混沌が場所であるということはすでに示したが、まったく同じように宇宙創生説上の母胎も場所である。厳密に解剖学的な意味を越えて、母胎は「何かが生まれ、作られ、発展させられる場所ないしは媒体」、「発生および成長の場所ないしは点」を意味する。母胎という質料において、場所は依然として中心的なのである。すぐ前で引用した定義は『オックスフォード英語辞典』のものだが、この定義は少なくとも十六世紀中頃までさかのぼることができる。しかし『創世記』といったテキストは、「〈暗黒〉が〈深淵〉の表面にあった」というように、混沌でも空虚でもなく母胎という状態を記述することから始まっており、この点を考えると、その定義はもっと古い時代にさかのぼることができそうである。宇宙創生説上の最初の契機として、暗い〈深淵〉は質料的、もっと正確には元素的な母胎なのである。世界は、水のような性質をもち、「包み込み、囲い込む塊」（これは『オックスフォード英語辞典』による「母胎」のもう一つの定義である）から始まる。すなわち世界は、存在する事物、生まれ来る事物を生み出す母胎としての「水」から始まるのである。

　さらにさかのぼることもできる。ヘブライ語で「深淵な「水」」を意味するテホムはそれ自体、ティアマトに由来する。

この語は、『エヌマ・エリシュ』、つまりハンムラビ大王の時代（およそ紀元前一九〇〇年）以前にさかのぼる創造神話のまさに最初のところで語られている、原初的な大洋の力を意味するメソポタミア語の固有名である。ティアマトは遠い昔から元素的な母胎としての場所に存在しており、それゆえに創造活動は彼女があらかじめどっしりと存在していることを前提として始まらなければならないのである。

天空も、大地も、高さも、深さも、名前もないとき
アプスーが一人だったとき
甘い水、最初の男親、そしてティアマト
苦い水、そして子宮、彼女のムンムへと戻る
神々が誰もいなかったとき——

甘さと苦さが混ざり合ったとき
草地は織りなされず、い草は水をぬかるみにはしておらず
神には名前もなく、本性もなく、未来もなかった。そのとき
アプスーとティアマトから
その水のなかで神々が創造された。その水のなかに泥沼が作られた(2)。

『創世記』とは違ってバビロニア語のテキストでは、大地、さらには「形なく空虚である」大地さえも述べられてはいない。神は——もちろん大文字の〈神〉もヤハウェも——まったく見られず、神が創造を引き起こす言葉などなおさらである。名前を欠いたこの光景において、誰も「光あれ」とは言わないのである。

他方で（そしてここではヘシオドスの『神統記』とは対照的に）(3)、『エヌマ・エリシュ』には最初に混沌がないし、天空と大地との間の最初の分離も一切ない。存在するものといえば、水、つまり塩水の「ティアマト」と淡水の「アプスー」という二種類の水である。ムンム、つまり根源的な霧でさえも、水である。すべては水とともに／において始まる。神々自身、この水から創造される。つまり創造は創造者なくして生じるのである。創造は、分離という決定的な活動から生じる代わりに、水の感知不可能な融合によって生じる。つまり、元素的な混合状態へと融合することから、すべては始まるのである。というのもアプスーとティアマトは神の名前というよりも原初的な場所の名前だからである。それらは宇宙創生説上の場所の名前なのである。「苦い水」と「甘い水」は別種の場所である。両者が混ざり合ったとき、それらは、個々の神々の場所も含めた、より特殊な場所にとって共通の場所——母胎——を創造する。

混ぜ合わされた水の中で凝結した沈泥の塊は、アプスーとティアマからなる母胎から何かが生じるための最初の確固とした場所であり、これによって最初の四人の神々が名づけられることになる。場所と名前とはここでは同時である。

ラームとラハムとが名づけられた。
彼らはまだ年老いてはおらず
背丈も伸びてはいなかった
アンシャルとキシャルとが彼らを追い越したとき
空と大地の線が、地平線が雲を沈泥から分離するべく触れあう所に引かれた(4)。

沈泥、「原初的な沈殿物」(5)という場所から、大地と空との分離が生じる。ラームとラハムは(前者が男で後者が女であるという点を除いては)名前も含めてほとんど区分できないのだが、彼らはアンシャルとキシャルというもっとはっきりとした形で違いのある人物に追い越される。彼らはそれぞれ、空の線の神と大地の線の神である。空から大地を分離するというのは比較的遅れて生じるが、この分離はすでに他の物語――非常に有名なのは『創世記』において見られる分離であり、そこで神は「蒼穹の下にある水を蒼穹の上にある水から分離した」――で見た天空と大地との分離と同じである。ところが『旧約聖書』の説明とは違い、『エヌマ・エリシュ』では明らかに、地平線の性質がアンシャルとキシャルという固有名詞に取り込まれている。このことは、撞着語法の観点から、これらの神が、「地平線が雲を沈泥から分離するべく触れあう所」で見いだされることに注目すれば分かる。撞着語法は正当である。地平線はすべて、結合すると同時に分離する。とくに陸地の果てに見られる地平線は、同一の包摂空間に見られる二つの連続的な領域として、大地と空とを一緒に保持しているし、同時に決定的に異なる領域としてそれらを分け隔てているのである。

アンシャルとキシャルとが実際のところ決定的に異なる場所であることは、これら二人の神が具現化している大地/空の区分を、すぐ後に続く世代が反復していることによって確かめられる。アンシャルの息子アヌは、「空っぽの天空」の神であり、彼はヌディンムドｰエアを生じさせた。ヌディンムドｰエアは甘い水と叡智の神であり、「天空界よりも広大」(6)である。ヌディンムドｰエアは、今度は、自らの水性の祖先であるアプスｰを殺す。それはアプスｰがティアマトとともに、彼らのもとに生まれた騒々しい神々を破壊しようと企んだときであった。アプスｰを殺すにあたりエアは、「混沌のとぐろを巻いた身体の深さを測り、これに対抗して宇宙の技巧を考え出した。」(7)そのとき、『トｰテムとタブｰ』を書いたフロイトにとってはごく自然な行為なのだが、ヌディンムドｰエアはアプスｰの記念塔を建てるのである。

エアはアプスｰを縛り上げ、彼を殺した。……自らの勝利が決定的になった今、彼は深い平穏の中で休み、自らの神聖な宮殿で眠った。その裂け目、隔たりの上に、彼は自らの住居と聖堂を構え、そこに彼は妻ダムキナとともに威厳をもって住んだ(8)。

「宇宙の技巧」は、ここで、エアの聖殿、最初に建てられた居住場所という形で現れている。建築物そのものは裂け目の上に立てられるが、まさにこの事実によって、これはアプスーに捧げられた記念塔なのである。セム語のapsuはシュメール語のabzuに対応し、後者は「深遠な裂け目」、「大洋」、「最も外側の限界」を意味する。裂け目の上に建てるということは、混沌から宇宙を創造するということに止まらない。これは、構造をもたない質料的な母胎から、構造をもった、あるいは「工夫された」場所をもたらすこと、これによって母胎そのものを追悼することなのである(9)。

創造の究極的な建築者であり、ティアマトに罰を与えるマルドクがエアとダムキナから生まれたのは、この同じ裂け目という母胎からである。

> その部屋で、生まれ来るものがあらかじめ決められる決定の場所で、彼は生まれた。最も有能なもの、初めから活動している最も完全なものが生まれた。
>
> その深い裂け目で彼は生まれた。マルドクはアプスーの奥深くで作られた。マルドクは神聖なアプスーの奥深くで創造されたのである(10)。

裂け目において生まれるということは、創造の母胎において——「生まれ来るものがあらかじめ決められる」「その部屋において」——生じることである。この母胎としての裂け目の深さは、ティアマトの深さ、つまり彼女の子宮の深さ（ティアマトは連続的に新しい神や怪物を生み出している）や大洋としての存在の深さ（ティアマトというのは、字義通りには、水の広がり、海、湖を含む「原初的な水」を意味する）と共鳴関係にある。「ティアマトのとぐろを巻いた身体はあまりにも深く、その深さを測ることはできない」(11)という点でシュメールの神々は同意している。

ティアマトのとぐろを巻いた身体——彼女の厄介な大騒ぎ——はあまりにも深く、その深さを測ることはできない。だからこそマルドクは彼女に対して反乱を起こさなければならないのである。というのもマルドクは測定可能な深みのみを扱うことができるからである。それゆえに彼がティアマトと対決することは、あらかじめ運命づけられている。すなわち両者の違いは文字通りに宇宙的なのである。この対決そのものは、「彼がその〈深淵〉を細かく調べながら、彼女を測量する」(12)ときに生じる。彼は彼女を、決して対象にはなりえず、究極的には彼女と同一視されるものを調査することに巻き込みながら、測量する。つまり、彼女を支配の対象とするのである。まさに一定の形をもたない非対象として、つまり彼女自身〈深淵〉として、ティアマトは宇宙戦争で征服されうるのであり、そこでは構成されていないものに対する建築上の勝利、母胎の支配が主張されるのである。仮にエアがこの宇宙創生説における最初の建築者――「archi-tect」は「最初の建造者」を意味する――であれば、マルドクは最上の建造者なのである(13)。

　マルドクは戦闘においてティアマトを残忍に押しつぶすことで、自身が母胎の支配者であることを示す。彼が「矢を放つと、それは彼女の腹を裂き、内臓を貫き、子宮を切り開いた」(14)。マルドクの矢、彼の男根のシンボルは、子宮である母胎へと侵入する。つまり死が生命の座へと到達するのである。有機的な母胎、発生の泉を破壊することによってのみ、建造という非有機的活動はなされうる。ポール・リクールがマルドクについて注目しているように、「無秩序が敗北するのは無秩序によってであり、最も若い神が秩序を確立するのは暴力によってなのである」(15)。

　最上の建造者として――「土地の主」として、「太陽の息子」(16)として――マルドクは何かから構築しなければならない。決して無からの構築ではない。彼は建築材料をティアマトの殺された身体の内に見いだす。彼女の身体がもつ深さが、文明化した宇宙の資源となるのである。

> 主は手を休め、〔ティアマトの〕巨大な死体をどのように使おうか、その死体から何を創造するべきかを考えながら、それを眺めていた。彼は二枚貝の殻のようにそれを二つに引き裂き、上の半分で蒼穹を構築し、閂を通し、水が決して流出しないように水の番人を置いた(17)。

この暴力行為――これはまさにbarā、すなわち切断という形で生じる――において、マルドクはアンシャルとキシャルとの最初の分離を、空を海から分ける地平線ないしは閂を創造することによって繰り返している。「水の番人を置く」ことは、宇宙規模の境界線を置くことによって水を境界づけることへの決定的な一歩を踏み出すことである。そうした境界づけは、「蒼穹」、つまり空をそれ自身の領域へと仕立て上げる弓のような外側の限界の創造と同じように、その力によって場所を作ることである。この新しい場所設定のおかげで、もはや広々とした空を「アヌ」と、地上と天空とが共有する地平線を「アンシャル」と「キシャル」と呼ぶ必要はない。原初的な要素から神への発展は、もはや神話的な名前を必要としない宇宙の場所に移行したのである(18)。しかし物語は続く。

> 彼は無限の距離を見渡そうと空を横切った。彼はアプスーの上に立った。このアプスーは、彼が今、測定し、印をつけながら見渡した古い裂け目の上に、ヌディンムドによって建てられたものである。
>
> 彼は広大な蒼穹を引き延ばし、エ・シャラ、すなわち地上の建物に例えれば、〈大神殿〉を造営した。そしてアヌ、エンリル、エアは各々、自らにふさわしい場所を得た(19)。

この叙事詩で先に述べられていた神々の創造、すなわち厳密な意味での神々の系譜に続き、われわれはいまや、神々のための場所、すなわち彼らに「ふさわしい場所」の創造に出くわすのである。マルドクの行為を通じて、神々は「自らの場所を割り当てられる」(20)。もう一度、場所の創生が宇宙の創生に引き続いて起きるのである。この場所をめぐる活動の条件として、裂け目の「無限の距離」が見渡されなければならず、「広大な蒼穹」は引き延ばされなければならない。引き延ばすということは、目で見渡すということと実質的には同じことである。いずれの場合にも、あるものの全範囲は、circumspection の字義通りの、つまり周り（circum）をよく見る（spection）という準備的な行為によって、前もって精査され、言うなれば「寸法を測られる」のである。これをするためにマルドクは、引き延ばし寸法を測るための安定した位置を確立しなければならない。そうした位置は、マルドクが「アプスーの上」、つまり裂け目の上だと思っている地点に見出される。彼がそこに立つことは、実際のところ二重の意味をもっている。すなわち第一に、エアの住居や聖堂の上であるということ。第二に、元素的なアプスーである「古い裂け目」の上であるということ。そしてそこから、その無限の広がりは測られたのである。

ここでは見渡すこと以上のことが問題である。マルドクはまた、裂け目を「測定し、印をつける」ことによって仕事に取りかかっている。彼は測量に、すなわち空間的であり、同時に時間的である計測へと移っているのである。

> 彼は空に、ひときわ目立つ〈偉大な神々〉のための場所を設けた。彼はその神々に、星座という星の形を与えた。彼は一年を測り、始まりと終わりとを与え、十二の月の各々に対して三つの新星を与えた(21)。

神々が空間的な位置を与えられるのと同じように、時間的位置もまた区分けされる――そうした位置は、何よりもそれぞれの周期をもつ太陽および月によって描かれる(22)。こうした位置（これらは実際に見ることができ、数えることのできる場所である）に加えて、マルドクは新しい世界に基本的な方向性を与えた。「彼女〔ティアマト〕のあばらを通って、彼は東西に門を開き、それらの左右に強力なねじを付けた。そしてティアマトの腹部高くに、彼は天頂を据えた」(23)。全体の景観が、ばらばらにされた〈深淵〉〔ティアマト〕から引き出される。

> そのあとでマルドクはティアマトのことを考えた。彼は苦い海から泡をすくい取り、積み上げて雲とした。こうしてティアマトの唾は、湿った波のしぶき、風、冷たい雨になった。
>
> 彼は自らの手で、その蒸発していく霧から雲を広げた。彼は水〔ティアマト〕の頭を、力を込めて押さえつけ、その上に山を築き、あふれ出る泉の穴を空けた。ユーフラテス川と

チグリス川は彼女の両目から流れ出ていたが、彼は彼女の鼻孔を塞ぎ、その水源を制御した。
彼はティアマトの乳首の上に立派な山を築き、深い水源を導くための泉を掘りぬいた。そして頭上高くで彼は彼女の尻尾を弓なりに曲げ、天の車輪につないだ。くぼみが彼の足もとにあった。天とくぼみの間にあったのは、股、すなわち空の支柱であった。いまや大地は基礎をもち、天空は自らの覆いをもった(24)。

マルドクはここで、地球の地勢図そのものを、つまり地球の大気および地形を、ティアマトの巨大な身体から創造する。根源的には海の領域であったもの、つまりこの巨大な身体は、創造された大地へと置き換えられ、変形させられるのである。その大地とは、もはや裂け目に浮いてはおらず、ついに堅固な「基礎」を与えられるのである。

マルドクによって創り出される最後の二つのものは、人間と彼らの住む場所である。後者が前者よりも前に創造されるということは印象的である。家が人間であることの前提条件であると言わんばかりである。エアは神殿、そしてとりわけバビロンの都市の建築者として描かれる(25)。そのあとで人間は、ティアマトの第二の配偶者であり、彼女の怪物のような力を操るキングを犠牲にして得られた血から創造される。マルドクが、創造する神であるという最も強い主張をするのは、まさにここである。

血を血へ私はつなげ
血を骨へ私は形づくる
最初のもの、その名前は〈人〉である。
原始的な人を作ったのは私であり、それは私のものである(26)。

所有欲が強く、かつ自画自賛的なこの宣言——そして以前に言われた、これと似たような他の宣言(27)——にもかかわらず、マルドクは創造する力という点でまったく万能というわけではない。彼はたしかに何ものかを創造する。しかしそれは、無からの創造ではない。人類、すなわち彼によって創造された存在《エンス・クレアトゥム》は、以前に存在した神の血から創造される。ここでさえ彼は、「質料に形を与えた」(28)にすぎない。マルドクは質料を、質料のない無から生み出すのではない。「ティアマトによる騒乱の残滓、殺された神々の死骸から彼は人間を作った」(29)のである。すべてはティアマトの身体から、つまり創造の根源的な質料である身体から創造される。

ティアマトの身体は根源的であるだけではない。それは無尽蔵であり、したがって創造の過程において完全に使い尽くされてしまうことはない。『エヌマ・エリシュ』の最後の最後で、和解の祈祷は次のように祈っている。

彼女の命は先細り、縮まるがいい。
これから先のひとびとが、月日を重ねていく間に、
彼女は遠く身を引き、引き止められることなく、
とこしえに遠ざかるがよい(30)。

ティアマトは創造が行われている現在の舞台からは「消え去って」しまったのかもしれない。彼女の完全な身体は生き残ってはいない。しかし彼女は完全に征服されてしまったのではない。彼女の与える質料、彼女の母胎は存続している。創造の後に続く行為はどんなものであれ、これを利用しなければならないだろう。

『エヌマ・エリシュ』の英訳者であるサンダースは、次のように主張した点でまったく正しい。すなわちこの叙事詩において、「質料は永遠である。そしてティアマトとアプスーは、彼ら自身の内から、宇宙全体の、すなわちよりいっそう複雑なものへと展開する宇宙の質料を提供するのである。」(31) しかしここから、「バビロニアの詩には、厳密に言って、創造はまったく存在しない」(32)とは言えない(サンダースはこう考えているが)。サンダース自身の翻訳から十分うかがわれたように、創造は生じているし、実際、連続的に、その詩を通じて起きているのである。しかしながら創造そのものは、二つの制約に従わなければならない。第一に、それはつねに何ものかからの、つまり質料的な母胎(そしてとりわけティアマト自身の身体)からの創造である。第二に、根源的には諸々の場所の創造である。創造された世界が「さらに複雑なもの」へと展開していくことは、その世界がますます人間にとって住みやすくなりながら、よりいっそう個別的な種類の場所へと展開していくことなのである。

実際『エヌマ・エリシュ』は、大きく三段階の創造を提示しており、それらはいずれも、独特な形で場所と関わっている。(一)初めに提示されるのは、親密なつながりをもつ二つの液体、つまり甘い水と苦い水とからなる水の世界である。この水の混合物から、初期の神々が生じる。すなわち空と地上の間の地平線の神々、大地の水の神、そして空虚な天空の神である。神統系譜論は、アプスーとティアマトとの親としての交わりという根本的なシーンから諸々の領域が分化していくという形で生じる。(二)神々の間でエディプスコンプレックス的なドラマが演じられるとき、抗争や争いの場所が続いて生じる。(三)最後に、宇宙自体の創造が、創造の場としてのティアマトの大きな死骸において、そしてそれを通じて生じる。マルドクは、自らの宿命的な役割を「宇宙の王」(33)と想定しており、秩序ある宇宙を、すなわち神々と天体、大地と人間といったすべてのものが自らにふさわしい場所をもつ宇宙を構成する。彼は念入りに裂け目そのものの上に建物を建てるが、まさにこの事実によって「彼の栄光は裂け目に触れた」(34)のである。彼はそ

の裂け目を、個別的な場所を充満させることによって埋める。『エヌマ・エリシュ』を通じて、場所は事物を生み出す母胎の役割を演じる。たしかにこのテキストでは、一度「空虚」に、二度「混沌」に言及されているが、これらはそれぞれ、すでに生じたものを回顧的に解釈する場合のことである(35)。実際に生じるもの、すなわち場所として現れるものは、母胎という形で、より厳密に言えば、「母胎としての場所」という形で存在するのである。この宇宙創生説の始まりにおいて厳密な空虚は一切存在しないが（問題となっている空虚は、いまだ存在しない大地との関係において空虚なのであり、水はすでに実在する）、それと同じように真の混沌も存在しない。ティアマトは流動体ではあっても混沌ではない。そして彼女は、マルドクによって打ち負かされた場合を除いて（！）(36)、無秩序に存在しているわけでもない。彼女は彼女なりに、秩序をもった存在である。つまり、マルドクによる最終的な形成活動の結果、宇宙、すなわち秩序づけられた世界を生み出すのに十分なほど秩序をもっているのである。

　秩序、とりわけ場所という秩序は母胎においては発生途上である。原初的な水の段階だけではなく、争いと創造というそれに続く段階においても、場所は母胎として存在している。実際、創造自体がまさに破壊という場所において、つまりマルドクがティアマトを殺した血なまぐさい場面において現れているのである。「創造的な行為とは、区分し、分け隔て、計測し、そして秩序づけることであり、最も古い神々の生命を終わらせるという犯罪的行為と切り離せないのであり、神聖なものに特有の神殺しと切り離せないのである。」(37)この宇宙創生説の最終段階において、二つの以前の母胎、すなわち元素的な母胎と破壊的な母胎とが、ティアマトの死体によって提供された質料から見事に秩序づけられた世界をマルドクが構成する場合に特有な、構造のしっかりした母胎へと移行する。ティアマトの子宮という母胎からは、男女の神々、怪物などが生まれたが、この過剰産出は、マルドクの男根による産出の場合には人間および建造物の過剰な作製に取って代わられる。持続的な出産は、勤勉な建築上の秩序づけに道を譲るのである(38)。空虚ないしは混沌に代わって、あらゆるところに充満と場所とが、場所の充満が、そして事実、場所という充満が、よりいっそう具体的な母胎の上昇系列として編成されつつ存在するのである(39)。

　そして最後には、再演の場所が存在する。というのも『エヌマ・エリシュ』はバビロンの新年祭の始まりに朗読されたからである。これはバビロンであればどこでも朗読されたというものではなく、「特別な場所、神マルドクの塑像が一年を通じて存在する彼の奥の部屋ないしは最も神聖な場所において」(40)朗読されたのである。この部屋は、アプスキナ、すなわち〈運命の部屋〉と同一のものと見なされた。ここでマルドクは、「宇宙の偉大な支配者」(41)として賛美されたのである。アプスキナもまた、母胎、すなわち再演の母胎である。完全な形の儀式では、役者たちはマルドクとティアマトとの戦いを上演し、そこで司祭は次のように叫ぶ。「マルドクがティアマトに勝ち続け、彼女の寿命を短くし続けんことを！」この儀式化された演技では、原初的な対決の単なる再演ないしは回想以上のものが問題となっている。再現された戦いは、世界が新しい年へと移行しているときに、世界を、混乱以上に過激な、危険の多い前秩序あるいは無秩序の状態から、秩序ある新たな状態へと連れ戻したのである。エリアーデが注目するように、

創造のこの祝典は、実際には宇宙創生説的な行為の再現実化である。二手に分かれた俳優が交わす戦闘は……宇宙創生説を［再び］現実化した。神話上の出来事はいま一度、現前するものとなったのである。……その戦闘、勝利、そして創造は、その瞬間に、その場で、生じたのである(42)。

これに対して、われわれは次のことだけを付け加えればよい。すなわち、その現実化された出来事はまた、その場所で、つまりバビロンにあるマルドクの奥の部屋で生じたのである。ティアマト自身の実り豊かな身体と同じように、この部屋は、単に破壊と創造の舞台としてではなく、持続的に再生するための子宮として機能するのである。生み出す力をもつものと建築的なもの、根源的な母胎と最上の建造者は、こうしたとき以外には、とても激しく敵対するのであるが、再演が行われた共通の部屋においては力を合わせたのである。

2

マルドクとほとんど同じように、プラトンの『ティマイオス』におけるデミウルゴスには、そもそも手に負えない空間を、飼い馴らされた諸々の場所からなる一つの圏域へと作り替えるという、危介な責務がある。まさにマルドクと協同するかのように「男性的な」、プラトンの力の形象は、激戦の勝敗を分けた幾本もの矢を、幾何学に属する直線へと置き換える。しかし、両者の例において、前宇宙的な「女性的な」身体は、創造の源泉であると同時に限界でもあり、それが揺るぎないものとしてあらかじめ実在するということは、介入する神が全能とはほど遠いことを示している。両者の叙事詩はともに、創造がただ一定の周りの状況――厳密には、初めに与えられているような世界―身体の重みやかさの内で具体化される周りの状況――の下でのみ行われるのだということを明らかにする。創造は、この身体の内で、この身体とともに行われるのでなければならない。プラトンはこの身体を〈必然〉(anankē)――そしてまた、〈空間〉(chōra)――と名づける。

とすれば、空間は最初に、創造の行為が生じる前でさえ、そこに存在しなければならないものである。この点で、プラトンはただ、先の説明においてわれわれがもっともだと見なしたこ

とに形式を与えているだけである。そこでわれわれがもっとも重要だと見なしたこと、それは、創造が行われるためには、あらかじめ実在する諸々の空間（つまり、諸々の場所や領域）が必要だということである。というのも、およそ存在するようになるものはすべて、「ある一定の場所の内で存在するようになる」(43)のでなければならないのだから。そのような空間的な必然性に比べて、時間はその地位という点では副次的である――それは単に、天体の円運動の軌道を守るためにデミウルゴスによって作り出された「永遠の動く映像」(44)にすぎない。『エヌマ・エリシュ』の第一連においてと同様に、時間はプラトン的な普遍宇宙《ユニヴァース》の原初的な状態にとって本質的ではない。両者の場合ともに、時間は、創造の場面に別個に後で付け加えられたものなのだ。何よりもまず第一に重要なのは、空間の運命、そのそもそもの身分、それが辿るその後の変遷である。

デミウルゴスがそこからはじめなければならないあらかじめ与えられた空間を指示するために、プラトンもまた「〈受容者〉」という語を用いている。「あらゆる〈生成〉の『養い親』」(45)として、〈受容者〉は、ティアマトに劣らず深く肥沃である。そして、それはまた劣らず母性的でもある。というのは、神話的かつ哲学的な存在者は、創造が、子宮への回帰、〈自然〉(phusis)そのものの子宮への回帰を伴うことを要求するからである。男根《ファルス》に由来する、デミウルゴスの父性的な行為が生じる――母胎の内部で生じる――のは、「母」(46)として解釈された〈受容者〉を介して、かつ〈受容者〉の内でなのだ。それはそもそも決して自分自身の特徴を捨て去ることがない。というのは、それはつねにあらゆる事物を受容してはいるものの、どんな仕方であれ、そこに入ってくるどんな事物に似たどんな特徴をも帯びることが決してないからである。つまり、本性によって、それは万物のための母胎としてそこに存在し、そこに入ってくるさまざまな事物によって変化させられ多様化されるのである(47)。

しかしながら、プラトン的な母胎は、厳密な意味で物質的なのを特徴とするわけではない。それは物質的性質を帯びてはいるものの、それ自体が物質から構成されているわけではない。これらの性質を提示したり反映したりするものとして、それは自然物理的事物そのものというよりも、自然物理的なものの鏡のようである(48)。それは自分自身の性質をもたない。というのも、もし仮にそれが性質をもつとすれば、それはそれを占める事物のさまざまな性質をまとめて受容することはできないだろうし、それらの性質を忠実に反映することもないだろうから。「自分自身の内にあらゆる種類のものを受容できるようなものは、あらゆる特徴から自由でなければならない」(50e)。したがって、われわれは、受容的な母胎を水のようなものとして特徴づける――たしかに、『エヌマ・エリシュ』の冒頭や『創世記』を見ると、そうする気が起きなくもないが——ことさえできない。実際、四つの元素的性質のどれもプラトン的な母胎を特徴づけるとは言えない。「目に見えるか、さもなければ可感的になったものの母親もしくは〈受容者〉を、土、空気、火、水と呼ぶべきではない」(51a)。シュメール的な母胎や旧約聖書の母胎が明らかに元素的なものだとしても、このことはギリシアの例ではもはやありえない。先元素的なものとして、〈空間〉あるいは〈受容者〉は「目に見えず特徴のない自然」(51b)である。とはいえ、〈受容者〉は空虚でも場所の欠如でもない。

〈受容者〉であって〈空虚〉ではない。『ティマイオス』でのプラトンの第一の論敵は古代〈アトミスト〉たちであり、彼らは、周囲環境の空っぽの空間(kenon)内部の散在した物質の小片の相互作用によって宇宙創生が起こると主張した。空っぽの空間そのものは、あらかじめ規定された経路を何らもたないし、ましてやそれ自身のいかなる性質ももたない。それは場所や領域をもたない。根源的な仕方で場所を欠如していることにおいて、私が「徹底的な空虚」とか「場所がない状態」と呼んでいたものになりうるとまず考えられるのが、このような空間である(49)。このモデルとは対照的に、〈受容者〉は豊かに充実している。〈受容者〉が知るただ一つの空っぽの状態は、それを充たすことになるさまざまな規則正しい形象の縁にある微小な隙間という形態で生じる(50)。こうした〈受容者〉そのものの外部にも(というのは、〈受容者〉の外部には何もないから)内部にも、端的な空状態はない(51)。

場所を欠如していない〈受容者〉。〈受容者〉は、「異なる時には異なる性質をもつように現れる」(50c;強調引用者)。現れることは、そもそも現われの場所を必要とする。言葉を変えて言えば、〈受容者〉は、たとえそれ自身の場所をもたない(つまり、〈空間〉そのものであるために、さらにある程度まで延長した空間の内には所在化されない)としても、さまざまな可感的性質に対して場所を差し出すのである。『エヌマ・エリシュ』における事物の初めの状態が場所を提供するのとまったく同様に、〈受容者〉は場所を贈り与え、そのことによって、「存在へと至るあらゆる事物に対して状況[hedran]を提供する」(52)。そうした場所の提供が生じるのには、形式的な理由と実質的な理由の両方がある。

(1) 形式的には、可感的性質でさえも(ましてや、それが宿ることになる物質的物体はなおさら)、どこかで提示されなければならない。F・M・コーンフォードは次のように指摘する。「〈受容者〉は、「それから」[ex hou]事物が作られるものではない。それは、うつろい変わるさまざまな映像《イメージ》が鏡の内に見られるのと同様に、「その内で」[en hō]性質が現れるものである」(53)。プラトンはここで、アルキュタスが言ったのと同じことを繰り返している。そして、プラトンが次のように言うとき、彼はアルキュタスをパラフレーズしているようにさえ見える。すなわち、現われだけでなく、「存在するどんなものも、必ず何らかの場所の内に存在し、いくらかの余地を占めるのでなければならない……地上あるいは天上のどこにも存在しないものは何でもない」(52b)。それゆえに、ある種の場所はつねに手近に——そして、すでに〈受容者〉そのものの内部で手近に——存在するのでなければならない。しかし、これはどんな種類の場所なのか。

われわれは、ティアマトの身体とは対照的に、〈受容者〉が、厳密な意味で物質的な、創造の場所ではありえないということをたったいま見たばかりである。その場所とは、マルドクが「彼女の乳首の上に立派な山を築き、泉を掘りぬいた」ときに問われるような類《たぐい》の自然物理的な境域のことである。本質的に特徴を欠くため、〈受容者〉が山や水たまりたとえられるような性格を包含することはありえない。それは、「土」とか「水」と称されてはならないだけでなく、プラトンが抜け目なく付け加えているように、「それらの合成体や構成要素のいずれか」(51a)からなるのでさえもない。では、それは何からなるのか。答えは諸々の領域、つまり、その内で、元素となる可感的なものが瞬間的に集合をなして寄り合うような原初的な地帯である。似たものは似たものを求めるという宇宙論的規則によって、これらの性質の集合は原始的な領域へと寄り集まる。

> 水や火に似たものにされ、土や空気の特徴を受容し、これらの特徴にともなう他のあらゆる触発によって性質を規定されることで、いまや〈生成〉の養い親は、あらゆる種類の多様な現われを目に見えるものにした。しかし、この〈生成〉の養い親が、互いに似てもいず均等にならされてもいない力で充たされていたので、そのいかなる領域の内にも均衡はなかった。それどころか、それは至るところで不均等に揺さぶられ、これらの事物によって振り動かされ、また自らの運動によって逆にそれらを振り動かしもした。そして、これらの事物は、そのように動かされることによって、絶えず引き離されては異なる方向へと運ばれた……。[〈受容者〉は、] 最も似ていない種類のものをお互いから最も遠くに引き離し、最も似ているものを最も近くへと押し集めて一緒にした。このことによって、異なる種類のものは、それらからなる秩序づけられた全体が存在するようになる前でさえも、異なる領域をもつようになった[54]。

この長い一節を引用するのは、プラトンの宇宙論においては、諸領域、あるいはもっと言えば、諸々の原領域が最初に生じるという事実を強調するためである。〈受容者〉が振り動かし「選り分ける」[55]作用は、似たものを似たもの同士の仲間内へと運び込むという点で、それ自体が領域化の作用である。つまりそれは、〈受容者〉の〈空間〉をその地位という点で領域に類するものにするのである。

（2）領域は可能性の単に形式的な条件なのではない。それは実質的な占有の場所である。コーンフォードによって「空間」と「領域」の両方に訳されたchōraは、たとえば穀物で充ちた畑や事物でいっぱいの部屋のような、占められた場所を暗示している。領域は、包含者と包含されるもの――アリストテレスが分離しておくよう主張する語――の両者を含意しており、われわれはそれを、「この領域」としてはっきりと指示することができる（その反面、プラトンが主張するように、われわれは、すぐに消えてしまうにすぎない可感的性質を「これ」として指示することはできない）。空間的《コーラ》な領域は、実体的ではあるが実体ではない。つまりそれは、事物であるというよりもむしろ、事物のための所在化の母胎なのである（56）。そのような領域は結局、空間的というよりもむしろ、場所的なものである――もし「場所」が、有限な所在化の状態を含意し、「空間」が、無限あるいは無際限な延長を含意するとすればの話だが。〈受容者〉は、空間を目に見えないものとしてとらえる近世の観念の概略を興味深い仕方で予示しているにもかかわらず、何にもまして場所設定の舞台にとどまっている（57）。

〈受容者〉は二度繰り返して場所を提供する。第一に、われわれがたったいま見たように、それは内的に領域化されかつ領域化する。この能力において、それは、さまざまなよく似た性質の集合「のために空間を明け」、それらに「ゆとり」を供与する（58）。この意味での領域とは原初的な地帯である――それらはすべて、フロイトによって同定された、性の心理的要素に対応する主要な「地帯」とあながち似ていなくもない。さまざまな性感帯が生ける身体の上に（あるいはもっとよく言えば、の内に）所在化されはするものの、そこではっきりと区分けされることがないのとまったく同様に、宇宙論的な地帯は、〈受容者〉の身体を構造化しはするが、厳密に境界を定められることがない（ある一つの領域の内で、似たものは似たものへと近づく。しかし、似ているということは程度の問題であって、正確には範囲を限界づけられない）。第二に、領域が開かれていて漠然とした状態であるため、場所《トポス》のよりいっそう特別な意味が必要となる。それはすなわち、場所《トポス》としての場所ということである。プラトンは、つねに空間《コーラ》と場所《トポス》を区別しようと気にかけているわけではないが、デミウルゴスによって構築された「第一次的な物体」について議論する段になると、まさにこの区別を必要とする。というのも、そのようなそれぞれの物体は、可感的性質や規則正しい幾何学的図形から形成されてはいるが、「ある一定の場所の内で存在するようになるような何かである」からだ（52a）――〔ある一定の場所の内でとは〕つまり、その容積ともどもその外形によって規定されたものとしての、それ自身の場所《トポス》の内でということである。しかし、この場所《トポス》の方はと言えば領域の内に所在化される。つまり、包括的ではあるが範囲を限界づけられた、空間的《コーラ》な空間の一部の内に所在化されるのである（59）。

空間《コーラ》が創造に先立つのとまったく同様に――それはデミウルゴスがさまざまな事物の図式に介入する際に出会うものであり、そこからこの図式の〈必然〉が生じるのだが――、個々の諸々の場所《トポイ》が創造の後に続く。デミウルゴスの創造の本分は、あらかじめ与えられた（そして、すでに領域化された）〈空間〉内部の個々の場所［topoi］の内での事物の布置と特定にある。

3

『エヌマ・エリシュ』でも同様に、創造の本分は、あらかじめ実在する諸々の領域から個々の場所を生産することにある。たとえ個別性の種類が二つの場合（『エヌマ・エリシュ』と『ティマイオス』）で異なるのが事実だとしても。つまり、シュメールの叙事詩においては、個別性は、建築や都市のような存在者に属し、単なる自然物理的物体には属さない。『エヌマ・エリシュ』が決定的な仕方で有限で歴史的である――最終的には、バビロンの創建に関わる――その一方で、『ティマイオス』は有限性を超え非歴史的であろうと目論む。その上、一般性の種類が二つの説明では違っている。つまり、初期のテクストにおいて提示される、前宇宙的な領域のもつ具象的な物質性（たとえば、甘い水と苦い水）は、ギリシアの創造話に出てくる純粋に受容的な領域に取って代わられる。とはいえ、領域の散慢さから場所の簡明さへと至る全面的な運動は、両者の説話の内に見いだされる――それぞれの場合に領域の概念を特徴づける、母胎の原型概念もまた然りである。

一方は二千年前に、他方は紀元前四世紀に編まれた二つの叙事詩の間のより深い差異は、別の点に見出される。それは宇宙創生説から宇宙論への移行である。創生が、『エヌマ・エリシュ』のような宇宙創生説の（cosmogonic）テクストの一貫した関心事であるその一方で、「生成」（創生 ***genesis*** をこう訳すこともできる）は、『ティマイオス』における三つの主たる関心事の一つにすぎない。要点だけまとめて言えば、これらの関心事とは、「〈存在〉、〈空間〉、〈生成〉――区別される三つの事柄」（52d）である。生成する事物（to gignomenon）は、その内でこの事物が生成するもの（to en hō gignetai）、つまり〈空間〉から区別されうる。他方、両者はともに、生成する事物の時間を超えた範型を与える〈形相〉から区別されうる。可感的事物が滅びゆくものであり、〈空間〉が「永続的な」(60)ものであるのに対して、〈形相〉は永遠である。〈形相〉が〈空間〉や〈生成〉と同じく始源的なものと見なされていることが明らかであるというただそれだけの事実でも、われわれがいまや神話《ミュトス》から論理《ロゴス》へと移動して、宇宙論の圏域に立ち入ったことを指示している。というのも、創造された宇宙がいまある姿であるのは、ただそれが論理《ロゴス》という恒久不変の構造によって貫かれている限りでのみだからである。そして、そのような宇宙《コスモス》についての適切な説明とは、「合理的な説明」（これはロゴスという語の基本的な意味のうちの一つだが）である。哲学はそのような説明を与える。そして、哲学が最も顕著に神話と異なるのはこの点においてである。たとえプラトン自身が『ティマイオス』を「もっともらしい話」（29a）以上のものとは見なしていなかったとしても、またたとえ現代の哲学者たちが彼の言葉を額面通りに受け取り、そのような説話の置かれた地位に絶望するかもしれないとしても(61)、それでもなお、『ティマイオス』によってわれわれが宇宙論への運命的な一歩を踏み出したことは否定しがたい。説明という点でただ単に「もっともらしい」（eikos）ものとはまさに、宇宙創生説に関わる事柄のうち、説明の内部で生き残るものである。それはたとえば、〈受容者〉の母胎としての地位、創造者の役割や行動、物語に準じた話の秩序づけ、物質的性質の強調といったものである。〈受容者〉は「至るところで不均等に揺さぶられ、これらの事物によって揺り動かされ、また、自らの運動によって逆にそれらを揺り動かしもした」（52e）、この部分を読みながら、これがティアマト自身についての記述だと考えてもほとんど差し支えはない（とりわけ、海蛇のような彼女の奇怪な姿に関して）。しかし、固有の名前がないこと——獰猛な「マルドク」は顔のない「デミウルゴス」にすでに取って代わられている——は、われわれが、異なる目的や異なる争点をもつ異なる種類の言説の内にいることのしるしである。〈受容者〉が、ティアマト自身とほとんど同じように、「水や火に似た」ものだと言われるとしても、依然として〈受容者〉のみがこれらの性質を受容し反映する。つまり受容者は、それが受容する性質によって本当に特徴づけられるのではないため、その外見通りのものではない。〈受容者〉は、そのような性質が現れる諸々の領域を前論理的な仕方で配列したものなので、たしかに怪物的で混沌としたもの、野生のままの感性に関わる物質のように見えるかもしれない。しかし、それは可感的なものではないし、もっと言えば、物質でさえない。デリダが指摘しているように、「空間《コーラ》はあらゆる規定を受容し、そうして「それらに対してある一つの」場所を与えるが、これらの規定のいずれをも固有のものとして有することがない。空間《コーラ》はこれらの規定を有し、それらをもつ（というのは、空間《コーラ》はそれらを受容するから）が、それらを固有性として有することはない。空間《コーラ》は固有のものとしては何も有さないのである」(62)。

それでは、結局のところ〈受容者〉とは何なのか。（字義通り「受容するもの」を表すdechomenonに加えて）そのギリシア語の名前の一つであるhupodochēという語が決定的な手がかりを与えてくれる。〈受容者〉とは、自然物理的な世界の内で現れるものの下に（hupo）横たわるものなのである。それは、根底に存する「諸々の領域の領域」——フッサールから概念を借りるならば（しかしながら、彼はこの概念を意識に適用したのであって、物質的な世界に適用したのではないのだが）(63)——である。それは、「そこから」（ex hou）事物が作られるもの（ティアマトがそうであるように）ではなく、その上で、事物（性質や力や運動、つきつめて言えば、知覚可能な事物）が現れ、位置を交換し、それらの場所を得るものなのである。それは、厳密な意味で、それ自身が異質なものを混在させるというわけではない（というのも、それは多様であるに十分なほど物質的ではないため）が、にもかかわらず、自然物理的な普遍宇宙《ユニヴァース》が異質なものを混在させる性格の根底に存し、この性格を可能にする。その激しい揺れのために、そこを占めるさまざまなものがこれからも絶えず場所を変えていくのは必至である。

あらゆるものは、こちらへあちらへと、それら自身の領域へと向かって自らの運動の方向を変える。というのも、それぞれのもの［第一次的な物体］は、その大きさを変えながら、その領域の状況をも変えるからである。その際に、このような仕方で、これらの方法によって、異質なものを混在させるあの性格が生じるために絶えず庇護を与えるものがある。そして、この性格が、これらの物体の絶えざる運動が止まることなく存在しかつ存在すべき状況を作り上げる(64)。

この一節は、〈受容者〉の原初的な領域でさえも、静止した確たるものでは断じてないことを明らかにする。というのも、特定の種類の物体の領域は、固定された区域とは見なされえないからである。もしそれがこのような区域であれば、物体は、安定したものに対してそうするように、そこによりかかりもするのだが。これが、「そのいかなる領域の内にも何の均衡もない」(65)と言われる所以である。実際、与えられた物体の一般的な領域も個別的な場所もともに、進行し続ける変異状態の内にある。このことは、「すべてを受容する（pandeches）」（51a）ものとしての〈受容者〉の特徴による。そして、すべてを受容するとは、あらゆる種類の変化を、つまり、運動、性質、量等におけるさまざまな変化を反映するということである。

そのため、〈受容者〉は、可感的世界の内で生じるあらゆるものを自分の子を産むようにして生み出す者である（しかし、その子を孕ませる者ではない）(66)。それは、（元素的な）領域や（個々の）場所の内に所在化されるあらゆるものを（その下で）支え、そのことを通じて、「存在へと至るあらゆる事物のために状況を提供する」（52b）。しかし、それがもつ相当な量の所在化の力にもかかわらず、〈受容者〉は、何でもないただの宇宙論的な「これ」の指示対象に止まる。結局のところ、〈空間〉の〈形相〉はないのである(67)。

奇妙な獣、半分だけ純血の雑種、この〈受容者〉。それは、所在化するものであると同時に、それ自体は所在化されないものでもある。それは、恒久不変であるが目に見えないもの、根底に存するが非実体的なものである。プラトンは、それが「感覚によらずに、ある種のまがいの推理によって把握され、ほとんど信用の対象にならない」(52b) と述べ、その知覚を夢の知覚になぞらえている[68]。〈受容者〉はまた、なおいっそう包括的な別の意味においては、雑種的な存在者でもある、それは、まさに科学と神話を橋渡ししつつ、それらの間に立っている。とくに、それは『エヌマ・エリシュ』とアリストテレスの『自然学』の間に立っている。そこには、シュメールの叙事詩の見地からすれば、「推論」がありすぎ、「信仰」がなさすぎるが、しかし他方、アリストテレスの学術書の見地からすれば、提示される思考形式もあまりにとりとめなく物質性を欠いている。もしティアマトが『ティマイオス』における空間《コーラ》に道を譲るとすれば、空間《コーラ》は『自然学』における〈場所《トポス》〉に場所を譲ることになるだろう。領域化された〈場所〉に関わるプラトンの宇宙論は、元素的な母胎についての神話学と、正確に位置を示された場所についての自然学との間の、暗い中間境域にまたがっている。危ういバランスを保ち、さまざまな論議をかもしながら。

4

デミウルゴスの受けた衝撃を想像してみてほしい。不変の〈形相〉という範型にもとづいて世界を形づくろうとする、このすぐれて理性的な創造者が、〈受容者〉によるつぎはぎの不規則な運動、「彷徨する原因」(48a) によって産出された運動に出くわすときの衝撃を。「この世界を、最善であり、いかなる仕方でも完全な、叡智的事物――つまり〈形相〉――に最もよく似たものにする」(30d) という彼の望みからすれば、彼は騒乱劇を嘆く以外になす術がない。もっと言えば、彼は、怒りに震えて傲然としたティアマトが、その激怒の的〔マルドク〕の内に引き起こした混迷や恐怖を思い出させるような仕方で、この騒乱劇に脅える以外になす術がないのである。メソポタミアの伝説では、秩序づけがはじまることが可能になる前に、ティアマトは殺され、彼女の屍は変容されねばならなかった。しかしながら、プラトンの話では、手に余る〈受容者〉に合理的に規則になかったふるまいをさせるために、自然物理的な力よりもむしろ説得が引き合いに出される。「〈理性〉は、最善なものに向かおうとする事物の大部分を導くよう〈必然〉を説得することによって、彼女に打ち勝つ」(48a)。母胎に対する支配は、粗暴な力の適用によってというよりもむしろ、理性による統治から生じる。

バビロンの建設においてマルドクが創設したような、世界を秩序づける空間用法に道を譲るために、ティアマトの身体が破壊され、自然物理的に抹消されなければならなかったのはただひとえに、始源的な空間と物質的物体の間に――場所としてのティアマトと身体としてのティアマトの間に――区別がないせいである。『ティマイオス』では、空間《コーラ》とその内に現れる可感的性質とが最初から区別されている限りで、容赦のない抹消行為に訴えるまでもなく、これらの性質を秩序づけることが可能となっている。その上、デミウルゴスによる介入の前でさえも、似たものを似たものに同化させるのに従って可感的性質が振り分けられるせいで、かなりの規模の構造化——合理的な秩序づけではないにせよ——がすでに行われている〔場所をとっている〕。この同化は粗雑でその場しのぎのものではある（それは安定した状態に決して到達することがない）が、なおそれはデミウルゴスに、完全な混沌とまでは化していない眺望を提示する。しかしながら、その眺望は依然として前途多難である。

そのとき、万物がよいものであり、不完全なものが可能なかぎり、なくなることを望み、神［つまりデミウルゴス］は、目に見えるあらゆるもの——静止することのないもの、しかし、不調和で秩序づけられていない運動の内にあるもの——を統べ、それを無秩序から秩序へともたらした。というのは、彼はその秩序がいかなる仕方でもよりよいものだと判断したからである（『ティマイオス』30a）。

しかし、たとえ〈受容者〉の内での運動が実に騒乱を極めたものであるとしても、にもかかわらずそれは、局所的な運動、言い換えれば、別々の場所や領域の内で起こる運動である(69)。そのような「場所運動《ロコモーション》」は、創造以前の瞬間にさえも、最小限の一貫性を保証する（逆に、この同じさすらいの運動、この彷徨する原因性のうちの少なくともいくらかは、創造に耐えて存続する。彷徨は創造された宇宙《コスモス》にも同様につきまとい続けるのである）(70)。

原初の状態が、どれほど秩序づけがまずいか、あるいは秩序づけられていないとしても、デミウルゴスは、自分に与えられているものに本気で取り組みはじめなければならない。彼は全能ではないために、取り組むべきものがあらかじめ与えられているというこの状態に拘束される。つまり、彼は「〈必然〉が許容するだけの秩序と比例」(71)しか導入することができない。こうして創造の行為は、単に以前には実在しなかった事物だけではなく、構造をもたらす。創造とは秩序の創造なのである。デミウルゴスは急き立てる——秩序を産み出すよう〈必然〉を急き立てる。たとえそれが「可能なかぎり最大の完璧さをもって」(53b)ではないにせよ、少なくとも、可感的なものへと数学的なものを導入することで行われる秩序づけの範囲で。

マルドクとデミウルゴスがともに、ほとんど同じ決定的な点で数学を援用しているのは印象的である。ティアマトに打ち勝ったその場の光景をひとたび見渡すことがかなうと、マルドクは「広大な蒼穹」の内部でさまざまな位置や方向を「測定し、印をつける」ことができるようになる。デミウルゴスの場合には、数学のインスピレーションと源泉は空の内にも、つまり天体の運動の周期性の内にも存する(72)。数学が宇宙＝秩序《コスモス》を形づくる特別な力は、空から下方へと降りてくる。「〈理性〉の働きが非合理的な力の暗い圏域へと可能なかぎり運び込まれる」(73)。一見かなりの無理を押す形で、アリストファネスが「深い〈暗闇〉の足場のない懐」と呼んだもの——騒々しい運動であふれた空間《コーラ》の子宮と同様に、ティアマトの産出力の子宮——が、秩序を生むことになる。まごうことなく数学的な秩序を。

もし創造が行われうるとすれば、それは、「〈天空〉が存在するに至った前でさえ」(52d)〈受容者〉によって達成されうる最も進化した状態を、数学的な秩序づけの最も基礎的な形態と合致させるのでなければならない——文字通り組織化するのでなければならない。コーンフォードが註釈しているように、「〈理性〉の働きから完全に抽象された物体の「力」の裂け目から、われわれはいまや〔数学的な秩序づけの〕最下層の水準へと上っていく。そこには、火、空気、水、土の荒れ狂ううねりの中に、デミウルゴスによって授けられた秩序と計画という要素を見分けることができる」(74)。この状況を図に表すとすれば、それぞれの頂点で接している二つの三角形を描くことができる。下の三角形(「N」は〈必然〉Necessityを表す)は、〈受容者〉の「裂け目」と「荒れ狂ううねり」を表象し——アプスーの裂け目とティアマトの騒乱を思い起こさせるような——、上の三角形(「R」は〈理性〉Reasonを表す)は、数学的な合理性の「秩序と計画」を表象する。

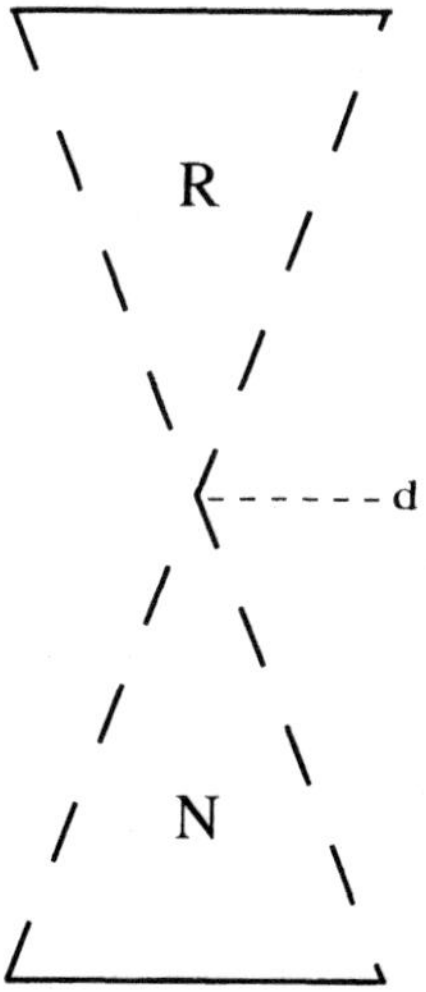

〔二つの三角形が〕重なる点(「d」)——つまり、〈必然〉と〈理性〉という二つの要因がそれらの頂点で触れ合うところ——は、「深さ=奥行き」(bathos)であり、これはメルロ=ポンティが「諸々の次元の次元」(75)と名づけたものである。というのも深さ=奥行きは、あらゆる空間的な長さと広がりの次元であり、どのようにしてこうした拡張が規定され測定されようと、それは変わらないからである。それは運動の重要な次元でさえあり、ここで言う運動には、〈受容者〉の内で、似たものが似たものを求め、似ていないものが似ていないものから遠ざかるという、あの原初的な運動も含まれる。

深さ=奥行きはあらゆる面のもつ性格でもある。端的な可感的性質(〈受容者〉の固有の構成成分)の境域から、物質的物体への運命的な一歩が踏み出されるのは、運動の深さ=奥行きによるという以上に、面の深さ=奥行きの力による。そして、これらの物体のもつ、体積を測定できるような形状は、デミウルゴスによって、彼の最初にして最も決定的な世界創造行為において与えられる。深さ＝奥行きは、可感的性質と身体の間の媒介者であり、かつ同時に、物質的物体そのものに対する幾何学の適用を可能にする。

そのとき、まず第一に、火、土、水、空気が物体であり、あらゆる物体が深さ＝奥行きをもつということは、当然誰の目にも明らかである。さらに、深さ＝奥行きは、面によって境界を定められるのでなければならない。そして、直線で囲まれたいかなる面も、三角形から構成される(76)。

第一次的な物体に属する幾何学的立体図形の四つともすべてが構築されるのは、そのような二つの三角形——直角二等辺三角形と、斜辺が短辺の二倍の長さの直角三角形——の組み合わせからである。というのも、正四面体（火）、正八面体（空気）、正二十面体（水）、正六面体（土）はそれぞれ、その表面がこれらの三角形から構成された三次元的な図形だからである（立方体の表面は直角二等辺三角形から、他の図形の表面は斜辺が短辺の二倍の直角三角形から構成されている）。そのような応用数学において重要なのは、それに本質的に備わるまことしやかさ——そのために、説得的な例が実際に作られることもあるのだが(77)——よりも、〈受容者〉のもともとの状態においては何も手を加えられず粗雑なままの特徴をもつものを数学化しようとする、この応用数学の真剣な努力の方である。デミウルゴス（この名前は、字義通りには「ひとびとのために働くこと」として解釈される）(78)の固有の仕事（ergon）、ただ一つの創造的な任務とは、この努力である。重要なのは、〈受容者〉を数学化することなのだ。というのも、ここでのみ〈理性〉は自分自身の目的のために〈必然〉を首尾よく味方に引き入れることができるのだから(79)。

5

プラトンの言う「もっともらしい話」の中で、われわれは、その根本において異質なものを混在させている空間から、等質になりつつある途中の空間へと至る一般的な運動を目の当たりにする。これはエリアーデの用語で言えば、非連続性と差異（たとえば、神殿とその外部の世俗的な空間との間の）からなる「聖なる空間」から、これから何が起こるかすべて予見可能なほど等質化された均質性からなる「俗なる空間」への運動である(80)。ハイデガーの評価にもとづくならば、これは、空間についてのまごうことなく近世的な概念の概略を示すものである(81)。『ティマイオス』そのものの用語で言えば、それは、可感的性質の彷徨的な（そして直線的な）運動から、天体の運動を模倣する幾何学化された自然物理的物体の規則的な（そして円を描く）軌道へと至る動きである。しかし、もっともらしかろうがなかろうが、予言的であろうがなかろうが、この説話は、場所への問いに関して、われわれをどこに置き去りにするのか。『ティマイオス』の宇宙創生説は、場所の創生《トポジェネシス》について何を語るべきなのか。

それが語るべきなのは、場所そのもの――場所《トポス》――が、三つの段階の継起において、派生的で比較的後に出てくる契機であり、三つの契機うちの最初の二つは空間《コーラ》に関わるということである。

空間：全体としての〈受容者〉における構成要因であり、もしくは、それと延長を等しくする個々の場所のための母胎。この内に配置されることは、〈空間〉(chōra) の内に配置されることである。つまり、揺るぎない空間的な領分と見なされた〈受容者〉、それを超えては〈空虚〉さえなく〈無〉があるだけの〈受容者〉の内のどこかに（特定の場所や領域にではなく）配置されることである。したがって、〈空間〉とは「全体的な場所設定を意味する」(82)――しかしこのことは、〈空間〉が生まれつつある状態においてのみ妥当する。

原初的な領域：似通った可感的性質からなる可変的な集合によって構成された、〈受容者〉内部の域――厳密な意味での等質性には決して達することがない域。もし仮にこうした域がそのような等質性に達しうるとすれば、運動は止まってしまうだろう。つまり、「運動は、等質状態では決して実在しないだろう」(57e)。そのような静止状態は、いかなる場合にも、ある第一次的な物体から他の同様の物体へという絶えざる変容(83)によってあらかじめ排除されている。

原初的な領域内部の個々の場所：完全に形成された可感的物体が占める散在する諸々の場所《トポイ》。したがって、そのような場所のそれぞれは、類似したさまざまな物体から構成された原初的な領域内部の場所である。場所そのものは、静止したものではなく、実際には、これらの物体が刻一刻と場所を変えるにつれて、それらの運動が描き出す軌跡なのである。

したがって、『ティマイオス』の物語は、拡大していく場所設定の説話である。最初の二つの段階は、デミウルゴスの介入よりも前からあり、かつその後に続く。つまり、空間《コーラ》的な空間性と領域性は一貫して存続しているのである。最後の段階は、職人のような神によって創造されたというよりも、最初の二つの段階によって与えられた物質的なものから、彼によって形づくられたものである。というのも、形状の付与をその本領とするデミウルゴスの幾何学主義は、可感的物体の形態にのみ――それらの物体の性質、力、深さ＝奥行き、質料、運動にではなく――作用するからである。これらの物体に、その体積を測定できるような形態を付与するという点で、デミウルゴスは、創造者としての神というより、もっとスケールの小さい管理人のようなものである。彼の努力は、何であれ個々の場所《トポス》によって要求される正確な合致を形成することに制限されている。というのは、特定の場所の内に位置づけられた物質的物体の形状と大きさが、それを包囲するさまざまな物体の表面と両立不可能だということはありえないからである。デミウルゴスの行為は主として、すでに（そしてつねに）実在する空間的《コーラ》な〈必然〉の布置と相互変化とに関わる。

　空間《コーラ》の頑とした存続は、きわめて一般的な点を分かりやすく示している。『ティマイオス』の内に、われわれは――通常は両極端の間の中庸という形で、うまく秩序づけられた平衡を維持しようとするギリシア人の古典的な関心にのっとり――、〈理性〉と〈必然〉、等質性と異質〔混在〕性、無秩序なものと数学化されたものといった対極にある項の間の、絶妙だが危げのないバランスを見出す。このバランスが最も目につくのは、デミウルゴスが介入する前の、無軌道な物体運動の不規則性と、彷徨しつつ運動する物体へと接合された幾何学的図形の規則性との間にある相補性においてである。アルベール・リヴォが指摘しているように、

　諸々の基本的な図形についての理論は、さまざまな性質からなる変動する混沌《カオス》の内に、いかにして秩序が導入されるのかを説明すべく定められている。これらの図形は、それらのもつ限定的で変化しない固有性によって、一定の不変性を〈生成〉へと導き入れる。しかし、それらの図形は〈生成〉の実体を形成するわけではない。この実体は、変化するさまざまな性質によって構成され続ける(84)。

最初は野放しだった運動が、デミウルゴスによって「従えられる」(85)というよりも――そのような語は、マルドクとティアマトの間の戦闘という形での対決を言い表わすのにより適しているだろう――、彷徨と規則性が世界の構成において協働するという方が的を射ている。世界は、彷徨と規則性とがもつ別々の傾向の複合的な所産、文字通りの副／複‐産物《バイ・プロダクト》なのである。この理由によって、デミウルゴスが〈受容者〉に秩序を外的に賦与するのか、それとも、〈受容者〉のもつあらかじめ与えられた必然性の内にすでに内在しているものを引き出すのか、どちらなのかを言うのは困難である。おそらく、アルフレッド・ノース・ホワイトヘッドが示唆しているように、どちらの主張も正しいのである。

　プラトンは『ティマイオス』で、〈内在論〉と〈外的賦与論〉という、〈法〉についての二つの学説の間での動揺を示す初期の実例を与えている。まず第一に、プラトンの世界観は究極的な創造者をその内に含んでいる。影のような、定義されない、そして彼の計画を〈普遍宇宙《ユニヴァース》〉に外的に賦与するような創造者を。［しかし］第二に、諸々の内的な構成要素

の作用と反作用は――プラトンにとって――、世界の流動を
自己充足的に説明するものである(86)。

6

およそ存在するものといえば　日の射さない砂漠　物音一つ
しない陰鬱な夜　であったとき
事物ならざる事物は　充たされていなかった
いまだ空っぽの〈母なる素材〉によって
というのも、これは彼女の愛らしい姿態がなお費やさねばな
らなかったゆるやかな時間だったからである

それから、〈母なる世界〉〈はじまり〉は、万物を彼女の流儀
へとしつらえた
それらを安寧と健康のために彼女の体内へと引き込んで
それらを産み出すために
彼女は普遍宇宙《ユニヴァース》を子としてもうけた、彼女の美しさの／宇宙《コスモス》、
秩序でもある宇宙を
そして大地を空から取り外し、果てのない陸地と海とを繰り
広げた
それらがお互いにもつれ合っているのをほどきながら
彼女が万物について考えをめぐらせた後に
それぞれのものを場所へと振り分ける前に
神は……というのは、彼女にははっきりしたえり好みがなか
ったから
かつては目的をもたなかった彼女の身体を分離して形状をも
たせた(87)

この古代ギリシアの創造詩は、これまで見てきたものとは異なる重要な例を提示する。「母なる素材(hulē)」、創造の母胎は、彼女自身をいまだ完全には事物ではない事物で――「その特徴をいまだ鋳固められていなかったもの」(88)で――充たし、そして次に創造する。彼女は最初に、大地を空から引きはがし、陸地を海から切り離して、領域をお互いから分離することによって創造する。この原初的な分断《ディアイレシス》(分割)によって、彼女は、「それぞれのものを場所へと振り分け」つつ、創造された事物のために一定の場所を見出すことができる。『創世記』や『神統記』、『エヌマ・エリシュ』や『ティマイオス』と同様に、世界の創造は領域や場所の創造として行われる。しかも、どの例においても同様に、諸々の領域(chōrai)の創造は諸々の場所(topoi)の創造に先立つ。しかし、文法家のヘラクレイトスの手になる前掲のテクストには決定的な違いがある。〈母なる世界〉は、別の登場人物――男性の創造神、創造主、たとえばヤハウェ、ゼウス、マルドク、デミウルゴス――の介入を求めるのではなく、彼女自身だけで、彼女自身から創造行為を行う。

彼女は彼女自身の「愛らしい姿態」から世界を創造する。ここで起こっているのは、自生的な誕生、自己を摂取し自己を産出する母胎からの誕生である。この母《マーテル》－母《マザー》は、他に依存しない主人からの外的な助力を必要とするどころか、それだけで独立したものを創造する。彼女は彼女自身の母胎を支配しつつ、彼女自身を「形状へと」分離するのである。

この説明と、前出の男根《ファルス》－論理＝理性《ロゴス》中心主義的な形の創造との不均等はいかんともしがたい（そこにはジェンダーに関わる問題が山積している）が、そのどちらを選ぶべきかはおそらく決定不可能である。それは、『ティマイオス』が〈外的賦与論〉のパラダイムと〈内在論〉のパラダイムのどちらをわれわれに提示しているのかが決定不可能なのと変わるところがない。われわれは、〈外的賦与〉と〈内在〉のどちらがより正しい表現なのかを決められずに迷うかもしれないし、それとまったく同様に、母性中心主義的なモデルと男根《ファルス》－論理＝理性《ロゴス》中心主義的なモデルのどちらがより正しいものなのかと絶えず問いかけるかもしれない。決定不可能性の論理にのっとれば、われわれは、しごくもっともに次のように言いたくなるかもしれない。一方でも他方でもない、かつ両者である、と(89)。

同じ決定不可能性は、よりいっそう切実に答えを迫られる問いに関わっている。それはすなわち、場所は世界の創造に先立つ——世界の創造によって前提されている——のか、それとも場所は創造そのものの結果なのか、という問いである。もし「場所」ということで、何か個別の局地や地点のようなものが意味されているとすれば、場所は先立つものでは断じてない。こうした特異性の秩序、つまり場所《トポス》や位置《テシス》（位置《ポジション》）の秩序は、いずれも的を外している。というのも、場所が完全に規定された状態ですでに実在していた場面で世界創造が創始されるというのは、明らかに不条理だろうから。実際その場合には、創造は無用の長物と化すだろう。というのは、もしそうだとすれば、前もって場所を秩序づけられていることで、世界は世界として、すでに大部分構成されていることになるのだから。場所のための、また場所からなる世界なくしてはいかなる場所もないのとまったく同様に、場所なくしては、また、その内で事物や出来事が現れることのできる一定の場所なくしては、いかなる世界もない。どのような世界も場所－世界なのである（この後者の主張は、単にアルキュタスの公理を延長したものにすぎない）。場所と世界の間の本質的、内的な関係を鑑みれば、場所が世界に先立つとか、あるいは、場所が世界の創造によって前提されるとか言うのは無意味である（この創造が、自己発生的であることを特徴とするにせよ、介入主義的であることを特徴とするにせよ）。

とはいえ、これと同じ理由から、場所がそのような創造の単なる所産であるというのは当たらない。われわれは、場所がいずれかの意味で、創造の過程を通じて一貫して問われ続けているのをしっかりとこの目で見てきた。散在する諸々の場所《トポイ》という形ではないとすれば、創造の場面における規定前の（そしてしばしばきわめて未規定な）部分として、場所は問われ続けている。場所がこのようにあらかじめ与えられている状態は、それ自体として主題化されうる――まさに『ティマイオス』において、前宇宙的な〈空間〉〈受容者〉とこの〈空間〉の内部の多様な領域（chōrai）が措定されているように。しかし、場所があらかじめ与えられているという状態が、まったく表に出ないまま放置されることもある。（シオドスが原初的な〈混沌《カオス》〉を、つまり、それ自身の独特の場所‐述語を備えているのがすでに分かっている状態を暗示する際に起こっているのが、まさにこれである。場所の役割がはっきりと否定されているように見える場合でさえ――『エヌマ・エリシュ』の冒頭部分（「天空も、大地も、高さも、深さ〔奥行き〕もない」）でのように、あるいは、「輝ける家のための場所はなく……陸地〔あるいは〕海もない」(90)という言葉ではじまるシュメール‐アッカドの禊の儀式におけるように――、われわれはそれでもなお、予期という意味で、あるいは残滓という意味で、場所の現前を認めることができる。注意深く見ていけば、場所設定の始源的な過程が進行しているのが明らかになる。場所設定が、「その水の内で神々が創造された」と主張することでなされるにせよ、「海の女陰の内での運動」に言及することでなされるにせよ(91)、そこでこの過程が進行しているのに変わりはない。実際、「の内で〔において〕」という語が用いられるところではどこでも、すでに場所が問われている――文字通りに場所としてではないにせよ、それでもやはり能動的な力として。これは、〈受容者〉についてプラトンが細心の注意を払って述べていることからわれわれが学ぶことである。彼は〈受容者〉を、その内で、創造そのものという出来事も含め、事物が生じ現れる〈空間〉という形で述べる。もしこのように場所がつねに創造の一部であり、それと外延を等しくするとすれば、こうした場所を創造の単なる所産――たとえば、『創世記』での人類の創造や、マルドクによるバビロンの都市の創造と同様に――と見なすことはできない。後二者の場合には、それ以前にはたとえ不定形の雛型という形でさえも現前していなかったものが産み出されるのだから。

しかし、われわれはまた、これと似ていなくもない一群の理由から次のように言うこともできる。すなわち、場所は創造の経過において、前提され、かつ産出される、と。一方で、まったくの無からの創造行為はありえない。もし無からの創造行為ということで、まったくどこでも行われない創造行為が意味されているとすればの話だが。これまで見てきたように、無からの宇宙創生を確証するためにしばしば引用される『創世記』のまさにその同じ数行には、疑う余地のない条件節が含まれている。そこには、最も称揚された一神教の〈神〉でさえも、ただ「〈深淵〉の表面」の上を吹き荒れる場合にのみ創造を行うことができる。深さ＝奥行きが場所を含意する――深さ＝奥行きは、距離、運動、表面、大きさ、形状の性質を規定することにおいて、場所の深さ＝奥行きをともなう——のとまったく同様に、場所は深さ＝奥行きを含意する。つまり、そこへと踏み入るのに十分な範囲のようなものを含意するのである。とりわけ宇宙創生的な深さ＝奥行きの生物であるティアマトが旧約聖書につきまとい続けるのも不思議はない(92)。この例では、場所は概念的かつ言語学的かつ神話的に（言うまでもなく、宗教的に）前提されている。たとえ他のさまざまな例がそれほど劇的でも多元決定的でもないとしても、それらも同じく、創造の条件としての場所に決定的に依存している。

他方で、場所が創造された存在者《エンス・クレアートゥム》であるのもまた事実である。それは創造によって前面に出されるものである。「前面に出される」という言葉で私が言いたいのは、初めて実在へともたらされる（つまり、新たな所産として）ということではなく、殊更に強調される、もしくは、構造という面で特定されるということである。それはまさに『ティマイオス』で行われていることであり、この著作では、さまざまな幾何学的図形の進入により、〈受容者〉という周りの環境内部に現れる物質的物体の占める原初的な領域が、より厳密に規定されたものとなっている。特定の場所《トポス》、つまり散在する場所が、それが保持し所在化するものに（そして、ただそれだけに）正確に合致しかつそれを正確に反映する——そうして、場所《トポス》が位置づけるものがいかにわずかであっても形状を変えれば、その場所《トポス》もまた決定的に変えられる——その限りで、実際われわれは、もとからある領域から出発して行われる、場所の字義通りの生産について語ることができる。プラトンのテクストでは、この前面に引き出す作用《ドゥローイング・フォース》＝生み出す作用は、存在論的というよりも幾何学的である。というのは、この作用の本領は、変転する存在者に形相的な形状を接合することにあるからである。一定の場所を前に‐導く《プロ・デュース》＝生産するのはこの接合であり、こうした場所の幾何学化以前の原形は、ゆるいつながりでまとめられおのずから生み出された、〈受容者〉の諸々の領域の内に見出される。

でもなく／でもない、でありかつ／である。われわれは、創造と場所の間の関係の表現方法としてのこれらの二つの選択肢のどちらをとるのか、断定的な仕方で決定を下すことができないだけではない。なおいっそう意義深いことに、われわれは、それぞれの選択肢を肯定しなければならないのである。二者択一的な選択肢の間での強いられた選択を表す、いずれか／あるいは、つまり、一方かあるいは他方かのいずれかという語は、両者をともに肯定する非排他的な「あるいは」に膝を屈する。ここから、創造は場所の創造であると同時に、場所からの創造であるということが帰結する。創造から、場所が生まれ出てくる。しかし、創造は、創造そのものは、ただ場所の内でのみ行われる(93)。

7

もしここまでの考察が非決定的なものにあまりにも安易に依拠しているように見えるとすれば、私は次のように提言したい。この考察は実際には、本章ならびに前章で検討したいろいろなテクストに、少なくとも暗黙の内にすでに現前しているものを、反省して言説の形にしているだけである、と。私は前節の冒頭にヘラクレイトスのテクストを挙げたが、そうしたきわめて断片的な言辞の内にさえ、「両立させる」というスタンスが見出される。そこでもまた、場所〈母〉なる〈世界〉の身体）は前提され、かつ生産されていた（つまり、大地と空、陸地と海、またより個別的な場所として）。そして、『オルフェウスのアルゴー船物語』からの引用である、次のような示唆的な数行の内にさえ、同じ二重の宇宙論理《コスモロジック》が働いているのが見受けられる。

万物は生まれた
　万物は引きはがされた
　お互いから(94)。

もし万物が生まれたものだとすれば、場所の内にある事物と同様、場所についても同じことが言えなければならない。場所そのものは創造された所産でなければならないだろう。しかし、もし万物が「お互いから引きはがされた」ものとして生まれるとすれば、それと同様に、万物は何らかの場所の内で生まれる（というのも、引きはがす作用が場所から、あるいは、場所へという以外の仕方で起こることはありえないからである）。万物は配置された状態で生まれる。つまり、そもそも生まれるということは、それ自身の場所をもつ分離された存在として生まれるということなのである。誕生そのものの過程もこの規則の例外ではない。というのは、分娩はただ場所の内部からのみ行われるからである。これは単に、事物の起源に、あらかじめ与えられているような他の状態ともども、場所を想定するということに止まらない。もっと思い切って言えば、それは場所をこの起源として措定するということなのである。

こうした場合と同じく、水あるいは複数の水を最初から頻繁に引き合いに出す――それが最も顕著なのは、『創世記』と『エヌマ・エリシュ』だが、創造についての他の多くの古代の説明でも同じである（「初めには何もなかった。水、水、水以外には何もなかった」）(95)――ことが、産出的な源泉と並んで、場所や領域を引き合いに出すことに等しいのは明白である。それは源泉としての場所を引き合いに出すことなのである。ヘラクレイトスの「ホメロスの比喩」に出てくる、「日の射さない砂漠」のような、水とは似ても似つかない他の要素や、ヤハウェ信仰の伝統に属するもっと古いヘブライの宇宙論に出てくる、その上には「野の藪さえも」なかったという大地についても、同じことが当てはまる(96)。これら二つの例のいずれにおいても、前宇宙的な〈場所〉は、その上で行われる〔場所をとる〕ことになる創造のまさにその源泉として／源泉に措定される。そのような場所は、創造そのものが行われるのに必要不可欠である。この場所の内で、かつこの場所から、創造に関わる無数のものが出てくることになる。そして、これらのものは創造された世界に住み着くと同時に、その内部でそれぞれ独自の諸々の場所《トポイ》を占めることになる。このような仕方で、諸々の場所が〈場所〉に付け加えられることになる。あるいはもっと言えば、〈場所〉は諸々の場所を収容するものと見なされるようになるのである。

プラトンが、〈受容者〉の元素的な単位になりうるような強固な自然物理的物体という観念——より初期の自然重視の思索の焦点——を実際に破壊したとき、念頭に置いていたのはもしかしたらこのことなのだろうか。最も始源的なものとは、元素ではなく、原子ではなおさらなく、空間《コーラ》的な領域なのだろうか。これはアリストファネスが、「空気と大地と空」の前に「深い〈暗闇〉」を配置したときに言いたかったことではないのだろうか。〈場所〉（たとえば、〈空間〉かつ〈領域〉としての空間《コーラ》）(97)が、深い〈暗闇〉そのものの「足場のない懐」——諸々の母胎、いかに闇に包まれたものであっても、ともかく場所を子として産み出すもの——を提供するのだろうか、あるいはおそらく究極的にはこの「足場のない懐」であるのだろうか。

もしこのような問いへの答えが肯定の形をとるとすれば、いま一度、ひいては二度繰り返してでも、アルキュタスの言ったことが正しかったと立証されるだろう。というのも、場所は実際（アルキュタスが要点をまとめて述べたように）、「あらゆる事物のうちで第一のもの」(98)だろうから。いかなる自然物理的な事物も何らかの個別の場所を占めるのでなければならないという形式的な理由だけではなく、世界そのものの産出が、場所の内で、場所から、場所として行われる〔場所をとる〕のでなければならないという実質的な理由によってもそうだろう。だとすれば、場所は、宇宙に関して、また前宇宙的なものに関してさえも、特権を与えられている。

この特権を肯定することは、第一章で登場した非常に基本的な考え方を補強することになる。その考え方とは、場所がない状態という概念、とくに世界の創造に先立つ端的な空虚という概念が、きわめて問題を孕んでいるということである。そのような空虚——「〈隔たり〉」、「裂け目」、「間隔」、何と名づけられようと——が事物の原生状態を構成すると想定する操作がレトリックの上で簡単にできるからといって、次の事実をあいまいにしてはならない。つまり、よくよく検討してみれば、世界-創造についてのさまざまな説明のうちで、何かが厳密な意味でどこにもない状態を事物の起源に一貫して存続させているようなものは、仮にあるとしても、ほんのわずかしかないのである。ミルトンの『失楽園』における次の有名な数行を考察してみてほしい。

神さびた深淵の秘密、暗く
限界づけられない大海原、境界もなく、
次元もなく、そこでは長さも幅も高さも、
時間も場所も失われている。そこでは最も年老いた〈夜〉と
〈混沌〉《カオス》が、〈自然〉の祖先たちが、
永遠の無秩序を保ち、果てしのない戦いの喧騒の只中で、
混乱の傍らに立っている(99)。

これらの数行は一見すると、〈創造〉以前の普遍宇宙《ユニヴァース》の状態についての単純な〝無から〟という型を示しているように見える。「境界もなく」、「次元もなく」とは、深さ＝奥行きがないことである——したがって、つい先ほど論じたように、場所がないことである。とはいうものの、ミルトンが、「神さびた深淵」と「暗く限界づけられない大海原」——ローマ人たちが広大無辺で騒ぎ立つ大海原《イメンスィー・トレモル・オーケアニー》と呼んだもの——と並べて、〈混沌〉と〈夜〉(100)とはっきり言葉で表しているために、われわれの目は間違いなく、いかなる創造行為にも先立つ原初的な領域へと向けられる。この詩人が「時間も場所も失われている」と言っているのも意味深い。彼は、創造に先立つこの瞬間に、時間と場所が実在しないと言っているのではない。失われているということは、たとえどんな姿形かも分からずどこかに隠されているとしても、なお実在するということである。ミルトンの説明においては、場所はなおあちこちに顔をのぞかせている——ヘブライやプラトンの宇宙創生説の場合とまったく同様に。どの例においても、場所がどちらかといえば形状をもたない傾向にあること——場所が「長さも幅も高さも」欠いていること——は、その存在があらかじめそこにあり、またあり続けるのを疑う理由にはならない(101)。

ミルトンを取り上げるのは、前掲の一節中で彼が提示している説明が、空虚を前にした不安のもつあくなき力を分かりやすく示しているからである。私は本書第I部の冒頭の数ページで、われわれの生の内に——あるいは、いまだから付け加えられるのだが、世界の起源についてのわれわれの思索の内にさえ——場所がまったくないという可能性に直面するのを避けるためにわれわれが採用する極端な手段に言及した。ミルトンの高雅な詩的‐神話的総合は、それ自体がそのような極端な手段の一つであり、迫りくる空虚を〈混沌〉と〈夜〉との「混乱」によって埋め合わせる。他の極端な手段のうちには、場所を初めから実在するものとして措定するような、創造についての前出のさまざまな説明が含まれる。後者の場合には、場所がないのを許容できないというまさにそのことが、説明そのものに影響を及ぼす。だからこのような場合の説明は、既知の宇宙《コスモス》のそのはじまりにさえ、場所が現実に欠如している状態に到達するのを恐れる必要などまったくないのだと、遠回しにであれ直接にであ

れ指し示す。というのは、もし創造がそれ自体で原‐光景であるならば、それは不可避的に、宇宙創生に関して相当の重要性をもつような〈場所〉だからである。

　これはペラスギの神話の教えるところではないのか。この神話曰く（われわれが第一章で見たように）、「最初に、〈あらゆる事物〉の〈女神〉たるエウリュノメは〈混沌〉から裸のままで生まれたのだが、足を踏みしめることのできる堅固なものが何もないのに気づいた、それゆえに、空から海を分け、たった一人、その波の上で踊った」。どのようなものであれ、場所のこうした原初的な創造と分割は、いかなる対価を払ってでも、場所がまったく存在しない状況から逃れようとする努力を表現しているのではないか。フリードリッヒ・ニーチェが「無への意志」と呼ぶもの――「ひとは、意志しないよりもむしろ、無を意志しようとする」(102)――よりも、空虚の場所の内で場所そのものを意志しようとする努力の方がより深いのかもしれない。そのような意志は、われわれがこれまで考察してきた、創造についての種々雑多な考え方すべてを結び合わせるアリアドネの糸ではないかと私には思われる。これらの考え方は、歴史的かつ地理的な所在という点でも、意識の上での思惑という点でも、原本の明瞭さという点でも、種々雑多なのではあるが。

　しかしだからといって、あたかも空虚を充実で置き換えることだけが問題であるかのように、場所が単に空虚の反対物だと言っているわけではない。場所を贈り与える〈受容者〉でさえ、明らかに〈アトミスト〉たちの考える空虚への批判として構想されてはいても、厳密に言えば充実ではない(103)。場所は、別々に分けることのできない膨大な不在を含んでいる――深さ＝奥行きとして、距離として、所在の差異として、所在の変化そのものとして。場所は、空虚を埋め合わせもしなければ、それを単に包み隠すこともしない。場所はいろいろなものが入りまじってあいまいなそれ自身の存在をもっている。しかし、その本質的な固有性の一つは、その結合能力――多様に位置づけられた存在者や出来事を内部から連結するその力――である(104)。〈受容者〉における場所の充溢は、「存在へと至るあらゆる事物のために状況を提供する」（『ティマイオス』52b）という点で、〈受容者〉の結合能力と一体をなしており、また、似たものと似ていないものとに対して等しく、進化し続ける環境を供与するという〈受容者〉の空間《コーラ》的な能力と一体をなしている。デミウルゴスの理性的な精神にとって、〈受容者〉が「不調和で秩序づけられていない」ものとして現れざるをえないとはいえ、プラトンの実際の説明には、あらかじめ行われる揺るぎない秩序づけを許容するだけの余裕があるのをわれわれは見てきた。それはつまり、「〈天空〉が存在へと至った前でさえ」、事物の内在的な秩序全体を許容するだけの余裕があるということである。内に‐住まうこの秩序は、〈受容者〉のもつ相当の結合能力のための基盤である。

　最後に――あるいはより正確には、最初に――、〈受容者〉

は、ホワイトヘッドが「場所の共同体」と呼ぶものを差し出す。それは、そこに居住するさまざまなものに対する場所の共同体、「諸々の究極の実在性の間の実在的な相互伝達」である(105)。こうして〈受容者〉は、私が別の著作中で「内に-集めること」と呼んだものを供与する(106)。結合を作り出すその能力によって、前宇宙的な〈受容者〉は、異質な構成要素を自らの〈空間〉の弧へと集め、そうしなければ深さ＝奥行きや場所を欠いていたかもしれないものに場所を与える――そうして最も激しい形而上学的な不安を鎮める。〈受容者〉の作用は、その包括的な抱擁の内部で内に-集められたあらゆるものに対する場所設定を創造する。プラトン自身の言葉で言えば、「それはつねにあらゆる事物を受容している」(50b)のである。

　このような仕方でわれわれは、この章の幕開けであった、母胎としての場所という観念にまた突き当たる。われわれがこれまで、素材という面で子を孕ませるもの、自然物理的な本源《フォンス・エト・オリーゴー》としての場所という概念を拒絶せざるをえなかったとすれば――「母胎」という語を直訳したこれらの意味は、〈受容者〉の働きのために疑問を差しはさまれている。〈受容者〉は、怪物を子として孕ませるティアマトの身体とは違い、可感的性質と物質的身体〔物体〕と場所を区別するようにわれわれを促す――、そこには、母胎としての場所がもちうる妥当な意味がすでに姿を現している。そして、そのような意味の本領は、どこからどう見てもただ場所のみが与えるような端的な結合能力にある。われわれはプラトンから、受容性が結合能力であるということを学ぶのである。

　しかし、だからといってわれわれが、場所設定のある一つのパラダイムとしての〈受容者〉から一歩も外に出られないというわけではまったくない。このパラダイムが今日なお刺激的で示唆に富んだものであり続けているとしても、それは動かない。宇宙創生説や宇宙論の文脈においてであれ、現象学や形而上学の文脈においてであれ、日常生活においてであれ、配置したり配置されたりするとは、結合することに関わるというのが本当に事実だとすれば、〈受容者〉以外にもさまざまなモデルが可能である。深さ＝奥行きがなければ場所もないのとまったく同様に、存在と経験、知覚と言語、混沌《カオス》と秩序《コスモス》＝宇宙という不等なものを結合しないような場所はない。そして、もし〔キルケゴールが言ったように〕「実存は分離する」というのもまた事実だとすれば、われわれは、「ただ結合せよ！」というE・M・フォースターの名高い忠言を心に留めなければならない(107)。キルケゴールとフォースターは二人とも、場所よりも人間のことを考えていた。しかし、人間同士の結合も含め、最も長続きし、また最も多岐に分かれたさまざまな結合が作り出されるのは、諸々の場所の内であり、また、諸々の場所によってなのである。

　もし場所が「万物のための母胎としてそこに」(『ティマイオス』50c)存在するならば、それは、場所の母胎――始源的な水であれ、夜であれ、混沌であれ、大地であれ、あるいは〈受容者〉であれ、いかなる仕方で把握されようが——が、何もかもを荒廃させる空虚や、裂け目のような不合理《アトピア》なのではないかといういかなる恐れをも和らげる。もしわれわれが〈受容者〉を、場所がないある種の状態として思考することができるとすれば、それはただひとえに次の理由による。すなわち、場所に充ちかつ場所を充たすという〈受容者〉の潜在力が、いつか来るべき、あるいは少なくとも、いつか特定されるべきさまざまな結合の宝庫として、来るべき時の内でつねにこれから実現されるべきものとしてあるからである。結局のところ、場所が存在へと至るのに適切で十分な時というものがある。そして、たとえこれまで見てきたかぎりでは、場所が事物の創造に際して、至るところに広がって現前しているとしても、自らの結合能力という点で進化し続け絶えず拡大していくということもまた、そのような場所の運命なのである。

したがって、プラトン自身の言葉で言えば、場所は「永続する」。そして、この言い回し——aiōnios の語源である aei on は、字義通りには「つねに存在の内にある」ことを意味する——が、時間と場所を表す語を並べて一つの言葉にしているのとまったく同様に、それらと同種の二つの力が、紀元後六世紀の新プラトン主義の、次のような意味深い断片において一対にされている。

汝が目にするあらゆるもの　場所あるいは
　時間
〈二者〉に分かつもの
二重の対を作り出しつつ
〈光〉である者
アフラ・マズダ
知恵の主《オロマスデス》
〈闇〉である者
破壊霊《アレイマニオス》
アーリマン
場所
（トポス）
——無限の時間《ゼラウネ・アケレネ》
時間
（クロノス）(108)

第3章　包含者としての場所
——アリストテレス『自然学』

すべてのものは、自然的には、それぞれに固有の場所にとどまる。

——アリストテレス『自然学』212b34-35

まさにこの事実から、場所の実存を認めることなくしては、誰も考えたり話したりすることはない——たとえその考えや言葉が誤っているときでさえも。

——アンリ・ベルクソン「アリストテレスにおける場所の観念」

1

場所は、古代ギリシア思想の、どこまでも続く道しるべである。このことは、アリストテレスが場所論を扱う場合にきわめて明白である。というのも、アリストテレスにとって、あるものがどこに存在するのかということは、基本的な形而上学的カテゴリーを構成するものだからである(1)。〈不動の動者〉、および、一つの全体として考えられた諸天球（ouranos）という特別な場合を別として、月下界の滅びゆく実体はどれも（地球全体も含めて）自分自身の「固有の場所」をもつと同時に、諸天球によって与えられた「共通の場所」の内に実在するという点で、場所に拘束されている(2)。個々の「可変的な物体」——つまり、運動や大きさについて可変的な物体——のいずれにとっても場所が重要だということをこれほどまでに強調した結果、アリストテレスは、宇宙論というよりも自然学の文脈において、場所をめぐるそのもっとも徹底した考察を行っている。アリストテレスは、明らかにプラトンよりも宇宙論に対してずっと無関心である。アリストテレスのテクスト中、宇宙創生説の痕跡はごく稀にしか見当たらず、典型的にはソクラテス以前の幾人かの思索家たちからの引用で、彼はそれらに困惑し、懐疑的視線を向けている。『ティマイオス』に見られたとにもかくにも疑似神話的な雰囲気——たとえば、混ぜ合わされた「第三の種族《トリトン・ゲノス》」（『ティマイオス』48e, 52a）といった、論述上の宇宙創生説に関する不明瞭な位置づけ——は、『自然学』に見られる堅牢で現実的な態度へと道を譲る。そこでは場所は、包含者と限界、境界と点といった慎重に限定された用語で理解されている。〈空間《コーラ》〉は〈場所《トポス》〉に取って代わられる。つまり、豊饒《バウンティフル》なるものが境界づけられた《バウンディッド》ものに取って代わられるのである。

アリストテレスにとって場所が「他のすべての事物よりも第一のもの」（『自然学』208b35）であるのは、まさに場所がこの自然物理的世界内部で不可欠の役割を担っているためである。とくにそれは、無限であるもの、空虚、そして時間に対して優先される(3)。自然学ではつねに変化（kinēsis）が扱われるが、場所は、変化《キネーシス》そのものを把握するのにさえ必要となる。というのも、「最も一般的で基本的な種類［の］変化は、場所についての変化であり、われわれはそれを場所運動《ロコモーション》と呼ぶ」(4)からである。場所（loco）-運動とは結局のところ、場所から場所への運動である(5)。アリストテレスの見解によると、われわれは場所を考慮しなければこの自然物理的世界を研究することなど到底できはしない。「自然を研究する者は場所についての知識をもたねばならない」（208a27）。というのも、われわれは既知の普遍宇宙――この普遍宇宙の外には「場所も、空虚も、時間も」（『天体論』279a18）ない――のどこを向いても、場所がわれわれを待ち受け、われわれが行おうと欲しうるどんな運動をも決定するのを見ることになるからである。仮に空虚が実在するとしたとしても、それさえ「物体を奪われた場所」（208b26）であることを忘れてはならない、というわけである。

場所の遍在性に関するこうした理解を当然のものとするなら、アリストテレスの提示しているものが、アルキュタスによって提起された場所の優位を支持する原型的議論の変種である――他にもこうした議論を提唱している論者として、ゼノン、パルメニデス、ゴルギアス、プラトン、そしてごく最近ではホワイトヘッドが挙げられる――ことを見出しても驚くには当たらない。アリストテレスは次のように表現している。

> というのも、存在しないものはどこにもないのだから、存在するものはどこかに存在するのだと誰もが想定しているからである――たとえば、どこにトラゲラポスだのスフィンクスだのが存在するだろうか(6)。

まさにこの点にこそ、アリストテレスが、場所を付与することの不可避性を裏づけるいち早い例として『神統記』を引用し、珍しく神話《ミュトス》をもち出している理由がある。アリストテレスは、反-据置（据置とは、ある物体を他の物体によって置き換えるということ。物体が置き換えられても、場所の方は同じままである）のさまざまな現象からそうした場所付与の不可避性を論じ、さらに、自然の運動（これによってさまざまな種類の物体は「別個であり独立している」諸領域［208b18］へと移動する）と空虚（空っぽの場所のようなものという意味での）について論じ終えた後で、次のように考察している。

> したがって、以上のことから、場所が物体とは別の何かであ

るということ、そして、感覚によって知覚されうる物体はどれも場所の内にあるということ、これらのことを想定しうる。そして、ヘシオドスもまた〈混沌《カオス》〉が最初にあったのだとしているが、それはおそらく正しいように思われる。彼は次のように言っている。

何よりも先立って
〈混沌《カオス》〉が生じた
そして次には、胸幅の広い〈大地《ガイア》〉が

以上が意味しているのは、事物が存在するにはまず空間(chōra)が必要だということである。なぜなら、大抵のひとびとと同じく彼も、すべてのものはどこかに(pou)、そして、場所の内に(en topō)あると考えているからだ。(208b27–33)

ここでアリストテレスは、先の二つの章で論じられた混沌に対する見方に再び合流している。アリストテレスにとって混沌とは、それがどれほど不完全で形をもたないものであろうとも、場所がない状態もしくはまったくの空虚ではなく、ある種の場所なのである。実際のところ、混沌が空虚ではなく、ある種の場所であるからこそ、アリストテレスは次のように声を大にして主張できるのである。すなわち、「場所のもつ力は驚嘆すべきものであり、そして、他の何ものにも勝って第一のものに違いない」。なぜなら、「それなくしては他の何ものも存在しえないが他のものがなくとも存在しうる、そのようなものは、第一でなければならないに違いない」(7)からだ、とアリストテレスは付け加えている。アリストテレスは、この自然物理的世界における場所の優位性について自身の論証を行う準備をしながら、今述べたこれらの言葉によって、アルキュタスの公理を自身のテクストに、字義通り再度刻み込んでいるのである。

けれども、アリストテレスはこの論証をなしうるために、場所という主題をめぐってまずプラトンと向き合わねばならない。アリストテレスはそれを、賞賛と批判という相反する立場を混在させることによって行っている。賞賛については率直に述べられている。「場所は何ものかであると誰もが言っている。しかし、ただ一人［プラトン］だけが、それが何であるのか言おうとしていた」(209b16–17)。ところが、批判となるとそれほどはっきりしていない。というのも、一つにはその批判が、プラトンにとって「質料と空間とは同じもの」(209b12)であり、それゆえ、場所もまた質料に還元できることになってしまう、という仮定に基づいているためである。すなわち、「場所とは、［その場所を占めている物体の］大きさのもつ延長と考えられ［るかぎりでは］、質料である」(209b6–7)ことになるというのである。アリストテレスによるプラトン批判が不明瞭である今一つ別の理由として、『自然学』で用いられているコーラとしての「空間」という語が、もはや〈受容者〉に見られるような途方もない広大さを指示するための独立した言葉ではないという点が挙げられる。空間は、「大きさ」（megethos）と考えられることで、散在するトポスとしての「場所」——ただし、場所とはその場所の内にある個別のものと同じ拡がりをもつものである、としたうえで——の尺度へと格下げされている(8)。ロスが少々乱暴に表現しているように、「『自然学』に見られる場所についての論説は空間についての論説ではない。そこでも、そして他のどの箇所でも、アリストテレスは空間つまりコーラについて多くを語ってはいないし、アリストテレスには空間についての理論があるとは言えない」(9)。空間《コーラ》についての理論をもたず、その理論を大きさ《メゲトス》と場所《トポス》の考察に置き換えたということ、これはプラトンの宇宙論においてもっとも重要であったもの、ないし、もっとも挑発的であったものを拒絶するに等しい。

これに加え、アリストテレスはプラトン批判としてよく見られる次のような問いを投げかける。「仮にも場所が、分有するもの（to metalēptikon）、であるとするならば、この「分有するもの」が大と小であろうと、『ティマイオス』でプラトンが書いているように質料であろうと、なぜ〈諸イデア〉と数とは場所の内にはないのか、とわれわれはプラトンに問うべきである。」（『自然学』209b34–36）。この批判に答えることはできない。というのも、『ティマイオス』では「分有するもの」という語が使われておらず〈受容者〉は「きわめて厄介なあり方で、思惟的という性質をもつ」とだけ主張されている〔『ティマイオス』51a-b〕）、さらに重要なことに、プラトンは、〈諸イデア〉、〈空間〉、〈生成〉する諸々のものをいずれも根本的な形而上学的所与として、つまり、いかなるものであれ十全なる宇宙論であれば必要となる公準として措定しているからである。他の箇所、とくに『生成消滅論』において、アリストテレスはプラトンについて、「全的受容者〔つまり、すべてを受け入れるもの（pandeches）としての〈受容者〉〕が諸要素から区別されるのかどうかを明確に述べて」おらず、「これを利用していない」と非難している。というのも、〈生成〉の母胎《マトリックス》であったものが、デミウルゴスの介入から離れ、幾何学的に形作られた原初的な諸物体へといかにして変質されることになるのか、プラトンは正確には示していないからである（『生成消滅論』329a15–23）(10)。

2

場所は、ある種の面であり、器や包囲者のようなものと考えられる。

——『自然学』212a28–29

アリストテレスはプラトンを葬り去った後——落ち着かない

墓穴ではあったが——、場所の優位を主張する自身の論証を進めている。アリストテレスはこの論証を、「自然への傾聴」(Physikē akroāsis) と題されたテクストにおいて展開する。このテクストは、ハイデガーによると「西洋哲学の基本書」(11) と考えられるものだが、その中でアリストテレスは、自然学者としての姿勢ばかりでなく現象学者としての研究姿勢も同程度にもち合わせ、「どのような仕方で［場所が］存在するのか」(12) について注意深く考察している。自然学ないし物理学と現象学との同盟的関係はごく最近まで続くこととなるわけだが、そうした同盟関係は、このような考察を行ったアリストテレスによって作り出されたのである。ちなみに「現象学」という言葉そのものは、感官に現れるがままのものとしての自然現象についての研究を意味するものとして、一七六四年にランベルトが考案した造語である。マッハとアインシュタインは、この語をそうした元来の意味で使い続けた(13)。アリストテレスの試みで特異な点は、変化と運動の一般的原理に対するその関心にあり、それは具体的な現象についての周到な記述となって結実する。アリストテレスが『自然学』冒頭で言っているように、「われわれにとってより知られうるものおよびより明確なものから始めて、本来的により判明で、より知られうるものへと進む」(184a17–18) のである。「われわれにとってより知られうるものおよびより明確なもの」であるとは、記述的現象学的探究の対象となりうるものだということである。というのも、そうした探究で考察されるのは、事物が、人間たるこの観察者に対し、その彼ないし彼女の直接的な生活世界においていかにして現れるのかということだからである。

アリストテレスによる原型現象学的記述の最初の例は、『自然学』第四巻の初めに見られる。

これらのもの、すなわち上、下、および、その他の六つの方向は、場所の部分であり種類である。これらはわれわれだけに関係するのではない。われわれとの関係で見ると、これらは上、下、右、左はつねに同じなのではなく、われわれがどちらに向きを変えるかに従い、われわれの位置との関係において決まる。だからこそ、同じものが右にあったり左にあったり、上にあったり下にあったり、前にあったり後ろにあったりすることがしばしば起こるのである。しかし、自体的にはそれらのいずれも別個であり独立している。「上」というのは勝手に決められるものではなく、火や軽いものが動く際の行く先である。同様に「下」も勝手に決められるものではなく、重くて大地のようなものが動く際の行く先である。したがって、これらは位置だけではなく、能力においても異なるのである(14)。

場所は、自然学固有の問題として「自体的に」(en de tē phusei) 考察されるならば、何らかの「別個であり独立している」もの、固有の「能力」（dynamis）をもつものと考えられる。また一方、たとえば左右はある与えられた瞬間におけるわれわれの位置と相関的である、といったことは、現象学的記述の問題である。上の引用で注目されるのは、こうした自然学固有の問題と現象学的記述の問題との間で巧みな調和が図られている点である。場所を十分に考察するには、両方の問題、つまり、いかにして場所は「それ自体において」存在し、かつ、他の諸物との関係で存在するのかを考慮に入れなければならないであろう。

　アリストテレスは、場所のもつ二つの基本的な局面を扱う際に、これとまったく同じ二重の視点をとっている。（a）フッサール流の現象学の場合、「自由な変更」のおかげで、一つの所与現象についてどれくらいの数の基本種があるのかを識別できるのだが、同じくアリストテレスも、場所に見られる二つの異なる種を躊躇することなく提示している。すなわち、「共通の場所」（topos koinos）と「固有の場所」（topos idios）である。「共通の場所」の内には「すべての物体が存在する」（209a33）のに対し、固有の場所とは「ある物体がその内に存在するところのその第一のもの」（209a34）である。（b）どの種類の場所も、「内に」を不可欠な構成要素として含んでいることから、アリストテレスはさらに進んで、何かの内にあるということの意味を八つ特定している(15)。それら八つの意味の内訳を見ると、二つは論理的ないしは分類的なものと考えられ、その他に形而上学的なものが二つ、政治的なものが一つ、部分と全体との関係を表わすものが二つ、そして、最後の一つは明らかに記述的と認められるもので、「器の内に、そして、一般的には場所の内に［あるものが存在する］というような場合」（210a23-24）であるとしている。注目されるのは、この最後の意味、すなわち、「内に」のもつ意味の中でもっとも明白に現象学的なものが、「すべての中でもっとも基本的」（ibid.）だと断言されていることである(16)。場所の内に存在するとは、器の内に存在することとほとんど変わらない。そこで、問題はいったいいかにしてそうなっているのかということになる――こうして、さらなる記述上の洗練が求められる。

　アリストテレスは、形相ないしは質料が場所の本性を解き明かす鍵を与えてくれるとする執拗な誘惑を拒絶するが、そうした拒絶を可能にしているものこそ器のアナロジーである。すなわち、「器は、その内に存在するものに属するのではない（第一義的には、何があるのかということと、何の内にあるのかということとは異なる）から、場所は質料でも形相でもなく、何か別のものであろう」（210b27-30）。質料と形相とは、ある所与の場所に所在を与えられた物体に内在するものである――質料は基体を提供し、形相は形を与えるのである。たとえ形相と場所とが隣接し、延長を等しくするのだとしても、形相は所在を与えられた物体の表面に何よりもまず属するのであり、その物体に所在を与えている場所にではない(17)。アリストテレスが現象学的な正確さをもって述べているように、包囲するものと包囲されるものとの境界は同じ［所］にあるのではないのだから、形相が場所だと考えられるのは、場所が包囲するものであるからこそなのである。これらは両方とも限界であるけれども、同じものの限界ではない。形相は対象の限界であり、場所は物体を包囲しているものの限界なのである。（211b10–14）

しかし、これではいかにして場所が「何か器のようなものと考えられる」（209b27–28）のかに答えたことにはならない。この答えは明らかに、器に備わった包含するという能力、より特定するなら、包囲する能力の内に探し求められなければならない。その能力とは、その内に［事物を］保持する能力である。内に保持するというこの能力を注意深く描写することで、アリストテレスは場所についての厳密な定義、「そのものの何であるか」（211a8：**ti estin**）を規定しうるのである。この定義そのものは二段階に分けて提示される。まず初めに、アリストテレスは以下を観察することで、すなわち、われわれは空気によって包囲され、この空気はさらに諸天球によって包囲されているのであるから、われわれは天界の内に位置づけられているのだ、ということを観察することで、包含性という要素そのものに注意を向けている。われわれがこの天界の内に場所づけられているのは、われわれが「空気の内に」所在を与えられているからである「――しかし、空気の全体にではない、そうではなく、われわれが空気の内にいると言われるのは、われわれを包囲している空気の限界ゆえなのである」(18)。だからこそ、場所というのはその「第一の」意味において「物体のそれぞれを包囲する第一のもの」(19)なのである。直接事物を取り囲んでいるこのものこそ場所であり、それは限界と見なされる。しかし、ここで言っている限界とは、包囲しているものに属するのであって、包囲される物体にではない（後者の限界はその形相によって、つまり、その外的な形によって規定される。209b3–6を参照のこと）。グラスやジョッキといった器が、その内容物――たとえば、水や空気――を包囲するように、場所はその中に所在を与えられている物体や物体のまとまりを包囲するのである。「包囲する」は**periechein**の訳語であり、「あるものを、そのあるものの構成部分として自らを含むことなく、境界線で囲むこと」を意味する。逐語的には、「周りで」（**peri-**、たとえば周縁《ペリメーター》）「保持すること」（**echein**）を指す。器が、その中に入った水や空気を保持するように、場所はその中にある一つの物体ないしはさまざまな物体を、それらにぴたりと合わせて保持するのである。

しかし、アリストテレスは場所についてのこの最初の定義に安んじることはない。というのも、一つには器との類比が不完全だからである。器は移動できるが場所はできない。「器がもち運ぶことのできる場所であるように、場所は移動することのできない器である」（212a14–15）。さらに、もっと深刻な問題がある。川は舟にとって場所である。にもかかわらず、舟をじかに包囲している水の中身はつねに変化する。舟の場所を限界づけているのは、包囲している水の内側の面であり、したがって、その内側の面は、刻一刻と変化していることになる。場所であるための最低条件は、同一であること――場所の内に所在を与えられるさまざまな事物にとって同じ場所であること――なので、アリストテレスは最初の定義に添え書きを加え、場所はそれ自身、変化も運動もなしえないのだとしなければならない。場所は「不変」（akinēton）でなければならないのである。これによって、アリストテレスは彼の決定的な定式化にたどり着くこととなった。「場所とは次のようなものである。すなわち、包囲しているものの第一の不変な限界（peras）である」（212a20–21）。したがって、先ほどの川の例で言えば、場所であるのは「川全体」だということになる。この文言は、シンプリキオスをはじめ幾人かの研究者によって、川の土手や底といった、川の動くことのない内側の包囲面を意味すると解釈された[20]。

このように解釈されるなら、場所とは「ある物体の入った、不動なる包含者のもっとも内側の表面」[21]である。場所はそのようなものとして、その物体に取り囲むものを与えることによって包含し、かつ、包囲するのである。この時、当該の取り囲むものは、つねに安定したものであるとはかぎらないものの（川に浮いている舟が今いる「所」は、束の間の居場所であり、永続的な場所ではないから）、それでも、現前する位置を決定するということである。現前位置を決定するこうした働きのおかげで、場所はただ受容的なのではなく、積極的に取り巻くものとなる[22]。アリストテレスは、ここでプラトンとはっきりと訣別している。『ティマイオス』においては、コーラとしての空間――諸領域や個々の場所も含め――は受容的だと見なされていた。実際それは、「全的受容者」である。場所はまさにそのようなものとして、可感的な性質によって条件づけられうるし、自然物理的物体が現出する媒体としての役割を果たしうるのである。しかし、それらの物体は、自らの規定、つまり、自らの限界ないしは形を、幾何学的形象から受容する。それゆえ、その限界づけの要因は、デミウルゴスが諸形相を能作的に注入することで与えられることになる。

アリストテレスの説明によるなら、そうした限界づけの能力はすでに場所の内にある。この限界づけを、場所のもつ包含し包囲する能力、あるいは、包囲することで包含する能力によって与えることは、場所そのものの本質に属するのである。プラトンにおいては、自然物理的物体がもつ外側の表面に形を与えることにその関心が向けられていた。これに対し、アリストテレスでは、取り囲んでいる場所の内側の表面がもつ固定された輪郭に焦点が当てられているのである。アリストテレスにとって限界は、場所の内部に見出されるものであり、実際には場所そのものの部分である。限界は、初めから――秩序づけられた自然世界の初めという意味での初めから――場所の構成要素であって、秩序づけを行う外的な行為者によって賦与されるのではない。したがって、神のような規定者、言い換えるなら、種子的ロゴス《ロゴス・スペルマティコス》をもつ神聖な種つけ師なるものを引き合いに出す必要はない。場所は場所に固有の独立した能力をもつ。アリストテレスが特有の控え目な表現を用いて述べているように、場所は「何らかの能力」（208b11）をもつのである。その表現は控え目ながらも、この提案によってもたらされる帰結は実に包括的である。というのも、この世界は、つねにすでに十分に場所を付与されていることになるのだから。すなわち、規定的な場所の限界が、個々の事物の周りをじかに包囲し、その内部に囲い込むというあり方で、それらの事物に所在を与えており、世界にはそうした規定的な諸々の場所《トポイ》がつねにあるのである。

3

ホワイトヘッドが提起する二つの創造モデル――「〈内在論〉」対「〈外的賦与論〉」という枠組み――で考えるとすれば〔ホワイトヘッドによる内在論と外的賦与論については、第2章第5節を参照のこと〕、アリストテレスは間違いなく内在論モデルを選び、プラトンとの対照を露呈するであろう。このように期待しうるのは、アリストテレスによる事物についての理論体系に、いささかも混沌《カオス》に似たものが含まれないからである（『自然学』においては、混沌という言葉自体、過去の名残を示す用語として用いられる場合にしか現れない）。概念上の抽象という過程によってのみ、アリストテレスは「第一質料」（prōtēhulē）という段階に到達するのだが、この「第一質料」は、アリストテレス自身認めているように、混沌に近いものである。しかし、第一質料はその身分上無規定なものであり、それ自体では実存しえない。その代わりに、この自然物理的世界――これは事実上、あらゆる所を意味する、なぜなら、「すべてのものは［この］世界にある」（212b18）のだから――において、われわれはすでに形相を与えられた質料にしか出くわさない。この世界において、質料的物体は、質料と形相とが分かちがたく結び合っているというその特質のおかげで、それらに固有の完全性をもつのである。だから、形相が質料へと流れ込むことを説明する必要はないし、ましてや、うまく形相を与えられた宇宙《コスモス》全体の創生を説明することなど不要である。可感的な純然たる諸性質が、三次元的に測定しうる形をともなった、完成された姿での質料的諸物体へと変容されなければならないという条件の下では、デミウルゴスを引き合いに出すことが不可欠だったかもしれない。しかし、もはやその必要はない。この自然物理的世界は、初めから十分に形相を与えられたものとして現れるのであるから、自立している。したがって、唯一適切な神とはまったく不動なる〈動者〉であって、世界の外で永遠に動かず（その名にもかかわらず）、それゆえに、実際にはまったくどこにもいない者である。すべての場所はこの世界に属するが、世界全体そのものは固有の場所をもたない[23]。われわれは、場所のない始原的状態を措定するという誘惑から長い道のりを歩んできた。しかし、いまや哲学的に正当化されるただ一つの場所不在の状態は、創造の前でも（無からの創造を標榜する各理論に見られるように）、ちっぽけな被造物同士の間に（原子論者の言う無限なる空虚の場合のように）でもなく、〈不動の動者〉という存在そのものの内に所在を与えられる。仮に、本当に「天球の外には、場所も、空虚も、時間もない」（『天体論』279a12–13）のだとすると、その〈動者〉自身はいかなる場所にもないということになる。

　しかし、まさにこの状況から一つの深刻なパラドックスが生じてくる[24]。『ティマイオス』のようなテクストでは、創造が通時的であるかのように説明されるため、結果として、〈空間〉を（そこにある多様な領域や場所とともに）あらかじめ実在するものとして設定することとなり、同時に、形を欠いた可感的な各性質に調和のとれた形を与えるため、デミウルゴスによる仲裁を必要とすることにもなる。「空間」は、「時間」を含意する物語的性質の備わった論説においてこそ主題となるのだ。これに対し、『自然学』に見られる非物語的論説では、この世界の起源における場所の問題は軽視されており、場所の欠如性が、「この普遍宇宙の外」（212b18）という概念と結びつくのである。こうして、このパラドックスは以下の二つの立場からなる。片や『ティマイオス』で語られるような時間に縛られた物語では、神に対して字義通り場所の内へと立ち入ること――つまり、個別の場所の内にあるそれぞれの性質に形を与え、「それらのものから成り立つ秩序づけられた全体が存在［へといたりうる］」（『ティマイオス』53a）ようにすること――が要請される。これに対して、『自然学』で語られる時間を欠いた説話においては、神は介入する場所を与えられない。なぜなら、そこに現れる神は、知覚しうる物体からなる世界全体の外に、あるいは、この神に固有の形而上学的な〈未知の国《エレウォン》〉に実在するものだと理解されるからである。一方では、少なくとも創造という重要な出来事が起きている間、時間と空間は神を世界へと導き入れようと共謀している。他方では、神は世界の外で、時間も場所も欠いた状態にとどまり続ける。十分に領域化されてはいるものの秩序づけられてはいない世界、厳密な意味では混沌的《カオス》ではないが空間という点では未分化の世界といった概念は、すみずみまで場所づけられると同時にきちんと形を与えられた世界――〈不動の動者〉の独立と相即不離の関係にある内在的秩序の備わった世界――という見解へと移行するのである。

　こうした外見上の移行によってもたらされる重要な結果の一つとして、数学、とくに幾何学の役割に対する影響が挙げられる。『ティマイオス』で描かれる被造世界は、「植えつけられた幾何学主義」とでも呼ばれるようなものを含んでいる――すなわち、立体の表面を形成する第一の構造として三角形平面を導き入れている――が、『自然学』においては、物体がそのようなあり方で外部から幾何学的な形を注入されたという痕跡はない。プラトン流の宇宙論にとって本質的であったもの（『ティマイオス』での説明によると、創造は幾何学化を必ず含むことになる）を、アリストテレスはたいそう懐疑的に眺めた。彼はおそらくこの宇宙論に、「病的な幾何学主義」[25]という、ユージェーヌ・ミンコフスキーによる嘲笑的で、病名を示すかのようなレッテルを貼ったであろう。もしこの世界が、場所はもちろん形相や形をも含んだ内在的秩序をすでに備えているのであれば、それとは別に幾何学化という行為を求めるのは余計なことなのである[26]。

ここまで私は、プラトンとアリストテレスとの間の違いを、とりわけ外的賦与論対内在論、幾何学主義対自然物理学主義という対比を用いて長々と論じてきたわけだが、それは、根深い相違を示す二つの場所概念がすでに古代ギリシア思想に存在していたことを示すのが目的であった。ここで、さらに議論を進めることとしよう。プラトンとアリストテレスによる場所概念は、これら二つの見解とはまた別の、古代ギリシア初期の思想的枠組みの内に見られたきわめて重要な考え方――ヘシオドス流の〈混沌《カオス》〉と原子論的な空虚――とは対照的に、この問題についての現代における非科学的な思考方法の内に引き継がれており、無視することのできないものとなっている。幾何学の方は、近世初期に現れた空間に関するいくつかの考え方のモデルを提供した。それらの考え方は二十世紀の今日においてさえ、科学的思考のレベルとまではいかないが、常識のレベルでは広い範囲で影響力をもつものである。一方のアリストテレス的見解は、フッサールやメルロ゠ポンティの著作において見られるような現象学的アプローチに今もってなお影響を与え続ける祖先である。彼らは、幾何学の超外的賦与に疑問を投げかけ、代わりにこの世界に内在する形態的秩序という一つの認識を要求するのである。

アリストテレスを原型現象学者と見た際に彼に向けられる批判的な問いとは、この世界は（なぜではなく）いかなるあり方で、かくも根深く内在している場所的な秩序を所有しているのかというものである。これに対する答えは次のようなものである。「場所は［あらゆる］対象とともにある」（212a30–31）、というのも、「それらの限界は限界づけられるものとともにあるのだから」（212a30–31）。「～とともに」（hama）こそ、場所の「いかなるあり方で」についての鍵となる。場所とは、あるものが別のものの内に存在しうる際の「もっとも基本的なあり方」である。「諸事物が場所の内に〝ともに〟存在するのは、それらをじかにかつ第一に包み込む場所が一つの場合である」[27]。質料的なものは、それに固有の場所、すなわち、それにまとわりつく場所にぴたりと一致する。なぜなら、事物と場所は、ある与えられた状況を規定するに際してともに働くからである。「ともに働く」と述べたのは、場所が、その内にあるものを能動的に包囲し、その位置を定める力をもつことを考慮したうえでのことである。同時に、場所の内にあるもの、つまり、自然物理的な事物ないし物体は、単に受動的な占有者としてそこにいるのではない。それは、現実的あるいは可能的に変化し運動するものとして、かつ、それに固有の場所の内で／へと変化し運動するものとして、やはり能力をもつのである。

事物と場所との二重の内在性、すなわち、互いに属し合うという性質は、公理とでも呼びうるような次の一つの定式にまとめられ、これによって「内に」の二つの使い方がきわめて適切な形で表現される。すなわち、「物体がどれも場所の内にあるように、いずれの場所の内にも物体がある」(209a25–26)。これは単に空疎で冗長な言明なのではない。物体を欠いた（つまり、空虚としての）場所を措定したのは原子論者だけにかぎったことではなかった。プラトンもまた同じことをしたのであって、〈受容者〉の内で活動している原初的な領域はどれも、完全な姿での自然物理的な物体を含まないのである。（さらに、場所なくしてはいかなる物体も存在しないということも当然視されえないこととなる。たとえば、場所と場所の間にあるという状況についてはどうであろうか。）これに対し、アリストテレスによれば、運動しているのであれ、静止しているのであれ、それは場所の内にあるということであって、たとえその場所がどれほど瞬間的なものであろうと過渡的なものであろうともそのことに変わりはない。そして、この絶え間ない場所付与それ自体は、場所と事物との密なる協働的働きの結果である。事物がつねに場所づけられ（つつあ）るのと同じく、場所はそれ自体つねに満たされ（続け）るのであって、また、これを満たすのはまさに事物なのである。

主にこうした協働によって、限界づけるものは限界づけられるものと《ハ》も《マ》に働く。包含される物体の外的限界は、包含する場所の内側の限界と再びめぐり合う。一方の限界が他方の限界なくしては実在しえないというだけではない。両者は互いに積極的に影響を与え合い、まさしく結合した空間、包含者と包含されるものとの双方が共存する一つの空間を形作るのである。ともに構成され、一致し、同時に存在するこの二重の限界こそ、場所の主たる定義をなすのである(28)。

4

点とは部分を一切もたないものである。

――ユークリッド『幾何学原論』第一巻、定義一

点は想像において投影され、いわば、場所の内で存在へといたるのであり、思惟的質料において具現化されることとなるのである。

――プロクロス『ユークリッド原論第一巻註解』

点の場所がある……必要はない。

――アリストテレス『自然学』212b24

前節で見たような二重の限界づけにもかかわらず、場所は、当該の場所に固有の占有者である変化するものに対して変化しないものである。アリストテレスが警告するように、「なぜなら、場所の内にあるのは、存在するもののすべてではなく、変化しうる物体［のみ］だからである」（212b27-28）。実際、アリストテレスの体系では場所を欠くものが四つあって、諸天球および〈不動の動者〉はもちろん、数と点もこれに含まれる。最も高貴な自然物理的存在と形而上学的存在が、場所をもたないという共通の条件の下、算術と幾何学からなる最小部隊と手を組むのである。創造という宇宙創生説的な説明に亡霊のごとく取り憑いていた無‐場所性は、いまや、変化し動く諸事物を苦もなく（かつ、乗り越えられることもなく）越えて――さらに、それらの事物を取り巻いている諸天球をも越えて――存在する〈神〉というものを特徴づけるだけでなく、数や点そのもの、すなわち、〈神〉によって越えられるのと同じ事物を、算術ないしは幾何学の観点から把握されるようにするものをも特徴づける。こうした状況が奇妙なのは、次のような二重のパラドックスのためである。（a）〈神〉は〈不動の動者〉として究極の場所であるように思われるかもしれない。というのも、〈神〉は諸天球の外側もしくはその外周に実在するのであるから、この自然物理的普遍宇宙そのものを〈神〉は包含、ないし、包囲している（さらに、そうすることで、〈神〉はこの普遍宇宙に場所を与えている）と考えうるからである。（b）科学的に知ることのできる質料的世界を形相的に構成する要素である数と点――とりわけ点――は、われわれがこの世界を何であれ数学的な観点から理解するにあたって、秩序と位置とを基にしたそれらに特有の役割を果たすために、一定の本来的な場所類似性を必要とするように思われるかもしれない。しかし、仮に形而上学的および数学的な「諸々の場所」がアリストテレスの自然学体系内部でこれほど強く示唆されているとしても、それらは同じくらいに確実に、同一の体系内部で否定される。

しかし、二重の意味で複雑なこの状況に対する解決を私は試みるつもりはない。〈神〉や数については新プラトン主義者たちの楽しみに、また、諸天球についてはコペルニクス、ケプラー、ガリレオらによる解釈に譲るとして、この節では、アリストテレスが点を場所との関係でどのように扱っているのかに注目したい。点が場所をもつのか（あるいは、別の言い方をすれば、場所であるのか）否かという問いは、見かけ以上に複雑で興味をそそられる。初めに、どのようにして点を場所から分けるのかという基本的な問いが立てられる。

物体は場所や空間をもつのだから、表面も、そして、他の限界も、場所や空間をもつのは明らかである、というのも、同じ論証が適用されるのだから。つまり、先ほど水の表面があったところに、今度は空気の表面が存在するであろう。にもかかわらず、点と、点の場所とは、まったく区別されていない。したがって、もし点の場合でさえその場所が「点そのものとは」区別されないとすれば、その他のいずれのものの場所についてもそうであろう、すなわち、場所はそれらのもののいずれとも区別されないだろう(29)。

以上のような推論において前提となっているのは、線、面、立体によって表される一連の「限界」(perata)が、突き詰めるなら、それらの究極的な構成要素ないしは始原であるところの点に基づくものなのだということである。プラトンは不可分な線を宇宙論における基本的な単位として好んだが、アリストテレスは「点が不可分であるということこそが、共通の根拠である」(30)と述べている。しかし、もし点が場所を欠くなら、どのようにして場所は、線、面、三次元の物体といった、点から構成されるあらゆるものに備わるようになるというのだろうか。誰も、とりわけアリストテレスは、立体が場所を欠くことを否定しようと望んではいない。

「点とは部分を一切もたないものである」(31)とするかぎり、点が場所を占めることなどまったくできないし、包含者によって包囲されることなどなおさらできないと考えられるかもしれない。なぜなら、通常包含したり包囲したりすることが成立するためには、取り囲まれるものの側に少なくとも一つは部分がなければならないからである。プラトンの『パルメニデス』には、このつながりを例示している箇所がある。

もしそれ［一者］が他のものの内にあるとしたら、おそらくそれは、それがその内にあるその他のものによってまわり中を包囲されてしまうことになろう、そして、その包囲するものと、多くの部分が多くの場所で接することとなろう。しかし、一者でありかつ部分をもたず円の性質ももたないものが、多くの方向からまわり中で接触されるのは不可能である(32)。

しかし、点はつねに包囲されている――それどころか、空間の内に場所づけられ、その空間に完全に包囲されており、それゆえに、どの可感的な物体とも同じように自身の包囲者の内にまったく安座している――のではないか。場所を厳密に包含性の問題と見るアリストテレス自身の考えに従うなら、点は、場所の内にあるということの模範的実例ではないのか。単独で現れるにせよ、線や面、立体の部分として現れるにせよ、点以上に完全に包含されたり包囲されたりしうるものがあるだろうか(33)。

この問題を解決しようとして、点とは単に非自然物理的なものなのであって、そのことは、点に備わった分割不可能性や、点が「限界」としての身分をもつものだということから示される、と主張しても無駄であろう。こうしたことは、たしかにユークリッドによる点の概念には妥当するかもしれない。「したがって、「点」とは……われわれが空間的現象としてなおも考えうる（観察するのではない）ものの究極的限界であり、もしそれ以上にさらに踏み込んで考えるなら、延長をもたなくなるばかりか、対応する場所さえ、そして、この意味では［点の］部分さえもたないものとなる」(34)。これは、純粋平面幾何学に関わるものとしての点――ユークリッドが主に関心を抱くもの――には当てはまるかもしれないが、この自然物理的世界において点の果たす役割にとっては適切ではない。この自然物理世界では、点はたしかに観察されうるものである。たとえば、（アリストテレス自身の挙げている例を引用すると）所与の感覚的現象の中心ないしは先端として(35)。（プロクロスが当該の節に対する註解において主張しているように）もしわれわれの想像によって、点のための一つの場所が「思惟的質料」へと射影されうるとするならば、点のための場所が自然物理的質料＝物質の内にも認められうるのは確実である(36)。それどころか、アリストテレス自身の見解に深く染みついた内在主義と自然物理主義――彼の抱いた、「空間的な大きさは事物から離れては存在しえない」（『形而上学』1085b35）という確信と、そこからくる、あらゆる賦与的幾何学主義への反感――とによって、われわれはまさにこの自然物理的世界内部で点が果たす有効な役割を見つけるよう要請されるのでないだろうか。

実際、その通りである。いかにして点は（任意の平面図形や立体図形を構成する最小単位として）不可欠であると同時に（自然物理的世界そのものの内で）観察可能であるにもかかわらず、場所をもたないのか――こうした目下の窮状に対してアリストテレスが好んで与える解決法は、彼の行っている場所と位置との区別に見出される。点は、たとえ厳密な意味では場所をもたないにしても、所在ないしは「位置」（thesis）を示すものである。このことと関連して、点は、先に『パルメニデス』からの引用でプラトンがほのめかしていた「一者」（monas）と対比することができる。一者とは、算術上の基本的な単位として「位置なき実体」と定義することができ、他方、点は「位置をもった実体」(37)と定義しうる。この見解の起源はピュタゴラス学派に見ることができるのだが(38)、こうした見解のおかげで、アリストテレスは点に対して、それらが場所をもたないにもかかわらず存在する空間的規定性はもつのだと容認できたのである。この規定性とは、純粋な所在性を超えた、方位に本来的に備わっている二極性のことであって、たとえば、点は、われわれが左右、上下、前後をそれぞれ見分ける際の助けとなる。さらにまた、点が、（非幾何学的図形も含めた）多くの種類の図形の輪郭についてはもちろん、所与の空間的間隔の限界について、その境界を画定するそのあり方からも、この規定性は明らかである。

　ところが、位置によって与えられるこの規定性はかぎられた有効範囲しかもたないものであることが、次の三点によって示されている。（ｉ）「テシス」という語が意味しうるのは、「位置」の他には「規約」ないしは「方位」のみであるという言語上の事実(39)。（ⅱ）点と点の間の間隔は、それらを結ぶために線分を必要とし、上で述べた二極的方位もまた同様である（たとえ明示的に引かれるのではないとしても、少なくとも線分への転嫁が必要とされる）という幾何学上の事実。（ⅲ）諸々の方位、そして間隔すらも、通常は知覚者自身の位置に相対的であるという現象学的事実。「われわれとの関係で見ると、これら上、下、右、左はつねに同じなのではなく、われわれがどちらに向きを変えるかに従い、われわれの位置との関係において決まる（『自然学』208b14–16、強調引用者）」。「われわれの位置」とは、ある自然物理的物体の位置であり、それ自身に固有の場所をともなった一つの位置である。

　点が場所を付与されたものであるとすることに反対する三つの有効な論証がある。アリストテレスはそれらの論証を述べていないが、ここで考察する価値のあるものである。

1　初めの論証は、位置についてのものである。仮に、位置は場所の必要条件だとしても、十分条件ではない。したがって、点は位置だけをもつのであって、まだ完全な意味での場所ではない。だからといって、点が場所を特徴づけえないというのではない。たとえば、畑の端で境界を印づけるもの（メソポタミアのクドゥルと呼ばれる境界石から、もっと新しい時代の具体的な柱までを含め）、部屋の壁と壁が合わさる箇所、あるいは、バスケットボールのコートやサッカー場のコーナーなど。これらのどの場合にも、点は規定された位置を確定しており——それらについて「位置を正確に示している《ピンポイント》」——、まさにこうした役割においてきわめて重要であって、それどころか、欠くことのできないものである。（実際ピュタゴラス派の点は、最初は境界石の代わりであったと考えられている(40)。）しかし、点が場所そのものを確定するというのは、点を拡大解釈しすぎたものとなろう。場所を確定するためには、畑、建物、コートの内部で、何か別のことが生じるか現れるかするのでなければならない。たとえば、作物を育てる、スポーツをするといった特定の活動であろうと、住むといった一般的な活動であろうと、あるいは、まったくの可能性（つまり、その場所で起こることが決まっている将来の出来事）であろうと構わないが、ともかく何か別のことが生じなければならない。その場合には、点は自然物理的に規定されたものとして——つまり、世界空間において固定されたものとして——、場所それ自体を単独《ソルス・イプセ》で生じさせるのではないけれども、決定的に場所の境界を画定するという役割を果たしうる。こうして、われわれは、点の働きが場所そのものをもたらすのに十分であると主張し続けさえしなければ、プロクロスによる点についての以下のような最大の賛辞に同意することができる。すなわち、点は「分割されるものすべてを統合し、それらの連なりを包含して境界づけ、それらをすべて表舞台へともたらし、周りを取り囲む」(41)。

2　点は、どの場所からも除去不可能な、深さ=奥行きという次元を構成できない(42)。点は、それ自体のみを取り出して考察するなら、面の現実的次元として深さ=奥行きを生じさせることはなく、面からなる立体や立体の置かれている場についてはなおさらである。さらに、同じ理由から、点それだけによってそうした面、立体、場の深さ=奥行きについての知覚が引き起こされることはめったにない。たとえば、私が街中の灯りからなるきわめて複雑な合成物を飛行機から知覚する時でさえ、私はそれらの灯りが後退して私の下にあるその都市の深さ=奥行きが現れるのを把握する、といった具合にはやはりならないだろう。その眺めはまったくの点描画的な景色のままである。深さ=奥行きを知覚するためには、遠くにある街の建物の側面といった、面としてのいくつもの形についての知覚を伴う必要がある(43)。このような考察を行う時、私は『ティマイオス』からの見慣れた道筋に合流しているだけのことである。「あらゆる物体は深さ=奥行きをもっている。さらに、深さ=奥行きは面によって境界を定められるのでなければならない」(『ティマイオス』53C)。基本的な点なるものを認めるために、すべての自然物理的塊が「深さと浅さ」(44)から弁証法的に生成されたと主張する必要はない(アリストテレスはプラトンがそうしていると批判している)。すなわち、深さ=奥行きについて最低限要請されるのは面であり、面についての前提条件は直線である。そして、「運動している直線が面を生成し、運動している点が直線を生成する」(『デ・アニマ』409a4–5)ことをたとえ認めるにせよ、点は面の単なる間接的な構成要素のままであり、またしたがって、点は深さ=奥行きのさらに間接的構成要素なのである(45)。深さ=奥行きは面が点をともなって生じさせるものなのだから。

3　点とは完全に包含されうるものである――アリストテレス自身による場所付与の基準に即して言うなら、点は、それを直接取り巻くものによって厳密に包囲されており、したがってまた、完全に場所の内にあると見なされる――としても、その逆は主張しえない。すなわち、点は包含するのだとは言えない。実際、点を離散的な存在物だと捉えるなら、点は自ら以外の何ものも包含することはない。点は字義通り自己包含的である。そのようなものを、「移動することのできない器」(『自然学』212a15)と類比的に語ることはできない。この類比による査定に合格できないということは、アリストテレスによる場所の基準を満たさないということである。なぜなら、包含性という基準を体現することに失敗しているのだから。点は延長されうるもの、つまり、操作されうるものであると同時に目に見えるものである。しかしまた、それは中が詰まった濃密なものであるから、花瓶、ジョッキ、川のようなあり方で包囲することは、やはりできない(46)。包囲するということが生じるためには、次の二つの条件が満たされねばならない。すなわち、単位の複数性が確保される必要があり、また、それらの間に線を引くことができなければならない。いずれにせよ、包含するという状況が整えられるためには、われわれは任意の一つの点を越え出なければならない。点には（面の構成要素として）包含性が必ず備わっているけれども、点それ自身は包含者ではない(47)。

この議論によって、われわれは境界と限界とを区別するよう促される。点は「局所化の限界」(48)——正確には下限であり、それより下には行かれない（また、行く必要もない）——と認めうる。というのも、限界は形と同じく(49)限界づけられているものに主として属しており、限界づけているもの（つまり、包含者）に属するのは副次的な場合においてのみだからである。アリストテレスによる自然学が、外的に賦与される数学化に反発しているとするならば、少なくともアリストテレス的自然学では以上のようになっている。そのような自然学にあっては、プロクロスが示唆する通り、「限界はそれが限界づけている事物に降服する。限界はそれら事物の内に自らを確立し、いわば、それら事物の部分となり、それらのもつ、より劣った性質で満たされるのである」(50)。実際、厳密な意味でのアリストテレス的自然学においては、点は、その圧縮性と自己包含的性質のゆえに、限界の範型とさえ見なされうる。プロクロスは次のように述べている。「すべての限界は……点という概念の下に単一の形相として、こっそりと、分離不可能なあり方で自存している」(51)。

反対に、境界であるとは何ものかにとって外的であるということ、より正確には、そのものの周りにあって、それを囲み、包囲者のように作用するということである。そのようなものとして、境界は包含されるものにではなく、むしろ包含者に——またしたがって、正しくは、包含している媒体の内側の面として見られた場所、すなわち、（トマス・アクィナスの定式化に従うなら）「包含者の限界《テルミヌス》」(52)に——属している。場所そのものと同様に、境界は「何ものかを、その周りにあるものから閉じ込め、囲む」(53)。それはまさしく、点にはなしえないことである。境界は、たとえ点から構成されるのだとしても、閉じ込めると同時に囲い込むというあり方で作用しうるためには、少なくともその特質において線的なものでなければならない。それゆえ、それは「境界線」という概念により近い。しかし、線的なものであるゆえに、境界は面ないし立体の境界であって、点の境界ではない。点が空間に包囲されているという場合、それは空間の内に埋め込まれているという意味においてであって、空間によって縁取られているからではない。また、点がそれ自身境界の一部であるためには、線を構成するために他の諸点と結合するのでなければならないのである。

　境界と限界についてここで行った区別から、二つの帰結が提示される。まず一方で、点それ自体が場所であることを否定するアリストテレスの論証が強められる。もし点が実際のところ限界であるとするならば、それは境界を構成しない。そして、アリストテレス自身のモデルによると、場所に必須であるのは境界であるから、点は場所ではありえないし、ことによると場所にとって絶対に必要な部分ですらありえない。また、点は申し分のない孤立性という意味で自己に限定されたものであり、かつ、点が他者を限定するのは点が連続的な線の部分であると捉えられた場合においてのみであるから、点は包含性についての決定的な基準を満たしていないこととなる。他方、場所そのものは限界よりも境界に近いものであることが帰結する。場所は境界というあり方において二面的である――つまり、包含的であると同時に排他的である――ばかりでなく、ハイデガーが見出した古代ギリシアの概念horismosという特別な意味においてもまた、境界に類似している。ホリスモス、つまり、「地平」というこの概念自体は、horos（境界）から派生したもので、「そこから何かが現前し始める、そのもと」のことである(54)。場所とは実際のところ現前せしめる能作的源であり、その閉じた囲いの中で事物が位置づけられ、そして、生じ始めるのだから、場所は、ホリスモスというこの意味でも境界に類似している。

　場所に備わったかなりの程度の境界性に着目するなら(55)、一つの手段が明確に示されるように思われる。器の場合、一度にあまりに多くのものが提案されていた。そのせいで、アリストテレスによる場所についての定義がざるのごとく多くを漏れ出させるものとなってしまったのだとしたら、そうならないようにすべきである。そのためには、それを定式化するにあたり、「限界」（peras）に代えて「境界」（horos）を用いるのが適切である。そうすれば、この定義は再び水を溜めることができ、また、そうすることによって、結局は点そのものをその固有の場所に設えうることだろう。だが、その場所とは何であるのか。

5

　さて、想像した諸対象と知覚した諸対象において、点は線の内にあってその線を限界づけているが、非質料的な諸形相の領域においては、点は部分をもたないものであるという概念が先に存在している。だから、それは限界づけられていないと同時に限界づけられている。それ自身先へと進むことにおいては限界づけられていないが、しかし、その限界のごとき原因を分有していることによって限界づけられているのである。

——プロクロス『ユークリッド原論第一巻註解』

点とは、ある確定した「形相」を伴った現実的存在物の結合体《ネクサス》である。

——アルフレッド・ノース・ホワイトヘッド『過程と実在』

ある唯一の点についての感覚以外に、いかなる感覚も呼び覚まされないと仮定しよう。その場合、何らかのある特定の、どこかにある《ホウエアネス》、そこにある《ゼアネス》といった感覚は可能であろうか。もちろん、不可能である。……どの点も、場所づけられているかぎりは、それでないところのものによって、つまり、他の点によって……［存在している］。

——ウィリアム・ジェームズ『心理学の諸原理』

半信半疑の読者が想像するであろう以上に、点と場所とを比較することには意味がある。その理由の一つとして挙げられるのは、点が、場所の宇宙創生で、つまり、認識可能な程度に幾何学的であるような着想をもつ任意の宇宙創生で問題にされるということである。その際、点は、（ピュタゴラス派の説や、ある幾人かの新プラトン主義者たちによって読み込まれたユークリッドにおけるように）その存在を目立たせることによってか、あるいは、（プラトンの場合のように）それと同じくらい顕著な省略によってかの、いずれかの方法で問題にされる。また、点と場所とを比較する今一つ別の理由として挙げられるのは、点が、いかなる宇宙論的ないし幾何学的意味合いもない、場所についての具体的な記述でもち出されるということである。そうした記述的文言としては、たとえば「交点《ミーティングポイント》」「半島の先端／岬《ポイント・オブ・ザ・ペニンシュラ》」「［近接した二つの領域間の］重複部分《ポイント・オブ・オーヴァーラップ》」「もはや後へは引けない段階《ポイント・オブ・ノー・リターン》」等がある。実際、アリストテレス自身も自らの戒めを無視して、場所と場所の間の運動を記述するにあたり、点に言及した軽い調子の言葉遣いで述べている箇所がある。

その場合、運動している事物についても、点に関するのと事情は同様であって、それによってわれわれは、変化、つまり、その内におけるそれ以前とそれ以後の状態を知るようになるのである。運動している事物は、それをそれであるところのものたらしめているものについて言えば同一物である（点と同じく、石やそういった類の他のものについてもそうなっている）。しかし、定義においてはそれは異なっている……［つまり、］異なる場所の内にあるというそのことによって、異なっているのである(56)。

点は、それによって場所だけでなく空間のその他の諸領域が把握され体験されうる、そのような一つの単位であり、このことは、多年にわたり関心の対象となってきた。プラトンは、ピュタゴラス派に反対して点を「幾何学上の虚構」(57)として捉えた。これに対し、アリストテレスは、点が、自然学では問題のあるものと見なしながらも、それに劣らないほど幾何学において不可欠なものと捉え、点の変わらぬ重要性を復権させた。プロクロス(紀元後四一〇―四八五年)の頃までには点はほとんど抗いがたい誘惑と見なされるようになっていたのであり、その後も、デカルト、ヘーゲル、ライプニッツ、ベルクソン、ホワイトヘッド、デリダ等々といった、さまざまな哲学者たち――これらの思想家たちは、いずれも空間と時間における点の運命にその身を委ねている――の関心を惹きつけ続けてきた。

この問題についての関心を保ち続けるこうした哲学的伝統にあって、プロクロスは分水嶺のようなものを体現する。プロクロスにとって、点は宇宙論的にも幾何学的にも生成的である。といっても、点が神秘的な力によって、基底となっている母《マトリックス》胎に攻撃的なあり方で押しつけられるわけではなく、点それ自体が産出原理なのである。プロクロスが述べているように、「その存在は〈限界〉によって規定されるけれども、[点は]密かに〈限界づけられないもの〉の可能性を含んでおり、それによって点はあらゆる間隔を生成するのである。そして、それらの間隔すべての連なりは「いまだに」その無限の受容性を尽くしてはいない」(58)。ここでの「間隔」には、線や、あらゆる種類の隔たり(つまり、場所を計測によって規定されるものと捉える近世の多くの概念の基礎となるもの)が含まれる。そして、それらが点に依拠するということは、点が線の端にすぎないとするプラトン的見解を覆すものである(59)。「われわれは、点や一般的意味での限界が、この宇宙で力をもつこと、〈万物〉における第一の等級をもつことを示すために、これらのものについて、幾分大規模に発展させてきた」(60)。このようにプロクロスが述べえたとしても、何ら不思議はない。

こうした発展的主張によると、点は「万物の中の第一のもの」として、場所そのものに取って代わるようになる。ちょうど、アリストテレスがプラトンに反対して、空間ではなく場所こそが主要なものだとする内在的自然物理主義を採ったように、プロクロスは、この被造的普遍宇宙においては場所ではなく点が最も効力のある内在的な生成原理なのだ、とする見解を提起するのである。実際、場所に関する特徴的な点至上主義、すなわち、点が宇宙において第一のものであり、場所をあたかも自然な延長によって生じさせるという立場の最初の登場を、われわれはプロクロスに認めることができる。プロクロスにとっての問題とは、(プラトンが思い悩んだように)点のようなものがあるかどうか、(アリストテレスが熟考したように)点そのものは場所ないし場所のようなものであるかどうか、（デカルトが後に思索を巡らせるように）点は中立的空間の上に置かれるのかどうかということではない。彼が問題にしたのは、点が「あらゆる間隔」を産出することによっていかにして線、面、立体を創造するのか、そして、最終的にはいかにして場所そのものを創造するのかということであった。

アリストテレスの関心は、点を（その）場所に置くこと――この自然物理的世界を特徴づけるのではなく、むしろ反映するものである幾何学上の限界概念という身分に点を限定すること――に向けられている。一方、プロクロスは、点に備わった場所形成の力を強調する。この力は、アリストテレスが「場所［そのもの］の能力（『自然学』208b34）」と呼んだものを超えている。（それどころか）アリストテレスの自然学では厳密にはまったく場所をもたなかったものが、この既知なる普遍宇宙におけるあらゆる場所や領域を含む「分割されるものすべてを統合する」(61)宇宙創生力へと至っている。点は宇宙創生における第一原理、一つのアルケーとなるのである。

そうした原理のこだまは、ヘーゲルの自然哲学にまで響いている。ヘーゲルは、あるまったくの未分化な始原的状態から、はじめて規定されるある瞬間へといたる（「自己外在的存在」と見なされた）空間の運動を、まさに点によってもたらされるものとする。

しかしながら、本質的に空間の差異は、規定された質的な差異である。そのようなものとして［点は］第一に、直接的で差異のない自己外在性であるかぎりの空間そのものの否定である(62)。

デリダはこの一節について興味ある註釈を行っている。

点は、空間を塞ぐことのない空間であり、場所を塞ぐことのない場所である。それは場所を抑圧し、場所に取って代わる。それは、それによって否定されかつ保持される空間に代わるのだ。それは、空間的に空間を否定する。それは、空間を第一に規定するものなのである(63)。

ヘーゲルにとって、点は空間的世界そのものを内側から規定するものであって、独立した神の側からもたらされる、付随して起こるようないかなる作用の結果でもない。とくに、それは純粋空間を内的に否定することで場所を規定する。したがって、場所という、ヘーゲルの弁証法においては空間と時間の後に来るものに、点は先だっていることになる(64)。点は場所に「取って代わる」が、それは、点が事物の最終的な枠組みにおいて場所の前に位置するものだからである。よって、点が前位置的なものであるのは、それが場所を超えているからではなく、第一に、場所を生じさせる抽象的な契機として措定されることによるのである。

こうした内在的な点の力についてのプロクロス－ヘーゲル的な見解を、マルドクについてのまったく異なった見解と対比させることもできよう。マルドクのもつ、致命傷を与える先の尖った《ポインテッド》矢は、ティアマトの「腹を裂き、内臓を貫き、子宮を切り開いた」。ティアマトのくねくね動く身体は「あまりに深くてその深さをわれわれが測ることはできない」。すでに論じたように、これは神話の形を借りてはいるものの、〈受容者〉の先駆である。ティアマトはそのようなものとして、世界を秩序づけるマルドクの利権を深刻に脅かすのである。マルドクは彼女を外側から、軍事的な作戦によって、そして、先の尖った《ポインテッド》矢の力によって征服しなければならない。そのような力を用いることによってのみ、ティアマトの原場所は、確定的な場所をともなった、うまく秩序づけられた場所世界となる(65)。この、幾何学の原型と呼びうるような創造の業――『ティマイオス』における創造主デミウルゴスの行為と顕著な類似が見られた――には、相容れない力としての、すなわち、空間を破壊するものとしての点を認めることができる。実際、点は攻撃的な外在性という立場から、空間を消滅させるのである。点は空間を尊重し保持する――「それが否定しかつ［止揚《アウフヘーブング》の業によって］保持する空間に」取って代わる――どころではない。ティアマトの空間が、共存はおろか、保持するにはあまりに危険であるのと同じである。したがって、それは除去されねばならないのだ。これをなし遂げるものこそ鋭い先端にある点であり、それは、第一の〈場所〉としての空間に備わった活力に満ちた力を奪い去る。点は母胎《マトリックス》を破壊するのだとするこうした立場は、(点を超えるものとして場所の地位を向上させた)アリストテレスや、(点を場所そのものの中で第一のものとした)プロクロスによって提起された複合的な点母胎《ドットーマトリックス》的解釈と、鮮烈な対比をなす。

「点」を表すのにstigmēという語を一貫して用い続けたのは、初期ギリシアの思想家としてはアリストテレスが最後である。このことを知っておくのは、理解を深める上で有効であろう。スティグメーは、刺し貫く点(66)、つまり、マルドクの矢、句読点、どこまでも孤立した幾何学上の離散的な点といった意味も含むものである。アリストテレスは、スティグメーとしての点がもつ野心と敵意を鎮める――刺し貫く点《スティグマティズム》という立場を、場所という周囲を取り巻くものにはめ込む――ことで、非スティグメー的な時代を切り開いた。この非スティグメー的な時期には、点と母胎《マトリックス》との間のより平和的協調的な関係が可能となるであろう(67)。

6

しかし、空虚の運動もしくは空虚のための場所は、いかにしてありえるというのか。空虚がそこへと運動するその行き先は空虚の空虚となる。

――『自然学』217a3-5

アリストテレスは、空虚についての諸理論を場所についての諸理論に繰り返し同化させている。

――エドワード・ハシー『アリストテレス「自然学第三、四巻」』

アリストテレスは、『自然学』第四巻冒頭の数章で無限について論じた後、同巻において場所と時間について述べているそれぞれの箇所にはさむ格好で、空虚について取り上げているのだが、このことは、注目されるべき構成上の事実である。こうした構成に従うなら、空虚は場所と時間の間に存在していることになる。あたかも、場所から出るということは空虚へと入ることであり、さらに、時間へと入るとは空虚から出ることなのだとでも言わんばかりである。それゆえ、時間は空虚《ヴォイド》を避ける《アヴォイド》どころか、空虚をもたない《デヴォイド》――計測された拍子や確かな韻律を空虚の底知れぬ淵に導入することによって、空虚の空虚性を空っぽにする――一つの方法である。これらの拍子や韻律は、運動と大きさという、今度は場所に属するものに依拠している(68)。したがって、場所から空虚、空虚から時間へと移り、結局は場所に戻ることとなる。それは、場所から出発したにもかかわらず場所へと戻る道筋を守り続ける、場所目的論的な道筋に沿っての旅である。

こうした循環的位相に基づく見解によるなら、アリストテレスが場所と空虚の分離不可能性について論じているとしても何ら驚くべきことではない(69)。彼は二つのレベルでこれを取り上げている。一つ目はendoxa、つまり、共通の信念のレベルであり、「空虚があると言っているひとびとは、それをある種の場所と見なしている」(213a16)。それらのひとびとがそのように考えるのは、表面的には常識となっている（しかし実のところは誤った）推論傾向による、というのである。「ひとは、存在するものは物体であり、どの物体も場所の内にあって、空虚とはその内に物体のない場所のことだと考える。だから、どこであれ物体がないような所があるとすれば、そこには無があるのだと考えるのである」(213b32-34)。二つ目は概念的分析のレベルであり、アリストテレスは自らの目的のために、先の通常の信念の犯す論理的誤りを借用する。すなわち、この信念が真である可能性を仮定し、それが場所を含意するものであることを認識させるのである。空虚は、もしそれが実存するとしたら場所のようなものであろう。しかし、それは場所のようなものとして「分離されては」、つまり、独立しては、実存しえない。というのも、場所はそれを占有するものからつねに分離されえないからである。だが、分離されない空虚――自らの中味に依拠している空虚――とは、もはや空虚ではまったくない。要するに、空虚は場所のようなものであるのと同程度に、真の空虚ではありえないのである。逆に言えば、場所は空虚であるかぎり真の場所ではありえない。アリストテレスは、『自然学』中のこれらの記述に先立つ数章で述べていた場所についての自身の議論に触れながら、次のように結論づけている。「場所についての分析がなされ、また、空虚とは、もしそのようなものがあるとするなら、物体を取り去られた場所でなければならず、そして、いかなる意味で場所は存在し、場所ではないのかについても、すでに述べられた通りである。以上のことから、明らかにこの意味で空虚は存在しない」(214a16–18)。空虚を単に「物体と物体の間の延長」――つまり、原子論者たちによって措定された間隔(diastēma)――と見なす場合でさえ、それはやはり場所のようなものであることが見出される。というのも、そのような延長とは、物体によって占有可能な場所なのだから(70)。

原子論者たちによって展開された空虚についての主な論証を検討してみよう。それによれば、空虚は、(運動も含めた)あらゆる変化のための、「そこで変化が起こる」背景を提供するという意味において、変化「の原因」である(71)。しかし、空虚は差異をもたないように構成されているとするなら、自然の運動に備わった固有の方向性やさまざまな速度を空虚によっては説明できない――それどころか、そもそもなぜいかなるものであれ運動するのかを説明できない――し、自然学において、それをもち出すのは不要である。「だとすると、空虚は何の原因だということになるのか。それは場所との関わりにおいて変化の原因であると考えられるのに、以上のことから、そうではないのだから」(72)。反対に、場所によるならば、位置的運動を含めたいかなる変化についても――速度と方向をも併せて――説明できる。場所はまた、その不動性のおかげで静止についての説明も与える。空虚によっては、静止はもちろん、運動も辻褄の合わないものとなるが、アリストテレスにしてみると、包含者としての場所はどちらの現象についても経済的かつ実効的に説明する(73)。同様に、圧縮や希薄化、実体の転置について考察する場合、空虚は何も説明しない。それどころか、もしそれが実際に存在すべきだとするなら、そのような変化は無意味なものとなるだろう(74)。

以上のすべての理由から、(単に信念としてだけでない)概念としての空虚は、アリストテレスによって不必要だと見なされた。空虚という考え方は魅惑的であるかもしれないし、原子論者たちにとってはたしかに不可欠のものであったけれども、最終的には余計な虚構――場所という、断じて余計ならざるものの亡霊のごとき写し――である、というわけだ。場所は、誇らしげに掲げられた空虚によって明らかになると主張されたもののすべてを、十分に説明する。エドワード・ハシーが述べているように、「この論証によって含意されているのは、空虚はいかなるものを説明する要因ともなっていないのであるから無益であり、それゆえ、実存しえないのだということである」(75)。

さらに、点を空虚と結びつけようとするいかなる試み――そうした試みは、ピュタゴラス派における点と〈限界づけられないもの〉(76)との結びつきから生じている――も徒労である。アリストテレスは、ぶっきらぼうな調子で次のように述べている。「もし点が空虚でありうるとしたら、それは理屈に合わない。なぜなら、［空虚とは、その内に］可触的な物体の入る拡がりが［ある場所で］なければならないからである」（214a4–6)。空虚を場所とは異なったものとして想像したり考えたりすることができないのと同じく、点を空虚として――もしくは、ここでの問題と表現を揃えるなら、空虚を点として――想像したり考えたりはできない。それゆえ、アリストテレスは場所の候補としての点を脱構築するだけでなく、所在を規定する際に場所と競合するものとしての点と空虚を、結局は排除する。そうした所在規定に当たっては、場所がまず初めに生じるのである。さらに、場所はそうした特権的な立場にあって、説明や支持するものとしての点も空虚も必要とせず、自立しているのである。もしすべてのものが十分に場所づけられるなら――つまり、いかなるものも、あるいは、少なくとも可感的ないかなるものも、それ自身の場所をもたないものはないのだとしたら――、どんな空虚も、現実的にであれ可能的にであれ存在する必要はないし、事物が、自らの身分を特定するために点を要請することもない(77)。言い換えれば、自然物理的物体であるとは、ある確定した場所《トポス》を占有するということである。場所《トポス》とは、いわば場所のくぼみであり、まさに何らかの特定の物体によって満たされ、（また別のある時には）同じだけの次元をもつ他の物体によって再び占有される。フロイトは、「ある対象を見つけるということは、実際にはそれを再発見するということだ」と述べている。われわれはこの言葉に、どの場所付与も実際には場所付与のやり直しである、というアリストテレスの規則を付け加えることができよう(78)。そして、この自然物理的世界におけるすべてのものが、場所づけられているだけでなく場所づけの解除と再度の場所づけを許容するのだとすれば、われわれは構成員全員が出席している本会議において一つの世界――場所中心主義的な世界全体――と関係しているようなものである。そうした世界では、点と空虚は欠如しているというよりも（特定の点や散在的な真空は依然生じるかもしれない）余分なのである。ベルクソンが言う通り、「アリストテレスの世界では、〈万物〉が出揃っている」(79)。

アリストテレスは、この場所世界についての考察を、自身の探究範囲を拡張することによってでなく、限定することによって行っている。アリストテレスが微妙な調子の記述によって言わんと試みているのは、ひたすら場所とは何か、それはこの自然物理的世界を構成する他のものといかにして異なっているのかということのみである。これは、ゼノンやパルメニデス、ゴルギアスといった思想家たちが、いずれも場所の遍在性を称揚しながら、場所そのものについて何ら明確なことを述べておらず、過剰なまでに論理的修辞的技法を駆使したのとは対照的である。さらに、プラトンとの対比で言えば、アリストテレスは『ティマイオス』で区別された三種類の空間的存在物の中から一つだけを取り出し、それに備わった正確な特質を記述することにのみ自らの試みを限定している。『自然学』は、そうした空間的存在物のうちもっとも個別的なものにだけ、つまり、場所《トポス》にだけ関係しており、その一方で、一般的諸領域および空間《コーラ》は脇へと押しやられている。〈受容者〉の豊かさは、包含者の厳密さへと道を譲り、包含者としての場所の内部では、境界と限界、線と平面、点と空虚といった具体的な問題が徹底的に詳細にわたって検討されるのである。

7

明らかに、ひとは場所に優位性を授けるのでなければならない。

——アルキュタス

そうは言っても、場所についてのアリストテレスの考えには複雑さも困難もないと主張しているわけではない。第一に、アリストテレスは初期の著作である『カテゴリー論』から『自然学』のテクストにいたるまでの期間に、場所についてのモデルを主要な点で変えている。すなわち、『カテゴリー論』では、場所は空間《コーラ》として、空っぽの「間隔」(diastēma)と等しいものと解釈されているのに対し、『自然学』のテクストではこうしたモデルはまったく拒絶されている(80)。さらに重要なことに、アリストテレスの提起した、場所を包含者の不動なる内側の表面だとする十分に考え抜かれた見解には、少なくとも以下の四つの深刻な問題がある。(1)場所そのものは、立体的対象を囲むものである以上、明らかに三次元であるにもかかわらず、この見解は、表面(epiphaneia)について強調するあまり、場所の二次元モデルに限定されてしまっている。(これとの関連で言えば、アリストテレスがこの見解に惹かれたことは、一次元あるいは零次元的空間にまで立ち入るものとして捉えうるが、そうした興味深さにもかかわらず、アリストテレスの心持は、体積計測的な特徴を備えた包含性に合致するようなモデルへと迷うことなく向かっている。)(2)包含者モデルに見られる局所性——自然物理的事物を直接取り囲むという意味での「ぴったり密接した場所」として、それら事物の方に注意を向ける局所性——と、この自然物理的世界についてアリストテレスが与えるいくつかの記述で含意される世界性との間の緊張が、未解決のまま残されている(81)。たとえ、「すべてのものがこの世界にあるのであり」(212b17)、この世界の外には何もない——つまり、外的空虚はない——ということが真であるとしても、この世界全体は、与えられた任意の可変的物体がもつ任意の個別的場所を取り囲んでいるのであり、その物体つきの場所《プレイス－クム－ボディ》のための世界的な〈場所〉でなければならない。（この世界全体が一つの〈場所〉であることは、より個別的な諸々の場所すべてを世界全体がその中に包含し、かつ、包囲しているということから帰結する。）場所とは、ある物体のための場所であるばかりでなく、より大きな〈世界の場所〉の内の場所である(82)。これに加え、こうした宇宙的〈場所〉によってのみ、アリストテレスが上／下という次元の還元不可能性を主張したことの説明がつく。この上／下次元は、宇宙的に解釈されるならば、地球がこの普遍宇宙の中心であり、諸天球は普遍宇宙の外側の限界にあるということを意味する(83)。この後者の見解を主張すること――つまり、地球はつねにこの普遍宇宙の唯一の中心だと述べること――は、ある意味での絶対的ないし世界的空間を要求することになる。しかし、厳密に言えば、そのような空間は、圧縮的で局所化を行う性質をもつ包含者モデルとは相容れない。（3）場所を、「包囲しているものの第一の不変な限界」と完全に規定してしまうことには、議論の余地がある。たとえば、浮かんでいる器の場合における限界とは、その器を直接包囲している概念上の周縁と見なされる水なのだろうか（しかし、漂う水が限界だとするなら、それは絶えず変化しており、したがって、舟は静止しているのに、その場所は絶えず変化していることとなってしまう）。それとも、川底と川岸なのか、全体として見た川そのものなのか（後者のいずれの場合も、両岸から等距離にあるが正反対の方向をめざして進んでいる二つの舟は、同じ場所を占有していることになろう）(84)。これはトリヴィアルな例と思われるかもしれないが、実際には西洋哲学において二千年以上にもわたって論じられてきた容易ならざる問いなのである。それは、十七世紀のデカルトにとっても依然として未解決の問題であった。（4）最後に、何らかのものを包含するとはいかなることを意味するのかについて問わねばならない。この語は、動詞 periechein が含意するように、「保持すること」だけを問題にしているのだろうか――この場合に強調されているのは、限界づけること、つまり、包囲しているという行為である。あるいは、それは境界を確立することに関する問題なのだろうか――この場合には包囲者に重きが置かれている。前者の解釈では、われわれの視点は包囲されている対象へと導かれるのに対し、後者の解釈では、包囲されている対象以外の、それを越えた所にあるもの（ことによると、包囲者そのものさえも越えた所にあるもの）が示される。これら二つの解釈のうち、いずれを選ぶべきなのだろうか――一方は包含者を限界として、他方は包含者を境界として強調する。もし実効的に選ぶことができないのであれば、われわれは、本質的に決定不可能な現象に直面していることになりはしないか。

だが、こうした困難をはじめ、これら以外にもいくつかの問題点があるものの(85)、場所について考え抜かれた末に提起されたアリストテレスの見解に見られる、最も独創的なもの――かつ、最も永らえているもの――については忘れ去られるべきではない。それは、場所をこの自然物理的世界の特異で還元不可能な特徴として認知したこと、すなわち、それ自身に固有の力をもった前計測的現象であり（したがって、それを詳述するにあたっては、歴史的にも概念的にも前ユークリッド的である）、結局のところ諸々の場所の内にあってそれらの場所の間を動くという状況を反映した何ものかとして認知したことにある。場所についての、調和的だが同時に多価的であるまさにこうしたモデルこそ、ユークリッド的な、および、ユークリッド以後に展開された、厳密に測定可能であるような空間についての各理論において失われることとなったものである(86)。アリストテレスは、自らの研究活動の初期には、測定可能性を主張するそうした見解に与していたが、そのときでさえ、そうした見解に抗うことができた。すなわち、アリストテレスは、場所が延長や間隔と見なされるなら、厳密な量的規定の一項目にすぎなくなってしまう、と認識するにいたったのである。というのも、アリストテレスにとって最も重要なのは、空っぽの空間の内にある対象を測定することではなく、可感的事物が、それらの事物にとって適切で、かつ、ぴたりと合致する場所の内に現前しているということこそ重要なのだから。

　こうした離れ業――それによって集中的な力のこもった記述が行われ、西洋哲学において見出されうる場所についての最も巧妙な査定と称しうるものが与えられることとなった――のおかげで、アリストテレスは現象学者としての鋭い感性をもち続けるのである(87)。このことは、アリストテレスが場所という現象を、原子論的ないし形相的な諸性質に限定することを断固として拒絶したことにおいて最も明らかである。プラトンは、基本的な幾何学的図形を外的に賦与することで可感的諸物体を秩序立てようと企てたが、アリストテレスはこれを拒絶した（アリストテレスは、それら可感的物体が端的に「三次元の内に延長しているもの」(88)と捉えている）。そのうえで、アリストテレスは場所を場所に固有のあり方で把握しようとする。「どの事物もそれに固有の場所へと運動する」（『自然学』212b29）、つまり、それに固有な本性的場所へと運動すると指摘していることからは、アリストテレスが場所の固有性に専心していたことが明らかである。そのような場所のいずれもが、蒼穹という共通の場所によって取り囲まれているとした――また、この共通の場所がつねに円弧を描いているのだと考えた――からと言って、ベルクソンやハイデガーが非難したように、アリストテレスは時間を空間化するように場所を「空間化」したのだ、というわけではない(89)。先にも見た通り問題がないわけではないが、一つのアーチ状の〈場所《トポス》〉の中に、個別の諸々《トポイ》の場所が入れ子状に重なり合っているとする考え方には、この宇宙が空っぽで無限の〈空間〉としてではなく、ぴたりと収まっている固有の諸々の場所で満ち溢れた包含的〈場所〉として捉えられるという利点もあるのだ。この世界全体を取り囲んでいる蒼穹は、これより小さなすべての場所の一つの範型であると同時に、まさに同じそれらの場所によって満たされている。すべてのものないしほとんどすべてのものが、場所の内にある。可感的事物として存在していながら、何らかの場所の内にないということは決してない。場所はあまねく行き渡っている。アルキュタスの正しいことが認められたのである。

しかし、アリストテレスはアルキュタスを凌いでいる。というのも、アリストテレスは、どれほど「明らかに、ひとは場所に優位性を授けるのでなければならない」ことか、そして、なぜ「それがすべての事物のうちの第一のものである」のかを示すことを切に望んだからである(90)。場所は、その内に所在を与えられたものに単なる位置を与えるだけでなく、惜しみない庇護を与える――能動的に保護するよう支える――ものなのだと示してみせることによって、アリストテレスはそうした自らの望みを明らかにしている。場所は、境界づける包含者として定義されることにより、この自然物理的普遍宇宙を規定する際のきわめて力動的な役割を、アリストテレスの確信するままに引き受ける。実際、場所は「何らかの力をもつ」。場所は事物をどこかにあらしめるのであり、ひとたびそれらの事物がそこに存在することになれば、それらを保ち保護する能力をもつのである。場所がなければ、事物は所在を与えられ損なうだけではない。それらは事物でさえなくなってしまうだろう。それらはそれらが事物たりうるためのいかなる場所ももたないことになろう。こうした消失は存在論上の問題でもあって、宇宙論的な問題であるだけではない。すなわち、存在者の一つの種の消失であって、実存する存在者の数が減るというだけのことではないのである。

Ⅱ　場所から空間へ

間奏

第I部でわれわれは、興味深い視野の発展《デヴェロップメント》——あるいは、もっとアリストテレスの思想に即して言えば、「包含性《エンヴェロップメント》」——について見た。この視野が印象的であるのは、(およそ二千年にもわたる期間という)時間的要因に加え、神話《ミュートス》から思想《ロゴス》・理論にまで及ぶその主題による。もっとも、プラトンは『ティマイオス』で、神話と思想というそれらの主題の両極を一つのテクストにまとめている。そこで、私はプラトンについての考察を第I部の中間に据え、それが創造についての想像的な神話宗教的考察に続くものとして、また一方では、アリストテレスによる、想像を排した記述へと続くものとして位置づけた。けれども、こうした時間および主題における発展は、単純な発展の経過をたどったわけではない。それは予見と反動とに溢れている。たとえば、アリストテレスは綿密に場所《トポス》について考察しているが、それはプラトンによって書かれた説話の最終段階に予示されるものであるし、あるいはまた、アリストテレスが点の重要性に関心をもったのは、『エヌマ・エリシュ』で戦いに用いられる破壊的な武器の力が強調されていたことに呼応してのことであった。さらにまた、プラトンの対話篇で用いられている言語が、彼以前の神話的伝統にきわめて多くを負ったものであるとすれば、プラトンは神話に「改良を加えたのだ」とも言えない。「博識中の博識」と謳われたアリストテレス自身も、実際には神話から何も借りずに済ませているわけではない。われわれが見てきたように、アリストテレスの『自然学』における場所についての「通俗的」な議論の冒頭では、ヘシオドスが重要な出典となっている(ヘシオドスは、『形而上学』第一巻においても再度引用されている)(1)。さらに重要なのは、アリストテレスが、具体的な日常生活——そうした日常生活は、歴史的社会的盛衰を経ながらも、シュメール時代の名もなき著述家たちからアリストテレスまでの数世紀の隔たりを超え、それと分かるほど類似している——の場面における場所の役割を明らかにしている点である。アリストテレスの場合、進歩ではなく、日常生活の内在的構造への後退について語る方がよいだろう。その同じ構造が、彼より前の時代に地中海世界に生きた幾世代ものひとびとの経験を特徴づけていたのである。

　ともすれば異なった、そしてまた、遠くかけ離れた描像を結びつける今一つ別の連続性は、宇宙創生と場創生との関係に見られる。すでに見てきた通り、この関係はその指向性において双方向的である。宇宙創生、つまり、この世界(あるいは、何らかの世界)の創生には、場創生が含まれる。場創生とは、個々の場所を創出することであり、それら個々の場所は、この世界が場所世界となるに際し、この世界を占めることとなる。場所は各世界を分節するのであり、それを特定する役を担う。反対に、場所が増殖するためには、それらの場所がその内で生じるための一つの世界、すなわち、凝集的で包容性を備えた一つの宇宙を必要とする。しかし、宇宙《コスモス》と場所《トポス》だけで、場所《プレイス》の問題を語り尽くしたとは言いがたい。どちらの用語も、空間《コーラ》を、すなわち、一つの世界と呼ぶには十分に秩序立っておらず、かといって、一つの場所《プレイス》ないしいくつかの場所《プレイス》の集まりとするには広すぎるこの中間領域を、十分に表わしてはいない。驚くには当たらないが、アリストテレスはこの落ち着きの悪い中間的な用語がもたらしうるものに脅かされ、自身の『自然学』でこれを認めることができなかった。道理に反する《アブサード》のではないとしても（彼はそれをあまりに深刻に受け止めたために、それが事実であるとは考えられなかった）、それは道理のないこと《サード》であった（つまり、事物に関する彼の思考の枠組みに適合しないものであった）。それゆえ、彼は空間《コーラ》の範囲を厳密に制限し、これを彼自身の質料概念に一致させようとする。しかし、すでに見た通り、この普遍宇宙全体《ユニヴァース》、もしくは、「万物」（to pan）という概念なくしてはこれを行うことができず、そのようにして彼はコーラ的な空間の基本的性質の一つ（つまり、その無際限な拡張性）を自分の自然学理論に再びもち込んだのである。生成（genesis）という、こうした空間のもつまた別の属性が、変化（kinēsis）——アリストテレスが自身の『自然学』において終始問題としたもの——について彼が強調する際に再び現れる。この結果、アリストテレスとプラトンとの相互作用ないし思想的な争いは、宇宙《コスモス》と場所《トポス》が、第三の用語である空間《コーラ》の仲介によって与えられた相互作用と同様の複雑さと意味の深さをもつことになる。

　場所についての古代での取り扱いに現れる主な係争点とは、一方で創生と目的に関するものであり、他方では形相と具現に関するものである。とくに目を引くのは、最初の二つが因果律と目的論に関わるものであるのに対し、後の二つは所在と包含性に関わっているという点である。つまり、場所はどこからやってきてどこへ向かっているのか、ではなく、現在どのように機能しているのか、ということである。『自然学』および『形而上学』の他の箇所で使われている分析的カテゴリーによるなら、前二つの問題は作用因と目的因（aitia。原因《アイティア》は「説明」でもある）に関係し、後の二つは、形相と質料という説明に関係する。作用因は起源に関わるものであり、目的因は目的を構成する。どちらも場所に影響を及ぼしこれを特徴づけるのであり、生成という局面に立つものである。これに対して、所在、とりわけ、確固たる包含性によって得られる所在は、この現象世界の形相質料的構成についての問題を提起する。ここで言う構成とは、本来的に安定させること、すなわち、場所の安定性《スタビリタース・ロキー》についての問題である。アリストテレスの多くの先人を含む（実際にはアリストテレス自身も含めた）(2) 古代世界において、場所はこれら四つのすべての方法で考察されていたのであり、これによってアリストテレス以後の哲学における将来の探究に、豊かで永く続く遺産が遺された。

第Ⅱ部と第Ⅲ部では、紀元前四〇〇年から紀元後一八〇〇年までの二千年以上もの間に、この遺産が取り込まれ、変容を蒙る様について探求しよう。アリストテレスはアルキュタスに倣い、場所の優位性について強調したが、二千年というこの実に長きにわたる期間に、アリストテレスによるそうした姿勢が深化拡張される――このことは、ヘレニズム時代と新プラトン主義の時代とにおいて顕著である――が、それも結局は切り詰められ制限されたものとなる。それが最も劇的に起こるのは、中世と近世初期の時代である。こうした複雑な変遷をたどる中、場所を優先させる立場は、空間を強調する立場に徐々に道を譲ることとなる――ここでの「空間」とは、限界づけられず境界を定められないものを内包するが、これは、アリストテレスのライバルであった古代原子論者たちによって初めて提起された概念である。場所が限界と境界についての問題を、そして、所在と包囲についての問題を要請するものであったのに対し、空間はこれらの問題を傍らへと押しやり、絶対と無限、広大さと無際限的拡張性への関わりを優先させる。場所とは、内にあるもの――包含者や住処、器の内にあるもの――に関わっている。これに対し、空間は外へと向かうことをその特質とする。外へと向かうとは、厳重な限界づけを与える周りを囲むものを打ち破るという意味であり、一方アリストテレスは、その周りを囲むものの中へ質料的事物を安置させようとしたのであった。これら相反するものの間の戦いにおいて、空間－外は場所－内に勝利する。

第Ⅱ部を構成する二つの章でわれわれが考察するのは、主に世俗的で自然主義的であった世界観――場所のもつ土着性、すなわち、その居住可能性と個別性が予示的な形で顕著に見られる――から、神学的世界観《ヴェルトアンシャウウンク》へと移り行く変化全体の眼目部分である。後者の世界観では、空間の無限性が主な関心事となる。もし〈神〉が力において限界をもたないなら、この普遍宇宙全体における〈神〉の現前はやはり限界づけられないものでなければならない。こうして神的遍在性は空間的無限性を含むものとなる。またしたがって、この自然物理的普遍宇宙そのものも、もしそれが〈神〉による創造の結果であるならばもちろんのこと、〈神〉の遍在性のための装置となるべきものであるなら、限界づけられないものでなければならない。当然のことながら、キリスト教がその主導権を増大させていくことで、無限の二つの形が後押しされる。すなわち、究極的唯一神《モノテイスティック》である存在としての〈神〉のもつ無限性と、〈神〉の普遍宇宙という、究極的な唯一《モノテティック》の論理的帰結である存在物として捉えられたもののもつ無限性とである。

さらに、十六、七世紀に自然の数学化に着手した自然科学者や哲学者たちも、自然物理的普遍宇宙の空間的無限性に対して神学的動機に比肩しうる関心を寄せるようになるが、その舞台も、上述のような神学的背景によって設定されたのだとしても驚くには値しない。この世界について、数量化を通じて行われたこうした再世俗化——これは第Ⅲ部のテーマとなる——は、それに先だつ数世紀間の神学的熟考なしには起こりえなかったであろう。神学と自然物理学は、最大限明確に空間を捉えようとする共通の努力において、緊密な同盟を結ぶのである。アイザック・ニュートンの著作はそうした婚姻関係の典型であり、自然物理学と神学が密接に織り合わされている。神学、ことにキリスト教神学が普遍救済説をその目的とするものだとすれば、新たな自然物理学が——こうした野心的な神学の肩に乗り——この普遍宇宙におけるすべての質料的＝物質的対象に妥当する真理を宣言するのはもっともなことであろう。ガリレオ、デカルト、ニュートンらの自然物理学が、地域的慣習と歴史は言うに及ばず、化学と「自然哲学」とにかつて委ねられていた全領域をもその掌中に収めようと試みたことにも、キリスト教のもつ植民化傾向は繰り返し現れている。場所の力は、古代世界では議論の余地のないものであった（そして、中世においてもまだ潜在的に現前していた）が、キリスト教神学と自然物理学のどちらの場合においても、それは一時的に棚上げされることとなった。それどころか、場所の力はしばしば字義通り完全に破壊されたのであり、土着のひとびとがキリスト教の教義を教え込まれたときと同じく、容赦のない力ずくで行われた。十八世紀の終りになると、普遍宇宙の空間という概念は、外的世界や〈神〉に対してばかりでなく、認識主体の心についても通用するものと考えられるようになった。空間的無限性は、イマヌエル・カントの研究——空間に関する彼の厳密な哲学については、第Ⅲ部の最後に取り上げる——に先立つ千二百年の間、〈神〉あるいはこの自然世界のいずれかに所在を与えられてきたわけだが、彼はそれすら内面化した。カントの行った結合（あるいは、精神化）というこの行為によって、空間の無限性——そしてその絶対性——が声高に強調され、さらに、それは認識主体の純粋直観に所在を与えられることとなる。

今まさに展開することとなる長篇歴史譚は、普遍宇宙《ユニヴァース》が宇宙《コスモス》を徐々に凌いでいくという物語である。「uni-verse」とは、ラテン語の**universum**を起源とし、一つにまとめられた全体を回転させることを意味する。普遍宇宙は、ローマ人による征服が、あるいは、キリスト教への改宗や、近代初期の自然物理学、カントによる認識論が、激しいまでに追い求めた唯一の目標である。反対に、「宇宙」は場所のもつ個別性を含意する。集合の用語で言えば、それは、それぞれの場所が、離散的な場所世界の要素であることを意味している。（ギリシア語には「普遍宇宙」に当たる単語はなく、代わりに、**to pan**、つまり、「あるところのものすべて」ないし「万物」について語られる。）宇宙は、美的《エステティック》であるという点において——たとえば「化粧品《コスメティック》」

や「コスモス」は、aisthēsis つまり身体的に感覚を得るということを共通の源として、二次的に派生した言葉である――、経験する身体、すなわち、宇宙に直接触れ、それを取り込み、そして、それを知るようになる身体と本質的に関わりをもつ。場所の限界を特定するのは、身体がその場所においてできること、つまり、そこでその身体が行う感覚的活動や探訪、そして歴史である。一方、普遍宇宙は自然物理学に写像され、神学へと射影される。普遍宇宙とは無限空間についての超限幾何学〔無限を扱う数学の分野〕なのである。これに対し、宇宙は、住まわれたり、記憶に留められたり、絵画に描かれたりする具体的な風景として知覚される。それは、有限な場所という、同じく有限な身体によって感じ取られる内在的な舞台なのである。

普遍宇宙が、統一された自然物理学や神学という形で客観的知識を要求するのに対し、宇宙が要求するのは、宇宙のただなかにおける個体化された主体の経験――この経験によってもたらされる、あらゆる限界と喪失をも含めて――である。宇宙の場所的有限性が普遍宇宙の空間的無限性に取って代わられたことにより、西洋における古代思想から近世思想への決定的移行がもたらされることとなった。われわれは今やこの移行へと目を向けなければならない(3)。

第4章　ヘレニズムおよび新プラトン主義の思想における空間の出現

万物は場所である。

——ルクレティウス『事物の本性について』

存在するものはすべて場所である。

——リチャード・ソラブジ『物質、空間、運動』

1

この普遍宇宙の本性とは、諸々の物体と空虚である。

——エピクロス『ペリ・フュセオース（自然について）』

空虚についてのひとつの思想は、どこにも表されていない。

——伝クレオメデス

アリストテレスは、場所とは制限し制限されるものであるとした。部分的にせよ、この概念が多年にわたって放ち続けた威光によって、人類が居心地のよい住処を——辛うじて雨露をしのぐのに十分なだけの住処ばかりでなく、家の中の飾りつけられた部屋であろうと、原生林の中の空き地であろうとかまわないが、いずれにせよ自分を取り囲む境界を——乞い求めることへの哲学的裏づけが与えられたことは、疑いない。ところが、人類は（そして紛れもなく他の動物も）広くて開放的な空間をも求めたのであり、またしたがって、包含されていないことを、さらにはおそらく、限界のないことまでも求めたのである。居心地のよさは、制限しすぎることもある。そして、分厚い壁を通り越し、空に向かう密集した木々の頂きをすり抜けて凝視するだけで、空っぽの空間、何ものにも占められていない空間という、魅惑的で興味をそそられる存在に気づくこととなる。

こうした異なる希求を下支えする一つの方法として、アリストテレスとはまったく異なった——あるいは、プラトンや、〈境界をもたないもの〉、すなわち、ト・アペイロンについての思想家であったアナクシマンドロスともまったく異なった——宇宙論のモデルを設定するというやり方がある(1)。古代ギリシア世界は、そのようなモデルを手に入れていた。原子論者たちが、素朴だが説得力のある用語によって、「原子と空虚」しかないとするモデルを主張したのだ。原子《アトム》とは、通常では考えられないほど圧縮された、分割不可能の小片であり（a-tomosとは「不可分割」という意味である）、一方の空虚とは、開け放たれた空間、すなわち、それらの原子が無作為に運動するために必要な、自由に往き来のできるゆとりである。最初の原子論者で、デモクリトスの師であったと言われるレウキッポスの宇宙創生説について見てみよう（ともに紀元前五世紀に生きた。プラトンよりも、およそ二世代前に当たる）。

諸々の世界（cosmoi）があるようになったのは、次のようにしてである。（一）無限であるものから隔離されて、あらゆる種類の形をもった多くの物体が一つの大いなる空虚へと動く。（二）それらの物体が集められて一つの渦を創り出し、その中でそれらは衝突し、あらゆる方向に旋回し、互いに似たもの同士が分類される。（三）その数ゆえに、それらがもはや均衡に回転運動できなくなると、次には［それらのうちの］細かいものが、あたかも向きを変えさせられたかのごとくに外の空虚へと動くが、その他のものは一緒にとどまり、絡み合い、互いにその進路を合流させ、そして、球体となって基本的な組織系ができ上がる(2)。

この宇宙創生説は、「必然」（anankē）によって生じたと言われている。しかし、もっともらしく思われるこの説話には、プラトンの『ティマイオス』とは異なり、形を与える創造主デミウルゴスが含まれていない。というのも、「あらゆる種類の形」は、はじめから存在しているからである。同様に、「無限なるもの」（繰り返しになるが、ト・アペイロンである。しかし、ここでは境界をもたないものとしてだけでなく、肯定的な存在として解釈されている）、「大いなる空虚」、「多くの物体」も存在している。普遍宇宙——つまり、万物《ト・パン》——を構成するこれら三つの決定的な要素は、創造されるのではなく、あらかじめ与えられている。これら三つの構成要素から、他のすべてのものが起こる。たとえば、地球、太陽、月、星々をはじめとする、他のすべての天体と「似ている」ものの領域が生じる。大いなる空虚は、「基本的な組織系」——この組織系が、われわれ自身の宇宙《コスモス》となる——を形成することとなるこれらの物体の集まる一つの場である(3)。他の諸宇宙《コスモイ》は、レウキッポスが「外の空虚」と呼んでいるものから形成される。大いなる空虚と外にある空虚とが一つになって無限の空虚を構成するが、すべてを取り囲むこの空虚は、「諸原子《アトムス》」と呼ばれるいくつもの小さな分割不可能の質料的物体によって、くまなく、異なるあり方で占有される。

　原子論者のモデルは、二重の無限性を含んでいる。すなわち、空間の無限性と、その空間を占める諸原子の無限性とである。この普遍宇宙においては、空間に終わりがありえないのと同様に、原子の数にも終わりがない（またしたがって、今度は原子が組み合わさることによって生じる世界の数にも終わりがないこととなる）。エピクロス（紀元前三四一―二七〇年）が述べているように、「総体は、原子的物体の数量と空間的大きさの双方において無限である」(4)。質料的物体を作っている要素の数は固定されている――エンペドクレス、プラトン、アリストテレスらは、皆そのように信じていた――とする代わりに、原子論者のモデルでは、要素と物体自体は無制限の数の原子から、さまざまな配列によって構成されている、とするのである。実際には、今述べた二つの原子論的無限性は、密接に関係している。つまり一方で、無限に多くの原子は、運動するために一つの無限の空間を必要とする。なぜなら、どんな原子も自らの運動を縮減させることはないだろうから。（さらに、この無限空間が本質的に空っぽ［kenon］であるか、もしくは、少なくとも「穴のあいている」［manon］ことが必要とされる(5)。）他方、無限空間は、その中に無限の数の物体を要請する。さもなければ、無限空間はわずかな物体のための、あるいは、せいぜい言ってみても多くの物体のための領域であるにすぎず、あらゆる可能な物体のための領域ではないことになろうから(6)。

原子論者たちは、自分たちの最大の論敵であるパルメニデスに対し、実在するものは複数あって、唯一ではないと付け加えさえすれば、実在するものは物体によって充満された一つの空間だという点では同意するだろう。空虚それ自体は、いかなる質料的物体をも欠いているから、これが意味するところは、空虚はその三つの基本的外観のいずれにおいても、必然的に「非実在的」ないし「実在でない」（mē on）ということである。しかし、空虚は実存する（einai）。実際のところ、われわれが今見たように、もし原子の運動が可能であるべきものならば、それは――空間を提供するものとして――実存しなければならない(7)。アリストテレスは、この二重の存在論に関して次のように述べたと言われている。「実在的なものが実在的でないものと同じく実存せず、空っぽの空間が物体と同じく実存している」(8)。原子と空虚は、厳密な意味では一方のみが実在であるが、どちらも自然物理的普遍宇宙の究極的構成要素であり、ともに実存する。たとえ一方が「存在」（to on）をもち、他方はもたないとしても、実存を共有するという共‐必然性において、両者は再び互いに結びつくのである。

アリストテレスとプラトンに深く染みついた全体論――すなわち、完全性、とくに、目的論から要請されるたぐいの完全性を両者は熱情的に求める――は、宇宙構造論の上では、世界が閉じていて有限なものであり、その周囲にはもはやそれ以上の普遍宇宙はないという描像に結実する。これとは対照的に原子論者たちが追い求めるのは、きわめて微細な原子だけでなく、無限に大きなもの、つまり、空っぽの空間という一つの普遍宇宙であった。前者、つまり全体論の場合には、最も優先される関心事は形相的合理的秩序（この秩序は、始原的段階においては見当たらないとしても、前宇宙的母胎《プレコスミックマトリックス》に付け加えられるべきものである）であり、これが散在する場所という世界を導き出す。一方、後者、つまり原子論の場合は、「現象を救うこと」（とくに、個別的な知覚対象の現象）に肩入れすることで、原子を単位とする、それぞれ独立していて果てしなく多様な組み合わせによって占められた、無限空間的な普遍宇宙――そして、普遍宇宙も原子も、同様の知覚不可能性を担っている――という見方を要請する(9)。以上のような見方の相違から示唆されるのは、場所を最優先させていた立場（最初はヘシオドスにおいて明確である）からの根本的決別が、産声をあげたばかりの原子論者の思想において生じたということである。なぜなら、古典的原子論――ピロポノスからは一千年、ニュートンからは二千年さかのぼる――によって、われわれは、宿るためでない、場所をもたない空間に投げ込まれることになったからである。原子論的空虚には、場所のためのいかなる場所もない。

　デモクリトスとレウキッポスは、直接にはこの問題についてわれわれを助けはしない。というのも、彼らの全包括的体系――興味深くも〈大世界系〉と〈小世界系〉と呼ばれる――を伝える現存する資料が極端に少ないだけでなく、彼ら原子論の創始者たちが、空虚に対するアリストテレスの痛烈な批判に答えるほど長生きしていないからである。この批判に答えるには、エピクロスがより適任である。彼は紀元前三二一年、アリストテレスが死んだときにアテナイを訪れている。やや後期の原子論者であるこの思想家は、いくつかの基本的な点で、空虚がたしかに場所のようなものであることを、アリストテレスに対して認めている。こうした是認は際立ったもので、近代のエピクロス編纂者が、標準的な原子論的慣用句である「物体と空間」（sōmata kai chōra）ないし「物体と空虚」（sōmata kai kenon）を、「物体と場所」（sōmata kai topos）に改めようとしてきたほどである。こうした修正がどれほど議論の余地のあるものであるかについては、これまでにも論示されてきている(10)。けれども、修正へのこうした思いは、本質的な点を突いている。というのも、エピクロスは、空虚を――それが、トポスとしての場所によってすでに与えられたものをなぞっているにすぎないとする、まさにそのかぎりにおいて――余計なものとするアリストテレスの反駁について熟考するたびごとに、空虚とは、本性的に所在を与えるものだとする確信を深めていったからである。エピクロスにとって空虚とは、原子が「その内に」（hopou）所在を与えられ、「その中を」（di'hou）運動する、そのようなものである(11)。まさにそのようなものとして、それは、いかなる原子に対してであれ直接位置を与えるのである。ということはつまり、空虚とは、自らが位置を与える原子を包囲するものだということになるのか。最近のある研究者は、われわれの注意を次の点に向けさせている。すなわち、

場所として[捉えられた]エピクロスの空虚と、アリストテ

レスの唱えた、運動する対象のための、流動的で直接的な場所との間に見られる顕著な類似……［この空虚は］満たされたり満たされなかったりしうるような一種の延長なのではない。それは、ばらばらで絶えず運動している原子を包囲している、まさにアナペース・ピュシス（「不可触な実体」）である。……空虚は物体の欠如として解釈されるが、そうした解釈に従うなら、それは延長的な空間の、占められていない部分のことではない。……厳密に述べるなら、エピクロスにとって原子は空間を占めるものではなかった。すなわち、原子は、物体の欠如によってただ包囲されているだけなのであった(12)。

以上のようなエピクロスについての特徴づけが正しいとすれば、原子の存在だけでは、結局、開け放たれた空っぽの空間はおろか、無限の空間というものの存在は含意されない。そのような拡がりも、そのような空虚も要請されない。どの原子に対しても、対応するのは、それぞれの原子が任意の与えられた瞬間に所在を与えられた、まったく特定の場所であるにすぎない。原子がつねに運動しているということは、それらの場所が絶えず変化しているというだけのことである。このような見解からすれば、原子の運動は、永続的な空間、すなわち、「物体があろうとなかろうと、程度もあり方も変わらずにあらゆる所に存続する、連続的な存在者」(13)を要求しない。要するに、「もし空虚がなかったなら運動もなかったことだろう、しかし、運動はある、ゆえに、空虚はある」(14)とする、原子論者による基本的宇宙論をわれわれは維持しうる。ただし、こうした空虚は無限であるとは言えないまでも連続的であるか空っぽである、と解釈する必要はない。空虚は有限である、なぜなら、それはすべてのどの原子にも対応するまさにその場所なのだから。

エピクロスは、真に空っぽの空間、ないし、「本来の意味での空虚」（「原子と空虚」という句に見られるような、空虚の元々の意味と呼びうるもの）と、「真空」と呼ばれるべきもの、すなわち、原子から構成された複合的存在物の内の空っぽな部分、たとえば、空腹時の人間の空っぽな胃袋のようなものとは区別されなければならない、と主張して、デモクリトスとレウキッポスの陣営に再び加わる。真空は、非有という形態をとり、無でさえあるが、複合物の内に存在する――そして、今度はその複合物が、本来の意味での空虚の内に存在することになる。だからこそ、真空とは非有であるが存在するのだ、とわれわれは撞着に陥りながらも知性によって語りうるのである。ここで、古代のパラドクスが、より散在する存在物に対して適用されるのを見る。真空は、まさにデイヴィッド・セドリーによる適切な用語「空間充填者」によって表わされるようなあり方で存在する。セドリーの指摘によると、真空は、「物体が他の部分を占めるのとまったく同程度の実効性をもって、空間の何らかの部分を占めている」(15)。アルキュタスの公理は、この主張と齟齬をきたすものではない。というのも、真空は、存在するための場所をもつというまさにそのかぎりにおいて存在するものだからである(16)。本来の意味での空虚――エピクロスによって「不可触な実体」として記述し直されたもの――は、そうした場所を提供する、いわば場所の源である。だが、厳密には空虚も真空も、アリストテレス的な意味での場所、すなわち、十分に形相を与えられた質料的対象のための、つねにすでに占められた所という意味での場所ではない(17)。

それにもかかわらず、エピクロスはレウキッポスやデモクリトスとは異なり、本来の意味での空虚を、われわれが空間と呼び始めねばならないものと明らかに同一視した。このきわめて重要な段階についての最も優れた考察が、セクストス・エンペイリコスによって与えられている。

> それゆえ次のことが把握されねばならない。すなわち、エピクロスによれば、彼が「不可触な実体」と呼ぶものについて、そのある種は「空虚」(kenon)と、またある別の種は「場所」(topos)と、またさらに別の種は「余地」(chōra)と呼ばれ、その名称はそれを見る異なるあり方によってさまざまである。なぜなら、同じ実体(phusis)が、物体を一切欠いている場合には「空虚」、ある物体によって占められているときには「場所」、そして物体がそこをさまようときには「余地」となるからだ。しかし、エピクロス学派では、類的にはそれは「不可触な実体」と呼ばれる。なぜなら、それは抵抗的接触を欠いているからである(18)。

この注目すべき一節により、エピクロスについて、「最も広い意味で空間を独立させた、最初の古代における思想家」(19)であったとする主張が支持される。もしセクストスが正しければ、エピクロスがそのように空間を独立させたのは、類としての空間――つまり、不可触な実体(anaphēs phusis)と延長を等しくするもの――を措定したということと、さらにそうした空間のもつ、少なくとも三つの役割ないし機能を明確に理解したということによってである。第一に、「空虚」(kenon)は、「空っぽの」というその意味の通り、占められていない空間という状況を指す。それは、私がまさに先ほど「真空」と呼んだものに等しい。第二に、「場所」(topos)は、占められた空間という状況を指す。それは、空間の内にある可感的なものの所在を指示している。したがって、場所《トポス》の内に所在を与えられたものはある程度静止しているのであって、運動しているものに対する所在化というまた別の意味を説明するために、エピクロスは空間についての第三の面を措定する。すなわち、運動しているものに対しては、「余地」と言われる面が措定されるのである。「余地」はchōraの翻訳語であるが、これに関連した動詞の一つがchōreinで、「行く」、とくに、「さまよう」ことを意味する(20)。空間《コーラ》は、『ティマイオス』においては元来母胎《マトリックス》としての役割を担うものであったが、ここではその力はさらにずっと制限されたものとなっている——とはいえ、それはきわめて重要である。というのも、すべての原子論者にとって、第一の物体、つまり原子は恒常的な運動状態にあり、運動は動くための余地を必要とするからだ。こうした余地とは、立体的対象（原子は、知覚されえずとも、「目に見えない」大きさをもつものである）にゆとりを与える、字義通り非常に大きなものである。アリストテレスは、空間を二次元的モデルに——すなわち、場所それ自体を事物の表面に制限するというかぎりにおいての二次元的モデルに——限定していたが、ここではそうした限定は超えられ、三次元的余地性にいたっている。

その注目に値する動性《ダイナミズム》のおかげで、エピクロスの空間は、原子によって構成された物体の、動くためのゆとり《シュピールラウム》となったのであり、まさにそれは、そうした原子的物体が位置づけられ、運動するための媒体であり、原子的物体によって多様なあり方で占められる舞台なのである。そうした空間は、「それらの物体に所在と、それら物体間の隙間と、運動する余地とを与える」(21)。このような空間——すべてのものに場所と余地を与えるほど広い——は、原子の部分（原子が部分をもつとして）には属さず、また、何らかの物体を構成する原子と原子の間の間隔として存在するのでもなければ、何らかの原子の位置を与えるのですらない(22)。この三重の制限が導き出されるのは、原子が「空虚においていかなる割り当てももたない」という前提からである、とエピクロスなら答えるだろう(23)。だが、もし原子が部分、間隔、位置をもつのなら、さらにまた、原子が実際に存在するなら——かつ、存在するとは空間における存在のことであるとするなら——、原子的存在がもつこれら三つの局面は、空間的に特定されるべきものであろう。エピクロス自身も、まったく不可触な空間という自らの考えによって含意されるものすべてについて考え抜いていたわけではない、ということなのだろうか。もし不可触な実体《アナペース・ピュシス》として解釈された空間について徹底的に追究するなら、それは、極小（無限小）はもちろん極大（無限大）も合わせた両極に加え、最小の部分、間隔、位置の三つも、その射程内に収めたものになるであろう。

ルクレティウス（およそ紀元前九九—五五年）は、エピクロスの熱心で雄弁な信奉者であったが、次の点を付け加えている。「何であれ存在しようとするものは、たとえ大きいものでも小さいものでも、存在するかぎり、それ自身延長（augmen）をもつのでなければならないだろう」(24)。ここでルクレティウスは、「延長」という、古代ギリシアにおいて決定的な重要性をもつ概念についての、思想的全遺産を活用している。ギリシア語で「延長」に相当する diastēma は、〜を通って／立っているを意味し（dia-は「〜を通って」を、また、stēma は印欧語源の sta-、つまり、「立つ」に由来する）、より特定するなら、〜に糸を通すことである（stēmon は「糸」を意味する）。空間の内にあるということは、空間を通って立つ、つまり、糸が表面上を延びるように、空間を通って延びるということである——ただし、ここでは表面以上のものが問題となっている。「～を通って」は、空虚内での運動に必然的にともなうだけでなく、どんなあり方であれ、空間的に存在することによって含意されてもいるのである。

エピクロスにとって、そしてまた、ルクレティウスにとっても同様に、名詞「延長」、前置詞「～を通って」、概念「空間」との間には、密接な繋がりがあった[25]。アリストテレスに概ね同意して、場所的存在が主に「～の内に」についての問題であるとするなら、空間的存在は「～を通って」に関する問題、すなわち、「外へと - 向かわされる」こと、外へと引き延ばされることに関する問題であって、何かが空間の与える間隔ないし隙間を通って存在するということなのである。空間は、外に向けられたものであって、アリストテレス的な場所の場合のように、内に向けられられたもの、あるいは、包 - 囲されたものではない。それは、問題となっている間隔がどんなものであれ——間隔は無限に大きくもありうるし、無限に小さくもありうる——、その間隔を外へと通って存在する何かである。おそらく原子は、本来の意味での空虚とは異なった「存在の秩序」をもっており、存在のあり方を異にする。前者、つまり原子が、本性上は充満したものであるのに対し、後者、つまり本来の意味での空虚は、本性上は占有されざるものである[26]。いずれにせよ、原子も空虚も、空間的に存在するための一定の条件を満たさねばならない。それは、エピクロスの原子論によってはじめて明確に煌めいた、延長的《ディアステミック》な空間の要求する条件であった。

2

ある者は、空間《コーラ》をより大きな物体の場所だという。

——セクストス・エンペイリコス『学者たちへの論駁集』

空間の微視的自然物理学について、長きにわたり懸命に思索をめぐらせた、ある一人の古代の思想家——原子論者ではないが、アリストテレス主義者でもない——がいた。私が語っているのは、ランプサコスのストラトン、逍遥《ペリパトス》学派三代目の指導者のことである。彼はおよそ紀元前二六九年に亡くなっているので、まさにエピクロスの同時代人であったことになる。古代の伝統によれば、ストラトンは、空間を三次元に延長したものとする主張を公にした最初の思想家であり、また、空間のどの部分であれ、実際には——たとえ原理的にはそうではないかもしれないが——物体を包含するのだと説いた[27]。ストバイオスは、次の定義をストラトンによるものとしている。「場所（**topos**）とは、包含者と包含されるものとの間にある間隔である」[28]。一見すると、これはまったくアリストテレス的と思われる。だが、より詳しく検討すると、ストラトンが場所を、アリストテレスによっては明らかに拒絶されていたもの、すなわち、質料的物体の隙間の内に見出される、空っぽのくぼみだとしているのがわかる。それらのくぼみは、そのような物体を穴だらけにしてしまう。「ランプサコスのストラトンは、空虚があらゆる物体の内に散らばっており、そのため物体が連続的ではないことを示そうとする」(29)。こうして、場所は空虚な空間であることになる。これを「小空虚」と呼ぶことにしよう。小空虚がたとえ実際には空っぽではない——原子論者の主張にもかかわらず——としても、それは最も基本的なレベルでの延長の例となる。小空虚は、包含者と包含されるもの（これらは、ストラトンにとっては、アリストテレスが適切だと思い描いていたよりも、はるかに不十分なものであった）との間にだけでなく、どの質料的物体の内にも存在する。よって、それら小空虚は、エピクロスによっては無視された、原子的延長がもつ三つの局面の内の二つに関係する。すなわち、第一の物体、つまり原子の内部と部分とである。実際のところ、それら小空虚は、それら小空虚を満たす現実の物体の内部および諸部分と、延長を等しくし、大きさも同じである。究極的には小空虚の総体は、自然物理的な普遍宇宙全体に等しい「宇宙的物体《コスミック・ボディ》」と、延長を等しくすることにさえなろう(30)。ストラトンがこうした極端な立場を支持していたかどうかは定かでないが、彼は、いかなるものであれ、与えられた小空虚は宇宙的延長に欠くことのできない部分であって、その延長の単なる小孔ではないのだと主張した。それゆえ、彼はエピクロスの結合し損なったものを、何とか一つにまとめたのだと言える。つまり、無限に大きなものの延長と無限に小さなものの延長とをまとめたのである。

　ストラトンはまた、アリストテレスの言う自然的場所、すなわち、任意の元素に固有の場所、という概念に対して、最も説得力ある否定を考案したことで、古典世界において知られていた。ストラトンによれば、すべての元素が重いのであって、そのため、どの要素もその純然たる重さによって下へと落ちる。火や空気は上方に逃れるとしても、その動きは、**ekthlipsis** という過程、つまり、他のもっと力のある元素からの圧力によって「絞り」上げられているという過程によるのである。ストラトンはこのように考えることで、場所は空虚の内にあらかじめ存在する、との考えを拒絶していたエピクロスや初期原子論者たちと、見解を同じくしている。実際、空虚にはさまざまな方向があるが、これは原子と原子の偶然な衝突によって決定されるのであって、実在する宇宙的《コスミック》場所の力によるのではない(31)。さらに、もし前もってこの宇宙《コスモス》から切り出された場所はないのだとしたら、この世界を越えて存在する普遍宇宙《ユニヴァース》は無限に拡がった何かであるということが、ますますもっともらしく思われる。すると、そうした普遍宇宙は、場所的用語によるよりもむしろ空間的用語によって、より適切に特徴づけられる。ちょうど、アリストテレスにとってはいかなる空間も場所から切り離されては存在しないのと同様に、ストラトンにとっては、いかなる場所も空間から切り離されては存在しない——つまり、いかなる場所も、その場所をさらに取り囲んでいる、空間的に途方もなく大きく、かつまた、想像を絶するほど小さい全体の、単なる部分にすぎない。

想像できないほどの小ささが原子論者たちやストラトンに特有の関心事であったとすれば、途方もない大きさが、アリストテレスとエピクロスに続く古代の哲学者たちを次第に惹きつけていくことになる。その典型的な形態の一つは、果てしない空っぽの空虚が、有限で場所的に境界づけられたこの宇宙を包囲しているとする、ストア派の主張に見出される。ストア派は、この主張——中世およびルネサンス時代まで、広く影響力をもつことになる——の根拠を次のように明示している。すなわち、周期的に起こる宇宙規模の大火災において生じる余分な炎は、どこかへ行くのでなければならない、なぜなら、その炎の量は、有限な宇宙が含みうるものを超えているからだ、というのである。このような、炎が「どこかへ行く」その先は、「余地」（chōra）と呼ばれるが、ここでの「余地」は空間性を、つまり、炎が逃れるための、占有されざる空間を含意する(32)。超世界的な空虚は、世界を破壊する大火災の炎に余地を与える(33)。ということは、そうした余地を与える空虚とは、場所であることになるのか。クレオメデスは、紀元後一世紀に書いた彼の著作の中で、空虚とは「物体を受け容れることができる」(34)ものでなければならないと主張した。この主張によると、空虚とはある種の場所だとされているように思われる。だが、ストア派は、アリストテレスによって与えられた以下の警告、すなわち、空虚とは「その中にいかなる物体もないもの」(35)であるが、実際にはそのような空虚は場所としてきわめて不明瞭である、という警告を深刻に受け止めた。もしかしたら、超世界的空虚は何か（たとえば宇宙的炎）を受け容れうるが、いかなる厳密な意味においても、その何かによって占有されえない、つまり、何ものも、超世界的空虚では場所を付与されえないのだ、とは言えるかもしれない。それは空虚に入り込むことはできるが、そこにとどまることはできない——その内に自身の場所を見出せない——というわけだ。

ストア派の宇宙論には、空虚が無限で場所は有限だという公理がある(36)。ストア派の空虚は、——古代原子論の「外側の空虚」とは反対に——いかなる物体によっても決して占有されず、境界づけることもないしされもしない。クリュシッポス（紀元前二八〇—二〇六年）によると、「この宇宙を越えて存する空虚は無限であり、言葉の字義通り、境界づけられない（apeiron）。それは、始まりも中間も終わりももたない」(37)。実際、ストア派の空虚には物体も境界もない。それは「物体を欠いた間隔、もしくは、物体に占有されない間隔である」(38)。この場合の「間隔」（diastēma）であるとは、まさしく物体のための場所ではないということである。クレオメデスはこのような空虚を次のように特徴づける。「〔空虚は〕きわめて単純である、なぜなら、物体ではなく触れることができないし、形をもつことも獲得することもない上、いかなる点でも作用を受けないし、作用もしないからである」(39)。言い換えるなら、空虚とは、場所そのものの代わりをつとめてきた空っぽの延長であり、空っぽ《ヴォイディッド》にされた場所をもつ＝場所をもたない《デヴォイド》。もしこれが「否定的宇宙論」と思われるものの始まり——すでに「無−限」という語の内に（さらに、境界をもた−ない《アーペイロン》という語の内に）暗示されているように——だとしても、少なくともストア派の空虚は無限に大きく、無限に吸収力があり、この宇宙に対してまったく外的である、とより肯定的な調子で言うことはできる。それは拡がりをもった一つの宇宙に、本来の意味での場所を与えるのではないとしても、余地を与える。それは、この宇宙の外に存する大空虚——この宇宙内部の、および、この宇宙の内にある物体内部の小空虚とは正反対のもの——である。

　このような超世界的な空虚とは、（サルトルの便利な用語を借用すると）否《いな》性である。たとえ（一つの）無ではないとしても、それはやはり存在者ではないし、事物でも場所でもない。それは、この宇宙がもつ、詰め込まれて充満しているという特質とは明確な対照をなす。ストア派にとってこの宇宙《コスモス》には、いかなる種類の空虚もない——小空虚の形態であろうと、『ティマイオス』で言及された、多角形間のわずかな隙間としてであろうと。この宇宙には、空虚に欠けているすべてのものがあるのだ。この宇宙は場所と物体とに満ちており、一方によって満たされていることで他方によっても満たされている——その充満性は二重である。

　クリュシッポスは、場所について「すみからすみまで一つの存在者によってのみ占有されているか、または、一つの存在者によって占有されることが可能であるもの、および、一つないし複数の事物によってすみからすみまで占有されているもの」(40)と主張した。そこには何一つ空っぽなものはなく、欠けたものもなければ、不明瞭なものもない！　場所は、密度の高い基本的構造であり、それが構成しているさらに濃密な場所世界の内にある。こうした宇宙的充満内での密着した結びつきを保証するのがプネウマ、すなわち、充満した世界のすみずみまで循環している宇宙的気息ないし霊である。火と空気から構成されたこの気息《プネウマ》が作用を与える力となって、プラトンとアリストテレスの提唱した離散的な場所内物体という幾何学的連続体は、場所を与えられて互いに浸透し合う諸物体からなる、動的な組織《ネットワーク》へと変質させられる(41)。気息《プネウマ》は、習性（hexis）と緊張（tonos）、結合（sunecheia）と共鳴（sumpatheia）の組み合わせによって活動しながら、「質料的物体のもつ個々の性質すべてを携えた、自然物理的な場」(42)を構成する。ここで言われた場とは、諸々の場所の稠密な融合であり、空虚が徹底して空間に富むものであるように、場所に満ちている。

「アリストテレス的な諸元素より成る宇宙では、どの元素も本性的に自身の同心球へと運動している。こうしたアリストテレス的宇宙は、クリュシッポスによる導きのもと、最終的に、無限なる空虚に居心地のよい落ち着き先を得ることになった」(43)とデイヴィッド・ハーンは書いている。だが、ストア派の自然学にはもっと不明瞭な側面がある。というのは、孤立状態が、居心地悪く、ぼんやり浮かび上がって見えるからだ。この宇宙は、われわれが知っている通りの自然物理的世界であるが、「ある無限の空虚にはめ込まれた一つの島である」(44)。それがどれほど場所と物体に満ちていようとも、島であるとは、ある中立的な海によって隔離されているということである。さらに、もし唯一の空虚が「世界外の空虚」(45)であるなら、それは、身をかわすための貴重なゆとりを、この世界内にほとんど残さない。

ストア派は、この普遍宇宙を空っぽと充満、空虚と場所、非物体的と物体的等に分割することに本性的につきまとう問題について、気づいていなかったわけではない。そのことは、質料的物体が、逃れることのできない気息《プネウマ》の力によって強制的に場所へ持ち込まれる、とする見解に見て取れる。このディレンマに対し、ストア派のある者は、ストア派によって徹底的に二分割される普遍的宇宙の停滞を打破するために、第三の存在者を要請した。たとえば、クリュシッポスは「特定されていないある存在者を立て、それを空虚とも場所とも異なるものとし、存在によって占有されるが、部分的にのみ占有される」(46)とした。この第三のものが「余地」に他ならない。余地は、さまようための空間——エピクロスの場合のように——であるばかりでなく、占有の可能性を見込んだ延長でもある。延長と余地、すなわち、**diastēma** と **chōra** は、複合的な存在者、より正確には、二つのものが複合した一つの存在者、空虚つきの宇宙《コスモス》となったのである(47)。この二重性は、ストア派にとっての普遍宇宙《ユニヴァース》が「世界と一緒になった外的空虚」(48)であるとするセクストス・エンペイリコスの主張によって、明確に表現されている。あるいは、空虚と場所が合わさって空間になるのだが、それは、両者が空間によって与えられる余地になることで実現するのだとも言えよう。

しかし、「余地」と「空間」——ともに **chōra** からの訳語——は、ストア派の宇宙論の核心に見られた、場所(**topos**)と空虚(**kenon**)とを隔てる違いによって開いた大きな裂け目を隠すために用意された、単なる妥協的な用語ではないのかとの疑問が残る。ここでの妥協とは、場所(ないし世界)と空虚の互いに等しい部分を混ぜ合わせることを言っているのではない。空虚が主に強調されるのは、その無限性が余地——すなわち、空虚と世界という、宇宙論上厄介な二分割を調停するかに見えるもの——によって前提されるものであるかぎりにおいてである。「この世界は有限なのだから、「全体」[つまり、**to holon**]は有限である。しかし、「万物」[つまり、**to pan**] は無限である(**apeiron**)、なぜなら、この世界の外に存する空虚とはそのようなものだから」(49)。余地にせよ空間にせよ、それが場所と空虚を合わせたものならば、少なくとも空虚と同程度に広いものでなければならない。それゆえ、それは場所と合体した空虚と等しく無限でなければならない。こうして、われわれはストア派とともに歩を進め、余地を与えるものであり、かつまた、空虚になぞらえられたものとしての空間が、――その特性として、また、第一の性質として――無限であるとする見解へと向かうことになる。

3

場所は、始原的魂を通じて生命を吹き込まれ、神的生命を得る。

――シンプリキオスによって引用されたプロクロスの言葉から

場所はまず神的光を享受するように思われる、とくに、より完全で永続的なものどもの場所は。

――ダマスキオスについてのシンプリキオスの言葉から

新プラトン主義の場所と空間に関する概念は、ストア派、エピクロス主義、初期原子論のそれぞれが提示した諸概念を考慮に入れたものである――ただし、新プラトン主義そのものは、つねに明確にプラトンを継承し、さらに、より特別な場合ではあるが、アリストテレスにも傾倒している。つまり、新プラトン主義者たちは多くの点で、われわれがここまで見てきたさまざまな概念や区別を後押ししている。たとえば、イアムブリコス（紀元後およそ二五〇―三二五年）は「限界」と「境界」とについて区別するが、その方法は、私が前章でアリストテレスについての議論から導いた区別を思い起こさせる(50)。シリアヌス（紀元後五世紀に活動）は「余地」について、ただちにクリュシッポスを想起させる意味において語っている。「延長は全宇宙を貫き、それ自身の内に物体の全本性を受け取る……余地（chōra）や受容者、境界、輪郭といったものすべてを、認識しうるこの宇宙を満たすあらゆるものに授けながら」(51)。余地を与える延長は、それ以前の多くの思想家たちによって使われたのと同じ語（diastēma）で示されているが、ここでの意味は、（原子であれ物体であれ）何らかの規定された存在物と存在物の間の、もしくは、それらの中にある隔たり、隙間、間として解釈される単なる「間隔」に限定されてはいない。シリアヌスのような新プラトン主義者にとって延長《ディアステーマ》が指示するのは、境界のない、不動で（大概は）非物体的な、拡がりをもった客観的実在性であり、それは「全宇宙《コスモス》を貫いている」。ここでの宇宙《コスモス》は、もはや普遍宇宙《ユニヴァース》と区別されない。すなわち、こうした究極的広大さは、シリアヌスが興味深くも「一つの別の物体、より普遍的なもの」(52)と呼んだものと共外延的もしくは延長を等しくするのである。この物体は、今度は「広大な、共有された場所」と同一視される——場所はきわめて広大であるため、いかなる実効的な限界ももたない(53)。しかし、われわれは、延長が余地で満たされていることについて強調すればするほど、空間を、その妥協されざる無限性において「絶対的」と見なす近世の概念に近づいていく。

ここまでのところでは、われわれは多少なりとも馴染みのある領域にいるようである。新プラトン主義者が導入したものの中で、革新的なのはどの点だろうか。少なくとも、以下の二つの基本的な思考の路線をたどることができる。

(1) 第一に、場所の種類が増えており、どの種類も、アリストテレスが思い描いたものより多岐にわたる力をもつ。プロティノスは、彼の『エンネアデス』で、次のような新たな見解を投げかけている。「叡智界の場所とは、生命の場所であり、魂と〈知性〉の始原であり源である」(54)。ここで言及された二種類の場所——「叡智界の場所」と「生命の場所」——のいずれも、アリストテレスが『自然学』で模範的なものとした自然物理的包囲者には還元できない。こうした方法でひとたびパンドラの箱が開けられたなら、十分に妥当な例と考えることのできる場所の種類には、いかなる制限もなくなる。アリストテレスが『デ・アニマ』で、理性は「諸形相の場所」である、と語ったとき、それは比喩的なものであった。だが、イアムブリコスが「形相の場所」について語るのは、比喩として諸形相に場所を帰属させているのではない。彼が端的に意味しているのは、各形相《イデア》——プラトン的な意味での——は、自身に固有の種類の場所をもっているのだが、それは生命の場所や、イアムブリコスが「本来的場所」と呼ぶものからはもちろん、自然物理的場所からも区別される、ということである(55)。場所が多様であるとする主張は、場所の力が複数あるという主張と対をなす。リチャード・ソラブジが指摘するように、「場所概念が「単に取り囲んでいるというだけでなく」他の多くの適用をもつために、それらすべての事例に当てはまるよう、力動的概念が要請される」(56)。アリストテレスが場所について「何がしかの力をもつ」と述べた際、それは、場所に含まれる自然物理的な事物を取り囲むという、ただ一つの特定の力を意味していた。イアムブリコスは、その力を否定したのではなく——とくに、それが外側から限界づける機能だけでなく、境界(horizein)を与えるものでもあるなら——、包囲する(periechein)という力の他に、場所が一連の特有な威力をもつと主張するのである。

> 場所は、場所の内に存在するものを場所そのものの内に取り囲んで確立しているだけでなく、それらを唯一の力によって支えているものとして理解されなければならない。このように捉えるなら、場所は、物体を外から取り囲むばかりでなく、それらの物体を引き上げる力で、それらの物体を完全に満た

すこととなろう。そして、そうした力によって支えられた物体は、それらに固有の本性によっては落下するが、場所の優越性により引き上げられ、そうして場所の内に存在することになろう(57)。

このように、場所のもつ絶大なる力としてイアムブリコスが挙げているものには、保つ、引き上げる、満たす、〔という諸力〕が含まれる。こうしたリストを裏づけるのは、次の二つの部分よりなる基本的作用である。すなわち、

- 引き上げられなければ第一質料への降格にさらされるであろう各物体を、引き上げる、つまり、それらの物体を、それらの物体を引き上げる力で満たす。
- 新プラトン主義の普遍宇宙では、第一質料は最も低い階層の存在形態であるが、その第一質料との関係をすでに断っている各物体とそれら各物体の部分を、一つに引き寄せる。すなわち「散らばっているものを一つに集める」(58)。

こうして、場所のもつ諸力の目録にあった「〜の周囲に」および「〜の内に」に、「上に」および「一つに」が加えられることとなる。場所を付与されるとは、取り囲んでいる面によって収まりよく包含されるというだけでなく、力によって支えられるということであり、場所の内にあるものは、そこに存在し続けることによって本性的にきわめて強くなることが、それらの力によって保証される。アリストテレスによる包含モデルが、規定することと所在を確定することを可能にするのだとすれば、イアムブリコスによる支えるというモデルは、場所の内に存在するものに対し、場所付与という力動性《ダイナミズム》を植えつける。だからこそイアムブリコスは、「場所は、場所の内にある事物と本性的に結びつけられている」と明確に主張するのである(59)——場所は、場所の内にある事物を単に取り囲んだり、「単なる延長」(diastēma psilon)を与えたりするのではなく、まして(ストア派が主張したとされるように)単に「それら物体に付随して生じる」(paruphistasthai)のでもない。「結びつけられている」(sumphuēs)とは、何ものかに力動的に繋がれているということ——姿形における差異だけでなく、存在すること、ないし、実在性(ousia)において差異を生じさせること——である。こうして、場所は、「〔ある物体が、〕存在している諸事物に初めて仲間入りすることからも、また、第一の実在からも、決して切り離されない」(60)。場所を通じて実在へといたる。実在を通じて場所は維持される。

実際、場所は自身の存在をもっており、その存在に基づき場所は一つの「原因」(aitia)である。それは、単に自動的でないもの、ないし、単に受動的なもの(argos, adranēs)——つまり、次にまた何か別のあるものに原因が求められるようなもの——ではない。シンプリキオスが紀元後六世紀に指摘してい

るように、あるものの本質とその場所とを区別するのは困難であり、ここから彼は、「本質としての場所」すなわち「実体［つまり、場所の内にあるものの実体］」に本性的に結びつけられているもの」の措定へと向かった(61)。シンプリキオスにとってと同様、イアムブリコスにとっても、場所は「それ自体で実在性をもち」、「非物体的でかつ規定されたあり方での実在性だけでなく、能動的力をもつ」(62)。こうした力と実在性を場所に帰属させることで、これらの著述家たちは、アリストテレスが、場所に内在する原因的力を否定したことに異議を唱える。場所がそうした力をもつというだけでなく、それは原因的力である。それは「作用する力」(drastērios dunamis) なのである(63)。

（2） 第二の新たな思考の路線とは、場所はより質料的でなくなるほど力を増す、というものである。この概念は、「あらゆる場合に非物体的実在は物体的実在より上位に等級づけられる」という基本的前提から導かれる(64)。したがって、ある場所が本性的に非物体的であるならば、その場所は、作用を及ぼす力の面で質料的場所より優れていることになる。さらに非物体的場所はそれらの場所が包含していると言われうるどんな自然物理的なものより力が強いだろう、ということも導出される。イアムブリコスが述べているように、「場所は非物体的であり、場所の内に存在するものより優れている。そして、より独立したものとしての場所は、場所を必要とするもの、場所の内にあろうと欲するものより優れている」(65)。非物体的な場所の力は、延長そのものに影響を及ぼしさえする。すなわち、場所は、宇宙ないし普遍宇宙のあらかじめ与えられた拡がりに依存するのではない。それどころか、場所によって位置を与えられた事物が拡がりをもつのは、場所のおかげである(66)。イアムブリコスはこうした見解を、ストア派の見解――「場所は物体によって存在する」(67)との立場にあったと言われる――に明らかに対比させており、アルキュタスに答えを与えたと主張して次のように述べている。「明らかにアルキュタスは、場所が、作用し作用される事物より高位にあると考えている」(68)。

イアムブリコス――場所についての代表的な新プラトン主義の思想家――において、われわれは円熟した表現による場所付与についての「知性論」(noētē theōria) を見る。場所の内には何ものかがあるのだが、このとき場所は、場所を付与された当該の事物より実在的であるだけではない。場所はそれ自体、一層知性的な、つねにより上位の種類の場所に位置づけられている。質料的な事物は世界という身体（すなわち、宇宙）の内に、そして、世界は〈世界霊魂〉の内に、さらに、〈世界霊魂〉は〈知性〉の内に、等々といった具合である。これは実質的に、絶えず進んでいく場所付与について行われている豆隠しゲーム［複数の殻の中で豆の入った殻を当てさせるゲーム］であり、このゲームにおいては、場所のどの段階も、次の段階によって支えられると同時に超出されてもいる。そして、このゲームは、

（再びプロティノスの語であるが）「叡智界の場所」を与える〈一者〉という究極的段階に到達するまで続けられるのである。場所付与についてのこうした上昇モデルは、アリストテレス的な包含モデルと、プラトン的な、諸事物の究極的諸形相《イデア》への上昇とを調和させようとするものと見ることができるだろう(69)。

場所の知性的ないし知的本性は、新プラトン主義の思想の歴史を通じて一つの主題をなしていた。新プラトン主義にとって、場所は四つの世紀にまたがる期間――プロティノス（紀元後およそ二〇五―二六〇年）からシンプリキオス（紀元後五二九年以降活躍した）まで――において、中心的な主題だった。中でも、この特定の主題を最も深く追究した思想家は、ダマスキオスとプロクロスの二人である。ダマスキオスは、六世紀に新プラトン学派のアテナイ分派最後の指導者を務めた思想家で、彼によれば、場所は一般に、場所の内にあるものを測る能力によって、その力と優位性を顕《あらわ》にする。何らかのものの大きさはもちろん、その諸部分の配置も、当該のものが存している場所によって測られる。この測定器（metron）は、場所を付与された事物がはめ込まれる型ないし輪郭と考えられる。「場所は、位置（thesis）全体とその諸部分の、いわばある種の輪郭（proüpographē）であり、また、言うなれば型（tupos）であって、もしそのものが適切に置かれていて、拡散することがなければ、それはその型に適合しているはずであり、そうでないなら、それは本性的でない状態にある」(70)。型という概念が示す通り、場所による測定とは、数値によって行われる測定ではまったくなく、第一質料に本来的に備わった拡散を防ぐために作用する、型押しする力のようなものである。このような測定は、測り出すというより、その枠を通して適応させるといった方がより近い。つまり、ある与えられた場所の輪郭を通じ、場所の内に存在する事物についての測定が行われるのである(71)。測定器《メトロン》としての場所とは正確な量的査定を与えるものではなく――それには、何らかの固定的物差しが必要である――、固定的というよりむしろ可塑的なものである。その結果、ソラブジが註釈するように、「それは、運動する諸天球の場合に行われるように、さまざまな配置に対応しうる」(72)。アリストテレスが、諸天球はいかなる種類の場所を占めるのかと強迫的に問うていたその答えが、ここで次のような見解によって与えられる。すなわち、諸天球は、固定的でない、型取りされた場所を占めるというのである――このような場所は、始原的空間《コーラ》によって与えられていた受容的領域と、まったく異なっているわけではない。始原的空間《コーラ》は、プラトンによってやはり型のように作用するものとして特徴づけられていた。そうした場所は、まさにその測る能力によって、自らが取り囲むすべての個別的場所より上位に等級づけられる。ここで問題にしているこうした想定について、シンプリキオスが、ダマスキオスに関する註釈の中で次のように述べている。「測定するという本性は測定されるものの本性より上位にあり、［測定されるものと］同じものを必要とはしない」(73)。こうした見解を想定するなら、本性において知性的である場所を、新プラトン主義者がなぜ優先させる傾向にあるのかは明らかである。

だが、問題はこれよりさらに複雑である。新プラトン主義の代表的思想家であるプロクロス（およそ四一一―四八五年）は、場所とは物体であって、単に物体の周りにある何ものか（あるいはそこを通って物体が動き回ったり、その内に位置づけられたりするようなもの）ではないと考えた。しかし、場所はその物体性にもかかわらず、不動であると同時に分割不可能であり、とりわけ非質料的であるとされる。では、場所とは非質料的物体であろうか。プロクロスは〈世界霊魂〉のための適切な乗り物を想定しようとして、この興味深い考えに駆り立てられた。何であれ〈世界霊魂〉と同程度に純粋なものにつき従うのであれば、そのような乗り物は非質料的でなければならない――つまり、第一質料の、拡散するという効果をもっていてはいけないということである。実際、〈世界霊魂〉の場所は、「すべての物体のうちで、すなわち、運動する諸物体のうちで、さらに、運動する諸物体の中にあって非質料的な諸物体のうちで、最も非質料的でなければならない」(74)。このようなまったく非質料的場所である唯一のものとは、光であり、さらに特定するなら、天上の光である。後者は、プラトンの「エルの神話」に着想を得たもので、光り輝くものではあるが、字義通りに何かを照らすものではない。プロクロスは、この最も霊妙な媒介を、すべての種類の場所、ことに、「〈世界霊魂〉の光り輝く乗り物」である場所に対するモデルとした(75)。これは、完全な唯心論にはなっていない。なぜなら、プロクロスによる普遍宇宙についてのモデルには、地球宇宙論上の特徴的な限定性が認められるからである。

それでは、二つの領域について考えることとしよう。一方は唯一の光から、他方は多くの物体からなり、両者は互いにその嵩を等しくする。しかし、一方を他方と中心が同じになるよう据えてみるがいい、そして、前者の中に後者を埋め込む（embibazein）なら、全宇宙がその場所に収まり、不動の光の中を運動するのを見ることになろう(76)。

プロクロスは、宇宙を空っぽな普遍宇宙の中の孤立した島とは考えずに、自然物理的世界と光り輝く天上の領域は、延長を等しくするもの、ないし、共外延的なものなのだ、と主張する。この領域は、光という形態としては物体的かつ元素的であるが、場所としては非質料的である。しかし、このようなあり方で非質料的であるとは、力動的であるということにほかならない。すなわち、光の領域は、「ある何らかの確定した形（tupos）をした、宇宙という身体全体として場所（topos）と呼ばれ、延長的でないものを延長的にさせる……［そのような］場所は第一霊魂を通じて生命を吹き込まれ、神的生命を得るのであり、静止していて、［たとえ］外面上は活動している［のでないとしても］、本来的には自力で運動する」(77)。天上の光の領域は、諸々の場所の〈場所〉である。というのも、それは〈世界霊魂〉の乗り物であると同時に宇宙の場所でもある――その中心であると周縁であるとを問わず、その中にあるあらゆるものに対して位置を与える――からである。どこにでもこのような光はある。どこであろうと何かがある場合、それは光の内にある――どこかにあるとは、この普遍宇宙の絶対的〈場所〉内の、ある特定の場所においてあるということである。私は、このプロクロスによる〈場所〉を固有名として扱い、それが無限空間を予示するものであると提起したい。「天上の」ものとして、光という究極的領域は特別な身分をもつ。すなわち、物体性ゆえにそれは場所と考えるのに十分なだけの濃密さをもつ（だからこそ、型ないし測定器等々でありうる）が、非質料的という点で、自然物理的なこの普遍宇宙の肯定的無限ではない。この問題は、十七世紀の思想界に強迫観念となってつきまとうことになる。とはいえ、天上の領域は、たとえまだ厳密には無限ではないとしても、絶対的なものなのだと捉えることはできよう。それは、「それに対してこの宇宙が回転し、他の諸事物が運動するという、ある種の絶対的場所を形成する」(78)。

　プロクロスによってわれわれは、新プラトン主義の思想においては場所の物体的性質と知性的性質との間にいかなる矛盾もない、ということを教えられる。天上領域のような場所は、光から構成されている――物体的である――が、また一方で、存在についての知性の度合いを測る尺度では、その度合いの高さゆえに上位に等級づけられる。こうした見解は、多くの点で、場所に関する原子論的見解とは正反対のものである。原子論者にとっての場所が、機械的で自然物理的、つまり、物体的かつ質料的である（そして、これ以外のものではありえない）とすれば、新プラトン主義者にとっての場所とは、力動的にして知性的である――のみならず、これら二つの性質は互いに依存している。さらに、不可分割性はいまや原子《アトム》ではなく、場所に属するものとなる。プロクロスはこれについて、「場所は分割不可能な物体である」(79)と素っ気ない調子で述べている。また、場所が非質料的であるとするおかげで、新プラトン主義者はアリストテレスによる包含者モデルの制限から逃れることも可能となる。すなわち、アリストテレス的な包含者モデルに見られる徹底した自然物理主義的指針によると、取り囲んでいる場所の表面は、もしその表面が場所の内にある可感的な物体を固定しうるものであるとするなら、質料的でなければならない。だが、もし場所が自然物理的である必要はないとひとたび同意するなら、場所は限界づけや所在の確定以上のことをなしうるものとなる。すなわち、保存し配列する、保ち支える、引き上げ集める等を行うことができるようになるのである。質料的表面に備わった単一性と不活性性は、非質料的現前がもつこれら複数の力動的《ダイナミックス》な力に置き換えられる。この力動的な力は強力な効果を発揮しうる――物体が擬似重力的に下方向へ引っ張られるのに対しては、これをもち上げさえする――のと同時に、精妙でもある。場所に備わった、数値によらない測定の力と、あらゆるものが「〈世界霊魂〉の光り輝く乗り物の中に」位置づけられる、という考えの双方に、その精妙さが見て取れよう。

新プラトン主義の場所に対する見解は、次のような一般的信念を擁護する。すなわち、場所がつねに何らかの種類の量（たとえば、いくらかの量の「余地」）を暗に示唆する一方で、互いに区別可能な一連の質（「気持ちのよい場所」「危険な場所」といった表現に示される）をやはり含んでいるという信念である。場所の量を必ずしも算術的規定に結びつける必要のないことが好都合である（さもなければ、われわれは土地の測量、所有地の区画等々に巻き込まれる）のとちょうど同じように、場所の質的側面を字義通り可感的な性質にかぎる必要はない、とするのは具合がよい。たとえば、プロクロスによる超自然的な「〈最高天〉上の光」(80)という概念のおかげで、われわれは、光のような自然現象のもつ諸性質の装備一式を利用できるし、またその一方で、還元主義的物理学という拘束に縛られずに済む。場所についての知性的概念における非質料性は、エピクロスによる「不可触の実体」の概念にも結びつく――ただし、小空虚ないし大空虚についての是非をはっきりさせる必要はない。物体的なものとして、この普遍宇宙は充満しており、空虚ではない。だが、非質料的なものとして捉えるなら、それは柔軟性に富んだものであって、場所の内にある事物に力を与え、それらの事物を規定するのである。こうした考え方によって、世界は充満しているのに世界を越えて存在するのは空虚だ、とするストア派の見解に本質的に備わっていた具合の悪い分裂も、うまく避けることができる。さらに、場所は分割不可能にして非質料的であるだけでなく不動である、と認めるなら、場所は絶対的な身分を引き受けることが可能となる。たとえば、プロクロスの師であったシリアヌスは、「延長は全世界を貫き、物体的な自然全体をそれ自身の内に受け入れる」(81)と述べている。

4

場所もまた、時間に劣らずすべてのものに行き渡っている。というのも、すべて生じるものは、場所においてあるのだから。

――シンプリキオス『アリストテレス『カテゴリー論』註解』

ピロポノス――プロクロスがシリアヌスとともに共同墓地に埋葬されたその五年後の、紀元後四九〇年に生まれた――は、ピロポノスに先立つ新プラトン主義の思想家たちが、より思索的な見解で延長（diastēma）という概念の完全な意義を曇らせてしまったのに対し、延長というこの概念をより精緻なものにしようと試みている。ピロポノスにとって場所の本質とは延長であって、物体ではなく、非質料的物体ですらない。場所は、「それ自身の定義――次元のみで物体をもたない――によって、三次元の、ある確定した延長であって、その内で存在へといたる物体とは異なるのであり、物体を欠く」(82)。延長（diastēma）と次元（diastaseis）は、言語上だけでなく、概念的にも密接に結びついている。次元とは、自らの届く範囲の輪郭をたどりつつ物体に運動するための余地を与えることによって、延長を押し拡げるものである。だからこそ、ピロポノスは延長を「物体のための余地（chōra）であり、かつ、次元のみで［あるために］空虚であり、あらゆる実体と質料から切り離されている」(83)と定義する。延長とは、事物に余地を与えるものである。そして、chōra が「余地」、または、「空間」のいずれかを意味することから、ピロポノスは、「空間的延長」を「物体的延長」から区別するという決定的な転換をなし遂げうることとなった。物体的延長とは、与えられたある自然物理的物体によって占有される特定の場所に等しい。それは、その物体の質料によって獲得された余地である(84)。これに対して、空間的延長は、原理的にはいかなる与えられた物体ないし物体の集まりによっても占有される必要がない。むしろそれは、ある物体の余地ではなく、物体に余地を与えるのである。こうして空間的延長は、「次元のみ」に関わるのであり、そのようなものとして「空虚であり、あらゆる実体と質料から切り離されている」。

たとえそうした延長が、実際にはつねに物体によって占有されていようと関係ない。どちらの種類の延長も三次元であるという点では類似しているものの、物体的延長が原理的にも実際にも充満しているのに対し、空間的延長は、原理的には空っぽであるが、実際には充満しているということなのである(85)。

さらに、物体的延長は空間的延長にすっぽりと収まるが、その逆は成り立たない(86)。つねに物体的延長以上の空間的延長が存在するのであって、空間的延長とは、まさにこの「より以上」であるものだと言えよう。実際、それだけにいよいよもってピロポノスは、空間的延長を空虚と等しいものと見なそうとする。空虚を「三次元において拡がっている空間的延長」と定義できるとすれば、空間的延長は、「物体を欠き質料を欠く――つまり、物体をともなわない空間である」(87)。空虚も空間的延長も非物体的で、かつ、非質料的である。こうした擬等式を用い、ピロポノスは非質料的物体といった怪しげな異種混成の存在物を、何であれ清算しようと腐心する。彼は、プロクロスによるそうした物体概念――あるいはさらに言えば、ストア派の気息《プネウマ》に満ちた擬似質料的空間――を、純粋に「それ自身の定義によって空っぽである」(88)もの、つまり、概念的に空虚と等しいものによって置き換える。こうした根本的な清算操作を遂行するために、ピロポノスは次のように述べてさえいる。「それ自体において場所は空虚であ」り、「空虚と場所は、現実には実体において同じである」(89)。それにもかかわらず、結局のところ、現実の空虚はない――空虚は存在しない――し、また、空虚は場所の類似物というよりも、ピロポノスが「空間に対して与えた名前」(90)である。

ピロポノスは、ここでまさしく離れ業をやってのけている。彼が提起した場所ないし空間――物体的延長と空間的延長との区別を認めるなら、この両義性は避け難い――についての理論によって、場所の内に存在するとは、包囲する実体の表面によって囲まれていることだとするアリストテレスの最も重要な基準は不要となる。ピロポノスは説得力のある議論を展開し、次のように述べる。すなわち、いかなる表面も、立体的な物体を含むことはできない。「なぜなら、表面は二次元において拡がっているものである、それゆえ、それ自体の内に、三次元に拡がっているものを受け取ることはできない」(91)。したがって、場所、かつ/または、空間についてのいかなる理論も、十全なものであるためには最低でも三次元の延長を射程に入れていなければならない。ただし、厳密に言えば、そうした要請に応じているのは物体的延長を位置づける空間的延長の概念の方である。さらに、アリストテレスの提起した、場所の内に存在するための他のいくつかの基準は、空間的延長によってすべて満たされる。すなわち、空間的延長は、場所の内にあるものを、境界(peras)が囲むのとちょうど同じ分だけ取り囲み、場所の内にある事物と(少なくとも)等しいのであって、その事物の部分ではないし、さらに、それ自身は不動である(92)。

こうした点を見るなら――また、空虚と空間的延長についてピロポノスの仮定する等式を見るなら――、ピロポノスが無限空間についての理論へと移っていくのではないかと期待されたかもしれない。実際、空間的延長の不動性には、空間の、果てしない茫漠たる拡がりが含まれているように思われるだろう。

> われわれの考えるところでは、[空間的]延長は、それ自体の定義においてすべての物体と空虚から区別されるのだが、さまざまな物体が、つねにそこにおいて存在へといたって、今はこれ、次にはあれ、といった具合である。その一方で、それは全体としてもその部分においても、不動のままである――全体として不動であるのは、宇宙的延長が、全宇宙という物体を受け取るものであり、決して動くことができないからであって、また、部分として不動であるのは、それ自身の定義によって物体を欠き、かつ、空っぽであるとされた延長が運動するのは不可能だからである(93)。

この「宇宙的延長」(cosmikon diastēma)なるものこそ、究極的には境界づけられないもの、つまり、普遍宇宙という、もはや世界に対してその座を譲ることのないものの延長にほかならないであろう。それにもかかわらず、ピロポノスは、無限に向かう彼の新プラトン主義の先達と歩みをともにし、それらの哲学者たちに合流しようとする誘惑に最も駆られるまさにそのとき、この暗い深みから引き戻される。宇宙的延長とは、「それ自身の定義によって空虚で、物体を受け容れることが可能なものであり、無限でなければならない」、なぜなら、宇宙的延長には、それ自体に対するいかなる実効的な境界も、あるいは、それ自体を限界づけるいかなる表面もないのだから、という魅力的な考えを認めていながら、彼は次のように議論を進める。(ⅰ)それでもなお、そのような表面を想像することはできるかもしれない。(ⅱ)たとえそれができなくとも、「それが理由で」、つまり、(ⅰ)で述べた思考実験に成功できないからといって、宇宙的延長は「必ずしも無限に拡がっていることにはならないであろう」(94)。節約原理も援用される。すなわち、空間的延長の内、存在する必要があるのは、実際にそれを占有する諸物体の、外側の境界と同一の拡がりをもつ分だけだというのである(95)。ピロポノスが空間の無限性を否定した究極的な動機は、間違いなく神学的なものである――キリスト教を信じる新プラトン主義者として、彼は無限性を〈神〉にのみ限定したいと願ったのかもしれない――が、彼の論証には疑問が残る。とくに、宇宙的延長からはまさにその本性によって空間的無限性が含意されるのではないか、と考える者に対しては、説得力を欠いている(96)。

このような無限性が否定されるだけでなく、場所の力についても同様に否定される。ピロポノスは、場所が「場所の内にある事物の測定器」(97)であるとするダマスキオスの立場を支持しているにもかかわらず、場所に本来的に備わっているとされる他のいかなる力も認めようとしない。彼は、「場所が、それ自体の本性において何がしかの力をもっているとするのは、まったくばかげている」(98)と、皮肉をこめて述べている。空間的延長は、もはや支えることも引き上げることもせず、集め保つこともせず、固有の力動的《ダイナミズム》な力を欠いた、まさしく空虚なものとなる。これに加え、場所は場所の内にあるものより優れているとする、新プラトン主義の基本的前提も失われる(99)。場所の力動的力の消失は、場所の知性的本性の消滅を伴う。空間的延長は、物体的でも質料的でもないにもかかわらず、知性的でもない。それは、ひたすら空間的である。この場合の「空間的」とは、たとえそれ自体は自然物理主義的に構成されていなくとも、自然物理的普遍宇宙について当てはまるものを意味する。

われわれは、矛盾のうちに置き去りにされる。すなわち、ピロポノスは無限空間を徹底的に否定してはいるものの、空間的(また、結局は宇宙的)延長が三次元で、原理的には空っぽであり、非物体的で、さらに、「物体のための余地を与える」が、いかなる個別の質料的実体からも独立したままであるとするその考えによって、議論の余地なく近世の先駆けなのである。こうした際立って延長的な空間のもつ以上のような諸相は、その広大で拡張的な特徴により、肯定的に無限な空間性であって、単に否定による無‐限(無‐限定、果てし‐ない、何ものにも占められない等々）ではない空間性を予想させる。同様の諸相が、しばしば断片的ではあるが、続く一千年の間、西洋において繰り返し見出され続けることになろう。時には、ピロポノスその人によって影響を受けたものもある(100)。以上の諸相を寄せ集めて特徴づけられる空間は、もしかすると、最も適切には「絶対空間」と呼ばれるものであろう。私は先にシリアヌスとプロクロスについて議論した際、すでにこの用語をもち出していたのだが、明確にはニュートンが、その著書『自然哲学の数学的諸原理』において用いることになる。

ピロポノスは、無限空間を支持するわずか一歩手前の所まで達しながらこれを拒絶するよう迫られていると感じたわけだが、彼について特筆すべきことはそればかりではない。ひたすら次元的なものであった空間的延長という考えによって含意される、空間についての絶対主義には、付随的な、場所についての相対主義がともなう。この相対主義については、彼が空間内の各事物の適切な配列を懸念していた点に、明らかに見て取れる。「事物がそれぞれその適切な場所へと運動するのは、表面への欲求によるのではなく、それらが〈創造主〉から与えられていた、秩序における位置への欲求による」(101)。「秩序における位置」は taxis の訳である。この語は、テオプラストスがアリストテレスからの決別にあたって用いたものである。テオプラストスは、場所の本質的相対性に関する最初の理論家であった。彼の有名な一節を引用しよう。

> ことによると、場所はそれ自体実体ではなく、各物体の本性と力に従って、それら物体の秩序（taxis）と位置（thesis）に関連して述語づけられるものであり、〔このことは〕動物と植物の場合、および、一般に、さまざまな元素から構成された、霊魂の有無にかかわらず自然の形態をもつ事物の場合に、等しくそうなっている。というのも、部分の秩序と位置は、存在全体に相対的なものだからである。それゆえ、どれもその適切な秩序をもつことにより、それ自身の空間（chōra）にあると言われる、なぜなら、ある物体のどの部分も、それ自身の空間（chōra）と位置（thesis）を欲し、要求するからである(102)。

テオプラストスは、リュケイオンでのアリストテレスの直接の後継者であり、ギリシア哲学におけるヘレニズム時代を創始した。ピロポノスは、その同じヘレニズム時代の最後の偉大な思想家であるとしばしば評される。この間、ストア主義、エピクロス主義、懐疑主義、新プラトン主義が興隆した。けれども、「テオプラストスの真の支持者」(103)として広く知られていたのは、まったくの空《くう》である延長性についての主唱者であったピロポノスであった——それは、どちらの思想家も、力を場所そのものではなく場所の内にある事物に帰属させたとされること、また、どちらの思想家も、場所内の事物を秩序づけることが、場所付与のもつ唯一最も重要な効果と考えたとされることによる。

　テオプラストスからピロポノスまでのこの重要な期間——すでに、一千年近くが経過している！——を詳細にわたって検討すればするほど、次のような確信にいたる。すなわち、絶対空間ないし無限空間への関心が徐々に高まりを見せるその陰で、たいていの場合それよりは目立たないけれども、歩調を合わせるように、場所付与が行われる際の秩序と位置の重要性に対する関心も増しているのではないかとの確信である。たとえば、場所を測定器《メトロン》として捉えるダマスキオスの見解には、何らかのものの「各部分」の「位置」に関する秩序づけが含まれる。キーワードはやはりテオプラストス的である。ダマスキオスは、人間の身体において頭は上に足は下に位置づけられているという例を用い、「部分の秩序と位置は、存在全体に相対的である」[104]と説明している。ダマスキオスはまた、相対主義モデルを非自然的場所にまで拡張する。「非物体的な事物の中にさえ、それらの秩序に従った位置があるだろう」[105]。シンプリキオスの論述によると、イアムブリコスもまた着想においてテオプラストス的である。「神官イアムブリコスは、［テオプラストスがとったのと］同様の立場を表明している」[106]が、それは、「場所は、場所の内にある事物と類似した本性のものである」[107]とする彼の見解による。場所と場所内の事物とのそのような類似性は、場所内の事物の秩序づけを促すと同時に、それを反映する。すなわち、場所は、場所付与されるものと類似すればするほど、配列の内在的媒介者としてよりよく機能できるようになり、そうした配列が実現されればされるほど、そのように秩序づけられた各事物との間の類似性を呈するようになる。（これとほぼ同じ同型性が、『ティマイオス』で見られた〈受容者〉の始原的領域で起こる、類似したもの同士を振り動かして一緒にするという働きにおいても明示されている。）プロクロスも、位置の力に細心の注意を払っている。

> 全普遍宇宙の方位点〔羅針盤上の基本方位。北南東西で表わされる〕は、すべて一纏めにしてその内に固定される。というのも、もし神託によって、質料的普遍宇宙の方位点はすべてその上にあるエーテルに固定されると告げられるなら、これに応じてわれわれは上方に向かって次のように言うであろうから。すなわち、最高の普遍宇宙の方位点はすべてその光の中に座している、と[108]。

実際には方位点——互いに対して、また、それぞれが特定する各方向に対しても相対的である——だけでなく、存在が上昇／下降の諸階層をなしているとする新プラトン主義的普遍宇宙全体が、深部にいたるまで、場所についての相対主義モデルを示している。この普遍宇宙において、われわれは、自身の本来的な階層を事物の階層的秩序の中にもっている——つまり、われわれの存在は、質料、霊魂、知性のいずれかの階層に位置づけられている――わけだが、この普遍宇宙ではさらに、すべてのものがわれわれの有する存在の種類に関わっている。位置とは、同じ階層に属する他のすべてのものに相対的であるのみならず、存在論的階層構造上の、他のすべての階層に対してもまた相対的なのである。

この階層モデルの影響はきわめて強く、シンプリキオスにいたっては、延長とは事物の普遍的特徴ではまったくなく、より低位の階層にのみ見出される、と主張しうるほどである。知性的存在の領分にあるのは、非延長的かつ非物体的なものだけで、これには概念や数といった知性的なものの場所も含まれる。質料の領分へと下るにつれ、延長はかつてないほど重要となる――延長は、場所の内にある事物に対してはもちろん、場所に対しても適用される。これはつまり、場所が物体をともなう延長になったということであり(109)、ピロポノスによる空間的宇宙的延長についてのモデルで示されたような、単に、それ自体で物体から独立に延長しているものではないということである。こうして、延長は場所の、獲得される属性となる。「位置をもった物体が、低位の階層へと下ることによって延長をもつにいたったように、位置の測定器である場所も延長をもつこととなるが、それは、測定器が、延長していない測り手から〔低位の階層へと〕下ることで可能となる」(110)。シンプリキオスのこの記述では、ダマスキオスによる測定器としての場所という考え――秩序内の位置に関する相対主義と内在的に結びついたもの――は、階層についての流出説という、同じく相対主義的であることが暗に了解される説に組み込まれている。シンプリキオスは、場所と時間の双方について語っている箇所で、次のようにも述べてみせる。「それら〔場所と時間〕を、延長をもたない測り手と、延長をもった測られる対象との間の中間と捉えるなら、それら〔場所と時間〕の延長は、他の事物の延長とは異なっている」(111)。「〜の間の中間」であるとは、少なくとも三つの階層からなる序列構造《ヒエラルキー》の内に位置をもつということであり、またしたがって、まさに場所と時間そのものの特性を決定する宇宙的位置をもつということである。場所と時間は、「〈神〉の無限の感覚器官」（ニュートン）、あるいは、純粋な感性的直観の普遍的形式（カント）ではなく、それらが位置づけられている流出の階層の被造物なのである。

だとすれば、新プラトン主義の普遍宇宙では、二重の位置づけが働いていることになる。第一に、宇宙的序列構造内での構造的位置づけ（これは、場所が延長をもつか否かも決定する）と、第二に、延長をもった本来の意味での場所（シンプリキオスはこのような場所について、「あらゆる所でそれは物体の位置であり、それら物体の位置を確定したものである」(112)と述べている）の働きである、厳密な、点を印すような位置づけである。さらに言えば、第一の位置づけが第二の位置づけを可能にする。つまり、場所は、流出説における序列構造の中間階層で適切に延長をもつにいたった場合にのみ、位置づけ、ないし、所在を確定するという機能を発揮し始めることができる。というのも、その階層においてのみ、場所付与の間に以下の区別、すなわち、直接的場所付与、個別の場所付与、共有された場所付与の三つの区分がなされるからであり[113]、これらの場所付与が、延長をもったいかなる物体に対しても完全な位置づけを行うことを保証するのである。こうして、シンプリキオスは、新プラトン主義的枠組みの階層モデルのおかげで、最終的にテオプラストス以上に急進的な相対主義を採用することが可能となる。テオプラストスでは、「自然の形」(emmorphos phusis)が物体の「秩序と位置」の原因とされていたが、シンプリキオスは、この秩序づけの力を場所に帰属させる。「場所とは、位置のある一定の配列と測定、ないし、位置の境界づけである」[114]。

5

神々のしるしは永遠に場所の内に散りばめられている。

——シンプリキオス『アリストテレス『自然学』前4巻註解』

新プラトン主義に見られた空間の問題に関する絶対主義的傾向には、場所相対主義という思いもよらない裏面が潜んでいたが、同様に、後者の場所相対主義的傾向も、いわば反動によって、思考の両方向を取り囲む説へと向かう。前節の終わりで引用したくだり——相対主義の立場を要約する一節——のほんの数行後で、シンプリキオスは次のように思索をめぐらせている。すなわち、個々の位置は、単に並置されるだけでなく「うまく配列される」(euthetismenoi)なら、つまり、「うまく位置づけられ、かつ、うまく場所づけられる」(euthetoi kai eutopoi)なら、それらの部分からなる全体の調和に貢献するだろう。すべての物体は、ひとたびうまく配列されれば、最終的に「普遍宇宙全体」に固有の部分となるだろうし、その普遍宇宙自体が、それ自身の場所をもつにいたるであろう。「その結果、実際に、普遍宇宙全体の場所が全体として(holos topos tou holou kosmou)存在することとなるのだが、それがその至高の位置を得るのは、その部分についてのよい配列を通じてであり、かつ、それらの部分についてのよい配列全体を通じてである」[115]。

この最後の主張は注目に値する。一方で、宇宙全体の、というよりは、宇宙全体にとっての固有の場所がある。この場所は、唯一無二のものでなければならない。なぜなら、これ以外のいかなる宇宙もないし、あるいは、それと比べられるような、比較の対象となる大きさをもつものが他にないからだ(原子論者とエピクロスは、複数世界という考えをもち続けたが、この考えが再びまともに取り上げられるまでには、この後さらに約一千年を要することとなろう)。この点で、唯一の宇宙の〈場所〉

は、それを構成する各部分および各場所（さらに、部分としての場所）も含めた、他のすべての場所に対する「超越的測定器」(116)と見なしうる。このような、宇宙に固有の〈場所〉について、シンプリキオスは、「普遍宇宙の本質的な場所は、さまざまに変化する場所をすべて蓄えており、すべての位置に対する固有の測定器を自身の内部から産出する」(117)と述べることができる。こうした一枚岩的な受容力という点で、それはピロポノスの「宇宙的延長」という概念と異なるものではない。他方で、この同じ超場所は、相対的なままである。たとえ宇宙の場所はその部分のいずれにも（もしくは、それら部分の総体に）依拠しないとしても、その「至高の位置」は、それらの部分を次の仕方で含む、何らかのよい配列に依存する。

- 各部分は、それら自体の間でうまく配列されるのでなければならない。これは、シンプリキオスが「それらの部分についてのよい配列を通じて」という単純な句によって意味しているものである。
- それらの同じ部分は、それらの部分が構成する全体——すなわち、宇宙《コスモス》全体ないし普遍宇宙全体《ユニヴァース》（これらの用語について、シンプリキオスは意味ある区別をしていない）——に対してもうまく配列されるのでなければならない。
- 最後に、宇宙自体が、特定の部分として、かつ、諸部分の全体として、自身の諸部分に対してうまく配列されなければならない。これは、シンプリキオスが「それらの部分についてのよい配列全体」と述べた際に示唆しているものである。

シンプリキオスは以下のように述べ、こうした思考の路線について要約している。「一般に、各部分が互いに対して、かつ、その全体に対してうまく配列された位置をもつだけではなく、全体もまた、それらの部分に対してうまく配列された位置をもつ」(118)。

ここでは、シンプリキオス——特定の宗教に属さない最後の偉大な新プラトン主義者であった——による、今述べた最後の立場についてのみ取り出して論じることにする。というのも、その立場が、この章の残りと以下の三つの章を占めることになる次のような一つの問いに対する答えとして、特別な手掛かりを与えてくれると思われるからだ。すなわち、場所は、そして空間は、本質的に相対的であるのか絶対的であるのか。それら場所と空間は、その身分において他律的であるのか、つまり、それらの存在と特性に関して、他の存在者に依存するのか、それとも自律的、つまり、それらの部分（ないし構成要素）および運動がいかなるものであれ、それら自身にのみ立脚しうるのか。シンプリキオスの回答とは、空間／場所は絶対的であり、かつ、相対的であるというものだ。絶対的と相対的の双方を中立的に混ぜ合わせたものという意味においてだけでなく、一方は他方という媒介を通して成立する、という意味においてである。この普遍宇宙の場所が絶対的であるのは、それが相対的――とくに、先に記述した特別なあり方において相対的――でもあるからなのだ。さらに、それを構成する各部分こそが、適切な配列においてこの宇宙全体を作り上げているのでなかったなら、それは相対的――それらの部分に対して相対的――ではなかったであろう。言い換えるなら、普遍宇宙の場所は、ある点で（たとえば、すべてを測るというその超越的な役割において）絶対的であり、かつまた、別の点（つまり、先ほど取り出した相対性の三つのあり方）においては相対的である。

シンプリキオスのモデルは、多くの点で緻密に考え抜かれた説得力に満ちたものであるが、われわれには二つの主たる問題が未解決のまま残されている。すなわち、この世界、この宇宙の場所はあるのか。この宇宙を越えた無限の空間はあるのか。もちろんアリストテレスなら、どちらの問いにも否定的に答えるだろう。アリストテレスの見解に従い、場所が、不動にして直接的な内側の境界を要請するものだとすれば、最も外側の天球は場所とは見なされない。なぜなら、それはそのような境界をもたないのだから。さらに、場所は、最も外側の天球に続くと想定されているいかなる宇宙外的空間にも設定されない。なぜなら、「[最も外側の]天球の外側には、いかなる場所も空虚も時間もない」(119)からである。アリストテレスの主たる論敵であった原子論者たちは、無謀にも、境界づけられない空虚なるものを提起しただけでなく、そのような空虚があるというまさにその理由により、宇宙はその内に所在を与えられうるのだと論じた。空虚はこの世界に余地を与えるのであり、この世界は、その余地の中に見出されるべきものである――そして、今度はこの世界が、同様に「空間を物体に与える」（ピロポノスの言葉）のである。明らかに、何であれそのような空虚は、境界づけられていないという意味で無限である。ハーンは、ストア派の空虚について次のように論評している。「少なくとも、宇宙を越えたところに何がしかの空虚があるとすれば、それは必然的に無限である。なぜなら、何もそれを境界づけることはできないのだから」(120)。しかし、空虚は空虚で、それ自体に関する物議を醸す問題を顕在化させる。それは必然的に空っぽなのか（その名前である kenon がたしかに含意しているように、また、ストア派が、厳密に外的なる空虚という概念において明確に措定したように）。もしそうだとすれば、この宇宙は、錨をもたない存在物が無限空間を漂うように、この空虚に浮かんでいることになろう。「いかにして宇宙は、無傷のままで無限の空虚内にあり続けることができるのであろうか」(121)。それとも、それは（ピロポノスが主張するように）原理的に空っぽだというだけで、実際にはつねに満たされているのだろうか。だが、その場合には、それは余分な存在物、あるいはむしろ、非存在物になってしまうだろう。

しかし、空虚という概念を放棄してしまうと――あるいは、小空虚というストラトンの考えに見られるように、その適用領域を狭めるだけでも——、途端にわれわれは、解決するのが等しく困難な別の問題にぶつかってしまう。この普遍宇宙は、無限であると同時に完全であるなどということがありうるだろうか。もしそれが完全に物体で満たされているなら、運動のための空間はなくなってしまい、パルメニデスの固定的〈一者〉になることだろう。一方、もしそれがぎっしり詰まったものではないとしても、運動を与えるためには物体内部の小空虚以上のものが必要となろう。ことによると、結局（原子論者が主張したように）、物体と物体の間に、空っぽの「間隔」があるということかもしれない。だが、運動を可能にするためにはちょうどこのくらいの大きさの間隔が必要だ、といかにして確定できるのだろうか。この最後の問いに対して、一般に納得できるような答えを与える方法はないように思われる。もしかすると、こうした困難ゆえ、間隔（diastēma）というまさにこの概念が、新プラトン主義者によって延長にまで拡張され、最終的には、ピロポノスによって「空間的延長」が措定されるまでにいたったということかもしれない。しかし、「空間的延長」ということの後者の概念によって、とくに、「宇宙的延長」の外観のもとに、われわれは、宇宙自体は場所をもつのかという厄介な問題に立ち返ることとなる。宇宙のための場所について主張することもありうる——シンプリキオスのように——が、その場合にはわれわれは、次のように問わねばならない。その場所は、どこにあるのか。その場所は、この普遍宇宙全体の内の場所なのか、つまり、この世界の場所そのものを越えて拡がる空間の内にあるのか。そして、そのような空間は有限なのか無限なのか。このような循環した経路をたどり、われわれは再びアルキュタスに舞い戻る。彼は、次のような謎かけを提起したとされている。

もし私が端、たとえば、恒星の天球にやって来たとして、私は私の手、もしくは杖を、その外に伸ばすことができるか否か。外に伸ばすことなどできないとするのは不合理（atopos）であろうが、外に伸ばすとしたら、外側にあるのは、物体かそれとも場所のいずれかであろう。……杖を伸ばしたその先にはつねに何か異なるものがあるとするなら、それは明らかに無限な何かであろう(122)。

アフロディシアスのアレクサンドロスの主張によれば、この思考実験は失敗している。なぜなら、宇宙の外側にはまったく何もないのであり、空虚すらないのだから。

彼は、彼の手を外に伸ばすことはないだろう。彼は妨げられるだろうが、それは、ひとびとが言うようにこの普遍宇宙（to pan）を外側で境界づけている何がしかの障害物によるのではなく、そこに何もないからだ（to mēden einai）。というのも、誰であろうと、何かを無へと伸ばすことなどどうやってできるのか。そのものは、存在さえしないものの内で存在へといたることが、どうしたらできるというのか(123)。

シンプリキオスも同様に、アルキュタスの難問が論点先取を犯していると主張する。「想像において、それは、証明しようとしていること、すなわち、空っぽであれ立体であれ、この普遍宇宙の外側に何かがあるということを、あらかじめ前提している」(124)。

こうした強力な反論にもかかわらず、アルキュタスによる挑発的な謎かけは、古代および中世を通して論争の主題として取り上げられ、現代の宇宙論上の思想にもいまだ亡霊のごとくつきまとう。というのも、宇宙論的関心をもつ者には、いつでも次のような問いが思い浮かばずにはいないものだからだ。この既知の世界の最果てにある境界を越えると、何があるのか。そこにもし何がしかの事物があるとしたら、私は(少なくとも原理上は)その事物に達することができるばかりか、それを越えて手を伸ばすことさえ可能だろう。もし事物がないとしても、(アレクサンドロスが想定したように)何もないのではなく、空っぽの空間はありうる。このように考えるとしたら、「物体か場所か」というアルキュタスの排他的二者択一は補足される必要のあることが示唆される。すなわち、もし場所が――アルキュタスやアリストテレスの考えるように――つねに境界づけられたものであるとするなら、それは、われわれがこの宇宙の最も端の境界を越えて手や杖を伸ばした場合に出くわすものではない。このように宇宙の外へと手を伸ばすことでわれわれがはまり込むのは、何か他のものであり、それが空間と呼ばれるものであることは、徐々に拒絶しがたくなっていく。それ自身は境界づけられていないような領域、あるいは、手や杖をこの世界の外側の限界を越えて伸ばしてみようとするようなごくささやかな運動も含め、あらゆる種類の運動のために十分な余地を与えるような領域を指示しようとするなら、空間というこの語(もしくは、他の諸言語においてこれに相当するもの。**spatium, Raum, espace** 等々)が要請されることになる。

しかし、このように捉えられた空間とは、まさに「無限空間」の意味するもの――少なくとも最低限には――である。無限空間は、(運動)のための空間であり、(境界)のない空間である。この二重の特性において、このような空間は、ギリシャ哲学でも最も古い時期に属する二つの用語、すなわち、それぞれプラトンとアナクシマンドロスに由来する「余地」(**chōra**)と「境界のないもの」(**to apeiron**)という二つの用語を結びつける。これら二つの語は、歴史的な事情によって結びついただけでなく、概念的にも結びついたのであり、この結びつきから示されるのは、仮にこの宇宙が実際に場所をもつとすれば、それは、空間内の一つの場所だということである。空間は、果てしなく大きいものであると同時に境界をもたない。さらに、この世界は場所をもつだけでなく、場所の内にある。それは、まさに無限空間という場所の内にあって、空間的普遍宇宙を構成する諸々の領域内の、ある特定の位置を占有しているのである。アルキュタスの謎かけによって、われわれがこの宇宙についての既知の事実から無限空間という概念へ駆り立てられるまさにこのとき、その同じ空間が、この世界のために一つの場所を――実際には数え尽くすことのできないほど多くの場所を――確保するのであり、その世界の端から、われわれは、われわれの手や杖を伸ばすように、あるいは（ルクレティウスによれば）長い槍を投げるようにと命じられる。アルキュタスの公理はそのままであるが、それは、アルキュタス本人が思い描いた領域をはるかに超えて適用される。ある、とは依然場所の内にあるということだが、場所とは、果てのない空間の部分なのである。

第5章　無限空間の台頭
――中世およびルネサンスの思索

しかしながら、神は御自らの創り給うこの世界に注ぎ込められている、そして、この世界は、神がそれを創り給うものならどこであれ場所を定められている。

――トーマス・ブラドワディーン『神的原因をめぐるペラギウス派論駁書』

物理的対象は空間の内にあるのではなく、それらの対象は空間的に拡がっているのだ。こうして「空虚な空間」という概念は、その意味を失うのである。

――アルバート・アインシュタイン『特殊および一般相対性理論、一般向けの解説』

1

アルキュタスの挑戦的な謎かけからは、さらに重要な一つの問題が導かれうる。それは、外に伸ばした手や杖が何かに（あるいは、無に）届くかどうかではなく、この世界全体（すなわち、一つの存在物としての自然物理的宇宙《コスモス》）は運動できるかどうか、という問いである。さらに、もし世界が運動するのだとしたら、それは何の内で、何に向かって運動するのだろうか。これらの問いは、中世――紀元後六〇〇年（ヘレニズム哲学と新プラトン主義哲学の終焉を示す年代）から一五〇〇年（ルネサンスがイタリアで最盛期を迎えた時期）にまで及ぶ時代全体のこととする――の哲学者や神学者を悩ませた。こうした諸々の問いにどのように答えようとも、その代償は大きい。というのも、次のようなディレンマを抱えることになるからである。すなわち、第一に、仮にこの世界は運動できないものとすると――つまり、この世界が永久に同じ場所、すなわち、アリストテレスおよびアリストテレス主義者たちが想定した通り、最も外側の領域と延長を等しくするものを占めるよう拘束されているとすると――、この宇宙の場所を越えて包囲している空間は、たとえそのような空間があるとしても、余計なものとなるだろう。しかし第二に、もしこの世界が運動するとすれば（つまり、独楽のように同じ場所で回転する運動ではなく、場所を変えることによってその横へと動く運動である）、世界を取り囲み、世界がその内で、それを通って運動するそのような空間、もしくは、認識可能な諸天球を越えて拡がっているような空間がなければならない。またしても、場所対空間という問題が論点となるのだが、いまやその規模は最大となる。神学的に捉えるなら（そして、つねにただちにそうだというわけではないにせよ、結局は中世においてはすべてがそのように捉えられるのだが）、この問題は、神がこの宇宙の場所を超えるのに十分なだけの空間――要するに、いかなる特定の宇宙的制約によっても境界づけられず、またしたがって、大きさにおいて究極的に無限であるような空間――を創造する力をもち、同時に、それを占有する力があるかどうかと問うに等しい。

　この議論がとる一つの形態は、神が無限の大きさをもつ何かを創造しえたか否かというものである。アリストテレスはすでに、そのような能力をいかなるものであれ否定していた。なぜなら、彼にとってこの普遍宇宙《ユニヴァース》にはそもそも有限量の質料しかなく、また、それが増えることもありえないからだ。彼にとっては、無際限に小さい（ただし、可能的に《イン・ポテンティア》）という概念を考えることはできても、無限に大きいということは問題にされない(1)。アリストテレスは、この制約を問題だと捉えるどころか、この普遍宇宙が完全であることのしるしだと見なした。大きさにおいてこの普遍宇宙が限界づけられているのは、この普遍宇宙内の場所に関する制限同様、賞賛すべきことであった。（アリストテレス自身の分析に基づき、場所が量的に限定されたものであるとすれば、彼にとってこれら二つの限界づけは当然密接に関係している。場所の問題とは量の問題であり、また逆に量の問題は場所の問題なのである。）しかし、アリストテレスがこれら二重の有限性を結びつけたことで、ひときわ困難な問題が残された。最も外側の領域（すなわち、それより小さいすべての領域を取り囲み、それらの領域に場所を与える領域）自体は場所をもつのか。それとも、それは周縁に置かれた〈不動の動者〉といくらか似ていなくもない、場所づけられていない場所づけるものなのか。アリストテレス自身がそれとなく示している考えによると、この超領域の運動している諸部分は場所をもつ。というのも、それらの部分は完全に円を描くように運動しながら場所を変えているのだから。さらに、ヘレニズム期のアリストテレス註釈家であったテミスティウスが、紀元後四世紀にこの考え方を発展させている。しかし、最も外側の領域そのものについてはどうなのか。それはそれ自身に固有の場所をもつのか。アリストテレスはそうではないとする考えに傾いている。アリストテレスの主張するところでは、「諸天球は、一つの全体としては、どこかに、もしくは、何らかの場所にあるのではない」(2)。これは、諸天球がどこにもないと言っているのだろうか。アヴェロエス（一一二六年頃―一一九八年頃）は、この矛盾した状況について巧みな分析を与えている。「アヴェロエス」によれば、最も外側の領域は場所をもつが、それは、さらに取り囲んでいるものとの関係においてではなく（この領域の他にさらに取り囲んでいるようなものはない）、すべての天空諸領域の、固定された中心である地球との関係においてである。地球は中心にある不動の物体で、外部の領域に場所を与えており、地球によって場所を与えられなければ、外部の領域は場所づけられない。ロジャー・ベーコン（一二二〇年頃―一二九二年）はアヴェロエスに基づき、「自体的《ベル・セー》場所」——これは、最も外側の領域には欠けている——と附帯的《ベル・アッキデーンス》場所を区別した。附帯的場所とは、他のまったく固定的であるような場所に寄生的な場所である。ベーコンは、これを簡潔に表現している。「天球は附帯的場所をもつが、それは、その中心が自体的場所をもつからである」(3)。

アリストテレスから受け継がれたこの難問に対するアヴェロエス－ベーコン流の解決法とは、そのまさに中心——この中心に（実際には、中心として）存在するものは、その中心に対しては最も不動である——に向けられた内部方向への転回によって、世界の場所について説明しようとするものである。しかし、この内部方向／下方向への転回は、包含性と不動性という、場所についての二つの主要なアリストテレスの基準をそれぞれに脅かす。なぜなら、最も外側の領域はいかなる包囲者にも包含されないと認めることで、それは、もっぱら第二の、不動の地球によってのみ具現される基準だけに依拠することになるが、地球はまさに、中間の諸領域を通じ、最も外側の天球そのものによって包含されるものであり、またしたがって、場所づけられるものであるからだ。この天球の場所が、自らが場所を与えるその相手に依存すると考えるのは、実際、奇妙な話である。場所は、他の場所を必要とする。天上界と月下界という存在物は、まさにその相違ゆえに共依存的なのである。

トマス・アクィナス（一二二四年頃―一二七四年）はこの解決をひどく奇妙だと考え、次のように指摘した。「最も外側の領域は、単にその中心が場所の内にあるという事実から、附帯的に場所の内にある、と主張するのはばかげているように私には思われる」(4)。この選択肢を仮定したうえでトマスは、最も外側の領域が場所の内にあるのはそれ自身の構成のおかげなのだ、とするテミスティオスのモデルに戻ることを選ぶ。「最も外側の領域が場所の内にあるのは、それ自身に内在的に備わった諸部分のゆえであるとした方が、この実体にとってまったく外的たるその中心のゆえであるとするより、もっとずっと適切である」(5)。しかし、トマスは、最も外側の領域の場所付与に対してはこうした明確にアリストテレス的モデルを採用しながらも、他のすべてのものに関する場所付与については、まったく異なったモデルを主張するにいたった。すなわち、もし場所が単なる包含者以上のものであるべきだとするなら真の不動性が要請されることになるが、この真の不動性は、中心に据えられた地球に見出されるのではなく、地球自体を包囲する天空の諸領域に対する一連の関係において見出されるべきものである。それゆえ、天空の下にあるものの場所はそれらの関係によって、あるいは、より正確には、それらの関係が与える「秩序と位置」（ordo et situ）によって決定される。

包含者は、それが物体であるかぎりにおいては動かされるものであるけれども、それにもかかわらず、それが天球という物体全体に対してもつ秩序に則して捉えられるなら、それは動かされない。というのも、天球のすべてに照らしてみると、先に移動した物体がもっていたのと同じ秩序と位置を、続く他の物体ももつからである(6)。

言い換えるなら、最も外側の領域以外のものは、どれもその場所を、天空の諸領域（つまり「天球」ないし「諸天球」）に対するその位置――他の物体によっても占有されうる一つの位置――によって決定される。この宇宙の、諸天球以外のすべての部分は、一つのまとまりとして捉えられた諸天球に関係づけられている。そして、諸天球は、この宇宙内の任意の場所によって要請されるまさにその固定性、ないし、まさにその永続的な関係を与えるのである。関係を根本に据えるこうした見解は、場所とは擬似有機体の各部分が当の擬似有機体全体に関係するあり方の問題だとするテオプラストス的な考え方を反映している。この見解は、関係的なものとしての場所について、西欧の思想家としては最も系統立った考察を行ったライプニッツの主張を先取りしている。彼の提唱した理論もまた、諸対象が、固定された外的な各関係項との関係によって「同じ場所に」位置づけられていると見なされた場合、それらの対象同士の間に成立する可換性に依拠するものであった。両者の間で、かつ、直接にはトマスの影響から、同様に宇宙的関係を用いたモデルを取り上げることになる思想家たちもいた。たとえば、ローマのギレス（「場所において形相的であるのは、この普遍宇宙に対するその位置である」と主張）(7)、ジャン・ド・ジャンダン（彼にとっては、諸天球こそが地球のまさに中心であることを規定する）(8)、ドゥンス・スコトゥス（形相的ないし理念的場所、すなわち、ratio loci とは、普遍宇宙全体に対する関係だと主張した）(9)等々。

彼らはたいていの場合歩調をそろえているものの、空間についての絶対主義的モデルが必ずしも無限空間のモデルだというわけではない。なぜなら、もしこの世界系が唯一の宇宙であるとすれば、それは絶対的であると同時に自己包囲的であることになろう。しかし、トマスをはじめ、ここで名前を挙げた理論家たちの提起した関係的モデルでは、それは自己包含的ではない。それは自らを越えて先へ進み、空間的無限性へと手招きする。というのも、それは、場所を付与されたあるものにとって外側であるどこかに位置づけられた、固定された関係項を要求するからである。すなわち、海にたとえれば海岸上の固定点のような、永久不変の対象、永続的な天空領域を要求するのである。場所とは不動である何ものかに相対的な秩序と位置《オールドー・エト・スィトゥー》の問題だと提起することで、アクィナスは場所そのものの舞台を、「天球という物体全体」にまで拡げることを余儀なくされる。アヴェロエスやベーコンは、地球の中心性と不動性にのみ依拠する方法を選んだが、それを拒んでトマスが見出したのは、惑星や恒星といったさらに大きな領域――すなわち、「場所的」ではなく「空間的」という用語への要求をますます高めていく広大な領域――に落ち着くための、より適切な固定性であった。「場所的」という前者の用語が厳密に包含される何かを示すのに対し、諸天球は、空間的な一つの全体として捉えられるなら、包含されないものである。諸天球は、その見かけと運動が規則的かつ恒久不変なため、それらより下にあるすべてのものに安定した関係の領域を与えるのであり、さらに、境界づけられないものとして自らを越えて外部に向かい、果てしない空間としか考えられえないものへと進んでいく。

　こうして、われわれは先に掲げた第二の問題に戻ってくる。すなわち、もし少なくとも宇宙が運動するのだとしたら、何の内を（あるいは、何へと）運動するのであろうか。もし宇宙自体場所を変えられるのだとしたら、固定された関係の系はどこにあるのか。もしどこかにあるのなら、それは空間の内にある。さらに言えば、それは無限空間の内にある。もし世界が一度でも動かされうるものだとすれば、それは何度でも動かされることになり、またしたがって、その内で動くための無限量の空間を必要とすることになろう。

　よって、神の創造の力は、もしそれが真に全能であるべきものなら、地球や惑星、あるいは、恒星までも含めたこの既知の普遍宇宙という有限領域を構成することに限定されてはいないはずである。その力は、無限空間を創造するという課題――そして、それは『ティマイオス』における創造主デミウルゴスにはふさわしいものであった、すでに存在している空間に形を与えるという課題にとどまらない――を遂行しうるものでなければならない。空間－創造が要請される場面では、世界－構成だけでは十分ではないのである。

2

無限とは、避けることのできない必然性である。

――ジョルダーノ・ブルーノ『無限、普遍宇宙および諸世界について』

　ここでわれわれは、一二七七年という運命的な年に目を向けよう。それは、トマス・アクィナスの死後わずかに三年後のことである。無限空間の必要性をこれほどまでに巧みに示した、まさにこの思想家――たとえトマスが明示的にそうした空間を是認していないとしても、関係に依拠した彼のモデルは、たしかにこれを含んでいる(10)――が亡くなってわずか数年後に、パリ司教エティエンヌ・タンピエは、教皇ヨハネス二十一世の要請を受け、ソルボンヌの神学者たちに助言を求めた後、神の力を否定したり制限したりする教義についての二一九ヶ条よりなる断罪を発布した。これは、まさに時を逃さずして行われたものであった。否定や制限を禁じられた神の力には、世界を、それが現在占有しているのとは異なった場所へ動かす力も含まれていた。断罪というこの重大事件は、知的世界をキリスト教の教義にとって、すなわち、その教えと神学にとって安全なものにしようとする欲求によって駆り立てられたものであった。

しかし、実際にはこの断罪によって、場所と、とりわけ空間についての中世の思想に決定的な転換点が印されることとなる。それまでは、テミスティオスやアヴェロエスといった親アリストテレス的註釈家たちの助けによってアリストテレスを支えること——要するに、『自然学』第四巻、すなわち、暗黒時代にはアラビアで保存され、紀元後十二世紀にはクレモーナのゲラルドゥスによってラテン語に翻訳されていたこのテクストで初めて概観された世界体系をつぎはぎすること——に、主たる努力が向けられていた。アリストテレスとアヴェロエスによって著された多くのテクストの膨大な量にのぼる翻訳は、また同時に、場所と空間の問題に関する議論に改めて強い関心を引き起こし、それがさらに四世紀もの間続くこととなる。これは、ヘレニズム哲学と新プラトン主義が、多くの同じ問題に心を奪われていたことに比肩しうるものである(11)。

それらの翻訳が手に入るようになったおかげで、十三世紀中頃までには、アリストテレスの思想はパリ大学の正式なカリキュラムにも組み込まれるようになった。こうして復活したアリストテレス哲学は大きな影響力をもち始め、パリの神学者たちに困惑を引き起こすまでにいたる。アリストテレスの宇宙論は、神の力を不正に制限するのではないか。神がもつ創造の力の程度は、有限であると認められるこの世界に限定されるのか。他の世界は可能ではないのか。神をもってしても、われわれの世界を空間の内で脇へと押しのけ、新たな場所へと動かし、その後に空っぽの場所を残すようにさせることはできないのだろうか。これらの疑問および関連した問題は、この自然物理的世界における神の全能を回復させようと試みた断罪を激化させるものであった。この自然物理的世界についての最終的な記述は、アリストテレスのような異教徒の哲学者の手によって行われるままにさせておくべきではない、たとえ、アリストテレスがどれほどトマス・アクィナスにとって重要であったとしても、というわけである(トマスは、少なくとも間接的に一二七七年の断罪によって訴えられた。一三二五年にそれが撤回されたのは、主にトマスの贖罪をもたらそうとする働きかけのあったおかげである)。

われわれの目的にとって一二七七年の断罪がもつ主たる重要性は、それによって空間の無限という可能性に対する展望が再び切り開かれたことにある。というのも、断罪は、空間的無限の探究を、その無限が神の全能性と結びついているかぎりは、事実上自由に行うことを許すものであったからである。だが、そうした探究はすぐにその神学的起源を超えていく。直接的にせよ間接的にせよ、それらの探究は十四、十五世紀の思想家たちによる大胆な思考実験の着想を与え、また、近世物理学、とくに自然物理的普遍宇宙の無限性に傾倒した近世物理学の基礎を築いた諸々の概念的冒険を生み出したのである。ピエール・デュエムは一二七七年を、「近世科学誕生の時」(12)と呼んでいる。こうした主張の真偽はともかくとして、断罪によって糾弾の的となったもののうち、最も重要であったものの一つが場所の優位性であったことはほぼ疑いない。これにより、場所の優位性は、十七世紀に起こった空間の神格化にその座を奪われることとなる。しかし、場所に対する糾弾は即座に行われたわけではない――それはピロポノスやシンプリキオスにおいて見られたのと同様である。すなわち、新プラトン主義の場合のように、空間は、その至高性が着々と肯定されていく中で、場所に対し徐々にその勝利を獲得していくことができたのである。

断罪の第三四条では、次のように述べられている。「第一原因［つまり、神］は、複数の世界を創ることはできなかったこと」(13)。しかし、タンピエの推論するように、もし神が本当に全能ならば、神はこの世界以外に他の世界を創ることができないとするいかなる理由もない。ニコル・オレーム（一三二五年頃―一三八二年）は十四世紀に、はっきりと次のように述べている。「神はその全能性によって、この世界とは別の世界を、一つであろうと複数であろうと、この世界と類似していようといまいと創造できるし、創造できたのである」(14)。われわれにとって最も興味深いのは、世界の複数性そのものの問題ではなく、そうした複数性が含意しているものにある。すなわち、もし互いに共存するいくつもの世界があるとすると、それらの世界は、それらのいずれか一つによって占められている場所より大きな一つの空間を共有しているのでなければならないことになる。さらに、もしそのような世界が無限個あるとしたら、――このことをはじめて考察したのは原子論者たちであったが、それはまた、神の全能性からも帰結する（というのも、神は世界を一つ、二つ、三つと創造したところで止めるべきだとするいかなる理由があろうか）――共有される空間は、大きさにおいて無限でなければならない。そのような間宇宙的空間は、与えられた諸世界によって占有されている所以外は、空っぽ、つまり、空虚であって、オレームが次のように結論づけている通りである。「すると、諸天球の外にあるのは、充満した、あるいは、物体的な他のいかなる空間ともまったく異なった、空っぽの非物体的空間である」(15)。世界の無際限の複数性は、そうした空間を要求する。その整合的な想像可能性のおかげで、そうした空間は――もっともらしいという意味で――実際に可能であることが保証される（しかし、実在であることが保証されるのではない）。

空間の無限性にいたる第二の道は、第四九条から生じる。「神は諸天球［つまり、この世界］を直線的な動きによって運動させることはできなかったということ。そしてその理由は、真空が残されるからである」(16)。ここで問題となっているのは、もしこの世界が、たとえどれほどわずかであっても、ある想像上の直線に沿ってその横へと動かされるとしたら、何が起こるかということである。位置Aから位置Bへの移動によって、それは位置Aを空虚にし、そのまままったくの空っぽにするのではなかろうか。それは位置Bに向かって動いたことになるのではなかろうか。そして、位置Bは、この運動によって占有されることになるのであるから、それ以前は空っぽであったはずではなかろうか。問題を拡張して考える――神のもつ限界づけられない能力を正当化しようとして、神学者たちがよく行うことだが――のは、われわれの意図するところではないが、もし本当に神がどこへであれこの世界を動かすことができたなら、原理的にはこうした空虚には果てがないことになるのではないか。オレームは再び適切にも述べている。

だが、もしかしたら次のように言われるかもしれない。すなわち、場所に関する運動とは、あるものの位置を、他の何らかの、それ自身運動しているかいないかのいずれかであるような物体との関係において変化させることである、と。だが、私に言わせれば、それは妥当ではない、なぜなら、第一にこの世界の外には、想像上の無限で不動の空間があるからである……そして、世界全体がその空間の内を、直線的な動きによって動かされうるだろうとするのは、矛盾なく可能だからである。その反対を述べることは、パリで断罪される条項に相当する。今そうした運動を想定するなら、この世界が場所の決定に際して関係づけられうるような他のいかなる物体もないことになろう(17)。

この言説はとくに意味深長である。というのも、ここでは世界が移動するのに必要なものとして「空間」(spatium)――不動であり、無限で、宇宙外的な――が措定されているだけでなく、「場所」(locus)との明確な対比によってその措定がなされているからである。最後の文で示唆されているように、場所は、ある物体が他の物体に対峙して位置づけられるという、限界づけに基づいた関係的モデルにおいて取り上げられている。しかし、このモデルは条項四九のケースには該当しない。なぜなら、ここで考察されているのは、この世界それ自体における、それ自体による運動、すなわち、いかなる関係項にも関係づけられないだけでなく、他のいかなるものにも関係づけられることのない運動だからである。それは、他から切り離された直線的な運動《モートゥー・レクトー》、つまり、運動している事物だけに関して捉えられる運動の問題なのである。そうした純粋な運動とは、一つの絶対的な空間における運動だということになる――絶対的な空間内では、所在同士は互いに対して相対的となっているのではなく、所在のそれぞれが、その空間自体のあらかじめ確立された各部分に内在的となっている。それはつまり、字義通り脱ー溶解的《アブーソルーテ》な空間である。オレームが空間についてのこうしたモデルを支持したのは、断罪の発令されたちょうど一世紀後のことであり、ニュートンを――そして、その代弁者であり、空間の相対的モデルでは世界が移動することを説明できないとしてライプニッツに反論したサミュエル・クラークを――先取りするものである。クラークはライプニッツと対立し、「もし空間が［ライプニッツの主張するように］共存する諸事物の秩序以外の何ものでもないとするなら、神がどれほど迅速にこの物質的世界全体を移動させたとしても、それは依然としてつねに同じ場所の中にとどまっていることになるだろう」(18)。この世界は同じ場所にとどまり続けるだろう、なぜなら、この世界が自身を構成するものたちに対してもつ関係が、同じままであろうから、というわけである。もしこの世界が、今占有しているのとは別の場所へと動きうるとしたら、それは絶対的な空間のもつ恒常的構造を横切って動くような運動によるのでなければならない。

　今の最後の議論を通じてさらに一層鮮明になるのは、「絶対空間」と「無限空間」は、オレームやニュートンといった思想家たちによって密接に結びつけられてはいるものの、混同されてはいないということである。「絶対的」とは、何らかの自己充足的なもの、すなわち、どこか他所にある別の事物に対するいかなる関わりももたないだけでなく、それ自身の各部分に対するどんな依存性「からも免れて」いるものを示唆している。何であれ絶対的《アブソリュート》なものは、それら外的な要因へのいかなる浸入（つまり、「溶解」）からも隔たっており――ab-とは、「離れて」、「隔たって」ということである――、それらから完全に独立している。一方、「無限」は、果てしない大きさを含意する。ここでは、純粋に量的なものが問題となっているのであり、それはジョン・ロックが「拡がり」と呼んだものなのである。近世的な精神――絶対的であり、かつ、無限であるような空間を、一つの整合的な理論のうちに一緒にもち込んだニュートンからの恩恵を受けているもの――からするとありえないように思われるかもしれないが、絶対的で有限な空間を措定することは、まったく可能である。それはまさにプラトンの空間《コーラ》であり、地球を中心に据えるアリストテレスの諸天球の空間であり、その他、閉じた世界という古代のモデルのほとんどすべての、さらには、ピロポノスの「空間的延長」(19)の空間である。また、無限空間という開かれた海に、絶対的で、かつ、有限な世界を設定すると考えることもまったく可能であって、標準的なストア派によるモデルはその一例である。

　絶対的空間と無限の空間は本来分離可能であるということのさらなる証拠が、中世の思想は二つのまったく異なった道筋によって空間の無限性にいたったという事実に見出される。第一に、関係的モデルが、私のすでに論じたような形で極端にまで押し進められることによって空間的無限性を生じさせる。たとえば、トマスによる（そして、ベーコン、スコトゥス等々による）方法である。第二に、絶対論的モデルはやはり無限へといたる。たとえば、オレームによる（あるいはロバート・ホルコット、ミドゥルトンのリチャード等々による）方法である(20)。注目すべきことに、断罪の条項三四と四九はそれぞれ、空間の無限性へといたるこれら二つの主たる道筋について指摘している。まず一方の、条項三四で取り上げられる世界の複数性は、それらのさまざまな世界が、広大な間宇宙的空虚の内で互いの位置に対する関係項——つまり、宇宙的場所——としての役割を果たすかぎりにおいて、無限空間についての関係的モデルを支持する。他方、唯一の世界（そして、とくにわれわれの世界）の運動という条項四九の論点からは、一つの果てなき空間という描像が導出されるが、そこでは、所在は他の存在物の位置に相対的に決定されるのではない。

宇宙論的／神学的領域における二つの問題。自然物理的／哲学的な重要性をもつ二つの解答。結論は、無限空間へいたる二つの道。一方は場所に対する役割を保持し、他方は場所をまったく不要とする。

無限性という観点から空間を取り扱おうとするこれら二つの道の間には、いつでも完全な平衡があったと言うつもりなのではない。第一の道筋は、興味深くもトマスによって断罪の前に始められたのであるが、ロックが一六九〇年にその著作『人間知性論』において再び取り上げるまでは、十分に追究されることがなかった。第二の道筋は、断罪そのものからもっと直接的に生じたもので、続く数世紀の間、より受け入れられ影響力をもち、そうした傾向は、ロックの『人間知性論』よりわずか三年前に、ニュートンが『自然哲学の数学的諸原理』を出版した際に最盛期を迎えた。第二の方向が優勢ではあったものの、どちらの方向もある一つの重要な点を共有していた。すなわち、どちらの方向も無限空間は想像可能だとする道筋であった、と捉えられるのである。

一二七七年の断罪のおかげで哲学者にも神学者にも同様に解放されたものとは、自然物理的世界の描像の改定というよりは、むしろ、純粋に可能であるような宇宙論的シナリオを公にする自由であった。すなわち、もし神が諸事物を今あるような状態から根本的に変えることを望んだとしたら、この世界と普遍宇宙はどのようになるのだろうか。今あるがままの諸事物については、アリストテレス的な宇宙論と自然学が最も信頼できる説明方法である、と依然として考えられた。だが、諸事物を別様に思い描く機会が突然与えられたのである。それは、実際抗いがたい誘惑であった。たとえ神が経過を逆にすることはありえそうもない——なにしろ、自らがすでに創造した世界において、かなりの投資をしているのだから——としても、そうでなかったとしたらどのようにして神は諸事を進めることができたであろうかと考えるのは、概念上有益である。「そうでなかったとしたら」と考え出すとき、ひとは secundum imaginationem「想像に従って」諸事物へ向かっている——つまり、諸事物が実際にどうなっているのか、どうであったのか、おそらくどうなるであろうかということに従っているのではない。神は「諸天球の蒼穹内の、ないし、月下界内の」すべてを破壊するかもしれない——そして、その結果「巨大な拡がりと空っぽの空間」が残されるかもしれない。オレームは、そうした想像される状況について熟考し、以下の点を指摘した。「そのような状況は、たしかに想像することができるし、まったく可能であるが、アリストテレスが『自然学』第四巻における議論で示すように、自然的原因のみからは生じえないだろう」(21)。敷衍すれば、無限空間は想像されうるものについての問題、ありうるであろうことについての問題であり、有限空間は、実際にそうであるところについての問題である。たとえば、オレームとほぼ同時代の人であったジャン・ビュリダン（一二九五年頃—一三五六年）にとって、「神は実際、この世界を越えた物体的な諸空間と諸実体を創造しえたけれども、そしてまた、どれほど神がそれを気に入ったとしても、だからといって、神が現実にそうしたのだということにはならない」(22)。ビュリダンの言明が明らかにしているのは、一二七七年以後の思想家たちが、結局両方の方法でこの問題を表現することを望んだということである。つまり、可能であるものと、実際にそうであるものとは、まったく異なる根拠に基づくものであるけれども、ともにその価値は保たれる。エドワード・グラントは、次のように結論づけている。「断罪のゆえに、思想家たちは、あるものが自然的には不可能であるけれども超自然的には可能であると断言するのが、十四世紀のスコラ哲学の議論の特徴となった」(23)。

したがって、無限空間への移行とは、「相対主義的」と「絶対主義的」のいずれの行程をたどるにせよ、措定ないし仮定された空間への移行であった——それは、その後のルネサンス期および十七世紀に起こるような、現実の空間への移行ではない。それでもなお、この移行のきわめて重要な意義が失われるわけではない。というのも、そうした移行によって中世の思想家たちは、与えられた物質的な普遍宇宙についてそれが実際にはどんなものであると主張しようとも、空間については、それが果てしのないものと考えるのをつねとするようになったからである。たとえ一二七七年の断罪が、字義通り近世科学の誕生に相当するものではなかったとしても、たしかにそれは、自然物理的空間の実無限性を注目すべき程度にまで組み込んだ科学の成立にいたる道を切り開くものであった。そして、断罪がそのような影響をもちえたのは、宇宙論的に形成された神学上の想像によって企てられた、純粋な可能性の発展したおかげなのである。

想像によるもの《セクンドゥム・イマーギナーチオーネム》に対しても価値を保つことで、前進しつつあった無限空間についての概念化における重要な新展開の道も、また開かれることとなった。断罪の発令にともなう激しい議論によってそうした空間が自由に提示されるようになっていたからこそ、それは純粋に自然物理学的性質によってではなく、神性によって改めて特徴づけられえたのである。たとえばオレームは、「われわれが語るこの空間は、無限でありかつ分割不能であって、それはすなわち神の広大無辺性であり、かつ、神そのものである」(24)と明確に述べている。この逆もまた成立する。すなわち、「必然的に」神の広大無辺性とは、「存在するかまたは想像可能であるような、すべての延長ないし空間もしくは場所の内にあるすべてである」(25)。このことは、たとえ神自身が「いかなる量ももたない」(26)し、したがって、非次元的かつ非延長的であるとしても変わらない。(神を〈場所〉と考えた)アレクサンドリアのフィロンをはじめ、モア、ラプソン、ニュートンといった十七世紀の思想家たち――神を無限の自然物理的空間に等しいと考えた――とは異なり、オレームは神を無限空間に内在的なものとしながらも、あらゆる点、ことにその次元と延長という性質において、そうした空間と神を等しいものとは考えなかった。

注目すべきことに、中世の思想家は誰一人として、パリ司教によって解放され幸福感に浸っていたひとびとですら、神が、神自身から切り離されたものとして無限の空虚な空間を創造したとは主張しなかった。その理由は、神から離れて存在するそうした空間は、神自身の無限な空間性に拮抗し、神を限界づけることとなるからである(27)。もし無限で空っぽの空間があるとするなら、それは神と一体であり、神によって(また神はそれによって)あまねく行き渡り、結局は神自身の広大無辺性と区別されない、という主張には、より説得力がある。こうした方向での決定的な歩みは、すでにヘルメス・トリスメギストゥスによってもたらされていた。この出所のはっきりしないエジプトの預言者は、中世にとってもルネサンス期にとっても同様に神秘に包まれた存在であった。広く読まれた『アスクレピオス』の中でトリスメギストゥスが宣言しているとされるところによれば、宇宙の外側にある超世界的空間を満たしているのは、いかなる質料的なものでも擬似質料的なもの(たとえば気息《プネウマ》)でもない。そうではなく、そこに詰め込まれているのは、「思考のみによって感知できるもの、すなわち、それ自体〔つまり神的であり、この内なる神性こそが、「思考のみ」を、想像された無限空間の知性的内容物と類似させるのである。しかし、思考〕の神的存在と本性を同じくするもの」(28)である。思考人間の思考の神性――アリストテレス的テーマ――は、中世全盛期においては神のはるかにすぐれた神性のために無視された。このため、人間の「能動知性」でなく神の神的な存在こそが、可能的で超世界的な、不動であるいかなる無限空間をも満たすのだと信じられたのである。

この最後の重大な一歩を最初に踏み出したのは、トマス・ブラドワディーン(一二九〇年頃―一三四九年)の『神的原因をめぐるペラギウス派論駁書』である。このテクストの中で、ブラドワディーンは次の五つの重要な帰結を提示している。

1　第一に、本質において、および現前において、神は必然的にこの世界のどこにでもあり、かつ、その全部分である。

2　さらにまた、神はこの実在の世界を超えて、ある場所の内に、もしくは、想像上の無限な空虚の内にある。

3　さらにしたがって、神は真に広大無辺で限界づけられないものと呼びうる。

4　さらにまたしたがって、キリスト教徒と異教徒が古くから抱えている問題——「あなたの神はどこにいるのか」、および、「世界［の創造］以前には、神はどこにいたのか」に対する解答も明らかとなるように思われる。

5　さらにまた、空虚は物体なくして実存しうるが、いかにしてもそれは神なくしては実存しえないということが、明らかであるように思われる[29]。

ブラドワディーンは、空虚についての徹底した万有在神論《パネンティズム》を提示している。神の「必然的にどこにでもある……現前」のおかげで、空虚は、他の思想家たちにとってはまったく否定的で想像上の存在物であったものから、肯定的で同時に実在的なものへと変えられている。すなわち、それは単に非存在の一形態ではない（たとえば、まったくの無としての空虚ではない）というかぎりにおいて肯定的であり、それが神の存在（という、実在的であるだけでなく、最も実在的なもの）によって満たされているというかぎりにおいて実在的である。オレームも空虚は実在的だとしていたが、それは、空虚が（感覚ないし知覚に対置されたものとしての）理性もしくは悟性の一つの対象であるということにのみ基づいてのことであった。一方、ブラドワディーンの場合は、いかなる超世界的空虚の実在性も、もっぱら神の隠れた実在性からのみ生じるのだとする確信において揺るぎない[30]。それは、延長性や次元性といった、いかなる擬似自然物理的属性から生じるのでもない。実際、今問題となっている空虚は、延長もしくは次元を欠いてさえいるかもしれない——こうした思想は、ピロポノスやデカルトにとっては受け入れがたいものであろう。延長や次元の欠如というこの点においては、それは非自然物理的であり「想像上のものである」。しかし、最も重要な点——つまり、神がこの空間に内在しているという点——において、それはまったく実在的である。

しかし、これと同じ根拠に基づいて、われわれは次のように問うことができる。そうした空虚は、「神以外の一切を欠いている」[31]のか。もしかすると、神以外には何もないというまさにそのことによって、この広大なる空虚は非次元的ないし非延長的なのかもしれない、というのも、ブラドワディーン、オレームをはじめとする他の十四世紀の神学者たちは、神が非次元的かつ非延長的であると考えたからである。しかし、もしそうだとすると、この新たなる空虚は字義通りデウス・エクス・マキーナであって、神は実存するための固有の場所をもつ、ということを保証するためだけにもち出されたものではないのか。だとすれば、空虚とは、「広大無辺で限界づけられない」神が宿るまさにそのゆえに、無限の「空間」でなければならないような「場所」だということになろう。その実存は、身分に関して単なる同語反復、概念的重複であり、神の定義の一部にすぎないであろう。このことは、とくにブラドワディーンの第五の帰結において暗示されているように思われる。すなわち、もし空虚が「いかにしてもそれは神なくしては実存」できないとするなら、同じ理由により、それは、その内に他のいかなる占有者ももつ必要がない（おそらくもちえない）。これは、数えきれないほどの多様な事物に満たされた既知の普遍宇宙にとっての適切なモデルとは言いがたい。

　こうした懐疑的傾向に満ちた問いかけを先取りするかのように、ブラドワディーンは、空虚が神の在所の舞台以上のものであるとする三つの点を取り出してみせる。第一に、空虚は部分をもつが、それらの部分は神の部分と必ずしも同一なわけではなく、したがって、神以外の事物にも属しうる。私は、このことが第一の帰結「神は必然的にこの世界のどこにでもあり、かつ、その全部分である」の趣旨だと考える。第二に、空虚は諸々の場所をもつが、やはりそれは、必ずしも神自身の場所なのではない。これについて、ブラドワディーンは次のように付け加えている。「神は、本質において独力でどの場所の内にも持続している、［すなわち、神は］あらゆる所で永遠に、かつ、不動のままにある」[32]。実際この点について説得するためであるかのように、彼は次のように指摘する。「何らかのある一つの場所内のあらゆる所にあり、かつ、同時に多くの場所の内にあるというのは、ただ一つの場所の内にのみあるよりも、完全である」[33]。こうして、神は自らが普遍宇宙のどこを占有するのかについて、自身の場所（その場所が何らかの限界づけられたものであるとして）にのみ限定するのではない――また同様に、空間の一部に限定することもない。第三の点、そしてこの点が最も説得力をもっているのだが、それは、ブラドワディーンによる第二の帰結についての説明である。第二の帰結では、神が「この実在の世界を超えて、ある場所の内に、もしくは、想像上の無限な空虚の内にある」と述べられていたが、これは、神がこの世界を直線的な運動《モートゥー・レクトー》によって動かすことができるか否かという未解決の問題に再び取り組むための、暗号化された言語のようなものである。この世界を超えた場所とは、この世界が神によって動かされる際、その行く先となる場所のことである。神はこの世界を、無限に多くのそうした超世界的な場所へと動かすことができるのであるから、神がこの世界を動かすのは、「想像上の無限の空虚」の内においてであり、「想像上の無限の空虚」とは、そうした運動がその内で可能であるところの空間全体のことである。無際限に場所を変えることは、果てしなく間隔を空けることを含意する。ブラドワディーンの常套手段に従うなら、もし神がこの世界を場所Aから場所Bへと動かすのであれば、神はすでにBにいたかいなかったかのどちらかである。もしBにいなかったとすれば、神の遍在性に反することになる。これに対し、もしBにいたとすれば、神は必然的にどこにでも――AとBにいるだけでなく、CにもDやEにも等々、無限の場所に――いることになる。「もし彼がそこ［B］にいたとすれば、同じ理由において、彼は以前にもそこにいたのであり、また、今もこの世界外のどこにでもいると想像できる」(34)。

ブラドワディーンの見解は、一六一八年に遅まきながら彼の『神的原因をめぐるペラギウス派論駁書』が出版されるまで、その詳細については忘れられていた。しかしながら、彼の見解においては、空虚と無限空間に関する一つの思考方法全体――その一般的概要においてきわめて説得力に富んでいる方法――が詳しく論じられている。それは、十四世紀にリパのヨハネスやニコル・オレームによってのみならず、それ以降の時代の哲学者や神学者たちによっても長く踏襲された。グラントが分析するように、「続く数世紀の間、多くのスコラ哲学者によって採用され解説されたのは、神と無限空間の関係についてのブラドワディーンの考え方が形を変えたものだった」(35)。ブラドワディーンの冒険的な見解は、偉大なユダヤ人思想家クレスカス（一三四〇―一四一〇年）によっても探究されたが、クレスカスにおいては、神格化された無限の空虚が、この絶対的な有限世界を包囲するものとして明確にストア的に強調されている(36)。さらに重要なことに、この同じ見解が「十七世紀に見られる非スコラ的空間解釈の形成を助長した」(37)。

だからといって、皆がブラドワディーンの見解を共有していたというわけではない。たとえば、ザクセンのアルベルトゥス（一三九〇年没）やジャン・ド・ジャンダン（一三二八年没）は明らかに異なる見解をもち、分離された真空《ワクウム・セーパラトゥム》に対していかなる重要な意味も否定した。ミドゥルトンのリチャード（ブラドワディーンの同時代人）のように、神の広大無辺性を無限の空虚な空間から切り離すことで、折衷的立場を採った者もいる。さらにまた他の思想家は、この世界の中に空虚のような空間はあるのか、という古代の問題に心を奪われている（ブラドワディーンでさえ次のように認めている。「神はその絶対的な力によって、この世界の内側であろうと外側であろうと、彼の望む所ならどこにでも空虚を創り出すことができた」(38)。オートルクールのニコラウス（十四世紀前半に活動した）のように、内部にある、間隙としての複数の真空という原子論的な概念を復活させようとまでする思想家たちもいた。だが、いずれにせよ、一二七七年のパリ司教による二一九の断罪発令をもって初めて味わうことのできるようになった思索の自由は、神学的に満足を与えるものであっただけでなく（というのも、アリストテレスの宇宙論が神の力に制約を加えていたのに対し、断罪発令は、神の制約されない諸力に対する信仰を、アリストテレスの束縛から解放して復興させたのだから）、哲学においてもひとびとを酔い痴れさせるほどであったのは事実である（なぜなら、想像上の場所《スイトゥス・イマーギナーリウス》としての無限空間について、おびただしい思考実験を可能にしたのであるから）(39)。とりわけ重要なのは、断罪発令のおかげで、もし無限空間が神と同一であるとしたら――そしてまた、神が無限空間と同一であるとしたら――、無限空間とはいかなるものでありうるかをめぐって斬新な見解がもたらされたということである。これは「空間の神格化」(40)にほかならず、いかにも中世的な見解である。

実際、われわれは次のように言うことができる。中世は、無限空間についての二つの新たな意味を、場所に対する空間の優位性を徐々に承認しつつあった諸派のさまざまな見解に付け加えたのである。原子論やエピクロス派、ストア主義、新プラトン主義によって古代世界においてすでに措定されていた、互いに区別されるいくつもの空間的無限性を超え、われわれはいまや無限空間の意味について、以下の二つの点から考えなければならない。（a）想像的、仮説的、思索的なものとしての、すなわち、一連の大胆な思考実験《ゲダンケンエクスペリメンテ》において提示された空間としての、無限空間の意味について。思考実験は無駄な回り道ではなく、もし想像されうるいかなる限界もないとしたら空間とはどのようなものになるのかを捉えようとする、考え抜かれた真剣な試みである。（b）神的なものとしての、つまり、神の一つの属性としての、あるいは、もっとずっと強い言い方をすれば、測りがたい広大無辺なる神の存在そのものと同一であるものとしての無限空間の意味について。空間的無限性に新たに加えられたこれら二つの意味は、互いに深く結びついている。すなわち、空間の神格化は、もし神格化が行われなければ単に想像的、かつ、否定的であるにすぎないものを、実在的、かつ、肯定的なものにする。一方、そうした空間を想像で描くことにより、神的なものに対する限界のない視野が与えられる。そのような視野は、アリストテレスによる、自己充足的宇宙に関わる以外に選択肢のない〈不動の動者〉としての神というモデルには見られなかったものである。

神格化、想像化された空間への進出がこのように拡張されるとともに、これと相関連して、場所についての制限――少なくとも、『自然学』第四巻で提示されたモデルに基づいて考えられたような制限――を克服しようとする努力がなされることとなる。場所そのもの（locus）は、中世においては三つの異なる意味で理解された。それらの意味のうちの一つ目は、少なくとも部分的には依然としてアリストテレス的であるが、後の二つは、不動の包含者としての場所というパラダイムから、さらに根本的なレベルで歩を進めたものとなっている。

- 宇宙内の場所。これは、ある対象を直接包囲するものによって特定され、「質料的」ないし「移動可能」であると言われる（後者の「移動可能」とは、対象を包囲するものが、他の包囲媒体へとその座を譲るかぎりにおいてである）。
●この宇宙の場所。これは、この世界全体そのものの位置である。差し迫った課題は、われわれがすでに見た通り、その場所を他の場所と交換できるかどうか――とくに、この世界を位置Aから位置Bへと動かすことができるかどうか――ということである。この問題は、断罪の条項四九で問われたものであり、神は、存在しているこの世界を、「不動である」ように見えるその位置から動かすことができるのかどうかということに関連している。
●世界と世界の間にある場所。ここでの問題は、実存しているある宇宙が、やはり実存している別のある宇宙に対して――さらに、他のすべての宇宙に対してはもちろんのこと、最終的には、この普遍宇宙全体に対して――、空間的にいかに関係するかということである。この議論は、複数の世界が存在しうるか否かを扱った、条項三四をめぐって行われる。

アリストテレスやペリパトス派は、場所を包みの内に――字義通り、それは包囲者として位置づけられたのであり、中世では婉曲的に「宿」と呼ばれた――置き去りにしていた。ここでの第一の考え方が、場所をそうした包みとして堅持するものだとするならば、第二、第三の考え方は、その固い束縛を振りほどき始めるものであったと言えよう。それら第二、第三の二つの考え方において、われわれは場所が空間になるのを目の当たりにする。このことは、第二の考え方の場合、この世界の絶対的な場所への関わりという形で生じてくる。すなわち、この世界の場所が転置されるためには、まず、種々の可能な場所を取り囲む舞台がすでに実存し、さらに、そうした場所のどれもが、それらすべてを取り囲むある絶対空間の内にあらかじめ確立されて、すべてを取り囲むその空間の不変な部分となっているのでなければならない。第三の考え方では、変化は相対主義的パラダイムにおいて生じている。ここで決定的な役割を果たすのは、ただ一つの〈空間〉との結びつきだけでなく、他の諸々の場所の内にある他の諸世界との結びつきである。最も重要なのは、それらの世界の間にあるもの、つまり、世界と世界の間の間場所である。

第二、第三のいずれの道筋を通るにせよ、西洋において無限空間への冒険的な道が明確に切り開かれたのは、十三世紀以降のことであった。周りを囲むものとしての場所という固く閉ざされた巡回路が開け放たれ、〈空間という新世界〉への眺望が、続く時代に現れた最高の知性をもつひとびとを魅了し始める。十五、十六世紀の大航海時代――諸天球という、地球よりも大きな空間の中でだけでなく、地球そのものにおける、より大きな空間の中で相互に結びつけられた諸々の場所という未知なる世界への探検が、表立って開始された時代――が、十三、十四世紀の哲学者や神学者による大胆な思索のすぐ後に続いたのは、とても偶然とは思われない。そうしたより大きな諸空間は、十四世紀末までに与えられていたまったくの想像的、かつ、神的身分から、大地や空という形で現実のものとなる。大地や空は、思想や信仰によってのみならず、武器と人間によっていつでも発見され、所有される状態となって眼前に拡がっていた。そして、探検へと誘《いざな》うどこまでも魅惑的な空間の出現とともに、われわれはルネサンスの扉に到達することになる。

3

万物は万物の内にある。

——ニコラウス・クザーヌス『学識ある無知について』

それゆえ、私は自信をもって空間へと翼を拡げる。
水晶やガラスでできた、いかなる障壁をも恐れはしない。
私は諸々の天球を突き砕き、無限へと翔けあがる。

——ジョルダーノ・ブルーノ『無限、宇宙および諸世界について』に捧げられた詩

「ルネサンス」とは、まったく新しいものを意味するのではなく、更新されたもの、再び新しくされたものを意味する。ルネサンスという〈新世界〉でも、場所や空間についての思索が行われるが、多くの場合、それは、〈旧世界〉における先行していた諸々の考え方を前進させるものであった。ちょうど中世が——さらには、それ以前のヘレニズム期が——、アリストテレスに非常に固執して顧みていたのと同様に、ルネサンス期は、アリストテレスに匹敵するインスピレーションを求めてプラトンに還ることになろう。ルネサンス期はまた、新プラトン主義者たち（とくにプロティノス、イアムブリコス、ピロポノス）や、『ヘルメス文書』の無名の著作者たちといった、他の起源にも回帰することとなる。フランセス・イエイツは、『ヘルメス文書』がルネサンス思想の起源にあるとする最も強力な論拠を示し、次のように述べる。

ルネサンスの偉大な前進の動きはすべて、それらの活力、情動的刺激を、過去を振り返ることで得た……［ルネサンスにとっての］歴史とは、起源である原生動物から絶えず複雑化し発展することによる進化の過程ではなかった。過去はつねに現在よりよいものであり、発展とは古代の復活、再生、復興であった(41)。

その適例として筆頭に挙げられるのは、空間的無限性という考えそのものであって、それは時に後期ルネサンスの思想の所産

と見なされた。しかし、警戒を抱かせると同時に魅惑的なこの考えは、これまで見てきた通り、はじめは古代原子論において起こったのであり、次いで、エピクロスやストア主義が強力にこれを押し進め、ルクレティウスやセクストス・エンペイリコスによって明確に定式化された。さらに、アリストテレスに続く幾世代もの間、哲学者たち（テオプラストスやストラトンからピロポノス、シンプリキオスまで）が名状しがたい熱意をもってこれを探究し、アラビアのアリストテレス註釈家たちが吟味を重ね、一二七七年以後の中世の思索において復活し、影響力をもつまでにいたったのである。アレクサンドル・コイレの『閉じた世界から無限の普遍宇宙へ』ほど鋭い洞察に満ち周到に書かれた著作が、必ずしもその明確に主張するところによってではなかったにせよ、その表題ゆえに、空間的無限性が西洋においては十五、十六世紀の遅きに失した創案であったとする誤った見解の一助となったのは、思想史の矛盾という他ない(42)。

さらにまた、そうした誤りからもたらされる諸帰結に対して決定的重要性をもったのは、普遍宇宙が「どこにでも」（ubique）その中心をもち、「どこにも」（nullibi）境界をもたないとするよく知られた主張であった。この主張は、しばしばニコラウス・クザーヌス（一四〇一―一四六四年）によるものとされるが、実際には、十二世紀の『偽ヘルメス文書』「二十四人の哲学者の書」(43)に由来する。中世初期に起源をもつこの言明は、有名な標語《モ・セレーブル》となっていく。クザーヌスだけでなく、ジョルダーノ・ブルーノやブレーズ・パスカルが（それぞれ十六世紀、十七世紀に）、あたかも自分たちの生み出した言葉であるかのように、この標語の出典を示すことなく引用している。

ブルーノによる言い換えは、きわめて示唆に富むものである。「たしかにわれわれは、普遍宇宙はすべて中心なのだと、もしくは、普遍宇宙の中心とはあらゆる所のことなのだと断言できる。そして、縁《へり》はどの部分にもないが、ただし、それは中心とは異なるものであるかぎりにおいてだということ、あるいは、縁はそこら中にあるが、中心は、それが境界とは異なるものであるかぎり見出されないということを断言できる」(44)。ブルーノによるこの複雑な命題は、アリストテレスの見解――世界は閉じていて、中心をもつ――に対する挑戦として捉えられるなら、次の二つの部分からなる。（i）中心とはあらゆる所のことだとすることで、地球――あるいは、他のいかなる天体、たとえ太陽であっても――のような特権的な唯一の中心となる天体はないと述べている（ただし、ブルーノはコペルニクスの試みを知っていた）。アリストテレスによる宇宙構造論のモデルでは、普遍宇宙は階層をなし、その静止している中心には不動の地球が置かれていたが、そうしたアリストテレス的モデルは、普遍宇宙のどの部分も十分に妥当な中心と見なしうる、とする見解に道を譲る。普遍宇宙は、「すべて中心」である。このことはまた、すべての場所が中心――そこから他のすべての場所を（少なくとも原理上は）見ることができるような、遠近法的眺望の中心——であることも含意する。クザーヌスが初めて主張したように、普遍宇宙についての知覚は、観察者の場所に相対的である(45)。言い換えるなら、場所とはどこであれひとが視点として定めた所のことであり、普遍宇宙は、そのような場所を無際限に生み出すということである。（ii）ブルーノは、縁は「そこら中にある」——つまり、ただ一つの箇所にだけあるのではないし、普遍宇宙を限界づける端にさえない——とすることで、縁が実際にはどこにもない、「どの［唯一の］部分にもない」と主張する。縁は場所のいたる所にある。これは、縁が特定の場所や場所の集まりにではなく、空間そのものに所在を与えられていると言うに等しい。また、そのような空間は、全体の部分である各場所を寄せ集めた単なる複合体ではない。それは、全体として普遍宇宙と延長を等しくする、根本的に開いた場なのである。アルキュタスの謎かけ〔本書第4章第5節参照〕に倣うなら、そもそも誰も世界の端に達することはできないのだと言わねばなるまい。何ものも端にはない、なぜなら、何ものも端、つまり、端的な意味での縁とはなりえないのであるから。空間には外側の限界はないし、果てもない。ブルーノ自身述べているように、「無限である存在の外側や、それを越えた所には何も存在しない、なぜなら、［そうした存在には］いかなる外側もそれを越えた所もないのだから」(46)。

このように、ここで取り上げた主張——もともとの形であれクザーヌスによるものであれ——に関して注目されるのは、場所の重要性についての認識と、無限空間の有用性に対する同様の認容とが、うまい具合に結びつけられている点である。この点において、件の主張は、中世の始まりにおける歴史的起源を反映している。それは、アリストテレスが再発見されたまさにその時期であり、さらにまた、芽生えつつあった空間の可能的無限性に対する関心が、神の包含されえない広大無辺性に関する神学的思索と共謀していた時期でもあった。ルネサンス期において『偽ヘルメス文書』からの金言がこれほどまでに熱狂的に取り上げられていたことから、場所と空間との拮抗は、十二世紀に初めてそれが定式化されて以来数世紀経ってもなお、依然根強く残っていたことがわかる。アリストテレスによる周知の言説は、その威光を保っていた。つまり、場所はまだ「何らかの力をもつ」ものであった。場所がそうした力をもち続けていたからこそ、この同じ時期に空間の勝利はひどくゆっくりとやって来たのであり、それをなし遂げるのは至難の業であった。場所と空間のこうした争いの大半は、背後を振り返るならば、場所の課す制限に縛られ（視点が、表面と同様の制限を課す）、前方を見渡すならば、そうした制限によっては妨げられていない空間にまでいたるという、まさにそうした事実によって引き起こされたのである。状況は、双面神ヤヌスのようであって、二つの相反する方向を見つめるときに決まってもたらされる、あらゆる緊張を呈していた。われわれは、驚く代わりにこう問うべきだろう、他にどのようにありえたであろうか、と。

けれども、結局のところルネサンス期の宇宙論と神学において「勝利を収めた野獣」は、議論の余地なく無限空間の側であった(47)。このことは、クザーヌスによる、〈絶対的極大者〉(absoluta maximitas)、つまり、それ以上大きなものが存在しえない、端的に大きなものに範をとった空間概念において明らかとなる。絶対的に極大であるというクザーヌスの概念には、中世初期に見られた、絶対的な大いさと神の完全性(これらは、とりわけ存在論的議論においてもち出される)についての概念が見出されるが、クザーヌスの概念で新しいのは、無限大と有限なものとは根本的に共約不可能だとしている点である。クザーヌスにとって、何であれ有限なものは、いずれかの大きさの程度に位置づけられる——したがって、比較を許す——ものであるが、無限であるものは、比較を絶して大きい。「大きさの、比較による程度が見出される場合、われわれは端的な〈極大者〉に達してはいない。なぜなら、比較によってより大きいものやより小さいものは有限であるが、必然的に、そうした〈極大者〉は無限なのだから」(48)。したがって、われわれがどれほど大規模に、または、長い時間をかけて、有限なものを加えたり寄せ集めたりしようと、無限であるものには到達しえない(49)。「〈絶対的に極大であるもの〉は、ありうるすべてのものであり、完全に現実態としてある」(50)。またしたがって、〈絶対的極大者〉は〈絶対的極小者〉と等しいことになる——これは、クザーヌスによる名高い反対の一致《コインスィデンティア・オッポスィトールム》の原理の注目すべき一例である。(たとえば、極限のいずれも、それより大きなもの、あるいは小さなものを許すことはないが、それはいずれの極限もそれ自体で完全だからである(51)。)さらに、〈絶対的極大者〉とは把握不可能なものであり、「すべての肯定と否定を超えている」(52)。こうした〈極大者〉は、無限と同様に、数的に一(つまり、唯一)であり、論理的に必然(つまり、実存しないことがありえないということ)である(53)。すると、〈絶対的極大者〉は神である——その逆もまたしかり——と言われても、驚くことはない。こうしてわれわれは、ブラドワディーンとクレスカスにおいて初めて出会った無限についての神格化へと、まったく異なった道筋によって達するのである。

だが、その道筋と結果とは非常に異なっている。これは、次のように自問することによって明らかとなる。クザーヌスにおける無限である神性とは、無限の空間なのであろうか。クザーヌスは、いつもながらの巧妙さをもって、無限の二つの種類を区別している。一つは神にのみ適用されるものであり、今一つはこの普遍宇宙にのみ適用される。神——〈絶対的極大者〉——は、「否定的に無限」である。神が否定的なあり方で無限であるのは、神が有限な事物の単なる総体ではないというかぎりにおいてのことである。これに対し、この普遍宇宙は「欠如的に無限」とされるが、それは、クザーヌスによれば、この普遍宇宙は境界づけられていないが、現実的に無限なのではないことを意味している(54)。この普遍宇宙は「有限でも無限でもない」とさえ言えようが、クザーヌスがこれによって意味するのは、「それは、あるがまま以上に大きくはありえない」(55)というだけのことである。この普遍宇宙は、あるがまま以上に大きくはありえない――かつ、神と同じ大きさではありえない――のだから、有限である。しかし、それはあるがままのものとして、欠如的に無限である、なぜなら、それは自然物理的なものとしては可能なかぎり大きいからである。自然物理的なものとして、普遍宇宙は神的無限性の「縮約」(contractio)、すなわち、縮約された状態においての無限である。しかし、まさにこうした「有限な無限性」(56)――反対の一致の今一つの例――によって無限空間が特徴づけられる。

クザーヌスが「この世界、あるいは、普遍宇宙は、縮約された極大者であり」、かつ、「縮約された形で万物がそれであるところのものである」(57)と指摘した際に意味しているのは、この世界ないし普遍宇宙(クザーヌスは両者を区別しない)が、絶対的に極大な全体ではないとしても、空間的に極大な全体だということである。極大であるという点で、それは無限である。しかし、絶対的ではないという点でそれは有限なのである。この世界こそ、「〈絶対的極大者〉から、縮約された極大者が端的に流出したことによって実存へと跳躍した」(58)一つの世界なのである。この世界の有限な無限性とは、この世界がその場所へと置かれたことにあるのだと言うこともできよう。その「縮約された無限」は「絶対的なものよりかぎりなく低いゆえに、無限にして永遠なこの世界[すなわち、われわれの世界]は、〈絶対的無限〉および〈絶対的永遠〉に対し比例関係をもたず、そこには到達しない」(59)。しかし、そうは言ってもやはりこの世界の特徴である欠如的無限性は境界づけられないものであって、そうしたあり方において、この世界は、縮約された形でのまさに〈絶対的無限〉を含む。ただし、この世界はその欠如的無限性ゆえに、端的な絶対的無限をそれ自身の内にもつことはない(60)。この宇宙のもつこうした特別な無限性と同じ無限性が、この世界の個々の事物にも縮約的に含まれるのだが、その無限性は、それら個々の事物による受容の際にも変えられることなく空間的である。「万物は万物の内に」、「最もすばらしい結合」においてあるのだから、空間以外の何が普遍宇宙の縮約を媒介できようか(61)。もし神が「唯一の普遍宇宙の内に」あるとするならば、この普遍宇宙それ自体は「縮約されて万物の内に」ある(62)。二重の縮約《コントラクティオ》が、この世界の空間的無限性、および、この世界が神的無限になり損ねたことを同時に説明する。この世界は境界づけられていないが、神的ではない。空間的無限性は、神格化を欠くことによってのみ保証される――ブラドワディーンをはじめ、その他の十四世紀の神学者たちが主張していたのとはまったく逆である。空間の無限化がその非神格化を要請するのである。

境界づけられないということは、縁《へり》がないということである。

クザーヌスは、縁がないことを教条主義的に主張したり、自分の説の典拠とした『偽ヘルメス文書』をただ繰り返したのではない。彼の論点は、この地球が「固定された不動の中心」ではないかぎり――地球はそのような中心ではありえない、なぜなら、固定性と不動性はつねに何か他のものの運動に相対的なものだから――、それは設定された境界をもちえないということである。もしこの世界が、（悪名高いプトレマイオスの説のように[63]）地球に設定された中心をもつのだとしたら、周りを囲むものも同様に設定されることになるだろう。さらに、この世界を包囲する空間もあることになるだろう。「それは、何か他のものに相対的に境界づけられることになるだろうし、さらに、この世界を越えて何か他のものや空間があることになるだろう」[64]。境界とは、その反対側に何かがあることを含意するのであり、今度はその何かが、自らが所在を与えられるための「空間」を必要とすることになる。ここで引用した句の中で、「～や空間が」に対してクザーヌスが spatium ではなく、locus〔場所〕という語を用いているのは重要である。というのも、ここで問題となっている空間とは場所であって、無限空間ではないからである。所在を与えるための空間は、アリストテレス以来「場所」と等しいものとして用いられてきた。それは、境界を越えてある何らかのものに対する場所――何かが「その内に」あるためのもの――を問題としている。しかし、実効的境界のない状況では、そのような場所はないし、実際、不必要である。境界づけられていないという意味で無限であるということは、所在を与えられているという意味での場所性を欠いているということである。神の、充満しているが非空間的である無限性と、自然物理的事物の、本質的に空っぽであるがまさに位置的であるような場所との間に、この普遍宇宙の境界づけられない状態、空間的無限性があるのだ。無限性にこうした区別を設けたおかげで、「新たな精神、すなわち、ルネサンスの精神が、枢機卿ニコラウス・クザーヌスの著作に息づいている」[65]。

ブルーノは、クザーヌスの影響を強く受けてはいるものの、少なくとも二つの基本的な点でクザーヌスとは異なっている。第一に、ブルーノにとって自然物理的普遍宇宙の無限性は、神の無限性に比べ、高貴さや価値の面で劣ったものではない。ポール・クリステラーが述べているように、「クザーヌスは真の無限性を神に対してのみ保持しているが、ブルーノは、この普遍宇宙と神との関係を、普遍宇宙の無限性のための論証として用いている」[66]。また一方で、ブルーノは空間的無限性を、この世界から、すべての世界へと拡張する。世界は、数の上で無限だと言うのである。こうして、世界の数え上げは不可能であるという第三の無限性の形態が、クザーヌスによって区別された空間的無限性と神的無限性に加えられる。無限な数の世界という提起は、充足理由律からの帰結である。すなわち、「何らかの有限な善性、限定された完全性があるべきだとする理由があるかぎり、より一層すぐれた理由によって無限な善性があるべきである。というのも、有限な善性が存在するのは、その存在が適切であり合理的であるからだが、無限な善性は絶対的な必然性をもって存在するからである」(67)。アーサー・ラブジョイはこれについて、「〈完全な存在の等級〉の実現を必要とするゆえに、無限の数の世界がなければならないのであり、それら無限の数の世界によって、諸々の可能性がそのように完全に展開するための余地が与えられる」(68)と述べている。したがって、無限な数の世界というテーゼにとって重要なのは、充満性の原理であり、ブルーノが『無限、宇宙および諸世界について』で明らかにしている通りである。「というのも、もしこのわれわれの空間が満たされていないのなら、すなわち、もしわれわれの世界が存在しないとするなら、そのことは悪いことであろう。だとすれば、それと同じく、「個々の」空間は「満たされていなければ」区別できないのであるから、空間全体が満たされていないことも同程度に悪いことになろう」(69)。実際、もしこの空間全体が満たされていないとしたら、それは悪いことであろう。というのも、その場合、それはまったく識別不可能で無益な空虚であることになるだろうから。しかし、ブルーノによると、各事物と、それら各事物の構成する諸々の世界が、あらかじめ存在している空虚を満たしているというわけではない。というのも、それらの事物と世界の現前によって、空間に示差的、質的異質性が与えられるのであり、さもなければ、空間はそうした異質性をまったくもたないのだから、そうした空虚がどんなものであれ存在することを仮定する必要性が取り除かれるためである。存在する唯一の空間は、完全に質的に限定され、充満した空間であり、ブルーノはこれについて、「ただ合理的であるばかりでなく必然的」と述べている(70)。真空恐怖《ホロル・ワクイー》が問題なのではない。なぜなら、自然は一瞬一瞬の隙間を修復しようと急き立てられているのではなく、つねにすでに充満しており、隙間や空虚のあるようなものではまったくないからである。ブルーノが明確に述べているように、「いかなる差異もない所には、いかなる質の区別もない」(71)。各世界およびそれらの各世界に含まれる各事物によって区別が生じるのであり、識別を与えるそれらの世界と事物の現前がなければ区別されることのない(ロックのよく知られた表現で言えば)「識別不可能な空虚」にすぎないであろうものを、それら諸世界と諸事物が満たしている、ということになる。

ブルーノは、以下の点でクザーヌスに同意する。すなわち、われわれは、厳密に境界づけられた世界という考えによっては、空虚な超世界的空間を措定するというストア派の苦境に立たされる。そのような超世界的空間は、何らかの可能世界により占有されるという以外に何の役割も果さない。しかし、神によってすべての可能な世界は現実世界になることが保証されるのであり――「可能と現実は神において同じものである」(72)――、したがって、そうした空間は無用となる。さらに、ある与えられた世界が、前もって存在しているある空っぽな空間を占有するのだと信じるならば、なぜその世界が占有するのはこの特定の空間であって、他の空間ではないのかということに対する理由が必要となる。

というのも、もしある有限な普遍宇宙に固執するなら、われわれは空虚を避けられないからだ。では次に、自らの内に何もない、そのような空間がありうるかどうか考えてみよう。そうした無限空間の内に、われわれの普遍宇宙は場所づけられているというわけだ（それが偶然によるのか必然的であるのか、あるいは、神意によるのか、ここでは検討しないけれども）。ここでお尋ねしたい、この世界を実際に包含しているその空間は、それとは別の外側の空間より、この世界を包含するのに適しているのか、いないのか(73)。

これに対する答えはない、というのがその答えである。いかなる特徴ももたないようなある一幅の空間的拡がりが、ある世界にとって――あるいは、この普遍宇宙にとって――、占有可能な条件および居心地の良さという点で遜色のない別の空間的拡がりよりもよい場所なのだと、説得力をもって論証する手立てはない。

ブルーノは、どんな形態であれ空虚を――とくに、外側にある果てしのない空虚を――拒絶するが、空間の無限性については、これを主張し続けている。その際、彼はそうした無限性を神と同一視してはいない。無限空間とはこの普遍宇宙の空間のことであり、ブルーノはことあるごとに注意深く、この語を世界と区別して用いている。「われわれは、この普遍宇宙（universo）が無限に大きく、その内にある諸々の世界（mondi）は数かぎりないということを理解する」(74)。ブルーノは、この世界のための空間という考えを拒絶するけれども（そうした空間は性質をもたないだけでなく、空っぽであることになるだろう）、諸々の世界すべてによって完全に共有された、ある一つの空間を要請する。そうした空間とは、この普遍宇宙の本来の意味での空間である。このように考えることでブルーノは、初期中世で行われていた、世界の内にある空間、世界の空間、世界と世界の間の空間、のいずれかからの選択――これらの選択肢のいずれによっても、空虚の存在、ないし、少なくともその現実的可能性が含意される――を避けている。最も重要な空間とは、無限に多くの数の世界によってただ占有され、「支配される」ものとしての空間ではない。そうではなく、重要なのは、それらの世界によって特徴づけられている空間である。すなわち、そのような空間は深部にいたるまで質的に限定されているので、互いに独立した諸宇宙《コスモイ》がそれぞれに固有でさまざまなあり方でその空間にもたらすもののほかに、潜在的なものや取りこぼされているものはない。無限空間とは、単に境界がない、つまり、否定的ないし欠如的であるだけでない。無限空間は、それを構成している無限の数の世界によって付与された、肯定的性質ももつのである。「無限空間には無限の性質が授けられており、その点で実存の無限な活動が賛美されるのであり、それによって、無限な〈第一原因〉は不完全であるとは考えられないし、またそこから、無限の性質は無益であるとは考えられない」[75]とブルーノは主張する。

　このような無限空間の起源は、神自身の本性にある。もし神の創造が有限な形態にすぎないものであったなら、神は不完全であることになってしまう。「無限な原因が有限な結果の原因かもしれないと言うなら、われわれは無限な原因を侮辱することになる」[76]。神が勤勉性を全うしなかったと考えるなら、われわれはやはり神を侮辱することになるだろう。「神の能力が怠惰なものであるなどと、なぜ考えられねばならないのか、あるいは、いかにして考えうるのか。神の善性は、それ自体、無限に多くの事物へと伝播しうるものであり、また、それ自体限りなく溢れ出て行きうるものであるのに、それを惜しむなどとなぜ考えられねばならないのか」[77]。仮に、神によって数えきれないほどの世界が過受胎されたという説については保留し、穏健な形而上学上の原理、たとえば、この普遍宇宙は、「数え尽くされる有限な個体においてより、数え尽くせないほどの個体において、はるかによく現前している」とする、「無限な完全性」といった原理に依拠するとしても、われわれは、それらの個体を（個体として捉えられる諸世界全体も含め）容れうるに十分なだけの包容性を備えた一つの空間を措定しなければならないだろう。要するに、「それら数え尽くせないほどの物体を含むためには、一つの無限空間が必要となる」[78]。空間は、神の創造したこの普遍宇宙を、すなわち、完全な、一つに－まとめられた《ウニーウエルスム》全体を構成する諸々の世界を取り囲み、覆うために――たとえそれが、正確な意味で所在を与えるためではなかったとしても、あるいは、単にその下に横たえるためだけであったとしても――必要となる。

　この最後のステップは、思いのほか根本的なものである。それは、空間、とくに無限空間は先だってあるとする――（ニュートンの場合のように）宇宙論的にであれ、（カントの場合のように）認識論的にであれ、字義通りア・プリオリなのだとする――われわれの近世主義的仮定とはまったく逆である。反対にブルーノが主張するところによれば、無限空間とは、無限の数の世界が、いかなる仕方であれ創造主義的に、ないし形而上学的に要請された後にくるものである。ブルーノが大きさの無限性、つまり、純粋な延長そのものに注意を払わないのは、不思議なことではない。（自然は「大きさ、もしくは、物体的な拡がりが尊ばれるということのため［だけ］に無限空間を授けられているのではない」[79]とブルーノは主張している。）問題なのは、諸々の世界、つまり数かぎりない世界のための余地が十分あるということである。無限空間とは、「ex-tension」、Aus-dehnung、字義通りには「外に－引っ張られて－あること」ではなく、むしろ、余地で一杯に満たされているということであり、いわば、個々の事物を、というより、それらの事物より成る個々の世界を与えるために必要とされる分だけがつねにあるということなのである。ちょうどその分だけでそれ以上ではない、というわけだ。余地とは、見つけ出される所――あらかじめ存在している空間、究極的には空虚として捉えられるもの――ではなく、必要とされる所のことである。建築において最も顕著であるように（そして、すでにストア派によってぼんやりとながら予示されていた通り）、余地＝部屋《ルーム》は本来的に宿られるものである。普遍宇宙の空間という道具立てそのものは、諸世界について語られる場合に生じるのだ。

余地という語が空間と場所の間にあるように、余地を要請する各世界は、普遍宇宙と何ものにも覆われていない各事物との間にある。すなわち、中間に位置する語――それは本来的に複数である――が問題なのである。ブルーノの一五八四年に書かれた論文の表題『無限、普遍宇宙および諸世界について』を仔細に眺めるなら、一つの「普遍宇宙」であるが、多くの「諸世界」となっている。この違いについて補足するなら、世界と事物は複数であり、知覚可能だが、この普遍宇宙は、それ自体としては知覚できない。複数性は知覚可能性を示すものであり、唯一性は知覚不可能性を意味している。ブルーノはこれについて、ぶっきらぼうな調子で述べている。「いかなる肉体的感覚も、無限を知覚することはできない」(80)。身体による知覚は、自然物理的な事物、および、それら自然物理的な事物を地球と空《そら》とが取り囲んでいるこの世界全体を扱うことができる。しかし、そうした肉体的感覚に基づいて、自然物理的な事物の設《しつら》えられた無限空間についての推論を行うことはできない(81)。この点について、ブルーノはクザーヌスに同意している。クザーヌスは、感覚が「どれほど発展しても、無限なものにまで連続してはいない」(82)と述べている。というのも、無限の普遍宇宙と、それを構成する有限な各世界とは、結局異なる種類の事物である――あるいは、ライプニッツであれば、異なる秩序の事物とするところであろう――からだ。たとえ、「万物は万物の内にある」のだとしても、世界と普遍宇宙は互いの内にはない。それらは、本性と身分において根本的に異なっているので、そのように互いに入り込むことはできない。だが、両者は互いに異なっているけれども、終局的には中間で出会うこととなる。これらの異なる秩序は、余地という、空間と場所とを仲介するものに収束するのである(83)。

以上のことから示唆されるのは、アルキュタスの謎かけの再現である。件の人物一人が、世界の端から手を伸ばすときに起きるであろうこととは、その伸ばすことに対する余地が生じるだろうということ、すなわち、現実の運動に十分なだけの余地、および、腕ないし杖の三次元的拡がりが生じるだろうということである。普遍宇宙の空間に与えられた、余地を与えるための――何であれその内に現れるものに対して道を空けるための

――惜しみない包容力は、普遍宇宙の空間がもつ無限性に本来的に備わったものである。もっとも、ブルーノ自身がこのように述べているわけではない。ストア派とは異なって、ブルーノは「余地」といった特別な用語を用いてはいない。彼はただルクレティウスを引用し、腕の動きがうまく行こうと阻まれようと、端を越えて何らかの空間が要請される（というのも、動きを阻むもの自体は、その端の外に所在を与えられていなければならないはずだから）、という趣旨のことを述べたにすぎない。ブルーノは、こうした、必要のあるたびに与えられる、余地で一杯に満たされた空間の正確な身分についての定義を与えないままにしているが、それでも、以上の帰結は彼の推論によって要請されるのである。

　古代の謎かけをこのように解釈することのさらなる利点は、先に論じた『偽ヘルメス文書』の格言がもつ別の意味を把握できるということにある。実際、もし本当に「普遍宇宙の中心とはあらゆる所のことであり、そして、境界はどこにもない」としたら、これは以下のことを意味するのかもしれない。すなわち、われわれがわれわれ自身をどこに位置づけようとも――たとえ事実上は不可能な手段によってこの世界の端に位置づけられたとしても――、われわれは新たな中心にいて、われわれはそこから動くことになるのであり、制約を課す縁などないのだという判明な印象も与えられる。このようにして件の格言を解釈するなら、われわれはブルーノ自身による周知の定式化に則して、それを次のように逆転することもできる。「縁とはあらゆる所のことであり、かつ、中心はどこにもない」[84]。言い換えるなら、端とはあらゆる所のことである。われわれはつねに諸々の事物の、そして、この世界そのものの端にいる。こうして、継起する中心から手を伸ばす自由は、連続する縁によって囲まれるという制約と拮抗する。（もしかしたら、だからこそブルーノは、無限には「いかなる外側もそれを越えた所もない」と主張したのかもしれない。超出するかに見える動きはすべて、内に保持すること＝抑制することによって押しとどめられる。）さらに、すべてがこの通りなら、中心と縁が一致するという、より急進的な結論を得ることもできよう。両者が一致するのは、神のせい（ブラドワディーンがすでに主張していたように、神は等しくあらゆる所にある）だけでなく、誰であれ、場所と空間とが邂逅する余地創出的状況に迷い込んだすべての者のせいでもあるのだ。というのも、そのような状況においては、われわれは自分たちが中心にいると考えようと周縁にいると考えようと、問題ではないからである。問題なのは、われわれが生き、運動し、自身の存在をもつための適切な余地をもっているということなのである。

　場所の場所とは以上ですべてであろうか。十三世紀以降、無限空間に対する強迫観念が増大したことで、場所は日陰に押しやられることになる、という予測は的中した。しかし、場所はまったく視界から消え失せたわけではない。クザーヌスによって精緻な考察に基づき著された超世界的空間に関する著作の中で、場所《ロクス》という語が生き残っていたことの重要性については、すでに確認した通りである。枢機卿クザーヌスはまた、「いかなる二つの場所も時間と空間においてぴたりと一致することはない」(85)という注目すべき記述も行っている。この主張は、「異なる事物と事物の間の同等性は、現実には不可能である」(86)というクザーヌスの一般的規則を表わすだけでなく、場所というものの個別性、すなわち、場所を、位置という交換可能なものへ還元することはできないという強い断言を表現したものである。もしヘラクレイトスが個別の諸宇宙《イディオイ・コスモイ》、「特定の諸世界」について語りうるなら、われわれはなおのこと特定の場所について――場所の個別性について――述べることを正当化できよう。ブルーノは、場所そのものに関して明確にはほとんど述べていないが、こうした思考の路線を支持したことだろう。場所は有限である――トマス・ディッゲスが当時「無限の場所」(87)と述べているのは、ブルーノにとっては矛盾した表現であったろう――だけでなく、個々の存在者が次元的に特定されているおかげで、個別的に有限なのである。ある箇所でブルーノが主張しているところによると、どの物体も「[それらの]受容力の様態に従い、他の個々の物体との関係において」存在している、「なぜなら、[それらは]上、下、最奥、右、左[にあるのであり]、所在に関するすべての違いに従っているからである」(88)。「所在に関するすべての違い」という句は、まさに正鵠を得た表現であり、場所に適用可能であるだけでなく、場所そのものの構造(まさに「上」、「右」といった語によって適切に記述される構造)から取られたものである。まさしく場所は、世界のありとあらゆる存在者のもつ次元的特質として中核を成すもの――他の術語で言えば、それらの存在者についての最も徹底した「展開的」特質――であるとさえ言えるかもしれない。もし〈存在〉そのものが「包み込み的に一」であるとすれば、諸々の場所(および、それらの場所によって占められた諸々の世界)は、展開的に多である(89)。展開的なものとして、場所は無限空間の知覚不可能な唯一性の中に畳み込まれたものを開示し、広げ、拡張する。しかし、繰り返しになるが、場所がその役を担うのは、そうした展開を個別的に適切なやり方でなし遂げるための十分な余地があるかぎりにおいてである。

こうして、われわれはブルーノから、空間は場所のための余地をつくるということを学んだ。このように述べるなら、ブルーノの主張は、クザーヌスだけでなく、(ルクレティウスを介して)エピクロス、さらに遡ってプラトン(プラトンは、空間《コーラ》という形態で余地についてのモデルを西洋で最初に提起した)にその起源をもつ。しかし、ブルーノは、無限空間に心を奪われることとなる近世という時代を心待ちにもしていたのである。ブルーノが、その著作『原因、原理、一性について』の第五対話の冒頭で述べていることは、一世紀ほど後にニュートンによって述べられたとしてもおかしくなかっただろう。すなわち、

「この普遍宇宙は、したがって、一つであり無限であり不動である」(90)。ブルーノは、過去を振り返ると同時に将来を見据えていたという点で――ブルーノ自身はこれを「連鎖の連なり」(91)と呼んだが――、ルネサンスの典型的思想家であり、（ラブジョイの言葉を借りれば）「中心を取り除かれた、無限で、かつ、無限に稠密な普遍宇宙という教義を説いた第一人者」(92)であった。ここで撚り合わされた三本の思想の糸は、いずれも異端的性格をもつものであった。このことを考えるなら、ジョルダーノ・ブルーノが近世哲学の最初の殉教者となったのは当然と言えよう。彼は一六〇〇年二月十六日、ローマの花の広場《カムポ・デイ・フィオーリ》で火刑に処せられた。

4

すべてはばらばらで、あらゆる一致が取り去られている。
すべてが与えられ、すべては関係である。

――ジョン・ダン「世界の解剖」

一六〇〇年は、場所と空間に関する思想史上最も重要な意味をもった世紀の一つが終わりを告げた年でもあった。十六世紀の思想家たちは、スコラ主義と――つまり、十三世紀の終わりまで続いた、無限空間についての思索を推奨する枠組みそのものと――完全な決別を図ろうとした。（ブルーノだけが宗教裁判の犠牲者だったわけではない。カルダーノは一五七〇年に逮捕され、カンパネルラは一五九二年から一六二八年にいたるまで三十年以上もの間収監された。テレシオの著述は一五九四年に禁書となり、パトリッツィの『新普遍哲学』は一五九四年に断罪された(93)。）逆説的にも、ギリシア時代のアリストテレスによる著作が入手できるようになった――今度はピロポノスやシンプリキオスといった註釈家たちによる註解つきであった――ことで、スコラ的思想からの解放が始まったのである。アリストテレス自身の言葉に一層集中して注意が向けられたことにより、アリストテレスの正統性がさらに強められると同時に、より批判的な視点ももたらされた(94)。また、これより半世紀ほど前に興隆していたフィレンツェアカデミーには、プラトンと新プラトン主義に対する熱狂的支持の典型を見ることができるのだが、この時期には、そうした支持に触発され、自然世界への精妙で想像に富んだ接近が試みられるようになる(95)。また、エピクロス、ルクレティウス、ストア派への関心が復活し、そのことが、豊饒にして賑やかなこの時期に新たに提唱された空間と場所についてのいくつものモデルにも、重要な影響を与えている。

当時は、空間と場所をカテゴリー的な身分のものとして捉えることを拒絶する傾向が、ほぼ普遍的規模で広まっていた。もはや、「場所《どこに》」（アリストテレスの pou）は、「関係」や「質」

等と並んで立てられた十の基本的な形而上学的カテゴリーの一つとは見なされえなくなった。とくに、空間と場所は、議論の余地もあろうが、「実体」と「附帯性」という二つの最も基本的な類にはすでに収まり切らなくなっていたのである。注目すべきことに、十六世紀に指導的立場にあった自然世界についての理論家たちはいずれも、空間を実体《スブスタンチア》／附帯性《アッキデーンス》という、西洋の思想ではそれまで何世紀にもわたって支配的であった二元的枠組みに当てはめるのを拒んでいる。ブルーノ、テレシオ、カンパネルラ、パトリッツィらは皆、空間がそれ自体に固有の存在の種類をもっているとする点で一致している。すなわち、空間は、自然の存在者を分析する際に用いられる普遍的な名辞として、それ自体に固有の身分をもつ、とする。パトリッツィは、断罪された彼の著作の中でこの点について最も多くを語っている。

> たしかに「アリストテレスによる」カテゴリーは、この世界にある事物には［in mundanis］うまく役立つ。だが、空間はこの世界にある事物ではなく［de mundanis］、この世界［mundus］以外のものである。それは、この世界のいかなる事物［mundanae］の附帯性でもなく、物体なのかそうでないのか、実体なのか附帯性なのかといったことのすべてに先だっている。すべての事物が空間の内で存在にいたるのであるから、それらの事物は、空間にとって附帯的である。したがって、附帯性の各カテゴリーのうちに挙げられるものだけでなく、そこで実体と呼ばれるものも、空間にとっては附帯的である。それゆえ、空間については、各カテゴリーとは異なったあり方で哲学的考察がなされねばならない(96)。

パトリッツィにとって空間は、四大元素の一つである——その他の三つとは、光、熱、流動性である——が、それは最初に創造されたものである(97)。空間は無限であるのだから、たしかに神は何らかの無限なものを現実に創造した——十四世紀にきわめて多くのスコラ学者が信じていたように、神は無限なもの、ないし、まったくの想像的な何かを可能的に創造しただけではないと認められる。さらに今度は、神は神自身がそれに対して従属するところの何かを創造したのだという主張もなされる。パトリッツィが、この点でアルキュタスに勝っていることは、タラント出身のこの哲学者からの次の引用を見れば明らかである。「というのも、万物は、物体的であると否とにかかわらず、どこかにあるのでないのなら、どこにもないのである。そして、どこにもないのだとすれば、それらは実存さえしない。実存しないのであれば、それらは無であることになる」(98)。もし神が——たとえ物体的にではないにせよ——実存すべきものなら、神は、神がはじめに産み出したまさにその空間の内に実存するのでなければならない。それは、海蛇ウロボロスのイメージである。神は神自身の（空間という）尻尾を咬んでいるのだ！

これは空間を神格化しているのではなく、神性を空間化しているのである！

神は空間に従属しているだけでなく、無限空間というある特定の性質、とくに、それに固有の三次元性にも従属しているとされる。再びパトリッツィから引用しておこう。

［空間は］物体ではない、なぜなら、いかなる抵抗も示さないし、視覚、触覚をはじめ、他のどの感覚の対象でもなければ、それらの感覚に従属もしていないのであるから。一方、それは三次元的であり、非物体的ではない。それは、長さと幅と深さ［＝奥行き］をもっている――それらの次元の内の一つだけ、あるいは二つだけといった具合にいくつかだけをもっているのではなく、すべてをもっているのである(99)。

パトリッツィが指摘しているのは、アリストテレスによる場所の概念は二次元的に過ぎず、深さ＝奥行きを欠いているということであり、この指摘はピロポノスの見解ときわめて類似している。「というのも、［アリストテレスの］「場所《ロクス》」は〈空間〉以外の何であろうか、たとえ場所《ロクス》において彼自身はうかつにも深さ（profundum）［＝奥行き］を見落としてしまったのだとしても、長さと幅は備わっているのであり、それがより適切には場所《ロクス》だということがあろうか」(100)。神の「深さ［＝奥行き］」は、ここでは字義通りの意味をもつ。また、さらに予兆的な重要性をもつのは、〈空間〉（spacium）の三次元的特性はその本質的な空虚性を、すなわち、原理的に空虚なものだという身分を含意するという点である。アリストテレスは、次元性が物体性から切り離すことのできないものであり、したがってまた、空間が次元をもつとすれば、空っぽの空間はありえないと考えた。アリストテレスにとって、次元は自然物理的な実体に本質的な属性であり、両者を切り離すことはできない(101)。しかし、いかなる実体の属性でもない次元、すなわち、（再びピロポノスの言葉を使うなら）純粋な「空間的延長」である次元によって空間について考えることができるならば、われわれは本質的に空っぽの空間を認識したことになる。さらに、次元自体はその大きさにいかなる限界ももたないから、空間に三次元性を認めることで、無限空間に向けての決定的なステップが踏み出されることになるのである(102)。それはまた、不動性、連続性、均一性といった密接に関連し合った諸概念、すなわち、十七世紀の思想における信仰箇条へ向かうことでもある。というのも、たとえ物体は次元の枠の内で運動するのだとしても、次元という枠組みそのものは動かないからである。また、実際には次元は、次元が取り囲んでいる範囲内に位置づけられた、同一の連続する物質的実体だけに対して適用されるパラメーターだからである。こうした枠組みは、その内に何が位置づけられようとも、本質的にそれを受容する。それは所在を与えられ《ロカート》たもの《ウム》に対して抵抗するのではなく、それを受け容れるのであり、それに浸透するのはもちろんだが、それによって浸透されもする(103)。

空間が、(ピロポノスとパトリッツィがともに主張したように)実際にはつねに満たされているということは問題ではない。重要なのは、空間が三つの次元において、果てしなく空っぽだと捉えられうる種類の事物だということである。

> [〈空間が〉]ある物体によって満たされている場合には、それは場所《ロクス》であり、物体がなければ真空である。またしたがって、こうした真空は場所《ロクス》のように三つの共通した次元、すなわち、長さ、幅、深さ[=奥行き]をもつのでなければならない。さらに、真空そのものは三次元的〈空間〉[spacium]以外の何ものでもない(104)。

言い換えるなら、有限な空間は、次の二つの条件のもとで無限空間になるということである。すなわち、実際に三つの次元をもつこと(この条件は、場所と空間に同様に当てはまる)、および、原理上物体を欠くことができること(これは、空間だけに適用できる)という二つの条件である。このように主張することで、パトリッツィは自身が典型的なルネサンスの思想家であることを、実際に証明したのである。パトリッツィは、一千年ほど前のピロポノスについて振り返ることによって、百年後のガッサンディとニュートンとを予見する。というのも、これら三人の思想家は皆パトリッツィの二つの条件に同意するであろうから。

もし無限空間が実際には空っぽではないとしたら、それは何によって満たされているのだろうか。この問題は、十六世紀の抱えた難問であった。ブルーノは、充満しているという無限空間の特質を押し進めることに躍起となり、それがエーテルによって満たされているのだとした。パトリッツィは、おそらくプロクロスの影響から、空間そのものに最も類似しているとの理由によって、光を選んでいる。エーテルも光も、それらを占有する物体に対して抵抗をもたない。しかし、それらエーテルと光のせいで、空間に非連続的な質料的物体が所在を与えられる前にそれを満たす非物体的物体、という厄介な問題がもち上がることとなる。パトリッツィはもどかしい調子で、光に満たされた空間とは「非物体的な物体であり、かつ、物体的な非物体」であると述べている(105)。光とは、空間と場所の間を、つまり、非物体と物体の間を仲介する第三の中間物《テルティウム・クウイッド》であり、四大元素すべての性質を共有しつつ、さらに、照明するという、これにのみ固有である性質を呈する。

ルネサンスの思想家たちには、こういった第三項を措定するというとくに好ましくない傾向があったが、もしかするとそれは、彼らが中世世界と近世世界のはざまという身分に置かれていたことを反映しているのかもしれない。つい先ほどわれわれは、別のそうした項、すなわち、余地について考察したばかりだが、パトリッツィの場合は余地についての明確な跡をたどることはできない(106)。けれども、パトリッツィはこれと密接に関係した、ルネサンスにおいて同程度に特徴的なまた別の手法に従っている。それは、対立するもの、ないし、互いに異なるものを、思いもかけないやり方で結びつけるというものだ。クザーヌスとブルーノは、極大と極小の、あるいは、中心と縁の同一であることを説いていたが、パトリッツィは、宇宙外的空間が有限でありかつ無限であると主張する。世界の場所《ロクス》は明らかに有限である――一つの場所には一つの世界しか認められない――が、世界を越えたものの空間《スパキウム》は、まさにそれがこの世界の周りを囲むものから始まっている(したがって、下側の境界が与えられる)かぎりにおいては有限であり、同時に、それが普遍宇宙に向かって、外側に限りなく(いかなる上側の境界ももたずに)進んで行くかぎりにおいては無限である(107)。もちろんこれは、一つの無限な空虚の中心としての、有限で充満した一つの世界、というストア派のモデルに基づく異説である(108)。こうした主張のせいで、パトリッツィには、広大な空間における唯一の世界を認容するという妥協的な――無限な数の世界というブルーノの突出した異端的考え方からすると妥協的な――点のあることが明らかとなる。

　妥協は混乱と隣り合わせである。ルネサンス期の思考に見られるある面での本当の混乱によって、われわれはそもそもの主題であった場所と空間の関係へと引き戻される。クザーヌス、ブルーノ、パトリッツィにおいて明示された、空間の現実的(で単に想像上だけでない)無限性に対する関心が急激な高まりを見せたにもかかわらず、空間と対比して捉えられた場所の概念にとってそれが何を意味するのかという難問は、未解決のままである。場所を空間から区別するいかなる意義も明確にされず、さらに、ある中間的な領分があって、それが両者を何らかの形で含み結びつけるのだと仮定されてしまっている。中間《ミドル》とは混乱《マドル》である。場所と空間は、未定義の、というより、悪しき定義を与えられた中間的領分に共棲するものと想定され、そうした中間的領分においては、両者は互いの実質的類似物となっている。こうした字義通りの混乱=共-融合性《コン-フュージョン》は、たとえばジャンフランチェスコ・ピコ・デラ・ミランドラによる以下の言明において明らかである。「場所とは空間であり、たしかにいかなる物体も欠いているが、真空《ワクウム》そのものとしてそれだけで存在することは決してない」(109)。ここでは空間《スパキウム》と場所《ロクス》はまったく等しいものとされており、あたかも両者は、区別のない一つの混合物をなす同等な部分であるかのようである。ひとたびそれらが中間的な領分の悪影響の下で一緒くたにされてしまうと、どういう意図で同一性についての言明が定式化されたのかは問題ではなくなってしまう。もしジャンフランチェスコ・ピコが、場所とは空間である、と言えるならば、トマソ・カンパネルラは、空間とは場所である、と主張することだろう。空間とは「神性によって支えられた万物の場所である」(110)。カンパネルラの主張は、単にピコの言葉を反対にしただけのように思われる。「場所と空間の外側にはいかなる場所も空間もないのであり、それはちょうど、ひとの外側に人間性がないことや、線の外側に線性がないのと同じである」(111)とするカンパネルラのさらなる命題を見ることで、そうした印象は一層募る。「場所と空間」についての未規定性は、カンパネルラによって変奏されたアルキュタスの苦境に再び刻印されることになり、ここでさらに強められる。この世界内ですでに現実化されている場所と空間を越えては、場所も空間も存在しない、とこの世界の端でカンパネルラは主張する。ブルーノはどうかと言えば、受け継がれてきたこの謎かけを自ら手がけるに際し、同様の未規定性を認めている。「いかにも私の考えるところでは、あるひとが天空の凸型穹を越えてその手を伸ばすとしたら、その手は空間の内にいかなる位置も占めず、また、いかなる場所も占めないのであり、したがって、〔その手は〕存在しないことになろう……と答えねばならない」(112)。「空間の内にいかなる位置も……いかなる場所も」と言われているということは、思考実験的な状況で問題にされるのはどちらの用語なのかについて、関心が払われていないということである。肝心なのは、はじめにアルキュタスによってその輪郭を示され、次いでアリストテレスとルクレティウスによって伝えられたこの重要な問題が、ブルーノおよびカンパネルラによって繰り返されるに及び、場所と空間の間になされるべき区別がなくなったということではなく、そうした区別が存在するものとして認識されていない――もはや重きを置かれていない――という点である。そして、もしそれらの違いがここで重要でないのだとしたら、もっと日常的な状況において、それらの違いが重要であるはずがあろうか。

　ブルーノ、カンパネルラ、ピコらによる記述――それらはすべて十六世紀に書かれた――と、次の世紀の中頃に著されたピエール・ガッサンディによる主張との対比ほど、問題の所在を明らかにするものはありえない。「場所とは、空っぽの空間にほかならない」(113)とガッサンディは言う。ガッサンディの主張と、カンパネルラおよびピコによる主張の間に認められる文法上の類似性――いずれの場合も、明らかに同一と認められる記述において、単数現在形の「～である」が使われている――は、ガッサンディが二つの用語を融合させてもいないし、ましてや同じものと考えているのではないという事実を隠してしまう。ガッサンディは、「～にほかならない」という決定的な限定句を加えることで、それ以前には「場所」と呼ばれていたものをいまや「空間」によって置き換えることができると述べているのである。このことは、空間、より具体的には「空っぽの空間」が場所を取り囲み、さらにそれを覆い隠すということ――したがってまた、示差的な記述語としてのその有用性を骨抜きにするということ――を明らかに含意している。混乱、つまり、束の間の不確実性と束の間の不安定な取り替えは、概念におけるのと同様に言語の上でも、空間が場所に勝利する確実性の新たな時代へと道を譲ったのである。パトリッツィ——ピコからガッサンディにいたる歴史上ちょうど中間に位置している——は、すでにこの勝利を断言していた。「真空はたしかに場所《ロクス》に先だっているのであり、また、先だっているのでなければならない。ところで、真空であるとは〈空間〉[spacium]の［本質的］属性である。それゆえ、〈空間〉は本性的にも時間的にも場所《ロクス》に先だっている」(114)。

空間が場所に対して完全に優位に立つようになったのは、十七世紀末にニュートンの『自然哲学の数学的諸原理』が出版されてからだとしても、空間と場所の勢力争いにおける決定的な転換点は、十六世紀に求められる。十六世紀は、それ以前の数世紀とは異なり——十六世紀以前は、歴史的に複雑な連続性のせいで、場所と空間についての典型的に中世的な理論と初期ルネサンスの理論とを区別するのが困難であった(115)——〈空間〉という眠っていた亡霊が挑戦的に目を覚ますのに立ち会うこととなったのである。まったく新しい何かという強烈な感覚は、最も劇的にはクザーヌスとブルーノによる制約のない思索に見てとれる。だが、それにも増して目立った形で、パトリッツィによる一層用心深い黙考や、空間が感情と感覚の能力をもつのだと主張したカンパネルラの想像性に富んだ見解においても、そうした斬新さが出現しつつあった(116)。カンパネルラはまた、空間はあらゆる機会を捉えて拡張しようとするのだと信じていた。この興味深い考えは、セオドア・リップスによる「空間的なものはすべて拡がりをもつ」(117)という概念、すなわち、とくに近世的な建築学的空間の実験にとって重要であるこの概念を先取りするものである。しかし、さらに重要であるのは、カンパネルラの考えが、空間の現実的な（かつ、案出されたり、想定されたりしただけではない）無限性に対する熱情——十六世紀の終わりまでには世界的な傾向となっていた——を典型的に示している点である。無限空間——広義には空間は、もし無限でなければ無であって、これについてはこの章で逐次繰り返し見てきた通りである——は、果てしなく拡張し、いかなる終極も限界もなく、結局はその巨大な胃袋に、場所を飲み込んでしまう。たとえ非神格化され、またしたがって、自然物理的普遍宇宙と共外延的、もしくは、延長を等しくするものになるとしても、無限空間の一般性と開放性——有限な場所の個別性および閉塞性と対照をなす——は、近世初期の入り口に達する頃までには、実質的に抗いがたいものとなったのである。

Ⅲ　空間の覇権

幕間

場所は場所のうちにある事物よりすぐれているのだから、場所のうちにあることは、よりすぐれた何かのうちにあることである。

——ダマスキオス『アリストテレス『自然学』第五巻註解後編』

いかなる存在者も、何らかの仕方で空間に関係づけられなければ、実在しないし、実在しえない。

——アイザック・ニュートン「重力ならびに流体の平衡について」

［近世的な空間においては］あらゆる場所は他のあらゆる場所と等しい。

——マルティン・ハイデガー『世界像の時代』

場所は、現象学の原型であるアリストテレス自然学での究極の項という地位からは没落しようとしていたものの、十七世紀末までは何とか議論を生き抜いた。ところが、十八世紀末までには、場所は自然学と哲学における真摯な理論的言説からすっかり姿を消した。いまやわれわれは、アリストテレスが時間に関して言えると信じていたこと、つまり、「時間はまったく存在しないか、［ただ］かろうじてかすかに存在するかである」（『自然学』217b34）を、場所に関して言うことができる。場所のこのような根本的な消失と消滅はいかにして起こったのか——場所はいかにしてたった二世紀のうちにすっかり空間に場所を譲ったのか——が以下の四つの章の主題であるが、そこでは、その否定の道《ウィア・ネガーティーウァ》を経て、第Ⅳ部で取り上げる予定になっているその後の展開のための、舞台設定をすることになるだろう。ベルクソンやバシュラールからハイデガーやドゥルーズ＝ガタリへと拡大しながら、この展開は古代哲学の説明において場所が保持していた高い評価を正当化することになるが、これはあくまでも、この第Ⅲ部で検討される、場所への関心の決定的な消滅を背景とする話なのである。デカルトからライプニッツにいたる近世初期の思想家たちの天才《ジーニアス》には、地霊《ゲニウス・ロキー》〔場所の霊・天才〕を軽蔑すること、つまり、場所の特殊性や、とりわけ場所に固有の「力」に無関心であることが欠かせない。アリストテレスが場所のもつ力——その包含的な性格、質的な差異化、媒体としての異質性、方向の不等性といったものに見出される、独特の非因果的力——を当然視したのに対して、十七世紀および十八世紀の西洋の哲学者や科学者たちは、場所とは、その中立的な等質性において量的に規定された普遍的空間の、一時的な下位区分でしかない、と想定する(1)。場所は、せいぜいのところ、ニュートンが一六八七年に「絶対空間」と呼んだものを作り上げている巨大な無傷の織物の、手ごろで便利なポケットのようなものでしかないのである。ニュートンの最大のライバルであったライプニッツが表明した、「相対空間」という競合する考えにさえ、場所が入り込むための余地などほとんど残らないだろう。

　私は何も、重要概念としての場所はただもっぱらこれら近世最初の二世紀の間に周縁化された、と言いたいわけではない。むしろその変化は、絶対的なものやとりわけ無限なもの（そして、しばしばその両者）と見なされた空間に、徐々に心を奪われていくのにともなって起こったのである。われわれは、後期ヘレニズムと新プラトン主義、十三世紀および十四世紀の中世思想、そして多くのルネサンス思想が、それまで以上にはっきりした形で空間に心を奪われていくのを見てきた。往々にしてまったく背景を異にする一連の思想家たちが、空間的世界は場所だけの問題には限定できないし、それゆえ、場所だけの問題とは理解できない、という考えに思いいたったのである。もし場所が締めつけや境界づけを含意するとすれば、また、もし場所が特定の場面（それゆえ、その質的性格）がもつ特徴につねに結びつけられているとすれば、そのときには何らかの他の要因が、距離や延長といった、何であれ端的に量的で、場所に縛りつけられることを拒むものを説明しなければならない。こうして、アリストテレスの後、「空間」が語られるようになったのである。しかも、空間は最初はためらいがちに、（場所《トポス》としての場所には支えきれなかった広大さのことを指すのに、空間《コーラ》を用いているという点で）プラトンを振り返りながら語られていたが、後になると、真に空間的なものを単なる場所的《ローカル》なもの（場所《ロクス》は、以前は場所《トポス》に割り当てられていた、限界を画定したりされたりする役割を引き継いだ）から区別する一つのやり方として、強度空間《スパティウム》（そして、その中世的な変形である空間《スパキウム》）を考え出すことによって、もっと有効な形で語られるようになった。空間の絶対性と無限性という、対等だが区別可能な概念が抵抗し難いものに見えるようになったのは、空間の広大さ、限界のないように見える拡がり、果てしなさといったものを探究したときだったのである。

　しかしながら、だからといって、場所に対する関心がすっかり棚上げにされてしまったというわけではない。この関心は——徐々に空間に心を奪われていったとはいうものの——絶えることなく存続した。だからこそ、紀元後六世紀の著作家であるダマスキオスは、恥じることなくまだ、「場所のうちにあることは、よりすぐれた何かのうちにあることである」(2)と言うことができたのである。これは、場所が空間よりすぐれているということではない。場所はただ、それが包含しているものよりすぐれているにすぎない。すなわち、「場所は場所のうちにある事物よりすぐれている」(3)。しかし、範囲という点でどれほど限られているとしても（場所の力そのものは、他の何かにとっての限界であるという能力にある）、場所がそれに固有の特異な力を選び出して賞賛するのに十分なくらい重要であるということは変わりない。しかしながら、ダマスキオスがこう主張してからたった五十年後、ピロポノスは延長という重要概念の二つの定式化、つまり、場所的延長《ディアステーマ・トピコン》と宇宙的延長《ディアステーマ・コスミコン》の間で揺れていた。第一の定式化のうちに、われわれは「延長」は「場所に属する」とするアリストテレスの主導的な現前を感じる。他方、第二の言い回しでは、延長は「宇宙」に属する。場所が物理的な物体――これには物体的延長《ディアステーマ・ソマティコン》という固有の延長がある――の相関者であるのに対して、「宇宙」(cosmos)はどの物体ないし物体群にも勝っている。宇宙は物体と普遍宇宙《ユニヴァース》の間で均衡を保ち、一方では物体に余地を与え、他方では普遍宇宙へと外に延び拡がっているのである。しかし、ここでは、場所は空間――宇宙的《コスミック》なものであれ、普遍宇宙的《ユニヴァーサル》なものであれ――から決定的に区別されているわけではない(4)。

　実を言えば、何世紀にもわたって、場所は空間と一緒くたにされ、いわば空間と混じり合っていた。われわれが見てきたように、アルキュタスの謎かけは、世界の先端の向こうに、固有の仕方で宇宙を超える空間を要求するが、それでも、この謎かけのいくつかの中世的な言い回しでは、この難問を論じるのに、空間《スパキウム》ではなく、場所《ロクス》が語られ続ける。もっと露骨である主要なルネサンス思想家たちは、依然として空間を場所と同一視したり、逆に、場所を空間と同一視したりすることができる。これは単なる混同ではない。古代における場所の尊重が、数千年の思惟を通して生き延び、空間への情熱が高まりつつあるのに乗じて、いまだに存続しているということなのである。

　近世初期という時代がこれほど決定的な時期になるのは、この時代の終わりにはこの尊重が姿を消してしまい、その結果、場所と空間の多少なりとも平和的な共生が、見込みのある選択肢ではなくなるからである。実際、十七世紀半ばにはすでに、ウィリアム・ギルバートは見下すように、「場所は無であり、存在せず、どんな力ももたない」(5)と言うことができる。しかし、場所が力(vim)をもたず、存在しないのは、まさに力を空間に局所化したがるひとびとによって、場所が存在と力能を否定されたからである。場所は、周辺部のとるに足りない位置に追いやられてしまうのである。

　このときでさえ、場所の周縁化はすっかり勝利を収めるわけではない。ギルバートが非難しているまさにそのときでさえ、場所をめぐる言説はわずかながら生き延びている。たとえば、デカルトとロックは、しぶしぶとではあるが、まだ場所に関して何らかの説明をしなければならないと感じている。「場所ないし空間」という二詞一意――これは二つの魅力ある選択肢のうちどちらを選ぶかが定まらないことを表わす——は、デカルトによってもライプニッツによっても等しく用いられている（混乱を助長することに、ガッサンディは「領域ないし空間ないし場所」について語ってさえいる！）(6)。しかし、デカルトが一六四〇年代にこの表現を用いるときには、その表現で二つの純粋に区別可能な概念を指そうとしているのに対して、ライプニッツは一七一五年までにそれをまったく違った意味で用いようとしている。すなわち、いまや場所は、範型的な空間的位置《シチュエーション》と関わる一つの仕方という、空間の一側面にすぎないのである。とはいうものの、場所の消滅は根本的かつ徹底的なものであるとはいえ、これをなし遂げるにはほとんど一世紀に及ぶ一致協力した作業が必要とされる。この作業が完成するのは、「用地＝位置《サイト》」——ライプニッツの用語では、用地＝位置《シトゥス》——という観念と言葉が、以前は「場所」という、（ヨーロッパ言語におけるそのいくつかの派生語の形で）空間に関する十八世紀の公式の語法から消え去ってしまう言葉に割り当てられていた、数々の任務を引き継ぐときなのである。

　このように、場所は、概念としても言葉としても、それが十七世紀の言説において急激に衰退するときもすっかり姿を消してしまうわけではない。そして、ちょうどそれと同じように、その十七世紀に絶対的で無限なものとしての空間が発明ないし発見されるというわけでもない。「〈天才〉の世紀」の思想家たちは、アナクシマンドロスの〈境界をもたないもの《ト・アペイロン》〉と原子論者たちの〈空虚〉に端を発し、先だつ二千年の間に直観され、推論され、あるいは単に措定された、空間的な究極原理に焦点を当て、力点を置く——集中する——のである。しかし、一六〇〇年までには空間に多くの特別な注意が払われるようになったため、場所は二次的なものと見なされるだけでなく、ギルバートがはっきりとほのめかしているように、時代遅れで無用なものとさえ見なされるようになる。場所は、絶対的ないし無限な空間という新勢力との不快な比較で苦しむしかない。その結果、空間が栄えれば栄えるほど、場所は衰えるのである。空間の時代が決定的に確立されるにつれて、空間と場所の共生は、空間の独占に道を譲る——場所は以前の優位性を剥奪され、休止状態に置かれて、少なくとも二百年はそこから回復することはないだろう。

　この状況をめぐるいつも変わらぬ皮肉のうちの一つは、近世初期の思想家たちが、場所と空間の間で、さらには、空間そのものについての絶対的規定と相対的規定の間で強いられた選択をひそかにもち込むことで、それ以前の思考においては建設的に疑問の余地なく結びつけられてきたものを切り離してしまった、という点である。プラトンの〈受容者〉は場所に満ちている（すなわち、さまざまな領域とさまざまな個別的場所、つまり、さまざまな空間《コーライ》とさまざまな場所《トポイ》であふれている）と同時に空間に似ており（空間《コーラ》には実質的な限界がない）、絶対的である（すなわち、すべてを包括し、「すべてを受け入れる」）と同時に（たとえば、原初的な領域においては、類似した感覚的性質は「似たものは似たものを引きつける」という原理に従ってお互いに対してともに引き寄せられるとされるが、そのかぎりで）相対的である。プラトンの『ティマイオス』の宇宙論ではどちらかと言えばあまり用いられることのなかった、アリストテレスの場所《トポス》という概念でさえ、ある一定の絶対主義――たとえば、共通の場所《コイノス・トポス》、つまり「すべての場所の総和」としての共通の場所、という考えにおける――をある断固とした相対主義（すなわち、場所はそれを占有する物体にそれと分かる影響を及ぼして、潜在的な「力の場」を構成する、という考え方）と結びつける(7)。その論じ方は劇的に異なっているものの、プラトンとアリストテレスは二人とも、空間という後の概念を先取りするような形で、場所は絶対主義的な特色と相対主義的な特色という、ルネサンス期以降は厳格に分離され続けることになる特色を二つとももたらす、と見なすのである。同様に、ピロポノスとブルーノは、その空間をめぐる考え方において、絶対主義と相対主義の二つを結びつける。まず、ピロポノスにとって、物理的物体がどれも「空間的延長を切望するのは、この延長のせいではなく、その物体の他の物体に対する関係のせいである」が、それにもかかわらず、この物体そのものは、絶対的で固定された三次元空間のうちに場所を占めている。すなわち、「[空間的]延長の一定の部分を占有することが、それぞれの物体の役割になる」(8)。また、ブルーノにとっては、「場所のあらゆる規定は相対的でなければならない」が、それにもかかわらず、個々の場所はどれも「空間の一部であって、……無限空間はそれを超えて延長している」(9)とされる。

十八世紀末にカントが与えた超越論的な語法にだけは、絶対主義と相対主義という分岐した方向を結びつけ直して一つの整合的な枠組みにしようという、はっきりした努力があるだろう。しかし、二つの方向をこのように結びつけ直すためには、とてつもない代価を支払わなければならない。すなわち、空間はもはや物理的世界に位置づけられるのではなく、この世界を形式的に形作っている、人間精神の主観性に位置づけられるのである。おまけに、この超越論的転回からの直接の反映として、場所は空間とまったく異なるということにまだ残っていた意味がどれも消滅してしまうことになり、その結果、『純粋理性批判』では、場所は注意深く考察されることはないし、それどころか、わずかに言及されるだけである(10)。

第6章　絶対的なものとしての近世空間
——ガッサンディとニュートン

1

普遍宇宙は無限であり、不動であり、不変である。
——ピエール・ガッサンディ『ギリシア哲学者列伝』第十巻の考察

天界の空間には抵抗がない。
——アイザック・ニュートン『自然哲学の数学的原理』

私は無限なもののうちで生きてはいない。無限なもののうちでは、ひとは居心地がよくないからである。

——ガストン・バシュラール『瞬間の直観』

十七世紀へと向かうことは、錬金術が自然学と、神学が哲学と、政治が宗教と、国家が他の国家と、個人がその苦悩する魂と競い合っていた、騒然たる世界へと飛び込んでいくことである。これらのうちのただ一つだけを取り扱うことは、人間の歴史におけるこの雑多な時期に対して公正ではありえない。しかしながら、ガッサンディ、ニュートン、デカルト、ロック、ライプニッツといった、あえて場所と空間をめぐる問いに携わったさまざまな人物たちに耳を傾けることで、われわれはこの時期に注意深く近づいていくことができる。これらの思想家たちはみな——ロックを除けば——卓越した科学者でもあったが、彼らがこうした二重の身元をもつのは偶然のことではない。近世最初の世紀における場所と空間を評価するには、哲学的思考だけでなく、科学的思考も考慮に入れなければならないのである。そうした二面的な思考は、空虚な空間をめぐる古代の論争——ガッサンディとニュートンはこれに賛成し、デカルトとロックはこれをこきおろした——を受け継ぐだけでなく、ガッサンディとニュートンはもちろん、ベーコンやボイルにも歴然としている、復活しつつあった原子論に関わり合うことでもある。また、近世初期の機械論が延長と運動という二つの究極的な項をもつことからして、すぐれてこの時代を象徴する、嘲笑の的ともなった機械論的自然観も、場所と空間をめぐる問題を提起している(1)。延長と運動という項は、ガリレオとデカルトによって数学化されることを通して、空間と場所に関する特殊なテーゼ――まず第一に、その全面的な量化可能性――を含意するのである。さらに、ベーコンやケプラーには格別の関心事であった、天界は円環的であるかどうかといったより特殊な問題にさえ、場所／空間への含意はのしかかってくる。新しい科学とアリストテレス自然学の劇的な対決は、これらの含意を抑圧するというより、むしろ増殖させる。完全であるとされる天界の円環性――アリストテレス主義者たちにとっては、これは一つの信仰箇条であった――を考え抜いて、ベーコンは次のように言わなければならなかった。

> 人間知性は、それに固有の本性からして、世界のうちには自らが見出すより以上の秩序と規則性がある、と想定する傾向がある。そして、自然のうちには特異で不調和なものがたくさんあるというのに、人間知性はそれらのもののために、ありもしない結合、平行、相関をひねり出す。ここから、すべての天体は完全な円運動をするという虚構が生じたのである（2）。

さて、十七世紀のどこを見渡しても、場所と空間の二つに関わるさまざまな問題に関して、科学と哲学が共謀しているのが見られる。（それらが次第に時間をめぐる問いに心を奪われていくのも見られるが、これは別の物語である。）（3）この共謀を下から支え、その世紀を最終的に一貫したものにしているのは、ホワイトヘッドによるやや専門的な意味での、「単に位置を占めること《シンプル・ロケーション》」という共通の前提である（4）。ホワイトヘッドの『科学と近代世界』によれば、単に位置を占めることは「自然についての十七世紀的な図式の基礎そのものである」（5）。それは、どんなわずかな物質も、「それを説明するのに空間‐時間の他の領域に関連させることを要しないような完全に限定された意味で、空間内のここおよび時間内のここに、あるいは、空間‐時間内のここにある、と言うことができる」（6）という信念のうちにある。R・G・コリングウッド的な意味での「絶対的前提」として、単に位置を占めることは十分に一般的かつ強固なので、場所ないし空間の絶対主義的範型と相対主義的範型をどちらとも支えることができる（7）。われわれの目的からすれば、われわれは、単に位置を占めることが場所の位置（position）――さまざまな関係からなる巨大な母胎において正確に位置づけられた点――への還元と、この母胎を可能にしている無限な普遍宇宙への空間の拡張を含意するという点に注目しさえすればよい。このことは、この学説のもう一つの表現において明らかになる。すなわち、「どう決めるのであれ、空間‐時間内の一定の場所ということの意味を決めてしまえば、ひとは個々の物質的物体の空間‐時間に対する関係を適切に述べるのに、それはちょうどそこに、その場所にある、と言えばよい。そして、単に位置を占めることに関するかぎり、この主題についてこれ以上言うべきことは何もない」（8）。

しかし、実際には、ホワイトヘッドそのひとをはじめ、この学説に反対するどのひとにとっても、この主題について言うべきことはまだまだたくさんある。そうしたひとびとにとっては、この学説は破滅的な遺産であって、生き生きした・生きられた経験をひどく歪曲し、それによってホワイトヘッドの言う「具体者置き違いの虚偽」を犯しているのである。この虚偽は、「抽象的なものを具体的なものと間違える」(9)という点にある。単に位置を占めることの場合には、この虚偽は、「位置」や「普遍宇宙」のような抽象物を、場所や場《フィールド》といった具体物の決定的な指示――それゆえ、場所と場の代用となりうるもの――と見なすことを意味する。その結果、場所はすっかり空間に吸収されることになる。すなわち、場所の具体性は、全面的に空間の抽象性に置き換えられてしまうのである。ホワイトヘッドは先に挙げた引用文で場所という言葉を用いてはいるものの、場所は空間の断固たる広大無辺性のうちに実際に現前することはできない。空間を端的に無限なものとして措定すること――ブラドワディーンとクレスカスとブルーノが、テレジオとカンパネッラとパトリッツィがそうしたように――と、そうした空間は事物を欠いているだけでなく、場所そのものを欠いている、と考えることは、別の事柄である。後者の主張は、「場所は事物の本性に影響を与えず、静止している存在とも運動している存在とも関係をもたない」(10)と考えた、十七世紀の自然学に特有の成果である。新しい自然学によれば、空間とは自足的な何ものかであり、個々の場所を含む、空間のうちにあるものから全面的に独立している。したがって、空間とは、「あらゆる固有の差異化や力を奪われて、解放された概念」(11)なのである。

そうした解放は、物質に対する空間の優位と、とくに真空――「ユークリッド幾何学の抽象的で均質的な無限空間」(12)と同一の真空――の実在を主張した、甦ったエピクロス的原子論の支持者、ピエール・ガッサンディ(一五九二―一六三三)の著作において明らかになる。ここでは具体者置き違いの虚偽は拡大している。いや、それどころか、それはおよそ場所ないし一群の場所が包含しうる以上に拡大しているのである！ この純粋に真空である抽象空間は、運動学の不可欠の基礎と見なされて、絶対化されると同時に無限化される。ガッサンディがそうした空間を擁護したことは、ニュートンを勇気づけて、十七世紀後半に彼が彼自身のはるかに決定的な定式を作り出すのを促した(13)。ガッサンディは重要な科学的進歩をもたらした――彼は運動体は無際限に直線運動をし続けると宣言した最初の人物であり、運動の原因としての推進力《インペトゥス》という古代のモデルをはっきりと退けた(14)――だけでなく、長さ、広さ、深さ＝奥行きという次元を論じるにあたって、空間性と物体性を決定的に区別した。

二種類の次元が区別されなければならない。その第一の種類は物体的と呼ぶことができ、第二の種類は空間的と呼ぶことができる。たとえば、花びんに含まれる水の長さ、広さ、深さ＝奥行きは物体的であろうが、水や他のすべての物体をそれから取り除いたときにわれわれが花びんの内壁の間に存在すると考える長さ、広さ、深さ＝奥行きは、空間的であろう(15)。

アリストテレスにとっては、すべての次元は物体的である。それらの次元は現実の物理的物体の属性であり、したがって、これらの物体に厳密に一致して実在する(16)。これに対して、ガッサンディは物体的でない次元性を措定することで、事実上空間を物質から解放し、それによって千年前にピロポノスがとった措置を繰り返している。空間は無限であり、物質は有限である――これはクレスカスとブルーノの結論であった――というだけでなく、空間は、物質の具体的な物体的次元性とは独立に、純粋な次元性をもっているのである。さらに（そして、ここでピロポノスを超える一歩を踏み出すのであるが）、ガッサンディは、空間的次元性の純粋さが果たす役割は、その厳密な測定可能性であると考えた。すなわち、「明らかに、［純粋に空間的な］隔たりないし距離を理解するのが可能なところではどこでも、次元を理解することもまた可能である。というのは、その隔たりないし距離は、一定の尺度に属するか、測定されうるからである」(17)。測定可能性は、空間の端的な等質性、つまり、等測的で等方向的なものとしての厳密な規則性（すなわち、尺度と方向それぞれの等質性）を含意する。したがって、ガッサンディが主張しているのは、われわれは物質とは独立に空間について考えることができる、ということだけではなく、われわれが空間について考えるとき、空間はそれに固有の次元性と等質性をもつものとしてわれわれに提示される、ということなのである。空間はさらに、それに固有の無限性ももっている。われわれがこのことに気づくのは、空間をぎりぎりまで空疎化することで、真空には実質的な限界がないということを認識するときである。というのは、もしわれわれが月下の領域を空虚であると想像できるのならば、他のどの天界の領域も空虚であると想像できないはずはないからである。このように考えれば、われわれは直ちに、アルキュタス的な世界の先端と、その先にあるすべてのものにたどり着く(18)。

ガッサンディの世界観では、純粋空間は他にも属性をもっている。プラトン（およびブラドワディーン）にとってそうであったように、純粋空間は創造に先だち、しかも、普遍宇宙が破壊された後も存続するだろう(19)。それは「無境界［広大無辺］」(immensa)であり、それゆえ、一種の積極的な無限を形作る。それは不動であり、場所を変えることができない(20)。それどころか、空間は普遍宇宙そのものと延長を等しくする。すなわち、「空間の全体は、普遍宇宙の全体に一致する」(21)。おそらく最も重要な点であるが、空間はそれだけで独自の類をなしている。すなわち、空間は実体でも固有性でもなく、（時間とともに）アリストテレスの基本カテゴリー表に付け加えられるべき、独特の存在様態をもっているのである。それどころか、実体そのものが空間と時間のうちに局所化されているのだから、この存在様態は、ただカテゴリー表に付け加えられるだけでなく、最高のカテゴリーであることが示されなければならない。この点では、ガッサンディは積極的にアルキュタス主義者である。すなわち、「どこかに存在するとか、ある場所に存在すると言うのが適切でないような実体も偶有性も存在しない。……たとえ実体や偶有性が消滅したとしても、場所はそれでもそのままとどまり続けるだろう」(22)。そして、もし場所がそのままとどまるのであれば、空間はなおさら勝利を収めている。空間と時間は「実在物ないし現実的な存在者」であり、それらは「現実に存在するのであって、キマエラのように心に依存しているのではない」(23)。そのようなものとして、空間と時間は、「普遍宇宙における自然的な物体ないし事物の条件」(24)という役割を果たしているのである。この大胆な主張は、遠くカントを準備している。カントにとってもまた、空間と時間は自然的な物体（あるいは、少なくとも、この物体に関するわれわれの経験）の究極の条件だからである。この主張はまた、間近にニュートンを準備している。ニュートンは、「心がそれらについて考えていようといまいと、空間は断固として存続し、時間は流れる」(25)というガッサンディの結論のうちに、じかに先取りされているからである。

こうした枠組みが与えられれば、空間に対する場所の役割が相当に疑問視されるのも意外ではない。この役割に対するガッサンディの態度は、ひどくどっちつかずである。一方で、彼は「場所」という概念と言葉を、「空間」との対比で保存しようとする。彼は、物体は空間内で場所を変えると言えなければならない、と確信している。「もし何かあるものないし世界の一部がその場所を変えるとしても、それが現にそこに存在している空間は、それとともに動いたりせず、［場所を変えるものが］そこを去っても不動のままだ［ということになるだろう］」(26)。空間の不動性は、場所の可動性を逆に補完するものである。すなわち、場所と運動は互いに含み合っているのである。ガッサンディはまた、神はあらゆる場所にあるのであって、一つの場所だけに――アンセルムスやノヴァラのカンパヌスのような思想家たちが要請した、〈最高天〉にさえ(27)――あるのではない、と言いたがっている。それゆえ、「一つの場所だけに存在するのでなく、多くの場所に、それどころか、あらゆる場所に存在する、一種の神的な延長がある」(28)。神の遍在性は――無差別で平板な空間だけでなく――神が住まうことのできるような受容的な場所を、無際限に数多く要請するのである。

他方、ガッサンディは、「場所」という概念と言葉を保存するこれらの理由にもかかわらず、場所そのものをできるかぎり十分に量化したいと考えている。アリストテレスが場所の質的な側面（たとえば、上下という方向性）を強調していたのとは対照的に、ガッサンディは、「場所とは、量ないしある種の延長、つまり、そこに物体を保持したり、それを通じて物体が移動したりできるような、長さ、幅、深さ＝奥行きの三次元からなる空間ないし隔たりである」[29]と提案する。しかし、場所が量的なもの——測定可能な、物体的でない仕方で次元的なもの——であるとすれば、その場所を「空間」という無限で等質的な媒体を暗示する言葉から区別するのはきわめて難しくなる。われわれは、ガッサンディが「場所は空虚な空間にほかならない」と述べているのを見た。彼はまた、「場所とは、隔たり、つまり非物体的空間ないし非物体的量である」[30]とも述べている。次に挙げるように、ガッサンディは『哲学集成』のまったく同じ段落内で、どんな意味でも不整合を示さずに、「空間」を「場所」の代わりに用いているが、これは何ら驚くにはあたらない。すなわち、「したがって、場所と時間が物体に依存せず、物体的な偶有性でないことは明らかである。……このことからわれわれは、空間と時間は実在物ないし現実的存在者だと見なされなければならない、と結論する」[31]。もしガッサンディが空間をこれとは違った仕方で理解していたとすれば——もし、たとえば、空間《コーラ》がプラトン的な空間の多様性や非等質性のようなものを有することになっていたとすれば——、このように「場所」が「空間」と無頓着に同一視されたとしても、それはそれほどゆゆしいことではなかっただろう。しかし、そうでなかったとすれば、空間の水準を落として、それを厳密な次元性や測定可能性、等方向性や等測性、等質性や不動性にすることは、いまや場所が徐々にそれと同一視されようとしている一枚岩の空間の内部には、場所の特殊性、つまり、場所の特異な性質や特有の方向性の痕跡など、何も残っていないということを意味する。このことはとりわけ、ガッサンディが、たとえ空間が（空想的ないし虚構的な存在者と比べて）完全な「実在物」であるとしても、それでも空間は「それに生じる何ものかに作用を与えたり被ったりすることはできず、他の事物がそれを占有したり通過したりするのを許すという、否定的な性質しかもたない」[32]ということを容認したという点で明らかである。そのような純化された空間は、それを占有する物質的物体によって完全に「通過可能」ないし浸入可能であるが、自力で何かに浸入する力はもたないのである。

　言い換えれば、場所に固有の力動性、つまり、場所がもつ作用したりただ単に抵抗したりする力は、無際限に通過可能な媒体と見なされた——それどころか、受動的な媒体とさえ見なされた——空間の無気力さに道を譲ったのである。プラトンとアリストテレス（もっと顕著にはイアムブリコス）が方向と運動、生成と消滅に影響を与える——つまり、物理的変化一般を引き起こす——ための場所の能力と見なしたこの力は、場所は形式を等しくする空虚な空間の、単なる量的になった部分にすぎない、という考え方に屈する。すなわち、場所は、自然的世界における事物の進路を変えるための固有の能力のない、縮小された残滓になってしまったのである。場所に関して残っているのは、その名前だけである――しかも、その名前は空虚な名前、つまり、ただの声《フラートゥス・ウォーキス》の風なのである。

2

場所の名ばかりの生き残りは、アイザック・ニュートンの『自然哲学の数学的原理』〔以下、『プリンキピア』〕において劇的な――そして複雑な――ものになる。一六八七年に出版されたこの画期的な著作において、ニュートンは「ガッサンディの空間理論をその大いなる総合に組み入れ、それを絶対空間の概念として自然学の最前線に置いた」(33)。ニュートンの主著で絶対空間が歴然たる勝利を収めることを考慮に入れれば、ホワイトヘッドがその全体的な宇宙論的重要性という点で『ティマイオス』に匹敵すると見なしたこのテクスト(34)に、場所がともかくも生き延びているのを発見して、ひとはおそらく驚くだろう。しかし、実のところ、場所は『プリンキピア』のうちに実にはっきりと現前している――つまり、場所は名目上現前しているだけでなく、「可動的な場所」や「不動の場所」、「相対的場所」や（ひどく混乱させられることに）「絶対的場所」という具合に、いくつかの名前で現前しているのである。この「絶対的場所」という言葉は――類似した言葉の自然な結合を反映していると思われる「絶対空間」と比べれば――撞着語法的であり、両立しない言葉の混乱した組み合わせであるように見える。しかし、ニュートンが、彼が『プリンキピア』で大いに関心を寄せている絶対的運動とは、「ある絶対的場所から他の絶対的場所への物体の移動」(35)である、と力説するとき、彼は意図して逆説的であったわけではないし、まして冗談半分だったわけでもない。

一見すると、絶対的場所という考えは、自然的場所とは場所運動の到着点、つまり、一定の種類の物質的事物に「固有の」永続的な場面である、というアリストテレスの考え方が、形而上学的 - 科学的な水準で再燃したものにすぎない、と思われるかもしれない。しかし、そうした見かけ上の「絶対的」はどれも、作用や力のような自然的なものも、まして適切な安定状態も含んではいない。ニュートンにとって「絶対的」という言葉は、空間と場所のいずれに適用されようと、時間と運動のいずれに適用されようと、少なくとも次の五つのことを意味している。すなわち、（1）不動であること（この特徴はガッサンディから直接に受け継がれた）、（2）外的なものと無関係であること（つまり、単に位置を占めること）、（3）その内部で何が起こっても、つねにまったく自同的であり続けること、（4）絶対的な領域に局所化されたものを位置づけるための付加的ないし補足的な指示体系を、何ら必要としないこと、（5）（「可感的」との対比で）可知的であること(36)、である。そして、これらはいずれも、アリストテレス的な場所《トポス》に固有の可能態《デュナミス》を含意してはいない。こうした多様な形で、「絶対的」という言葉は、次に挙げるニュートンによる「相対空間」の定義に見られるような、「相対的」という言葉と対照をなしている。

　相対空間とは絶対空間の尺度ないしある可動的な次元であって、われわれの感覚はそれをその物体に対する位置によって規定する。そして、それは不動の空間であると一般に見なされている。たとえば、地球に対する位置によって規定された、地下空間、空中空間、天界空間といった次元がある(37)。

注意すべきは、場所はアリストテレスの『自然学』ではそれに固有の引きつける力を与えられていた（たとえば、大気や大地は、その本性に応じて物体を「上下に」引っぱる）が、いまや相対的な地位しかもたない――（アリストテレス自身が初めて認めたように）その位置がそれを取り巻く他の点の配置に厳格に相対的である数学的な点と同様に、力動性をもたない――と見なされている、という点である。また、ニュートンが、相対空間は「不動の［つまり、絶対的な］空間」だと、単に「一般に見なされている」だけではなく、誤ってそう見なされている、とほのめかしている点にも注意しなければならない。それが誤っているというのは、相対空間はそれが占有する絶対空間の、「尺度ないしある可動的な次元」にほかならないからである。より厳密に言えば、相対空間は絶対空間の「可感的な尺度」、つまり、その知覚可能な類似物ではあるが、その適切な代理物ではない。すなわち、絶対空間は不可視であるから、いかなる知覚可能な手段でも代理することができないのである。「場所」がニュートンの言説に入り込むのは、まさにこの点においてである。

　しかし、［絶対的］空間の部分は見ることができず、われわれの感覚によって相互に区別することができないので、われわれはそれらの部分の代わりにその可感的な尺度を用いる。というのは、われわれは、不動と見なされる任意の物体からの事物の位置と距離からすべての場所を規定し、それから、そのような場所に関して、物体がそれらの場所からどのくらい移動したかを考えることで、すべての運動を推定するからである。こうして、われわれは絶対的な場所と運動の代わりに相対的な場所と運動を用い、通常の事柄においては、それで何の不便もない(38)。

相対空間と同様に、相対的場所は測定の素材である。より厳密に言えば、相対的場所は測定の手段である。すなわち、「相対的」な場所ないし空間であるということは、他の場所ないし空間と一緒に知覚可能な仕方で（それゆえ、測定可能な仕方で）配置されているということなのである。より詳しく言えば、このことは、「位置と距離」を決定できるように、他の事物——これは場所でも物体でもかまわない——が少なくとも一つは「不動と見なされる」ように配置されている、ということである。そして、位置や距離といった「可感的な尺度」から、「われわれは」、場所との関係で決定されるすべての運動（つまり、本来の場所運動）だけでなく、「すべての場所を規定」する。「相対的」が可感的な測定の有用性と知覚可能性を暗示するのとちょうど同じように、「場所」はそうした測定の結果を意味する。こうした仕方——「通常の事柄における便利さ」という仕方——で、場所をめぐる実用的な考え方がまるごと生まれる。これはとりわけロックの好みに適うことになるだろう。

　こうして、われわれは場所の第一の還元を目のあたりにする。すなわち、その相対的な性格という点から見れば、場所は測定の一手段にほかならないのである。しかし、その絶対的な性格という点から見た場所についてはどうだろうか。われわれは、もちろんそのような場所は何ものにも還元できない、と言いたくなる。実際、そもそもこの「絶対的」という言葉は、還元不可能性を含意しているのではないだろうか。それにもかかわらず、ニュートンは最終的には、まさにこの絶対的場所という概念に固有な還元の三様式——要するに、三重の還元——を認める。この還元の最初の二つの様式は、次の一節——これは西洋自然学で最後の、場所をめぐる公式の真面目な評価を表しているのかもしれない——に姿を現している。

> 場所は物体が占める空間の一部であり、その空間に応じて、絶対的であったり相対的であったりする。私は空間の一部と言い、物体の位置《シチュエーション》とも、物体を取り囲んでいる表面とも言わない。というのは、等しい固体の場所はつねに等しいが、その表面はその形が異なっているため、往々にして等しくないからである。位置は本来量をもたず、場所そのものというより、場所の特性なのである。全体の運動は部分の運動の総和と同一である。すなわち、その場所からの全体の移動は、その場所からの部分の移動の総和と同一である。したがって、全体の場所は部分の場所の総和と同一であり、また、それゆえに、それは内的であり、物体全体のうちにある(39)。

来るべきライプニッツとの論争を運命的に先取りして、ニュートンはここで、場所のことを「位置《ポジション》」によって規定された単なる「位置《シチュエーション》」に制限しようとする、相対主義的な見解を退けている。この「位置《ポジション》」という言葉について言えば、ニュートンは、これを場所の量的な規定に限定するのを拒んでいる（その一方で、彼はこの言葉が場所そのものの定義であると認めることも拒んでいる）。同時に、ニュートンは場所についての包含者モデルの妥当性を否定するが、それは、このモデルが「物体を取り囲んでいる表面」に依存しており、クレスカスが初めて指摘したいくつかの特殊なパラドクス（たとえば、このモデルによると、完全な円は、円からパイ形の一片を切り取ったものよりも少ない場所しか占有しないことになる)(40)を引き起こすからである。ニュートンは、包含者や位置《シチュエーション》――つまり、それぞれアリストテレスとテオプラストスが与えた古代の選択肢――に代えて、場所についての新しいモデルや見解を何ら提案しない。その代わりに、彼は二重に還元的な戦略をとる。一方で、彼は、(きわめてブルーノ的なやり方で)場所を「空間の一部」、つまり、絶対的所与としてつねにすでにしっかりと例外なしにそこにあるものの、単なる部分にすることで、場所を空間に組み込む。そうしたものとして、場所は空間そのものの存在や身分から離れては存在や身分をもたず、絶対空間に正当に帰されるどの属性(たとえば、先に言及した五つの属性)によっても規定されており、もっと言えば、あらかじめ規定されているのである。他方、ニュートンは場所を物体へと押し潰す。すなわち、ある物体の場所は、その物体の部分の場所の全体にほかならず、それゆえ、この物体に「内的」である。つまり、「[物体]全体の場所」は、「物体全体のうち」以外のどこにもないのである。こうして、場所は物体のうちにあるが、物体は場所のうちにはないということになる(41)。一方の方向をとれば、場所は周囲の空間のうちに四散してしまうが、もう一方の方向をとれば、場所はおそらくそれが所在を与えている物体へと圧縮される。この二つの措置――そのどちらも、場所にいかなる自律性も与えない――は、「場所は物体が占める空間の一部であ[る]」という、先に挙げた引用の最初の文で、具体的に述べられている。

ニュートンが場所を還元的な形で名目的なものにしてしまったので、場所は、「[一定の物体はどれも、空間のこの部分だけを占有し、空間の他の部分は占有しない]」(42)という、ほとんど同語反復的な事実に等しくなる。さらに、もし「全体の場所は部分の場所の総和と同一であ[る]」ということが一般的に正しいとすれば、推移律によって、特定の場所がもつ個々の特性は、普遍宇宙におけるさまざまな場所の全体性の組成のうちに、つまり、絶対空間それ自体の組成のうちに、決定的な違いを作り出すことはできない。普遍的空間の単なる構成要素とかとるに足らない部分として、場所はそれに固有の不可欠な存在も、まして特異な存在ももたない。また、それ自体で「絶対的」と見なされるときでさえ、場所はそのような存在をもたない。このことが明らかになるのは、アリストテレスから離れながらもアリストテレスを模倣し、還元の最後の様式を導入する、ニュートンのもう一つの言明においてである。

したがって、全体的で絶対的な運動は、不動の場所による以外の仕方では規定されえない。だからこそ、私は先にこれらの絶対的運動を不動の場所に関連づけ、相対的運動を可動的な場所に関連づけたのである。他方、不動の場所としては、無限から無限まで、すべてが同一の与えられた位置を互いに保っているような場所以外にはない。そのため、そうした場所はずっと動かないままであり、それによって私が不動と呼ぶ空間を構成するのである(43)。

絶対的運動は場所——不動で絶対的な場所——との関連によってのみ規定されうると主張していることからして、この注目すべき一節は、そのような場所に権能を与えているように見える。しかし実際には、ニュートンが言おうとしているのは、絶対的運動は固定された点、つまり、ここでは「不動の場所」という名目的な表現で指示されている点の間で生じるのでなければならない、ということにすぎない。というのは、この一節が含まれている「註解」で彼がはっきりと述べているように、「絶対的運動とは、ある物体の、ある絶対的場所からもう一つの絶対的場所への移動である」(44)からである。たしかに、この点では、「相対的運動」も同様に「ある相対的場所からもう一つの相対的場所への移動」(45)と定義されているのだから、相対的場所は絶対的場所に劣らず重要である。しかし、絶対的であろうと相対的であろうと、場所はやはり、場所同士の間で生じる運動を引き起こしているわけでは決してなく、ただその運動の境界を定め、区切りを付けるという役割を果たしているにすぎないのである(46)。

さらに、場所は「私が不動と呼ぶ空間を構成する」ということがたとえ正しいとしても、それは中立的で未分化の部分としてであり、等質的な絶対空間の連続的な(そして、切れ目のない)切片としてである。そして、不動で絶対的な場所は「無限から無限まで」不動の空間を構成するという事実も、この一件を絶対空間が優位になるように決着させるだけである。というのは、そうした場所は、不動であるとはいえ、それらがともに占有する空間の全体に、個々にであろうと共同してであろうと、何ら違いを作り出さないし、また、この場所同士の関係という点でも、間違いなく何ら違いを作り出さないからである。そして、このように場所が場所同士の関係という点で違いを作り出さないのは、場所同士の関係はそれ自体変化しないからである。すなわち、「時間の各部分の順序が不変であるように、空間の各部分の順序もまた不変である」(47)。もし「空間の各部分」つまり、絶対的場所の順序を変えられないとすれば——もしそうした部分ないし場所がつねに「同一の与えられた位置を互いに保っている」とすれば——、これらの場所‐としての‐部分(ないし、部分‐としての‐場所)がもつ内在的なものないし質的なものはどれも、絶対空間だけがただ一つ生き残っているという最終的な描像に、何ら違いを作り出さないだろう。その場所が不動であり、絶対的であるというまさにそれゆえに、場所は相互的な相対性という型へと閉じ込められてしまい、そこから逃がれることができない。このことは、場所が有するとされる力の、三番目にして最後の還元を構成するだけでなく、逆説的な自己破壊的地位を場所に帰する。場所は、最も絶対的に解されるとき、お互いに対して最も徹底的に相対的である。すなわち、場所は、それが絶対的であるという点で相対的であり、それが相対的であるという点で絶対的である。場所とは、それがそれでないところのものであり、それがそれであるところのものではないのである(48)。

それゆえ、ニュートンの『プリンキピア』第三篇、「世界体系について」では、場所は自己解体的な位置に置かれて、事の本性上、そこから回復できない。そして、(マックス・ヤンマーが断言しているように)「ニュートンにとって、絶対空間は論理的かつ存在論的な必然性である」(49)ということがもし正しければ、絶対的場所が論理的にも存在論的にも自己を解消してしまうような企てであることもまた正しいのである。

絶対空間に解消されてしまえば、どんな種類の場所も、せいぜいそうした空間の恣意的な下位区分にしかならない。ニュートンが「時間と空間は、あらゆる他の事物の場所であるだけでなく、いわば場所自身の場所でもある」(50)と主張するとき、この「いわば」(tanquam)という限定句は、『プリンキピア』で場所が危機に陥っていることを顕著に示している。ニュートンの思考においては空間－絶対主義的な言葉が優勢にあることからして、彼は、場所は実際に「あらゆる他の事物の場所であるだけでなく、場所自身の場所でもある」、とは言えない。空間的な領域やその具体化された部位の単なる叙述として、場所にはそれに固有の地位はない。すなわち、場所はそれ自体で、自発的に、独力で立つことはできないのである。場所は絶対空間の単なる手先にすぎない。場所は、概念的(すなわち、絶対空間と限定付きで折り合いを付ける仕方として)かつ道具的(すなわち、場所は知覚可能であるから、測定の手段として)には有用であるかもしれないが、それ自体では存在をもたない。場所は名目的に〔名前において〕しか存在しないのである。

あるいは、場所はテクストにおいてしか存在しない、と言う方が正確かもしれない。場所は自然学(ないし形而上学)上の概念としてでなく、単なる文字面上の言葉として生き残っているにすぎないが、実のところ、この言葉はニュートンのテクストのいくつかの枢要な契機においては欠かすことができないのである。たとえば、前の段落で分析した引用文に後続する文章は、「場所」に関わる言い回しで満ちあふれている。

> すべての事物は、継起の秩序に関しては時間のうちに置かれ〔場所づけられ〕、位置《シチュエーション》の秩序に関しては空間のうちに置かれている〔場所づけられている〕。それらの事物が場所であることはそれらの本質ないし本性からくるのであり、第一の事物の場所が可動的であるというのは不条理である。したがって、これらの場所は絶対的場所であり、それらの場所からの移動は絶対的運動のみである(51)。

この一節では、明らかに場所に関わる言葉が繰り返し用いられている。しかし、このことは、ニュートンが全般的な理論化において場所が重要であることに突然気づいたということを意味しているのではない。そうではなくて、空間、とりわけ絶対空間に関する体系的な思考を具体化するときに、場所が不可欠の役割を果たしているということを示しているのである。還元されたもののこの密かな回帰は、『プリンキピア』の公式の「定義」と「公理」では場所が周縁にあるだけに、よりいっそう示唆的である。ニュートンが自発的に場所にまつわる言い回しに訴えるのは、まさに彼が、場所を制限し、（最終的には）場所を追放するような学説を述べるときなのである。こうして、「あらゆる事物」は時間と空間のうちに「置かれている（場所づけられている）」と言うこと、時間的でも空間的でもあるそうした事物が「それらの本質ないし本性から」して場所「である」と言うこと、そして、「［それ］から……絶対的運動」が生じる「第一の事物の場所」、つまり絶対的場所が存在していると言うこと――これらはすべて、理論において認められうるよりはるかに多くのことを、テクストにおいて主張することである。しかし、そのテクスト的な主張がまさに示しているように、事物がどのように空間と時間に関係しているかを考えること、事物をその本質的な存在において考察すること、運動の本性を考え抜くことは、そのどの段階においても、場所への訴えかけを含んでいる。そうした場所への訴えかけがたまたま事のついでに、しかも周縁において起こっているという事実は、場所の力（この場合は、空間を具体化する力）は実は注目に値するものである――少なくとも、ニュートン自身が公表し、数多くの彼の真の信奉者たちが理解している通りの「ニュートン革命」[52]で許容され、予想されているよりもはるかに注目に値するものである――ということをわれわれに思い出させて、賭け金をつり上げる役目をしているにすぎない。

場所の自己解体とかその背後にある隠された意味などは棚上げにして、最後の一瞥をするために、ニュートンの公式の思想の主流に立ち戻ることにしよう。コイレはこの思想に関して、ニュートンが絶対空間に肩入れしたのは、「実際には、「天球の破裂」、「円の破壊」、空間の幾何学化、［そして］運動の第一で主要な法則ないし公理としての慣性の法則の発見ないし主張からの、必然的で不可避的な帰結」[53]である、と書いた。『プリンキピア』でなし遂げられた幾何学化（これは、十七世紀のより早い時期に、すでにガリレオによって企てられていた）[54]は、『ティマイオス』で企てられた幾何学化とは似ても似つかない。プラトンのテクストでは、可感的な物体は、規範化をもたらし、体積測定を可能にするような形状を注ぎ込まれることで、ただもっぱら、形式的な規則性を手に入れた。さもなければ、これらの物体ははじまったばかりの空間《コーラ》でそうした規則性を欠くことになっていただろう。しかし、それらを幾何学化した後でさえ、まさにこれらの物体が、〈受容者〉が提供する不規則で場所を異にする領域の内部に置かれた、ばらばらに散らばったさまざまな場所《トポイ》のうちに局所化されていることは変わりない。すなわち、ここには空間への場所の解消などないし、しかも、創造の最終段階においてさえそうなのである。他方、『プリンキピア』の最初の頁から、場所は空間の部分にすぎないものと理解されている。そして、そこで生じる空間の幾何学化は、力学、つまり、静止中ないし運動中の物質的物体を支配する法則に、適切に属している。ニュートン的な幾何学化の目的は、それと見分けがつくような形状を授けることではなく、測定することなのである。すなわち、ニュートンによれば、「したがって、幾何学は力学的な実践に基づいており、力学一般のうちの、測量術を正確に提示し、証明する分野にほかならない」(55)。しかし、測定の基礎となるのは、まさに測定される空間が規則的であり、等質的であるということである。場所付与、つまり、場所の方へ運動したり、ただ単に場所のうちにとどまったりすることが、経験ないし知覚されることを要求するだけで、測定されることを要求しないということからすれば、このやり方でも場所に対する空間の勝利は保証されるのである(そして、たとえ相対的なものとしての場所が測定の手段として用いられるとしても、このことに変わりはない)。

結局のところ、ニュートンの宇宙論では、場所はただ一つの主要な役割――しかも、とるに足りない役割――しか演じていない。絶対的なものとして、場所は物体や力によるいかなる占有にも先だって空虚を占有し、構造化するのである。ニュートンが絶対空間に肩入れしたことから導かれる一つの系は、彼が厳格に普遍的な空虚を受け入れたことである。「天界の空間には抵抗がない」(というのは、天界は月下の領域に見出される物質的なエーテルさえ欠いているからである)ということが正しいだけでなく、月下の領域そのものにも真空はある。すなわち、「もしすべての物体の固体的な粒子がすべて同一の密度であり、気孔がなければ希薄化されえないとすれば、そのときには空虚な空間ないし真空が［それらの粒子の間に存在すると］認めなければならない」(56)。しかし、ニュートンは、ただ単に真空ないし空虚を空っぽの空間と同一視しただけではない。空虚について、彼は「何かがそこにあるのは、それ以上のものは何もないが、空間はそこにあるからである」(57)と述べている。私見では、ニュートンはここであいまいに「空間」として言及してはいるものの、この何かとは絶対的場所にほかならない。ある研究者が指摘しているように、「要点は、空間のうちには何かが、つまり、空間の部分が存在するのだから、そのうちに物体がなかったとしても、空間は空虚ではない、ということだと思われる」(58)。これらの「空間の部分」は絶対的場所以外の何でありえようか。ひどく没落してはいるものの、そうした場所は少なくとも絶対空間としての空虚の正当な内容である。場所は――たとえ場所自身の最終的な身分が部分的なものでしかないとしても――そうした空間の最初の市民なのである。

しかし、この見込みのある方向――たった今引き合いに出した提案が、ニュートンが学生時代に書いた重力に関する未公刊の論文に含まれていることからして、この方向は文字通り見込みがある——は、結局は別のあるもののうちに覆い隠される。すなわち、ニュートンの壮大な唯神論のうちにである。というのは、何が空虚を満たしているのか、という問いに対するもう一つの回答は、神学的なものだからである。すなわち、空虚を満たしているのは神なのである！(59) ニュートンの眼からすれば、この回答を「神学的」と言うことは、この回答の真面目さを公正に取り扱っていない。ニュートンの神学的な考えは『プリンキピア』の初版にも何とかそれと識別できるが、彼は一七一三年に出版された第二版に「一般的註解」を付け加えた。この「一般的註解」において、ニュートンは神の二つの最重要属性として、永遠性と無限性を選び出した。「神の持続は永遠から永遠にまで及び、その現前は無限から無限にまで及ぶ」(60)。注意深いことに、ニュートンは神が永遠性と無限性を単に所有するとは主張しない。「神は永遠性でも無限性でもないが、永遠であり、無限である。神は持続でも空間でもないが、神は持続し、現前する。神は永遠に存続し、あらゆるところに現前する。そして、つねにあらゆるところに存在することによって、神は持続と空間を構成するのである」(61)。永遠性と持続はさておいて、もし神がそれ自身無限ならば神は無限の物理的普遍宇宙で「あらゆるところに現前する」ということ——それゆえ、この普遍宇宙から切り離すことができず、あらゆる水準と、場所と推定されるあらゆるところで、この普遍宇宙に全面的に浸透しているということ——は明らかである。逆に、普遍宇宙内のすべてのものの方も神に浸透している。すなわち、「物体は神の遍在からの抵抗を何ら見出さない」(62)のである。そのように主張するとき、ニュートンはただ、神は自分自身を展開するための無限の空間を必要とする、と言っているだけではない（ただし、「もしこれまで空間が存在していなかったとすれば、神はそのときはどこにもいなかった」(63)というように、たしかに彼はそう言ってはいる）。また、彼は神と空間は延長を等しくしている——いわば等しく無限である——ということだけを主張しているのでもない。神は空間であり、神は空間を隅から隅まで「構成」し、それゆえ空間は「神からの流出的な結果」(64)であるという、もっと強いことが言われているのである。空間は自存的ではなく、神に依存しており、神の実体そのものが空間に授けられる。すなわち、「神は潜在的に遍在的であるだけでなく、実体的にも遍在的である」(65)。実際、空間を絶対的にも無限にもしているのは、神の実体である。ニュートンがほのめかしているように、それ以外に空間にそれほど強力な特性を授けえたものなどありえようか。パトリッツィとガッサンディが空間と実体を切り離して後、この二つは再び一緒になる——そして、それは神においてなのである。

空間は「神の感覚中枢」であるというニュートンの有名な主張は、誤解を招くものでもあれば、事態を明らかにするものでもある。この主張を――ライプニッツがそう見なしたように――空間は神が有するある種の超絶的な器官であるということだとすれば、これは誤解を招くものである。というのは、この場合、空間は神の一属性でしかなく、神の存在に固有の部分ではないことになるだろうからである。ニュートンはこのあいまいさに気づいて、『光学』（一七〇六年）で決定的に重要な限定句を付け加えた。すなわち、「非物体的で、生きていて、知性的で、遍在的な存在があり、それは無限の空間において、つまり、いわば神の感覚中枢（Sensorium）において事物そのものを見、それらを深くかつ余すところなく知覚し、事物が神自身に直接に現前することによってそれらを完全に把握する、ということは、さまざまな現象からして明らかではないだろうか」(66)。他方、われわれはニュートンのこの主張のおかげで、物理的空間における神の遍在が、われわれがわれわれ自身の感覚系のおかげで特定の知覚領域に十分に現前し、その領域と一体になるとは言わないまでも、それに十分に没入できるようになる仕方と類似していることに気づくのであるが、この点では、ニュートンの主張は事態を明らかにするものである。われわれにとっての知覚的な親密さは、神にとっては宇宙論的 - 存在論的な親密さである。すなわち、神が無限の空間的普遍宇宙を感覚するということは、まさに神の存在に固有なことなのである。

それゆえ、神の無限性は空間の無限性と再び結びつき、最終的には、この二つの無限性は一つになる。すなわち、「神の存在の量は、持続に関しては永遠［であり］、神が現前する空間に関しては無限［である］」(67)。ニュートンが物理的な普遍宇宙の果てしなさに関するアルキュタス的な論証――「どこかに限界を想像するとき、われわれは同時にそれを超える空間があると想像しているはずである」(68)――を忠実に繰り返すとき、彼は同じことが神についても言えると想定している。というのは、神には、神が共現前している空間と同様に、境界がないからである。しかし、無限性を共有しているという点での神と空間の一致は、厳密には神はどのように空間のうちに、つまり、まさに神が構成し感覚する空間のうちにあるのか、という問いを未解決のままにする。この問いは――少なくとも最初のうちは――われわれを場所に連れ戻す。ニュートンがサミュエル・クラークのライプニッツ宛書簡の出版に付け加えようとしていた「読者への注意」では、「ヘブライ人たちは神のことをマコム（makom）、すなわち場所と呼んだし、使徒によれば、われわれは、あらゆる場所にある神のために比喩という形で場所を置くことで、神のうちで生き、動き、われわれの存在をもつのだから、神はわれわれの誰からも遠く離れてなどいない」(69)と言われている。神はわれわれにとって一つの場所なのだから、神はこの地上のあらゆる場所にあるのである。同様に、「裁きの日と来世」と題された草稿では、ニュートンは「神はあらゆる場所に等しくあり、実体的に遍在し、最も高いところにある天国だけでなく、最も低いところにある〈地獄〉にも同じように現前する」[70]と述べている。ここで働いている宇宙論的なものは、神はただ単に現前しているのではなく、各々の場所に完全に現前しているということ、すなわち、各々の-部分-における-全体という学説であり、ヘンリー・モアの言葉で言えば、「部分内全体論」（Holenmerism）である。

決定的な争点は次の通りである。この学説や、さらに言えば、何であれ、神は「あらゆる場所に」局所化しているということにまつわる言説は、場所の純粋な再評価を表しているのだろうか。このうちのどれかは、われわれを無限の空間から場所に連れ戻してくれるのだろうか。古代における内在論と場所の組み合わせ（つまり、アリストテレスが最初に体系的な注意を引きつけた前置詞、「〜のうちに」（in）によって特徴づけられる組み合わせ）とは対照的に、ニュートンは場所に、（一つの可能な例外はあるが）その自然学では退けた正当性を、その神学において授けようとしているのだろうか。私はそうは思わない。一方で、部分内全体論は、モア自身が示したようなたぐいの、手に負えない問題を含んでいる。すなわち、もし神の全体が一つの部分に現前するのならば、その他の部分には何かが残されることになるのではないか、いかにして神はある事物とその当の事物の一部の両方にすっかり現前できるというのか[71]、という問題である。他方、「あらゆる場所に」という言い回しは、「あらゆるところ」や「遍在性」――ニュートンはこの二つの言葉を、問題となっている「あらゆる場所に」という言い方と置き換え可能なものとして用いている――と等しく、その結果、場所の特殊性、つまり、癒しようのない個別性は、またしても空間のうちに解消される。ニュートンがその神学的な思考において場所に頼ったのも、結局は、彼が絶対的で無限な空間により深く肩入れしていることを都合よく覆い隠すためでしかない。というのは、神は単なる一つの場所ではなく、もしいやしくも神が場所だとすれば、それはすべての可能的場所と現実的場所からなるきわめて包括的な場所であり、きわめて多くの物質なのだから、神は普遍宇宙全体と共有する果てしない空間と等しいことになるからである。こうして、神のことは、ニュートン自然学における神の本当の実のある名前、つまり、「絶対空間」[72]と呼んだ方がよいのである。

このことによって、われわれはまだ回答の得られていない最後の問いを突き付けられる。すなわち、もし神が「限りない拡がり」[73]を有する（あるいはむしろ、「限りない拡がり」である）とすれば、神は延長する存在者、つまり、現実的な物理的次元をもった存在者だということになるのではないだろうか。神の広大無辺性《イメーンシタース》は、結局は物質的な広大無辺性であって、単なる精神的な広大無辺性ではないのではないだろうか。ニュートンは、危うくこの異端的な立場に近づくものの、それから巧みに後戻りする。すなわち、彼にとっては、神はやはり（「一般的註解」の言い回しで言えば）「精神的存在」[74]であって、三次元のうちには物質的な容積をもたないのである。

ニュートンの友人にして、ケンブリッジ大学のフェローであったヘンリー・モアは、ためらうことなくこの一歩を踏み出す。モアにとっては、精神的存在でさえ延長しており、神自身もその例外ではない。それゆえ、神は空間と等しいが、それは、ただ単にこの両者が無限だからではなく、それらが非物体的ではあるが無限に延長する実体だからである。神と空間は等しく延長する存在である。すなわち、われわれはそのどちらについても、それは「無限で、不動で、延長する」(75)何ものかである、と言うことができる。モアの論証は単刀直入である。すなわち、もし延長が物質と離れても存在しうるとすれば、延長は物質でないもの、つまり精神に備わりうる。同じ理由から、無限な延長は無限な精神、つまり、神に備わる。ゆえに、ちょうど空間が神において果てしなく延長しているのと同じように、神は空間において果てしなく延長しているのである(76)。このことは、十四世紀の神学を超えて大胆な一歩を踏み出すことである。すなわち、空間が神化されるというだけでなく、神が空間化されるのである。神はその無限の空間的背景としての世界のうちにある。モアがデカルト宛の書簡で述べているように、

> 実際、天使だけでなく、神もまた延長する事物（res）であるように思われます。たしかに、それ自体で存続するものはすべて「延長しているのですから」、延長は事物の絶対的本質と同じ限界に囲まれているように見えます。しかしながら、この限界は、まさにこれらの本質が多様であるのに応じて変わりえます。私自身はと言えば、神は遍在的であり、世界の各々の粒子も世界という機構全体も余すところなく占有しているのですから、神が神なりのやり方で延長していることは明らかだ、と信じています(77)。

モアはここで一六五五年における一つの結論を導き出している——スピノザもまた二十年ほど後に同じ結論を導き出すことになるだろう——が、これは実に過激なものである。すなわち、神自身が「延長する事物」であり、それゆえ、神的な〈位格〉としてだけでなく、この世界がその一部であるような空間そのものとして、物理的世界に現前している、という結論である(78)。しかしながら、そうした仕方で存在する神を措定することは、結局のところ、アナクシマンドロスと原子論者たちとともにはじまり、ストラトンとエピクロスによって継承され、クレスカスとオレームにおいて敗走し、物質から独立していると同時に場所を解消させる絶対的で無限な空間、というニュートンの主張に終わった長い歩みの中の、最後の劇的な一歩でしかないのである。

第7章　延長するものとしての近世空間
——デカルト

1

すべての場所は物体で満ちている。その場所がわれわれの心のうちで〔われわれの思考によって〕規定される場合を除いて、永続的な場所をもつものなど存在しない。

——ルネ・デカルト『哲学原理』

アイザック・ニュートンに多大な影響を与えたヘンリー・モア（まず間違いなく、ニュートンの「絶対空間」という考えは、モアの「無限で、不動で、延長するもの」のきちんと整理されたヴァージョンである）は、ルネ・デカルトのことをよりいっそう扱いにくい思想家だと考えていた。デカルトの生涯の最後の年に彼らは往復書簡を交わしたが、この往復書簡の礼儀正しさ《ポリテス》の下には、深淵のように深い差異が口を開けているのが見てとれる。彼らが意見を異にするのは、モアが唯心論者であり、デカルトが唯物論者であるという、ただそれだけの理由からではない。より決定的には、それは延長——十七世紀半ばまでには、延長は空間の本性を解き明かす鍵になっていた——に関して彼らが異なった見解をもっていたからである。示唆的なことに、デカルトのモアへの最初の返信ですでに、神は延長する存在者であるかどうか、という問いが早くも前面に出てきている。モアは最初の書簡で、「神も、天使も、他のどの自存的な事物も延長しています」と述べたが、デカルトはこれに断固たる懐疑を告白して、「いわゆる神の延長は、われわれが全空間できわめて判明に知覚する真なる特性の基体ではありえません」(1)と述べている。しかし、どうしてそうではありえないのだろうか。モアに反駁するとき、デカルトは神に固有の本性に関して——神の無限性の場合にそうしたように——理性や知性に頼るというより、想像力に訴えている。すなわち、「神は想像することもできなければ、形をもち、測定できる部分に区分することもできません」(2)。たしかに神を考えることとは実体を理解することであるが、それは延長する実体を想像することではない。というのは、延長する実体とは、一定の形をもち、測定できる部分、お互いから離れて存在する部分、つまり部分外部分《パルテース・エクストラー・パルテース》をもった存在者だからである。部分がお互いから離れて存在するというのは、二つないしそれ以上の部分は同じ場所を占有できないからである。

延長するものということで、ひとは通常、それが想像できるということ、……そして、それが一定の大きさと形をもった多様な部分をもち、そのそれぞれが他の部分とは同一でないということを理解しています。これらの部分は想像上は区別できますが、つまり、ある部分が他の部分の場所に移動したと想像することはできますが、しかし、二つの部分をまったく同一の場所のうちに同時に想像することはできません。神についてもわれわれの心についても、この種のことは何も言うことができません。すなわち、神やわれわれの心は想像できず、知性によって理解されるだけなのです。そのどちらも部分に区分できないし、もちろん一定の大きさと形をもった「それゆえ、等しく一定の場所を占有する」部分には区分できないのです(3)。

これとは対照的に、われわれは、神や天使や人間の心は「すべて、同時にまったく同一の場所に存在しうる」(4)ということを理解できる。この場合には、「場所」(locus)は、延長的でない存在者同士を連結するという、受容のための舞台であるが(それゆえ、神は「あらゆる場所に」存在すると述べている点で、ニュートンはまったく正当である)、延長する事物——厳密な意味では同じ場所を共有することのできない事物——の場合には、場所は排他性や分離といった、区別のための舞台なのである。こうして、われわれは単に位置《シンプル・ロケーション》を占めることの模範的な実例を目のあたりにする。すなわち、二つないしそれ以上の延長する事物は同じ場所を占有できない、と言うことは、それらの事物はどれも空間のうちに単に位置を占めている《シンプリー・ロケーテッド》、と言うことに等しいのである。

しかし、デカルトはここでは、場所それ自体の特徴を探究することに関心があるわけではない。彼は場所を、空間内に存在するとは何を意味するのか、ということを調べるための手段として援用しているにすぎない。すなわち、「誰もが空間——たとえ想像上の空間や空っぽの空間であっても——のうちに(in)一定の大きさや形をもった多様な部分を想像します。それらの部分のいくつかを想像上他の部分の場所に移動することはできますが、そのうちの二つが同時にまったく同一の場所で相互浸透しているとは考えられません。というのは、空間の(of)どこか一片を取り除くことなしにこうしたことが起こるというのは、矛盾しているからです」(5)。この言明における「〜のうちに」(in)と「〜の」(of)は、場所に対する空間の包囲性——後に立ち戻るが、これは形式的な優位性の一つの目印である——を示している。この点でデカルトにとって最も重要なのは、あらゆる形式の精神的延長を断固として退けることである。すなわち、「それゆえわれわれは、物体的でない実体はどんな厳密な意味でも延長していない、とはっきり結論します」(6)。それでは、一体何が延長しているというのだろうか。デカルトの回答は単刀直入である。すなわち、「延長するものはすべて、純粋な物体なのです」(7)。ここから直ちに、物体的でない実体は空間を満たすことができない——モアが断言したのとは反対に、物体的でない実体は固有の延長をもたないため、そこに単に位置を占めることができない——ので、物体的な実体ないし物体だけが空間を満たしうる、ということになる。しかも、物体的な実体ないし物体は、ぎっしりと余すところなく空間を満たしている。というのは、デカルトは、「完全に空っぽな空間など存在しえません。……物体がなければ空間は存在しえないのです」(8)と確信しているからである。モアとニュートンの二人の思想において暗黙にではあれ力強く働いている(そして、ガッサンディにおいてはあからさまに作動している)、純粋な空間的延長というピロポノス的な概念は、物体的にしか存在しない延長のために、ここで退けられる。空間を特徴づけているのは、この延長——そして、この延長だけ——なのである。しかし、それでは空間とは何なのだろうか。

デカルトの自然学と形而上学の基礎は、空間をあくまでも物質、つまり、大いさと形状を有する物理的な物体と同一視するという点にある。こうした手だてをとることで、デカルトは自分自身を、生き返った原子論者であるガッサンディやニュートンから区別し、そしてそれと同時に、(可知的な空虚に訴えることによってであれ、すべてに浸透している神に訴えることによってであれ)物質を代価として空間を絶対化しようとした、ダマスキオスとシンプリキオスからブルーノやモアにいたる、反原子論者たちの長きにわたる系統からも区別する。この点に関しては、デカルトは、デモクリトス的な空虚を退け、何とかして物質に空間と等しい延長をもたせようと努めたという点で、プラトンやアリストテレスと手を組んでいる(9)。しかしながら、その他の点に関しては、デカルトは、空間を根本的に相対化したという点で、ロックやとくにライプニッツを先取りしている。しかし、空間を相対化するという後者の方向をとったため、デカルトは皮肉にも、絶対主義的な立場から彼のことを批判したガッサンディやニュートンがたどり着いたのと、まったく同じ結論にたどり着くことになる。すなわち、場所は自らが属する普遍的空間という地位を離れた、独立的な地位をもたない、という結論である。しかし、これは物語を先取りすることである——この物語の最も示唆に富んだ話題はやはり延長なのだから、われわれはいまや、この延長に立ち戻らなければならない。

延長(extensio)は、デカルトの空間論において核となる概念である。延長は、物質と空間に共通の本質であるだけでなく、量と次元の——したがってまた、あらゆる距離測定の——本性を規定する(10)。初期の著作である『精神指導の規則』(一六二八年)で、デカルトは「延長ということで、われわれは、実在する物体であるか単なる空間であるかを問わず、長さ、幅、深さ＝奥行きをもつすべてのものと解する」(11)と書いている。このように言えば、延長は延長するもの（extensum）と離れて存在しうるものであるように思われるかもしれない――そして、疑いなく、ピロポノスにはまさにそのように思われた。しかし、こう考えるのは間違いであろう。「物体像」（つまり、物理的物体の像）を思い描いてみれば、すぐに延長《エクステンシオー》と延長するもの《エクステンスム》という「二つのものの概念には差異はない」(12)ことが確かめられる。というのは、われわれには延長していない物体や物体的でない延長など想像することができないからである。このことはまた、われわれは――ニュートンが正しいと想定していたのとは違って――延長のことを、全面的にであろうと部分的にであろうと、物理的物体が占有することになる空っぽの領域や、単なる一連の次元と見なすことはできないということでもある。延長と延長するものは切り離すことができない(13)。あらゆる物質的物体は延長しているということ――このことは、空間についての理論家なら誰もが、ピタゴラスでさえもが認めるだろう――が正しいだけでなく、モアに反して、物質的物体でないような延長など存在しない。物質が空間を占有するというだけではなく、空間とは物質なのである。デカルトが一六四五年十月にニューカッスル侯爵に宛てて書いているように、「われわれが物質に関してもっている観念は、空間に関してもっている観念と同じです」(14)。また、メルセンヌに対してデカルトが明らかにするところでは、物質の観念が空間の観念に分析的に含まれているのは、それらが「長さ、幅、深さ＝奥行きをもつ何か」(15)という延長の定義ないし本質を共有しているからなのである。

　デカルトは、物質と空間は決してお互いから離れては存在しないとしても、この二つを区別するための何らかの根拠はあるはずだ、という常識を進んで認めている。たとえば、もしある特定の物体が空間を通って運動すれば、その物体が占有する空間の一区画が、その同じ物体が後に占有することになる第二の区画と同一ではないことは明らかである(16)。しかし、運動に関するこの示唆に富んだ実例以外にも、われわれには物質と空間を相互に異なるものとして理解することができるという事実がある。ちょうど（たった今デカルトのモアへの答弁のうちに見たように）物質と空間を想像することが、具体的なものにおいてはこの二つは分離できないということを表しているように、それらを理解することは、思惟においてはそれらは分離できるということを示している。物質と空間の差異が厳密に想像不可能である――現実的な像にすることができない――としても、だからといって、その差異は思惟不可能であるわけではない。デカルトが『哲学原理』（一六四四年）で指摘しているように、われわれは個体的な一性と類的な一性を区別することによって、その差異を思惟することができるのである。

物体と空間は次の点で異なっている。物体の場合には、われわれはその延長をあたかも個体的な事物であるかのように見なし、物体が変化するときにはつねに延長も変化する、と考える。しかしながら、われわれは空間の延長には類的な一性を帰すので、空間を占める物体が変化したとしても、空間そのものの延長は変化したとは見なされず、まったく同一のものであり続けると見なされる(17)。

この差異はもっともらしいが、（自然学的にも形而上学的にも）事実上は物体の延長とそれが占有する空間の延長は同一なのだから、やはり抽象的である。つまり、この差異は概念的な差異である。デカルトの世界観には、物質的でない延長、言い換えれば、心や精神や神には属しているが物質には属さないような延長性、という考えが入り込む余地はないのである(18)。

物質と空間の間にある純粋に概念的な区別を強化するために、デカルトは想像力に再度訴える有名な思考実験を引き合いに出している。すなわち、堅さ、色、冷、熱といった特性をすべて取り除いても、われわれは決まって「長さ、幅、深さ＝奥行きにおいて延長する何か」(19)が残るのを見出すのである。そして、このことに注目すれば、得るところは大きい。どの道を通っても——経験によってであろうと想像力においてであろうと、また、われわれが（そもそも、われわれの知性において物質と空間が区別可能であるというかぎりにおいてではあるが）物質に焦点を当てるのであろうと空間に焦点を当てるのであろうと——、われわれはつねに、ある端的な、切り離すことのできない残余としての延長にたどり着く。そして、延長は必ず何かの延長である。すなわち、何かただ漠然としたものとしてでなく、一つの属性として、延長は実体に内在するのでなければならないし、しかも、この実体は物質的実体ないし「物体」以外のものではありえない(20)。したがって、延長こそが、物質と空間の共通の接着剤としてデカルトの世界像を一つにまとめ上げ、それらを分離しようとするどんな傾向に直面しても、この世界像を整合的で統一的なままに保つのである。空間的世界は、延長するもの《レース・エクステーンサ》——延長をまさにその本性とする物質的事物——の、充実していて継ぎ目のない領域として捉えられなければならない。

物質と空間を同一視したことから、三つの決定的に重要な系が導かれる。

（i）世界は、延長という点で厳密には無限ではないものの、無際限に延長している。デカルトの見解によれば、世界には境界がなく、それゆえ無際限に大きいとはいえ、神だけが「無限」と呼ばれるにふさわしい。デカルトがモアに宛てて書いているように、「私が世界は無限定ないし無際限に大きいと言うのは、そこに限界を見出すことができないからです。しかし、私はあえてそれを無限とは呼びません。というのは、私の見るところでは、神が世界よりも大きいのは、延長という点においてではなく（というのは、たびたび申し上げてきましたように、私は厳密な意味では神が延長しているとは考えないからです）、完全性という点においてだからです」(21)。ここでは、無限に延長する神という考え方は決定的に退けられ、無際限に延長する物理的世界という考え、つまり、無限空間に宙づりにされた有限世界というストア的なモデルよりも、アナクシマンドロスの〈境界をもたないもの《ト・アペイロン》〉に類似した考えに置き換えられている。デカルトは、いまやわれわれには馴染みとなったやり方で、空間的な限界は無際限に取り除くことができると論じている。

世界が有限であるとか限界づけられているなどということは、私の考えに抵触しますし、同じことですが、私にはそれは矛盾を含んでいるように思われます。というのは、私は空間のことを、あなたが世界に割り当てるどの限界も超えていると考えずにはいられないからです。そして、私の考えでは、そのような空間とは純粋な物体のことなのです。……あなたが世界の境界を通り抜ける剣のことを想像するとき、あなたは、ご自身もまた世界を有限と見なしてなどいないということを示しています。というのは、実際には、あなたは剣が届く場所をどれも世界の一部と考えているからです(22)。

言い換えれば、延長する物質は、確定した限界も、まして最終的な限界ももたない、連続体を形作っているのである(23)。

(ii) 真空や空虚は決して存在しえない。十四世紀の神学者たちにとって神の無限性が無限の空虚な空間を含んでいたのとちょうど同じように、デカルトの眼からすれば、世界の無際限の延長は隙間なく満たされた空間を要求する。コイレが指摘しているように、デカルトはアリストテレス以上に厳しく空虚という考えを退ける(24)。空虚——いかなる小空虚も含む(25)——は、普遍数学《マテーシス・ウーニウェルサーリス》に従属する延長する連続体としての〈自然〉の概念によって締め出されるだけでなく、もし物質と空間は同じものであるということが本当に正しければ、空虚という考えそのものが語義矛盾なのである。というのは、空間（についての思惟）があるときはいつでも、それを満たす物質（についての思惟）があるだろうからである(26)。自らの確信を具体的に例証するために、デカルトは二種類の証拠に訴えている。一方で、彼は『宇宙論』という論考において、実験室で完全な真空を作り出そうという努力に不備があることを示す、同時代の実験を引き合いに出している。「ひとびとが空っぽだと考え、われわれがそこに空気しか感じないような空間もすべて、少なくともわれわれが他の物体を感覚する空間と同じように満たされており、しかも、同一の物質で満たされている」(27)。他方、空虚がもつ厳密に自己矛盾的な性格を示すために、デカルトはまったく経験的でない思考実験に頼っている。「もしあなたが、神が部屋の空気をすべて取り除いて、その場所に他のどんな物体も置かないという想定をしたとすると、あなたはまさにそのことによって、部屋の壁が互いにくっつき合うと想定しなければなりません。さもなければ、あなたは自己矛盾したことを考えていることになります」(28)。厳密な空虚などというものは自己崩壊して、自分自身の境界を廃棄してしまうだろう。それは形而上学的な非存在者であり、自分自身を相殺してしまうような「キマエラ以外の何ものでもない」(29)ということになるだろう。

　もし〈自然〉が延長するものとしてしか存在しないとすれば、空虚は〈自然〉の一部ではありえない。というのは、延長するものとして、〈自然〉は全面的に物質的な実体で満たされているからであり、すなわち、〈自然〉とは充実体だからである(30)。問題《マター》の核心にあるのは、物質《マター》そのものである。というのは、空虚が退けられたのは、延長が物質化されたことからの厳密な帰結だからである。デカルトはこの点を、シャニュ宛の書簡で明らかにしている。「完全に空っぽな空間、つまり、物質を含まない空間など存在しえません。というのは、われわれがそうした空間を考えうるためには、その空間のうちにこれらの三つの次元を、したがって、物質を考えなければならないからです」(31)。こうして、デカルトが空間と物質を同一視したのは（コイレの言葉で言えば）「性急」(32)であったということが正しいとしても、ひとたびこのように同一視してしまえば——ひとたび物質が延長の概念そのものに含まれてしまえば——、空虚が入り込むための概念的な（まして物理的な！）余地はない。われわれは、ピロポノスとニュートンの間の千年に及ぶ軌跡のうちにひとびとが次第に空虚に肩入れするようになるのを、いや、より正確には、再び肩入れするようになるのを見てきたが、ここではその空虚への肩入れが鋭く疑問に付されている。デカルトの辛辣な評価によれば、空虚はまったく何の問題《マター》にもならないので、その場所を占める他の何か——いくらかの（そして、ちょうど適当な量の）物質《マター》——がつねに存在しているのである。

（iii）場所は、物質と空間がもつ副次的な特徴である。場所という概念は、先に延長の類的一性という考えに言及したときに、すでに含意されていた。この一性は、それから特定の物体が取り出された後も同一のものであり続ける。「石がそれがあった空間ないし場所から取り除かれるとき、（……）その場所がいまや木や、水や、空気や、他のどの物体によって占有されているとしても、石があった場所の延長は存続しており、同一のものである、とわれわれは判断する」(33)。しかしながら、こう言ったからといって、まだ場所に空間と比較してそれと区別できるような地位を与えることにはならない（示唆的なことに、場所は「空間ないし場所」というあいまいな表現で空間と組み合わされている）。その身分は、性格上まったく純粋に概念的である――すなわち、類的一性と個体的一性の単に反省的な区別に依存している――か、さもなければ、ただ単に空っぽの空間、つまり、それ自体あからさまな形容矛盾であるような何かと同一視されているにすぎないかである。

われわれはまた、「延長は場所を占有する」(34)という一見すると率直な主張から、場所がもつ独立的な身分を導き出すこともできない。プラトンやアリストテレスならば、この「延長は場所を占有する」という命題に、場所はそれを占有する物体に先だつ――自然的世界のうちにいわば前もって形作られ、書き込まれている――という自分たちの見解が肯定されているのを見出したかもしれないが、デカルトは彼自身の宣言を、「基体が場所を占有するのは、それ［その基体］が延長しているという事実のおかげである」(35)という意味に解している。占有としての場所を規定するのは、それを占有するようになるものに先だって存在する場所というよりはむしろ、占有する基体ないし対象（つまり、個別的な物体）がもつ延長性なのである。

2

ある物体が場所を離れるとき、その物体はつねにある他の物体の場所に入り込み、このようにして最後の物体まで続き、この最後の物体は、まったく同時に、最初の物体によって空っぽになった場所を占有する。

――デカルト『宇宙論』

とはいえ、デカルトは、ブルーノやニュートンのようなやり方で、場所は占有された空間の単なる一部、つまり「部分」にすぎない、と主張しているわけではない。デカルトは、場所を直ちに空間に組み込む代わりに、証拠物件に十分に手間をかけて、興味深いことに、内的場所と外的場所を区別するのである。「われわれはある事物の場所を、時には［あたかもそれが置かれた〔場所づけられた〕事物のうちにあるかのように］その事物の内的場所と見なし、時には［あたかもそれがこの事物の外にあるかのように］その外的場所と見なす」(36)。われわれはこの巧妙で有益な区別を、もっと念入りに考察することにしよう。

内的場所は、特定の物質的物体が占めている容積に等しく、したがって、物体の大きさ《サイズ》（「大いさ《マグニチュード》」）と形（「形状」）によって――つまり、延長の二つの基本様態によって――規定される。「単純本性」として、これらの様態はすぐれて測定可能であり、また、幾何学的な特殊化に従属してもいる。『ティマイオス』で示された事情（『ティマイオス』では、大きさと形は、あらかじめ形作られたおびただしい感覚的性質の上に付け足される）とは対照的に、『哲学原理』では、大きさと形は、物質的物体とその内的－場所に――さらに言えば、この両方に同時に――固有の仕方で属している。このように両方に同時に属しているということは、大きさと形が、物体とそれに固有の内的場所に共有された同じ延長の、二つの側面であるという事実から導かれる(37)。だが、もしそうだとすれば、内的場所はある物体を構成している物質から区別できなくなるし、もし内的場所がこの物質から区別できないとすれば、それはまた（物質の本性と空間の本性は等しいという前提からして）その空間からも区別できないことになる。だからこそ、デカルトは平然と、「内的場所は空間とまったく同一である」(38)と主張することができるのである。しかし、そのように言えば、われわれには場所と空間を実質的に区別するための余地は残されていないということになる。

では、外的場所についてはどうだろうか。外的場所とは、ある物体と他の物体の間の関係によって規定されるような場所のことである。すなわち、内的場所が主に大きさと形に関わるとすれば、外的場所は「他の物体の間での位置《シチュエーション》」(39)の問題なのである。アリストテレスが「位置《ポジション》に相対的」（*Physics* 208b 24）でしかないものを場所の十分なモデルとしては退けたのに対して、デカルトは、テオプラストスとダマスキオス、トマス・アクィナスとオッカムが宙づりのままにしていた思想の糸を拾い上げて、相対的位置という考えを真面目に取り上げる。デカルトは、われわれが「場所」と「空間」を区別するよう強いられるとき、場所は通常、あるものの他のものに対する位置《シチュエーション》のことを指し、空間はその大きさと形のことを指すことになると主張しているが、この主張からも、外的場所ないし位置《シチュエーション》が場所をめぐる十分な考察に欠かすことのできないものを付け加えることは明らかである。外的場所が問われるのは、ある事物が、厳密にはある他の事物と同じ容積――それゆえ、同じ内的場所――を有するわけではないのに、まさにその「他の事物の場所を占めている」ような状況においてである(40)。外的場所という考えは、それによってわれわれを空間の類的一性へと連れ戻すが、この空間の類的一性のおかげで、われわれは、少なくとも思惟の上で、延長と延長するもの、空間と空間内にある物体、あるいは、（数学的に言えば）座標系とそれが局所化するものを区別することができる。というのは、われわれが物体Bは物体Aの場所を占めた――つまり、今Bは以前Aが占有していた位置を占有している――と言えるのは、この類的一性という観点からだからである(41)。同様にわれわれは、もしある場所の他の場所に対する位置《シチュエーション》が変われば、たとえその大きさや形は変わらなくても、その場所そのものは変わる、と言う。

われわれは遂に、デカルト的な世界体系の内部で場所を空間から区別するやり方を見出したのだろうか。もしそうだとすれば、われわれは『省察』をはじめとする、この体系の内部からなされた他の主張を正当化できることになるだろう。デカルトは『省察』で、あたかもそれが自明のことであるかのように、「物体ということで、私は一定の形によって限られ、［そして、］一定の場所に含まれ、そうして一定の空間を満たすことのできるすべてのものと解する」(42)と述べている。こうした一節で問われているのは、場所はある特定の物体に固有の形と容積に基づいて空間から区別できるという意見だけではなく、この物体の位置は空間内の他の位置との関係によって規定されるという事実——ここでは指摘されてはいないが——でもある。このように外的場所を引き合いに出すことで、ひとは場所がある種の独自の地位をもっていることを立証することができる。他のほとんどすべての戦線で（自然学においても哲学においても）場所がその領土を空間に明け渡そうとしていた十七世紀思想のまさに絶頂期に、場所はこの地位を手に入れることになるのである。

　外的場所はそのそれぞれが独自の内的場所を備えた物体群の間の関係でしかない、ということが正しいとしても、だからといって、外的場所は充実した事物の特定の集まりの総和でしかないというわけではないし、まして、外的場所は括弧付きの〈内的場所〉（つまり、絶対空間）であるというわけでもない。内的場所とは違って、外的場所は厳密にその配置に相関的であり、大きさや形といった、延長に固有の様態の関数ではない。外的場所は、どのくらいの範囲の空間であれ、その類的一性を「特定し」、さらには「規定し」さえする、特別な力を有するのである(43)。

　こうして、デカルトは場所に固有の一特性を、つまり、決して包含性（これは、連続的な大きさの立方単位である容積と本質的に結びついている）という要素に依存しない特性を、今まさに発見しようとしているように思われるだろう。デカルトがそれを発見しようとしていることは、多くの点で彼の最も進んだ哲学的テクストである『哲学原理』で、彼が「場所」と「外的場所」をほとんど同一視しているという事実からして、よりいっそうもっともらしく見えるかもしれない。あたかも「内的場所」という考えが分析的には物質としての空間と等しいことを認めるかのように、彼はそこで、「「場所」と「空間」は異なる。というのは、「場所」は延長や形［すなわち、内的場所の基準である大きさと形状］よりもむしろ位置（situation）の方をよりはっきりと示すが、他方、空間について語るとき、われわれは延長や形のことをよりはっきりと考えるからである」(44)と主張している。要するに、「ある事物はある一定の場所にあると言うとき、われわれは、その事物は他の事物との関係である一定の位置《シチュエーション》のうちにある、ということしか理解しない」(45)。

　この新しい思考の方向——われわれは次章の大部分を費やして、これをもっと徹底的に調査するつもりである——は肥沃なものであるが、デカルトはその十分な含意から後退してしまう。最終的には、デカルトは外的場所に帰したばかりの空間を規定する力を突き崩してしまうのである。このことは二つの仕方で生じる。

（1）外的場所がもつ空間を規定し特定する能力は、ある外的場所がそれとの関係で規定されるような、運動していない物体が存在することに依存している(46)。というのは、不動の物体との関係でのみ、ある物体はある場所に位置づけられていると言えるからである。たとえば、デカルト自身の事例を用いれば、航海中の船の船尾にじっと座っている人物は、船の他の部分（これらは、船尾との関係やその部分同士の関係では固定しているが、その船に属するものとしては運動している）との関係では同じ場所を保っているのに対して、（船は海岸の特定の指標点に対してはその位置を絶えず変えているので）海岸線が関わるかぎりは絶えずその場所を変え続けるということになるだろう。つまるところ、そうした人物は、「天球におけるある不動と推定される点」(47)、つまり、固定しているとされる星々との関係でのみ、すっかり定まった位置をもつのである。しかし、もしそうした星々が実際にはその位置に固定されておらず、かつ、もしわれわれが星々以外に固定されたものを何も見出せないならば（そして、デカルトが信じるところでは、われわれはそうしたものを見出すことはできないだろう）(48)、外的場所を規定するのに不可欠の基礎が欠けていることになるだろう。すなわち、究極の関係的指標としてのある種の運動なき物体がなければ、結局のところそうした場所はありえないのである。デカルト自身が述べているように、こうした指標がなければ、「われわれは、その場所がわれわれの心のうちで（in our mind）規定される場合を除いて、永続的な（enduring）［固定され規定された］場所をもつものなど存在しない、と結論するだろう」(49)。延長するもの《レース・エクステンサ》と思惟するもの《レース・コーギターンス》が排他的であることからして、「われわれの心のうちで規定される」ことは、空間のうちで規定されることと見なすことはできず、ただ空間をめぐる誤っているかもしれない表象によって規定されることと見なすことができるだけなのである。

（2）また、アリストテレスを想起させる手だてを用いて、外的場所の力を説明するものとして包囲している物体の内側の表面を引き合いに出しても、うまくはいかない。『哲学原理』第二部第十五項の表題は、大胆にも、「外的空間は包囲している物体の表面と見なすのが正しい」(50)と告げている。しかし、この項の議論がすぐに明らかにするように、問題になっている表面は包囲する項と包囲される項の間にある「共通の表面」でなければならないのだから(51)、外的場所は位置《シチュエーション》という点からではなく、大きさと形という点から定義されなければならない。しかし、もしそうだとすれば、表面としての外的場所は、実際には内的場所に還元される。というのは、内的場所は、まさに連続的な大いさの主要な決定要因である、大きさと形に（そして、それらだけに）依存しているからである。そして、内的場所が空間と同一であることからして、このことはまた、あらゆる種類の場所を、普遍的な座標系であり測定法である空間に還元することでもある。またしても、「内的場所は空間とまったく同一なのである」(52)。さらに、デカルトは（そのアリストテレス批判において）、包囲している表面は、たとえ包囲されている対象と完全に合致していても、その物質的な内容に関しては変わりうるであろうが、（その対象が他の対象に対して同一の位置にとどまると想定すれば）その場所は同一のままであり続けるだろう——ボートが別の瞬間に別の水の流れに包囲されても、その場所は同一であり続けるように——、と認めざるをえない(53)。こうして、外的場所を規定している特徴は、その場所を占有するものの大きさや形ではありえないのと同様、そうした特定の場所を包囲している表面でもありえないのである。

したがって、デカルトが挙げた二つの根拠のどちらに基づいても——つまり、運動していない対象への関係という点からも、その表面の特性という点からも——、外的場所は、空間のことを座標化が行われる等質的な場と規定したり特定したりする内在的な力のようなものを何も有していない。まるでこの問題に結着をつけようとするかのように、外的場所は最終的には、まさにそれが特定の位置《シチュエーション》に配置する役目をしている物体に、従属していると見なされる。外的場所についてさえ、われわれは「基体が場所を占有するのは、それが延長しているという事実のおかげである」と言わなければならない。というのは、これはヘンリー・モアとの争点になった点であるが、内的場所であろうと外的場所であろうと、場所が物質的に延長していない存在者によって占有されるなどということはないからである。そして、（大きさと形を通じて）内的なものとしてであろうと、（位置を通じて）外的なものとしてであろうと、場所を規定するのは延長する存在者、つまり、物質的物体である。これらの物体は、延長的で測定可能な空間——したがって、この空間は最終項であり、究極の力を有する——の住民であり、より正確に言えば、その構成部分なのである。

それゆえ、内的場所においても外的場所においても、究極的に重要なのは物質そのものであり、物質的物体の端的な延長性——この延長性が「置かれた〔場所づけられた〕事物のうちに」存在しようと、「この事物の外に」あろうと——である。とりわけ、延長する物体同士の関係——この関係が外的場所それ自体を構成している——には、それが位置づけている物体そのものを離れてしまえば、独立した地位もなければ、認識論的な重みも形而上学的な重みもない。あらゆる種類の場所を規定しているのはそうした物体であり、したがって、それらの物体が占有する空間なのである。このことは、デカルトが「「場所」ないし「空間」という名称は、その場所にあると言われる物体と異なるある事物を意味するのではなく、その物体の大きさ、形、そして、他の物体の間でのその位置《シチュエーション》を示しているにすぎない」(54)と書くとき、彼自身が指摘していることである。言い換えれば、場所を表す重要述語――「大きさ」、「形」、「位置《シチュエーション》」――はどれも、実は物体を表す述語なのである。この還元的な手だては、外的場所と内的場所の永続的な区別をどれも突き崩してしまう（というのは、それぞれの種類の場所に固有の述語は、それらが物体的延長の単なる様態でしかないかぎり、同じ身分をもつからである）というだけではない。それはまた、場所は固有の仕方で空間から区別される何か、つまり、特異で還元することのできない定義をもつ何かである、という考えそのものをひっくり返してしまう。場所は、部分的に興味深いものではあるが、結局は普遍的な空間のうちに単に位置を占めることでしかなく、そのようなものとして、純粋な普遍数学《マテーシス・ウーニウェルサーリス》を作り出す過程における、偶然的で移行的な一段階でしかないのである。

　場所が物質／空間に転換したことの著しい徴候が現れるのは、『哲学原理』のほんの数頁後で、「通常の意味」での運動は「それによって何らかの物体がある場所から他の場所へ移行する活動」(55)である、という再びアリストテレスを想起させる意見とともに運動論がはじまるときである。しかし、デカルトの運動論の終わりの箇所では、運動によって実現される「移動は、それに接触している物体の近くから他の物体の近くへ行われるのであって、ある場所から他の場所へ行われるのではない」(56)と言われている。デカルトが「場所」という概念そのものに注意を払っていることに変わりはないものの、この概念はここで、「近さ」という、示唆的ではあるが定義されていない言葉に取り替えられている。だが、プラトンやアリストテレスにおける「領域」とは違って、近さを場所と見なすことはできない。すなわち、デカルトは内的場所と外的場所だけを場所の種類と認めたが、近さはそのどちらにも数え入れられないのだから、少なくともデカルトの自然学ないし形而上学では、近さは場所とは見なしえないのである。「近さ」は、概念的にも意味論的にも、中間地帯で揺れている。もし場所そのものは「われわれがそれをどう考えるか次第で、いくつかの仕方で理解されうる」(57)のだとすれば、たしかに同じことが近さについても言える。しかし、われわれは近さがもつ多価的な含意や、その含意が場所の中核的な意味とどのような関係にあるかに関しては知らされていないし、まして空間の単価的な意義に関しては知らされていない。

　場所は、最初は空間に従属させられた（三次元において延長するもの、という空間の一義的な意味こそは、要請されていた空間の物質との同等性を保証するものにほかならない）が、二度目には、こうした印象的な形で近さ――しかしながら、その厳密な意味について、われわれは決定的な手がかりを与えられていない――に従属させられる。場所の運命は、空間の浮き沈みと一体になって、宙づり状態のままになっている。デカルト哲学における場所の最終的な地位は、文字通り両‐義的なものである。普遍的な自然学を構築しようというデカルトの意に反して、場所ははからずも内的場所と外的場所に分割され、単一の現象がもつ統合性を欠くのである。結局、単一の普遍的な「空間」（その独自の運命は、まさに事物という両義的でない存在者性の範型に結びつけられている）がすぐれて存在するのに対して、「場所」という単一の事物など存在しない。あたかも、デカルトの戦略は場所を二つの形式に、つまり、その一方は空間から区別できず、他方は外的——つまり、空間としての内的場所だけが提供する、第三の次元としての深さと比べて、表面的——でしかないような、二つの形式に二分化することであるかのようである。分割して征服せよ！　その結果、場所と空間の間のどの競争でも、空間が勝利することはあらかじめ決まっているのである。

デカルトにとって場所は無ではない。空虚とは違って、場所はただのキマエラでも、まったくの架空のものでもない。（われわれが空間の延長性を想像《イマジン》するからといって、空間は架空《イマジナリー》のものだというわけではない——その正反対である！）場所は雑種的な存在者なのである。すなわち、容積的なものとしては、場所は事物に似ているが、位置的なものとしては、それは事物に似ておらず、純粋に関係的なのである。デカルトが『省察』において、人間は無と神の間の（あるいは、よりパスカル的な言い方をすれば、恐れと喜びの間の）不安定な中間状態に存在する、と主張しているのとちょうど同じように、場所は空間と物質の間で不安定な状態にある。両義的で一過性のものだから、場所の存在は他律的——つまり、厳格な意味での延長するもの《レース・エクステーンサ》の領域との厳密な一致によって定義され、したがって、その領域に寄生している——なのである。

第8章　相対的なものとしての近世空間
――ロックとライプニッツ

われわれがもつ場所の観念は、事物のそうした相対的な位置にほかならない。

――ジョン・ロック『人間知性論』

ひとびとは場所、軌跡、空間を空想しますが、これらのものは関係の真理のうちにのみあるのであって、決して何らかの絶対的実在のうちにあるのではありません。

――ゴットフリート・ヴィルヘルム・ライプニッツ「クラークへの第五書簡」

時間と場所に関するわれわれの知識はすべて、本質的に相対的である。

――ジェイムズ・クラーク・マクスウェル『物質と運動』

1

われわれは、空間をめぐる絶対主義的な考え方と相対主義的な考え方の間での、つまり、空間は一つの巨大な（そして、通常は空っぽの）劇場であるという見解と、空間はもっぱら事物間の関係のうちにあるというもう一つの見解の間での、意味深い揺れ――ただし、これはわれわれが直面した最初の揺れというわけでは決してない――を目のあたりにしたところである。デカルトは、内的場所と外的場所を区別することでどちらの考え方も公正に取り扱おうとしたものの、結局はそのどちらも公正に取り扱ってはいない。デカルトの折衷案が満足のいくものでないのは、もっと早い時期における、空虚の問題に対するどっちつかずの解決法（たとえば、世界は無限の真空に取り囲まれた有限の充実的現前であるという考え）が満足のいくものでなかったのと同様である。結局のところ、そうした折衷案はどれも、一定の選択肢としてすでに手持ちになっているものを暫定的につなぎ合わせているにすぎない。ガッサンディとニュートンが空間を（ましてや場所を）絶対的なものと見なすというきっぱりとした決定を下したのに対して、デカルトは、内的場所としての空間という考え方における絶対主義と、外的場所の記述における相対主義の、どちらにもしがみついているのである。ただし、デカルトは空虚に関してだけは揺るぎない決断を下しており、無限に分割可能で隙間のない物質的充実体を支持して、空虚というものを力強く退けている。この点では、デカルトはゴットフリート・ヴィルヘルム・ライプニッツに結びつけられなければならない。ライプニッツもまた、まったく異なる根拠に基づいてではあるが、同じく濃密な充実体があると論じているからである。しかし、空間と場所はどちらもその組成という点で全面的に相対的である、という考えをまったく妥協のない形で支持するには、ライプニッツのぶれのない姿勢が必要になるだろう。

空間と場所は相対的であるという考えを支持したという点では、ライプニッツはジョン・ロックに先取りされている。ロックの『人間知性論』は一六九〇年に出版されたが、これはデカルトの『哲学原理』が出版されてからおよそ半世紀後のことであり、ライプニッツとクラークの間で往復書簡が交わされる二十五年前のことである。ロックは場所と空間を論じるのに、お決まりのデカルト批判、とりわけ、物体性と空間性を厳密に等しいものにしようというデカルトの努力に対する批判からはじめている。ロックは『人間知性論』において、「空間は物体ではない。というのは、空間はそのうちに固性の観念を含んでいないからである」(1)と強調する。固性——つまり、物理的物体の抵抗ないし不可入性——は延長に還元できないが、それは、延長は「固性も、物体の運動に対する抵抗も含んでいない」(2)からである。思惟が延長から区別されるのと同様に、空間は固性から区別される。デカルトは二つのものを別々に理解できるか否かということを、何かを区別するうえでの基準としていたが、ロックはデカルトをこの彼自身の基準で自縄自縛にして、「われわれは空間と固性について、そのどちらか一方がなくても他方を理解できるのだから、空間と固性の間には必然的な結びつきはない」(3)と明言する。そして、もし固性——これは「物質」に関する最重要の述語である——が空間との概念的な結びつきも内的な結びつきももたないとすれば、空間そのものは事実上あらゆるものに占有されうるし、しかも、このあらゆるものには無も含まれる。こうして、われわれはロックが好んで「純粋空間」と呼ぶもの、つまり、あらかじめ決まった構成要素のない空間にたどり着くのである(4)。

ロックの説明によれば、そうした空っぽで開かれた空間という単純観念には、三つの変様、つまり、三つの「単純様態」がある。すなわち、「容量」ないし端的な容積、「形」ないし物体の先端部分同士の関係、二つないしそれ以上の物体の間にある空間としての「距離」、の三つである(5)。場所に関するかぎり、決定的な次元は距離である。距離は、「その間にある他のどんな事物も考えることなしに、任意の二つの存在の間の長さという点のみから考えられた空間」(6)である、と言われている。デカルトが容積的なものを強調した——デカルトが、共通の三次元的な軸性を共有する空間と物質のうち、前者を後者に同化させることができたのは、容積的なものを強調したおかげであるーーのとは違って、ロックは距離や長さといった一次元的な要素に力点を置いている。というのは、ロックはこの一次元的な要素が（時間と同様）場所を規定していると見なすからである(7)。距離が空間の変様であるように、場所は距離の変様なのである。実際のところ、これはきわめて独特な変様であって、ロックはこの変様のおかげで、これまでにわれわれが出会ったなかでも、最も独特な構造をもった場所理論の一つを定式化することになる。

> 単純な空間ということで、われわれは任意の二つの物体ないし点の間の距離の関係を考える。それゆえ、場所の観念ということで、われわれはある事物と、任意の二つないしそれ以上の、互いに同じ距離を保っていると考えられ、それゆえ静止していると考えられる点との間の距離の関係を考える。というのは、ある事物と任意の二つないしそれ以上の点との距離が現在も昨日と等しいことを見出し、それらの点が昨日以来互いにその距離を変えておらず、昨日もそれらの点とその事物とを比較したというとき、われわれは、その事物は同一の場所をずっと保っている、と言うからである。しかし、もしこの事物がそれらの点のどれかとの距離をそれと感覚できるほど変えれば、われわれは、その事物は場所を変えた、と言う(8)。

ここには、外的場所をめぐる、デカルトがこの概念に与えた表現よりもはるかに説得的な表現がある。しかも、この表現は、デカルトなら内的場所と見なしたであろうものは不整合だ、という主張と結びついている。すなわち、「場所という言葉は、時としてより混乱した意味をもち、ある物体が占める空間のことを表している」(9)。占有としての空間は固性としての空間とまったく等しいーーすなわち、占有としての空間は単に、任意の物体が有する容量と形を表しているにすぎないーーのだから、ロックにとっては、内的場所をそれだけ切り離して考察することなど求められてはいないのである。

　場所を定義するのは、物体が占める空間ではなく、その物体と他の存在者との関係である。先に引用された理論が明らかにするように、この関係は距離の関係、より正確に言えば、二重の距離の関係である。というのは、あるものの場所は、第一に、他のあるものにーーとりわけ、少なくとも二つの確定した「点」にーー相対的な距離によって規定され、第二に、これらの点の安定した相互関係によって規定されるからである(10)。デカルトが外的場所とは「位置《シチュエーション》」であるとする彼の議論において「運動なき」対象ーーより詳しく検討したところ、この対象には疑問の余地があることが判明したーーと呼んでいたもののことを、ロックは慎重にも、「静止していると考えられる」と記述している。これはすなわち、そうした対象は、それらとの関係である場所の位置－の－同一性が規定され、維持される間、お互いに対する関係という点で運動していないということである。場所の安定性《スタビリタース・ロキー》は、二つの事物の間にある単なる距離から生じるのではなく、一つの事物（つまり、場所－内－事物）と、内的に（一時的にではあるが）不変な一対をなす二つの事物の間にある距離から生じる。移動中の船上にあるチェス盤の上に置かれた「一組のチェス駒」というロックの例が示しているように、内的に安定した指標となるものは、それらがお互いに対する関係という点で動いていないかぎり、それ自体は（たとえば海の上を）動いていてもかまわない。船上でのチェス盤の場所も、チェス駒のお互いに対する場所も、指標点の役をしている船のこれらの部分の関係が船の運動から影響を受けないかぎり、同一のままなのである(11)。

それゆえ、場所とは「距離の変様」(12)のことである。さらに、場所とは全面的に規約の問題であるような変様のことでもある。ロックは、距離そのものに関する主張をしただけでなく、第二の革新として、場所は「自然」であったり所与的であったりする（プラトンとデカルト、アリストテレスとニュートンはみなこのように想定した）どころか、人間によって人間自身の実践的な目的のために作り出された、と主張するのである。実際には、これら二つの革新は密接に関係している。事実、場所が規約的な地位をもつのは、場所が距離——距離そのものを測定しようというのは人間に特徴的な関心事である——の関数であるからにほかならない。ロックが言うように、場所は「通常用いるためにひとびとによって作られたのであり、この場所によってひとびとは事物の個別的な位置を示すことができるだろう」(13)。場所は「通常用いる」ために作られたのだから、場所に関して重要なのは、それが包含者のように包み込んでいることや、きっちりと密着していることだけではありえないし、まして、それが所有しているかもしれない何らかの固有の性質などではありえない。何が重要であるかは、それが有益かどうかとか、それにはどのようなことができるのか、といった基準によって規定されることになるだろう(14)。

こうして、ロックによる名高い言語と所有権(15)の哲学に見られる規約主義は、彼の場所の哲学のうちに、それに対応するものを見出す。場所とは、（主に功利的な動機から）人間が事物の位置の間にある距離を規定しようとするときに、人間が作り出すものなのである。距離を規定することは、距離を測定することと等しい(16)。したがって、フッサールがガリレオとデカルトの思考における「自然の数学化」と呼んでいるものは、ロックにもあてはまる(17)。さらに、デカルトとガリレオが二人とも色や手触りや温度といった単なる「第二性質」を場所から取り除いたのとちょうど同じように、ロックもまた、そうした第二性質がどれも計算可能な距離に変換できないことから、そうした性質を軽視している(18)。ここから明らかになるように、十八世紀と十九世紀にあまねく場所の宿命となる、場所の用地《サイト》＝位置への運命的な還元に向けての決定的な一歩が踏み出されたのは、ガリレオの運動学的な自然学とデカルトの解析幾何学だけでなく、場所は距離に規定されているというロックの考え方によってなのである。場所はもはや純粋な測定者、つまり、測定する力ではなく、単に測定されたものでしかないのである(19)。

当面の目的からすれば、われわれはただ、ロックが場所についての厳格な相対主義に肩入れしたことを強調しさえすればよい。ロックは「われわれがもつ場所の観念は、ある事物のそうした相対的な位置にほかならない」(20)と公言している。この文における「〜にほかならない」という言い回しがもつ排他的な力は、これに対応する、運動は「ある二つの事物の間の距離の変化にほかならない」(21)というロックの考え方と同様に際立っている。運動をめぐるこうした見解で場所それ自体がもはや引き合いに出されない——場所運動という古代の範型は、ここでは、運動と場所の二つにおいて距離が果たしている範型的な役割に置き換えられてしまっている——のとちょうど同じように、場所はもはや、「長さという点のみから考えられた空間」と離れて存在するような何かではない。ガッサンディとニュートンが場所を絶対空間の単なる「一部」にすることで場所を絶対空間に解消したとすれば、ロックは場所を、距離だけに関わる、単に相対的なものとしての空間へと覆い隠すのである。だが、ロックが場所に関して最終的に言うことは、その他の点では意見を異にする、絶対主義の立場に立つ彼の同時代人たちによって言われていたとしてもおかしくない。すなわち、ロックによれば、場所は空間の観念についての「個別的で制限された見方にすぎない」(22)。というのは、もし場所が「距離の変様であり、「異なる距離はどれも、空間のさまざまな変様である」(23)とすれば、場所は空間の変様にすぎないということになるからである。測定可能な距離によって規定されたものである場所は、空間の一様態、それも、著しく限られた一様態でしかありえないのである。

ロックが「空間」を「場所」から切り離して考察するとき、彼は空間のうちに比較的安定していて変わることのないもの——それどころか、ほとんど絶対的なもの——を見出す。ピロポノス、デカルト、ニュートン(さらに言えばアインシュタイン)の場合にそうであるように、場所相対主義は空間絶対主義と組み合わされることになるのである。ロックの場合、絶対主義を支持する論拠は、最終的には延長を空間だけに属する「拡がり」から区別する、その延長論のうちに埋もれている。

この物質をめぐる言説において混乱を避けるには、空間は拡がっており、物体は延長している、と言うために、延長という名称を物質ないし個別的な物体の末端の距離だけに適用し、拡がりという言葉を、拡がりを有する固性ある物質を備えていようといまいと、空間一般に適用するというのが、おそらくは望ましかったのである(24)。

「空間一般」はまたしても、「純粋空間」、つまり、空っぽで固性を欠くと見なされた空間をめぐる問題になる。一方で、ロックはそうした空間に肩入れしたため、「物体のない空間を意味する」(25)空虚がまったく可能であるということを支持することになる。他方、この空間への肩入れのために、ロックはほとんどニュートン主義者に見えかねない仕方で空間を記述するよう仕向けられる。たとえば、彼が、「純粋空間の部分は互いに分離できないので、連続性は現実にも心の中でも分離できない」(26)、と書くときがそうである。ここで言う部分は「不動」(27)とも言われているので、これは直ちに、『プリンキピア』において「絶対空間」の「部分」ではあるがお互いに対して断固として相対的だと言われる、あの「絶対的場所」のことを思い出させる。

場所を相対的なものとして理論化した最初の人物であるロックは、空間の絶対性を主張しているだけではない。彼は空間の無限性も支持している。たとえば、「広大無辺性の観念」は、われわれが距離を無制限に結びつけはじめるとすぐに、ただ単に正当だと見なされるだけでなく、不可避的だと見なされる(28)。もっと適切に言えば、空間の観念そのものは、果てしのない、無限な拡張の観念である（それゆえ、空間と拡がりは等しい）。すなわち、そうした制限のない拡張のうちに、「心は、多様性も目印も」——つまり、そうした拡張がよく位置づけられた場所の一場面になることを可能にする、一連の安定した指標点も——「見出さない」(29)のである。ここで、空間の無限性を支持する論証が二つ与えられる。第一に、ロックは世界の先端にいる人物のあり様を生き生きと書き直している。すなわち、「もしそこで彼が指を拡げれば、その間には物体はないが、それでも空間はあるだろう」(30)。デカルトがこのアルキュタス流の思考実験を自己流に改作して、普遍宇宙は空間的に無際限であると論じたのに対して、ロックはその代わりに、普遍宇宙は無限であると推論するのである。第二に、ロックは普遍宇宙が有意味な形で無限のうちに位置づけられうることを示している。すなわち、われわれは「普遍宇宙の場所」について整合的な考えなどもっていないが、それでもわれわれは申し分なく、普遍宇宙はどこかに存在すると言えるし、それどころか、そう言わなければならない。「というのは、世界がどこかにあると言うことは、世界が現に存在するということしか意味しないからである。すなわち、これは場所から借りた言い方ではあるが、ただ世界の存在を意味するだけで、その所在を意味してはいないのである」(31)。これら二つの遅ればせながらのアルキュタス的考察に基づいて、ロックは、世界ないし普遍宇宙は、「無限空間という、それと識別することのできない虚空のうちで、運動しているかじっとしているかである」(32)、と結論するのである。

ピロポノス——彼が空間の絶対主義を弁護する一方で、その無限性を退けたことが思い出されるだろう——とは対照的に、ロックは、ニュートンと一致して、空間の絶対性だけでなく、その無限性も肯定する。絶対性と無限性という二つの究極的な特徴が補強し合うことは、空間を至高のものとして神聖化するうえで欠かせないし、ニュートンのような理論家でもあれば神秘家でもあるといった人物だけでなく、場所をめぐる道具主義的で相対主義的な見解を公式に支持する、ロックのような経験論者がこの立場をとっているということは、それだけいっそう示唆的である。ロックが場所についての規約主義を主張したり、場所を測定可能な距離に還元したりしたことは、空間の至高性と相容れないどころか、いわば下からこの至高性に貢献しており、そのおかげで、空間の至高性は十七世紀後半の思想において不問の信仰箇条であり続けることができたのである。

2

ガッサンディとニュートン、デカルトとロックといったひとびとがみな、それぞれに異なる多様なやり方で何とか場所を空間に解消しようとしたとしても、とどめの一撃を加えるには、ライプニッツの類まれな天才が必要であった。彼の同時代人であるロック——彼の『人間知性論』に触発されて、ライプニッツはそれへの応答という形でまるまる一冊の論考を書いた(33)——とは対照的に、ライプニッツは、場所を距離に還元するという法外な一歩を踏み出す必要なしに、何とかこの最後の打撃を加えようとした。ライプニッツにとって、距離は空間にも場所にも等しく登場しはするものの、それには厳密にモナド論的な思惟体系で演じるべき限られた役割しかない。このように距離の役割が限られているのは、距離は空間内で延長する事物——これに対して、われわれが後に立ち戻らなければならない論点であるが、普遍宇宙の究極の形而上学的構成要素であるモナドは、それ自体は空間的に延長してもいなければ、関係し合ってもいない——にしか適用されない、という事実のためである。なるほど、モナドは実在的であり、「能動的力」(34)を有するが、お互いからの距離という観点からは——とりわけ、距離とは「ある事物から他の事物への最短の道」(35)にほかならない、ということが正しければ——適切には理解されえないのである。

示唆的なことに、ライプニッツは距離を論じるとき、往々にして、「距離ないし隔たり」とか「位置《シチュエーション》ないし距離」(36)といった、ロックとの違いの徴候となるような語句を同格で付け加えている。ライプニッツにとって、場所と空間を規定しているのは、距離それ自体というよりむしろ、「隔たり」およびとくに「位置《シチュエーション》」（おそらく、ライプニッツはこの言葉をデカルトから借用した）という概念である。というのは、事物の空間的な特徴を適切に伝えるのは、事物がお互いに対してどのように位置づけられるか——事物がどのようにして、互いに反射し合ったり表現し合ったりしながら、それに固有の「用地《サイト》＝位置」ないし「位置《ポジション》」（situs）を所有するにいたるか――であって、そのお互いからの測量的な距離ではないからである。それゆえ、位置《シチュエーション》は、物質的に延長する存在者の間の距離という関係のみからは構成されえない。位置はまた、そうした存在者の間にある一群の可能的な関係もまるまる含んでいるのである。このことは、ライプニッツのクラークへの第五書簡で明らかになる。個々の場所をめぐる規定という点で、ライプニッツの議論がロックの議論にきわめて似通っていると思われるまさにそのときに、突然の方向転換が起こるのである。

> これら共存する事物のうちの一つが、お互いの間では関係を変えない他の多くの事物に対する関係を変え、そこに別の事物が新たにやって来て、他の多くの事物に対して元の事物がもっていたのと同一の関係を獲得する、ということが起こるとき、われわれは、この新しい事物は元の事物の場所へ来た、と言います……。そして、多くの、いや、それどころか、すべての共存する事物が方向と速度に関するある既知の規則に従って変化するとしても［ここでは、ロックが運動を指標点に入れたことが念頭に置かれている］、ひとはそれでも、あらゆる共存するものが他のあらゆる共存するものに関して獲得する位置（situation）の関係をつねに規定できます。しかも、他の共存するもののどれかが変化しなかったり、別な仕方で変化したとしたら、それはこの共存するものに対してどんな関係をもつか、ということや、この共存するものは他の共存するもののどれかに対してどんな関係をもつか、ということさえ、規定できるのです[37]。

ライプニッツはここで、関係するさまざまな項からなる一定の環境にとどまるどころか、一定の体系における「他のあらゆる共存するもの」だけでなく、「他の共存するもののどれか」、つまり、特定の項と共存しているかもしれない他のもの（および、このきわめて広範な考え方においては関係はつねに双方向的であるから、他のものと共存しているかもしれない特定の項）さえ含んでいるような、可能的な関係の秩序全体を措定している。この「かもしれない」がもつ力は、まさに端的に可能的なものの秩序にあてはまる。すなわち、この力は、もしその特定の秩序が実現することになれば――実際にはそのようなことは一度として起こらないかもしれないが――生じるであろうものに関わっているのである。

　共存する事物のすっかりでき上がった配置を全体として捉えれば、それは空間の秩序である。もしライプニッツがこのように空間を「共存の秩序」――彼の円熟期の著作の公式の定式では、これは「継起の秩序」としての時間に対置される――と理解しているとすれば、このことは、空間はその地位において相対的（「秩序」は全体的に関係に関わる言葉であり、ここでもそうであるが、その秩序に属する項の内的な関係のことを指している）であるだけでなく、観念的でもあるということである。それどころか、空間がもつこの二つの特色には、切っても切れない関係がある。すなわち、空間が観念的でもあるのは、まさに空間が関係の秩序によって構成されている――そして、単にお互いから一定の距離にある項の、事実上の配置によって構成されているのではない――からであるし、また、空間が秩序を構成するのは、それが観念的だからなのである。関係による秩序づけがなければ観念性もないし、また、観念性がなければ、関係による秩序づけもない。（時間においてと同様）空間において問われているのは、存在者同士の観念的な連結であって、存在者そのものでもなければ、存在者の単に経験的でしかない布置でもない。ライプニッツがはっきりと述べているように、空間は「心がそこで関係の適用を考えるような一定の秩序を含んだ、観念的なものでしかありえません」(38)。

われわれはこのことを、ライプニッツにとっての空間は神の心の中にしか存在しえない――ミシェル・セールの言い方では、空間は「神の知性における可能的なものの領域の構造」(39)である――ということだと考えたくなるが、これは正しいのだろうか。空間の観念性と秩序は、神の崇高な王国にしかそれに固有の用地＝位置を見出せないというほど、純粋なものなのだろうか。空間とは神の空間のことなのだろうか。もしそうだとすればー―そして、ライプニッツはこの見解から決してかけ離れてはいない――、神は空間的でなければならないか、少なくとも、その領域のうちに空間を含んでいることになるだろう。だが、ライプニッツにとって、神は空間ではないし、空間は神の一特性でさえない。厳密に言えば、われわれは、神は空間のうちにあると言うこともできないし（というのは、この場合、神は空間に従属することになるからである）、空間が神のうちにあると言うこともできない（なぜなら、そうだとすれば、空間の分割的な性格からして、神が部分をもつことになるが、神は断じて部分などもたないからである）(40)。ライプニッツはこの袋小路から脱出するために、神は「広大無辺性」は示すが「無限性」は示さない、と主張する。すなわち、無限性が物理的な延長の特徴であるのに対して、広大無辺性は、形而上学的には重要であるが、延長してはいないのである(41)。

それでは、延長しているとはどのようなことなのだろうか。ライプニッツの延長論を理解することは、彼の場所論と空間論にもっと深く入り込むことである。これを理解するには、デカルトの延長論に対するライプニッツの批判からはじめなければならない。それによれば、〔デカルトが「物体と空間は同一である」と見なしたのとは違って〕「物体と空間は異なる」(42)ということが正しいだけでなく、より適切に言えば、デカルト的な意味での延長は、物質的な実体を定義するのに不十分である。一つには、もしそうした延長が決定的なものであるとすれば、二つの物体がそれぞれ同一の延《エクステーンシオー》長を有する場合には、その二つは区別できないということになる——そして、ライプニッツにとって、これは不条理である(43)。もう一つには、三次元的な物質と解された延長は、物質的な実体についての真理を説明できない。すなわち、「運動ないし能動も、抵抗ないし受動も、物質的な実体からは生じえない」(44)。物質においては、大きさや形や位置より以上のものが問われているのである。この「より以上のもの」とは、デカルト的な意味での延長を欠いているような何か——「かつては形相とか種と呼ばれていた、魂に類する何か」(45)——のことである。あるときには、ライプニッツは、活力を与え、弾力のあるこの力（これは「能動的力」と等しい）は「延長」にとって代わることさえできた、と示唆している(46)。またあるときには、ライプニッツは、延長はそれ単独で自立した言葉ではなく、多数性、連続性、共存性といったさまざまな構成要素に分解される、と力説している(47)。最も重要なのは、延長は、延長するものとして——離散的で、自力で動くことのできない物体として——というより、延長において展開する「基体」がもつ一つの属性である、という事実である。そして、この基体は、延長という一連の重なり合う段階に応じて、ホワイトヘッドなら「延長的連続体」(48)と呼ぶであろうもののうちに拡がっている。ライプニッツがある決定的な定式で述べているように、

［デカルトが理解するような］延長は抽象でしかなく、延長する何かを要求しています。つまり、それは基体を必要としているのです。……この基体のうちに、延長はそれに先だつ何かを前提してさえいます。延長は基体におけるある性質、ある属性、ある本性を含んでおり、それらのものは延長し、基体とともに拡がり、連続しています。延長とは、そうした性質ないし本性の拡散のことです。たとえば、牛乳には、白さの延長ないし拡散があるのです(49)。

それゆえ、延長しているのは、単に物体なのではなく、ましてその物質でもなく、むしろ物体における（ないし物体の）性質である。このことが、適切に言えば延長が実体でなく「現象」であるのはなぜか、そして、われわれが延長する事物のことをさまざまな具体的やり方で性質づけられたものとしか考えないのはなぜか、といったことを説明するのである(50)。

延長をこのように再検討したことによって、われわれは不意に——デカルトの場合のように空間へではなく——場所へと導かれる。というのは、「延長する存在は連続的全体という観念を含み、そこには同時に存在する多数の事物［つまり部分］がある」(51)ということが正しければ、同時的な部分からなるこの延長的連続体は、それが一つの連続的全体と見なされるためには、それに固有の場所をもたなければならないからである。あるいは、より厳密に言えば、単一の（ジル・ドゥルーズ流に言えば）「全体－部分」と見なされた一存在者の内在的

で延長的な連続体は、それに固有の場所、つまり、その場所《ロクス》である。というのは、この存在者がもつ性質はその部分を通じて自分自身を拡散し、その部分はそれ自体一つの場所に共‐局所化されるからである。そして、今度はこの場所がその性質を通じて拡散する。何というしっぺ返しであろうか！　こうして、ライプニッツは「延長とは、形相的に、部分の部分の外への拡散のことを言います。ただし、拡散しているものは形相的に物質ないし物体的実体となるのではなく、希求的にそうなるにすぎません。形相的に拡散しているものとは、場所性、つまり、位置《シトゥス》を構成しているもののことなのです」(52)と述べるのである。ライプニッツは、部分外部分《パルテース・エクストラー・パルテース》という関係を示す独立した存在者としての物質的物体、というデカルトのモデルに代えて、重なり合うさまざまな要素からなる連続的系列においてその部分がお互いに含み合っているような、連続的存在者というモデルを提案する。存在者が、大きさと形だけから構成された厳格に容積的な場所と、他の存在者との客観的な関係に規定された位置的な場所――つまり、それぞれ「内的」場所と「外的」場所――をどちらとも有するのではなく、存在者全体とその部分は、等しくただ一つの場所に局所化されるのである。しかし、だからといって、存在者全体とその部分は、ホワイトヘッド的な意味での単に位置を占めることという仕方でその場所にあるわけではない。それらは拡散的な仕方でそのように局所化される。そしてそれは、ここで問題になっている場所を超えるか貫くかしている、ある種の性質の延長のおかげであり、地位という点ではそれ自体暗黙的な、「自らの働きの系列を継続させていく法則」(53)に従ってなのである。この暗黙的な法則の反復は、これらの性質の文字通りの延‐長〔外へ‐引っ張ること〕に等しく、この二つはどちらとも同じ場所――ここで言う場所とは、単にそこに見出されるだけではなく、それ自身その存在者のうちで延長し、その存在者から分離されていないような、そうした延長する存在の場所のことである――で生じるのである。

ライプニッツが「フィラレートとアリストの対話」で述べているように、ここから生じる延長概念は、「位置《シチュエーション》ないし場所性」に――つまり場所に――「関連づけ」られなければならない(54)。彼はこれに次のように付け加えている。

> こうして、場所の拡散は空間を形成し、空間は延長の第一根拠（prōton dektikon）ないし第一の基体となり、それによって延長は空間内にある他の事物にも適合することになるでしょう。こうして、物体の延長が不可入性ないし物質性の拡散であるのとちょうど同じように、延長は、それが空間の属性であるときには、位置《シチュエーション》ないし場所性の拡散ないし連続性だということになるのです(55)。

ここでは、場所から空間への重大な一歩が踏み出されている。

場所と空間というこの二つの概念は、徹底的に分離されているどころか――実際、ライプニッツのモナドロジーでは、何一つとして徹底的に分離されてはいない――、一致している。性質の拡散が結果的に事物の延長になったように、場所の拡散は内に向かって事物にたどり着くと同時に、外に向かって空間にたどり着くのである。この後者の拡散、つまり、場所の空間への拡散は、拡大された新しい意味での延長に関わっている。いまや延長は、あるただ一つの事物の属性にすぎないのではなく、事物はあるただ一つの空間的舞台で互いに共存し合っているのだから、事物の集合全体を含んでいる。われわれは延長の「平面図法」から、その「背景図法」に移行したのである(56)。この移行によって、われわれは空間は延長していると言えるだけでなく、空間そのものは、増大し最大限に拡散した形での延長の、「第一根拠」ないし「第一の基体」である、とも言える。そのようなものとして、空間はまさに――デカルトなら実体の延長であると言うだろうが、それよりはむしろ――延長の実体なのである(57)。

　こうして、場所対空間――われわれは本書における数多くの先だつ機会に、この二つの言葉が分離して敵対するのを目にしてきた――という一見すると二分法的に見える場合においてさえ、ライプニッツは連続性を主張している。とりわけ、デカルトにおいては分割を表す言葉であった延長は、事物、場所、空間を結びつける。ある物体的事物はそれがもつさまざまな性質を通してある場所で（へ）延長し、そして、その場所の延長の方は、共存する事物の舞台である空間となるのである。とはいえ、差異は残っており、それには少なくとも一つの、分裂を引き起こしかねない差異が含まれる。ある単独の事物の延長がはっきりと質的であるのに対して、空間内にある諸事物の延長はもっぱら量的であり、しかも、質と量の区別を橋渡しするのは容易なことではないのである。ライプニッツが後期の論文「数学の形而上学的基礎」で与えた定式が、ここで役立つ。

> 量ないし大きさとは、諸事物における量ないし大きさであり、これはそれらの諸事物が同時に共現前することを通して――あるいは、それらが同時に知覚されることによって――のみ知られうる。……他方、質とは、それらの事物が単独で観察されるときにその事物において知られうるもののことであって、いかなる共現前も要求しない(58)。

この一節から、量が諸事物の共現前的な配列に（それゆえ空間に）結びつけられているのに対して、質がいかに個別的な事物に（それゆえ場所に）関連づけられているか、ということがはっきり分かる。

　ここで問われている困難は、それぞれ場所と空間の様態的な表現である質と量を互いに和解させるのが難しい、というだけのことではない。この困難はずっと根の深いものである。空間を量と同化することで、ライプニッツは一枚岩的な概念である空間の漸進的な客観化に向けて決定的な一歩を踏み出すが、場所は、このように空間が客観化されるのに応じて、全面的に不適切なものになるとまではいかなくても、徐々にとるに足らないものとならざるをえない。実際、場所がとるに足らないものになろうとしていることは、たった今引用した論文における「延長とは空間の大きさである」(59)という言明のうちに見てとれる。延長は大きさの問題でしかないと宣言することで、ライプニッツは危うく、空間とは内的場所、つまり、その場所を占有している延長する物質的物体の総量によって測定される容積である、とするデカルト空間論の方へと向きを変えるのである。

とはいえ、実際には、空間を量的なものにしたために、ライプニッツはその代わりに空間を「位置《ポジション》」に還元するよう仕向けられる。もっぱら量だけが問題である位置は、外的関係——空間内のある点の、他の点（ないし点の集まり）に対する外的関係——の問題である。空間内のある位置は、文字通り措定される。すなわち、それはまさにこの所在として、つまり、内的な規定を欠いているため、その全意義を他の所在に対する関係から引き出すような所在として、選び出される（それゆえ、位置はデカルトの用語で言う「外的場所」と見なされるだろう）。したがって、こうして量的なものとなった位置は、ホワイトヘッド的な意味での単に位置を占めることの、一つの模範的な事例となるのである。それゆえ、ライプニッツが位置にまったく抽象的な身分を与えているのも、驚くにはあたらない。位置が空間そのものに不可欠であるかぎり、位置はドゥルーズの言う単なる「抽象的な座‐標」(60)になる。こうして、場所の具体性は空間の抽象性に置き換えられるのである。したがって、ライプニッツがほかならぬ「共‐存の秩序」としての空間という考えを量と結びつけ、量の一様態としての距離とさえ結びつけているのもまた、驚くにはあたらない。彼がクラークに宛てて書いているように、「そうした秩序にもまたその量があり、その量には先行するものと後続するものがあります。すなわち、距離や隔たりがあるのです」(61)。

しかしながら、驚くべきであるのは、単に位置を占めることという教説に肩入れしたひとびとが具体者置き違いの虚偽に陥るのをつねにしていたのとは違って、ライプニッツがこの虚偽に陥っていないという点である。というのは、ライプニッツは最終的には、空間、とりわけ唯一の範型である位置に基づいているかぎりでの空間を量化しようという、彼自身の一見抵抗し難い誘惑に対して、批判的だからである。「不可識別者の原理について」と題された断章において、ライプニッツははっきりと位置と量を質の下に組み込んでいる。

［量と位置は］運動それ自体によって生み出されるように見えるし、通常ひとびとはこうした仕方で考える。しかし、その問題をより厳密に考察したところ、量と位置は単なる結果

にすぎず、しかも、その結果は内的な名称それ自体を何ら構成しないということ、それゆえ、量と位置は、質のカテゴリーから、つまり、内的な偶有的名称から派生した基礎を必要とするような関係にすぎないということが分かった(62)。

同じ断章において、彼は「異なる事物はすべて何らかの仕方で区別されなければならないが、実在的な事物の場合には、位置だけでは区別の十分な手段でない」(63)とも断言している。たしかに、ライプニッツがここでとくに関心をもっているのは、空間における位置(さらに詳しく言えば、これに加えて、時間における日時)が十分に存在者を個体化するかどうか——彼の見解では、これは断じて否である——という点であるが、しかし、彼の指摘はそれでも有効である。というのは、彼の指摘は、端的に量的なものがどれもそうであるように、位置は結局のところ彼の言う「純粋に外的な名称」でしかない、ということを示しているからである。そうした名称は、現実のどの主語〔基体〕にも座を占めていない述語に相当するのだから、架空のもの——空っぽの空間が架空のものであるのと同様に——である(64)。実際、そうした名称は存在しない。

すべての哲学において、そして神学においてさえ、最も重要な考察は次のようなものである。すなわち、事物の相互連関のゆえに、純粋に外的な名称など存在しないということ、そして、二つの事物が場所と時間という点においてのみ互いに異なるということは可能ではなく、二つの事物が異なるためには他に何らかの内的な差異が存在することがつねに必要だということ、である(65)。

逆説的なことに、質だけが「内的な偶有的名称」を有するのだから、「事物の相互連関」は量によってよりも質によってよりよく取り扱われる(66)。だが、これまで見てきたように、質は場所と結びついている——そして、場所もまた質と結びついている。質的な地位をもつ場所は、量的なものの雛形であり、したがって単に外的なものの雛形でもある位置に解消されてしまうことから、空間を救い出すことができるのだろうか。

少なくともしばらくは、これは可能であるように思われる。ライプニッツは「不可識別者の原理について」において、「場所のうちにあるということは、少なくとも抽象的には、位置しか含意しないように見える。しかし、現実には、場所をもつものは場所それ自体を表出しなければならない」(67)という驚くべき主張をしている。一方で、場所が位置的と見なされうるのは、それが抽象的に、つまり、単に位置を占めることとして理解されるときだけである。しかし他方、「場所それ自体」のような事物、つまり、固有であり、おそらくは実体的でさえあるような何かがある。これが場所であるのは、それが質の延長的な連続を限定して、この質(ないし質の集まり)を担っている事物へと遡るときである。この事物に遡る能力という点で、場所は場所のうちにあるものに密接かつ独自の仕方で結びつけられている。ライプニッツが別の箇所で述べているように、「われわれが［場所《ロクス》を］措定するとき、われわれはこの事実によってただちに、どんな推論も必要とせずに、存在者も措定したのだ、とも理解されなければならないとすれば、その存在者は何らかの場所《ロクス》のうちにある（inesse）か、何ものかの構成要素である」(68)。場所《ロクス》を場所それ自体として措定することは、その場所のうちにあるものも一緒に措定することである。そして、その逆もまた真なのであって、物理的事物を質的な全体として措定することは、その場所《ロクス》も、つまり、その事物を他のどこかではなく、ここにあらしめているものも措定することである。だからこそ、場所のうちにあるものはその場所を表出する、すなわち、その視点から周囲の世界を映し出しているだけでなく、その視点そのものも――つまり、特定の場所におけるその物体的存在も、そしてそれゆえに、その場所から視点をとることも――映し出している、と主張することができるのである。そうした視点ないしパースペクティヴは、単なる位置をはるかに超えるものである。というのは、視点ないしパースペクティヴは、知覚する主体に特有の世界をその主体自身の身体を含めて包囲している普遍宇宙についての、一群の表象を含んでいるからである。場所が延長が生成するための局所的な母胎として必要とされる（場所がなければ延長もない）ように、場所そのものは物体を必要とする（物体がなければ場所もない）。この物体は「場所それ自体」を表出する。すなわち、この物体の視点とは、場所によってもたらされるパースペクティヴにほかならないのである。こうして、あらゆる知的主体ないし「モナド」が普遍宇宙全体を表出するとはいっても、それは、普遍宇宙が物体によってもたらされるただ一つの場所から見られるときだけである。このことからは、普遍宇宙の平面図法的な知覚、言い換えれば、ただ一つの場所からたどられた視界が結果する――これは、神が空間の秩序に属するすべてのものを背景図法的に通覧するのとは対照的である。すなわち、神は空間内のあらゆるところにあるという事実にもかかわらず、身体のない神には場所もないのである(69)。

　これらの示唆に富んだ考えにもかかわらず、結局のところライプニッツは、抽象的に座標化された位置の連結という観点から空間を理解するのを許すだけでなく、場所は位置と並行的であり、それどころか、最終的には位置に従属しさえする、という見方に屈する。場所のうちにあるものはどれも「場所それ自体を表出しなければならない」と主張するまさにその論文において、ライプニッツは「一般に、場所、位置、そして数や比例のような量は単なる関係でしかなく、それ自身で変化を作り出したり終わらせたりする他の事物から生じる」(70)とも主張しているのである。場所は、位置や量と一緒に、純粋な実体的変化の「単なる結果」として投げ捨てられる。すなわち、これらはみな「基礎を必要とする関係」――ここで言う基礎とは、「内的な偶有的名称」における、つまり、質における基礎のことである――にすぎないのである(71)。場所は、延長を結果する拡散のための基盤としても、物体がまず最初に(つまり、物体がそこから他のあらゆるものを表出する視点以前に、あるいはむしろ、そのような視点として)表出するものとしても重要ではあるが、結局はその結果生じる相対的なものになってしまう。われわれはこの還元的な結果をどのように説明したらよいのだろうか。

私の信じるところでは、この結果は空間の至高性ということを引き合いに出さなければ説明できない。ライプニッツは、知的な身体 - 主体としての離散的なモナドに注目しているときには、場所がもつ意義や独自性を認めることができる。しかし、舞台が変わると――つまり、われわれが共存の全体としての空間を取り扱わなければならなくなると――すぐに、この認識は曇らされる。すなわち、場所は、空間的な体系の抽象性のうちで、拡散させられるとまではいかなくとも、解消させられるのである。次に挙げる典型的な一節に見られるように、平面図法的な「場所」(locus, lieu)の言語は、背景図法的な「位置」(positio, situs)の記号学に道を譲るのである。

とはいうものの、[モナドは]ある種の延長における位置(situs)をもつ。すなわち、モナドは、それらが支配する機械を通じて、他のモナドとある種の秩序だった共存関係をもつのである。私は、どの有限実体も[一つの]物体から離れて存在できるとは思わないし、したがって、それらが普遍宇宙内で共存している他の事物に相対的な位置ないし秩序を欠いているとも思わない(72)。

ここで言う「延長における位置」とは何であろうか。明らかに、われわれはもはや延長のための場所――延長する事物がそのうちで拡がりうるような場所――とは無関係であるが、しかし、場所が与えるさらなる発展のための余地を必要としないというほど、延長が十分に規定されたものとしてすでに確立されているような環境とは、関係がある。必要であるのは、普遍宇宙をただ一つの調和的な全体として作り上げているモナド間の、「ある種の秩序だった共存関係」だけである。この関係を設定し、維持するには、位置があれば十分である。それも、単一実体の水準でも、さまざまな実体からなる全体性、つまり「普遍宇宙」の水準でも、位置があればそれで十分なのである。単一の実体の水準では、場所は端的な「場所の同一性」に、つまり、座標化された位置というより大きな構造における、位置の自己同一性に還元される。そうした位置は、空っぽの容れ物としての場所であるということがもつ位置でしかない。たとえば、位置AとBは、それらがC、E、F、Gなどに恒常的な仕方で関係づけられ続けるかぎり(これに加えて、C、E、F、Gの所在の組が固定されたままであるとも仮定されていれば）、そのいずれかがXという位置へ移動しても、どちらとも「同一の場所」を占有するだろう。クラークへの第五書簡――この分析はここでその最も完全な定式化にたどり着く――でライプニッツがはっきりと認めているように、「私は、場所とは何であるかを説明するために、同一の場所とは何であるかを定義することで満足してきました」(73)。同一性は等質性を含意しており、それゆえ、場所がもつ特殊な点、つまり質的に特異な点はどれも、もっぱらその場所に関して不変であるものだけに向けられた関心のうちに覆い隠される(74)。そのような不変性は、その場所を占有するものには差異をもたらさない単に位置を占めることである。「位置《ポジション》」という言葉で呼ぶのが最もよい。すなわち、AとBのどちらがXという位置に局所化されても、このことはXにはまったく何の差異ももたらさないし、AとBにもほとんど何の差異ももたらさない（ただ「外的な」差異をもたらすにすぎない）のである。

　したがって、もし「同一の場所」が位置のこうした不変性と無差異性しか意味せず、モナド間の共存の秩序が間位置的なものが織りなす巨大な網目でしかないとすれば、そこから直ちに、場所は空間に対していかなる独立的な身分も保持できないということになる。空間の全体性（そして、空間とは一つの全体性にほかならない）の内部では、場所は単なる位置的なくぼみ――空間的な普遍宇宙の単なる一端ないし一角、その完成態の一つの局面――にすぎないのである。すなわち、「これらの場所をすべて含むものは、空間と呼ばれます。……空間とは、一まとめにされた場所から生じるもののことなのです」(75)。

　十分だと思われるいくつかの理由から、場所は空間のうちに失われる。第一に、場所は空間の抽象性のうちに、つまり、空間の観念性と端的な可能性のうちに失われる。すなわち、共存の秩序とは、具体的な範型のことではなく、二乗の秩序、つまり「位置《シチュエーション》の秩序」(76)のことなのである。そうした秩序は、「事物とは独立に考えられたさまざまな関係からなり、それゆえ、さまざまな観念的関係からなる、一つの全体」(77)である。第二に、場所は空間の無限性のうちに失われる。すなわち、無限な普遍宇宙だけが神の広大無辺性にふさわしく、神の全能を表現できるのであり、また、そうした普遍宇宙だけが数において無限なモナドを「含む」ことができるのである(78)。第三に、そしてこれが最も決定的な点であるが、場所は空間の相対性のうちに、つまり、構造化された関係群としての空間の組成のうちに失われる。空間が海洋的な地位をもつとされるのは、それが海のようにたくさんの関係からなっているからであるが、非実体的なものでしかない場所はその海で溺死するしかない。AとBという位置とC、E、F、G……という「固定された存在物」との間の関係だけが問題となる、自らの場所モデルについて論評しながら、ライプニッツは「場所という観念をもつには、したがってまた、空間という観念をもつには、これらの関係とその変化の規則を考慮すれば十分なのであって、われわれがその位置《シチュエーション》を考慮している事物の外に、何らかの絶対的実在を思い描く必要などない」(79)と指摘している。他のひとびとにとっては空間の無限性はその絶対性を含意するが、ライプニッツにとっては、その反対に、空間の無限性はその相対性を含意する。真の空間的無限性は、事物の間にある数え切れないほど多くの関係にあるのであって、何か考えられないほど広大な宇宙的容積にあるのではない。そして、もし「単純実体」(モナド)の数が無限だとすれば、ましてこれらの実体の間にある可能的な関係もまた無限だということになるだろう。

きわめて注目すべきことに——ただし、最終的にはきわめて失望させられることになるのであるが——、空間がきわめて相対的な本性をもつからといって、ライプニッツは必ずしも場所を位置に還元しようとしたわけではない。この相対性に関するその十分な力動性を、実に見事に強調することもできたかもしれない何らかの別の解釈であれば、場所がもつ独特の力と固有性や、れない。ライプニッツ自身、時には空間と場所に関するこのもう一つの読み方——つまり、空間とは、その所在的な基盤として場所を要求するさまざまなモナドを、共感によって結びつけるための母胎である、という読み方——に惹きつけられている。たとえば、『モナドロジー』では、ライプニッツは「すべての事物がともに呼吸をしている」(symnpoia panta)というヒポクラテスの言葉を引き合いに出して、「すべての被造物のお互いに対する、そして、それぞれの被造物の、その他のすべての被造物に対する、相互連結と適合」(80)について語っている。彼はまた、「どの物体も普遍宇宙で起こるすべてのものによって触発されているので、すべてを見通すひとであれば、あらゆるところで起こっていることを、それぞれの事物のうちに読み取ることができるだろう」(81)とも主張している。位置は端的に量的であり、形式的にのみ関係的であるにすぎないので、すべての事物同士の相互連結を作り出すことはできない。質的に多孔的である場所だけが、それを作り出すことができるのである。さらに、任意の事物のうちに他のあらゆるところで起こっていることを読み取るということは、この読み方のうちにその事物——この事物もまた、他のあらゆる事物の痕跡をとどめているはずである——の場所を含んでいるということでなければならない。そして、もし一つの事物が他のあらゆる事物を表出しているとすれば、その事物の場所もまた他のあらゆる事物を表出するのでなければならない。実際、ライプニッツが次のように述べるとき、彼はそのようにほのめかしている。

創造されたモナドはどれも普遍宇宙全体を表現するが、それはとくに「普遍宇宙」によって触発される物体をより判明に表現する。……そして、この物体が充実体における全物質の相互連結を通じて普遍宇宙全体を表出するのとちょうど同じように、魂もまた、特殊な仕方で自分に属しているこの物体

〔身体〕を表現することによって、普遍宇宙全体を表現するのである(82)。

もし物体が「普遍宇宙全体」を表出できる――それゆえ、普遍宇宙における空間的な関係からなる全体を表出できる――とすれば、このことはその物体の場所にも等しく言えるのではないだろうか。そして、もしその物体が「特殊な仕方で」魂に属しているとすれば、この物体〔身体〕はまた、まったく特殊な仕方で、つまり、各物体〔身体〕が普遍宇宙を調和的に表出することを可能にするような仕方で、場所にも属しているのではないだろうか。それゆえ、やはり場所には特別な適役――つまり、普遍的表出がじかに行われる劇場という、特殊な場所《ロクス》を演じるという適役――があるのではないだろうか。これこそが「視点」ということが意味しているもの――つまり、知覚と表出のためのかけがえのない場所――なのではないだろうか。ある未刊の断章では、ライプニッツはこの方向を指し示している。すなわち、「モナドは、調和を通して以外には、すなわち、場所という現象との一致を通して以外には、場所をもたない。そして、この一致は、事物の流入からではなく、事物の自発性から生じるのである」(83)。事物の自発性、つまり、事物が実体として生成することは、場所という現象に、調和的な一致、つまり、時間的にも空間的にも生じるはずの一致のための舞台となる機会を与える。したがって、場所はライプニッツの言う「共感」にとっての隠された基礎であり、この「共感」がすべての事物を一つに結びつけるのである(84)。位置にはそのような基礎を与えることはできない。実際、ライプニッツが晩年のデ・ボス宛書簡で述べているように、

モナドそれ自体は、モナド同士の間での位置をもっていません。つまり、現象の秩序を超えて延長するような、実在的な位置をもってはいないのです。それぞれのモナドはいわば一つの分離された世界のようなもので、それらはその現象を通じてお互いに一致してはいますが、それ自体では、その他の交流や連結によって一致することはないのです(85)。

「現象の秩序」においては、位置には――たとえば、距離を規定するときに――一つの役割はあるが、純粋な間モナド的連結を与えることはできない。十分豊かに解釈された場所だけが、個体的なモナドの現象の間に意味のある形而上学的一致を与えることができるのである。そして、場所がこの一致を与えなければ、それらの現象は孤立してしまっていたことだろう。

もしライプニッツが彼自身の有望な手がかりを追求していたならば、場所は一つのモナドとより大きな空間的普遍宇宙との間を媒介するものである、という結論を下していたかもしれない。モナドには「それを通って何かが入ったり出たりできるような窓はない」(86)のだから、モナドの他の空間的世界への接

近は、このモナドの魂がその物体によって知覚されたものについてもつ表現を通じて行われる。だからこそライプニッツは、魂は「[その]物体を表現することによって、普遍宇宙全体を表現する」——ここで言う物体とは、魂が予定調和的に結びつけられている物体、つまり身体のことである——と主張するのである。こうして、魂は「外部で」起こっていることを、直接に捉えるのではなく、それ自体普遍宇宙の表出ないし「鏡」である（そして、直接的な把握ではない）身体の状態に訴えることによってのみ捉える。『モナドロジー』のある決定的な一節において、ライプニッツは不可欠の媒介機能をもつかぎりでの身体について、次のように言わなければならない。すなわち、「あらゆるモナドはそれぞれの仕方で普遍宇宙を映す鏡であり、普遍宇宙は完全な秩序に従って統制されているのだから、表現する存在における秩序も存在するのでなければならない。すなわち、魂の表象のうちにも、またしたがって、それに応じて普遍宇宙が表現される身体のうちにも、秩序は存在していなければならない」(87)。これらの言葉で——主張されているとまでは言わないまでも——暗示されているのは、空間としての共存の秩序と「表現する存在における秩序」（魂と身体に属しているという点で、それ自体二重であるような秩序）との間には、もう一つの秩序が、いわば間の間とでも言うべきものがある、という魅力的な考えである。私はこれを場所の秩序と見なす。モナドの身体と魂は表現する秩序を構成し、空間は表現された秩序である、ということが正しければ、魂を‐備えた‐身体が位置づけられている場所は、それ自体、表現する秩序と表現された秩序を互いに結びつけるような、媒介的な秩序を有するのでなければならない。とりわけ「視点」が問われているかぎりにおいて、身体と場所の結びつきは、ここではとくに密接である。視点である（ないし、視点をもつ）ということは、場所‐内‐身体である（ないし、場所‐内‐身体をもつ）ということである。この場所は、身体はどのように普遍宇宙に触発されるのか、ということを身体が理解するのに十分なだけ、秩序だったものでなければならない。というのも、もし身体がどこにもなかったり、どこか混沌としたところにあったりすれば、身体はその主要な任務である表現活動を実行できないということになるだろうからである。

それゆえ、場所とは、空間という外的な秩序とモナドという内的な秩序の間にある、間‐秩序である。究極のモナド論的媒介者（ないし母胎）として、場所は秩序を秩序づけるものであり、そうしたものとして、先に引用したデ・ボス宛書簡でライプニッツが言及している、「現象の秩序」全体に欠かすことができない。事物が場所のうちで秩序づけられるというだけでなく、身体と魂の表現もまたそこで秩序づけられる(88)。それどころか、空間そのものが場所のうちで秩序づけられる。この解釈では、場所が空間に包まれているというよりむしろ、空間が場所に——場所に特有の秩序づける力に——含まれているのである。

もしライプニッツが普遍的調和とモナド論的表出をその限界――外的な空間的普遍宇宙とモナドの内的な生を調整し、共通の秩序を与えるときに場所が果たす、介在的で不可欠の役割は、この限界を認めなければならないだろう――まで強調していたならば、彼は以上のような驚くべき帰結に導かれていたかもしれない。その場合には、場所は、身体の視点にもその身体の延長を生み出している拡散にも必要とされるものを、はるかに超えるような何かとして認められることになるだろう。一つの身体において空間が役を演じるための具体的な背景として、場所は空間という舞台の舞台――背景図法と平面図法がそれを軸にして回転する蝶番――だということになるだろう。

この幸先のよい方向――これは、ライプニッツ自身の思考の内部で、十分に明言されているとまではいかなくても、暗にほのめかされている――にもかかわらず、クラークとの未完ではあるが決定的な往復書簡が明らかにしているように、一七一六年にライプニッツが死んだときには、場所は結局は位置に従属し、さらに、この場所と位置の二つは空間に従属している。ライプニッツは、空間を観念的で可能的な関係の形式的な連結としてモデル化することで空間を希薄化するのとちょうど同じように、場所をその連結の内部における位置的な同一性に制限することで、場所を希薄化する。場所と空間は思惟の上では区別できるとしても、一方の抽象性が他方の抽象性を呼び求め、結局それらは理論的な均衡のうちで再び互いに結びつく。ライプニッツがクラークに書いているように、「[事物間の関係における]一致に満足しない心は、自己同一性を、つまり、真に同一物であるべき何かを探し求め、それをその基体に対して外在的な存在だと考えます。そしてこれこそが、われわれがここで場所とか空間と呼んでいるものなのです」(89)。こうして、「場所」と「空間」は文字通り交換可能になり、抽象性と形式性を共有するほどであるが、この抽象性と形式性は間モナド的な共同体がもつ非形式性を――その具体的な調和と共感を――公正に取り扱うことはできない。モナドは、さまざまな知覚と欲求からなるそれに独自の内的全体性のおかげで、個体化のただ一つの源泉であるというのに、場所と空間がそのモナドに対して外的なものになってしまったため、場所と空間はほとんど「純粋に外在的な命名」になろうとしているのである。

最大限に見積もれば、空間のうちにあることは、きわめて特異な意味において場所のうちにある可能性を手に入れることだ、と言うことができる(90)。しかし、最小限――結局はこの「最小限」が支配的な要素になるのであるが――に見積もれば、場所と空間のうちにあることは、位置という単なる形式的な同一性を手に入れることである。そうした位置的な自己同一性には特徴がない。すなわち、どんな種類の性質もなく、力もなく、おそらく持続や延長さえない(91)。場所と空間(と時間)(92)のうちにあることは、それらのうちに位置づけられている《シチュエーティッド》という事実そのものの外にあることなのである。

こうして、位置《ポジション》としての場所は、空間と時間と一緒に、位置づけられた《シチュエーティッド》基体に対して、さらに言えば、その基体が位　置《シチュエーション》の同一性を与えるすべての事物に対して、周縁的になる。われわれは、そうした場所は場所を与えない——少なくとも、大きさや形、境界や表面といった最少限のものであれ、何らかの具体的特徴を含んでいるような場所を決して与えない——と言ってよいのかもしれない。その代わりに、場所は用地＝位置（site）を与える。すなわち、そこでは「用地＝位置《シトゥス》」は「抽象的空間」と解され、それゆえ、用地化＝位置化されたものに対して全面的に外的なものと解される(93)。デカルトが「外的場所」を措定したこと——これは、場所とは「単に相対的なもの」(94)であるという近代的な考え方における最初の手だてであり、ロックはこれを、場所とは距離であるという、よりいっそう外在主義的な考え方において拡張した——は、ここでその最も極端な表現にたどり着く。場所はこれほど外在的で相対的なものになってしまったため、それを占有するものには何の差異ももたらさない。問題になるのは、位置的な場所《ロクス》の安定性、つまり、単に位置を占めること《シンプル・ロケーション》だけなのである。そして、場所はこの単に位置を占めることを、その場所内に位置《ポジション》を占めるすべてのものに与える——その一方で、場所、それも位置に還元された場所は、この占有物から影響を受けることなどないし、まして、逆にこの占有物に影響を与えることもない。そもそも、何かを占有するという考え方さえ疑わしい。すなわち、厳密に言えば、われわれはいまや、たとえば、幾何学的図形は二次元平面上のある一定の点に位置を占める、と言うときのように、〜に位置を占めることについて語らなければならないのである。こうした回り道をして、われわれは古代的でとりわけアリストテレス的な、位置と点《テシススティグメー》の協調関係へと帰ってくる。ライプニッツにとっては、きわめて厳格に解された場所は、そのただ一つの適切な表現が点であるような種類の、位置になるのである。

ライプニッツのモナド論的な迷宮——彼の著作に見出される限りない襞からなる迷路(95)——の曲がりくねった回廊では、場所は拡散的で質的な力をもってはいるものの、結局は自分自身の内部から立ち退かされ、取り除かれ、それに固有の起源における／でのゼロ点にされ、最終的には空間へと昇華させられる。場所は、それが位置づける役をしているすべてのものに対してだけでなく、自分自身に対しても外的になる。場所の記述は、用地＝位置《サイト》の分析——ライプニッツが考案した幾何学的学問にまったくふさわしい名称で言えば、位置解析《アナリシス・シトゥース》(96)——に屈するのである。そうした用地＝位置分析では、マルドクの弓の鋭い矢先や、デミウルゴスの宇宙的な幾何学化における直線といったものは、場所の形式的な幾何学化における空っぽの点、つまり「頂‐点」(97)に変質する。さらに、ライプニッツが点について言っていることは、位置としての場所という彼の考え方についても言える。すなわち、場所とは、「延長をもたず、その部分が距離を欠いており、その大きさを無視することができ、それと特定することのできないもの」(98)なのである。点は、位置と同様、「他のどの場所《ロクス》でもないものの場所《ロクス》」(99)である。点の自己同一性はきわめて厳格なので、他の点や位置がもつさまざまな場所《ロキー》を排除する――たとえ、空間という尺度からすれば、点は、ある共通の観念的秩序において、そうしたさまざまな場所との関係のうちに位置づけられなければならないとしても。

　徐々に明らかになるように、ライプニッツの合理主義においては――ロックの経験主義においてと同様――、場所は次第に過激になっていく希薄化の犠牲である。すなわち、場所は、位置だけでなく点にまでとって代わられて、位置化されると同時に点化されてしまうのである。たしかに、たとえモナドが空間内で「実在的な位置」もまともな延長ももたないとしても、それは視点をもち、その視点から普遍宇宙を映し出している。それどころか、身体に固有に属しているこの視点は、具体的にある場所に置かれている。しかし、その具体性と場所付与は、できるかぎり位置と点を場所と空間に――そしてまた、場所と空間を位置と点に――帰属させようというライプニッツの熱心な傾向のために、陰ってしまっているのである(100)。

　ライプニッツは彼以前のどの思想家よりもはるかに体系的な仕方で空間を関係的なものと解釈したが、この事実は、それ自体ではもちろん、この解釈が可能にする強力なニュートン批判のゆえに、とりわけて注目に値する成果である(101)。ライプニッツがなし遂げたことは、空間にとっては有益であったが、実は場所にとっては――この後すぐに見るように、場所が自力で生存可能な概念として生き延びるためには――破滅的であった。場所がその自律性と力――これについての西洋で最初の、そして、おそらくいまだに最も説得的な証人は、アルキュタスである――を奪われてしまったのは、ニュートンや、われわれが検討してきた十七世紀の他の人物たちだけのせいではなく、ライプニッツの巧みな手腕のせいでもあったのである。

第9章　用地《サイト》＝位置と点としての近世空間
——位置《ポジション》・一望監視装置・純粋形式

1

事物がこの場所にあると言うとき、われわれはその事物が他の事物の間でこの位置を保っているということしか考えていない。

——ルネ・デカルト『哲学原理』

これら無限の空間の永遠の沈黙は、私を怯えさせる。

——ブレーズ・パスカル『パンセ』

ライプニッツは有機体のメタファー——たとえば、その力動的な側面、活気づける力、固有の生気論——に格別に敏感であった。モナドという有機的な物体——われわれはこれが場所と密接に結びついているのを見てきた——は、単に機械論的なものであるどころか、「生物」ないし「神的な機械」(1)である。それぞれのモナドは実際にはそれよりも微少な水準にあるモナドで満ちた一つの世界であり、しかも、これはどこまでも続くのであるから、有機体的な性格は最終的にはあらゆるものに及ぶ。「物質のどんなに小さな部分にも、被造物、生物、動物、エンテレケイア、魂の世界が存在する」(2)。それゆえ、物質のどの部分も、魚で満ちた池や草木でいっぱいの庭に喩えることができる——ただしこれは、それぞれの魚や花のどの部分も今度はそれ自体が池や庭であり、しかも、これがどこまでも続くと想像すればの話である(3)。無限大であると同時に無限小であるという普遍宇宙の二重の無限性は、それぞれの部分をあらゆる他の部分に結びつけている、すみずみまで浸透した有機体的なきずなによって一体になっている。しかも、この「あらゆる他の」という言い方は、ここでは単に代替可能性という形式的な関係や、距離という物理的な関係だけではなく、自然がもつ包括的で生気をもたらす秩序のことも意味している。コリングウッドが指摘しているように、「ライプニッツの自然は、より小さな有機体をその部分とするような巨大な有機体であり、生命と成長と努力によって浸透されており、一方の極における ほとんど緩和されていない機械論から、他方の極における精神的生活の最も高度な意識的発展にいたるまで、連続的な序列を形作っている」(4)。

　ライプニッツの汎有機体論という教説——別の見方をすれば、これは汎心論の一形態と見なすことができる——は、物質的なものと精神的なものが分かち難く絡み合っている中間領域へと向かうことによって、デカルトによる、実体のまったく独立した二つの形式である〈物質〉と〈精神〉の間での選択に代わる、見込みのありそうな選択肢を与えてくれる。ここで言う中間領域とは、生きた物質からなる領域のことであって、ここでは場所は、点や位置に還元されないかぎり、それに固有の生気を、つまりそれに固有の可能態《デュナミス》を取り戻すことができる。ライプニッツが指摘するように、「私は、魂が点のうちにあると見なせるとは思わない。……魂は結合を通じて場所のうちにあるのである」(5)。媒介者としての役割を与え、生物学の領域に連れていけば、場所は——最近の用語法で言えば——「バイオリージョン」や「生態的地位《エコロジカル・ニッチ》」のようなものになるだろう(6)。ホワイトヘッドはライプニッツの事例に直接に触発されて、徹底した有機体の哲学を発表したが、この哲学では、場所は最終的には、単に位置を占める《シンプル・ロケーション》ことという拘束のための足かせから解放されるのである(7)。

　この点でライプニッツの思考は有望であり、実際に二つの世紀を飛び越えて二十世紀に特有の感性へと向かっていただけに、それから導かれた直接的な帰結は、それだけいっそうひとを失望させるものであった。この思考が織りなす巨大な織物におけるもう一つの襞——たとえば、モナドを「非物体的な自動機械」と見なし、神を「普遍宇宙という機械の建築家」と見なし(8)、とくに、場所を位置や点と分析的に等しいものと見なすという還元主義的な傾向——は、ライプニッツ自身の著作(そこでは、機械論と目的論との間、神の視点と他のモナドの視点との間、それどころか、場所と位置ないし点の間にさえ、微妙だが連続した均衡が打ち立てられている)においてよりも、より宿命的なことに、それに後続する十八世紀思想の経過において勝利を収めた。ライプニッツ自身の思想——そこでは、魂、目的因、生命、「恩寵」が考察されたからといって(つまり、ドゥルーズの言う「上の階」によって)(9)、機械論がすっかり捨て去られてしまうというわけでは決してない——における「ほとんど緩和されていない機械論」という糸は、トーマス・カーライルが「解析の勝利」の時代と呼んだ十八世紀の残りの時期には、端的に緩和されていない唯物論的な機械論になるのである。『モナドロジー』などにこれほど浸透している有機体の哲学は、まったく生きてもいなければ知覚してもいないと解された物質をめぐる哲学と自然学に過度に関わり合っているうちに、棚上げにされてしまった。哲学者や物理学者たちは、彼らの還元主義的で科学主義的な計画を実行に移すために、ライプニッツによって書かれた膨大な文書のうちのただ一つの襞——あるいは、断層線と言った方がよいかもしれない——に飛びついたのである。

　コリングウッドとホワイトヘッドは、最終的にはその関心と目的をまったく異にするものの、ヨーロッパにおけるこの新古典主義期、つまりポスト・ライプニッツ期をめぐる評価という点では一致している。コリングウッドが仮借なしに述べているように、この時代にとって、世界とは「その範囲という点で無限であり、運動によってすっかり浸透されているが、究極的な質的差異をまったく欠き、一様で純粋に量的な力によって動かされる、死せる物質からなる世界」(10)のことである。ホワイトヘッドはこれに、それは「自然が単調な出来事であって、音もなく、匂いもなく、色もなく、果てしなく無意味に物質が右往左往することにすぎない」(11)ような世界だ、と付け加える。質的な感性や、もっと広く言えば、生および生に類する形式によって世界に授けられる豊かな意味は、自然を操作し支配するとされる、量的に規定された力と運動のために無視される。これらの力と運動を研究するための研究計画――この計画は、ガリレオとデカルトとパスカル、ホイヘンスとボイルとニュートンといったひとびとによって初めて考案された――は、続く十八世紀に容赦ないほど精力的に追求される(12)。これを追求することにとり憑かれてしまったため、「事物の残滓」には、日常的な経験にいきわたっている「具体的な実在」のための場所など残りはしなかった(13)。

この残滓には場所そのものが具体的に実在するための場所もなかったため、ライプニッツの死後、場所そのものはこれまで以上にきっちりと、単なる位置に閉じ込められることになった。ライプニッツからの入り組んだ(そして、往々にして内密の)影響から離れて、また、十八世紀における自然科学の主導権からさえ離れて、われわれはただ、この閉じ込めはどのようにして起こったのか、と自問しなければならない。

2

というのは、いくつかの場所として語られているものは、ある固定した位置でお互いに関連し合っている、同一の限界なき空間の部分でしかないからである。

――イマヌエル・カント『可感界と可想界の形式と原理』(一七七〇)

われわれは、アルキュタスとアリストテレスが(そして、程度こそ劣るものの、プラトンとさまざまな新プラトン主義者たちが)措定した当初の場所の優位性が敗れ去って、幾人かの後期新プラトン主義者、多くの中世の神学者、数人のルネサンスの宇宙論者、そして大勢の十七世紀の哲学者や自然学者が次第に空間の至高性に心を奪われていくのを見てきた。しかし、このように空間が場所に勝利したのにともなって、予期しない結果がもたらされた。十七世紀末に空間の至高性が定着するとすぐに、ある別の動向が現れたのである。すなわち、場所が位置(position)に吸収されるという動向のことである。この動向の出現は、多くの点で、これに先だつ千年の間に起こったこととは正反対のものであった。というのは、場所はいまや、より包括的なものに組み込まれたのではなく、よりいっそう限られたものに縮小されたのだからである。明らかに、この反対方向への動き——場所は位置／場所／空間という系列においてその上の項へと姿を消す——の基礎は、ロックとライプニッツが彼らの思考に見られる断固として関係主義的な部分において確立したものである。というのは、空間は全面的に関係によって決定されるということが正しければ、最も重要なのは、空間の大きさや形でもなければ、その容量や容積でもなく、ある空間的連結において相互に関係し合うものが占める、正確な位置だということになるからである。関係はこれらの位置によってすっかり決定されるのであり、しかも、関係そのものが（ロックの場合のように）客観的な距離という観点から解されようと、（ライプニッツの場合のように）主観的な表出という観点から解されようと、このことは正しい。すなわち、どちらにしても、重要なのはさまざまな項の位置の間にある内的関係であって、項とその位置の属する空間がもつ性格や性質ではないのである。デカルトが空間を内的場所と同一視することでまだ容積にはっきりした優先権を与えていたのに対して、ロックとライプニッツはその位置的規定という観点から外的場所を探査し、それによって、重要であるにもかかわらずたいていは無視されている、『哲学原理』におけるこの外的場所という項の潜在能力を十分に引き出した[14]。一六四四年にデカルトの『哲学原理』が出版されてから五十年後、場所と空間はともに、その共通分母である位置に崩れ落ちようとしていた。十八世紀の初めまでには、空間はますます相互に関係し合う位置を集めたものにほかならないと見なされるようになり、場所はどれも、点的な自同性という輝かしい孤立のうちで捉えられたこれらの位置のうちの、ほんの一つになった。

　こうして、位置の優位は、空間とは「単なる相対的なもの」であり、場所とはある特定の空間的関係群の内部における位置の自己同一性である、という理論に刻み込まれる。ロックがこの位置の優位への道を切り開いたのだとすれば、ライプニッツはこの道に体系的な威厳と永続的な承認を授けた。ホワイトヘッドが「十八世紀は［十七世紀にはじまった］その一掃の仕事を継続したが、それは容赦のないほど効率的であった」[15]と宣言するとき、彼はこの「一掃」という言い方で、その相対的な本性という点で空間の至高性にとっての基礎そのものである、位置が入り込む余地を作るための、場所の一掃のことを言っていると見なしてよいだろう。

　位置の優位は、十八世紀の生活と文化においてさまざまな形で姿を現した。芸術と文学における新古典主義の隆盛は、対象が置かれた場面においてその対象が占めている正確な位置への新たな関心を反映していたし、その時代に支配的であった王政主義的で貴族主義的な政治学もまた、社会において「自分の場所を知ること〔身のほどを知ること〕」、つまり、社会階層における自分の正確な位置〔身分〕を認めることと大いに関わっていた。また、物理学においては、物質的事物の運動は、もっぱら固定的な位置に相対的な変化という観点から理解された(16)。さらに、おそらく最も示唆的な点であるが、建築においては、ある建築様式全体が、私が「用地＝位置《サイト》」と呼ぶものの周辺で栄えた。この「用地＝位置」という言葉で、私はここでは、その現働力も潜在力も骨抜きにされ、きわめて特殊な建築形式を求める施設のさまざまな要求に合わせることを強いられた場所と空間の、水準を落とされ、空っぽにされた、平板な残滓のことを言っている。それゆえ、用地＝位置とは、ジル・ドゥルーズとフェリックス・ガタリが「相対的に包括的なものであって、その部分のうちに制限され、その部分はつねに同じ方向を割り当てられ、互いに対する関係で方向づけられ、境界によって分割可能であり、相互連結できる」(17)と定義した「条里空間」の、一特殊形態なのである。用地＝位置という形をとった条里空間は、位置解析《アナリシス・シトゥース》というライプニッツの新しい学問から導かれる予測可能な結果である。もし空間と場所が二つともまったく関係的であり、共存する点の端的な秩序だとすれば、空間と場所は、古代や近世初期の哲学者たちがそれらに帰した固有の特性、つまり、包囲すること、含むこと、支えること、集めること、位置づける《シチュエート》こと（ライプニッツにとって、「位置《シチュエーション》」は実際には何も位置づけ（situate）ない。それはただ、何かを関係の連結のうちに置く（position）にすぎない）、といった特性を、どれ一つとして含んでいない。こうした特性を失ったということは、場所が具体的な個別性を失ったというだけでなく、無限空間が抽象的な絶対性を失ったということ――そして、場所と無限空間が二つとも用地＝位置の位置的な相対性に解消されたということ――でもある。

　用地＝位置の勝利は、十八世紀の規律的で制度的な空間をめぐるミシェル・フーコーの検討の大きな主題でもある。フーコーは『臨床医学の誕生』の冒頭で、啓蒙の世紀における医学的な知覚と実践を特徴づけている、「永続的同時性の平板な表面」(18)について語っている。それを検討する医者の凝視に横切られるとき、この表面は等質的であると同時に仕切られている。すなわち、この表面は、ある医学的な徴候を端的に示すものとしては等質的であり、観察された患者の身体に局所化された（あるいは、その身体の上に投影された）ものとしては仕切られているのである。前者は知識の抽象的な「布置」の問題であり、後者はその知識の「局所化」の問題である。フーコーが用いている「布置」と「局所化」という言葉そのものは、それぞれ空間と場所のことを思い起こさせる名残である(19)。しかし、これらの言葉は、たった今用地＝位置をめぐる言説が打ち負かした、以前の言説の反響にすぎない。というのは、いまや重要なのは、たとえば「伝染病の病巣」のような、病んだ身体の特定の部位における疾患の用地＝位置であり、その正確な所在だからである。

『監獄の誕生』において、フーコーはこの用地=位置分析——これはもはや医学的であるだけでなく、十分に歴史的でもあれば政治的でもある——をさまざまな制度上の装置全体へと拡張しているが、これにはこうした装置の建築物が含まれている。同時性（ライプニッツによる共存の基準がこの概念にあることに注意せよ）という等質的で平板な表面は、いまや監獄、病院、工場、兵舎、少年院、救護院などの構造全体を特徴づけている。建築計画という点でも、規律的な管理体制という点でも、これらの施設はどれも系列性を監禁性と結びつける。すなわち、その建築物では、それぞれの施設は実際には一連の独房、つまり、その施設そのものの用地=位置の内部にある、仕切られてはいるが連続的で同じ形をした一群の位置《ポジション》なのである。その結果生じるのは「支配空間」であり、そこでは監視が特権的な行動形式となり、空間と場所は（これらの言葉がまだ区別可能だと想定すれば）どちらも固定されている。「それは断片的で、不動で、凍結した空間である。各個人はその場所に固定されている」(20)。これはすなわち、「各個人がそこに絶えず局所化されている」(21)ような位置に置かれている、ということにほかならない。ここで「絶えず局所化されている」という言い方がされていることから、十七世紀の自然学と哲学では単に位置を占める《シンプル・ロケーション》ことの問題だったものが、十八世紀の間に「規律的個人」や「計算可能な人間」の固定した局所化《フィクスト・ロケーション》になったということが分かる(22)。「基本的な局所化ないし分割化」という行為は、個々の人間の生において力動的な（つまり有機的な）場所と空間——その人間の時間はいまや職場において時間測定的な手段で厳格に統制されているのだから、時間については言うまでもない——を抑圧することに等しい(23)。絶えざる「身体の空間への局所化」をなし遂げることをその目的とする、真の「権力の実験室」において、「機能的用地=位置の規則」が空間、時間、場所を支配するようになったのである(24)。規範的権力の微視的実践のおかげで、そうした身体は、フーコーの印象的な言葉で言えば、「従順な身体」——つまり、用地=位置のうちにしか存在せず、用地=位置の一機能としてしか存在しない身体——になる(25)。そうした身体は建物のうちに監禁される——位置づけられる——ことを運命づけられている。こうして、身体と建物はどちらとも、用地=位置に特有なものになってしまった。あらゆるものは、「空間の分析的・解析的配列」(26)におけるはっきり定まった位置に、いや、それどころか、過度に規定された位置に、存在しているのである。

一望監視装置は分析・解析的に配列された空間の一つの範型であり、用地化=位置化された権力の真の実験室である。一望監視装置を建造しようという構想は、ジェレミー・ベンサムが一七八七年にロシアで書いた一連の書簡で提案したものであるが、彼はイギリス政府と共同でその実現をめざしたものの、一八〇三年に国王がそれを破棄したため、うまくいかなかった。

文字通りには、「一望監視装置」(panopticon)とは「あらゆるもの」を「見るための場所」という意味である(27)。それにしても、これは何と奇妙な場所であろうか！ 一望監視装置には隠れた場所などありえない。というのは、その建物は、監視官が、独房の一つひとつへの直接的な視覚的通路をもつような構造になっている中央監視室に配置され、囚人――あるいは、労働者、狂人、学童――を一人ひとりよく見ることができるように設計されているからである。独房は、監視室を取り囲んでいる連続した円環の、相互に隣接し合った下位区分である。一望監視装置の(ベンサム自身の言い方をそのまま用いれば)「監視力」は、監視官はすきなときにすきなひとを観察できるが、自分自身は見えない(彼は仕切りと幕の背後に隠れている)という事実のうちにある。すなわち、監視官は「見られることなしに見ている」(28)のである。その目的は、絶えざる監視そのものを実現することではなく、収容者たちに、自分たちはいつでも監視されているかもしれない、という感覚を引き起こすことである。ベンサムが述べているように、「監視されるひとびとはつねに、自分が監視下にあるかのように、少なくとも、監視下にある可能性が高いと感じているべきである」(29)。収容者一人ひとりの、監視官の凝視に対する「軸的可視性」は、この提案された建造物がもつ巧妙な性格によって可能になる。つまり、この巧妙な性格のおかげで、(中央監視室にいる)「監視者があらゆるところにいるように思われること」が、「彼が実際にそこにいることがきわめて容易であること」と結びつけられるのである(30)。「公共の眼への近さ」をもたらす「透明な建物」として(31)、一望監視装置は究極的にはあらゆるひとの監視に――その任にある監視官、その家族、友人、使用人の監視だけでなく、視察に来た監督官の、それどころか、見に来たがっているどんなひとの監視にも――開かれている。このように、一望監視装置は、社会による権力全体――(たとえば、異常行動、教育的行動、労働行動といった)多種多様な行動を遮るもののない視界にもたらすことで知を拡張するような権力――を応用し、強化し、拡張するための、一つの用地＝位置なのである(32)。

しかし、一望監視装置がわれわれにとって興味深いのは、フーコーが好んで「知／権力」と呼ぶもののための舞台としてというよりは、建造された場所としてである。そうした建物は、たとえば居住地(居住場所)のような、純粋な場所と見なされるのだろうか。それとも、それは実際には何か別のものなのだろうか。隠れた空間のない場所は、それでもまだ場所なのだろうか。ベンサムは、その記述において「場所」という言葉を――「厳重な拘置の場所」とか「労働の場所」といった言い方で――何度も用いてはいるものの、監視室だけが「完全で恒常的な住居」(33)であると認めている。この建物の他の部分はどれも、見られるための場所なのである。この「～ための場所」という言い回しは、場所を用地＝位置に変換する道具主義ないし機能主義のことを暗示している。もし「場所」がつねに個別性という——たとえば、まさにこの住処（住む場所）であるという——側面を保っているとすれば、「用地＝位置」は、「一般化可能な機能化モデル」(34)という観点から捉えられなければならない。

3

こうして、一望監視装置がいくらでも転用することのできる建築的構造であり、その基本的な構想がこの上なく警戒の厳重な刑務所だけでなく、病院、学校、工場、救貧院といったものにも使えるということが分かっても、驚くにはあたらない。一望監視装置が「建築上の単純観念」(35)であるという事実そのものは、それが事実上どんなところにも応用できるということである。しかし、任意のどの場所でも再現できるということは、場所そのものから、場所に固有の、ものを結びつける力や内的な性質をすべて奪うことである。このことは、個々の場所がもつ具体的な特殊性を、用地＝位置であることがもつ「一般化された機能」(36)へと転換することである——しかしながら、このことは、いくらでも繰り返し一般化され、機能化されるためには実に有効である。ベンサムの計画がイギリスで受け入れられることに失敗した後に起こったのは、まさにこの繰り返しにほかならない。「中央監視原理」は別のところで、とりわけアメリカで受け入れられた(37)。この原理がもつ「想像的強度」(38)は、実は抵抗し難いものであった。私の推測では、これが抵抗し難いものであったのは、その方法が十七世紀と十八世紀の間にヨーロッパ中心の文化において準備されてきた——そして、それが準備されたのは、この形成期の哲学者や自然学者の著作において場所が用地＝位置にとって代わられたからにほかならない——からである。

十九世紀に（宗教的な熱情だけでなく）科学的な厳格さをもって追求されてきた無限空間に関する——事実から、とは言わないまでも——理論からの帰結のうち、二つの帰結が最も重要である。第一は、建築家の間だけでなく、哲学者や物理学者の間でも、場所をめぐる言説や思想が徐々に消えていくということである。第二は、デカルト的な内面性へ撤退しようという誘惑である。もちろん、ハンナ・アーレントが「大地から普遍宇宙への移動と世界から自己への移動という、二重の移動」(39)について語るときに暗にほのめかしているように、この二つの帰結は密接に関係している。にもかかわらず、私としては、無限大の空間と無限小の自己という両極端を——あたかも、これら二つの方向はただ向きが反対であるだけで、実は等しいものであるかのように——強調するよりはむしろ、それを別の形で言い表してみたい。すなわち、個人的にも哲学的にも、建築的にも物理的にも、場所が多くの経験と思考をつなぎとめるようなアルキメデス的点としては徐々に役立たなくなっていったため、デカルトはコギトという自己を確証する確実性を探し求めるようになり、ニュートンは数学的に特殊化された宇宙的な空間と時間という、世界によって確証される確実性を求めるようになったのである。一方の絶対的で全面的に内的なものが、他方の絶対的でまったく外的なものと再び結びついて、場所がないこと《ノー・プレイス》という深淵をものともせずに、確実性のための共通の原因を作り上げているのである。

用地=位置を定義づけている等質性、平板性、単線性、系列性といった特徴は、この深淵を覆い隠す働きをした。すなわち、それらの特徴は共謀して、「永続的同時性の平板な表面」が生成するのを沈静化させる力として働いたのである。しかし、これらの特色は、用地=位置が場所に対する解毒剤であり、場所のアンチテーゼそのものであり、場所の薬=毒《ファルマコン》――その治療法は場所を破壊することである――であるという事実をほとんど覆い隠せていない。もしいまだに無限空間を極限に達した場所と見なしうるならば（これはつまり、無限空間を普遍宇宙全体という場所と見なしうるならば、ということであり、ニュートンはそう見なしたため、まさにそうした場所を超えるものと関わってしまい、「絶対的場所」という言い回しなしではやっていけなくなるのである）、用地=位置はもはやどこから見ても場所に似てなどいない。用地=位置はまさに場所を解消することであり、場所を点という形をとった位置《ポジション》へと分解することである。これらの位置はあらかじめ輪郭づけられていて正確ではあるが、不安定でもある。位置が不安定だというのは、位置は他の位置に相対的であり、この位置もまたさらに他の位置に依存しており、そしてこれはどこまでも遡行するからである。（たとえば、一望監視装置では、看守は監視官に監視され、その監視官は監督官に監視され、結局は誰もが監視に服している。）

用地=位置とは、場所がないこと《ノー・プレイス》という深淵の上を不安定に徘徊している、反-場所《アンチ・プレイス》のことなのである。

4

これらあらゆる可能な種類の空間についての学があったとすれば、それは疑いなく、有限な悟性が企てうる、最高の幾何学だということになるだろう。

――イマヌエル・カント『活力測定考』

空間はただ一つしか存在しない。

――イマヌエル・カント『オプス・ポストゥムム』

本書のこの部を終えるのに最もふさわしいやり方は、イマヌエル・カントを一瞥するということ以外にはない。というのは、空間をめぐる近世的な反省が十七世紀の思想に引き続いて現れてくるとき、カントは他の誰にもまして、この近世的な反省を要約し、同時にそれを疑問に付すからである。カントは場所に最後の一撃――ライプニッツや、啓蒙主義時代におけるその数多くの後継者たちが加えた一撃以上に決定的な一撃――を加える。しかし、カントは、さまざまな根拠（ただし、これらの根拠は次の部の冒頭で初めて考察される）に基づいて、場所の重要性を生き返らせる仕方を示唆してもいる。すでに論じられた数々の思想家たちと足並みをそろえてはいるが、いまやもっと決定的な仕方で、カントは先を見通していると同時に、後を振り返ってもいる――つまり、彼は一方で十七世紀（とくにデカルト、ニュートン、ライプニッツ）を振り返り、他方で二十世紀の見解（とくに場所への現象学的なアプローチ）を見通しているのである。われわれは、これほど多くの相反する観点が収斂する、思想家のうちでも最もヤヌス的なこの人物を、どのように考えればよいのだろうか。

空間と場所をめぐるカントの思考の発展は、示唆に富んでいる。まず、処女作である『活力測定考』には、二十三歳の、ライプニッツに――ある決定的な点まで――忠実に従う、クリスティアン・ヴォルフの弟子としての姿が見られる。カントはその冒頭で、物質はただ単に延長しているだけでなく、「その延長に先だって」物質に属する「能動的力」（vis activa）を含んでいるという点で、ライプニッツに同意する(40)。そうした力は、ライプニッツにとって延長の系列的生成の根底にある「拡散」の基礎である一方で、拡散そのものの場所《ロクス》としての場所と一体になっている。カントはこの延長の生成を、次のように表現している。

容易に証明されるように、もし実体が力をもたず、したがって自らの外部で作用できないとすれば、空間も延長も存在しないであろう。というのは、この種の力がなければ［実体間の］結合もないし、この結合がなければ秩序もないし、この秩序がなければ空間もないからである(41)。

カントは、「ライプニッツ氏」と一致してこのように言った直後、空間が三次元であることの起源には何があるのか、という問いを立てる。カントは、ライプニッツはこの問いに答えるに際して循環論証を犯した、と考えている。ライプニッツが『弁神論』でそうしているように、空間が三次元であることの起源は、われわれが空間内のある点に対して直角に三つの線を引けるという事実に見出されなければならない、と言ってもうまくはいかない――というのは、このとき「空間」はこの三つ組の交差を許すようなもの、つまり、暗黙のうちにではあるがすでに三次元的なものと仮定されており、これは論点先取だからである(42)。それに代わる数の累乗という観点からの説明を退けた後、カントはよりもっともらしい三次元の起源として、ニュートンの引力の法則を選び出している(43)。この説明そのもの（これはほとんど説得的とは思われない。カント自身、後の著作では別のところにその起源を探し求めることになる）よりも重要なのは、神は次元性の基礎として別の法則を選択できたし、もし神が別の法則を選択していれば別種の空間が生じることになっただろう、という結論である。すなわち、そのとき世界は「別の特性と次元をもった延長」(44)を有することになるだろうというのである。さらに、こうした別の特性と次元は、われわれ自身の世界とは別の世界に属するのが適切であるような、今あるのとは違う空間を形作ることになるだろう――これは、神は完全に十分な理由から、それに特有の空間性ともども、この世界だけを選んだ、と確信していたために、ライプニッツが否定した見通しである(45)。

一七四七年という十八世紀の盛期に書かれたこの『活力測定考』という論考で、カントは「位置《ポジション》」という言葉を二つの印象的な形で引き合いに出している。まず第一に、魂は「空間内の位置」を有する。というのは、そうした位置がなければ、魂は（知覚するときに）延長する実体から影響を受けるのに十分な安定性をもたないことになるだろうし、その反対に、（行為するときに）それらの実体に影響を及ぼすこともできないだろうからである(46)。たしかに、魂がいかにこの位置をもつのかは論じられていない。しかしながら、われわれの目的にとって最大の問題となるのは、魂が空間と結びつくには位置があればそれで十分だとされているという点である。すなわち、場所は言及されてさえいないのである。第二に、この位置という考えは、「それ自体われわれを実体同士の相互的な作用へと差し向ける」(47)。実体同士の相互作用はこれらの実体が占める一定の位置という観点からしか生じえない、ということが正しいとしても、位置そのものは、引力と斥力という動力学的な相互作用ほど重要ではない。しかし、もし位置がこのように能動的力に従属している――つまり、位置は能動的力が引き起こしたさまざまな結果の所在を示す目印にすぎない――とすれば、場所がもつ正確に局所化する力がその重要さという点で位置の力にはるかに劣ることからして、場所は位置にもまして余分である。それゆえ、どちらの場合においても、カントは暗黙のうちに、位置だけでうまくいくというのに、どうしてわざわざ場所を求めたりなどするのか、と問うているのである(48)。

位置がもつ限定的ではあるが有益な地位は、カントの一七六八年の論文「空間における方域〔方位〕の区別の第一根拠について」の最初の頁で再び肯定される。カントは、この論文――われわれは折を見てこれに立ち戻るつもりである――の最初の頁で、位置は孤立した状態で捉えられた離散的な物体に正当に属しており、位置に固有の運命は、われわれをまず位置が属している「方域《リージョン》〔領域〕」に差し向け、次いで「空間」に差し向ける、と論じる。カントは、ライプニッツの考案した位置解析《アナリシス・シトゥース》が十分に実現されて、空間の厳密な幾何学的本性に関してわれわれに何かを教えてくれるまでになったことはない、と指摘した後、次のように述べている。

互いに関連し合っている空間の部分の位置は方域を前提しており、それらの部分はそうした関係のうちに秩序づけられるうえでこの方域に従っている。そして、最も抽象的な意味では、方域は、空間内のある事物の他の事物に対する［単なる］関連――これは本来位置の概念である――のうちにはなく、これらの位置の体系の、普遍宇宙の絶対空間に対する関係のうちにある。およそ延長するものの場合であれば、その部分の部分同士での位置は、その延長するもの自身から十分に認識されうる。しかしながら、部分のこの秩序が向けられている方域は、この延長するものの外にある空間に関連している。つまり、方域は、この外にある空間の場所に関連しているのではなく――というのは、これらの場所は、そのような空間の部分の外的関係における位置にほかならないだろうからである――、むしろ統一体としての普遍的空間に関連しているのであって、延長はどれもそれの部分と見なされなければならない(49)。

この注目すべき一節では、位置は実質的に、ある一定の延長する対象の部分に、また、そうした対象が全体として考えられたときに構成する「秩序」ないし「体系」に、厳格に結びつけられている。ただし、この点までは、カントはライプニッツと異ならない。すなわち、位置の秩序としての空間は相対的であり、したがって、「空間内のある事物の他の事物に対する［単なる］関連」でしかないというのである。しかし、お互い同士の関係という点で秩序づけられた位置の体系が位置づけられるということになると――もしわれわれがさらに、その体系そのものはどこに局所化されているのか、と問うならば――、われわれは方域と関わらなければならない。というのは、方域は「これらの位置の体系の、普遍宇宙の絶対空間に対する関係のうちに」存しているのだからである。ここで重要なのは、「統一体としての普遍的空間」に取り囲まれた存在の関係そのものではなく、その位置《シチュエーション》である。方域は、空間をめぐる純粋に関係主義的な考え方と絶対主義的な考え方のいわば中間にあり、その共通の根拠であり、その仲介者なのである。こうした形で、ライプニッツが肯定されるときにさえニュートンが引き合いに出され、空間をめぐる絶対主義的モデルと相対主義的モデルが両立可能であること（これら二つのモデルが両立可能であることは、すでにこれら二人の先行者がその概略を示していた）がもう一度示される。しかし、当面の目的からすれば、ここでカントが踏み出した決定的な一歩は、位置は対象の部分の所在を捉えたり、対象（「事物」）同士が相互に関係し合ったりするうえで欠かせない、と明言されていたにもかかわらず、その位置がそれによって方域に吸収されてしまう――そして、この方域そのものは絶対空間に吸収されてしまう——ということである。位置は、ある点から見ればなくてはならないが、別の点から見ればなくてもかまわない。つまり、まさしく位置がデカルト的な「外的場所」や、カントが単に「外的関係」と呼んでいるものの端的な関係性に還元できないときには、位置などなくてもかまわないのである。

それゆえ、一七六八年の論文に続く批判哲学期にカントが「位置」(Lage) という言葉をほとんど用いていない——そして、「場所」(Ort) という言葉をほとんどまったく使用していない——のを発見しても、われわれはまったく驚くにはあたらない。では、「空間」(Raum) を特徴づけたり構成したりするのに、一体何が残っているというのだろうか。単純な答えは「点」(Punkt) である。もしライプニッツに場所を位置に還元する傾向がある——そして、場所を点に還元するとしても、それは暗黙のうちにでしかない——とすれば、カントは場所をあからさまに点に還元するのである。この還元が明らかになるのは、ニュートンが『プリンキピア』を書いてからちょうど一世紀後に出版された、カントの『自然科学の形而上学的基礎』(一七八六年) においてである。この『形而上学的基礎』においては、空間をめぐる絶対的なモデルと相対的なモデルは、空間は「事物や関係についてのわれわれの感性的な直観の主観的な形式にのみ属する」(50) という、新たに発見された超越論的見解に貢献するというかぎりにおいてではあるが、二つとも採用される。この顧みられることのない著作——これは『純粋理性批判』(一七八一年) で得られた教訓を自然学に応用するものである——の最初の節で、カントはためらうことなく、「あらゆる物体の場所は点である」(51) と公言している。これ以上に単刀直入な点への場所の還元など、想像もできない。ここで言う物体とは可動的な物体のことであり、そこから見るとその物体の場所が点以外の何ものでもないような観点は、運動学的な観点だと言われる。カントの主張によれば、「運動学においては、私は物質そのものを点としか考えない」(52)。カントが『オプス・ポストゥムム』で論じているように、運動学は、「(運動がそこから生じる) 力を考慮せずに、ただ運動を取り扱うだけである」(53)。力を棚上げにすれば、物質——つまり、点ないし点の集まりだけを通じて作用すると見なされた物質——が残る。だが、力を考慮に入れる、物質の「動力学的」な考察においてさえ、点が決定的な項であることは変わりない。「一点によってその外にある他のあらゆる点に対して行使される運動力の作用は、この同一量の運動力が一定の距離にあるこの点に直接に作用するためにそれ自体そこで拡散しなければならなかった空間に、反比例している」(54)。カントは見下すような調子で、「運動は場所の変化であるという、運動についての通常の説明」——お分かりのように、これはアリストテレスが最初に示した説明である——に言及し、辛辣にも、「運動はつねに場所の変化である、と言えるのは、可動的な点、つまり物理的点についてだけである」[55]と指摘することで、運動をめぐるこの古代の理解を突き崩そうとする。重要な運動は、場所の変化ではなく、点の移転＝再局所化《リロケーション》なのである。

　カントが点に焦点を当てたことは、デカルトの『哲学原理』の出版後一世紀半のうちに現れる前進——いや、後退と言った方がより正確なのかもしれない——における、最後の一歩を表している。場所が一般的に空間に解消されたことを反映して、この段階的な一連の前進は、二つの基本的な手だてのうちにあった。まず第一に、場所を位置で置き換えたことであって、これはデカルトが着手し、ロックとライプニッツが受け継いで仕上げ、初期のカントをいまだ魅惑している手だてである。第二に、位置そのものを点に縮小することである。ライプニッツが着手し、『自然科学の形而上学的基礎』でカントが仕上げたこの最後の一歩は、最も極端なものである。位置が関係的な項であることに変わりはないが、それは位置が、たとえば、船室にあるチェス盤、海岸との関係における船、地球との関係における海岸、つまり、C、E、F、Gなどとの関係でXという位置にあるAとB（Aという用地＝位置とは、実際には、構成された実在性、つまり、「措定された」実在性となった位置のことである）、というように、それが密接に結びつけられている他のさきざまな項との連結のうちにしかないからである。位置は、場所と比べれば縮小されている——場所は知覚的な深さ、平面図法、居住可能性、記憶可能性、歴史性といった側面を保持しているが、位置はそのすべてを欠いている——が、点よりは複雑である。というのは、点は関係に固有の連結ないし図式をともなっていないからであり、つまり、点は孤立した存在者だからである（ただし、これはそもそも点が存在者であるとすればの話である。点が存在者であるかどうかは、古代のひとびとの間で大いに論じられた問いであった）。点とは、一つの物体——つまり、他の物体から切り離して捉えられた物体そのもの——の点である。そうしたものとして、幾何学的空間や知覚的空間には点より単純なものなどないことからして点は、単に位置を占めること《シンプル・ロケーション》の究極の形態なのである（おそらく、われわれはだからこそ、何かの「正確な位置を示すこと」、つまり、その何かに、さまざまな個物からなる中立的な場におけるできるかぎり正確な場所《ロクス》を与えること、について語るのである）。

　結局のところわれわれは、場所から位置への動きと位置から点への動きという、この二重の動きに驚くべきではない。それぞれの動きは——ただし、これは第一の動きよりも第二の動きについて言えることなのであるが——単に位置を占めることによる絶えざる締めつけを具体化するだけでなく、それぞれ、「一致に満足しない心は、自己同一性を、つまり、真に同一であるべき何かを探し求め、それをその基体に対して外在的な存在だと考えます」[56]という、クラークに対するライプニッツの示唆に富んだ指摘を例証してもいる。単純な点より厳密に自己同一的で、より十分に自同的なものなど想像することもできないし、その単純な点を担うなり含むなりしている物体ないし実体、つまり、「基体」に対してより外的なものなど存在しない。もし位置がパースペクティヴや「視点」（このライプニッツ的な概念は、その物体的な実在性という点から見れば、まったく具体的なものである）の抽象化された本質だとすれば、点は位置そのものの抽象化であり、位置のきわめて圧縮された最小単位であり、つまり、「単なるそこ」として措定されたものである。ある位置は他の位置との現実的な関係を奪われて（ここであえて「現実的な関係」と言うのは、ライプニッツなら主張するであろうが、ある位置が他の位置への観念的ないし可能的な関係を奪われることなど、決してありえないからである）、縮小して点になるか、少なくとも点という形をとる。究極の位置《ポシチオー》、最も極端に濃縮された位置は、点《プンクトゥム》である。すなわち、あらゆる定立的なものの中心には、点的な何かが見出されるはずなのである。したがって、点《スティグメー》は場所《トポス》から二重に隔たっており、点の抽象性は二重の具体者置き違いを意味する。アリストテレスが場所のモデルとしての点を退けなければならなかったのも、不思議はないのである。

　カントは極端な近世思想家である。場所について考えるとき、彼は二つの極端、つまり、抽象性を共有しているという点で最終的にはお互いに触れ合っている二つの極端へと向かう。一方で、たった今見たように、彼の自然学の形而上学では（つまり、『自然科学の形而上学的基礎』という表題のテクストでは）、適切な先端は、運動の起点とも到達点とも理解されている、点という先端である。他方、『純粋理性批判』において（ただし、一七七〇年の教授就任論文「可感界と可想界の形式と原理」ですでに輪郭は描かれていた）、ここで問われている適切な先端は、もはや点ではなく、空間である。それはあたかも、カントは純粋な点を力説して系列の一方の端へと向かったものの、いまや端的な空間を強調することでもう一方の端へと向かっているかのようである。場所は

点――位置――場所――方域――空間

という系列のちょうど真ん中に位置づけられ、位置と方域の隣に配置されたが、いまや二重の極端さのうちに二度も覆い隠されてしまう。カントの物理的自然の形而上学を基礎づけている超越論的なパースペクティヴから見れば、空間は点に劣らず抽象的である。しかも、空間は絶対的ないし無限なもの、巨大ないし広大無辺なもの、背景図法的で容積的なものとして抽象的である（カントが今挙げた種類のものをすべて主題化しているわけではないとしても、これらはやはり正しい）だけでなく、いまや「外感」の形式としても、つまり、外的世界を「主観に対して外的」であるような形で構造化するものとしても抽象的なのである。『自然科学の形而上学的基礎』出版直後の一七八七年に『純粋理性批判』に付け加えられた、「観念論論駁」という節が教えてくれるのは、以上のようなことである。カント

はこの「観念論論駁」において、人間の意識そのものは、外感のよく秩序づけられた世界と、とくにその世界の「常住不変性」に、つまり、その世界についての知覚が時が経つのにつれて変わっても、その間もずっと同一物であり続けるという能力に依存している、という点を明らかにする(57)。それゆえ、空間的世界における不変の実体は、「真に同一であるべき何か」というライプニッツの基準を文字通り満たしている。しかし、いまやその自同性は、圧縮された点や一定の位置で与えられるのではなく、認識主観を取り囲み、その主観に対して外的な、しっかりと位置づけられた対象の環境全体で与えられるのである。

その外在性という点を離れても、空間はそれが純粋な感性的直観の形式でもあることからしてやはり抽象的である。一方で、空間とは（時間と同様）「何かがそこでわれわれの感官に対する経験的直観の一対象となりうるような、単なる形式」(58)である。そうした形式ないし「様態」として、空間は何か「主観的」で「受容的」なものであり、したがって、「感官に全体として与えられたものを知覚するための、形式的でア・プリオリな条件」(59)である。この超越論的なパースペクティヴにおいては、運動と力はどちらも、認識する主観に属する形式的な母胎のうちに局所化されるのと同様、空間（と時間）のうちに局所化される。「運動力、つまり引力と斥力は、空間のうちにある」(60)。感性的な多様は全体として「外的知覚と内的知覚のための位置、所在、運動力を含む」(61)のだから、空間のうちにも位置と所在はある。その形式性という点で、空間はこれらの多様な内容を組織するもの、つまり、「多様なものの座標化の単なる形式」(62)である。実際、空間は「外感のすべての現象の形式にほかならない」(63)のである。他方、ここで問われている空間における直観は「対象の知覚に先だつ」(64)のであるから、純粋、つまり非経験的である。この直観が純粋であるということは、空間は（またしても時間と同様に）感性的対象でも直観の内容でもなく――「知覚のためのある特定の多様」(65)でもなく――、ほかならぬ直観そのものの作用である、ということである。

> 空間と時間はある特定の（経験的）直観の対象ではない。というのは、それらが直観の対象だとすると、空間と時間はわれわれの感官を触発するような何らかの存在者だ、ということになるだろうからである。それらはむしろ、直観そのもの――与えられうるものでなく、思惟されうるもの――、何かがそこでわれわれの感官にとっての経験的直観の一対象となりうるような、単なる形式である(66)。

カントは、「空間は直観の純粋形式にのみ関わる」(67)という結論を下す。空間は、その形式性と純粋性――これら二つが一緒になって空間の超越論的観念性を構成している――のおかげで、物質と力、位置と所在を、さらには、これら四つの項をすべて限定する点を直観するための舞台になる。そうした舞台――この舞台は、超越論的に観念的であると同時に、経験的に実在的でもある――として、空間は空間《コーラ》と同様に必然的であり、〈絶対空間〉と同様に全体化されており、〈無限空間〉と同様に果てしない(68)。それにもかかわらず、空間は並はずれて広大ではあるものの、認識者の認知的装備の一部として有限な人間的主観のうちにしっかりと局所化されており、したがって、「心の主観的構成」(69)に属している。空間は心に――それも、(ニュートンが主張したように)神の心にではなく、人間の心に――属しているのである。外感は「その座を主観のうちにのみもつ」(70)。空間は、この過激なまでに主観主義的な構えにもかかわらず、点、所在、位置、物質、力――そして場所!――を含んでいる。ちょうど場所が十七世紀の自然学と哲学において姿を消したのと同じように、場所は十八世紀の最後の十年間に、カントが考えるような認識論的主観の心のうちで再び消え去るのである。

ある感覚が私の外にある何か(すなわち、私がいる空間の方域とは別の方域にある何かに)に関連づけられるには、また同様に、私がこれらの感覚はお互いの外にあり、お互いに並列している、と、またしたがって、それらの感覚は単に異なっているだけでなく、異なったさまざまな場所にある、と表象しうるためには、空間の表象が前提されていなければならない(71)。

示唆的なことに、わずか数行後に「さまざまな場所」という言葉は「さまざまな空間」に置き換えられるが、このさまざまな空間の方もまた、直観の純粋形式が与える一つの普遍的空間の、単なる「部分」でしかない。「われわれは自分自身にただ一つの空間しか表象できない。そして、多様な空間について語るときにも、われわれはそのことで、同じ一つの空間の部分のことを言っているにすぎない」(72)。場所は、単なる現象でなく――この地位はちゃんと諸空間のためにとってある――、文字通りの意味での付帯現象、つまり、個別的な諸空間というより堅固な土台の上に座している、希薄な現われなのである。場所はもはやライプニッツの言う「よく基礎づけられた現象」ではない。それらは、一つの有限空間の内部に位置づけられた、カントの言う「単なる現象」(blosse Erscheinungen)になったのである。アリストテレスにとっては感覚的事物は場所のうちにまともに局所化されているのに対して、カントにとっては、場所そのものが空間のうちに空間の部分として局所化されている。すなわち、「これらの部分[つまり、個別的な場所]」は、一つの、すべてを包括する空間に先だつことができない。というのは、それらの部分は、いわば、そうした空間を作り上げている構成要素だからである。反対に、それらの部分は、そうした空間のうちにあるとしか考えられない」(73)。「～のうちに」(in)が問われていることに変わりはないが、アリストテレス自然学の宇宙的－実在的な「～のうちに」は、カントの自然の形而上学の、超越論的－観念的な「～のうちに」に道を譲った――その結果、場所は取り返しがつかないほどに空間のうちに失われてしまうのである。

終始一貫して、近世空間とはこのようなものであった。私は近世空間と言い、近世諸空間とは言わない。カント自身の最終的な判断では、「世界はただ一つしかない」(74)。近世空間は究極的には一つである。すなわち、「統一体としての普遍的空間」、「同じ一つの空間」が一貫して問われているのである。そうした空間が地位という点で宇宙的であるか主観的であるかは、最終的な分析では重要ではない。重要なのは、人間的主観の外に局所化されようと、その内に局所化されようと、空間は同一であり続けるということ、つまり、絶対的かつ無限であり、等質的かつ単一的であり、規則的かつ条理的であり、等方向的かつ等測的であり続けるということだけである。そうした空間は、すべてを包括するだけでなく、すべてを消費するものであり、近代を構成する二世紀間に場所そのものが還元された位置や点と共謀して場所を飲み込もうとする飽くなき欲求という点では、満たされないままであった。この点では、カントによる空間の超越論的観念性の要求が教えてくれるすべてのことを、われわれは、デカルトとガッサンディとニュートン、ロックとライプニッツと初期のカント自身といった、ここいくつかの章で吟味された批判哲学以前の思想家たちからすでに学んでしまっている。これらの思想家たちはみな、空間の至高性を仮定し、促進する。すなわち、誰一人として、さまざまな場所（正当にも複数である）を空間（単数のみ）のうちに覆い隠すことをためらわないのである――たとえ、そうすることで、物質と力、距離と運動、延長と方域、位置と点といった、独特の仕方で〈空間〉を神格化することに寄与している決定的な媒介者に、彼らが格別の注意を払わなければならなくなるとしても。

Ⅳ 場所の再現出

変遷

［アリストテレスが］それゆえ望んだことは、空間に代わって場所が置かれ、また運動の無限の劇場に代わって有限なものへの有限なものの包括が置かれるような仕方で、レウキッポスとデモクリトスによって早まって〔物体から〕解放された空間が物体へと再び連れ戻されることだった。このような操作によって彼は、空間を物体の内に埋めてしまったのだ。

――アンリ・ベルクソン『アリストテレスの場所論』

場所はすべてどこに行ってしまったのか。アリストテレスの長く広大な航跡をたどることで、この答えは〈空間の内に水没した〉という形で次第に明らかになってきた。「空間を物体の内に埋める」ための――つまり、物理的物体に最も密着した容器的な表面的構造として、それらの物体にきっちりと合うように仕立てられた場所へと空間を奪い去るための――アリストテレスの巧妙な努力は前もって運命づけられていた。空虚という大きく開いた虚無、すなわちアリストファネスによって皮肉られ、原子論者たちによって初めて体系的に吟味された「隔たり」（混沌《カオス》）は、紀元前三世紀のストラトンにはじまるアリストテレスの後継者たちには抵抗しがたいものとなっていった。八百年後にピロポノスは、場所の推測上の力を、とりわけ世界は「上」や「下」のように前もって確立された「本性的な」場所を備えているという考えをあからさまに批判しはじめた。ピロポノスは空間を「すべての物体性を欠いた空虚な純粋次元性」(1)と見なしたが、これは近代初期につねに見られる一つの決まり文句である。いったん空間がこの空間を占有する特定の物体から切り離されてしまうと、空間は、たしかに物体が住みつく場所にこれら同じ物体（まずその外的な表面からはじまる）が貸し与えている――あるいは内面化や反映によって場所から掬いあげている――特質や特性を欠いたものとなるに違いない。空間の内的な区分、つまり場所－内－物体への空間の幽閉は、「運動の無限の劇場」としての、つまり本質的に空っぽの劇場としての空間に道を譲るのである。

実際、本書の第Ⅱ部と第Ⅲ部でわれわれは空虚の報復するさま、哲学的で科学的な言説へのその強引な再登場を目撃してきた。もはや「早まって解放される」ことなどないような空虚は、紀元前四世紀前半のアリストテレスの死後、二千年の間、途方もなく活気づいた状態を手にするにいたっている。とくにピロポノスの場合、空虚はまさに空間そのものの名前になるほど十分な「力」（彼自身の言葉）をもっていた。「空間と空虚は本質的に同じものである」(2)。ピロポノス的なこの同一化は、以後空間に関心をもつすべてのひとに対して労力を大幅に軽減する効果をもった。中世やとくにルネサンスを通して――ギリシャ語の原本のなかで再発見されたピロポノスが大いに論争されるべき人物となったとき――彼の大胆な同一化は、アリストテレスの有限主義と充満主義に忠誠を誓い続けた他の思想家たちもいたが、それでも宇宙の無限性に心を奪われていた思想家たちに霊感を吹き込むのに役立ったのである。とはいえ、ピロポノスの同一化に対する最も強力な挑戦が、アリストテレス主義者たちからではなく、デカルトの空間と物質を同一視する対抗的な立場から現われた。

それにもかかわらず、われわれは、ピロポノスの「反アリストテレス」の運動が厳密な空虚やまったくの真空といったようなものを復権させたと見なしてはならない。ピロポノスは物体の空間を空っぽにしたが、しかし、構造の空間を取り去ったのではない。空虚を次元的なものとして特徴づけることによって彼が確約したのは、空虚は単に無際限でもカオス的でもなく、あるまったく不完全なものに直面して感じられるような形而上学的不安をこの特徴づけによって取り除くものだということである。ピロポノスは、「物体を欠いた延長」(3)として空間を考えることができるという事実が正しく理解されるかぎりで、その空間が事実上つねに充たされている――「空間は物体なしに決して存在しない」(4)――ことを認めてさえいる。この物体を欠いた延長としての空間という定式は、カントによってほとんどそのままの形で繰り返されている。彼は断言する。「たとえわれわれが対象を欠いたものとして空間を十分に考えることができるとしても、われわれは空間の不在を表象することは決してできない」(5)、と。ピロポノスと見解を共有した他のひとびとは、遠慮することなく空虚に光やエーテルのようなさまざまな内容を与えてみたり(6)、あるいはそれを「天空」と呼んだりした。しかし、問題は、空虚の内容についての正確な特徴（あるいはさらに進んで事実）というよりも、空間そのものがどのように考えられるにしても、むしろその空間の空虚に似た特徴の方である。たとえ完全に真空ではないにせよ、空虚なものとして空間は特別な属性や性質を欠いているが、こうした属性や性質は物質的物体の特別な配置としての場所にこの空間を結びつけるようなものである。しかし、まさにその次元性によって空間は、デカルトやカントのモデルをも含んだ、多くの選択可能なモデルに従って考えられうるのだ。延長を同様に物質と空間の本質にすることによってデカルトは、空虚に異議を唱える彼の努力にもかかわらず、空間一般の立体的あるいは容積的特徴、空間と空虚の双方に固有の特徴についてのピロポノスの強調点を事実上存続させている。万有引力の法則のなかで機能している数学から次元性を引き出そうとするカントの初期の努力も、同様に空間の構造が物理的宇宙の構造に一致するという確信を示している。カントは普遍数学《マテシス・ウニウェルサリス》への関わりをデカルトと共有しているのだ。

それでも、古代の原子論者からピロポノス、さらにその後のブラッドワディーンやニュートンにまで勢力を及ぼしている空虚へのさらなる関心の只中で、宇宙における本性的あるいは「固有の」場所の還元不可能性へと傾倒していく逆の相殺的な流れも存在する。この確信は、イアムブリコスやダマスキウス、クレスカスやクザーヌス、そしてブルーノにおいてさえ明らかである——彼らのすべてが場所を、空っぽの無限空間という暗き深淵のなかでも消え去ることのない宇宙的存在に特有の形態と見なしたのである。これらの思想家たちは、「場所が力をもつということは馬鹿げている」というピロポノスの皮肉な断定には同意しないだろう。そうではなく、彼らは、場所が「何らかの力をもつ」というアリストテレスに、どれほど無限宇宙の現出する光景のなかでこの力が陰っていようとも、同意するのだ。彼らにとって、場所は依然として重要な局所化の目標として役立っている——すなわち、ある特定の物体は、結局、その広々とした包囲のなかのある場所を占めることによって、無限の宇宙のどこかに局所化されなければならない。また場所は、他の存在者や媒体がそれほど完全に示すことのない性質をいまなお生み出している。つまり、方位性、適合、密度、接触、裂け目といった諸性質を。

そうした場所への敬意が残っていることの徴候があったにもかかわらず、場所は十七世紀まで広く疑われることとなり、空間の全-包括的な構造の襞のなかに深く隠されていったのである。このことはガッサンディやニュートンのような絶対主義者の著作にも、ロックやライプニッツのような相対主義者の著作にも同じように見出される。とりわけ最後に名前を挙げたライプニッツは複雑なバロック的な襞の巨匠であった。空間そのものの究極の本性をめぐり彼らは論戦を交したが、それでもこれらの人物の各人は、ある程度の留保はあるものの、「自然のなかには何らの場所も存在しえない」(7)という十七世紀半ばのウィリアム・ギルバートの厳しい判断に同意するであろう。

ギルバートの言明によって、きわめて逆説的な論点が差し出されることになる。すなわち、アリストテレスによってあからさまに否定された空虚は、彼が場所そのものに帰していた力を何の争いもなしに継承しているのだ。それは、まるでこの力が絶対主義と相対主義の戦争後に孤児となったまま、それ自身の祖父母である空虚へと戻っていったかのようである。というのは、ギルバートの主張においては、場所のない状態という古代の観念が再発しているからである。空間的空虚から場所のない状態を推察すること——空虚が脱物質化されようと(ピロポノス主義の伝統におけるように)、再び物質化されようと(デカルトのように)——は、事物の秩序には場所など少しも存在せず、場所のための空間などないと考えることに等しい。場所はそれ固有の力ないし能力を奪われているだけでなく、そもそも宇宙におけるそれ自身の身分を失っている。宇宙そのもの、つまりかつての場所の母胎は、普遍宇宙《ウニウェルスム》（文字通りには「一方に向けられた」全体）の空間的（かつ時間的）な帝国主義に屈したのだ。無限の空間的宇宙においては、場所そのものがそれ固有の性質を排斥されている以上、まったく空間には場所がない。場所は、〈空間〉の〈空虚〉を前にして空っぽにされた、それ自身の内容に関する潜在的な空虚化《ケノシス》を被っている。それ以後、場所は、もっぱらデカルトの解析幾何学において解釈されるような空間の次元性を描き出すXYZ軸の一つに局所化された純粋な位置、あるいはただの点以上のものではない。ピロポノスが思索のなかで企てた事柄を十七世紀と十八世紀の思想家たちは確信と熱意をもって実行しているのである。

しかし、〈空間〉の明らかな勝利が〈場所〉の死をかならずしも意味するとはかぎらない。カオスという神話的概念の明らかに場所のない状態が、しばしばとくに物質的ないし領域的特性を装って、豆粒ほどの内《イン・ヌケー》に特定の場所に似た属性を含んでいたことを思い起こしてほしい。場所性の比較可能な永続性はプラトンの〈受容器〉を特徴づけていたが、そこでは少なくとも場所設定の三つの種類ないし水準が識別可能である。アリストテレスはプラトンが行ったよりももっと激しく、空虚あるいは真空のような場所のない状態という概念を拒否し、こうして彼は空間の空っぽさに代わって場所の充満を（ベルクソンの言葉を用いれば）「置き換えた」のである。しかしながら、アリストテレスが非難した原子論者でさえ、物質的宇宙の完全な一覧表に属するものとしての「位置」や「間隔」の概念にこだわった。原子は、空虚においてきわめて正確な局在化をもち、〈受容器〉のさまざまな「領域」において自生的に生起するものに似ていなくもない布置のなかでひと塊にすることができる。最もありそうもない状況のなかでさえ位置づける、場所のような力に対する同様のひそかな敬意は、無限の空虚のなかで宙づりにされた有限の物質世界を措定するストア派や中世の見解（たとえば、クリュシッポスやクレスカスにおける）のなかに見出される。ここでもまた厳密にまったく場所のない状態という考えは、物質的物体が空虚の内に場所設定されるという必然性によって切り崩される。この途方もない物語のなかのあらゆる点で、端的に場所のない空虚という亡霊は場所を陰に陽に肯定することによって複雑なものとなるが、その際に場所は、そうでなければ惨めにも空っぽであるか、あるいは破壊的なまでに無秩序であるかもしれないような、宇宙を繋留し方向づけるものとして捉えられる。

しかし、ニュートンの妥協なき科学的思考において現実的な物理的宇宙の空虚は、場所や場所に似た特性による重大な複雑化が存在しないようなところで措定される。ニュートン的空間は文字通り「絶対的」である。というのもそれはようやく場所の特有性から、さらに言えばアクィナスやオレスムスの理論に、そして近代初期のガッサンディやデカルトの理論になお反抗的にまとわりついていた場所のわずかな痕跡から解放されたからである。場所は無限〈空間〉の区別不可能な〈空虚〉のなかに消失して、場所は存在しない《ロクス・ニヒル・エスト》というギルバートの単純だが、しかし厳格なラテン語で書き留められた「無」となるのだ。たとえ「絶対的場所」という言葉がニュートンの『プリンキピア』のなかで用いられ続けたとしても、最後にはそうした場所は、ただ絶対空間の予め描かれた部分、不可欠の部分にすぎないことになる。

　さらにわれわれが見てきたのは、場所を宇宙形状論的な地図にするのに、絶対空間それ自体——急展開を遂げた十四世紀の無限空間の着想だけでなく、古代の空虚概念の近代主義の法定相続人——を必要としないということである。ロックやライプニッツに共通した相対主義的な概念は、場所の特質にもはやそれ以上順応せず、〔場所の〕解消という彼ら自身の辛辣な働きをもたらすことになる。場所を距離や位置の同一性へと還元することによって、これら近代初期の哲学者たちは、なんとか自分たち自身のきわめて効果的な方法で場所を制限・否定し、カントとともに、彼が場所を点へ還元することによってさらなる極限へと進むのである。たとえこれら三人の近代の思想家たちが空虚の身分について異なった意見をもっていたとしても、彼ら全員が、空間は連続的で無限、等質的で等方的であるという点で、ガッサンディ、モア、ニュートンのような多様な絶対主義者たちに同意するのだ。そして誰もが——気まぐれではあったがライプニッツでさえ——空間をその全体において特徴づけているものはその純粋な延長性であるという点で意見が一致している。

　まったく延長的なものとして空間が典型化される究極の理由は、十七世紀末までには場所は力を奪われ、それ自身の活力を失っていくということにある。場所はせいぜい統轄的で普遍的な〈空間〉の不活発な「部分」（ニュートン）、単なる「変容」（ロック）になっていった。そして空間そのもの、場所の静穏な空虚は、ただそれ自身の広大さがもつ不変的構造としての次元性だけを保持するのである。ひとが、高さ、幅、深さの次元で以ってなしうることの一切は、それらの次元を充たすことや測定すること、あるいは少なくともそれらで以って測定すること、すなわち中立的な場に局在化された諸々の特定の点の間の距離を規定することである。この計測ゲームにおいては、これによって〈自然〉は第二性質にいたるまで数学化され、場所はもっぱら下属的変化として、すなわち固定された参照点との距離として、あるいは他の均一に点描された諸々の位置の形式的連関との関係における点状の位置としてのみ登場しうるだけである。解析幾何学の格子は物理的空間そのものを閉じ込める格子となるのだ。無表情だが通過不可能ではないと考えられた純粋に受動的な空間という監獄へと突き進むことで場所は、それ自体（自然に）空虚となって、用地——それ自身はいかなる意義のある内容ももたない——を建設するために場を解放することになる。

もし場所が何とかして空間というこの威厳のある厳格な王国のなかで生き残るとすれば、それはただ規定された、実際には過度に規定されすぎた存在者としてのみである。空間的関係のなかで最初に見分けられる測量の利点――時間を超えたそれらの関係の連続性と自同性に基づいて前提された利点――は、あまりにも予測可能な転移によって場所に適用されることになる。ガッサンディが着手した空間の数量化は、デカルトやロックやライプニッツにおいては場所の計算可能性として現われる。しかし、場所を計算可能にすることは場所を用地へと変形することである。地図作成上の表象が適例である。つまり、十七世紀にひとはまた、発見と搾取の用地のために全体的背景として解釈された、測量的に精密な地球の地図を目にしたのである。

絶対主義者と相対主義者の双方が事実だと考えたように、場所が空間の単なる位相として理解されるならば、場所はそれ以外に何でありえたと言うのだろうか。「空間と場所」とか「空間あるいは場所」のような語句のなかでこうした言葉相互の互換性が増していけば、場所と空間は同様に、規定の一様に分配された平面内での用地の明細事項という、自らのきわめて正確な記述を見出すことだろう。場所に対する空間の勝利とは、具体的な場所がもつ内包的な大きさや質的な多様性に対する、空間の終わりなき拡張における、すなわち座標化された次元の拡散性における勝利である。

しかし、用地は位置づけない。近代主義的概念へと向かう空間は、平面の幾何学や地図作成上の格子に対して正確な位置を示すという以外に、いかなる意味でも事物や出来事を局在化することができずに終わる。他方で場所は豊かで多様な仕方で位置づける。場所は領域において事物を局在化するが、この領域の最も完全な表現は決して幾何学的でも地図作成的なものでもない。そして、もしこのことが事実本当だとすれば、われわれは次のように問わずにはいられない。どうすればわれわれは、神話的説明において、初期ギリシャ哲学や後期ヘレニズム哲学や新プラトン主義哲学において、そして中世思想の長い歴史において――非西欧文明における場所についての不変的な認識はさておき――場所がもっていた関心や敬意のようなものを再び場所に回復させることができるのか。どうすれば、〈空間〉の覇権をまえにして、われわれは〈場所〉の特別な非測量的な特性と用地化されない力能を再発見できるのか。

第10章　身体を通して——カント、ホワイトヘッド、フッサール、メルロ＝ポンティ

そのうえ宇宙的な方域〔領域〕についてのわれわれの判断は、それが身体の諸側面との関係において規定されるかぎり、われわれが方域一般についてもっている概念に従属している。

——イマヌエル・カント「空間における方位の区別の第一根拠について」

私の身体の存在は私にとって空間の一断片にすぎないどころか、もし私が身体をもたなければ、私にとって空間など少しも存在しないことになるだろう。

——モーリス・メルロ＝ポンティ『知覚の現象学』

1

物体、それの変化は私の変化である——この物体は私の身体であり、またその身体の場所が同時に私の場所である。

——イマヌエル・カント「形而上学の夢によって解明された視霊者の夢」

場所の重要性を再評価するのに最も効果的な方法は、全体的な現象としてそれに接近することではないし、そのひとまとまりに考察された利点と唯一の体系的取り扱いにおける空間の利点とを比較することでもない。そういう全体化に向かう取り扱いは空虚な一般性にしか行きつかないだろう。求められているのは場所へといたる新たなまったく個別的な道、つまりまさにその特性の内で場所と再接続する手段である。現代には空間についての圧倒的な一枚岩が存在するから、場所へと回帰するのに最善なのは、フロイトが「窪んだ小径」(1)——とはいえ、夢の小径（そのことをフロイトは考えていたのだが）ではなく、身体の小径——と呼ぶものを通してである。場所が身体によって再発見されるだって！　こんなことは疑り深い読者には、まったくありそうもないことだと思われるだろう。だが結局のところ、最も幸運な糸口も、多くの場合ほとんど明白ではなく、ゆるんだ糸の束のように、探り出されるべき神秘のかたまりから垂れさがっているものである。〈導きの糸〉《ライトファーデン》は簡単に手に入らなければならないし、まさにそのたるみにおいて、巧みに問題となっている現象の最小の裂け目、最も暗い一隅へとつながっていなければならない(2)。場所の場合には、そうした糸は

身体によって与えられる。

われわれがこの糸口に驚くとすれば、それは、もっぱら哲学的な近代性の主要論題の一つがすべてのばらばらな現象の心への従属ということだからである。デカルトと次の十八世紀の思想家たちによって導入された「観念の新たな方法」は、そのきわめて直接的な効果のために、その状態が絶え間なく精神的であるような表象のもとで、あらゆる感覚的な現われ（事実、心の状態に属するこれらの現われを含むような、すべての現われ）を包摂したのである。把握されるべき現われが何であれ、表象の型（「観念」、「統覚」、表象像《フォアシュテルング》、等々）を仮定しなければならず、また表象の総体は〈心〉そのものを構成すると考えられる。この汎表象主義は、あらゆる個別的現象――あらゆる実体と、第一次であれ第二次であれ、そのあらゆる性質――だけでなく、宇宙（カントは『活力測定考』のなかで「宇宙の表象状態」について述べている）をも、そして時間と空間そのもののさえも受け入れる。カントの判断によると、こうした時間と空間をそれらの内容とともに、われわれはわれわれ自身に対して表象する。それゆえ、われわれは前章の終わりのところで言及された逆説的な論点に達するのである。空間、すなわち一定不変の外界についての知覚の基盤そのものは、それ自体心のうえに基礎づけられる、あるいはむしろ心の内に基礎づけられるのだ。というのは、カントが明白に語っているように、「客観そのものに先行し、またこれら客観の概念がその内でア・プリオリに規定されうる外的直観は、心の内に」(3)存在するからである。カントの超越論主義は、それが空間に、つまり外的直観に関わるときでさえ、何よりもまず純粋な直観主義という形態での精神主義である。

したがって、同じように心と表象をかいくぐるような場所への抜け道を提案しているのがカント自身だということが分かれば、かなりのショックを受けるだろう。そして、場所はその状態が表象的だと考えられる当の現われの世界の一部をなしていると想定すれば、さらにショッキングなことだろう。観念の新たな方法が切り落とされ――あるいは少なくとも宙づりにされ――るのは、その一世紀半前の主観的観念論者たちによってほとんど完全に無視されていたもの、すなわち生ける人間身体が頼りにされるときである(4)。具体者置き違いではなく、精神的な表象そのもの――これらの抽象化された感覚内容は身体的土台を必要とする――の具体的基盤への回帰が存在する。場所はそうした土台をさらにより執拗に要求するのだ。ライプニッツは、正確な位置性への彼の関心が場所を用地へと量化すべく働いていたときでさえ、場所の質的特徴を認めていた。とはいえ、われわれは、場所について反省すればするほど、場所が質の観点から単に特徴づけ可能なだけでなく、現実に経験されるものでもあることに気づく。これら質的な点、たとえば、色、手触り、深さは、特定の場所に入ってそこを占有する身体においてのみ、かつその身体によってのみわれわれに知られるのだ。

用地は身体をもたないかもしれない――それは身体を離れた概観、通覧をともなっている――が、しかし具体的な身体化のなかで凝縮的に質化された場所における存在による以外、場所-内-存在はありえないだろう。事実、ひとは自分自身の身体を通して以外にどうやって場所の内に存在することができるだろうか。この問いは、特定の状況において右と左の関係と見なされるものがわれわれの身体の位置に依存していることにアリストテレスが最初に気づいて以来、ずっと効力を失っていた(5)。しかし、位置はまだ場所ではない。そして身体と場所の間に特別な絆があることに気づくには、「われわれの経験の第一の与件」(6)に細心の注意をはらう、イマヌエル・カントの天才を必要としたのである。

最初、この絆は、はかないものであるのみならず、偶然的なもののようにも思われる。身体のない天使や人の姿をとらない神は場所を占めないのではないか。極度に限定されたものとはいえ、留め針の先でさえ一つの場所である（それは点-として-の-場所の事例である）。その注目すべき就任論文『可感界と可想界の形式と原理』のなかでカントは断言しているが、神や天使のような身体を離れた存在（さらに言えば、人間の魂も）は、「派生的」あるいは「潜在的」な現在性だけをもち、また「外的に、つまり空間的に感覚可能な事物の普遍的条件」である真正な「局所的現在性」から――すなわち、場所を占めることから――免れている(7)。他方でカントは、感覚可能な事物は個別的な場所を占めなければならないと主張する。われわれは、このような場所において以外、そうした事物を知覚できないし、ましてやそれらを知りえない。身体のない存在が場所設定されないとすれば、感覚可能な物体（つまり、われわれ自身の身体による知覚可能な物体）は本来的に場所設定された存在者である。

この予備的な論点でカントは、プラトンの時代以前から他のきわめて多くの西欧の思想家たちを導いてきたアルキュタスの公理を引き合いに出してくる。とはいえカントによれば、この古代の公理は、文字通りに受け取れば、「窃取」の誤謬を犯している。つまり、それは可想界と可感界とが共通の広がりをもつという誤った信念である。カントが「第一部類の窃取的公理」として指摘するものは、存在することは場所において存在することである、すなわち「存在するあらゆるものは、どこかにそしていつかにある」(8)というアルキュタスの見解をほぼ直接引き写したものである。しかし、神や他の可想的存在者は、存在はするが、しかしながらいかなる厳密な場所設定も欠いている。それらはとくにどこかに存在することはない。もっぱら物質的な実体だけが、つまり感覚可能な物体だけが、固有の意味で場所をもつのである。つまり、それらは存在し、かつそれらはどこかに存在する。この主張は二つの道をたどることになる。一方で場所をもつことは必然的に存在すること、つまり感覚可能な物体として存在することであり(9)、他方で感覚可能な物体として存在することは一つの場所をもつことである。それゆえカントは、実際にアルキュタスの公理に決定的な追加条項を、つまり存在すること――感覚可能であること――は場所において存在することである、を加えるのである。

しかし、カントはまた、アルキュタスや彼の数多くの後継者のうちにまったく現われていないもの、すなわち身体を求めてもいる。身体は、ある感覚可能なものとそれに固有などこかとの間で不足している「第三のもの」である。それは、あたかもカントが『ティマイオス』におけるプラトンの次のような忠告にこだわっているかのようである。「第三のものなしに、二つのものだけで満足のいく仕方で結びつけることはできない。というのは、それら両者の間でそれらを引き合わせる一種の絆がなければならないからである」(10)。

カントは、「空間における方域〔領域〕の区別の第一根拠」――前章の終わりですでにほのめかしておいた、一七六八年に出版された、小論ではあるが枢軸をなすあの論文の表題を引用しておくが――を探求するなかで身体と場所の間の絆を発見した。先駆的な六頁からなるこの小論のなかでカントが示しているのは、方域のなかでの事物の場所設定における身体の役割とは、それらの事物は互いに対して相対的な位置を占めるにすぎないと考える場合に失ってしまうような方位性をこれらの事物に与えるものだということである。この役割がなされないとすれば、物質的存在者は方向づけられず、「右」と「左」、「上」と「下」、「前」と「後」という一定の方位性を失ってしまうだろう。〔方位性に関する〕これら一対の表現は、ひとまとめに捉えれば、空間の三つの次元を描写している。つまり、空間の次元性は身体の方位性から生じるということである。空間的次元を、すべての物理的物体にあてはまる運動の法則から演繹しようとする初期の努力を放棄して、カントは独特の身体による演繹を提起する。すなわち、われわれの身体がすでに一対となった側面と部分(たとえば、右手と左手、胸と背中、頭と足)に分岐したものとして経験されるというもっぱらこの理由から、われわれは感覚可能な対象を、自分たち自身のこの身体的分岐を再結合して反映する方域の内に場所づけられ方向づけられたものとして知覚できるのである。事物はそれ自身においても、それ自身によっても方向づけられない。それらが方向づけられたものになるためには、われわれの介入を必要とする。またそれらは、純粋に精神的な操作によっても方向づけられない。方向のア・プリオリ性は身体に属しているのであって、心に属していないからである。

まさに方向こそ、等しい大きさや同じ形の間で通用する合同〔一致〕に制限されたライプニッツの位置解析《アナリシス・シトゥース》に欠けているものである。大きさについての正確な等式を扱う数学的解析と異なり、位置解析は「空間に備わる、空間に本質的な性質」(11)に関わる。しかし、カントは、真に空間的ではあるが、ライプニッツによって選び出された二種類の合同の点からは分析されえないような一連の現象が存在することを示している。これらの現象は「不一致対称物」と言い表わされ、鏡像、右手と左手、そして底面が共通で、その他に面積と角度が等しい球面三角形のようなものが含まれる。たとえこうした二個一組のその二つの部分のどちらか一方が大きさと形——これらは位置解析《アナリシス・シトゥース》のパラメーターである——の点で他方の部分と正確に等しいとしても、ちょうど右手用の手袋を左手にはめようとするときに、あるいは鏡を覗き込んで自分の特徴が一方の側から他方の側へ逆転しているのを見るときに気づくように、それらの部分は相互に置き換えられえない(12)。それゆえ、ライプニッツの新しい空間の幾何学——これが十八世紀とそれ以降の世紀において、用地としての空間性の規定に決定的であったことをわれわれは見てきた——は、植物のつるの巻きつき、ねじの回転、カタツムリの殻の螺旋を含むような、知覚世界の重要な部分を説明できない。多くの事物は、大きさの対等性や形態の類似性の点からでは説明されえない固有の向きをもつものとしてわれわれに現われるのである。

「不一致対称物」——現代の位相幾何学者たちによって「鏡像体《エナンティオモルフ》」と称される——は古い規則を破棄して、新しい規則を打ち立てるような例外的なものである(13)。破棄された規則とはまさに空間の関係的モデルを統整している規則であるが、不一致対称物は構成要素の間で同一の内的な空間的関係(たとえば、右手の指同士の相互関係は左手の指同士の相互関係と同様である)をもつが、それでも置換不可能なままである。明らかにされた規則は、カントによれば、空間の絶対的本性である。不一致対称物の場合にあてはまる諸々の区別は「ただ絶対的かつ根源的な空間にだけ関係する、というのは、その絶対的かつ根源的な空間によってのみ、物理的な事物の相互関係が可能だからである」(14)。ただしカント自身が認めているが、たとえ不一致対称物に関連する「区別」のすべてが知覚されうるとしても、求められている方位性の「根拠」である絶対空間に対する関係は、「それ自体直接的に知覚されることはできない」(15)。また不一致対称物——そして、より一般的に言えば、これが含んでいる方位性——がどうして絶対的空間を必要条件として要請するのかもまったく明らかではない。テクストには〔内容上の〕空白があり、ニュートン的パラダイムを単に引き合いに出したとしても、あたかも唯一の選択肢は、絶対としての空間と相対としての空間との間のありふれた選択であるかのようであり、説得力が増すわけではない。ここまでのカントの論証には見失われた根拠が存在するのである。

見失われた根拠の埋め合わせをし、かつ空白を充たすもの、それが人間の身体である。われわれ自身の身体における不一致対称物からわれわれ自身が構成されているというかぎりでのみ、われわれは外的な知覚の内で類比的な対称物を理解することができるし、より重要な点では、ある方位性において方向づけられたものとして空間的世界を把握することができるのである。

しかし、これは、方位性の真の基盤は絶対的空間ではなく、（メルロ＝ポンティの言い回しで言えば）「絶対的源泉」と見なされたわれわれ自身の方向づけられた／方向づける身体であるということを意味している(16)。

同じ身体的根拠が場所において問題となる。『あらゆる将来の形而上学のためのプロレゴメナ』（一七八三年）のなかでカントが次のように書くとき、彼はこの点をほのめかしているのである。「二つの事物がそれぞれ別々に識別されうるようなすべての点で（つまり、量あるいは質に関わるすべての点で）正確に同じであるとき、一方があらゆる場合と関係において他方の代わりに置かれることができるが、この置き換えは識別されうる区別を少しも引き起こさないという結果にならなければならない」(17)。一致する対称物は同じ場所を占めなければならない——ただし、場所-の-同一性に関するライプニッツの純粋に位置的な解釈においてではなく、場所が方位性を構成的特徴として含むような新たなモデルにおいて。これがもっともなのは、またしても身体の具体的な貢献に負っているからである。というのは、身体とこの身体が住まう場所との間には親密で分離不可能な絆が存在するからである。不一致対称物がわれわれ自身の自己方位的な身体を暗に示すことによってのみ——カントが『プロレゴメナ』で簡潔に述べているように、「ただわれわれの左右の手に対する関係によってのみ」(18)——理解されうるなら、対称物の場所設定（一致の場合には同じ場所設定、不一致の事例では異なった場所設定）はこの同じ身体の特徴と構造に依拠するだろう。

一七六八年の小論が「［方向の］本質的に主観主義的な本性」(19)を提起し、それゆえ後のカントの〈批判〉哲学における超越論的主観の強調を予示していることは、おそらく確かである。だが、人間の主観を、精神的あるいは直観的主観としてではなく、際立って身体的な主観として解釈する点で、この初期の小論は、場所について——知る主観に起因するある普遍的なものとして解釈された「空間」についてだけではなく——の理解への唯一の接近方法を提示している。これがどうしてそうなるのかを五段階に分けて示すことにしよう。

（1）「位置」は厳密に関係的であり、身体の部分か空間の部分に属している——これと対照的なのは、つねにあれこれに方向づけられた「方域」である。私は「マサチューセッツの西部」に行くつもりであると言うとき、私は純粋に位置的な基盤上では分析し尽くせないようなある方域に言及しているのだ。それは、私が私の動く身体で以って行くつもりのどこかであり、またその西への方向が単に位置的なのではなく、むしろ基本的な方位の問題であるようなどこかである。私がそれ自身の方位性を所有する生きた身体をもたなかったなら、私は方位に関する何の具体的な感覚も——そして世界は何の方位性も——もたなかっただろう。「西」は、単に「東」や「北」や「南」との関係によって規定されるのでなく、より重要なことには、地勢、太陽の軌道、風向き——そして、私が今いるところを位置づけるものとしての、また私が行くつもりのところへと向けられたものとしての私自身の身体——のような非相対的なものによって規定されるのである。われわれは、単にまったくの相対主義者的なモデルに則った空間とは違って、方域が明白な向き——それゆえそれ自体すでに方位的である身体——を包含しているという洞察を取り入れるために、方域は「絶対的な宇宙空間に対する［特定の一連の］位置の体系の関係」(20) からなるというカントの極端な見解に同意する必要はない。

（2）われわれの直接的な知覚経験の内で最も問題とされる方域は、上／下、前／後、左／右へと自然に分かれていくものである。こうした二個一組［の方位］のそれぞれは、それ以外の二つの二個一組［の方位］によって形成された表面あるいは平面と交叉する表面（ないし平面）として想像されるべきである。しかしそのような基本的方域——われわれが「三次元」と呼ぶものに対して基本的な——は、それらがわれわれの経験に内在するあるものに、つまりそのような諸平面の知覚を受容するわれわれ自身の身体的状態に関係づけられないとすれば、まったく知られることはないだろう。

その三次元のために、物理的空間には相互にことごとく直角に交叉し合う三平面が考えられる。われわれ自身の外にある事物に関しては、それらがわれわれ自身との関係の内に存するかぎりにおいてのみ、われわれは感覚を通してそれらを知るのである。それゆえ、究極の根拠——これに基づいてわれわれは空間におけるわれわれの方位概念を形成する——がこれら方位の切断面のわれわれの身体に対する関係に由来することは、少しも不思議ではない。われわれの身体の縦の長さがその上で垂直に立つところの平面は、われわれ自身に関しては、水平と言われる。この水平面は、われわれが上と下という言い方で指示する諸方域の間の区別のもとになるものである (21)。

ここでとくに際立つのは、感覚可能であると同時にわれわれに対して外的でもある事物をわれわれが知りうるのは「それら事物がわれわれ自身との関係の内に存するかぎり」以外にはないというカントの主張である。これは、カントが『純粋理性批判』において唯心論的な表現のなかで仕上げられるよりもかなり以前に、彼の有名な「コペルニクス的転回」を捉えていたことを示している。この転回は実際には一つの回帰——身体的存在者としてのわれわれ自身への回帰——である。デカルトが到達するその同じ脱身体化した点——つまり、解析幾何学のXYZ軸の交点——から出発して、カントはこの三等分を方域的な向きの源泉であるわれわれの身体に定着させることへと進んでいくのである。ピロポノスが非物体的なものとして措定したもの（すなわち、「物体的」延長に対する「空間的」延長）は、身体的基盤を有することが示される。身体とは、その周辺で空間的延長の三次元が自らを配置し、またそこからこの三次元が最終的に発生する中心軸である。

（3）問題とされる回帰は、身体としてのわれわれ自身への回帰であるのみならず、より詳しく言えば、「われわれの身体の諸側面」への回帰である。決定的な糸口である窪んだ小径にいっそう近づいていくカントは、まさに二側面へと構造化された身体だけが、この小径にそのような力強い方向づけの力を与えるのだと述べている。「宇宙の方域についてのわれわれの判断でさえ、それらの方域がわれわれの身体の諸側面との関係の内で規定されるかぎりで、われわれが方域一般についてもっている概念に従属している」[22]。そのような「方域一般」――これによってカントは「天」や、より詳しく言えば、「星」のような事物のことを言っている――がなければ、ただ「対象相互の位置」[23]が存在するだけだろう。しかし、導きの糸として二側面をもつ身体がなければ、そもそも具体的な「宇宙の方域」の識別などできないだろう。カントは、星図（あるいはどんな地図でも）を読むために、それを空間のなかでの方向づけの目的のために用いることができるはずだとすれば、われわれはそれをもつ左右の手との関係においてその図表や地図を方向づけなくてはならない、という効果的な論点を提起しているが、この論点は現代の地理学者によって裏づけられた[24]。

（4）われわれの経験において方向づけられたすべての場所は、これらの理解可能性について人間身体の両側性に依存している。

地理学的な「知識」と、場所の位置についてのわれわれの最も普通の知識についても、事情は同じである。そうした知識は、われわれがそのように秩序づけられた事物を、それらの相互的位置の全体系とともに、われわれの身体の諸側面に関係させて方向づけることができないならば、われわれにとって何の助けにもならないだろう[25]。

言い換えれば、「場所の位置」(die Lage der Örter) ――すなわち、特定の宇宙の方域のなかの諸々の場所の凝集した一群――は、その向きについてわれわれ自身の二重の側面をもつ身体に対する関係に依存している。場所‐世界へと身体の双数である左／右が浸透していくおかげで、この世界の定型についてのわれわれの知識は、「普通のもの」に、すなわち反省を要しない、自発的で信頼しうるものになるのだ[26]。位置は方域に依存するが、しかし方域とその方域が定める場所は、それらの方向性について身体に依存する。両側的な身体の存在があるということは、方向の基盤が個別的な場所の内に、つまり（それらの場所における感覚可能な事物とともに）それ自体が「宇宙の方域」に関して秩序づけられた場所の内にあるということである。これが意味するのは、方域を秩序づけること――したがって、方域の内に局所化された場所を秩序づけること——は、方位づけられかつ方向づけるわれわれの身体の内ですでに作用している秩序づけの働きによっているということである。そのような身体に基づいて、かつそうした身体で以って、われわれは、場所とそれらの方域に入っていくだけでなく、まさにそれらを独特に配置されたものにする方向性そのものを構成するのである。こうした方向性は、一致ないし不一致対称物において作用するものに限定されるのではなく、よく知られているか、知ることのできる場所と方域——これらの何一つとして方位と方向に関して中立的ではない——の内に見出されるのである。『思考の方向を定めるとはどういうことか』(一七八六年)という論文のなかでカントは、人が目隠しをして到着した見知らぬ部屋に置かれるという例を挙げている。その人は自分の身体の左右の側の区別についての連続的な感覚との関係において以外、この部屋のなかで方向を得ることはできないだろう。これらの諸側面との関係によってのみ、その人は自分がどっちに向きを変えようとしているか——また、すでにどっちに向きを変えたか——を知ることができるのだ。この区別を示す関係を頼りにすることができる以上、その人はこの部屋のなかで——同様に、この部屋そのものが属している別のより大きな方域のなかでも(たとえば、それ自身の方位性をもった身体の運動によって、自分がこの場所にどうやって来たかを思い出すことによって)——直ちに方向づけられることになるだろう(27)。

(5) 最後の段階は、身体の両側性についてのねじれを、つまり身体の二側面性が厳密には対称的でないことを表わしている。完全に対称的だとすれば、そのとき「左右を見分ける」ことができないだろうから、私は方向を見失う危険があるだろう。事実、右手と左手の区別は、特定の身体の細部にいたる下部構造においても、強さと器用さの点から見た右手の左手に対する通常の優越性においても、多数の相違を含んでいる。このゆがんだ対称性は、頭のてっぺんに生えた毛がつむじを巻いたり、支柱のまわりで植物のホップがつるを巻いたりするような、多くの通常の現象のなかで見出される不均等な方位的配分の基盤となっている(28)。より重要なことは、場所と方域の——そして、それらの内に置かれた事物の——向きは、究極的にはそれらの方向性の原因である当の身体の非対称的両側性に由来するということである。何かが別の何か「の左に」ある——あるいはまた、単にそれが「あそこに」ある——と言うことは、われわれの不等辺な身体がもつ必要不可欠な方向づけの力を利用することである。事物を場所と方域の内で方向づけられたものとして(また、場所と方域をそれ自体方向づけられたものとして)見なすことは、われわれの身体が右と左の方位性に関してすでに定められているというあらかじめ与えられた事実を前提している。

私が最初に取り上げたカントの議論は、場所を次の暗黙的な項の系列の真ん中に措定していていた。

点—位置—場所—方域—空間

カント自身の明敏な観察によってわれわれは、身体がいまや決定的な中心項に、つまり場所と方域、位置と空間の媒介者になるという仕方でこの系列を修正することができる。

位置—場所—身体—方域—空間

デリダならばそう提案するかもしれないが、身体は、さまざまな仕方で方位づけられたものとして場所や方域が構成されることに「介入する手段」(29)である。身体が不均衡に二側面化した仕方で個々の方域と場所に進入しなかったとすれば、空間は単に中立的な絶対的区画にすぎないし、さもなければ純粋な位置からできあがった純粋な関係のもつれ合った状態にすぎないだろう。しかし、実際にわれわれが空間的世界を経験するときには、この世界は多様に方位づけられた方域のなかで入れ子になって方向づけられた場所からなっている。この点に関してわれわれは身体に感謝しなければならない。そして、まったくこの点にわれわれの注意を向けてくれたことに関して、われわれはカント自身にも感謝しなければならない。一七六八年の小さなテクストのなかでカントは、最も重大なだけでなく最も親密な仕方で場所に食い込むのは身体を通してであるということを——西欧思想史上初めて——実証している。カントがかきわけて切り開いたわずかばかりの小径を通っていくと、われわれは再び場所の細部にわたる利点だけでなく、その豊かな展望をも垣間見ることができるようになるのである。

2

まず第一に、現在する場所は人間身体とのある体系的関係によって限定されている。

——A・N・ホワイトヘッド『過程と実在』

すべての個別的な現実的事物は、宇宙をしてこうした事物に順応することを課すのだ。(……)われわれは、われわれの身体の諸器官に順応し、またこれらを超えたところに横たわる漠然とした世界に順応する。

——A・N・ホワイトヘッド『象徴作用——その意味と機能』

カントは、人間身体が場所の個別性を形成し、それを支えるような——同時にこの個別性を象徴化し、かつそれを可能にするような——ひじょうに特別な(それゆえ、よりいっそう説得力のある)方法を示し、また、まさにこうした提示によって、彼は用地への場所の還元を阻止しようとするのである。つまり、空間がつねにすでに身体との関連によって方域化されているとすれば、空間の内に与えられたどんな場所も用地へと切り下げられることに抵抗するだろう。しかし、この輝かしく立ち現れた見解ははかないものだった。カント自身は、こうした見解にあまり関心をもたなかったようである。カントは後年に書いたいくつかの著述のなかで不一致対象物にわずかに言及しているにもかかわらず、それらは『実用的見地から見た人間学』（一七九八年）――不一致対象物はたしかにこの書物のなかで言及されるのに値する事柄だと思われるが――と題された彼の体系的な連続講義のなかでは取り上げられない。ドイツの自然哲学におけるカントの直接の後継者たちは、カント自身がそうであった以上に思弁に傾いて、ただ黙々と現象を乗り超えて行った。実際に彼らは、身体がどのように空間と関係しているかについてまったく注意を払おうとしなかった。生成と発生の問いに――つまり、生物学的領域から歴史の領域や心理学的領域まで、多くの領域における通時性に――ますます夢中になっていくことが意味していたのは、十九世紀の思想家たちが、空間についての無時間的な、あるいはともかく共時的な関係と特性に関する研究において共同歩調をとらなかったということである。一八八〇年代の後半にベルクソンは、時間のおそらくひどく有害な「空間化」に対して力強い論戦をはることができた。ベルクソンは、時間の持続的深さ――その深くまで異種的で質的な性質――の近代の堕落状態を現に進行中の空間性への執着にまで遡ることによって、空間を犠牲にして（また、それゆえ必要な変更を加えてであるが、場所を犠牲にして）時間を重要視しようと企てたのである。しかし、この運動は、実際には十九世紀の強烈な時間中心主義を代表し、また相変わらず雄弁でもあったが、もっぱら自らがきわめて辛辣な戦いを挑んだまさにその見解を永続させる役目を果たしてしまったのだ。というのは、ベルクソンは、空間の本性を同種的で量的なもの以外のものと見なすような、知的に遜色のない他にとるべき方法など存在しないと思っていたからである。彼は、これによって『ティマイオス』における空間の非同質性についてのプラトンの主張を見落としただけでなく、空間の内的な不一致と、したがってその本質的な異種性、すなわち（ベルクソン自身の表現を用いると）その「質的多様性」に対するカントの独創的な見解を利用するのに失敗したのである[30]。

おそらく空間を劣った有限の状態と見なす十九世紀の自己満足に異議を唱えた最初のひとびとのなかにアルフレッド・ノース・ホワイトヘッドがいたが、彼は明らかに『ティマイオス』に影響を受け、またベルクソンの空間化批判の不十分さを深刻に感じとっていた[31]。『科学と近代世界』（一九二五年）のなかでホワイトヘッドは、『過程と実在』（一九二九年）のなかで十分に定式化されることになる、彼自身のより構築的な諸概念への先触れとして空間（と時間）に関する十七世紀的見解への効果的な批判を表明した。何度か繰り返し見てきたように、彼のよく考えられた見解においては、十七世紀の「根本的前提」は単に位置を占めること（simple location）であり、その見解とは、「空間の内に存在するものは何であれ、単に空間のある一定の部分の内に存在し」、またそれは一片の物質にすぎないが、「その一片の物質の、空間の他の領域や時間の他の持続に対する関係へのいかなる本質的言及」も欠いている、というものである。「単に位置を占めることの場所」として考えられた空間にまったく欠けているのは、「われわれの身体の諸側面への連関《レファランス》（Beziehung）」(32)というカントの概念に近いものである。それどころか、単に位置を占めることにおいては、すべての物質的物体（人間身体を含む）は他のすべての物体から完全に分離して存在すると見なされる。ニュートンやガッサンディやデカルトだけでなく、ロックやライプニッツ――関係的見解をもった重要な理論家たちであるにもかかわらず――でさえ、単に位置を占めることを広めた共犯者として非難されるのである。ロックやライプニッツにとっても同様に、特定の位置を占めることが一連の関係によって規定されるや否や、それ以上の一連の関係は定立される必要がない――その結果、位置を占めることはその関係的性質にもかかわらず、単純化されることになった(33)。

場所の概念はまた、それがともかく空間の絶対主義的理論あるいは相対主義的理論のなかで生き残り続けるかぎり、単に位置を占めることの餌食になる。つまり、「空間‐時間における一定の場所が何を意味しているのかをどのように決定しようと、決定してしまえば直ちに、ある特殊な物質的物体がまさにそこに、その場所に存在すると言うことによって、その物体の空間‐時間に対する関係を十全に言い表すことができるのだ。そして、単に位置を占めることに関するかぎり、これ以上何も言うべきことはない」(34)。私が「用地」と呼んでいるものは、単に位置を占めるという縮小レンズを通して見られたような場所のことである。おそらくはこの危険性ゆえに、ホワイトヘッドは、カントと同様に、「場所」よりも「方域」を語ることを好んだのである(35)。しかし、言葉の選択が適切であるかどうかが問題なのではない。問題は、カントが「根源的空間」(36)と呼ぶものの重要な分野が概念上の衰退に従属してきたということである。結果として、十七世紀の場所の概念は、通常の場所に関する人間の経験にとってもはや真理でもなければ、十全でさえない。ホワイトヘッドが痛烈に述べているように、「われわれの直接的経験において把握されるような自然の根源的要素のなかに、この単に位置を占めることという性質をもつような要素は一つもない」(37)。これら根源的要素の内に場所は存在するが、それは決して単に位置を占めているのではない。

そこでわれわれは、「具体者置き違いの虚偽」に、つまり「抽象を具体と間違える」(38)という過ちにもどることにする。こうした（カントの意味での窃取をはっきりと思い起こさせるような）誤謬を犯すとき、われわれは、経験から――われわれがつねに関わり、また完全に「構成的」(39)でありうるようなあるものを――抽象しているというだけでなく、より決定的には具体的な経験的諸項をそれら自身の抽象化されたものと置き換えている。このようにしてわれわれは、それらがもともと属していた場所も含めて、それらが何の抽象概念であり、何からの抽象概念であるかをなおざりにすることで、「単に位置を占める個々の物質という抽象概念に到達するのである」(40)。「排除された事物がわれわれの経験において重要であるかぎり、このような[近代的]思考様式はそうした事物を扱うのに適していない」(41)、とホワイトヘッドが言うとき、おそらく彼は一連の「排除された事物」の内に場所をもち込もうとしているのだろう。ともかく、明らかなのは、「場所」が概念的に「用地」の下に葬り去られるかぎり、「用地」という抽象概念は「場所」を扱うのに相応しくないということである。場所ではなく、用地に注意を向けることによって、「われわれは他の一切の事物を捨象したのである」(42)。

場所は、事物の残余のうち、追放された唯一のメンバーではない。同じ抽象概念の働きに屈したものとして第二性質が挙げられる。ガリレオやデカルトやロックは第二性質を、質量と運動、距離と大きさ、慣性と重力といった量化可能な世界から取り除くことでその主観化を試みた。物質的対象の正確な現われが、知覚者のそのときの生理学的条件に依存していることを理由にして、それら物質的対象から引き剝がされたその具体的性質は、自然界において十分な地位を与えられなかった。したがって、こうした性質の運命は、第二性質がどんな場合でも密接に結びついている場所の運命と同じ道をたどったのである。つまり、ある場所の特殊性は、その場所の特別な色彩、質感、光輝などに多く起因している。これらの性質が規定するその感覚質と場所の双方が物質世界の正式な事項から取り除かれるとき、われわれはまさに点在する残滓を、つまりは自然の潜在的な死を目にすることになる(43)。動いている物質に対する一連の単なる用地になるとき、自然は性質も場所もないものとなる。そして自然は、それが身体のないものであるかぎり、まさに性質も場所もないものである。

ちょうど十七世紀の図式においてもはや第二性質のためのいかなる場所も存在しないのと同様、生き生きとした有機体のための――「先行する定着した世界の最も密接に関係する部分」(44)としての身体のための――場所も存在しない。したがって、場所と第二性質が新たな認識を取り戻す必要があるとすれば、われわれは知覚野全体を活気づけ、かつそれに形を与える際の人間身体の力の新たな評価に取り組まなければならない。

> われわれは、身体が有機体であり、その諸々の状態が世界についてのわれわれの認識を規制していることを認めなければならない。したがって、知覚界の統一は身体的経験の統一でなければならない(45)。

たしかに同じような見解が、デカルトからバークリまでの思想家たちを知覚者――この知覚者の生理学に第二性質の現われは依存している——の内に第二性質をもち込むべく導いて行った。しかし、それらの見解は、客観的身体に、すなわちまさにそれ自身もう一つの単に物質的な対象にうったえることによってそのように導いて行ったのだ[46]。身体に関する異なった見解が必要であり、これに関するホワイトヘッドの説明は場所をその言明の中心に据えて行なわれる。

> われわれは事物を知覚しているある場所にいる。われわれの知覚は、われわれがいる場所で起こり、またわれわれの身体がどのように機能しているかに完全に依存している。しかし、ある場所における身体の機能は、われわれの認識に対して、〔身体から〕離れた環境の相を示し、彼方に事物が存在するという一般的知識のなかに消えていくのである。もしこの認識が超越的世界の知識を伝えるならば、それは、身体的生である出来事がそれ自体で宇宙の諸相を統一するがゆえでなければならない[47]。

もし知覚する主体と彼ないし彼女の客観的身体の生理学の内に第二性質を置く代わりに、それら第二性質に周辺世界のなかの一つの身分を与えることができるなら、われわれは、知覚者の身体が、感覚を刻印するための単なる機械装置ではなく、知覚の場面に能動的に関与するものだということを理解しなければならない。この場面とは、場所としての場所、場所の場面——個々の場所によって区切られた場面——である。というのは、もし能動的身体が「それ自体で宇宙の諸相を統一する」とすれば、それはある場所からそのようになされなければならない。ホワイトヘッドは、他の哲学者たち（最も顕著なのは、ライプニッツとニーチェ）ならば知覚者の「パースペクティヴ」に属すると考えるようなものを場所設定されたもの‐としての‐有機的身体に帰すのである。このような場所設定は、それがわれわれ自身の外部と全体としての宇宙の内部へとわれわれを連れていく以上、単に位置を占めること〔という考え方〕が偽りであることを示している。

> 身体的経験を意識することにおいて、われわれはこれによって身体的生の内に映し出された空間‐時間的な世界全体の諸相を意識しなければならない。（…）私の説では、単に位置を占めることは事物が空間‐時間の内に含まれる最初の仕方であるという考えを完全に放棄することが含まれている。ある意味で、あらゆるものが、すべての時間にあらゆる場所にある。というのは、すべての所在は、他のあらゆる所在の内に自己の相を含むからである[48]。

深く枝分かれした、単なる位置の占有ではないような事態が可能でありうるとすれば、われわれがわれわれ自身を場所の内に見出す（またさらには、そこでのわれわれの〔存在の〕仕方を見出す）のは、われわれの身体に基づいてのことでなければならない。孤立した個々の物質であるどころか、この身体はそれ自身一つの「全体的な出来事」(49)である。身体は、それ自身の場所設定の内側からあらゆる場所に達することを、したがって、（具体的なものと見なす仕方ではなく、「順応する」仕方において）(50)場所の「客観化」であるのと同様に、それらの周りの場所の「抱握的統一」をもたらすことを可能にする唯一の効果を有している。

われわれはまた次のように問わなければならない。なぜ身体はあらゆる点でそれほどまで重要なのか。他の現実的な存在者――そのいくつかは有機的でもあるような――のなかに見出されないような、われわれ自身の自己‐運動する身体において何が見出されるのか。われわれ自身の身体が機能しているのを感じることとは、「最も原始的知覚」を経験すること、あるいは「過去の世界の感覚」(51)をもつことだと主張するだけでは十分ではない。また「身体は、因果的知覚において、諸領域の判明な分離があるような世界の一部である」(52)と言い張っても十分ではないだろう。説明されるべきは、諸領域の分離ではなく、共有された方向性によるそれらの統合性であり、単に位置を占めることという説ではバラバラのままだったそれらの事物を――身体と場所そのものからはじめることによって――合体することである。

生命ある身体が最初にわれわれの視界に入ってくる通常の物質的対象を考慮に入れるのとちょうど同じように、それはまた、われわれに単に心についてではなく、世界について知らせる抱握のなかにそれら対象の第二性質を深く留めている(53)。身体の抱握は、これらの対象から抽象化するのではなく、それらに順応するような仕方で周囲の世界の「反復」を含んでいる(54)。ホワイトヘッドは、「過去の環境の財産が生ける契機に流入するのは、身体によって、つまり身体がもつ秩序の奇蹟を以ってのことである」(55)と言う。そうした財産は、場所と領域とのまったく特殊な順応において生ける契機のうちに流入するのだ。

身体の「で以って」は場所の身体的抱握にとって決定的である。他のどんな一要因よりも、〈で以って〉は、一般的世界と個別的場所に関するわれわれの経験に対する身体独自の寄与の源である。「われわれは〔われわれと〕同時的な椅子を見るが、しかしわれわれはそれを目で以って見る。またわれわれは同時的な椅子に触れるが、われわれはそれを手で以って触れる」(56)。「われわれはわれわれの身体で以って感じる」(57)ということが本当だとすれば、われわれが「同時的な椅子」（この椅子との関係において、われわれ自身の目と手は「ほとんど直接的な過去」(58)に属している）だけでなく、われわれ自身の場所と同様にその椅子の場所も――そして、同じように方向づけられた領域的結合体に属するものとしてこの両者を(59)――経験するのは、同一の身体的な〈で以って‐構造〉によってである。それゆえ、場所は、身体の原始的抱握とその周りの世界の反復とに対して不可欠な〈で以って〉の内側で生じるのだ。われわれがつねに身体で以って存在するように、身体的に存在するわれわれは同じようにつねに場所の内側に存在するのである。われわれは身体のおかげで、われわれはそうした場所において存在し、またその場所の一部でもあるのだ。

「自然は、端的にかつ完全にそこに存在し、外から設計され、かつ従順である」(60)というニュートンの見解とは対照的に、ホワイトヘッドのモデルでは、身体は、ここそこがもつれ合って連結している舞台である。「この場合に、ここという座とそこというある客観化された領域への二重の言及がある」(61)。身体は、あるいはより正確には私自身の身体は、単に位置を占めることという誘惑に抵抗する仕方で、ここそこを結びつける点で独自のものであるが、この単に位置を占めることに従えば、「ここ」とは単に中立的なものと見なされた私の身体の正確な位置のことであり、また「そこ」とは私とは反対側の同時的な対象の同じく正確な地点のことである。しかしそうではなく、「そこ」は「ここ」に進入し、逆もまた然りである(62)。このような進入は、知覚野の中枢的部分としての私の身体によって可能となるのである。

緑色を「私が知覚する」感覚対象とすると、緑色は、単にそれが知覚されているA[すなわち、「ここ」]にあるのではなく、また単にそれが位置づけられたものとして知覚されるB[すなわち、「そこ」]にあるのでもなく、Bに位置を占めるという仕方でAにあるのだ(63)。

ホワイトヘッドが「様態的に位置を占めること」と呼ぶものは、身体それ自身の場所設定する力、すなわち、それ自身に本来的に備わった抱握的統一化と効果的客観化——それ自身の場所の雰囲気を含んだ統一化と客観化——の点から「他の場所に位置を占めること」を規定するその現行の能力である(64)。(知覚された対象の)そこと(知覚する身体の)ここの「関係」は単なる指示的関係以上のものだということである。それは暗示的で包括的である。またそれは、まさに共通の環境、共通の場所《コイノス・トポス》としての場所を通して作用し、この共通の場所において、対象と身体、〈ここ〉と〈そこ〉は、「世界の明白な連帯性」(65)とホワイトヘッドが呼ぶもののなかにすべて位置しているのである。

しかし、もしわれわれがわれわれ自身の生ける親密な身体を通して、かつそれによって——すなわち、で以って——場所へと接近することがなければ、場所はこの媒介と統合の役割を果たすことができなかっただろう。この身体の特権性は、同時にその直接的な周辺環境の枢軸であり柱でなければならない。ホワイトヘッドが、「宇宙の他の諸領域は、われわれが人間身体について知っているものとの一致に基づいて解釈されるべきだ」(66)と主張できるのも当然である。こうした「諸領域」の間にこそ場所は存在するのだ。われわれ自身の身体は、時がたてばその身体が自らを位置づけたり、位置づけ直したりするように、場所へと動かされるだけでなく、「現前化した場所」としての場所そのものがわれわれの身体の活動に、単に因果的あるいは偶然的にではなく、本質的に関係しているのである[67]。

　こうした主張によって、ホワイトヘッドは、カントが特殊な例のなかで真だと証明したものを一般化された法則のごとき形式のなかに置くのである。方域と人間身体の両側性との関係は、場所と身体との一般的関係——「体系的関係」[68]——の、まったく典型的ではあるが、特異な事例である。カントと同様にホワイトヘッドにとっても、人間身体は「空間における方域の区別の第一根拠」を構成する。残余というよりも根拠であり、実体というよりも主体であり、瞬間的な受動的登録者というよりも現行の抱握的活動性である身体は、われわれを場所へと連れて行き、われわれをそこに引き留めるのである。

3

私の身体——たとえば、とくに「手」という身体部分——は空間のなかを動く。［しかし］身体の運動とともに具体化される、「運動感覚」という統御する働きは、それ自体空間的運動として空間の内にあるのではない。

——エドムント・フッサール『ヨーロッパ諸学の危機と超越論的現象学』

空間の全体性のなかで〔地球の〕その場所は、実際にそれ〔地球〕にとっての一つの場所であるのか。

——エドムント・フッサール「自然の空間性の現象学的起源に関する基礎研究」

ひとはカントに賛成しても反対しても哲学することができるが、しかし彼なしに哲学することはできない、と言われてきた。本章で考察中のカント以後の三人の哲学者——ホワイトヘッド、フッサール、メルロ＝ポンティ——のなかで、ホワイトヘッドがカントへの積極的な関与から最も遠いところにいる。カントに対する彼の態度はつねに批判的であり、また彼の批判は、（十分に説明されるならば）おそらく直観のア・プリオリな純粋形式としての空間と時間に関するカントの熟考された見解が具体者置き違いの虚偽を示していると——破廉恥にも——主張するだろう[69]。それにもかかわらず、この二人の思想家はともに、有機体の身体と、自然環境においてその有機体によって住まわれた場所との間には、内的なつながりが存在するという考え方に同意するだろう。この確信の収束点が大いに偶然に依存している——ホワイトヘッドが一七六八年のカントの論文を知っていたという証拠はない——からと言って、その重要性が減ることはない。実際、いっそう印象的なのは、きわめて著名なこの二人の思想家は、双方とも人間身体に特別な注意を払ったことは知られていないが、互いに独立に身体／場所の連関を明らかにしたにちがいないということである。

しかし、われわれは、カントについてつねに用心深い眼差しで考え、書いたフッサールの場合、同じような偶然の収束を求めることはできない。第一にカントは、初期の自らの哲学的企ての中心部分を「現象論一般」[70]と彼が呼ぶものだと見なした。カントが物理学者、J・H・ランベルトから借用したと思われる「現象論」という名称の際立った用法を別にするとしても、上述の〔本章の〕第1節で検討されたその試みは、その記述の具体性と「われわれの認識の最初の事実」に対する関心において現象論的である。より重要な点は、フッサールという、一つの哲学的企てとしての現象学の創設者は、『ヨーロッパ諸学の危機と超越論的現象学』という彼の最後の重要な著作の表題に見ることができるように、カントから「超越論的」という言葉を引き継いでいる。フッサールは、自分自身が超越論的哲学の伝統に属していると考えていた。この伝統――これはデカルトにはじまる――にとって、認識の基礎は、「私の現実的で可能的な認識生活の全体と究極的には私の具体的生活一般をともなった、私‐自身」[71]の領域のなかに見出されなければならない。

カントがこの伝統に「厳密な学」としてのその最も体系的な形式を与えたという事実にもかかわらず、彼は単に〔そこにいたる〕「途上に」[72]いるだけだった。少なくともカントが純粋な心以外のあるもののなかに根拠の必要性を捉えなかったかぎり、彼はその目標に到達しなかったのである。フッサールが提起するように、カントが「言い表わさなかった「前提」」とは、「生活の環境世界」、すなわちフッサールが専門的に「生活世界」(**Lebenswelt**)[73]と呼ぶものである。生活世界を無視することは、フッサールがこの生活世界の経験に本質的なものとして考える「生きられた身体」(**Leib**)の役割を無視することである。彼の見解では、「生きている身体はたえず、まったく特殊な仕方で、まったく直接的に、完全に唯一の存在的な意味をともなって知覚野の内に存在する」[74]。生きられた身体が知覚野の内に存在する「まったく特殊な仕方」とは「統御」(**walten**)という仕方であり、これによって生きられた身体は、現行の関与のなかで事物に適合するような仕方でその事物の感覚的側面に関わるのだ[75]。こうした事柄のすべてに対して、とりわけ「運動感覚的に機能する生きている身体性(**Leiblichkeit**)」[76]に対してカントは鈍感だと思われている。真に超越論的な現象学は、生活世界に、したがってこの生活世界を活気あるものにする生きた‐生ける身体に回帰する必要がある。同様に超越論的現象学は、場所への通路がフッサール現象学のなかでは塞がれているにもかかわらず、場所に回帰する必要がある。すなわち、それは、自己自身の方法の正当性が認められる以前に、空間と時間の厳格なゲートを通過しなければならないのである。

フッサールが行った内的時間意識に関する一九〇四―一九〇五年の有名な講義は、空間的構造を時間的経験の構造と明らかに類似するものとして繰り返し語っている。たとえば、今の「地平」(77)としての過去把持と未来予持は明らかに空間的な地平と結びついている。時間構成への進出の直後に引き続いて、フッサールは空間への研究に着手した(78)。それゆえ、アウグスティヌスからベルクソンやジェームズまで、空間に対して時間に優越性を与えるような選ばれた人たちの集まりに、フッサールを含めることは不適切だろうし、また彼は前世紀〔十九世紀〕の際立った特徴であった時間中心主義に陥ることもまったくなかった。彼自身の確信とは、「空間時間的な配置」は、「空間と時間が同一の持続的形式として理解されるかぎり、空間と時間そのものに先だつ」(79)原理のうちにあるということだった。フッサールが「根本的世界」(80)と呼ぶ、人間の経験の最も深い水準は、それが時間的であるのと同様に空間的でもあり、人間の経験の時間性と同じくその空間性を――実際には、二つ一緒に――探求することは現象学者の責務である。

空間性に関するその最初の研究においてさえ、フッサールは人間身体の「特権化された位置」(81)と彼が称したものに悩まされていた。ある点でこの人間身体が単により物理的な一つの事物(Körper)にすぎないとしても、別の点で(身体《ライプ》として、つまり生きた身体として)は、それはある特別なもの、すなわち、「私の担い手」であり、この私によって感じられる感覚の場所である(82)。それはまた、私がどこにいつ動こうとも、「ここ」としてつねに経験されるかぎり特別なものである(83)。これが意味するのは、生きられたものとしての身体は「あらゆる空間的関係がそれに結びつけられるように見える持続する点」(84)として現われるということである。これら諸関係のなかに、右と左、前と後、上と下といった関係があるのだ。フッサールはここで、三つの基本的な次元が身体の内に植え込まれているというカントの直観と再会することになる(85)。

しかしながら、フッサールにとって身体は、この三つの次元の基盤であるだけでなく、「現出するすべての事物がその〔すなわち、身体の〕周囲に属する」(86)というもっと実質的な事実の基盤でもある。私が出会うすべての事物は身体のまわりに配置されたものとして与えられ、この身体で以って私は知覚するのである。私の身体のおかげで、私は事物の中心に存在することになる。「私‐自身」とは私のあらゆる経験に関する「中心としての私」(Ichzentrum)を形成する身体的な自己のことである(87)。この中心化する決定的な能力のなかで、私の身体は「空っぽの物体＝ゼロ物体」(Nullkörper)として理解されることになり、この物体との関係で私の直接の周囲におけるすべての事物は所在を与えられるのである。フッサールは、皮肉にも慎重にデカルトから借用した、無の点あるいはゼロの点という幾何学的観念に言及している。解析幾何学においてゼロ点（すなわち、X軸、Y軸、Z軸が交叉する点）が固定された不変的なものとして設定されるのと同様、ゼロ点《ヌルプンクト》としての私の身体は、環境世界に関してつねに不動であるように見えるという独特の固有性をもつ。フッサールが一九〇七年の講義のなかで述べているが、「世界におけるすべての事物は私の前を通過できるが、しかし私自身の身体はそうはいかない」(88)。事物が私のまわりで動くときだけでなく、私の身体そのものが動いているときでさえ、その私の身体は動かないでいるように思われる。言い換えると、フッサールが逆説的に表現しているように、「身体は動くが、［しかし］「遠ざかること」なく動くのである」(89)。身体は自己自身から決して遠ざからない――ちょうど身体が自らの部分を放り投げることができないように(90)。身体は自己自身に関して固定されている、ちょうど身体がそのまわりで知覚されるすべての事物に関して安定しているように。真の場所の固定性《スタビリタース・ロキー》は、神、太陽、あるいは永続する歴史的建造物の内にではなく、私自身の内に見出されるのである。私とは、より正確には私の身体‐自己とは、私の知覚経験のなかに現われるすべてのものに対して「つねに持続する関係の点」(91)である。カントは身体が方向の源泉だと主張したが、しかし彼は、身体がこのまわりを旋回する知覚野全体の安定した中心であるかぎりでのみ、身体はそうした源泉であるということを示すような、より踏み込んだ段階に行くことはなかった。

そうした状態にある私の身体は、空間と、とりわけ場所とどんな関係があるのか。フッサールがこの主題に初めて入って行く際に、空間はある厳密に客観的なものと見なされる。たとえ身体が、中心化され、かつ中心化するものとして客観的空間の知覚にとって不可欠だという主張がすでにあるとしても、そこにはまだこの生きられた身体に対応するような生きられた空間という考え方はない。この能動的身体と、これが知覚する定立された空間との間にはコミュニケーションが欠けている。フッサールは、生きられた身体と客観的空間との間に視覚空間《ゼーラウム》を、つまり純粋に視覚的な空間を設定することでこの欠如に焦点をあてようと試みる。視覚的（そしてまた触覚的でもある）空間をフッサールは、点、線、境界域、深さというそれ自身の性質をもった「前経験的延長」で以ってばらばらな領野を構成しているようなものとして理解する(92)。こうした領域の各々は自らの「場所の体系」（**Ortssystem**）をもち、また実際に、場所を区別する指標として諸々の質を備えた場所の母胎である(93)。それにもかかわらず、ここでの場所は主に単に位置を占めることとして――フッサールが**Ort**（場所）と**Lage**（位置）を互換的に用いているという事実によって示されるように――理解されている(94)。そういうものとして、ある特定の領域によって与えられる「場所の多様性」は、「絶対に不変的なもの」、「つねに与えられるもの」であって(95)、それについての私の経験と調和して変化するような本当に生きられたものではない。

こうした欠点にもかかわらず、フッサールはさらに場所についてのきわめて異なった見解を示唆している。彼はそれを、運動感覚の考察のなかで、すなわち身体がある特定の瞬間に自らの動きや静止を感じるように、動いたり止まっていたりする身体の内的経験の考察のなかで行っている。この議論（彼の人生の最後まで続けられる議論）の途上で、フッサールは、不変的に与えられる場所の多様性でさえ「決してK［すなわち、運動感覚］なしに与えられないし、場所の全体的多様性が変化の様式のなかで満たされることなしに経験されるようないかなるKも存在しない」(96)と主張する。もし私がある仕方で自分の身体を動かすとすれば、その場合に事物は——それら事物が現れる場所を含んで——異なった現われ方をするだろうという点で、ある運動感覚は個別の知覚を「動機づける」ために作用する(97)。もっと直接的な言い方をしてみよう。私自身の身体が場所において存在し／運動するのを私が感じる仕方は、私がその場所そのものを経験する仕方と大いに関係があるだろう。そして、運動感覚の自己－覚知がそれ自体、私の身体の覚知がとる基本形式だとすれば（この身体的な意識が視覚的であろうと、触覚的であろうと）(98)、その自己－覚知は、私が現実に経験するときに場所への特権的な参入を構成するだろう。私の身体を感じることは、どのように身体が自らの在る場所を占めるべきかを感じることである。フッサールが述べているように、「場所は運動感覚を通して理解され、この運動感覚のもとで場所の性質（das Was）は最適な形で経験される」(99)。こうした場所は単なる用地ではありえない。場所は、この場所に関わる私の運動感覚の経験に答える複合的な質的全体である。

フッサールは、生きられた場所それ自体の概念をもたなかったので、代用されたさまざまな概念に頼ることになる。すなわち、「視覚空間」（Sehraum）だけでなく、客観的空間の具体的「現われ」（Apparenz）や、とりわけ「近接領域」（Nahsphäre）などがそうである。この最後の名称はとくに興味深いものである。私の運動感覚のおかげで、私は自分の「中心世界」（Kern-welt）(100)の重要な部分である近接領域に接近することができる。この近接範囲のなかで、かつそれを通してかつそのまわりで——場所は、そのなかで／それに対して私が動くことのできる近くの帯域として配置される。近接領域は、運動感覚の覚知の「私はできる」の内に含まれた接近可能性を含意している(101)。私自身の近接領域は実際、そこに私がいたり、あるいは私が行くことのできたりする最も近い場所ないし諸々の場所である（これと対照的に、私の遠隔領域は、私が直接には接近できないような場所を含んでいる）。

近接領域の重要性は、それが身体と場所との間の隔たりを充たす——私はほとんどの場合、近接領域のなかの場所の内にいる——ということだけでなく、それが客観的空間の構成にとって決定的な基盤だということでもあり、この構成は、純粋直観のすべての布地からではなく、生きられた身体がそれで以って自然の協調を形成する具体的な事物から生じるものである。フッサールは、「近さにおいて(in der Nähe)、つまり一定の直観的な運動感覚とこれに帰属する［多様な］側面との間の関係において、空間性は効果的に構成される」[102]と書いている。空間性が客観的なものとして構成されるのは、その構成物が、私の近接領域において私に利用可能な諸々の場所の連結と、したがって、その近接領域のなかでの私の運動感覚の覚知に接近可能な諸々の場所の連結とから帰結するかぎりでのことである。われわれが（十七世紀におけるその優位性の結果として）「空間」と呼ぶものは、私の運動感覚的に感覚された近接領域の「相関者」――ウルリッヒ・クレスゲスがフッサールについて註釈しながらそう呼んだように[103]――であるだけでなく、その近接領域の「拡張」そのものでもある。フッサールは言う。「近接領域（原初的な中心領域）の統覚的な拡張（Erweiterung）は、空間の同質的な無限に開かれた世界のなかで理解される」[104]、と。これは、その各々が生きられた身体によって運動感覚的に知覚される個々の場所の空無化と融合とが直ちにニュートンの平らな絶対空間になる、と言うことに等しい。しかしこれは、場所それ自体が特定の知覚野の〈私－中心〉あるいはゼロ点、つまり「絶対的なここ」としての生きられた身体に依存するかぎりでのみ可能なことである。絶対空間は絶対的なここに依存している。ここには身体的な体裁での超越論的転回がある！　ニュートンによってそれ自体では身体をもたないものとして（また、たしかに人間身体と重要な関係をもたないものとして）定立されるものは、その本質的な可動性のなかでつねにまさにここ――場所において私がいるここ――にある身体による以外、構成されることも、ましてや把握されることもできない。

絶対空間は、たとえそれが身体――［実際には］どれほど抽象的であれ、いかなる種類の空間も、この身体にその源を発している――と無縁だとしても、近代初期の物理学に不可欠な要素となったのである。フッサールが、一九一四／一九一五年の断章のなかで図式的に書いているように、「外的空間（der Ausserraum）は、たとえそれが多様な仕方で方向づけられたものとして現われるにしても、同質的である。（……）しかし生きられた身体とその身体の空間はこの同質性をこなごなに打ち砕くのだ」[105]。私は、「身体の空間」（Leibesraum）という言葉を生きられた場所――すなわち、どんな特定の瞬間にも生きられた身体が経験する個々の場所――に概念的に等しいものと見なす。まさにこうした経験は生き生きしている。つまり、同質的なものとして弱められ平らにされた、絶対的あるいは外的な空間は、まさにそれが生きられた身体そのものの場所を供給するかぎり、粉砕されて、生き生きとした活力ある（Leibhaftig［身体をもった］）ものになるのである[106]。生きられた身体は、何よりも自らが構成したその当の空間を脱構成するのである。

とにかくそれは、身体の空間から、フッサールの晩年の著作『ヨーロッパ諸学の危機と超越論的現象学』のなかの中心概念である生活世界へはあと一歩である。『危機』のなかでフッサールは、十七世紀の哲学と科学に対して辛辣な批判――ホワイトヘッドの『科学と近代世界』のなかで見出されるものと多くの点で類似している批判――を加えている。ホワイトヘッドは近代初期の哲学と物理学の抽象的傾向に絶望していたが、それと同じようにフッサールは、ガリレオや彼の時代の他の思想家たちが科学的に吟味された具体的な生活世界に「理念の衣」（Ideenkleid）をまとわせた方法を明らかにしていく。フッサールは次のように述べている。

> 幾何学的で自然科学的な数学化の場合に、われわれは、無限に開かれた可能的経験の内で、生活世界――われわれの具体的な世俗生活のなかでたえず現実的なものとしてわれわれに与えられる世界――をいわゆる客観的に科学的な真理というぴったり合った理念の衣のために見積もるのである(107)。

生活世界に理論的な理念の衣を着せることによって、その独特の方法があてはまるものは、世界の究極的自然と――この自然は、「その「真の即自存在」において、数学的」(108)であるという前提のもとで――混同されることになる。しかしフッサールは、そもそも「われわれは、自然に固有の公理的体系を、その公理が必当然的に明証的であるような「すなわち、数学においてそうであるような」体系として発見する見込みをもっていない」(109)ということをわれわれに気づかせるのだ。そうした体系を措定することは、相容れない概念の画一的方法に生活世界を無理やり押しつけることである。

　科学理論的な理念の衣と生活世界が完全には一致しないことの直接の帰結として、数学化されず、また数学化することさえできない、ほとんど未回収のまま残った物質が存在することになるが、こうした物質は数学のシンボルや物理学の公式のなかの表現に達することはない――少なくともそれらの近代的な体裁のなかでは。フッサールは、自然を数学化しようという十七世紀の情熱の起源を土地の測量という実践活動に最初に現われたような古代の測量術にまでたどっていく。そうした測量において、ある基本的形態の同一化と透写およびそれに後続する標準化は、われわれがユークリッド幾何学のなかに典型的に見出すような理念的形態の平面幾何学の創造へと導いた(110)。まさに乗り超えられるものとしてではあるが、場所が現われるのは、ちょうどここ、つまりこうした幾何学がはじまった瞬間である。

> この「測定」術は多くのものを含んでいるが、実際の測定はそのうちの最終的部分にすぎない。すなわち、一方で測量術は、ふつうは厳格に規定する概念や名称を欠いた川や山や建物などの物体的形態のために、そうした概念をつくらなけれ

ばならない――まず第一に、（形象的類似性の観点から）それらの「形」のために、次にそれらの大きさと大きさの関係のために、さらには固定したものとして前提された既知の場所や方向に関係させて、距離や角度を測定することによって位置を規定するために[111]。

場所はこの引用文のなかに二度現われている。第一に、場所は「川や山や建物など」のための最初の（たとえ暗黙的であろうと）配置を準備して、それらの「物体的形態」は「概念と名称」を与えられるのである。この役割のなかで場所は、測量の無規定的な――あるいはもっとうまく言うと、前規定的な――背景、すなわち同一化と再同一化というより正確な行為のための根拠である。第二に、場所は、「既知の場所」が「固定したものとして前提され」ているという事実のおかげで、位置を描写するための基盤の役をしている。ここで問題となるのは、場所のはっきりとした形態やその内容ではなく、純粋に位置的なものとしてのその規定性である。

場所（そして、とりわけ風景のなかの場所）は、それゆえ二様に前提されている――配置の貯蔵庫として、また位置の基盤として。この二様の前提は重要ではあるが、測量が平面幾何学に屈すると、場所の文字通りの原生的身分はすぐに失効してしまう。とくにユークリッド的な傾向をもった幾何学は、測量という実践のうえに樹立されているにもかかわらず、こうした実践を支配し、「導く」ようになる[112]。二千年後のイタリア・ルネサンスの末期に、事態は自然がその全域にわたって数学化されるような地点に達する。ガリレオにとっては、「具体的世界全体は数学化可能な客観的世界であることが判明しなければならない」[113]。ホワイトヘッドに同意して、フッサールは、具体的世界を数学化するには抽象化への相当の努力が要求されると力説する。つまり、「この［ガリレオ物理学の］純粋数学全体は、抽象化を通してのみ物体と物体的世界に関わる、すなわち、空間－時間の内部での抽象的な形態にのみ関わるのである」[114]。言い換えると、それは生きられたものとしての場所の具体的な形態を見逃してしまうことである。しかし、まさにこの新たな状況に不可欠なものとして、ホワイトヘッドが強調しなかったあるものがある。すなわち、理念化である。最初に、かつ最も徹底的に理念化されるのは、円や三角形などのような完全に極限的な形として考えられた形態である。しかしながら、この原－理念化（これはユークリッドによってすでに着手されていた）は、生活世界における日々の経験を充たす「感覚的充実」、つまり匂いや色や音などの具体的性質のさらなる理念化によって補われる。この第二の理念化はさまざまな感覚的充実を数学化するという問題であり、これを達成するためには、「［形式的な］形態に帰属する感性的充実の共－理念化の遂行」[115]に従事しなければならない。こうした仕方で、近代初期の物理学は、形態と性質がともに理念化される普遍的な因果的枠組として自然を措定するようになったのである(116)。

フッサールは、こうした野心的な研究プログラム——場所に対する重要な役割が潜在的に終結するのに加えて、第二性質の徹底的な主観化で終わるようなプログラム——にともなう三つの異なった難題を明らかにしている(117)。

（1）一方で形態を幾何学的に取り扱うことがあり、これとまったく別にこの抽象的－理念化の方法で特定の感覚的な性質に注意を払うことがある。そのような性質は、「それらに固有の段階的変化という点で、直接に形態そのものと同じように取り扱うことができない」(118)。ただこれらの性質の間接的な数学化のみが可能なのである(119)。同様にこれは、それらの測定が決して全面的には正確ではないこと、また望みうる最善のものが正確な形態の測定との相関関係（それゆえフッサールの「共－理念化」という概念）にあることを意味している。ガリレオと彼の後継者たちは、どんな物理的存在者も形式的かつ感覚的性質の双方を有し、それゆえまったく異なった幾何学を求めるべきだとしても、「ただ一つの幾何学、すなわち、〔感覚的〕充実のための第二〔の幾何学〕をもつことのない、形態の幾何学があるだけだ」(120)と考える。

（2）絶対的で客観的な空間時間性の基礎となるただ一つの普遍的な因果性が存在するということは証明されていない前提である。この空間時間性は、以前に言及した、より直接的に経験的な「空間時間的配置」と混同されてはならないが、ガリレオ物理学の純粋な根本原理である。このような至高で付随的な因果性の下には「この純粋な生活世界の空間時間性」が存在し、これの特徴ある指標はフッサールによって生活世界の「変わることのない一般様式」と呼ばれるものである(121)。知覚する有機体によって現実に経験される因果性は、この様式全体の部分をなすものであって、この様式に押し付けられる理念化－数学化された理念の衣に帰属しない。

（3）十七世紀の世界像から逸れることは、「生きられた身体」（Leib）と「物理的身体」（Körper）との間を何らかの意味で決定的に区別することである。われわれはこの区別をフッサールにとって基本的な現象学的所与だと見なしてきた。ガリレオにとってすべての物体は、慣性と運動量の法則に従属する単なる物理的物体として考えられる。しかしこれは、物理的世界における生きられた身体の特異な身分を、さらにいっそう深刻なことには、人間存在の生活世界のなかでのそうした身体の構成的役割を見落とすことである。

ちょうどホワイトヘッドの有機体の哲学が科学的記述によって捉えられない身体の因果的効果の水準で経験の真価を認めようとするように、フッサールによって選出された有機的身体は、直接的な数学化に従わないあの「根本的世界」に通じている。

この世界のなかでこそ、われわれ自身はわれわれの身体的で[leiblich]個人的な存在の仕方と一致して生きている。しかしわれわれは、ここに幾何学的理想物の何ものも見出さないし、それら理想物のあらゆる形態をともなった幾何学的空間や数学的時間を見出すこともない(122)。

それならば、われわれは生きられた身体の水準に何を見出すのか。ホワイトヘッドは内臓的感じを「身体的効果」(123)の固有性《プロプリウム》として示しているが、これに対してフッサールは生きられた身体によって経験されるような運動感覚において問題となる「制御」(walten)により強い印象を受けている。

こうした制御はすべて「運動」の様相において生起するが、しかし、この制御における「私は動く」(私は、何かに触れたり、何かを押したりしながら、自分の手を動かす)は、それ自体では、誰かが知覚しうるであろうような[単なる]物理的物体の空間的運動ではない。私の身体——たとえば、とりわけ「手」という身体の部分——は空間のなかを動く。[しかし]物体の運動とともに具体化される、「運動感覚」という統御の働きは、それ自体空間的運動として空間の内にあるのではなく、単に間接的にこの運動の内に共-局所化されるにすぎない(124)。

手は元の位置に戻る。しかし今度は、一つの不一致対象物としてではなく、身体的制御の一つの分節体としてである。カントは、個々の方域が両側的な人間身体に対してなす「関係」の証拠として手を引き合いに出すが、これに対してフッサールは、生きられたものとしてのこの身体が空間そのものに対峙する仕方を強調する。というのは、生きられた身体はそれ自体、物理的対象が空間の内に存在するように、空間の内に存在するのではないからである。身体は、「間接的にこの運動の内に共-局所化される」ものとして空間を通して運動するのである。身体は、第二性質が直接的な理念化に抵抗するのと同じように、直接的な局所化——実際には単に位置を占めること——に抵抗する。まさに生きられたものとしての手は、ユークリッド幾何学において形式的形態の規定と対をなす空間内のあの客観的位置に近いところで存続しているのだ。そうしたものとして手は、近接的領域とその共-局所化された「身近な諸事物」(125)に達し、これらを定義するのに役立っている。手とは、そしてこの手が帰属する身体とは、空間における諸方域の指標というよりも、むしろ生き生きとした有機体の近接領域への運動感覚的に感じられた侵入である。

しかし、われわれはどのように生きられた身体の制御によって空間内を動くのか。諸々の場所の横断を通して、つまり、われわれがそこへと動いたり、そこから動き出したり、そこを横切って動いたりするような、個々の場所の横断を通してである。

しかしながら、『ヨーロッパ諸学の危機』には、場所についての組織的な議論もなければ、生きられた場所についての議論などなおさらない。その代わりに、「個々の運動感覚的状況」と「身体が現われる状況、すなわち知覚野の状況」についての話題がある(126)。しかし、われわれは問わなければならない。そのような状況(Situation)は生きられた場所――運動感覚的に内側から感じられたものとしての場所と、身体が外側から現れ出る舞台としての場所――の形式以外の何でありうるのか、と。フッサールは、ここでわれわれを生きられた場所の縁へともたらすが、しかし、それでもわれわれを宙吊りにしたままである。われわれは、決定的な糸口が、つまりどのように生きられた身体と生きられた場所が相互につながっているのかを具体的に《イン・コンクレートー》示すような何かが依然として欠けていることに気づくのである。

糸口は、まったく日常的な経験、歩くことによって与えられる。ローマ人が、歩いて解決しろ《ソルウィトゥル・アンブランドー》! と好んで言っていたように。「生ける現在の世界と有機体に対して外的な環境世界の構成」という一九三一年の断章のなかでフッサールは、分離した集団のなかで捉えられれば、単に変幻自在であるような断片的現われから一貫した中心世界をどのようにして私が確立するのか、という謎を明らかにするものとして、歩くという経験を選んでいる。この中心世界は、なじみのある接近可能な現われの近接領域となじみのない未知の事物の遠隔領域の双方を含んでいる。この二つの領域の異なった現われは、私が歩くという単純な基本動作を行うたびに、ともに一つの統一化された空間時間的「全体」(zusammen)のなかにもたらされる(127)。しかし、このことはそれらの現われの単なる測量によっては生じない――これは、単に辺りを見回すだけでひとが構成するような視覚空間《ゼー・ラウム》というもっと初期のモデルで暗示されている。そのため、基本的方向に関して言えば、ひとはかえって静止している方がよい。

歩行が導入するものは、自分の周囲を統一する前に、私は何よりもまず自分自身を統一しなければならないという事実である。もし完全に関節がはずれているとしたら、私はまったく歩くことができない。歩くことは、私の身体を、ともかく一時的にでも、一緒に引っ張ることであり、そうすることは私自身を一つの一貫した有機体として構成することである。

[歩くことで] 私の有機体は構成される。つまり、生き生きとした有機体としての自己自身との関係によって、それはまた、「私は自分の腕を動かす」、「私は自分の眼球を動かす」ということと一緒に、眼窩のなかで私の眼球を空間的に転がすことなどと一緒に、可動的なものとして構成される。運動感覚的働きと空間的運動は連合によって合一しているのである(128)。

歩行は、私が「[個々の] 器官に接合された、全体的有機体」

であることを私に正しく理解させる(129)。手だけではなく、さらに私の身体のあらゆる器官や機能的部分は、フッサールが「働きをなす自我」(130)と称するものの志向性と関心に一致した〈全体的器官〉として私の全身体の活動をなす。身体のこれら諸部分の統一は、歩いているときの、まさにその身体の現実の運動と組織的に結びついた運動感覚的な感じによって与えられるのだ。人間が自分自身の歩行を経験するとき、「手や眼といった身体の諸部分の内に、そしてこれら諸部分の外的な空間的運動に平行的なものとしての「これらすべてもの」の内に局所化された運動感覚的な流れ」(131)が存在するのである。

最初の運動感覚的働きは、したがってそのひと自身の動く身体を統一することである。このように統一されたものとしてのみこの同じ身体は、それによって身体が統一化された中心世界を生み出すような他の働きを引き受けはじめることができるのだ。有機的な自己統一化は環境世界を統一化する条件である。この環境世界の統一化は二つの主要な仕方で行われる。第一に、すでに流れている私の身体的な運動感覚と「身近なものや遠くのものとして与えられる事物」の現われとの間には、「構成的な相互連関」が存在する(132)。初めに遠くにあった事物の現われは、それが私の近接領域になるにつれて変質するが、しかし、私はこの変質を私の身体で以って知るのである。ホワイトヘッドにおける身体の〈で以って〉は、内側から感じられる、連続的に関係づけられた身体の諸感覚によって「外部のもの」として知覚された変化する事物の現われの、特質上運動感覚的な覚知として、フッサールによって明確に述べられている。このモデルは並行する二つの平面のモデルである。第二に、動く身体によってもたらされた方向が存在する。ここでは、そのモデルは決定的に根本的である。というのは、私の身体は、私が歩いているときでさえ、方向づけの中心であり続けるからである。

歩き出すと、私にとってそこにあるこの世界のすべての事物は、私の現象的には固定した静止する有機体のまわりで方向づけられているように私に現われ続ける。すなわち、それらの事物は、ここそこ、右と左などに方向づけられ、これによって固定した方向性ゼロの状態はいわば絶対的なここで持続するのである(133)。

フッサールは、私のまわりの事物の方向づけは私の身体に依存しているということではカントに同意する。しかし、フッサールは、そのような方向の源泉を身体の二側面性の内にではなく、「絶対的なここ」としてのその「例外的位置」(134)の内に置くのである。フッサールがこの絶対的なここによって意味しようとしているのは、空間のなかのある正確な地点——あたかも「ここ」とは、原理上、他のどんな点とも交換可能な一つの純粋な点にすぎないかのように——において、私が文字通りここにいるということではない。つまり、ここには、一つの移動装置、一つの指示的普遍としての〈ここ〉というヘーゲルの抽象概念がある。絶対的にここにいるということは、私の身体で以って私がこの場所にいるということ、つまり私の身体が立ち上がったり、座ったり、歩いたりする当のそうした場所にいるということを意味する。こうした仕方でここにいることは、ここがどんな「そこ」にも――言い換えると、共存する諸事物の秩序の単なる部分である他のどんな場所にも――依存しないという点で絶対的である。これは私の身体の場所を単なる位置に還元することになるだろう。しかしながら、私は、単に位置を占めることの場合のように、輝かしい孤立のなかでここにいるわけではない。私のここ-身体は、（人間のであれ、人間以外のもののであれ）他の身体〔物体〕に関係するが、しかしそれらの関係そのものの関数ではない。それは、私の近接領域のなかにまで広がり、さらにこれを超え出て、私の周囲の中心世界の遠隔領域のなかにまで延びている。私がいる場所の唯一性を肯定するときでさえ――とりわけ、そのときには――、私の足場の絶対性は諸々の用地の結合における〔場所の〕消滅に抵抗しているのである。「ここにいることはすばらしい」(135)というのがつねに事実だとは言えないが、しかしフッサールは次のように述べている。私のここに-いることが、私の身体と私の直接の場所との、つまり分離不可能な合成〔共通の位置〕のなかにともにあるこの二つのものの絶対的産出物であるということは、たしかに事実である。私が歩くとき、私は現実に動いていると同時に、それでも自分自身を「安定した空《くう》-対象」(136)として経験する以上、歩くことはまさにこの共通の位置の典型である。歩いているとき、私は「じっとしている」という仕方と「働き続ける」という仕方との間で揺れているのだ(137)。

こうした二価性をもつ歩く行為の結果は二つある。すなわち、私の周囲の安定した事物の構成と、これらの事物のための安定した場所の構成である。歩行に関するこの二つの帰結は密接に結びついている。一九三一年の草稿の同じ頁でフッサールは、一方で歩行は「同一の事物」として「方向づけられた事物」を確立し、他方で歩行は「固定した場所の体系」（feste Ortssystem）を構成すると主張している(138)。この論文の冒頭では、場所は純粋に客観的な言葉で記述されていた。「周囲の個々の状況と一致して、各個の個別状況は、個々の仕方で「客観的に」変化したり、変化しなかったりするものとして、すなわち同じ場所（Ort）と空間的延長を保持したり、この延長のなかを動いたりするものとして経験される」(139)。場所との緊密な連結のなかで「空間的延長」（raümliche Ausdehnung）に訴えることによって示されるのは、場所がここでは位置にすぎないものとして解釈されるということであり、このことは、〔この論文の〕数頁後での、現われ出る事物が局所化される「一つの位置」の強調によって確認される(140)。しかし、この論文の終わりの方で、場所は別のあるものになってしまった――あるいは少なくとも、別のあるものになるための途上にある。いまやフッサールは、歩行に関する彼の周到な分析のおかげで、場所が最初は欠いていた潜在的な力動性をその場所に与えるのである。要するに、場所は生きられた場所となったのである。

　生きられた場所は、フッサールが「定着した場所の体系」(141)と呼ぶものの形式において現前する。身体の場所——私はこれを「身体‐場所」〔場所としての身体〕と呼んだ——を超えたところには、場所などただの一つとして存在しない。明らかとなった中心世界において、われわれはつねに場所の一群に、つまりわれわれがこの領域のなかで知覚する事物の多様な場所に出会うのである。これらの場所は相互に合わさって一つの固定した集合を構成している。こうした集合がなければ、事物は自由に浮かんで、いわばあらゆる方向に拡散してしまうだろう。この場所の体系《オルツ・ズュステーム》は、知覚される事物を固定化し局所化することによって措定される。しかし、この定着した体系はと言えば、たとえば、事物を包括する根本世界を通過する〔われわれの〕歩行によるそうした事物との関わりに依存している。われわれは、事物だけでなく、それらに固有の場所をも生き生きとしたものにするのである。われわれが知覚する事物のための「基盤‐場所」として、場所を生きたものにするのは生きられた身体である(142)。場所のない世界は身体のない自己と同様に思考不可能であり、また世界がこのように場所にあふれ、それゆえそこに住みつく事物に対してこのような受容力があるのは、われわれの自己がきわめて効果的な——現われをともなった運動感覚の方向づけと調節の点で効果的な——身体を有しているからである。

　生きられた身体は、場所を活性化するだけでなく、同様に場所を必要としてもいる。身体は、場所を樹立するだけでなく、場所を発見するのである。どうしてこのことが可能なのか。それは、われわれ自身の身体が身体《ライプ》(lived body)であるだけでなく、〔依然として〕物体《ケルパア》(physical body)でもあるという分かりやすい理由のためである。一つの物理的事物のように、われわれの身体は諸々の事物のなかの一つの事物であり、したがってそこで局在化されるために「場所の連続体」(143)を要求する。動かされた事物としての身体に対して、中心世界にはかならず場所が存在する。実際に、そのかなりの構成力にもかかわらず、生きられた身体は先在する場所‐世界を必要とする物理的でもあるようなものであり、歩いているときに、身体はこの必要性をとても強く感じるのである。というのは、歩いているときの私の身体は、向かうべきある〔複数の〕場所をもたなければならないからである。身体《ライプ》としての人間身体は、諸領域のなかの事物をうまく調節し方向づけるかもしれないが、しかし自らも、自分が歩く世界のなかで調節され方向づけられなくてはならない。あらかじめ方向づけられた諸々の場所という各個の継起する領域の原因となるのは、あらかじめ構成された場所の体系である。それゆえ、「すべてのもの〔物体〕はその場所をもつ」と言うことができる(144)。

そういうわけで、私の身体は、志向性と投企、相互関係と方向づけの源泉（言い換えると、身分上、超越論的なものとしての生きられた身体）であるのと同様、一つの物体――まったくの物理的存在者――である。私は、歩くときに自分自身が重さと力と容積をもった一つの物体であることを知り、そういうものとして私は、すでに環境世界を占めている安定した場所の体系にうまくとけ込むのである。どっしりとした事物にふさわしい私の安定性は、私の諸運動を待ち受ける場所‐世界の場所の安定性《スタビリタース・ロキー》によって調和させられるからである。身体と場所は依然として密接に結びついているが、しかし、今、手袋は別の手に、一つのまったく合っていない手のうえにある。超越論的転回とは、現象学的研究における場所‐世界にいたる唯一の道ではない。われわれはまた、物質的物体の必然性についての実在論的なパースペクティヴからもそこにいたることができるのだ。身体を通って場所へといたる小径は、同時に実在論と超越論という二つの道をもった通路なのである。

この点に関して実在論の方向をとるフッサールは、大胆にも「空間は（単なる方向の体系、方向空間というだけでなく）すでに一つの場所の体系ではないのか」(145)というまったく非カント的な問いを立てる。超越論的転回のこの決定的な留保――この転回が超越論的な伝統そのものの継続と、さらにはその完成宣言したその当の哲学者によって採用されているという点で、かえって注目すべき留保――において、私の身体は一つの延長した事物であると言われることさえありうる。フッサールは、デカルトをこの超越論的分岐点の別の側面から再び採用するのである。フッサールは書いている。「私はどんな場所にも行けるし、そこにいることができる。それゆえ、私の有機体は、動かすことのできる、一つの事物、一つの延長するもの《レース・エクステーンサ》といったものでもある」(146)、と。

実在論と超越論という二つの方位は、それらの深い相違にもかかわらず、静止という共通項を通して一致することができる。歩行において問題なのは、運動、つまり「動き続けること」(In-gang-halten)だけでなく、静止、つまり「じっとしていること」(Stillhalten)でもある。それどころか、私が歩くとき、静止は運動に優先してさえいるのだ。「「私は静止する」は、「私は私自身を動かす」に本質的に先だつ」(147)。フッサールは、「立ち上がることや座ることという、つまり「自分自身を前方へと動かすのではない」特別な静止性」(148)のような静止状態のことを示している。この静止のまったくの優越性――これは動くことなしに静止するものとして経験される地球の事例で頂点に達する(149)――は、フッサールが別の仕方で全面的に関わる超越論的風景のなかで究極の安定性を発見したいという彼の願望を物語っている。静止を「決定的で絶対的なあるもの」(150)と見なすことによって、フッサールはすべての変化が関係すべきアルキメデスの点を設定するのだ。したがって、フッサールは、「あらゆる再‐変化がその静止の意味をもち、それゆえ「静止」の構成は変化の構成を創設しなければならない」(151)と主張する。このことが実際に意味しているのは、歩くという運動を含んだ、運動（言い換えると、変化の形式）は静止なしには考えられないということである。生きられた身体の活動性――これは歩行において最もよく例示される――は、運動の不在としてではなく、その最終的な（あるいは最初の）身分として考えられた静止の内に根付いている。最も深いレベルで、この身体は「可動性なき基盤」(152)である。

　事実、フッサールにとって、「固定した物体は通常の物体であり」(153)、まさに「絶対的なここ」の観念は、静止状態で捉えられた物体によって最もよく示されるのである。さらに静止は生きられた場所の性質に影響を及ぼす。われわれが始動と停止――そして休止――なしに歩くことができないのと同様、われわれのまわりの場所も、身体《ライブ》によるそれらすべての場所の活性化にもかかわらず、確実に止まっている。すなわち、すべての場所は静止する場所である。「われわれは場所の体系として、言い換えると、物体運動の可能な終結点の体系として周囲の空間をもつ」(154)、とフッサールは同じ時期の別の論文のなかで述べている。フッサールが「安定した距離、安定した配置、［そして］静止する事物の配列をともなった定着した場所の体系」(155)について語ることができるのも当然である。生きられた場所にとっての安定した体系は、生きられた身体にとっての絶対的なここのようなものである。この両者の事例において、安定化は達成されるのだ――そうした安定化は、それが構成されるのと同じくらい与えられるものである。超越論的なテーゼが真なのは、身体が、身体によって初めて得られる方向性を場所に授けることで、場所を生き生きとさせるかぎりでのことである。しかし、実在論的な学説が支持されるのは、この生気づけの基礎となり、またこれを可能にする――そして物理的なものとしての身体がそれ自身の場所設定と運動のために依拠する――安定性を場所が有しているという事実によってである。

　歩行のとき、われわれは、われわれ自身がつくり出さないまでも、われわれ自身が選択する近接領域に動いていく。この領域のなかでわれわれは、場所を活気づけるのと同じくらい、場所と出会うのである。その成果は歩く身体の相関者たる場所‐世界である――この世界は、身体によって構成されるが、この同じ身体は、たえまない局所化を行ううえでこの世界に依存しているのである。ウォレス・スティーブンスが「私とは、そのなかを私が歩く世界である」(156)と言っているのは正しい。しかし、私は私ではない世界のなかを歩くということも同じく本当である。その世界とは、絶対的にここにいる私がすでにそこ として発見している世界である。ここそこ、身体と空間、実在論と超越論、これらのすべてが最後には――あるいはむしろ最初に――場所のなかで出会うのである。

4

空間的実存（……）は、あらゆる生ける知覚の原初的条件である。

――モーリス・メルロ゠ポンティ『知覚の現象学』

生起する局所性は、「事物」や事物の運動の「方位」が関わるものにおいてさえそうなのであるが、客観的空間においては同一化不可能である。

――モーリス・メルロ゠ポンティ『見えるものと見えないもの』

フッサールの師、ブレンターノは、明らかに場所と空間の差異に関心を寄せていた。しかし、この差異についてのブレンターノの研究――彼がその生涯の最後まで従事した研究――のうちに、われわれは、場所の構成において生きられた身体が果たす役割を、明らかに空間とは異ったものとして承認している証拠を見出すことはない。したがって、一九一五年に口述された言明のなかで、「場所の規定がある積極的なものであるということは否定しえない」とブレンターノが宣言するときでさえ、同時に彼は単に「不可入的なもの」や「物理的・化学的に多様に取り上げられたもの」(157)としての諸物体について述べているのだ。意識の志向性（対象の質料性と対照的な）に没頭するあまり、場所との関係での生きられた身体の認識がブレンターノから締め出されてしまったのである。フッサールに残されたのは、この意義を理解し、またそのほとんどが死によって出版されないままとなった、その膨大な文書のなかでこの点を論証することであった。

フッサールにおいて散漫かつ主に予備的な計画のなかにあったものは、メルロ゠ポンティにおいて焦点が合わされ明快になっていく。『知覚の現象学』（一九四五年）のなかでメルロ゠ポンティは、彼とフッサールの両者が「原初的世界」(158)と呼ぶものにわれわれが接近できるのは、何よりもわれわれの生きられた身体を通してであるという論題に取り組んだ。事実、そうした身体がなければ、われわれにとって世界はまったく存在しないだろう。すなわち、「[生きられた] 身体は、世界をもつためのわれわれの一般的媒体である」(159)。ここで懐疑的なひとびとは次のように問うだろう。生きられた身体は、すなわち人間的主観によって感じられ経験されるものとしての身体はどのようにそうした責任を負うことができるのか、と。

生きられた身体がこうした重要性を担いうるのは、身体がまさに心の志向性と混同されないそれ独自の身体的志向性を有しているからである(160)。ブレンターノにとって心の志向性は、物理的現象から心理的現象を区別するための唯一の指標であったが、身体的志向性はまさに心理的／物理的という区別そのものに異議を唱えるのだ[161]。身体的志向性は身体と心のいかなる硬直した二分法も、われわれが住む生活世界にわれわれを結びつける「志向弓」に置き換えるのである[162]。生きられた身体の最も深くて捉えがたい内奥に根づいているこの志向弓のおかげで、われわれは世界への信頼しうる持続的な「投錨」を与えられるのだ[163]。身体の志向性はひじょうに重厚で、それにもかかわらず敏感なので、その作用のおかげで、つねに「私の身体と世界との一定の連動状態」――「空間の起源」である連動状態――が存在するのである[164]。

　空間の起源！　この起源は、もはや創造神の世界創設の野望の内にも、ましてや厳格な超越論的主観という純粋な心の内にも求められない。この起源は個的主体の身体の内に容易に見出される。あるいはもっと正確に言うと、それはこの身体の運動の内に見出されるのだ。現出する空間に対して、そこに組み込まれたものとしてのわれわれの身体は静的であり続けることができない。身体は運動状態にあるのでなければならない。フッサールは空間と場所の起源における構成的役割を運動感覚一般（そしてとりわけ歩行）に与えたが、それと同じようにメルロ＝ポンティは身体の運動を「空間の産出者」[165]と見なす。メルロ＝ポンティにとって空間の起源となっているのは、ひとに固有の身体の客観的な場所移動のことではなく、むしろそうした運動の経験そのもののことである。すなわち、「私の身体の運動経験は認識の一つの個別的事例ではない。それは、われわれに世界と対象への接近方法を、つまり独自でおそらくは原初的なものとして認められるべき「実践的認識」を提供するのである」[166]。われわれに固有の身体の運動についてのそうした経験は「前－客観的」である――この「前－客観的」は、われわれがまさにこの同じ経験を通して知ることになる世界にもあてはまるキーワードである。

われわれが空間的位置の起源を、環境に自らを固定する主体の前－客観的な状況や局所性にまで遡らなければならなかったのと同様、われわれは運動についての客観的観念のもとに前－客観的経験――この経験から運動についての客観的観念はその意味を借りている――を再び発見しなければならないだろう[167]。

　カントにとって身体はまだ生きられたものとして認められなかったが[168]、それでもカントを、空間内に対象を局所化するには身体の自動性が必要であるということを明確に認めた最初の人物としていたこともあり、メルロ＝ポンティは幾何学者の例を取り上げている。幾何学者は、ただ抽象的な図形を同じく抽象的な空間に投影するだけでなく、「少なくとも潜在的には自分の身体で以って、そうした図形を描くことによってのみ彼が関わるような関係を了解している。幾何学の主体とは自動的な主体である」(169)。この主張とともにわれわれは、フッサールが『ヨーロッパ諸学の危機』のなかで示したユークリッド幾何学がもつ抽象化と理念化の操作の身体的基盤を暴き出すのである。要するに、生きられた身体は幾何学の真の創造者であり、それゆえ、転じて今度は（ガリレオ流のやり方で）知識の公理的身体と見なされた幾何学を確実視し、この幾何学を土台にしているすべての物理学の真の創造者となるのである。

　メルロ＝ポンティにとって生きられた身体は、「空間化された」空間だけでなく、「空間化する」空間の起源でもある。身体は、拡張的で開くものとしての空間（空間化する空間《エスパス・スパスィアリザン》）と、ある固定して閉じられたものとしての空間（空間化された空間《エスパス・スパスィアリゼ》）との間の決定的な差異をつくり出し、結局のところその差異である(170)。生きられた身体は、さまざまな形式的操作によって幾何学（と物理学）の空間化された世界を結果的に生み出すような空間化を行う。身体的運動のなかできわめて完全に表明されたその能力付与の力は、諸事物を関係づけるための「普遍的能力」(171)を空間に貸し与えるものであって、さもなければ諸事物は同質的空間の無差異な真空のなかの孤立した位置へと引き渡されてしまうだろう。「地球は動いている！」というガリレオの警句（これは、フッサールの「地球は動かない」(172)によっていたずらっぽくひっくり返された）は、「私は動く」というメルロ＝ポンティの効果的な言明に取って代わられる。地球の運動というガリレオの重要な仮定は、生きられた身体の運動に場所を譲ることになる――この身体は、フッサールが（まさにガリレオの物理学に反対して）「現象的に止まって」いると、すなわちまさにその運動のなかで動かず、それ自身の場所で静止していると見なしたものである。

　したがって、われわれの身体によって経験されるような空間は、点の集合でもなければ、まったくの関係の束でもない。またそれは、たとえば、エーテル性の媒体による、あるいは厳格な包囲者の内側の面との接触による包含の問題としても考えられない(173)。空間についてのこうした伝統的概念は、どれも空間の本質的な諸特徴の内の表現性と方向性という二つの特徴を十分に取り扱っていない。生きられた動く身体はこの両方の特徴の基礎になっている。身体がたえず「表現的運動」(174)を示す――身体はかならず表現的であり、身体が最も難しい幾何学的操作に従事するときでさえそうである――ように、身体が動く空間は表現的空間になり、それ自身の外観や雰囲気、その感情性やスタイルをもつようになる。さらに当の可動的身体は、われわれをたえずわれわれがいる個別的空間――ここでは、「方向づけ」は基本的方位ほど限定されたものを何も示さない――のなかで方向づけるが、しかし〔身体に〕ぴったりと合い、また精通しているという意味により近いあるものを示すのである。合わせて考えると、表現的運動と身体の方向は住みつくことに帰着する。

したがって、われわれはわれわれの身体が空間のなかにあるとか、時間のなかにあるとか言ってはならない。身体は空間と時間に住みつくのである。（……）私は空間と時間のなかに存在しないし、また私は空間と時間を理解してもいない。私は空間と時間に属し、私の身体はそれらと結合し、それらを包摂している。この包摂の範囲が私の実存の範囲の尺度である(175)。

この文章において、包含というアリストテレス的な「のなかに」は、これとはまったく異なった住みつくというメルロ＝ポンティ的な「のなかに」に席を譲っている。カントもまた糾弾されている。すなわち、私が単に空間の内に存在するのでないとすれば、空間も私の内に（たとえば、直観の形式として）存在するのではないだろう、と。客観的あるいは主観的包含よりも、むしろ「空間の主体」(176)と解された私の生きられた身体による空間の活動的な住まうことが問題なのである。

　私の生きられた身体が表現的で方向づけられた空間の主体であり、実際そうした空間のまさに源泉だとすれば、この事実は、場所と、本章で私がそう呼ぶようになったとくに「生きられた場所」との理解に対する重要な含みをもつだろう。直接引き出される意味の一つに、場所は客観的空間における単なる位置に還元されえないというのがある。メルロ＝ポンティの言う「状況の空間性」と「位置の空間性」の区別は、生きられた身体によって経験されるような場所が単に位置的ではありえないこと、文字通り位置づけ《テシス》の問題ではありえないことを意味している(177)。したがって、身体の運動は「客観的空間における単なる場所の変化」(178)として理解されえないのである。身体運動を客観的空間における単なる場所の変化と理解することは、場所をライプニッツ流のやり方で厳密な場所－の－同一性に制限することである。デカルトやロック流のやり方でこうした還元をするのは心ひかれることではあるが、身体の運動はまた、場所がその観念的な表象へと切り縮められえないことを保証するものでもある。

あるものが存在する場所に関する知識は多くの仕方で理解されうる。伝統的な心理学は、場所についてのこうした多様な意識を扱うだけの概念をもち合わせていない。というのは、こうした心理学にとっては、場所の意識はつねに位置的〔措定的〕意識、表象（Vor-stellung）だからであり、そういうものとしてそれは、場所を客観的世界の規定としてわれわれに与え、またこうした表象は存在するかしないかのどちらかであるが、しかし、それが存在する場合、それは何の曖昧さもなしに対象をわれわれにもたらすからである(179)。

場所は、まさにそれが単に位置的なものではなく、またしばしば無規定的な境界線を有する以上、曖昧な――それによって場所が経験され、知られるようになる生きられた身体が曖昧であるのと同様に——現象としてわれわれに現われる。生きられた身体は「それがあるところにはなく、それが〔現に〕そうあるところのものではない」(180)とわれわれが身体について言えるように、われわれはまた、場所はまさにそれがあるところになく、またそれが〔現に〕そうあるところのものでもないことを認めなければならない。もっぱら用地の単に位置を占めることに関してのみ、われわれはこれらの事柄〔つまり、場所はまさにそれがあるところにあり、それが現にそうあるところのものであるということ〕を述べることができるのである。それゆえ、場所は一定の表象内容ではない。こうした〔場所を表象内容と捉える〕間違った見解は、生きられた身体がその直進運動のなかで誤って伝えるあの「〔客観的〕世界についての先入観」(181)を反映している。場所は、一定の表象——観念であれ、イメージであれ——の内容ではない以上、性質の点で規定されていない。

このことは、場所が以前の説明では見逃されていたある潜在的な次元をもっていることを意味している。私が自分の身体によって住みつく場所は、私が自分自身を固定した場所——ただ私の到着を待ち受けているだけの場所——にもたらすように、そこへともたらすような空間の単なるある地点のことではない。フッサールの一定の場所の体系《オルツ・ズュステーム》の強調は、ここではすでに樹立された項の曖昧な背景というよりも、むしろなされるべき事柄のそうした背景として場所の観念に訴えることによって、疑問に付されている。場所は私が達するかもしれないどこかにある。そして、私がそこに達するとき、ただその場所にあてはまるかどうかだけが問題なのではない。私は、私の可能な行動の無限定な地平を供給するものとしての場所に入り込むのである。

〔私のまわりの〕光景の方向にとって重要なのは、それが実際に存在する通りの私の身体、つまり客観的空間における事物としての私の身体ではなく、可能な活動の体系としての私の身体であり、潜在的身体である。こうした身体は、自分の任務や状況によって限定されており、現象的な「場所」をともなっている。私の身体は、どこであろうとなされるべき何かが存在するところにある(182)。

この言明が示しているように、潜在的なものと密接につながっているのが現象的なものの概念である。「現象野」が知覚世界の経験論的モデルと主知主義的モデルに代わるものとして『知覚の現象学』の最初のところで定立されるように、現象的身体は後に、「全操作は現象的なものの領域で行われる」(183)という結果とともに援用される。この全操作は、身体がそれ自体一つの場所となるようなさまざまな仕方だけでなく、可能な行動の場所のなかへの（そしてその外への）この生きられた身体の潜在的な運動を含んでいる(184)。現象的なものとしての場所は、われわれが運動感覚的に感じられた状況としての場所と空間――われわれの身体によって感じられず、それゆえ現象的現前を欠いているような用地とは対照的な――を経験するというフッサールの見解の一般化された描写と見なされるかもしれない。しかし、私の場所‐内‐身体の現象性は、運動感覚的な感じが伝えるものに制限されない。生きられた身体は、それがきわめて親密に結びつけられた場所を単に感じるだけでなく、知るのである。

身体的空間に関して言うと、場所との一種の共存関係に還元可能であり、だからといって、単なる無などではないような場所の知識が存在することは明らかである。たとえそうした知識を「客観的な」描写形式にもたらすことができず、言葉が語られることなしに指し示されえないとしても(185)。

これはどんな種類の知識であるのか。それは親しさという形式における親交による知識である。私の身体は、まさにそれが「慣れ親しんだ配置への進入の手段」(186)である以上、場所との直接の（そして継続する）親交によってそれら場所の知識を有している。この結合においてメルロ＝ポンティは、「習慣的」身体、つまり「習慣的行動の母胎」(187)である身体を強調する。生きられた身体のこの側面のおかげで、前客観的であるが、しかし十分に効果的な水準で、私は、自分の現行の経験が住みついた場所を知ると言われうるのだ。場所は私の親友《ファミリアーリス》（文字通りには、「使いの精《ファミリア・スピリッツ》」）である。私が自分自身の家に精通しているのと同様に、私は私の「生息地」のあらゆる慣れ親しんだ場所に精通している。習慣的身体の記憶（これは一群の慣れて熟練した行動の基礎となっている）は、「存在が位置づけられていることと同義になる」(188)ような環境をもたらす場所の意識と結びついている。

このように、場所の実践的認識を提起する点でメルロ＝ポンティは、ただ身体が場所への接近の特権化された点を与えるといったことや、ただ身体が場所に対する唯一の能力をもつといったことだけを主張しているのではない。彼が主張しているのは、われわれが住みつく場所は、われわれが生きる身体によって知られるということである。さらに言えば、われわれは身体化されることなしに場所設定されえない。逆に言うと、身体化されることは、場所設定することができるということである。

われわれは、ただ身体の運動によっていつも新たな場所を発見するだけではない。われわれは、それらの不変の親しさと、われわれ自身の身体的習慣性との間の緊密な連結のおかげで、すでに知られている場所のただなかで、自らを見出すのである。

ホワイトヘッドは、単に位置を占めることとは別のあるものとして場所を再考するようわれわれに挑んでくるが、これと同様にメルロ＝ポンティは（フッサールの導きに従って）、われわれが延長するもの《レース・エクステーンサ》の単なる一実例とは別のあるものとして生きられた身体を考え直すように勧める。というのも彼は（フッサールと違って）物理的物体を場所設定のなかに本質的に含まれたものと見なすつもりがないからである。行動という点で同時に習慣的で潜在的なあるもの――したがって、能動的に過去を具体化し、構成的に未来を投影するもの――として、生きられた身体《コール・ヴェキュ》はこのまったく的確な言葉がもつあらゆる意味において現象的であると考えられる。しかしそうだからといって、メルロ＝ポンティは、バークリの主観的観念論やカントの超越論的観念論において心に帰された類の単なる自律性を身体に帰着させようとしているわけではない。とりわけ身体的志向性を支持することによって、メルロ＝ポンティは身体のあらゆる活動がその周囲の世界と密接に調和しているという点をわれわれに保証するのである。事実、私の生きられた身体は「世界のあちこちの領域の「に対応する」潜勢力」(189)であると言われている。もう一度言うと、それはわれわれの「世界への繋留」――単に同質的で等方的な世界にではなく、一連の慣れ親しんだ配置へと予め領域化された世界に停泊すること――の問題である。これらの配置こそ、ほかならぬ生きられた場所なのである。こうした場所は、絶対空間の単なる下位区分や共存するものの間の諸関係の関数と見なされるのではなく、多孔質の境界と開かれた方向を備えた親密さと特殊性の場所と見なされるのである。それらは習慣的な身体活動を通して経験され知られるのだ。場所についてのメルロ＝ポンティの見解がフッサールの見解ほど強固な実在論ではない――メルロ＝ポンティの著作のなかに、予め構成された場所の定着した体系に相当するものは存在しない――としても、それでも彼は、前客観的な場所＝世界、つまりわれわれの習慣化した／習慣化する身体によってわれわれが住みつく世界のあらかじめの所与性に断固として関わり続けるのである。

メルロ＝ポンティが場所の経験と規定におけるこうした優越性へと生きられた身体を上昇させたことに関して、密接に関連した二つの問いが生じうる。第一に、この優越性は場所の特定化に際して「主観的」要因に過度の負担をかけるのではないか。第二に、身体はこの特定化において本当に欠くことのできないものなのか。すなわち、われわれは、生きられた身体に何も言及しない、他の等しく固有の諸特徴という観点から場所を規定することができないのか。

最初の問いに答えるとき、われわれが注意しなければならないのは、運動感覚――これは、メルロ＝ポンティとフッサールの両者によって、身体の「生きられた」側面がわれわれに対して現われてくる最も具体的な形式であると見なされた――は、どんな主観的なものも、すなわちどんな内面的で個人的なものも含む必要がないということである。われわれの身体がその周辺環境を感じるのを感じることは、「自己の周囲」（サルトル）の内に囚われることではなく、われわれ自身を公然と力強くそれら周辺環境に関わらせることである。ホワイトヘッドが力説していたように、感じることは世界を「抱握する」ことのきわめて効果的な方法である。「現実世界におけるすべての現実的存在者は、「主体」として与えられた現実的存在者に関係して、一般に漠然とではあるが、その主体によって必然的に「感じ」られる」のである(190)。運動感覚的な感じは、内容や起源の点で単に主観的であるどころか、まさに主観に対して決定的に「客観化されて」いるものであり、これによって世界が、そして何よりもとくに場所‐世界がわれわれに与えられるその仕方の最も重要な明証性を構成するのである(191)。

さらに、現実に方向づける力としての、つまり実際に方向の中心そのものとしての生きられた身体は自己‐包含を免れている。結局、方向づけることは、……へと――自己の方向づけを行うもの以外のあるものへと――方向づける〔適応する〕ことである。これは方向〔適応〕の通常の状態においても(たとえば、われわれが最初に訪れる新しい都市において)、またメルロ＝ポンティによって論じられた数々の実験においても明らかである。ウェルトハイマーの実験で、主体〔被験者〕は一方の側に四十五度傾斜したように部屋の内部を映し出す傾いた鏡のなかに反映された部屋に適応するようになる。混乱とためらいのときは傾斜したものとしての部屋へのうまい適合に取って代わられるのである。こうしてこの実験は、「視野はどのように身体の方向ではないある方向を課すことができるのかを示すのに役立つのである」(192)。この実験は、例外的な状況であるどころか、すべての方向が、ひとに固有の身体の内にではなく、環境世界の内にはめ込まれている「空間的基準」への〔身体と世界との一定の〕連動状態を含んでいることを明らかに示している。この基準は、知覚の土台を、より正確に言うと、「私の身体が世界と共存しうるための一般的な配置」(193)を構成する。この配置は次に、その各々が特定の状況の根本基準に寄与するような個々の場所から成り立っていると考えられるだろう。これらの場所への私の構成的な寄与がどんなものであれ、それらの基準(場所そのものではないにしても)は、ある与えられたものとして、すなわち「あらかじめ設定された」(194)ものとしてさえ捉えられなければならない。そうだとすれば、方向に関して言えば、私は私自身が投影した背景に囚われるものではない。メルロ＝ポンティが印象的な形で述べているように、「私はすでに風景のなかに生きている」(195)。同じことが深さに関する私の経験に、そして、上と下、遠いと近い、大と小に関する私の感覚に適用される(196)。これらの事柄すべてに対する決定的な糸口は、私の周囲から生じるのであって、その周辺環境から孤立して捉えられた私の生きられた身体からではない。この考え方により、メルロ＝ポンティは彼自身の超越論的な諸傾向の範囲を定めている。

これは、第二の問いと考え合わせると、私の身体が場所‐世界の構成において必要ないということを意味するのだろうか。まさにそのように思われるかもしれない――また、場所がときどき季節のような特別な物体的事柄（たとえば、雪に被われた林間の空き地）によって、あるいはある技術的存在者（たとえば、その光が闇夜の空を弧状に照らし出すような無人の灯台）によってさえ特定されることを考慮に入れるならば、なおさらそうだろう。『存在と時間』のなかでハイデガーは、場所の第一の意味は効率的に役立つ、「……するために」（um-zu）あるいは「そこへ」（wohin）のようなさまざまな媒介的関係によって設定されると主張する(197)。こうした例は、生きられた身体は、場所に不可欠であるどころか、単に場所に偶然結びつけられるだけで、その構成と範囲からまったく除去されることさえある、と仮定するようにわれわれを仕向けるかもしれない。

しかし、このような仮定はまったく不当である。人間身体は、たとえそれがあらゆる場合に文字通り現前する必要がないとしても、その視界の範囲内にあるすべての場所の内に、少なくとも暗に含まれていたり、それとなく現れていたりする。この現前は、ハイデガーによって選ばれた道具的な関係そのものにおいて明らかである。ハンマー（ハイデガー自身の例で言えば）が、絵を掛けるために釘に〔ハンマーを〕打ちあてるという、……するための関係を示しているとすれば、人間身体の手以外の何がハンマーを打つという行動を達成するだろうというのか。「〔われわれの〕すべての手仕事は思考に根付いている」(198)——ハイデガーが別のところで述べているように——ということが事実であるだけでなく、ほぼすべての種類の道具的行動は手のある〔手となった〕人間身体を要求してもいるのだ。この手のあることとは、構成中の場所を含む、特定の場所の布置をわれわれが経験する仕方にすべて関係している。同じように道具的ではない配置においても、身体は構成力を残している。雪に被われた林間の空き地は、私が少なくとも暗に、転嫁によって、私自身をそこに身体的にあると感じること——ウォレス・スティーブンスの〈スノーマン〉は、「彼自身無であり、そこにない無と、そこにある無を見守っている」(199)が、そんな〈スノーマン〉に似ていないこともない——ができないとすれば、正真正銘の場所を構成することはできないだろう。同様に、ぽつんと立った灯台が一つの場所になるのは、ただ私が代わりに誰かの身体（かならずしも私自身の身体である必要はない）がその灯台に住みつくのをいわば想像できるかぎりでのことである。こうした転嫁を達成するためには、私は私の潜在的身体に訴える必要があるが、この身体は最も遠くかつ見かけ上は空虚な場所にさえ住みつくことができる。あるものが可能な身体にとっての「可能な住処」であるかぎり、それは場所と見なされうるのだ(200)。

いかなる可能的な人間身体の現前も見出されえないようなどこかは、事実上も、想像的投影によっても、最初は場所ではない。ただ用地〔位置〕だけがそうした身体の現前なしに存在しうるのだ（実際、用地は身体の不在の上に栄えている）。生きられた身体を場所から追放することは、その場所を、つまり生きられた身体の生き生きとした相関者を、住むのに適さないだけでなく、生命力のない生気の抜けた用地に変質させると脅すことである。

身体と場所との間の結びつき、すなわちその結び目は、どの一点でもきっちりと切断できないほど太いゴルディオスの結び目のようである。メルロ゠ポンティがわれわれに教えるのは、人間身体は場所なしに決して存在しない、あるいは場所は（それ自身の現実的、または潜在的）身体なしに決して存在しないということだけではない。彼はまた、生きられた身体がそれ自体一つの場所であることを明らかにするのだ。まさに身体の運動は、単なる位置の変化を達成することではなく、場所を構成し、それを存在へともたらすのである。デミウルゴスは、そうした場所を創造するよう命ぜられる必要はないし、いかなる形式的な幾何学も場所を生み出すために空間に課せられる必要もない。身体それ自体が場所－産出的であり、その表現的で方向性のある運動から、つまりその文字通り運動的な力動性から場所を産み出すのである。

『見えるものと見えないもの』のなかで表わされているように、場所についてのメルロ゠ポンティの最後の考えが人間の手のあること――ただし、ここでは道具的関係の文脈においてではなく、メルロ゠ポンティが「肉」（la chair）と呼ぶようになった世界の巨大な外皮の観点から――に関係するというのは、皮肉でもあり、また同時に適切でもある。肉は、一方の手が他方の手に触れる特有の仕方のなかで例示され、手が触れるのをわれわれが見たり感じたりすることができるという事実を包括している。この触覚のなかで、またそれを通してわれわれは個々の事物を――したがって、それらが占める場所を――経験するのである。

私の右手が事物に触れようとしている左手に触れるときに、触覚についての真に触れるということがあるが、ここでは「触れる主体」が触れられるものの地位に移って、諸事物の間に降りていくが、その結果として触覚は、世界のただなかで、いわば諸事物のなかでつくられるのである[201]。

〔カントから〕ほぼ二百年後に、われわれは人間が両手をもっているということの重要性を再び十分な形で認識することになった。それにしても、これはなんと異なった認識であることか！　身体と場所についてのわれわれの議論を開いたカントにとって、空間的方域はわれわれの身体の両側性に関係する。つまり、ベクトルはわれわれの外側やまわりからわれわれの内の方に向いている。メルロ゠ポンティにとって、触れられる－触れるの関係性がもつ双方性は、われわれをわれわれの周辺環境の外へと送り返したり、またそのなかに戻したりして、われわれを「世界のただなかに、そしていわば諸事物のなかに」置くのである。われわれは世界へとはめ込まれるのだ。というのは、生きられた身体は、そもそも一つの全体としての空間的世界の次元性と一体となった「次元的なこのもの」だからである(202)。さらに言うと、意識的な覚知の役割——カントの構想のなかで決定的な——は、メルロ＝ポンティの考えに基づいて問題化される。「私の両手がただ一つの世界に開かれるためには、それらがただ一つの意識に与えられているというだけでは十分ではない」(203)。そうではなく、それらはただ一つの肉に与えられるのである——肉とは究極的には世界という肉であって、その結果、私の生きられた身体は「普遍的な事物」(204)として考えることができるのだ。

カントとメルロ＝ポンティの間にはこの他にも差異がある。すなわち、カントにとって身体は空間と場所に関する不一致対象物へと取り返しのつかない形で分岐していくが、メルロ＝ポンティにとって手は「一つの同じ身体の手」であり、この身体は「私の両眼をキュプロス〔一つ眼の怪物〕のただ一つの視覚の二つの伝導管にするように、私の両手を経験のただ一つの器官にする」(205)のである。メルロ＝ポンティは、二つの部分のこの統一化が「理解し難い関係」であることを認めている(206)。しかし、一九五九年十一月の研究ノートのなかで、彼はこれについて次のように述べている。

右、左について熟考すること。それらは関係的空間性（すなわち、実際の空間性）の内の単なる内容ではない。それらは、空間の部分でもない（ここでは、全体は第一次的なものであるというカントの推論は妥当である）。それらは全体的な諸部分であり、包括的、位相的空間における切れ目である。——二、対について熟考すること。これは、二つの作用、二つの総合ではない。それは、存在の分裂であり、分離の可能性（二つの眼、二つの耳。つまり区別の可能性、分別的なものの使用の可能性）であり、差異の到来（したがって類似を基底とした、すなわちかつて万物は同時にあった《ホムー・エーン・パンタ》「すべての事物が同じように」を基底とした）である(207)。

カントは、身体の両側性に頼っていた初期において、空間についての絶対主義的概念と相対主義的概念との間に存在する議論を、どちらの概念も、それ自体で解せば、右手と左手のような奇妙な対を理解するのに適していないことを示すことによって、新たな水準へと動かしたというだけではない(208)。フッサールは、場所の現象学的理解への典型的な通路として歩行——右足と左足の活動——を選ぶことによってさらに一歩を進めた。メルロ＝ポンティは、こうした身体の両側性にあまり影響を受けず、右手と左手（と両足）が属する身体の単一性と、右と左の「切れ目」、「分離」、分別的な「差異」の現象に、同時に注意を向けている。こうした相違の点から見れば、不一致対象物は、概念上の難問を引き起こす空間的例外者であるだけではない。まさにそれらの不‐一致性は、差異から、つまり「区別の可能性」から――「実在的な対立関係」[209]から――引き出されてくるものと見なすような考えを指し示している。別の仕方で言い表すならば、右手と左手の同化不可能性、つまりそれらの「機能上の非対称性」[210]は、場所の異方性、その奇妙さと特異性に大いに関係がある。

生きられた場所は、私の身体的な世界内存在の差異化し分裂した諸々の曲がり角、諸々の切り口において――最初に感じられ、かつ認識され――成長する。これは、子供のときの場所の経験が痛切に思い出される理由である。子供時代にわれわれは、雑多な（そして、ときどきぞっとするような）場所――たとえば、若きマルセル・プルーストの場合には、「コンブレー」の諸々の場所――の配置に、好むと好まざるとにかかわらず追い込まれる。子供の生きられた身体の驚くべき感受性は、この世界を成り立たせている個々の場所の特色ある複合的性質を反映している、大いに表現的な場所－世界に通じていて、この場所－世界を受け入れるのである。さらに、われわれが場所－世界の示差的な性質をできるだけ正しく評価することができ、またわれわれが第二次的で派生的なものとして空間の同一性を捉えることができるのは、身体中心的なパースペクティヴからである。

抽象的、客観的空間の同一性は本質的に二重である。すなわち、それは等方的で同質的である。生きられた身体の諸特性は、この二つの性質の双方の基礎となり、またそれらに先だっている。手のあること――あるいは足のあること、腕のあること、膝のあること、等々――は、空間が単にその構成において一元的である、あるいはその反射行動において中立的であるという錯覚を取り去ってしまう。空間は、右と左、ここそこ、前方と後方、近いと遠いなどの非対称的な二重螺旋のなかでつねにすでに歪んで捩じれた状態でわれわれのところにやってくる。これらの歪みは場所の身体的経験のなかではじまる。場所とは、われわれが最初にそうした歪みに出会い、それらが最も持続的な効果をもつようなところである。生きられた身体をもつ、あるいは生きられた身体であるという端的な事実、すなわち、われわれがわれわれ「自身の」と呼ぶ肉の特別な塊りを所有する――固有の身体《アイゲンライブ》あるいは私の身体《イッヒライブ》をもつ――という端的な事実は、空間がいたるところで同質的でたえず同じものであるという、つまり、かつて万物は同時にあった《ホムー・エーン・パンタ》というア・プリオリな前提をひっくり返すのに十分である。メルロ＝ポンティは、空間がつねに場所と身体――これは相互に理由となるものである――とはまったく違うということにわれわれが気づくのを助けてくれる。というのは、私の肉は、みごとに世界の肉と――したがって、世界の内に現前し沈澱した諸々の場所と、すなわちそこで私が生き、動き、そして私の存在をもつことのできる場所－世界と――ぴったりと合わさるからである。もし実際に肉が平らな空間と多様な場所をともに可能にするような、深く横たわる「類似の基底」であるならば、この相互浸透的な基底は、場所をともなう身体と身体をともなう場所という二重の交差のなかで具体化されると同時に、例証されるだろう。

5

現象学とは、反省がはじまる前に、世界が——奪うことのできない現前として——つねに「すでにそこに」あるとする哲学である。そして、その努力の一切は、世界との直接的で素朴な接触を再び取り戻して、この接触に哲学的地位を与えようと専念することである。

——モーリス・メルロ゠ポンティ『知覚の現象学』

メルロ゠ポンティにおいて、身体の権能に頼ることによって空間の普遍性から場所の特殊性を回復させようとする近代後期の努力は最高度に達する。この努力は、「空間における方域」と向かい合ってわれわれの位置を定めることで、二面性のある身体の方向づけの能力についての、カントの先見の明のある認識とともにはじまった。ホワイトヘッドは、単に位置を占めることを的確に批判し、彼もまた「方域〔領域〕」と呼ぶものを知るようになったとき、内臓的身体を強調したが、こうすることでその努力を拡大した。それは、自然の数学化に対するフッサールによる著しく類似した批判と、身体的な場所‐内‐存在の運動感覚的土台を発見しようとする彼の試みにおいて速やかに引き継がれた。メルロ゠ポンティは、この小さな伝統を完成へともたらすとき、生きられた身体の役割に——何よりも、その活発な表現的運動に、その方向づけの能力に、そしてその居住する力に——十分な範囲を与えたのであった。現象学的に方向づけられた他の著作家たちは、生きられた空間のさらなる意義を探求してきたが、しかし、生きられた身体が場所の感覚された親密さのなかで場所とかみ合う仕方にメルロ゠ポンティが与えたほど微妙な注意力で以って探求した者は誰もいない(211)。この四人すべての思想家たちのおかげで、場所——ライプニッツの死後の議論をかろうじて切り抜けて生き残ったほど、深く空間のなかに沈み込んでいるとわれわれが見なしてきたもの——は、再び純粋な哲学的関心のなかに入ってきている。焦点をあてられた哲学的関心事の一論題としての場所の復活は、古代哲学やヘレニズム哲学、そして新プラトン主義哲学や中世の時代に場所が享受したような関心の高さにまで場所をもたらしてはこなかったかもしれない。しかしそれでも、われわれは、本章で、この二世紀近くの間の場所に対するほぼ完全な無視の状態をひっくり返しつつある一つの転回を見てきた。さらに言うと、この転回は単なる回帰ではない。というのも、この復活にぴったりの形態、つまり感じられる生きたものとしての人間身体と場所との緊密な結合は、実質的には先例がないからである(私は「実質的」と言う。なぜならわれわれは、『エヌマ・

エリシュ』のなかで場所が何とティアマトの殺害された身体からつくり上げられたことを忘れてはならないからである。また、われわれの歩みから遠いところで、ライプニッツは少なくとも身体と場所の緊密な重なり合いにうすうす気づいていた）。この入念に仕上げられた変化は、文字通り一つの転向——身体で以って場所を転回すること、それら相互の絡み合い——により近い。

私は、場所の評価に関するこの転向を、一見するとまったくあたりまえの事実で、見かけ上ありふれた事実でさえあるようなものについての認識に帰してきた。その事実とは、われわれの身体で以って、われわれは場所のなかに入り、そこで動き、そこに留まるということである。しかしこの事実は、あたりまえでも、ありふれてもいない。むしろそれは、その諸結果の点で重大なことである。それはまた、場所と空間についての以前の取り扱いにおいてはまるっきり見落とされているにもかかわらず、まったく自明のことでもある。というのは、われわれが場所−世界に属しているのはわれわれの身体によってであるという事実を避けることはできないからである。あなたがちょうど今いるところについてだけ考えてみよ。あなたがいる部屋があなたにとって理解可能で慣れ親しんだものとなるのは、あなたの身体がもつ知覚の力と方向づけの力によってである。これらの力がなければ、あなたは自分が何をすべきか、ましてやどこに行くべきかがまったく分からなくなるほど、自分が場所の外に（実際に別のところに移動させられたわけでもないのに）いるのを感じるだろう。これらの力がなければ、あなたはそもそもその部屋に到着しなかっただろうし、またそこでゆったりと落ちついて観察したり考えたりできないだろうし、後にそこを離れることもできないだろう。その役割がどれほど暗黙のものであろうと、あなたの身体は場所設定の伝達手段そのものであり、場所−内−存在にとって不可欠なものである。

これが真実であり、きわめてはっきりした真実だとすれば、場所に関する身体の役割が哲学者たちによってかくも長きにわたって無視され続けたことは、ますます驚くべきことである——同様にこの身体の役割がようやく見出されたことは、ますます重要となってくる。しかしながら、このような認識活動が近代後期という時代に、すなわち人間主体の形成的で意味付与的な諸能力がようやく認められるようになったときに生じたのは偶然ではない。最初これらの能力は、主に精神的なものだと思われていた。これは、デカルトの自我《コギト》からカントの超越論的感性論とフッサールの超越論的自我《コギト》に通じる超越論的哲学という高い道である。それにもかかわらず、ゆっくりと、しかし確実に、主体の構成的な諸力は身体的だと見なされるようにもなっていった。延長するもの《レース・エクステンサ》という死せる物体は、生活世界《レーベンスヴェルト》の生ける／生きられた身体に席を譲ったのである。カントにとって幸運にして単独の発見だったものは、現象学者たち——彼ら自身、人間の経験において明白なもの、当然だと見なされたものに留意せざるをえないひとびとである——にとっての主題となったのだ。しかし、このことは、カントとホワイトヘッドが、まったく異なった哲学的前提から出発するにもかかわらず、両者ともに場所設定に関して身体という要素を強調したということの認識の正当性を裏付けている。このように、近代初期の哲学に見られる身体‐主体の低い道は、近代後期になって場所への特権的な近道であることが分かった。

身体／場所の連結の明白さにもかかわらず、その遅きに失した認識は、この連結についての私自身の取り扱いが、逆説のなかを、たとえば、明白なものと重要なものとの組み合わせのなかを進んで行ったことを表している。ある逆説（修辞的装飾として出発した逆説）は、初めから終わりまで、身体という窪んだ小径は結局それほど窪んでいない〔それほど見晴らしが悪いわけではない〕という理解であった。すなわち、身体だけが〈場所〉の新たな展望に開かれている（こうしてその最も重要な地位を取り戻す）のではなく、実はこの小径そのものがそれ固有の広さをもっていたのである。これは想像されるよりも遥かに複雑である——その最小限の記述のためにでさえ、近現代の最も鋭い思想家たちの内の四人のまとまった才能を必要とする——ことを自ら示している。おそらくこの圧縮されていると同時に広々としたものという逆説の最も際立った事例は、ある小さな、ほぼまったく見えないような細部構造によって、すなわち鏡像体と見なされた右手と左手についての細部構造によって引き起こされた途方もない帰結をカントが暴き出したことである(212)。この細部構造は、純粋に関係的なものとしてのライプニッツの空間モデルや、ニュートンの絶対空間（カントはこれに訴えていたのではあるが）に関する未解明の謎にとっては、どうでもいい問題である。それにもかかわらず、不一致性の奇妙な事実についての考察は、カントが空間についての絶対主義的理論と相対主義的理論との混戦状態を解消するのに役立ち、さらにそれは、場所がどれほど空間に還元不可能であるかを理解する新たな方策の先がけとなったのである。〔カントほど劇的ではないが、しかし同じくらい説得的に、フッサールは、歩行という日常の行動に着目することによって場所と空間についての決定的な諸帰結を引き出した。さらにメルロ＝ポンティは、生きられた身体のダイナミズムをその最も習慣的な活動のなかで捉えていた。

この最後の逆説的な論点と密接に関係した現象とは、身体全体（すなわち、「有機体」なるもの）の評価を、その多様な部分、つまり身体の「諸器官」についての等しい評価と組み合わせる必要性である。フッサールとメルロ＝ポンティはともに、運動感覚的な諸感覚——われわれの生きられた身体の全体的運動《キネーシス》を、つまりある特定の瞬間における身体の変化と運動のすべてを反映するもの——の包括的な性質を強調する。同様にホワイトヘッドは、われわれはどのように特定の状況に置かれているかの理解に関しては、われわれの内臓的な感受性全体の深い適合性を主張する。カントは、周辺の方域への身体の挿入を推し進める際に、その身体全体に固有の方位性を考察している。それと同時に、身体の諸部分——手や足だけでなく、暗黙にではあるが、身体の二価的に構造化された部分なら何でも——の適切さもまたカントによって強調されている。実際に、現実的な身体だけでなく、潜在的な身体も場所において問題になること——メルロ＝ポンティが主張するように——が本当だとすれば、身体のどんな部分の想像的投影も、特有の－場所と特有化する－場所になるだろう。一般的に言えば、次のようにわれわれは言うだろう。身体全体によってわれわれがそのような場所に住みつくのだとすれば、まさにこの身体の諸部分によってわれわれは、個々の場所への接近方法を獲得して、そこで方向づけられたものになり、また何とかそこからの出口を見出すのだ、と。

身体全体は、純粋に身体的な超越論的主体、「身体－主体」(ブルース・ウィルシャーの的確な言葉) を構成する。しかし、われわれが見てきたのは、人間的主体の超越論的身分は、決して疑問の余地のない純粋な構成領域などではなく、この主体が帰属せざるをえないより大きな場所－世界の実在論的存在論にしばしば結びつけられるようになるということである。フッサールとメルロ＝ポンティの両者は、実在的なものは単に経験的であるか、さもなければ近づきえない不可知のものであるというカントのプログラムを拒否する。彼らの関心は、すでにわれわれの前に現前する (体系的であっても、なくても) グループ分けの形式のもとで場所において予め与えられているものと、われわれの生きられた身体によって付与されるもの (たとえば、場所の方向性や表現性) との間の複雑な弁証法にある。この弁証法は、沈澱と再活性化——メルロ＝ポンティによって再び取り上げられる、フッサールの『ヨーロッパ諸学の危機』からの言葉を用いると——の弁証法である(213)。というのは、場所の世界はその親密さと歴史性のなかに、またそのほかならぬ物質性のなかにぴっしりと沈澱しているが、他方で場所の世界は、それと同時にそのただなかの生きられた身体の現前によってますます活気づけられるからである。最後に、二つの要因——意味という点での実在論的要因と、観念論的あるいは超越論的要因——が必要とされるのは、場所において身体的であるためにそれが意味するものの十分な規定のためである(214)。

身体／場所の結合体によってわれわれが実在論と超越論を連結させる——それ自体は深く逆説的な連結である——ことができるなら、この結合体は、身体と場所の間の絆が同時に主観的かつ客観的、そしてとりわけ私的かつ公的であるという点で、さらに進んだ逆説であるということをわれわれに理解させてくれる。われわれは、身体が「先行する定着した世界の最も密接に関係する部分」であるというホワイトヘッドの確信に注目してきた。この親密さは、主体性だけでなく、「私の身体」という自己帰属的な語句によって表現されるような根本的私秘性をも語っている。この私秘性を私的な内部性と混同してはならない。メルロ＝ポンティは、身体－主体が前人称的で匿名的であることを明確にする。「私の基底には別の主体」が存在し、「その主体にとって世界は、私がそこに存在する以前に存在していて、またこの主体はそこ［この世界］における私の場所を予め示している」(215)。主体性の最も深いレベルは依然として境界づけられた場所である。

　同じことが公的世界――これは、アーレントが論じたように、（西洋においては）市場《アゴラ》や広場《フォーラム》の概念に依存している――という最も広い平面についても妥当する(216)。生きられた身体という匿名の主体性は、たえず公的な場所で問題となる間主体性に直面し、そこに結びつけられる。身体的に経験されるような場所と空間に関するフッサールの長きにわたる熟考が、徐々に間主体性の現象学に連結されていくことは意味深い(217)。カントとホワイトヘッドの両者が焦点をあてる「方域〔領域〕」とは、基本方向に関して定められた公的活動の形態（たとえば、儀式、旅行など）にであれ、あるいは人間身体そのものの構成を含めて、あらゆる事柄を組み立てている「粒子的社会」(218)の形態にであれ、それら方域の社会的含意なしには存在しない。生きられた身体の肉に関する自らの分析によってメルロ＝ポンティが導かれて行った「世界の肉」もまた、社会的意義で充たされている(219)。これらの事例すべてにおいて、生きられた身体――おそらく人間はこれを自分たちが経験する最も自己包括的で親密なものと見なすだろう――は、それが特定の事例のなかでとるかもしれない身分という点で、どれほど非人称的で公的であろうと、たえず場所に連結された姿を示すのである。そもそもこの結合それ自体が可能となるのは、まさに身体が――フーコーが主張するかもしれないように――その形成と運命の点ですでに社会的で公的だからであり、他方で場所に関して言えば、場所はその構成と現われにおいて特異である。沈澱と再活性化がともに身体的で場所的であるのと同様、公的領域と私的領域は同じように身体と場所において実現されるのである。

　本章で議論されたさまざまな思想家たちは、身体の窪んだ小径が実際には広い――とりわけその小径が場所に（また、場所の奥がその小径に）通じているときには、広い――ということをわれわれに教えてくれた。たとえその実際の大きさがどれほど小さくても、身体が場所の内に存在することは、そこに圧縮された一つの現前が存在するということではない。それどころか、身体が場所の内に存在することは、紙でできた花が水のなかで大きく広がっていく折り紙という日本の芸術におけるように、その場所のなかで大きくなり、生き生きとしたものになることである。身体の絶対的なここは、場所の絶対的なそこに通じているが、これは、身体の運動感覚と諸事物の知覚的現われとの協働、身体と場所の双方によって共有された方向性、そしてほとんど限界を知らない身体の潜在性のおかげである。同じ理由から、場所の範囲は、その場所が単に空間の一部と見なされるときに、われわれが仮定するよりも狭くなる。場所は、この場所に住みつく身体がよく知る強度と親密さ――たとえば、方位化された領域の下部構造と近接領域の近さとにおける――をもち、また場所は、われわれが家でくつろいだり、深い森のなかを歩いたりするたびに感じるような、著しく親密でもある諸々の境界線に囲まれている。まさに場所がそこにある諸々の生きられた身体によって生き生きするのと同様、生きられた場所は、それらの身体がそこに場所設定されるとき、これらの同じ身体を生き生きとさせるのである。

私がたどってきた逆説はどれもみな、それによって身体と場所が互いに区別可能になるのと同じくらい分離不可能にもなるような、両義的な状態を反映している。しかし、同じ逆説が疑問の余地がなくなり、明らかに見込みのあるものとなるのは、身体と場所の共通性を考察しつつも、それらの差異を正しく扱うという仕方で、われわれが身体と場所それ自体の重大な共軛関係を受け入れ、それら相互の絡み合いを理解しようとするときである。この計り知れないほど重要な企てを先駆的に追求したという点で、カントとホワイトヘッド、フッサールとメルロ＝ポンティは、本質的で永続的な寄与を行ったのである。そうした寄与において、彼らは、場所をのみ込んでしまった無関心の潮流――〈空間〉と同様に〈時間〉の内に場所をのみ込んでしまったような、近代における支配的な宇宙的要因――に逆らって、何とか歩み続けたのだ。身体を決定的糸口と見なすことによって、彼らは西洋思想にとっての場所の重要性を回復しはじめたのである。

第11章　場所へと迂回する——ハイデガー

ひとは時間という基盤に基づいてのみ〈存在〉を把握しうると断言することで、私は独断に徹したいわけではない。おそらく、いつか新たな可能性が発見されることだろう。

——マルティン・ハイデガー『論理学——真理への問い』

剥き出しの空間はなお覆い尽くされている。空間は諸々の場所へと分裂している。

——マルティン・ハイデガー『存在と時間』第二二節

われわれが世界へと立ち戻ることなしには、空間は把握されえない。

——マルティン・ハイデガー『存在と時間』第二四節

フロイトの見解によれば、夢は無意識の心の理解のために何か——王道《ウィア・レーギア》、「王の道」——を提供するが、身体はそれを場所のために提供してきた。ただ、場所は無意識の心のリビドー的な内容と同様、十九世紀末までには抑圧されるに至ったのだが。にもかかわらず、身体による場所への進入は、たとえさも有望で生産的に見えていたとしても、場所‐世界へと実際に再び入り込むさまざまな仕方をすべて尽くしているわけではない。本章では、ある一人の人物の寄与を考察しよう。彼は場所設定における身体の役割を無視しはしたものの、新たな哲学的重要性をもつ主題として場所に接近するための他の方法を何とか見出そうとした。実際、ハイデガーが彼自身の道を行き場所へとたどり着いたのは、身体を——その不釣合いな対である意識ともども——引き合いに出すのを慎重に拒絶したからにほかならないとまで主張してもいいかもしれない(1)。ハイデガーが場所に戻ろうとする道は、身体と心の間の中間の道、中道《ウィア・メディア》であり、両者はともに、それらの間で生起するものに的をしぼるためにわきに置かれている。開いた状態にあるこの間——〈開いたもの〉に属するこの間——を探究する中で、ハイデガーは数々の回り道へと引きずり込まれた。しかし、これらの回り道は、話を本筋から外れさせ脱線させるような特徴をもつにもかかわらず、古代と近世とを問わず他の思想家たちによって見落とされていた場所のさまざまな様相を彼にかいま見させることを可能にした。これらの同じ回り道が、きわめて特異な語彙、しかも、少なくとも一瞥したかぎりでは、場所についてのそれ以前のさまざまな記述とほとんど接点がないように見える語彙を用いて記述されているという事実にもかかわらずそうなのである。

ハイデガーがやっと場所の力を十分に認めるに至ったのは、ずっと後になってからのことであった。彼の思想の初期に場所が重要であったのは、それ自体としてではなく、労働世界や芸術作品や政治といった多様な文脈におけるその有用性のせいであった。中期に場所についての道具的な解釈を放棄したときでさえも、ハイデガーはなお場所そのものを取り出そうとはしなかった。しかし、後期の著作中では、場所は（方域とその関連語句ともども）、次第に彼の関心の重要な対象となっていった。一九六九年のル・トールでのゼミナールでハイデガーが、自らの思考が〈意味〉、〈真理〉、〈場所〉というそれぞれ独自の導きの糸となる主題をもつ三つの時期を経てきたと主張したとき、進化していく彼の思想の内では、ゆっくりとではあるが決定的に場所の重要度が増しており、彼自身がそのことを強調していた。

それからハイデガーは場所へと戻ってくるのだが、それは、考察されるべき「最優先事」として（何人かの古代の思想家たちが想定していたように）でもなければ、無限空間以前への反動的な逃避（近世の多くの思想家たちによって行われた逃避）という形ででもない。そうではなく、彼は迂回して、つまり、彼の好んだ言い方をすれば、多様な「杣径《そまみち》」（**Holzwege**）を通って歩き回った挙句に、場所へと戻ってくるのである。まず最初に、彼が場所に回帰するのは、場所性の内への身体の関わり合いを通じてではない。そうではなく、この関わり合いにもかかわらず、あたかも身体そのものの周りで、またその外部で場所へと到達することが可能であるかのように、場所に回帰するのである。なおいっそう意味深いことに、彼は、哲学においてポスト形而上学の時代を――プラトンから始まりピロポノスを経て中世へと続く古典的な形而上学的思考において、場所が卓越した位置を占めていることに照らして考えれば、場所などなくてもかまわないと見なしていい時代を――創始するという自らの強迫観念にもかかわらず、場所に回帰する。とはいえ、デカルトの考えたような意識と身体の間の裂け目の内で、場所が姿を現すのとまったく同様に、ハイデガーによって脱構築された形而上学的思想の遺骸からは、〈不死鳥〉のように場所が立ち現れる。場所は彼にとって、集め合わせや近さといった性格のために、〈存在〉の開示の舞台そのものとなり、また、その内では真理が隠されていないような、〈開いたもの〉の開いた状態の舞台そのものとなる。最後には、場所は、〈性起〉（**Ereignis**）というポスト形而上学的な出来事のための背景として登場する。

1

　ハイデガーが、初期に時間性の優位性を強調しているにもかかわらず、場所を真剣に取り上げているという事実の中には、さらに別の仕方での迂回が見出される。『存在と時間』と一九二〇年代の他のテクスト群（その中でも最も目につくのは『時間概念の歴史』だが）は、時間性を、現存在あるいは人間の気遣いの構造を統一できる唯一のものとして強調しており——時間性は「気遣いの存在論的な意味」であると言われている——、また、これらの同じ著作が、現存在の本来的な世界内存在に本質的な、脱自的時間性の種々の様態を指し示している。要するに、「時間性は現存在の〈存在〉を構成するものなのである」(2)。さらに、時間は「〈存在〉の地平」であるとも言われている(3)。そのような包括的な主張は空間に対しては一切なされていない。ましてや場所に対してはなおさらである——両者のいずれも、十分に本来的な存在様式である栄誉を授けられてはいないし、ましてや〈存在〉を開示する栄誉となればなおさらである。それでは、ハイデガーの臆面のない時間中心主義は、どのようにして場所に対して有意味な余地を認めることができるのか。

　時間性あるいは「根源的な時間」（ursprüngliche Zeit）が「全存在論の中心的な問題構制」である(4)とされているまさにその同じ書物で、この余地が認められており、しかもその余地があり余っているというのは奇妙な事実である。これは単に、ハイデガーが何度かの決定的な瞬間に時間性そのものを記述するために場所のさまざまな性格を引き合いに出す、意味深いやり方のことだけを指して言っているのではない。それはたとえば、彼が時間性の脱自的な特徴を、「それ自身における、またそれ自身としての、根源的な「自分自身の外部」」(5)として記述するときのやり方のことなのだが。かといって私は、広く認められているように、『存在と時間』第七十節で彼が時間性から空間性を導出しようとして失敗したことだけを考えているわけでもない——この失敗には後で再び立ち帰ることにしよう。私が念頭に置いているのは、新境地を開くこの同じテクストの初めの部分であり、そこでは場所と空間についての問いがそれとはっきり分かる形で取り上げられている。

　まず手はじめに、ハイデガーの「現存在の根本的なあり方としての世界内存在一般」の「予備的な輪郭づけ」を取ってみよう。ハイデガーは、世界内存在が本質的に「統一的な現象」であると読者に説きつつ、「内‐存在」（In-Sein）の特徴を現存在の実存疇として分析する。その限りで、内‐存在は単なる「何かの内にある存在」（Sein in…）や「内部性」（Inwendigkeit）と対比される。これら後二者は、つまるところ端的な包含性による位置づけに行き着く。「この［後者の］「内」によってわれわれが言わんとしているのは、空間「の内で」延長している二つの存在者が、その空間の内でのそれらの所在という点でお互いに対してもつような、〈存在〉の関係のことである」(6)。もちろん、そうした厳密な意味での包含者モデルは、究極的にはアリストテレスに由来する――ここでハイデガーは、まぎれもなくアリストテレスに準拠している。それはハイデガーが、より容量の小さい包含者をすべて包含する全体化された「世界-空間」(**Weltraum**)について語る際にもそうしているのと同様である。包含者モデルに本質的なのは、両者ともにそれらの「範疇的な」特徴という点でのみ考察されるような、「手前に現前する」(**vorhanden**)一定の二つの存在者の間の「一定の所在-関係」である(7)。しかしながら、現存在自身の内-存在はこのようなものには還元されえない。「ひとはそれを、手前に現前する存在者「の内の」、何らかの物体的な〈物〉(人間身体のような)の、手前に現前する〈存在〉として考えることはできない」(8)のである。ハイデガーは、この「人間身体」(**Menschleib**)が提示する手がかりを軽視して、内-存在の真に実存論的な特徴を、居住し住まうという営みに対する現存在の傾向性という観点から同定する。

「内に」(**in**)は"**innan**"――「在住すること」、「居住すること《ハビターレ》」、「住まうこと」――から派生したものである。「於いて」(**an**)は、「私は慣れている」、「私は慣れ親しんでいる」、「私は何かの世話をしている」を意味する。……「〔私が〕存在する」(**bin**)という表現は、「そばに」(**bei**)と結びついている。さらにまた"**ich bin**"〔「私は存在する」〕の方は、「私は在住する」、あるいは、しかじかの仕方で私に慣れ親しみのあるものとしての世界の「そばに住まう」という意味である。「私は存在する《イッヒ・ビン》」の不定形としての(言い換えれば、それが実存範疇として理解される場合の)「〈存在〉」[**Sein**]は、「……のそばに在住すること」、「……と慣れ親しんでいること」を意味する。したがって、「内-存在」は、〈世界内存在〉をその本質的なあり方とするような現存在の〈存在〉に対する形式上の実存論的表現なのである(9)。

現存在の内-存在の仕方の本分は、住まうあるいは在住することにある。これはつまり、世界の「そばに」(**bei**)、あたかも家にいるような居心地のよさを感じてそこでくつろいでいるかのように、存在することである。そのような在住することが、気遣うこと(**colo**「私は気遣う」に見られる)や大切にすること(**diligo**「私は大切にする」に見られる)のこだまを含んでいると、ハイデガーが考えるのも不思議はない(10)。これらの表現のそれぞれは、場所に、とりわけ家-場所〔故郷〕に関わり、〔何かの〕内に住まう営みとしての場所設定がもつ濃密で含蓄の多い意味をありありと浮かび上がらせている。こうした内に住まう営みについて、ハイデガーは後の著作で詳述することになる。

しかしながら、『存在と時間』で、ハイデガーは次のことに注目することで、住まう営みに栄誉を与える初期のこうした評価から身を退ける。それは、気遣いしつつ世界のそばに居住することが実存論的に有望であるにもかかわらず、「現存在の事実性は、その〈世界内存在〉がつねに〈内-存在〉のさまざまな限定された仕方へと分散している、あるいは分裂してさえいるという始末だ」(11)ということである。「分散した」(zerstreut)というのは強烈な言葉である。それはまた、「取り乱した」、「放蕩な」、「追い払われた」という意味でもありうる。「破壊」(Zerstörung)という語のこだまはこれらとそう遠くない。ハイデガーにとって大事な点は、現存在が不可避的に「配慮」(Besorgen)というしがらみの泥沼へと、しかもとりわけその頽落した様態へと引きずり込まれているということである。その結果として、現存在の「実存論的な空間性」とは、そもそもの初めから気晴らしをされて=取り乱して日常世界の瑣末事の内に関わり合っている状態のことなのである(12)。配慮に埋没したこの状態を認識しつつ、ハイデガーは次に、気遣うことや大切にすることとはほとんど関係がなく、道具的な価値と大いに関係のあるような場所(と方域)の分析を行う——実際これは、一六九〇年にジョン・ロックが仕事をやめたところからまたはじめることである。しかし、ハイデガーのアプローチは単にロックのそれをやり直すだけではない。たとえばハイデガーのアプローチは、場所に本質的なものとしての位置の相対性をロックが強調していることに目を向けるのを避けている。実際ハイデガーは、場所の実用性とでも呼べるようなものについて、つまり、その場所で働きながら日常生活を送るひとびとによって経験される場所の内密な下部構造について、ニュアンスに富んだ説明を行っている。その限りで、ハイデガーの評価は場所をその中庸で指し示す。つまり、それは世界-空間内の端的な局所性でもなければ、深みの内に住まうことでもなく、実用的なものとしての場所——働きかけられる物の境域としての——なのである。

実用的なものとしての場所は、『存在と時間』第一編(「現存在の予備的基礎分析」)第三章で論じられる。この章(「世界の世界性」)の最初の部分〔A〕は、「周りの世界の世界性と世界性一般との分析」という表題で、現存在とその「手許にある」(zuhanden)諸存在者との複雑な「交渉」(Umgang)を記述している。これらの存在者が、記号や指示、関わり合いや意義といった根本的な道具的な働きによって構成されたものとしての労働世界を作り上げている。問題なのは、「世界の内での交渉、内世界的な存在者との交渉」(13)である。そのような交渉の結果、現存在は世界を、そこで自らの多様な実用的活動が行われるような広大なその内で(das Worin)——現存在が、自らが「心の底から慣れ親しんで」いることをつねにその内で見出すような、その内で(14)——として、主題以前の形でではあれ理解するようになる。「その内で」は、「何の内で」、「どうするために」、また、それらを超える価値をもつ「何のために」といった実用的な関係によって構造化されたさまざまな道具的な関わり合いの母胎であり、現存在はこれらの関係を通じて、手許にあるさまざまな存在者を意義の連関の内で関わり合わせる。これらの関係はすべて、その内でにおいて一つになる――ここで言う「内で」とは、慣れ親しさや方向づけに関わる「どこで」を生むとともに、現存在がその内に自分自身を見出し割り振る実用的世界の世界性を作り上げるものである(15)。

延長するもの《レース・エクステーンサ》としての世界というデカルトの概念が、その内で《ヴォリン》というこうした契機を、その実用的構造も含め、説明することにことごとく失敗しているとハイデガーが主張するのも驚くにはあたらない。それはなぜか。デカルトが場所や空間についての概念をもたないからではない（われわれは、実際に彼がこれら両者についての概念をもっているのを知っている）。そうではなく、場所と空間が、デカルトの世界像の内にある他のあらゆるものと同じく、もっぱら手前に現前するものとして措定されているからである。デカルトによる物質と空間の等置は、つまるところ、厳密な意味で延長する実体と、測定可能な量をもつ空間との同一視に行き着き、そこには空っぽの余地が残されていないという結果になる――たしかに、空虚のための余地はないが、しかしまた、「〔動くための〕ゆとり」（Spielraum）〔活動圏〕のための余地もないのだ。そして、ハイデガーはこのゆとりが、配慮に埋没した世界内存在に本質的なものであると考える(16)。アリストテレスの場所モデルが隙間なくぴったりと合わさった状態によって限界づけられているのとまったく同様に、デカルトの場所と空間のモデルでは、物質が一分の隙もなく包含されているため、世界が「本来的に手許にある」ものとして「われわれの前に来て現れる」ことはできない(17)。両者のモデルはともに、世界の〈存在〉を手前に現前するものに制限することで誤りを犯している。手前に現前するものは、例の純粋に範疇的な「一定の現前」（Anwesenheit）の主導的な審級であり、ハイデガーの読解によれば、西洋哲学は少なくともプラトン以降ずっとそのような現前によって蝕まれてきたのである(18)。

デカルトと同様、アリストテレスと同じ誤りにも陥らないために、ハイデガーは続く部分で、われわれが人間の場所設定をまったく異なる形で、つまり、「周りの世界の周りという性格と現存在の空間性」という観点から思考するよう提案する――この場合に、「周りという性格」（das Umhafte）と「周りの世界」（Umwelt）は、um-（つまり、「周り」）という接頭語を介して、アリストテレスの包囲者（periechon）のことを暗にほのめかしているように思われる(19)。しかし、それとは何と似ても似つかない包囲だろうか！　この決定的な部分をなす三つの節のうちの一つ目で、ハイデガーは「近さ」（die Nähe）を、手許にあるものの空間性がもつ、慣れ親しさという点で最も際だった特徴として捉えている。ハイデガーは告げる。「〔手許にある」いかなる存在者も異なる近さをもつが、その近さは距離を測定することで確かめられるわけではない」(20)。場所についての議論の中で、ロックがまさに「距離」に力点を置いていたその一方で、ハイデガーは近さを、次の二つの非計量的なものによって規定されるものと見なす。それは、現存在の「見回すような配慮」(umsichtiges Besorgen) とその「方向性」(Ausrichtung) である。見回すような配慮が、手許にあるものの直接の周辺部で——フッサールならば「近接領域」と呼んだであろうものの内で——生起しつつあるものを考慮に入れるのに対して、方向性は、この近くの帯域の内部にあるものへの方向づけを与える。たとえばそれは、道具をどこか特定のところに所在化する。ハイデガーは、この「どこかに属すること」(Hingehörigkeit) が剝き出しの「位置」(Stelle) についての問いだという考え方をはっきりと退ける。そうではなく、見回すような配慮を方向性に一体化させることで近さが実現されるとき、その結果として場所が生じるのである。

道具はその場所 (Platz) をもつか、あるいはさもなければ、「周りにある」。このことは、単に何らかの空間的な位置の内に無作為に現れ出てくるというだけのことから原理的に区別されねばならない。何かのあるいは他のもののための道具がその場所をもつとき、この場所はこの道具の場所として定義される——お互いに方向を定めて並べられた諸々の場所、しかも、周りの世界で手許にある道具連関に属する諸々の場所のまったき全体 (Platzganzheit) から、ある一つの場所として定義されるのである。そのような場所、また、諸々の場所のそのような多様性は、〈物〉のもつ、手前に現前する何らかの任意の〈存在〉の「どこ」として解釈されるべきではない(21)。

どこかに存在すること——そして、単に世界 - 空間の内の正確に示された位置に所在化されているだけではないこと——は、何らかの特定の場所の内に存在すること、しかも、その場所が方向を定められた状態を特定するような、その場所自身のはっきりした「そこ」(Da) と「あそこ」(Dort) をともなって存在することである。このため、場所は、手許にあるものが所在化されている状態のための基盤として必要不可欠である。

しかし、場所の方は方域から離れては思考不可能なのである。こうした立場をとることで、ハイデガーは、われわれがカントの場合に考察した位置 - 場所 - 方域という系列に再び足を踏み入れる。カントにおいてと同様、方域は場所との関係である一定の優位性を前提する (しかしながら、それは単にある一定の優先性でしかない。われわれは最後には、ハイデガーにとって場所と方域がどのようにして同等の重要性をもつのかを見ることになる)。しかし、カントにとって方域が場所から区別されるる点は、単にそれが個々の場所よりも包括的であるということにすぎない――だから、カントは「宇宙の方域」を強調する――のに対して、ハイデガーによれば、方域は増大した余地以上のものを差し出す。それは、手許にあるものの場所設定のための、まさにその可能性の条件を提供するのである。このことは、個々の道具が、究極的な「どこへ」（das Wohin）との関係において所在化されることを意味し、この「どこへ」が、方域にそれ自身のどのあたりに――Gegend「方位」としての。ハイデガーはこのドイツ語を「方域」に相当する形で用いるが、それをこう訳すこともできる――ということを与える。というのは、適切な仕方で示されたどこへということとは、実用的な目的（つまり、「何のため」ということ）の諸要因や、運動（つまり、「ここへ」や「あそこへ」という観点から見た）や範囲（Umkreis）を、そして、個々の場所の集合全体を含むからである(22)。よりいっそう意義深いことに、方域は、現存在の空間性においてまず第一に問われている、周りという性格を与える。「手許にあるものに属する場所の多様性を方域という点で方向づけることは、われわれが自分の周りの最も近くで出会う存在者のもつ、周りという性格――「われわれの周りを取り囲んでいること」（das Um-uns-herum）――をなすに至る」(23)。ここには次のような逆説がある。それは、われわれがある先行する関わり合いのせいでつねにすでにその内に身を浸している方域のこの包囲性が、手許にあるあまりにも多くの物によって所有されている「目立たない慣れ親しさ」という特徴を共有するために、通常は人間主体によって注目されないということである。われわれが手許にある物に気づくのは、大体それが壊れたときであるが、それとまったく同様に、われわれが方域を意識するのは、まず第一には、何かをそれがいつもある場所の内に見出すことができないときなのだ(24)。より一般的に言えば、われわれが方域に気づくのは場所を介してなのである。そして、そのためにハイデガーは、方域は「つねにすでに個々の場所の内で手許にある」(25)と主張するようになる。たとえ方域の方がより幅広くて包括的な語であるとしても、何かが個々の方域を占めることができるのは、まず第一にはそこに収まった諸々の場所を通じてである――これらの場所はそうしてこの方域を指し示す「指標」（Anzeigen）として作用する。このような指標は、外に表すという要素を含む。ハイデガーの挙げる最も説得的な例は、家のさまざまな部屋の例である。さまざまな部屋が家の内に配置されることで、これらの部屋とその配列は家の「日の当たる側」と「陰になる側」を、つまり最も重要な方域のうちの二つを指し示す――告知し、表示する――のである(26)。

現存在のこの内在的な方域性を例示するために、ハイデガーは次に、右と左を「方向づけの方向」（Richtungen）として論じる。現存在はそのような方向を、中立的で方向を定められていない地盤へと、つまり、性格をもたない「空間」へと投企するわけではない。世界は、現存在自身の根本的な方向性と結びついている個々の多様な仕方ですでに方向づけられたものとしてそれ自身を現前させるのである(27)。まさにこの点で、ハイデガーはカントから袂を分かつ。真暗な部屋の中で自分自身を方向づけるという例を引きながら、ハイデガーは説明のための要因として身体を言外に含ませているわけではない。そうではなく、「[慣れ親しんだ]ある一つの世界のそばに(bei)私がすでに存在するという点で、かつそのことから、私は自分自身を必然的に方向づけざるをえない」のである(28)。「ある一つの世界のそばにすでに」存在することは、その世界の方域の内に私自身をすでに発見していることに等しい。もし現存在の方向性が「本質的に世界内存在によって共同的に規定されて」(29)いるとすれば、これは、現存在がある一つの方域――かならずというわけではないが、しばしば同じ方域――の内で、なおかつ、それによって方向を与えられていると言うのも同然なのだ(私は、真暗になった部屋の中で手探りで進むときには、同じ方域によって方向を定められるが、場所のある集合から他の集合へと移るときには、異なる方域によって方向を定められる)。

結局のところ、方向づけとは複合的な産物であって、方域との慣れ親しみと、現存在の方向性の力との両者を必要とする。その限りでそれは、人間主体の貢献と、その周界があらかじめ与えられている状態との間で、総じてハイデガーがとろうとしている絶妙なバランスを示す格好の例となっている。世界内/存在というまさにその観念は、このバランスをすでに指し示している。すなわち、ただ現存在のみがどこかに存在することができるが、それが存在するのは世界の内なのである。しかもその世界は、現存在が自分自身の努力によって創造したのではない、つまり、公的な共有された世界なのである(30)。とはいえ、世界内存在が形づくられていく仕方という点では、現存在は決定的な違いを生む。道具の仕分けの中で物をお互いに関わり合わせること、指示する記号という観点から手許にあるものを解釈すること、道具連関によって所有される根本的な「意義性」(Bedeutsamkeit)を理解すること、これらのことに対して人間は責任を負う。とはいえ、この同じ理由で、「さまざまな関わり合いからなるある一つの全体を解放することは、そのことと同じく根本的に、ある一つの方域で何かを関わり合わせることである」(31)。方域は、世界と同様、現存在がすでにそのそばに存在するもの、また、自分自身をその内にすでにそこにあるものとして見出すものである。「現存在は、世界内存在として、ある一つの「世界」をその都度すでに発見している」(32)というのが真であるのとまったく同様に、現存在は自分自身をある一つの方域の内にすでに見出している。この方域はまさしく、「発見された自分自身の方域」であり、われわれはまさにこの言い回しの中に問題の絶妙なバランスがあるのを目の当たりにする。方域は「発見されて」おり、そのかぎりでは与えられている。とはいえ、それは「[現存在の]自分自身の」ものとして発見されており、このかぎりでは〔現存在〕自らが責任を負うものなのである。

場所と方域についてのハイデガーの議論以上に、与えられているものと形づくられているものの間の釣り合いの追究が明白になっている箇所はない。彼は第二四節の冒頭で、一つの段落の話の流れの中で、次のような二つの別々のことを言っている。

（1）「方域」ということでわれわれが理解しているのは、手許にある道具連関が、そこに属することが可能な「どこへ」ということである。このことは、この連関が方向を定めて隔たりを除かれているものとして――つまり、配置されている（platzierter）ものとして――出会われることが可能な類《たぐい》のものである場合に成り立つ。

（2）何であれ手許にあるものとして出会われるものとともに、ある一つの方域には（bei）つねにある一つの関わり合いがある。内世界的な手許にあるものの〈存在〉をなすさまざまな関わり合いの全体には、方域という特徴をもつ空間的な関わり合いが属している。そのような関わり合いを根拠にして、手許にあるものが、われわれが出くわすことができるもの、また形態と方向をもつものとして確かめることができるものになる(33)。

（1）の言明は、一貫した道具連関（Zeug-zusammenhang）が個々の現存在によって「方向を定めて隔たりを除かれている（de-severed）」（つまり、近くされている）のでなければ、われわれがそうした連関として手許にあるものに「出会う」（be-gegnen）ことさえできないだろうと論じている。その一方で、（2）の言明は、手許にあるものにわれわれがそこで「出くわす」ような、すでに構成された公的な方域における関わり合い（Bewandtnis）を強調している。この対照は、矛盾であるどころか、つい先ほど指摘したバランスを別の仕方で言い換えたものである。そのバランスのこの新たな表現に関して注目すべきは、いまや暗黙の観念論が場所と、暗黙の実在論が方域とそれぞれ関連づけられているということである。というのは、場所は、現存在が方向を定めて隔たりを除くこと、つまり、方向づけて近くにもたらすことの結果と見なされているからだ。これが、「配置されている」（*having been* placed）という過去分詞句によって指し示されている事態である(34)。場所とは、われわれが、自分たちが単にその内に存在するものとして出くわすものではない。それは、方向を定め隔たりを除くという複合的な行為によってわれわれが凝集させるもの――したがって、われわれの直接の介入が生じさせるもの――なのである。この介入なしにはいかなる場所もない(35)。

対照的に、方域は並外れて公的にすぎるため、それが誰であれ個々の現存在が何かを構成する活動の単なる所産ではありえない。ハイデガーの後期の用語を引き合いに出して言えば、それはあまりにも大きい「集め合わせる」力をもつのである。このためにそれは、現存在がすでにそのそばにあるもの、また、手許にある物に対して「空間的な関わり合い」の母胎を提供するものなのだ。手許にあるものが、「われわれが出くわすことができるものになる」のは、「そのような関わり合いを根拠にして（auf deren Grunde）」である。『存在と時間』の後の版で、ハイデガーは意義深いことに、ここで「出くわす」と訳されているものに相当するドイツ語として、**erfindlich**（「発見されたものとして」の意だが、しかしまた、「発明されたものとして」の意でもある）の代わりに、**vorfindlich**（字義通りには、「以前に見出されたものとして」の意）を用いた。この変更によって彼は、方域内部の手許にあるもののもつ見出された（*found*）という特徴を、つまり、現存在のもつ創始する（*founding*）という発明の資質と対照をなす特徴を強調したのである。与えられた、あるいは見出された方域によって提供される関わり合いは、個々の現存在が自分自身で構成しうるものを超えている――その同じ方域の内に収まった手許にある物の有する「形態と方向」がそうであるのと同様に。これらの二つの固有性が当該の方域によってあらかじめ与えられている以上、現存在はただそれらを「確かめる」ことができるだけである(36)。

こうした複雑で循環的な仕方で、『存在と時間』は場所と方域に興味深い同等性を帰する。場所は、たとえハイデガーの分析において方域ほど脚光を浴びてはいないとしても、次の二つの仕方で世界内存在に本質的である。一方で、手許にある物は、個々の現存在の方向性と、隔たりを除くこと（Ent-fernung、つまり、距離を取り去ること）とに伴う場所設定を被らないうちは、本当の意味でどこかに属することはない。ということは、場所とは本質的にそのような〔手許にある〕物のための場所なのである(37)。他方で、われわれが前に見たように、場所はまた、「個々の場所で」それ自身を現前させる方域が出現する焦点として、世界内存在に必要不可欠でもある。この能力において、場所は方域によって覆い隠されるまさにそのときに、方域の「指標」となる。すなわち、われわれは、われわれを方域へと導きそこに位置づけるために、個別の場所を必要とするのである。対照的に、方域は、周りを囲む世界がどんなものであれ、その世界のあらかじめ与えられ公的に共有された部分として、世界内存在に本質的である。もし仮にこうした方域が何かを包括して密集させつつ現前している状態がなければ、われわれには、隔たりを除くべきものも、また、そこへと方向を定められるべきものも何もないだろう。さらに、われわれがすでに構成しているまさにその場所に相当する「どのあたりに」――あるいは、周りの世界の周りという性格のどんな範囲や意味――もないだろう。道具連関さえも――したがって、「存在者をさまざまな関わり合いからなるある一つの全体へ向かって解放する」(38)ための基盤も――ないだろう。

場所のない世界は、つまるところ方域についての飽くことのない実在論に行き着くだろう。方域のない世界は、場所についての仮借ない観念論を含意するだろう。場所がなければ、世界内存在は単に散漫に広がった支離滅裂なもの――公的で公然とした、にもかかわらず、形状をもたないもの――であるだろう。方域がなければ、世界内存在は現状よりもなおいっそうこり固まった点のようなもの――単に個々の現存在の利害関心の一機能にすぎない、どうしようもなく個々人特有のもの――であるだろう。場所と方域の両者があるからこそ、世界内存在と世界そのものは（たとえそれらが根底においては不気味なままであるとしても）、可能な限り、また大抵の場合にそうであるように、一貫したものとなる。少なくとも、場所と方域は、人間がその内に不可避的に絡めとられているような日常のさまざまな必要性や関係のための実用可能な基盤を提供する。場所と方域を同時成立的な必要条件として認識することは、世界の内に存在することがまず最初に意味するところを理解するのに本質的である。

それでは、空間はどうなのか。われわれはついにその覆いを取り外そうとしているのか。「周りの世界の周りという性格と現存在の空間性」でハイデガーが踏み出す最後の一歩は、たった今記述したばかりの、諸々の場所と方域との複雑な構成から、どのようにして空間が姿を現すのかを示すことである。「位置」が場所の収縮した残滓であるとすれば、「空間」は方域の遺物、それより後に現れる膨張した遺物である。つまり、手前に現前するものの境域の内で、方域は「空間」になるのである(39)。位置と空間は、現存在の空間性を手前に現前すると見なすさまざまな解釈がとりうる幅の対極にある。しかしまさにこの理由で、両者は分かちがたく結びついている。空間とはつまり、「その内で、諸々の位置が測定によって秩序づけられ、物の状況が規定されるような、純粋な「その内で」（Worin《フォアハンデン》）」なのである(40)。しかし、ハイデガーの興味は、手前に現前する思考の完全に規定された最終成果としての空間よりも、現存在の世界の内で空間がどのようにして生じるのか、という空間の存在論的な系譜の方にある。

空間は場所から直接に派生するわけではない。個別の場所（そして、あるのは個別の場所だけなのだが）は空間を不明瞭にする。こうした場所は圧縮され焦点を合わせられすぎており、そこには周りという性格や範囲がなさすぎるため、空間を包括することができない。しかしながら、方域に関して、われわれの側にあるのは、「それを基盤として、空間が現存在の内で前もって発見されるようなもの」(41)である。部分的には、こうした仕方での空間の発見のための地盤は、関わり合い――関わり合いがどのあたりで、どこへ向かってなされているのかを打ち立てるような手許にあるものを伴う関わり合い――の中に見出される。そして、それが方域の構成に本質的であるのはこれまで見てきた通りである。しかし、根底に存する関わり合いそのものは、方域についての議論においてこれまで無視されていた、「余地を作る」(einräumen)という基本的な働きなのである。これが現存在の実存範疇であり、この実存範疇は、現存在が手許にある物を配列したり動かしたりして、よりいっそうの広さの感覚を創造するさまざまなやり方の中にある。たとえば、家具を配列したり、家を建てたりすることの中にあるのである。その一方で、そのようなやり方で余地を作ることは、「空間を与えること」(Raum-geben)に等しい。しかし、そのようにして余地を作ることから、直接あるいは無媒介に空間が生じるわけではないと認めることが大事である。余地を作る作用の根本的な働きは、そのような仕方で空間を生じさせることではなく、「手許にあるものをその空間性に向けて解放すること」(42)である。空間は、さまざまな関わり合いの全体のための余地がそのために作られているような空間性から姿を現すが、それはただ、方域の空間性そのものが目立たない仕方で現前しているかぎりである――その結果、「空間そのものが認識にとって接近可能なものとなる」(43)。手許にあるものの個別の方域の内部に余地が作られている(そして、そのようにして空間性が開かれている)のでなければ、空間のような等質な媒体はありえない。

このような仕方で場所の歴史に余地が再び入り込む――千年以上も無視された後に。プラトンやストア派、クザーヌスやブルーノにとってそうだったように、余地は空間と場所の間を媒介する。この歴史に対するハイデガーの寄与は、余地をそのような媒介者にするということであり、このことは明らかに、その豊かさと力強さによって場所と空間両者の産出を可能にする方域がそこに構成要素として含まれていることによる。というのは、方域のもたらす効果とは、そこから場所の凝集が行われ、空間が識別されるような、まさにそうした空間性(Räumlichkeit、字義通りには「余地のあること」)の創造だからである。

この一般的な図式を述べてから、ハイデガーは次に、以下の三つの結論を引き出す。第一に、「空間」は人間主体の内に所在化される――カントならばわれわれにそう信じさせるだろうが――のではない。というのは、この主体は精神的な(したがって無世界的な)ものではなく、空間的な(ゆえに世界内の)ものだからである。これが意味するのは、空間の現前が世界の内でどれだけ覆い隠されていようとも、空間がつねにすでに世界の内に存在するということである。つまり、もし空間が本当にア・プリオリなものであるとすれば、それがこうした身分をもつのは、ただ方域の空間性の内に内在するかぎりでなのである(44)。第二に、いまや空間の全系譜が可能になる。この系譜は、測量したり建物を建てたりといった具体的な活動において問われる、見回すような空間性の主題化から始まり、次に公平無私な観察へと進むだろう。この観察は、手前に現前するものに対応し、直観の形式としての空間というカントのモデルのまさにその内で表現される。そしてこの系譜は、端的に等質な空間（位置解析《アナリシス・シトゥース》におけるこの空間の幾何学的な表象も含め）(45)の構成と思索で終わるだろう。ここで問題なのは、話の筋の正しさではない――ハイデガー自身が別のところでこの話の筋を修正している(46)。問題なのは、次のような一般的なテーゼである。すなわち、すべての現存在は、それが周りを見回しつつ身を置くことができる方域性の内に根源的に場所設定されており、このことを出発点とする進化論的‐認識論的な長い歴史の、後の段階での副産物が純粋な空間なのである。第三に、空間のこの歴史の最終段階は、それ固有の明白な帰結をもたらす。それは、手許にあるものの空間性が、手前に現前するものとして中立化されることから、空間の三次元性が生じるということである。場所は剥き出しの位置に還元され、世界は周りを囲むという特徴（つまり、それ自身の「世界性」）を失って〈自然〉となる(47)。

　これらの力強い主張とは裏腹に、ハイデガーは次のように付け加えざるをえないと気づいている。「空間はそれ自体では、それが何らかのものの純粋な空間的〈存在〉の端的な可能性を包括する限りで、さしあたりなお隠されたままである」(48)。ここでハイデガーは、後期の論文「時間と存在」（一九六二年）でのみどうにか履行できることになる約束手形を発行しているのである。

　空間の〈存在〉についての解釈が今日までずっと混迷の境地であり続けてきたのは、われわれがそれ自体が物としての空間そのものの内容を不十分にしか知らなかったからというよりも、〈存在〉一般の諸々の可能性が原理的に透明ではなかったから、そして、さまざまな存在論的な概念という観点からのそれらの可能性についての解釈が欠けていたからなのである。もしわれわれが空間についての存在論的な問題を理解しようとするならば、次のことが決定的に重要である。すなわち、たまたま使用可能だというだけでたいていはむしろ粗雑な、〈存在〉についてのそれらの概念の狭さから、〈存在〉への問いが解放されねばならないということ、また、空間の〈存在〉の問題構制（そうした現象そのものと、種々の現象的な空間性とに関する）が、存在一般の諸々の可能性を解明する方向へと転じられなければならないということが(49)。

　この言明は単に、なされるべき未来の仕事の見通しを開いているだけではない。それはまた、意図せずしてではあるが、つまるところ自己批判に行き着きもする。というのは、〈存在〉についての「狭い」また「むしろ粗雑な」概念、つまり、手許にある存在《ツーハンデンザイン》や手前に現前する存在《フォアハンデンザイン》に、空間を――そしてまた同様に、場所や方域をも――制限してしまっているのは、ハイデガー自身だからである。しかも、彼はこれら三つの現象すべてを、もっぱら日常世界（それに加えて、手前に現前するものの場合には理論世界）の現実という観点から分析してしまっている。このことはわれわれに、これらの現象が手許にあるものや手前に現前するものとして——あるいは、そもそも人間の内に基盤をもつものとしてさえ——十全に把握されるのだろうかという懸念を抱かせたままにする。ハイデガーはさも意味深長に、空間そのものは、「それ自身が空間的に手許にあるか手前に現前するようなものに特徴的な種類の〈存在〉をもつことを必要としない」と言う(50)。しかし、空間に他の可能なさまざまな種類の〈存在〉があるとすれば、なぜ方域や場所もまたそうではないのか。たとえば、場所と方域は、頽落や被投性、情態性や理解のような〈内-存在〉の根本的な現象に深く関わるものと見なされることも可能だっただろう。頽落や被投性、情態性や理解といった、「「そこ」の実存論的な構成」の構成要素のいずれも、手許にあるものでも手前に現前するものでもなく、すべて場所あるいは方域に関する分析を要する——〈共-存在〉や〈自己存在〉の構成成分もまたそうなのと同様に。そのような分析は、場所と方域の有意義な範囲を拡げるだろう。この分析が欠けているから、場所《プラッツ》と方域《ゲーゲンド》が道具世界に、空間《ラウム》が科学的な世界に、独断的に制限されることになり、そのためにこれら〔場所と空間〕のもつ全射程が現存在の実存論的分析論の内部に閉じ込められてしまうのである。

これは何も、(サルトルの用語で言えば)「道具複合」の内への現存在の関与〔自己拘束《アンガージュマン》〕という見地から、『存在と時間』が場所と方域の理解に測り知れないほど貢献したことを否認するものではない。他の誰一人として、ロックでさえも、日常の実用世界という文脈で「場所」や「方域」といった語が何を意味するのかについて、ハイデガーに匹敵するほどニュアンスに富んだ説明を行ってはいない。とはいえ、たとえこれが現存在の第一義的な世界であるとしても、それは人間がその内に関与するただ一つの世界ではないし、ハイデガー自身もそのことに気づいている。『存在と時間』第二二節で彼は、住まう営みのもつさまざまな可能性を指し示すが、それらは単に道具的であることだけを特徴とするのではない。後の方での「不気味な」ものの分析は、家-世界〔故郷〕とその喪失を探究し続ける。この喪失は、現存在が世界の内で「家をもたない居心地の悪さを感じる」(un-heim-lich)〔=不気味な〕のを避けられないという形をとる、この家-世界の喪失を探究し続ける(51)。というのは、不気味なものは、何でもない(手許にある《ツーハンデン》ものや手前に現前する《フォアハンデン》もののような仕方で実体的なものではない)というだけではなく、どこにもないのだから。つまりそれは、いかなる特定の場所や方域も、もっと言えば、一定の「ここ」や「あそこ」でさえも、まったく不在であることを表象しているのである(52)。そのような不合理《アトピア》〔場所の欠如〕の展望に不安になり、現存在は、「自分自身を内世界的な存在者の内に埋没させることで、その方へと向きを転じる」(53)。しかし、どこにもないとか何もないという状態への反動によって自分の身を守るためにこうして逃げ出すことで、現存在は結局は、不安や不気味なものそれら自体から逃避しているのではなく、両者を根拠づけるもの、すなわち世界（したがって、自分自身の世界内存在）から逃避しているのである(54)。

ここで問われているのは、代替案となる意味、つまり世界のもつ道具的ではない意味という以上のものである。不安は心理学的ではなく存在論的なあり方であり、そのために、「根源的かつ直接に世界としての世界を開示する」(55)。世界としての世界は現存在が故意に避けるものであるが、それは単に、世界が特定の仕方ではどこにも所在化されておらず、存在の次元で確固としたものではないからという理由でだけではない。それ以上にとりわけ、世界が現存在の自己確信を脅かす可能性の裂け目だからである。すなわち、「不安は現存在を、可能的－存在として開示する」(56)のである。

ハイデガーが「空間は別の仕方で規定されることも可能だったのではないか」と自分自身に問いかけたとき、明らかに哲学的な類の苦悩を経験したということはありうるだろうか。というのは、彼はそのとき、「空間についての存在論的な問題」によって開かれた、途方もなくひとを脅かす可能性と対決しなければならなかったからである。こうした可能性――「狭い」あるいは「粗雑な」いかなる範疇をも超えるような――に不安になって、彼は、手許にあるものや手前に現前するものが慣れ親しんだものとしてひとの身を包み込んだ状態に関する彼自身の分析へと、逃避するよう突き動かされたのではないか。要するに彼は、空間のまったく別の可能的様態の不気味な展望に恐れをなしたのではないか。

こうした方向での解釈は、『存在と時間』のテクストそのものの中で、その方向を暗示するいくつかの言明によって支持されるように見える。第一に、つい先ほど引用した長い一節中で、ハイデガーは「〈存在〉一般の諸々の可能性が原理的に透明ではなかった」という事実に言及している。これらの根本的な存在論的可能性を探究することは、空間的であることの新たな可能性を考慮することである。実用的あるいは理論的な文脈において問われる限定された可能性を超越し、そうしてそれらを脅かすような可能性を。第二に、ハイデガーははっきりと（第二四節の最後の段落で）、「われわれが世界へと立ち戻ることなしには、空間は把握されえない」、また、「空間性はそもそも、ただ世界を基盤としてしか発見可能ではない」と言っている(57)。というのは、空間性が世界内存在に属するのとまったく同様に、空間は然るべき世界に属するからである。しかし、世界とはまさに、われわれがそれに世界として直面するならば、われわれを不安にさせる――そして、われわれがそれを、われわれの世界内存在にとっての無限定な可能性の源として経験するならば、それだけなおいっそう不安にさせる――ものなのだ。もし仮に「空間の〈存在〉の問題構制」を追求すれば、不安を生じさせることになるのではないかという見通しを裏付けるかのように、ハイデガーは次のように付け加える。「空間は、周りの世界がその世界性を奪われる場合にのみ接近可能となる」(58)。しかし、周りの世界――頼りにできる周りの世界《ウムヴェルト》――からその世界性を奪うことは、現存在が何かを気遣って大切にし、どこかに住まう生き物と見なされる土台になっている居住の礎石を、周りの世界から奪うことなのである(59)。

　この礎石は、空間の端的な可能性の――また、純粋な可能性としての空間の、もっと言えば、純粋な空間のまさにその可能性の――裂け目の上に張り出している。このように宙吊りになることで、現存在がきわめて不安で家のない居心地の悪さを感じ、単なる理論の反省的な再確認＝安堵へと逃避したり、またそれと同様に、日常のつきあいや雑談にその身を包み込まれ、慰めを与え心を静められた状態へと逃避したりするのも不思議はない。とはいえ、不安の瞬間にかいま見られるもの、つまり、現存在の裂け目のような不気味さ《ウンハイムリッヒカイト》が、「よりいっそう根源的な現象」であることに変わりはない(60)。

　ハイデガーは余談として次のように付け加えている。「不安はまったく当たり障りのない状況の内で生じることもある」(61)。ことによると、〈存在〉の新たな諸可能性を根拠として理解されるべきものとしての空間について思弁するという当たり障りのない状況の内で、不安が生じてしまっているのか。ハイデガーはこうした可能性をかいま見て、それが引き起こす不安に恐れをなしてしまったのか。彼は存在論的に不気味なもの――端的な可能性に属する見知らぬもの〔家をもたない居心地の悪さを感じるもの〕――に直面して、道具的境域や理論的境域に属する、よく知った〔家にいるような居心地のよさを感じる〕現実的なものの腕の中へと逃避してしまったのか。彼は、近さや関わり合い、方向性や、隔たりを除くこと、ひいては正確な観察までをも強調するのと同様に、慣れ親しさをも強調するが、それは、心地のよい〔不気味ではない〕もの、既知のもの、わかりやすいもの、先のわかりきったものの方へと「向きを転じる」前兆ではないのか。これこそ、場所と方域を手許にあるものに限定し、空間を手前に現前するものに限定することが意味する当のものではないのか。

　ハイデガーはたった一度だけ不気味なものの概念を、現存在の空間性についての彼自身の当初の分析にそれと分かる仕方で関係づけている。方域の内に配置されたものに妥当する「どこかに属すること」のアンチテーゼである「どこにもない」について論じながら、彼は意味深いことに次のように言う。「しかしながら、「どこにもない」は何もないを意味しない。これは、いかなる方域もそこに存するようなものであり、本質的に空間的な〈内‐存在〉に対する世界のいかなる開示性もまたそこに存する」(62)。彼がこう認めているのは、この上なく注目すべき事態である。所在という点に関して頼りにできることと、存在の次元での安心との典型である方域は、それ自身はどこにも所在化されない。空虚へと続く落とし戸が突然はじかれたように開く――然るべく位置づけられたものの舞台のまさにその真中で。ハイデガーは自分で開いた扉を閉めることができない。「脅かすものが、近くにあるものの内部で一定の方向からそれ自身を近くにもたらすことはありえない。それはすでに「そこに」あるが、しかもどこにもない。それは、胸を締めつけ息もできなくするほど近くにあり、しかもどこにもない」(63)。存在の次元で再確認=安堵を与える方域の下にある存在論的な空っぽさは、慰めとなるにはあまりにも近すぎる。その結果として、『存在と時間』は後退の一途を辿る。方域はそれ固有の部所へと回帰し、場所はそれ自身の方域へと回帰する。暗黒の地下世界への扉が開かれたことなど一度もなかったかのように、ドラマは続いていく。

2

現存在の空間性を以って、実存論的 - 時間的分析はある一つの限界へと至るように見える。

——『存在と時間』第七〇節

『存在と時間』のドラマは、最終的には時間の勝利で終わるメロドラマである。ハイデガーは、不安を論じてから程なくして、空間や方域や場所についてそれ以上真剣に考察しようとはしなくなる。第二編「現存在と時間性」は、事実上でも実質上でも、出版されたテクストの残りの部分を占めている。この書物のこの部分でハイデガーは、現存在の全体存在への潜在可能性と死への存在とが、先駆的決意性において最も十分に実現されると論じる。この先駆的決意性の十全な分析はもっぱら時間的である。時間性は「本来的な気遣いの意味」を与えると宣言され(64)、現存在の実存論的分析論全体が、時間性の優位性という見地から繰り返される。この優位性は道具世界と理論世界を支配している——しかも、われわれにとって最も意義深いことには、現存在の空間性を支配している——ものである。

こうしてわれわれは、『存在と時間』第七〇節、大胆にも「現存在に特徴的な空間性の時間性」と題された節にたどり着く。時間性の握る主導権に固有なのは、空間性を説明する——実存論的に空間性を「基礎づける」ことによってそれを「包括する」(65)——という時間性の能力である。空間性を包括し基礎づけることについて語ることは、場所と方域の実存論的な要求によってだけでなく、空間の根源的な可能性によっても引き起こされた不安に直面して、存在論的な再確認=安堵に達しようと最後の努力をすることである。しかしハイデガーは、空間性を時間性に従属させようとする〔他の思想家たちと〕協同したこの試みに成功するのか。そうは思えない——そして、ハイデガー自身も、よくよく反省してみたときにはそう思っていなかった。後期の論文「時間と存在」で、彼は珍しく前言を撤回する素振りを見せている。それは短い言葉はあるが決定的である。「人間の空間性を時間性から導出するという『存在と時間』第七〇節における試みは擁護できない」(66)。とはいえハイデガーは、どのようにしてそれが擁護できなくなるのかをわれわれに語っていない。

ここで試みられている導出は、あまりに独断的であると同時にその論法もお粗末にすぎ、とうてい擁護できるものではない。たとえば、ハイデガーは、「現存在に特有の空間性は時間性において根拠づけられねばならない」といかめしく告げる(67)——とはいえ、彼自身の時間中心主義的な関心以外には、この「ねばならない」に対する根拠をまったく示していない。アルキュタスは、言葉少なくはあっても一貫して、「ひとは場所に優位性を認めなければならない」(68)と論じた。ハイデガーは、それと同じくらい帝国主義的な主張に対して、どんな議論もまったく示していない。そうせずに彼はただ、「時間性は気遣いの〈存在〉の意味である」(69)という第二編の根本命題を繰り返すだけである。「現存在の構成とそれが存在する仕方は、存在論的には時間性という基盤に基づいてのみ可能である」(70)と付け加えるとき、彼はこの言明の循環性に気づいていない。ここにあるのは、現存在が気遣いの生き物として、つまり、まさにその意味が時間的であることを特徴とするような生き物として、時間性に基づいて以外には基礎づけられえないという循環性である。より一般的に言えば、第一編第三章の終わりでなお問われている空間の（したがってまた同様に、空間性の）可能性は、時間の可能性に依存しているとは想定されえないし、ましてや時間性の可能性となればなおさらである。こうした依存についての固有の演繹が欠けているのだから。そのような演繹——ハイデガーはこれに取り組むことをあからさまに拒否する(71)——の代わりに、思いつきの見解を述べたいくつもの段落がわれわれを迎える。そして、これらの段落で目指されているのは、第二二節から第二四節まで完全に空間的な事柄として提示されていたものが、その根底に存する時間的な原動力をもつのを示すことである。こうして、いまやわれわれは次のような文面を目にする。「自己の方向を定めつつなされる方域の発見は、可能的な「あそこへ」と「ここへ」とを脱自的に把持しつつ待望する中で根拠づけられる」、「近くにもたらすこと、また、隔たりを除かれて内世界的に手前に現前するものの内部で距離を見積もったり測定したりすることは両者ともに、件の時間性の統一性に属する現前させる作用の中で根拠づけられ、この時間性において方向性も可能になる」(72)。しかし、ここへとあそこへの分析が「脱自的に把持しつつ待望すること」と記述されたからといって何の得があるのか全然明確でないし、まして、方域に関するどこへということを表すこれらの二つの様態が、どのようにしてそうした時間性において根拠づけられるのかということに至っては、なおさらである。しかも、近くにもたらすことや隔たりを除くことや方向性の場合には、先の二つの様態の場合に匹敵するような、「現前させる作用」におけるいかなる根拠づけも明白ではない。実際、これらの働きによって場所が凝集させられる限りで、過去を表す「すでに存在すること」がより適切な時制表現であるように見えるだろう。

ハイデガーはこれと同じ節で、「現存在の空間性に対する基礎づけとしての時間性の機能は、簡潔に「のみ」指し示されるだろう」と認めている(73)。にもかかわらず、たったいま述べた類の説得的でない分析より、テクストのこのほころびのもつもう一つのきわめて奇妙な性格の方が、ハイデガーが時間性から空間性を導出するのに失敗したことを露呈させる。その奇妙な性格とは、本当に説得力のある唯一の部分が、時間性のことを少しもほのめかさずに空間性についての新たな洞察を付け加える部分だという事実である。たとえば、「現存在は空間を取り入れる」(74)と語られるのは、第七〇節でだけである。空間が現存在によって投企されているわけではないし、現存在が単に空間の内に所在化されているだけでもない。そうではなく、現存在は空間を内在化し、そこから何かを作り出すのである。何を作り出すかと言えば、それはまさに余地とゆとりである。これら二つの概念は、第一編の議論では素描されていただけであった。それがいまや次のような所見の中に組み込まれているというのは示唆するところが大きい。

「現存在は、」実存しつつすでに自分自身のゆとりのための余地を作っている。それは、自分自身の所在（Ort）を次のようにして規定する。すなわち、それが余地を作っている空間から、それが保持している「場所」へと帰って来るという仕方で(75)。

現存在が空間を取り入れるのは、ただもっと自由に「空間へと分け入る」ためにのみである(76)。そのように空間へと分け入る《アインブルッフ》ことは、ゆとりのための余地を作ること、つまり、多様な仕方での関与のための空間を明けることでなし遂げられる。こうした空間的な幅から、現存在は場所へと帰って来る（zurückkommt）。現存在がここで自分自身の場所——単に手許にある場所《プラッツ》というよりもむしろ、自分自身の実存論的な所在《オルト》——を与えられるというだけではなく、そのような場所は、より容量の大きい余地を含意すると見なされる。この余地に固有のゆとりが、われわれを場所から遠くへと連れ去るのではなく、場所そのものへのより決定的な参入を可能にする(77)。

たった今引用した一節は、場所そのもの（これについて、『存在と時間』ではそれ以上のことは何も言われていない）のもつ含意ということを超えて、現存在が空間化する根本的な運動を描写している。この運動は、第二二節から第二四節までは言外にほのめかされていただけであった。それとはすなわち、より拡がりのある周りの世界あるいは公的世界から、この同じ世界のより制限された一角へと戻る運動である。それは、より小さな空間の累積や総和によって築き上げられるべき余地というよりも、むしろ個別の場所の内での、より厳密で限定された作業が行われるための舞台なのである。ハイデガーは、から／へと戻るというこの図式を、場所と同様に方域に対しても適用する。「配慮は、前もって発見されている方域から、隔たりを除きつつ、最も近いものへと帰って来る」(78)。ここでハイデガーは、あらかじめ与えられた方域にすでに所在化されている存在を以前自分が強調したことを、次のような考え方で補足している。つまり、現存在の配慮に充ちた交渉はつねに、手許にある関わり合いの方域から、自分自身のより直接の行動範囲へと回帰する。そして、〔どこか〕へと戻ることとは、究極的には、現存在へと戻ることである。

　その直接の帰結として、第七〇節で現存在は、場所と方域の構成において、それが以前に担っていたのに比較してより大きな役割を負う。「現存在が自分自身のために余地を作る作用には、自己の方向を定めつつなされる方域のようなものの発見が属する。……配慮に充ちた世界内存在は、方向を定めて――自己の方向を定めつつ――存在する」(79)。これは現存在に対して、構成に関わるより豊かな役割を与えることである。つまり、現存在は「自己の方向を定める」(sich ausrichtend) ものとして、場所の凝集に対してだけではなく、余地（とそのゆとり）を作ることに対して、そしてまた方域の発見に対して、責任を負うのである。われわれがたったいま見たように、現存在はまた、自分自身の所在を規定することや、空間を取り入れることに対しても（したがって、空間へと分け入ることに対しても同様に）責任を負う。こうしたことすべてが、現存在の本来性――またそれゆえに、現存在の時間性（Zeitlichkeit）、そしてこの時間性は、脱自的な外向きの運動を行うにもかかわらず、自己に関わる（その点でこの時間性は、ともに現存在の世界内存在の制限を超えるものに関わる時間《ツァイト》や時節性《テンポラリテート》〔現存在の時間性《ツァイトリッヒカイト》と区別される存在それ自身の時間性〕とは対照をなす）――への問いの中に、ハイデガーが次第に没入していく様子を反映している。しかし、このことはまた、空間性そのものの経験と運命において人間の自己が決定的な違いを生むことができ、そのことで、「現存在そのものは空間的である」(80)のを例証する仕方をハイデガーがどう評価しているのかを反映してもいる。

　これらの付加や進歩にもかかわらず、『存在と時間』が表しているのは、表立った意図というレベルで言えば、現存在が空間化する力を、それらより大きいと推定される時間性の力動（もっとよく言えば、脱自態）に従属させることで、この力を限定しようとする努力であり、それがこの書全体を貫いている。こうした従属化を行う中で、この書はある一つの形態での逃避を具体化する――その逃避とは、現存在の空間的な構造を前に恐れをなして逃げ出すことであり、それはあたかも、ある特定の哲学的不安について執筆している時期に、これらの構造がハイデガー自身の内にこうした不安を引き起こしたかのようである。この哲学者は、その後の著作で、空間や空間性、方域や場所のもつ限定されない可能性と対決するために、この不安を克服することが、あるいは、少なくともその効力を失わせることができるのだろうか。彼は、こうした可能性から遠くに離れるように転回するというよりもむしろ、それへと向かって転回することができるのだろうか。

3

［芸術］作品の近く（Nähe）では、われわれは突然、いつも居慣れているのとは別のところにいる。

――マルティン・ハイデガー「芸術作品の起源」

いずれにせよ、問題なのは転回――『存在と時間』出版に続く数年の内に起こった、ハイデガー自身が「〈転回〉」（die Kehre）と呼んだ事態――である。私に言わせてもらえば、この転回はまさしく、〈場所〉とその関連概念へと（再《リ》）転回すること《ターニング》（回帰すること）である――それはまた同様に、〈存在〉と〈言語〉の方向に向かう転回でもある。たとえば、「明ける作用」（die Lichtung）という後期の概念の重要性は、ハイデガーの円熟した思考における場所の中心性への評価を抜きにしては捉えることができない。〈明ける作用〔間伐地、空き地〕〉とは、〈存在〉あるいは〈言語〉（もっと言えば、〈言語〉としての〈存在〉）がその内で現れるような開いた場所のことである。それだけでなく、建てることや住まうこと、物、四元、「〈存在〉の場所論《トポロジー》」についてのハイデガーの理解もまた、そこで場所が絶えずほのめかされていることを抜きにしては理解することができない。しかし、こうしたことは話を何十年分も先回りすることである。

〈転回〉という観念は、一九二八年夏の連続講義「論理学の形而上学的基礎づけ」で現れる。ここにわれわれは、転回《ケーレ》についての最初の公の言及を見出す。この場合の転回は、「全体としての諸々の存在を」新たな仕方でさまざまに論じる「メタ存在論」への本質的な転回と見なされている。その仕方のうちの一つが、多様性の現前――諸存在、〈存在〉、また現存在における――に対する高度の感受性である。「多様性は〈存在〉そのものに属する」とわれわれに語られる。さらに、「多様化に固有の可能性は……いかなる現存在の内にも現前している」(81)。『存在と時間』では、「統一的な現象」――住まうこととしての内‐存在が、気遣いの構造が、そして何よりもまず時間性があるからこそ統一的であるような――としての世界内存在が強調されており、現存在の「分散」は「欠如態」と見なされていた。それに対して、（マールブルク大学で彼が最後に行なった）一九二八年の連続講義でハイデガーは、世界内存在の様態に関する現存在の本質的な多様性を反映する根源的な「散種」を強調している。「現存在の形而上学的に中立な概念において、現存在の本質はすでに根源的な散乱（Streuung）を含む。これは、きわめて限定された視点から見れば、散種（Zerstreuung）である」(82)。問題なのはもはや、現存在が「つねに自分自身を、〈内-存在〉のさまざまな限定された仕方へと分散させ、あるいは、分裂させてさえ」いるということだけではない。それは、世界の内で自分を喪失し、深い部分で、ひいては永久に、そこで気晴らしされて＝取り乱していることの、無際限に多くのあり方のうちの一つなのである。

『論理学の形而上学的基礎づけ』で、ハイデガーは次に、不可避的な喪失性のこうした多数の形態をスケッチする。その例としては、存在を自分の方に招き寄せるのをやめ、そこから、なお他なるもの、歴史性（その内で現存在が時間内に「自分自身を拡げていく」ような）、そして相互-存在へと向きを変えるということが挙げられる。しかし、現存在の散種の最も人目を引く例とは、これとは別の三つのもの、すなわち、「身体の内で分散していること」、「特定の性別に分かたれていること」、「空間性［の内での］事実上の散種」である(83)。身体、性別、空間性という、それら自体が散種した三つの用語のこの組み合わせは印象的である。これらのうち、身体――それが『存在と時間』の中で一貫して無視されていることをわれわれは知っているのだが――が最も重要なものと見なされる。というのは、「身体化」は、性別と空間性を含め、現存在の多様性全体に対する「組織化の要因」であると言われるからである(84)。これは性別の場合に最も容易に見てとれる。この場合には、人間身体は諸々の性的差異を有機的に組織化してそれを演じる。そこから出てくるのが、ハイデガーによるZwiespältig、つまりその名の示す通りの「二襞」の使用である。しかし、彼は身体化と空間性の関係――これまで見てきたように、カントやホワイトヘッド、フッサールやメルロ＝ポンティにとってあれほどの決定的な意義をもつまさにその関係――を、探究しないままに放置している。しかしながら、この関係に関わる一つの手がかりがある。「それぞれの事実上の実存論的な分散や分割を結び合わせる可能性としての、中立的な現存在の形而上学的な本質に固有の超越論的な散種は、現存在の根源的な性格、つまり被投性という性格に基づいている」(85)。世界の内へと投げ込まれていることは、身体の内に、身体によって、世界の内に配置されているということである。身体的な立脚点――この立脚点は立脚点で、［被投性という］この同じ働きから生じる「気分」のための基盤なのであるが――によるのでなければ、どのようにしてわれわれは被投性の逆境と衝撃とを経験できるだろうか。しかも、被投性は世界へと、そしてまさに、多様なものの場としての世界へと向かっている。「多様性へと投げ込まれたこの散種は、形而上学的に理解されるべきである」(86)。空間的な立脚点によるのでなければ、どのようにしてこうした多様性――ハイデガーが付け加えるところによると、それは、現存在が自分自身を「自分ではない諸々の存在によって統御される」ようにするための前提なのだが[87]——が実在しうるというのか。散種の超越論的な条件が身体的な被投性であるとすれば、多様性の超越論的な条件は空間性である。というのは、現存在は、空間性のもつ外への広がりの内でのみ、「自分ではない諸々の存在」の多様性へと自分自身を散種させることができるからだ。これらの存在の多数性と他者性——それらが現存在の外部に、また隣り同士になって存在すること——は、現存在の散らばった身体性に見合うような、ひいてはまさにそれと深く結合しさえするような、外に伸びた空間性を必要とする[88]。

　一九二八年の連続講義の間には読まれることのなかった「〈付録〉」が、さらに進んだ思想——〈転回〉という後期の深みへと向かってはるかに先を見越した思想——を一つ付け加える。

> 人間とは距離の生き物である！　そして、人間が自らの超越の内であらゆる存在の方へと向かって打ち立てる真の根源的距離によってのみ、物への真の近さが人間の内で育ちはじめる。そして、距離へと耳を傾けることができる能力のみが、近くにいるはずの人間たちの応答に対する覚醒を呼び起こす[89]。

この言明に明白に表れているのは、距離〔遠さ〕（Ferne）と近さ（Nähe）の両者——『存在と時間』においては範疇的な身分に制限されていた——が、現存在の見回すような配慮を超えたまったく異なる理解を要するという確信である。というのは、いまや問われている近さと距離とは、測定に関わるものではないし、近くにもたらすという具体的な行為に関わるものでさえないのだから。その近さと距離は、理論の境域と同様、実践の境域をも超え出るような「あらゆる存在」や「さまざまな物」に関わる。これらの近さと距離に到達することは、現存在がばらばらになった状態を、いかに不完全に一時的にではあれ克服するような根源的な「超越」によってのみ可能となる。次のような疑念が頭をもたげる。ハイデガーはここで、『存在と時間』第二四節の終わりに彼がほんのしばしの間だけ指し示していた、空間のもつ無視された可能性のうちの二つのものの覆いを取り外しはじめたのではないか。そしてこれらの可能性こそが、空間もまた根源的に多様なものだということを表しているのだが。

　ハイデガーは一九三五年まで空間と空間性の追求を中断する。そして、この年にこれらの話題（場所も含め）が怒濤のように回帰してくる。それらが回帰してくるのは、二つのテクストにおいてであり、その一方はこれらの当の同じ話題と激しく衝突し、もう一方はそれらを暖かく迎え入れるのだが。両者はともに、空間的な問題に対するハイデガーのいまだ解消されないアンビヴァレンスを証明している。

最初のテクストは、一九三五年夏にフライブルク大学で行われた連続講義「形而上学入門」である。このテクストは一九五三年になってようやく出版されたのだが、空間と場所の問題に関わるかぎりでは、そこには明らかに二つの論調が伺える。その一方は、現存在にまぎれもないそれ自身の場所を与える。

現存在は、〈存在〉への問いの内部で、〈存在〉がそれ自身を開示するために必要とするその場所（Stätte）として理解されるべきである。現存在は開いた状態の場所、そこなのだ。……このためわれわれは、現存在の存在が、その語の厳密な意味では「そこに-存在すること」（Da-sein）だと言う。〈存在〉が開く作用への展望はそもそも、〈存在〉の開示のためのそのような場所としてのそこに-存在することの本質において根拠づけられねばならない(90)。

ここでハイデガーは——遅まきながら——「現存在」という彼の造語が場所に関してもつ意義を強調している。『存在と時間』で、「ここ」よりも「あそこ」に対して与えられた優先性は、現存在が絶えず自分自身を超越する生き物として、自らが区画するまさにその場所の内に、つねにすでにそこに存在するという一般的なテーゼへと変形される。しかし、一九二七年のテクスト以来、強調点に重要な変更が生じている。このテクストには、方域によって提供される開いた余地やゆとりから場所へと戻るという根本的な運動が見受けられた。いまやその働きは、現存在から、この現存在の「そこ」という開いた場所の内へと向かっている。しかしながら、両者いずれの場合にも、現存在は自分自身の場所の内に存在する。われわれが、現存在が「自分自身の所在を規定する」と言おうと、現存在が「開いた状態の場所」そのものであると言おうと、それは変わらない。現存在であることは、自らの場所の内でそこに存在することである。そこ-場所の特徴を最もよく示すのはポリスだというハイデガーの主張は、こうした路線での思考を強めたものである。この主張は、場所のこの新たな意味がStätteと呼ばれうることとも呼応している。ハイデガーは、「都市国家」というこの語の通常の訳を拒絶して、ポリスとはその固有の意味で、「歴史上そこに-存在するものがその内に、また、そのようなものとして存在するような場所、そこ」のことであると主張する。「ポリスとは、歴史的な場所（Geschichtsstätte）であり、その内で、そこから外へ、そのために、歴史が生起するようなそこである」(91)。実際、いかなる重要な場所も「歴史の場所と場面」である。その場所を占めるのが司祭であれ、詩人であれ、思想家であれ、長老であれ、軍人であれ、それは変わらない(92)。これらの人物類型のそれぞれは、「本来的な意味での歴史」である「世界建設」(93)がポリスの内で進むよう取り計らう。しかも、それぞれがそうするのはただ、限界——ポリスの場所内部での最も効果的な世界建設を制限するのではなく許容するような限界――が尊重されるかぎりである。

こうして到来し、本質的に安定した（ständig）状態になるものは、自由かつ自発的に、自らの限界つまり境界《ペラス》の必然性に出会う。この限界は外部から存在に付け加わるものではない。ましてやそれは有害な制限という意味での欠如ではなおさらない。自分自身を限界の外から統御する制止ではなく、自分自身をもつという働き、つまり、持続するものが自分自身をその内に保つようなこれらのものが、諸々の存在の〈存在〉なのだ。それは存在を初めて存在たらしめ、非‐存在から区別されたものとする。……限界と果ては、それによって存在が存在しはじめるところのものである(94)。

ハイデガーがこの十五年後にそう言うことになるように、限界とは、「何かがそこで止まるようなものではなく、ギリシャ人が認識していたように、何かがそこから現前することをはじめるようなもの」(95)なのである。ハイデガーにとって限界（Grenze）は、アリストテレスの包囲者のもつ手前に現前する境界線ではないし、仕事場の壁のように単に手許にあるものでもない(96)。限界の内部で、余地が――また同様にして場所が――作られる。限界を欠くということは場所を欠くということであり、逆もまた真である。すなわち、場所の内に存在しないことは、限界づけられないということなのだ。限界とは、その内部で場所が空けられるような積極的な力なのである。われわれは、アリストテレスを彼自身の言っていることに反する形で引き合いに出して、次のように言ってもいいかもしれない。すなわち、もし場所が「何らかの力をもつ」とすれば、このことはかなりの程度まで、その場所の限界に帰せられる、と。場所の地所、その実在の地所〔不動産《リアル・エステート》〕とは限界の力であり、この地所は「歴史の場所」としてのポリスの内で、詩人や政治家、戦士や司祭、活動家や思想家の行動によって実現される(97)。

これは見込みのある思考方向であるが、この方向をその外部と内部双方からなしくずしにするよう作用する第二の方向と対をなすに至る。外部からということで言えば、『形而上学入門』のあまり重要でない部分で、範囲を限定されたポリスではなく、無限定の地政的な‐ポリス（*geo-polis*）が、身の毛もよだつような姿で登場している。私が言っているのは、ドイツが「中心に位置づけられた」もの――アメリカとロシアの間の地理的な中心、つまり、「科学技術の同じ荒々しい狂乱、平均的人間の同じ無制限な組織化」をともに露呈させる両国の間の中心――として描かれている悪名高い一節のことである(98)。ドイツは、「万力に挟まれて」いるために、「最も多くの隣人をもち、それゆえに最も危険にさらされた国家」(99)である。「国家のうちで最も形而上学的な国家」として、ドイツは「自分自身を、またそうして西洋の歴史を、それらの未来の「生起」の中心を超えて、〈存在〉の力の根源的な境域の内へと動かす」という義務を負う。「もしヨーロッパに関わる偉大な決断が絶滅をもたらすべきではないとすれば、その決断は、歴史的に中心から繰り広げられる新たな精神的エネルギーという観点からなされねばならない」(100)。ここでは場所を地政学的な位置へと文字通りに読み替える操作が何のためらいもなく行われており、この読み替えと密接に関わる、「精神的な」ものや「形而上学的な」ものの喚起もまたそうである(101)。局限された働きの力―場所としてのポリスは、地政学的、形而上学的、精神的な力の局限されない空間となった。こうした空間の内には、間違いなくナチズムの亡霊がのしかかるように迫ってきている。つまり、ヨーロッパを再領土化しようとするヒトラーの努力、芽生えつつあったこの努力のために、あまりにも大きな余地が明けられてしまったのである。

内部からということで言えば、ハイデガーは一九三五年に不気味なもの《ウンハイムリッヘ》という主題に回帰し、いまや見知らぬもの〔家をもたない居心地の悪さを感じるもの〕の中に、存在論的な不安の源泉であるどこにもないことや何もないこと以外のものを見出す。「気味の悪いものはたくさんあるが、気味の悪さで人間に勝るものはない」というソフォクレスの一句を註釈しつつ、ハイデガーは、気味の悪いものを不気味なものと結びつける――この際、不気味なものとは、「〔なじみのある〕〔わが家のような〕ものの外へと、つまり、慣れ親しんだいつもの安全なものの外へとわれわれを投げ出す」ものだと解される(102)。ハイデガーは、次のような印象的な論評を付け加えている。

> 人間があらゆるもののうちで最も気味が悪いのは、……人間が、気味が悪いもののただ中でその人生を費やすからというだけではなく、自分の慣れ親しんだいつもの限界から離れて出ていくからであり、また、ひとを圧倒するものという意味での気味が悪いものの方へと向かっていき、慣れ親しんだもの（das Heimische）の限界を超え出るような、暴力的な者だからである(103)。

人間の暴力は、批判や遺憾の対象であるどころか、冒険的で創造的な行動の徴候であると見なされる。「暴力的な者、創造的な者、語られたことのないものの内へと旅立つ者、思考されたことのないものの内へと分け入り、生起したことのないものを強いて生起させ、見られたことのないものを現れさせる者――この暴力的な者はいつも冒険の中にいる」(104)。まぎれもなくヒトラーのことを（あるいは、おそらくハイデガー自身のことを）仄めかすこれらの言葉は、創造的な人間の暴力が境界の突破を含意することを意味する。そのような人間は、「自分の慣れ親しんだいつもの限界から離れて出ていく」、そして、「慣れ親しんだものの限界を超え出る」のである。しかし、もしそうだとすれば、こうした人間はまた場所とも縁を切ってしまっている――場所から離脱し、場所そのものを破損してしまっている。これは、ポリスを離れ、「歴史の場所」としてのポリスを破壊するのに等しい。ハイデガーは、建設的な活動の舞台としてのポリスという場所を初期には称賛していたのだが、それとはまったく正反対のこうした帰結を引き出すことをためらわない。

（たとえば）詩人がただひたすら詩人であるときに、本当に詩人であり、司祭がただひたすら司祭であるときに、本当に司祭であり、支配者がただひたすら支配者であるときに、本当に支配者である限りで、ポリス的＝政治的な［もの］、つまり、歴史の場所にある［ようなものがある］。しかし、［彼らがそのような者］であるということは、次のような意味である。すなわち、暴力的な者として力を振るうこと、また、創造者として、行動者として、歴史的な存在の内で卓越した＝前に‐抜きん出た《プレ・エミネント》ものになること。歴史的な場所の内で卓越した＝前に‐抜きん出たものでありながら、彼らは同時にポリスなき者《アポリス》になる。それは、都市や場所をもたず、孤独で、気味が悪く（unheimliche）、諸存在全体のただ中で出口もなく、それと同時に、法規も限界もなく、構造も秩序もないということである。なぜなら、彼らは彼ら自身が創造者として、こうしたものすべてを最初に創造しなければならないからである（105）。

実際、これは自己破壊的な一節である。というのも、それは、創造的かつ暴力的な者が「歴史的な場所」――つまり、ポリス――「の内で卓越して」いるということと、同じ人物が「法規も限界もない」ものとしてポリスなき者《アポリス》であり、歴史の内に事実上の場所設定をもたないということの両方を主張しているからである。創造的な行動はそれ自身の基盤である限界を無効にしてしまう。この行動が限定されなくなると、その内でそれが創造的であるような場所がなくなってしまうのである。まさにこの文脈で、ハイデガーが再び分散を、いまや第三の意味でのそれを引き合いに出していることは意味深い。この第三の意味によれば、散種《ツェアシュトロイウング》とはいまや、嘆かわしい気晴らし＝取り乱しに関わる事柄でも、現存在の散種的な多様性に関わる事柄でもなく、暴力的な創造者であることの帰結、予測することも受け入れることも可能な帰結なのである。

［暴力的な者は、］〈存在〉をあえて支配しようとする中で、非‐存在、つまり美しくない《メー・カロン》ものの襲撃を覚悟しなければならない。彼は、分散、不安定性、無秩序、災難を覚悟しなければならない。歴史的な現存在の頂点が高ければ高いほど、裂け目がますます深くなり、非歴史的なものへの転落がますます急なものになるだろう。そして、この非歴史的なものは、出口も場所もない混乱の内でのたうち回るだけである（106）。

この一節もまた自己破壊的である。というのは、暴力的な者は、「歴史的な現存在」の高みに達することで分散されるのみならず、こうした同じ高みに登ることで「非歴史的なもの」へと墜落し、「出口も場所もない混乱」の内で翻弄される者でもあるからだ。ハイデガーはたったいまはっきりと、創造者には「出口がない」(ohne Ausweg) と言ったばかりである。そして、彼はたったいま、創造的であることは、ポリスの外部に、したがって、場所と同様に歴史の外部に墜落することだとも論じたばかりである。「出口も場所もない」のは、単に創造的であることに伴うリスクなのではない。創造的な行動――場所と限界の両者、もっと言えば、限界としての場所を必要とするもの――を台無しにし、「分散させる」のは、創造的であることの所産なのである。ここでは、創造的な思想家であるハイデガー自身が、暴力についてのナチスのイデオロギーを信奉することでそれに感化され、自分の非難する「混乱」へと転落してしまっている。

　『形而上学入門』は、その何と言うことのない表題とは裏腹に、矛盾した思考からなる混迷の極みであるということをおのずから示している。この論考はそれ自身に反して思考しているのである。それは、同時代の政治に対するハイデガーのアンビヴァレントな態度(削除されたとはいえ、ナチズムを称賛する悪名高い一節は、この態度の最もひどい徴候にすぎない)を露呈させているのみならず、それと同じく錯綜した、場所に対する彼の姿勢をも露呈させている。これらの二つのものは究極的には一体となる。いわば、それらは一つの共《コン》-融合《フュージョン》＝混乱なのである。というのは、ハイデガーがヒトラーに惹きつけられると同時に反発していることが、場所についてのハイデガーの言明が歪んで自己破綻しているのと大いに関係があることが、明白になりはじめているからである(107)。ここでは政治的なものが場所とポリスの両者を規定している。実際、政治的なものの優先性は、この論争的でねじ曲げられたテクストの中の思想の第二の糸――外部からそれ自身の信用を失わせるのと同様に、内部からそれ自身を破壊することで、第一の糸(つまり、場所とポリスを一緒に織り合わせる糸)の建設的で見込みのある働きに影を落とし、そして、おそらくはそれを無効にしさえするよう作用する糸――において主に影響力を及ぼしている当のものである。結局のところ、二つの糸はお互いに相反して作用する。それらの糸は、テクストの中に交差状に編み込まれているが、テクストを全体として解きほぐし、縫い目がないと考えられていた作品を、縫い目がほどけてばらばらになった文書へと転じてしまう。

　「争い」という主題、とりわけ「根源的な戦い」(ursprünglicher Kampf)としての戦い《ポレモス》という主題は、『形而上学入門』全編を貫いている(108)。この同じ主題は一九三五年の別のテクストへともち越される。それが、この同じ年の秋のフライブルクでの招待講演の形で演説された「芸術作品の起源」である。しかしながら、このときにはハイデガーは何とかして、対立し合う糸からもっとずっと筋の通った織物を織り上げ、場所について目新しいと同時に自立的な見解を提示しようとする。というのは、場所はいまや芸術作品における大地と世界の間の争いの――そして、この争いの絶妙な解決の――舞台だからである。

まず最初に、なぜ芸術作品の内に場所が捜し求められるのか。これは最もありそうにない設定ではないのか。芸術以上に平和を好む――それ以上に争いを好まない――ものがありうるだろうか。「われわれは真理によって破滅しないために芸術を所有している」とニーチェは言った(109)。しかしハイデガーは、真理が芸術の内に――そして、快楽や平和とはほとんど関係のない「原初的な争い」（Urstreit）のまさにその内に――存すると見なす。「真理とは原初的な争いであり、そこではつねに、〈開いたもの〉がある特定の仕方で勝ち取られる」(110)。〈開いたもの〉（das Offene）は、明ける働きと隠す働きの間の戦い《ポレモス》の闘技場、「争いの空間」（Streitraum）である。真理は〈開いたもの〉の開いた状態として把握され、それが非真理から姿を現すことは「開いた状態のゆとり」（die Spielraum der Offenheit）を伴う。そのようなゆとりが、明けられたその環境の内部で生じる場所の創設を可能にするのである。ハイデガーは言う。「ただ諸々の存在の開いた状態のみが、現前する諸々の存在によって充たされたどこか（Irgendwo）や場所（Statte）の可能性を最初に与える」(111)。

ハイデガーにとって、芸術について問うべき第一の問いは、「それは何であるのか」ではなく、「[芸術]作品はどこに属するのか」である(112)。何であるかという問い――アリストテレスの言うそのものの何であるか《ティ・エスティ》――は、誤った本質主義へと、単なる定義や形相的な性格へと導く。どこということに関わる問いは、われわれをまっすぐに芸術作品そのものへと導く。つまり、原初的な争いと隠れのなさとの舞台として、芸術作品が実在するところへと導くのである。そのような舞台は、「〈そこ=現〉という明らかにする-明ける作用」（die Lichtung des Da）に等しいものと解された、開いた状態のゆとりを具体化する(113)。いまや問われている〈そこ〉はもはや、そこに-存在するものとしての現存在だけの〈そこ〉なのではない。それはまず第一には、そこに立っているもの――どこかある特定の場所に陣取っているもの――としての芸術作品に属するのである。作品がどこに存在するかということは、結局そこに立っているということに尽くされる。そのような仕方でそこに立っている《ダーシュテーエン》ことの典型例がギリシアの神殿であり、それは「[その]岩の裂けた谷間の真中でただそこに立っている」(114)。それは自らの真理の内でそこに立っているのである。「神殿が、それが存在するところに立っていることの内で（im Dastehen）、真理が生起する」(115)。しかし、どのようにして真理がそこで、あのそこ-場所で生起するのか。

それは、明ける作用と隠す作用との間の争い――本来の意味での真理に関わる原初的な争い《ウアンユトライト》——よりも具体的な争いにおいて生起する。作品のどこでということで問われている争いとは、大地と世界の間の争いである。「神殿‐作品はそこに立ちつつ、ある一つの世界を開くと同時に、その世界を再び大地の上へと立て返す。この大地それ自身は、ただそのようにしてのみ出生地として姿を現す」(116)。作品の場所——仕事場と混同されるべきでない（手仕事ならそれでもいいが芸術はそうではない）——とは、二つの次元あるいは水準の間の戦い、飽くことなく、和することのない戦いの舞台なのである。「世界と大地はつねに、内的また本質的に争いの内にあり、本性によって敵対的である」(117)。大地／世界という関係の闘争的な（streitig）特徴は、大地と世界それら自身の間の深い差異——それら自身の場所的かつ空間的な規定をもつ差異——に起因する。こうして、「世界」はその拡さ（Weite）によって、また、ある民族全体とその宿命との「広々とした道」（weiten Bahnen）によって特徴づけられる。作品は〈開いたもの〉の内で、かつそのようなものとして、世界を「設立する」（aufstellt）。しかも、広さのための余地を作ることによってそうするのである。

ある一つの世界が開くことで、すべての物はそのとどまりとせわしさ、その遠さと近さ、その射程と限界を得る。世界が世界化することの内には、広さ（Geräumichkeit）が集め合わせられていて、その広さから、われわれを守ってくれるという神々の恩恵が与えられたり与えられなかったりする。……作品は作品であることで、その広さのための余地を作る。「～のための余地を作ること」（einräumen）は、ここではとりわけ、〈開いたもの〉を解放し、それをその構造の内で打ち立てるという意味である。……作品は作品として、ある一つの世界を設立する。作品は世界という〈開いたもの〉を開いたままに保つ(118)。

余地を作る《アインロイメン》——われわれは以前にこの言葉を目にしたことがある——という働きは、世界の広さ、世界に「余地のあること」（つまり、Geräumigkeit の文字通りの意味）のための基盤として再び現れる。広々としたこの開いた状態の内部からのみ、近いものや遠いものといったもっと個別的な空間的様態性、また、とどまりやせわしさといった時間的様態性が生じうる——そして、それはよそに遠回りすることで（手許にある場所《プラッツ》ではそうであり、この場所《プラッツ》のための最初の操作が、現存在が何かを近くにもたらすことなのだが）生じるのではない。それはあたかも、個々の人間によって鼓舞されるもっと個別的な活動のために、作品の世界が道を明けるかのようである。

では、大地はどうか。それもまた第一に空間的な語によって特徴づけられる。それは世界を貫いて突き出し（durchragt）、その根本的な働きは「前面に出す」（herstellen）という働きである。「作品は、ある一つの世界を設立する中で、大地を前面に出す」(119)。しかし、突き出し前面に出すという前向きの運動は、立て返す（zurückstellen）という互角だが正反対の運動――作品がそれ自身の質料性〔物質性〕へと立て返すこと、それはつまるところ、根拠づけるという働きに行き着くのであるが――によって相殺される。前面に出す作用の中でのそのような立て返しは、大地が自己を隠すことに帰着する。「大地を前面に出すとは、自己を閉鎖するものとしてそれを〈開いたもの〉へともたらすという意味である」(120)。この最後の点は決定的である。たとえ「大地とは本質的に自己を閉鎖するものである」(121)としても、それは単に開いた状態から退去するわけではない。大地は、自己を閉鎖するもの（sich verschliessende）として〈開いたもの〉へと至るのである。このような仕方で、「作品は大地をある一つの大地であらしめる」(122)。

そのため、大地と世界の争いは、空間に関わる内戦の舞台である。世界は、まさにその自己閉鎖の内に大地を前面に出す作用を含むような広さのための余地を作る。闘争する定めにあるとはいえ、敵同士である二つのものはまた盟友でもある。仮に世界がないとすれば、大地が現れるのに十分な幅広さや射程はないだろう。世界の拡がりのおかげで、大地は単に「閉じ塞がれて」いるのではなく、それ自身が「開いた状態で明けられた」ものとして前面に出てくるのである(123)。仮に大地がないとすれば、世界がその内で現れることができる「出生地」として役立つのに十分な蓄積や抵抗はないだろう。世界は、自由に変動して非決定的というよりむしろ、大地の上に自分自身を決定的な仕方で設立する。しかし、この舞台の相互空間性に固有なのは、対立するもの同士がお互いに相手を自分自身へと至らせるという事実である。大地が世界の只中で立ち現れるまでは、そして、大地の敵対と圧縮に逆らって輪郭づけられた形でのみ、世界がその広範さを表に出すまでは、自己閉鎖は十分にそれ自身ではないし、大地も本当の意味で根拠づけたり隠したりしてはいない。たとえ大地と世界の争いにおいて完全な和解がないとしても、それぞれに一方による他方のお互いの導き合いがある。「本質的な闘争（Streit）の中で、対立するもの同士はお互いをそれらの本性の自己主張にまで高める」(124)。

この相互的な影響のせいで、敵対関係は闘争的であったり暴力的であったりするだけではない。ハイデガーは、『形而上学入門』で主張したのとはまったく対照的に、いまや寸分のあいまいさもなく、「大地とは、立ち現れる作用が、立ち現れているものをすべて、損なうことなくそこへと戻し隠すところのものである」(125)と言う。世界が拡がっていくにつれて、大地は隠していく。それらはどれほど揺り動かされようとも、お互いを損なうことはなく、それらのまさにその闘争の内部で、休息に達する。「したがって、自分自身の内に憩う作品の休息は、闘争の内密さの内にその現前する作用をもつ」(126)。

そのような休息はとりわけ空間的な表現をもつ。というのは、作品において問われている内密さは、「共通のひび割れ」（Umriss）として生じ、それに大地と世界の両者がともに参加し、また他の場合には、その内で両者の間を分割する「亀裂」（Riss）がそれらを結びつける絆となるからである(127)。まさにここで、それとはっきりわかる仕方で場所が再び舞台に登場してくる。「大地が亀裂を自分自身の内へと取り戻すとき、初めて亀裂は〈開いたもの〉の内に向かって前面に出され、そうして自己を閉鎖し隠すものとしての〈開いたもの〉の内へと立ち上がるものの内部に配置される、つまり据えられるのである」(128)。さらに、共通のひび割れの内での配置は、構図、形状、あるいは形態《ゲシュタルト》という形で立ち現れる。芸術作品において、構図は、剝き出しの質料に押しつけられる、あらかじめ実在する無傷の形式＝形相なのではない。それは、大地と世界との間の争い――共有された割れ目の内で休息に到達する争い――を凝縮した象徴なのだ。この割れ目はもろくて無意味なもののように見えるかもしれないが、それが作品の構図を可能にするのみならず、真理が存するまさにその場所を可能にするのである。

亀裂へともたらされ、そうして大地へと立て返され、そうして場所に固定された闘争が、構図、形状、形態《ゲシュタルト》である。作品が創造されるとは、真理がその構図の形で場所の内に固定されることを意味する。構図とは、その形状をとって亀裂が自分自身を構成し従わせる構造のことである。この構成された亀裂は、真理の輝きの一致や合流である。ここで構図、形態《ゲシュタルト》と呼ばれているものはつねに、特定の仕方での配置（Stellen）や枠づけあるいは枠組み（Ge-Stell）という観点から思考されるべきである。作品は、それ自身を設立し前面に出す際には、こうしたものとして成立する(129)。

この断固たる言明とともに、われわれは一回りして振り出しに戻ってしまった。〈開いたもの〉の内での、明ける作用と隠す作用による真理の原初的な争いは、芸術作品における大地と世界との間の敵対として起こる。この戦いの後に来るつかのまの休息は、大地と世界との間に描き出される共通の断層の内に凝縮されている。真理を場所に固定する――創造された作品自身の開示された開いた状態の内に真理を留め置く――構図はこの断層の内に、この断層として見出される。〈開いたもの〉の開いた状態とは、真理そのものであり、場所設定された構図のあるあちこちで実現される。芸術作品が属するところは、その真理が存するのと同じ場所に、すなわち、「構図という形で真理が場所に固定されていることの中に」見出されるのである(130)。

「場所に固定されて」（festgestellt）いることは、境界がないことや、無限空間へと無際限に流れ出ることではない。ハイデガーは、芸術作品がつねに枠づけされていることを強調する。「固定して立てられて」（fest*gestellt*）いることは、「立てられたもの《ゲシュテル》＝骨組み」を、つまり枠あるいは枠組みをもつことを含意する。しかし、芸術作品の枠はその境界に等しい。

立てられたもの《ゲ・シュテル》=骨組みとは、「前面にもたらす作用、すなわち、こちらに向かって前面に来させる作用を、局限する輪郭線（peras）としての亀裂-下図へと集め合わせること」を意味する(131)。しかし、『形而上学入門』における「限界」が、ただ侵犯されわきに置かれるためにだけ実在していたその一方で、「芸術作品の起源」では、「境界」（この語はGrenzeとも訳すことができる）はそれ自体として認知され尊重される。というのは、「ギリシア的な意味での境界［peras］は遮断せず、むしろそれ自身が前面にもたらされることで、現前しているものを初めてその光輝へともたらす」(132)からである。芸術作品の境界の内で問われているのは、侵害よりもむしろその作品の「光輝」（Scheinen）である。そのような光輝は、作品の美の根底に存するだけではなく、その作品のもつ〈開いたもの〉を、真理のための場を明ける作用（Lichtung）へと転じるような、明らかにする作用の基盤なのである。もしある作品の境界が「隠れのないものの内へと解き放つ」(133)とすれば、このことはその作品の光輝のせいであり、また、その作品が恣意的なあるいは制限された境界線の内部に包含されることが不可能なせいである。作品中の場所に固定されると、境界や枠の内部に据えられることになるが、こうした境界や枠はただ単に囲み込むどころか、作品の光輝によって〈開いたもの〉の開いた状態へと開く。芸術作品は、作品の世界性の場合には「導きとなる基準」を与えることで、また、作品の大地的な特徴に関しては「限度を設定すること」で、自らの境界を貫いて光り輝く(134)。

　芸術作品はどこに属するのか。「それ自身によって開かれた境域の内部に」というのがハイデガーの答えである(135)。この「境域」（Bereich）は複合的な場所である。それは大地と世界――それらの争いという点から、また、それらの休息という点から見られた――から構成されている。それは、内的な断層によって裂かれながらも、〈開いたもの〉の内で、そこに立ちつつそれ自身を露出する。しかし、それは、局限されないまでには開いていない。芸術作品は、場所の内に存在するよう局限されている。その場所は、枠づけられてはいるものの、ただの位置《ポジション》や用地《サイト》ではない。作品の場所はたしかに位置《シュテレ》ではないし、おそらく所在《オルト》でさえない(136)。それは在処《シュテッテ》であり、この語が連続的で安定したものについて――家についてさえ――含意するあらゆるものがそのことを裏付ける。「家」は「境界」と同じく、一九三五年の論文において再評価される。それは、ポリスなき《アポリス》ものである創造的な暴力の内で超越されるべきものというよりもむしろ、作品そのものに、とりわけその大地の次元に刻み込まれている。「出生地」（heimatliche Grund）として、大地は世界の範囲を定め、世界のために家-場所〔故郷〕に似たものを提供する。「大地の上に、またその中で、歴史的人間は世界の内での自分の住まいを打ち立てる」(137)。

　この最後の言明とともに、われわれは住まうこと（Wohnen）という主題へと回帰した。場所についてのハイデガーの最初の考察は、『存在と時間』でこの主題とともに始まった——そして、彼のまさに最後の考察はこの主題の周りを回ることになる。しかしながら、今回は、住まうことや居住することに対する関心が道具世界の分析に取って代わられるわけではない。というのは、「芸術作品の起源」でハイデガーははっきりと、芸術作品を、単に労働にしか関わらないものから分けてわきに置いているからである。芸術作品は、手仕事という観点だけからは理解不可能だというのみならず、手許にあるものの秩序には属さない(138)。作品は、実用的な目標に達するために素材を用立てる代わりに、作品の質料的な要素、作品の大地が自己の本領を発揮することを可能にする。もっと一般的に言えば、作品は、道具的なものに欠けている「自足した現前」を所有しているのである(139)。芸術作品は、手許《ツーハンデン》にあるものに関して本質的なもの——たとえば、ファン・ゴッホによって描かれた農夫の靴に内在する「頼もしさ」——を顕わにするかもしれないが、それ自体は用いたり操ったりするためのものとは見なされえない。『存在と時間』では、実用的な関わり合いの境域と理論的な評価の境域に焦点が当てられていたのだが、「芸術作品の起源」では、それが理論的でも実用的でもない境域に対する興味へと道を譲る。この境域はまた、通常の意味での「美学的な」ものでもない。それは、その内で真理が〈開いたもの〉——「作品中」以外にはどこにも存在しない、ある一つの〈開いたもの〉——の内で生起するような境域である(140)。そして、作品中とは、言い換えれば、大地と世界の具体的な布置によって与えられる場所の内に、ということなのである。

4

われわれは方域そのものを、われわれに会いにやってくるものと見なす。

——マルティン・ハイデガー「野の道での会話」

方域は、『存在と時間』においては間違いなく空間に関わる最重要語であったが、ハイデガーの一九三〇年代の著作では、この語が重要なものとして扱われることはまったくなくなっている。『存在と時間』のテクストにおける、方域と手許にあるものとの間の内密なつながり（手許にあることは、方域の内に所在化されているということである。方域の内に存在することは、手許にあるものだということである）を鑑みれば、『形而上学入門』の地政学的な見通しの内に、あるいは、「芸術作品の起源」の、別の仕方で受容的な〈開いたもの〉の内にさえ方域のための余地がないのも、おそらく驚くにはあたらない。対照的に、場所は生き長らえている。ただそれは場所《プラッツ》ではなく在処《シュテッテ》という形で、したがって、現存在が隔たりを除き方向を定める働きにはもはや依存しないものとしてではあるが。実際、除く作用——暴力的な行動に内在する引き離す作用、それが遠く離れた目標のために近さを忌避するのだが——がいまやかなりの重みをもって問われているとはいうものの、方向よりも迂回＝無方向（*indirection*）の方が大事である。つまり、もし芸術作品の中に、方向を定められた状態が何かあるとすれば、それは、真理が現れることの必要性によるのであって、現存在による一定の利害関心の追求によるのではない。ハイデガーの〈転回〉期の間、道具的な方域に内在する目的論——この方域がどこへひとを埋没させるかによって導かれるような——は侮蔑的に、単に仕事場や手仕事に属する、また日常世界に属する事柄と見なされ、その限りで、芸術や政治の最重要で創造的な目的とは関わりがないものと見なされる。だとすれば、この決定的な中間期のハイデガーのテクストにおいて、方域が水面下に潜んでしまっているのも不思議はない。

しかし、一九三五年以後の十年間で、〈転回〉はさらなるねじれを被ることになった。元々は一九四四年から一九四五年にかけて書かれたものを再構成した三者対談形式の著作で、ハイデガーは方域という話題に回帰した——しかしながら、今回は場所への言及はないのだが。「野の道での会話」（一九五九年初版）は、「〈学者〉」と「〈科学者〉」と「〈賢者〉」の間の会話というだけではなく、それ以上にとりわけ、ハイデガーの彼自身との間での会話を伝えている。というのは、第一の課題は、方域という観点からどのようにして〈開いたもの〉（das Offene）を思考すべきかということだからである。「芸術作品の起源」での分析が用いる最も包括的な語である〈開いたもの〉は、今度は、この画期的な論文ではあからさまに無視されていたまさにその概念によって包摂される。会話の初めの方では、限定された地平モデル——単にわれわれに対して据えられたもの（Gegen/stände）としての対象についての、あらゆる表象的な思考において機能しているもの——が、その可能性の条件としての開いた状態の中に組み込まれている。「ですから、地平に関して明白なことは、それが、われわれを包囲する〈開いたもの〉がわれわれの方を向いている側面にすぎないということなのです。そして、この〈開いたもの〉は、われわれの表象＝再現前作用にとって［単なる］対象であるものの現われの視界で充たされているような開いた状態なのです」(141)。もし地平が単に〈開いたもの〉の一つの様相でしかないということであれば、はたしてわれわれはどのようにして〈開いたもの〉それ自体を解釈すべきなのか。賢者は答える。「それは私には、方域のようなものだと思われます。それは、そこに属するすべてのものが、それらがその内で憩うところのものへと回帰するような、魅力にあふれた方域なのです」(142)。憩いは、「芸術作品の起源」において問われている休息に似ていなくもない。とはいえ、それは闘争の過程での結果ではない。というのは、回帰は、その状態にとどまるようなものへと向かって、つまり、どこかに滞留するものへと向かってなされるからである。それはどこなのか。その集め合わせの力が憩いを滞留させる方域の内である。「方域は、まるで何も生起していないかのように、それぞれのものをそれぞれへと、また、それぞれをあらゆるものへと関わらせつつ、それ自体において憩いつつ滞留する状態へとそれらを集め合わせるのです」(143)。

　会話中のこの決定的な瞬間に、静的な名詞形「方域」（Gegend）は別の二つの形態に取って代わられる。能動形の動名詞 **Gegnen**（方域化すること）と、より古い名詞形、**Gegnet**（方域化するもの）である。方域それ自体は、もし〈開いたもの〉よりも包括的であるべきだとすれば、多様化されるのでなければならない。課題となるのは、安定した圏域と見なされる方域を描写することではなく、方域化するものがそれによって構成されるような方域化する働きを捉えることである。方域化する働きは少なくとも二襞になっている。一方で、方域は、もし「それ自体において憩う」としても、にもかかわらず、静的なままではいない。それは変化し動くのである。実際それは、われわれの方へと向かって動いてくるものを保有している。「方域は、われわれに会いにこちらにやってくるようなものを保っています」(144)。方域は、表象された対象のような形でわれわれに対して立っているのではなく、それ自身とその内容をわれわれに関わりのある部分としてわれわれの方へと向けてもたらす。『存在と時間』では、方域は手許にあるものの相互関係や、そうした関係の内への現存在の関わり合いの相互関係によって構造化されている。「野の道での会話」では、方域はわれわれに関わり合う。他方で、方域の働きとは、最も広い――空間の原型（「拡がり」としての）と時間の原型（「滞留」としての）を含むほどに広い――意味での、集め合わせる、あるいは隠すという働きである。

賢者「方域化するとは、滞留の内に身を拡げた状態で憩うために、集め合わせて再び隠すことなのです。」

学者「そうすると、方域そのものは拡がりでありかつ同時に滞留であるということになります。それは憩いの拡がりへと滞留し、自由に自分自身の方へと向かって向きを変えたものの滞留へと拡がります。」

賢者「方域化するものは、すべてを集め合わせつつ自分自身を開くような滞留する拡がりであり、その結果として、この拡がりの内では〈開いたもの〉が、あらゆるものをそれら自身の憩いの内に溶け込ませつつ、とどめられ保たれるのです。」(145)

賢者の見解は、方域化するもの《ゲーグネット》と開いたもの《オッフェネ》の間の密接なつながりを補強する。科学者はこのつながりを潜在的な同一性にまで強化する。「〈開いたもの〉それ自体が方域化するものなのです。……方域化するものは〈開いたもの〉が開く作用なのです」(146)。これら二つのものの間の近似的な等価性は、両者に共通の「待機」（Warten）という概念を引き合いに出して完成される。〈開いたもの〉が、捜し求められるのではなく（イメージや言葉で表象されるのではなおさらなく）待ち望まれるのとまったく同様に、方域化するものは発見されるのではない（創造されるのではなおさらない）。それがわれわれの方に向かってやってくるとき、われわれにはそれをやってこさせて受容する以外の選択はないのである。このため、賢者は次のように付け加えている。「待つということは、方域化するものという〈開いたもの〉へと自分自身を放下するという意味なのです」(147)。待機とは「何かを待つこと」（warten auf）ではない。それは〈開いたもの〉の内で、あるいは、より正確には〈開いたもの〉として、方域化の作用を起こさせることなのである。というのは、「待機が〈開いたもの〉と関係があり、〈開いたもの〉が方域化するものである限りで、われわれは、待機とは方域化するものに対する関係だと言うことができる」(148)からである。

話の筋は込み入っている——方域化するものの内で、また、その周りで。方域化するものの力があまりにさまざまな形をとるために、初めのうちはハイデガーによって未規定の純粋な「空間」——彼は最初はそこから後ずさりしたのだが——の内に所在化されていた多彩な可能性は、方域化するもの《ゲーグネット》という新たな概念の内に所在化され直しているように見える。方域化するものはきわめて包括的である。それは、物質的な物だけではなく、非物質的な思想をもその内に含む(149)。それはまたわれわれに、近さと距離についての新たな視野——『論理学の形而上学的基礎づけ』に付けられるはずだったが、そうされずに終わった「付録」の内容をさらに先へと進めるような視野——をかいま見ることを可能にする。というのは、思考（Denken、つまり〈存在〉へと方向づけられた哲学的思考）は、「距離のもつ近さへとやってくること」(150)と見なされうるからである。そのような「近さ」（Nähe）とは、「〈付録〉」で用いられているのと同じ語ではあっても、計量的に規定された近接性ではないし、近くにもたらすことの結果でさえもない。それは距離ともども、方域化するものに属し、この方域化するものがわれわれの方に向かってやってきて、近いものあるいは遠いものとしてそれ自身を現前させる。近さと距離とが、「方域化するものの外部では何ものでもない」(151)というだけではない。方域化するものはまず第一には、〔近さと距離という〕緊密に関係づけられたこれらの二つの仕方で現れるのである。

科学者「そうすると、方域化するものそれ自体が、近づけるものでありかつ距離を遠くするものであるということになりますね。」

学者「方域化するものそれ自体が、距離のもつ近さであり、近さのもつ距離であるということになります。」(152)

方域の内に存在することとは、「近さへと動いていくこと」——

ハイデガーは、anchibasiēというたった一語からなるヘラクレイトスの断片をそう訳しているのだが――である(153)。だが、この同じ理由で、ひとが一定のもしくは外的な何かとしての方域へと踏み入ることはない。あなたはすでにそこに、その方域の内部に存在する。なすべきこととして残っているのは、あなたがすでにそこに属し、固有化されているもの――それとの関係で、あなたがすでに近くにいるもの――としてのこの方域へと、あなた自身を放下することだけである。したがって、問題なのは、「あなた自身を近さの内へと関わらせること」(154)なのである。

5

願わくば、世界化しつつある世界が、〈存在〉の真理を人間の本質の近くにもたらしつつ、近づいてくるあらゆる近づきの作用のうちで最も近いものとならんことを。

――マルティン・ハイデガー「転回」

近さの本性に対する関心はハイデガーの全作品にわたっている。『存在と時間』で、現存在は「近さの方へと向かう本質的な傾向」をもつものとして特徴づけられている(155)。現存在は絶えず近くにもたらすが、そのように近くにもたらすことはもっぱら、手もちのものの中に入れて手の届くところにもっておくこと――またそうして調達されたものを自分に都合のいい方域へと配置すること(あるいは、もっとありがちなことに、それがすでにその方域の内に所在化されていたのだと認めること)――に関わる。ハイデガーは、『存在と時間』の自分の手稿の中に書き込んだ欄外注の中で、近くにもたらすことについての彼の初期の考え方に疑いを差し挟んでいる。「どれほど、そしてなぜ、不変の現前[ここ]としての〈存在〉が、現前させる作用という点で、優先性をもつのか」(156)。この当惑を鑑みれば、ハイデガーが十年以上にもわたって、ほとんどまったく近さという話題を避けているのも驚くにはあたらない。近さは、それときわめて密接に関わる方域の概念ともども忘れ去られてしまうのである。たしかにわれわれは、芸術作品やポリスの近くへと(in der Nähe)入り込むことができるが、近さそのものは、重要性をもつ形では芸術や政治の公的な境域に属さない。芸術世界とは程遠い野の道というポリスなき《アポリス》ものにおいてのみ、近さと方域――それらが一緒になって可能にする〈開いたもの〉の内で不可分に絡み合った二つの話題――がいま一度ハイデガーの関心を引くことになる。

　もっと後の時期、一九五〇年以降には、こうした展開における最終的な転回がなされる。近さは方域よりもいっそう決定的なものになり、また場所へと戻る道を与えもする。私はハイデガーの最も後期の著作の複雑さを考慮して、このことがどのようにして生起するのかをごく簡潔に指し示すのみにとどめる。そして、その際にどのようにして近さが、住まうことに対する関心を新たにし、そこから場所についての視野を訂正させるようにハイデガーを導くのかを指摘することにする。

ハイデガーは「物」（一九五〇年初版）において、『存在と時間』ですでに概略を予示されていた点について再び言明する。「時間と空間の内にあるあらゆる距離は縮まりつつある」。とはいえ、この科学技術上の事実は「いかなる近さをももたらしはしない」[157]。というのは、「距離が短いことはそれ自体では近さではないし、そしてまた、距離が大きいことが遠さなのでもない」[158]からである。速度中心主義的な一連の逆説が直ちに導き出される。距離と近さとの両者——客観的に測定可能なものとしての距離と、測定不可能なものとしての近さ——はともに、科学技術の時代には廃棄される。この時代には、あらゆるものは「同じように遠く同じように近い」、あるいは、まさに意味深いことには、「遠くも近くもない」[159]。同様に逆説的なのは次のような事実——いまや単なる科学技術上の事実ではない——である。つまり、われわれが近さに出会うことができるのは、直接的にではなく、近くにあるもの、すなわち「物」に注目することによってだけなのである[160]。物（単なる対象ではなく）を構成するものについての有名な議論がその後に続き、その中では、方域化の根本的な働きに再び一致するような、「物化すること」（**dingen**）という動名詞的な特徴が強調される。

われわれの目的にとって最も重要なのは、「物化することは世界を近づけることである」[161]というハイデガーの主張である。「近づけること」（**Nähern**、この語は『存在と時間』では「近くにもたらすこと」と訳されていたが）はもはや、道具的で有用な物を日常の実用的文脈へともたらすこと——あたかも物があらかじめ構成されている存在者であるかのように——ではない。というのは、もし仮に近さがなければ、物もないのだから。「近さがなければ、物は無に帰されたままである」[162]。近づけることとは、物が物化することである[163]。

とすれば、物であることは、単に近くにあること、たとえば、現存在や他の物に近いというだけのことではない。単なる近さ以上のものが問われているのだ。問題なのは、近くにもたらすこと、近くに引き寄せなければ遠くにあるもの、あるいは隔たっているものを（の方に）引き寄せることである。これは、大地と空、死すべき者〔人間〕たちと神々から構成される四元（**das Geviert**）に対して物が行うことである。

物は物化する。物化することにおいて、物は大地と空、神々と死すべき者たちをとどまらせる。とどまらせながら、物は四つのものを、それらの遠さにおいてお互いに近くにもたらす。この近くにもたらすことが近づけることである。近づけることは、近さが現前することである。近さは遠いものを、もっと言えば、遠いものとして近くにもたらす——お互いのそばへと引き寄せる。近さは遠さを保持する。遠さを保持しつつ、その遠さを近づける中で、近さは近さを現前させる(164)。

保持すること(wahren)と、とどまらせること(verweilen)は、物がその近づける作用において四元をお互いに近く──四元の四つの部位が「世界の単一な一性」(165)を構成するほどまでにきわめて近く──保つ仕方である。近づける操作がよりうまくいけばいくほど、四元からなる一つの世界はますますよく実現され、近づける作用そのものはますます明瞭ではなくなる。近づける作用は、物を世界へと変えるというその働きかけをなし遂げると視界から消えるが、それだけになおさら構成要素としての役目を果たしている。「このような仕方で近くにもたらしつつ、近さはそれ自身の自己を隠し、それ自身の仕方で、あらゆるもののうちで最も近いままにとどまる」(166)。

「物」は近さという話題へと回帰するだけではなく、それが前面にもたらすもの、世界へと回帰することで、一回りして『存在と時間』へと逆戻りする。「われわれが世界へと立ち戻ることなしには、空間は把握されえない」(167)という初期の原理はなお有効である。しかしながらいまや、世界そのものがそれによって実現されるような操作が、物によってなし遂げられる近づけの作用の中に見出される。そして、この同じ操作のせいで、一九二七年の代表的なテクストにすでに顕著に表れていた他の概念、つまり、住まう営みについての概念が再登場する。というのは、住まうあるいは居住することは、物の近さの内に在りつつ住むことだからである。「われわれは、物として物を保持するとき、近さに居住する」(168)。この洞察を基盤として、ハイデガーは「建てる、住まう、思索する」(一九五一年)を書いた。この論文では、住まうという話題が全編を貫いて問われている。彼は、住まう営みの「根本的な特徴」(Grundzug)が「大事にし保持すること」(Schonen)だと宣言しつつ、そのように大事にすることが、大地、空、神々、死すべき者たちのそれぞれ異なる宿命との関わりで四つの要素からなるまとまりをなしていることを考察する。それと同時に、住まうことは「つねに物とともにとどまること」である(169)。「ともにとどまること」(Aufenthalt bei)は、世界の「そばに在ること」(Sein bei)、そして、そこに「埋没して」いることという初期の主題──要するに、「より精緻な解釈を要する」と言われていた、現存在の〈内-存在〉のある一つの実存範疇──をさらに先に進めるものである(170)。この解釈がほぼ二十五年を経ていま示される。すなわち、ひとが世界の内に在りつつ、そこに埋没しているのは、物とともにとどまることによってなのである。しかしこれは、ひとが世界の内に住まうのは、物をその近さの内であるがままにし、放下することによってであると言うのに等しい(171)。物が四元を一つの共通世界へともたらし、そこでそれを維持するとき、住まうことは、物を近づける中で(しかし意義深いことに、文字通りに物を近くにとどめておく中ででは なく）なし遂げられるのである。

こう主張する中で、ハイデガーは場所へと戻るよう導かれる。というのは、四元の四つの部位は、単にそれらが実在する世界の内のどこにでも在るというのではなく、特定のどこかに在るからである。この「どこか」は、物の内でのこれらの部位の場所あるいは「在処」、それらの**Stätte**である。しかし、物の方はそれ自身の所在地、その**Ort**をもつ。このことは、橋のような建造物や建設物の場合には、きわめて容易に見てとれる。

たしかに橋は独自の種類の物である。というのは、それは四元を、そのための在処（**Stätte**）を許容するような仕方で集め合わせるからだ。しかし、ただそれ自身が所在地（**Ort**）であるようなもののみが、在処のための空間を作ることができる。所在地は、橋が存在する前にすでにそこに存在するのではない。もちろん、橋が立つ前には、川の流れに沿って、何かがそこを占めることができる多くの位置（**Stellen**）がある。それらの位置のうちの一つが所在地であることがわかるが、それは橋のせいでそうなるのである。この在処によって、諸々の局地性（**Plätze**）が規定されるとともに、空間が与えられるさまざまな仕方が規定される[172]。

この注目すべき一節には、余地を作る（**einräumen**、この語はここでは、「空間を作る」と「与える」と訳されている）という根本的な働きと並んで、今ではわれわれにおなじみの語——最も目につくものとしては、在処《シュテッテ》と局地性《プラッツ》——が再び記されている。しかしこのことは、場所についての新たな文章を、もっと言うと、場所についての新たな視野を構築するような仕方でなされている。というのは、場所とは実は、ここで描き出されているものの全体のことだからである。それは、あらかじめ実在する——「位置」が世界‐空間の内に存在するように——ものではなく、物と見なされた橋とともに生じる。場所は、生じるときに、それ自身が二つの仕方で所在的であることを示す。つまり、それは橋‐物について所在的であり、また四元のために所在的である。第一の働きにおいて、場所は「それ自身が所在地」、**Ort**である。第二の働きにおいて、場所は四元を認めて据えつけつつ、「在処」のための、**Stätte**のための、またこの四元のための余地を作る[173]。第一の操作は、何もされなければ単なる地点や位置、「単に位置を占めること」〔単なる所在〕であったものを、完全に出来上がった所在地へと変容する。第二の操作は、四元が橋の内に在るのに十分な余地を開くことによって、在処を「許容する」あるいは「容認する」（**verstattet**）。両者の操作が行われるとき、その結果として場所が生じる。

このような場所設定から遠く離れた向こう側には空間が見出され、近くにあるこちら側には諸々の局地性が見出される。ハイデガーの円熟したモデルは、空間と局地性の両者がともに場所から、その最外部《エスカタ》つまり末端として紡ぎ出されることを可能にする。ハイデガーが付け加えているように、空間とは「本質において、そのために余地が作られているようなもの（das Eingeräumte）」、しかも、所在地としての物によって「容認され」、「つなぎ合わせられて」いることで、つまり「集め合わせられて」いることで、そうされているものである(174)。空間はまた局限されたものでもある。空間は「明けられていて自由」であり、「すなわち、境界つまりギリシア語で言うperasの内部に」存在する(175)。空間は、所在地のもつ二重の効力の結果である。つまり、内に閉じるだけでなく外に明け、何かについてだけでなく何かのために所在的であるという、その能力の結果なのである。このため空間は、よそに遠回りすることではなく、所在地から産み出される。「諸々の空間はその存在をさまざまな所在地から受け取るのであって、〔単数の〕空間からではない」(176)。同様に、局地性はこの同じ二層の働きによって「規定されて」いる。「橋によって許容された空間は、橋からさまざまな仕方で近かったり遠かったりする多くの局地性を包含する」(177)。還元的なやり方で考察するならば、これらの局地性は、お互いから一定の「距離」（Abstand）を置いた「剝き出しの位置」（blosse Stellen）となる。たとえわれわれがこれらの所在地を自明のものと見なすとしても、位置と距離はともに、場所設定の過程の終わりの方での副産物、いわば、捨てられたり追放されたりしたものなのだ。間隔、次元、延長、数学的な多様体等々といったものは、この同じ過程のよりいっそう後の段階での副産物である——ただ一つの普遍「空間」という観念がそうであるように。こうした空間に関して、ハイデガーは次のように言う。

〔ある一つの〕数学的なやり方で空けられた空間は、「空間」、「一つの」空間そのものと呼ばれるかもしれない。しかしこの意味で、「その」空間、「空間」は諸々の空間や局地性を包含しない。われわれはそのような空間の内にいかなる所在地も、つまり、橋のような種類のいかなる物も決して見出すことがない。しかしながら、それとは反対に、さまざまな所在地によって空けられた諸々の空間の内には間隔としての空間がつねにあり、この間隔の内には今度は純粋な延長としての空間がある(178)。

この一節は、場所と空間の間の関係が相互的ではないことを明らかにする。まず最初に、空間とは、そこから場所的なものがすべて——どんな所在地や局地性も——除去されているものである。しかし、場所から——つまり、所在地としての物から——はじめるということは、可能態《イン・ポテンティア》において空間を包含するものから出発することである。空間から場所への回帰はなく、場所から空間が（ついに）産出される。それは一方通行の道である。ハイデガーはここで、「空間はなお、世界を構成する物の一つである」[179]という、『存在と時間』での自分の主張を再び肯定している。場所設定によって産出される――他の物とともに産出される――ものとして、空間は単に世界の調度品のさまざまな部品の一つにすぎない。それに加えて、この話の流れで行けば、(再び一九二七年のテクストの言葉で言えば)「種々の現象的な空間性」が紡ぎ出される。それがすなわち、間隔や位置、次元や距離、延長や分析的かつ代数的な関係、数学的な多様体云々といったものである。ハイデガーが付け加えているように、空間化のこれらの産物が範囲という点で次第に普遍的なものになっていくという単なる事実だけでは、これらのものが、それらが一定の量という観点から測定しようと試みる個々の場所を根拠づけることの証明にはならない[180]。もし根拠が存するとすれば、それは場所の内に存するのであって、空間の内にではない。

だとすれば、場所はもはや――ロックやニュートン、デカルトやガッサンディが主張していたように――、空間の単なる「部分」や「一部」なのではない。逆に、空間の方が場所の部分であり、場所の漸進的な個体発生に属し、またこの個体発生の内に暗に含まれているのである。本書における私自身の説明は、この個体発生の歴史的な変遷の跡を辿る中で、場所から空間が派生するというまさにこの同じ事態を明らかにしてきた。とりわけ、私の説明は次のことを示してきた。つまり、普遍空間という観念は、先延ばしにされてゆっくりと進化していくような概念であって、この概念が、その内で生を受けた場所設定の母胎から姿を現すのに少なくとも二千年かかったのである。哲学史において通時的に証明可能な事柄は、各個人自身の経験についてもまた真である。「空間」は、そうした経験がなされるまさにその場所である「諸々の空間」の内部で発生しつつある。「諸々の空間、また、それとともに空間そのもの――「(単数の)空間」――は、死すべき者たちのとどまりの内部で、つねにすでに与えられている」[181]。

もし実際にこうした事情であるとすれば、ハイデガー自身も含め、死すべき者たちには、空間の抽象的な無限性のために、あるいは、その無際限に多くの可能性のために恐れるべき何ものもない。空間的な無限性それ自体が産出されたものであり、与えられたものではないならばそうだというのではない。課題は無限空間にかかずらわることではない。そのような空間は結局われわれ自身の創造や概念である。そうではなく、課題は、さまざまな場所「にあますところなく存続し」、それらを「通り過ぎ」、「それらの内に立つ」ことなのである[182]。これらのこと(われわれがまさに物とともにとどまることで行うこと)を行うとき、われわれは、関連するパラメーターが測定可能な間隔や正確な次元ではなく――延長《ディアステーマタ》でも次元《ディアステーセイス》でもなく――、近さの度合いであることに気づく。カントが「外延的な」量と「内包的な」量を区別した(さまざまな感覚に相当する後者の量は度合いに関わるものである）のとまったく同様に、われわれは、単にある場所や位置に存在すること、別の言葉で言えば、そうしたものに対して近接して存在することと、ある物の近くに存在することとの違いを見分けなければならない。ある物の近くに存在するとは、その物の所在地――それは物と死すべき者とから構成された非単一的な所在地であり、これらの両者は、住まいとどまる中でそこで一緒になるのだが――をともに分かち合うことである。死すべき者たちが渡る橋は、河岸沿いの「多くの場所」に、あるいはそこから、「いろいろな仕方で近かったり遠かったりする」が、それは単に近似的にそうだというにすぎない。つまり、それは相対的な程度の大小の問題なのである。東の河岸に生えた木は向こうにある、景色はそこらじゅうにある。次の橋は川を下った先のどこかにある、といったように。

ここから、手足だけではなく思考もまた、そのような所在地の近さ／遠さに関与するということが帰結する。

われわれは全員、ハイデルベルクにある古い橋からたった今ここへきたばかりだが、もし橋のことを考えるとすれば、そうした所在地の方へと向かう思考は、ここに出席しているひとびとの内部の単なる経験というだけではない。むしろ、それ自体において思考がそうした所在地への距離を通り抜け、そこにあますところなく存続するということは、その橋についてのわれわれの思考の本性に属しているのである(183)。

この言明は、空間についてのいかなる表象主義的な理論――空間と場所は単なる意識内容にすぎないとする――も拒絶するのみならず、場所設定された人間のいる絶対的なここの優位性に対して異議を唱えもする。身体を中心にして正確な位置を示されたここではなく、散漫に広がったそこが、場所－世界の内に私が関与することにおいて効果的に作用する要因なのである(184)。そして私は、相対的な近さ／遠さ（二つの項が一価的な定義を拒絶する非限定的な二つ組）の内にある物から関与を受けている。ハイデガーは次のように付け加えている。「われわれはつねにさまざまな空間を通り過ぎる。しかも、われわれが、近かったり遠く隔たっていたりするさまざまな所在地や物とともに変わらずにとどまることで、それらの空間をすでに経験しているような仕方で」(185)。そうしてとどまる作用は住まう営みに等しいのだが、それは最も近い物だけでなく、最も「距離の遠い」物とともにであっても可能となる。こう言うことで、われわれは近さの逆説へと回帰する。そしてこの逆説とともに、ハイデガーの思考のこの最終局面が始まったのである。

6

〈存在〉と同様、時間はただ〈性起〉から、〈性起〉の贈与物として思考されうるのみであるから、〈性起〉に対する空間の関係もまた、それに類比した仕方で考察されねばならない。

――マルティン・ハイデガー「時間と存在」

こうした後期の転回の別の文脈は、ハイデガーの重要な論文「時間と存在」（一九六二年）で現れる。近さはいまや空間的なものと同様、時間的なものにまで拡張される。ハイデガーは、かつて芸術作品について問うたことを、時間について問う。「それにしても、時間はどこに存在するのか。果たして時間は存在するのか。また、それは場所をもつのか」(186)。空間性の時間性を示そうと試みるのではなく――『存在と時間』第七〇節でのそのような試みの失敗をハイデガーが告白しているのは、この論文中である――、問いはいまや時間の場所設定に、いわば、時間の場所への生成変化に関わっている。それについては、次のような簡単な見解が述べられている。「いまという観点から理解される現在《ザ・プレゼント》は、来客が現に目の前にいる《プレゼント》という意味での現前するもの《ザ・プレゼント》と同一ではまったくない」(187)。来客が現に目の前にいるのは、同じ時間の内でではなく、同じ空間の内でなのだ――あるいは、これはハイデガーがアインシュタインにならって自分自身の目的のために採用している言葉だが、「時-空」〔時間-空間〕の内にと言った方がいいかもしれない。問題なのは、言葉ではなく事実、つまり、時間が人間に対して、とりわけ場所や空間のような形で現前するようになるという事実である。「現前とはすなわち、人間に近づき、人間に到達し、人間へと拡張される不変の滞留という意味である」(188)。「滞留」は時間的な様態であり、「到達」と「拡張」は空間的な形式である。「野の道での会話」と同様、根本概念の幅が広くなってまとまりをなくしているのは、内包的な量に対するハイデガーの関心が増していることを反映している。たとえば、「次元性」はいまや、「可能な測定の域」というよりもむしろ、「開く広がり」として把握されている(189)。ハイデガーはまた、時間の三つの様態――過去、現在、未来――以上に決定的なのが、それらの「相互作用」（**Zuspiel**）であると強調している。この語は、「〔動くための〕ゆとり」（**Spielraum**）〔活動圏〕を思い起こさせるような空間的な意味合いに充ちている。そのような相互作用は、時間の「真の拡張」（**Reichen**）、それが開花する仕方、その「四次元」である(190)。われわれは、相互作用が外への広がりに関わる事柄であると言うこともできるだろう。しかし、それはまた内への広がりの周りの環境、つまりは近さの周りの環境でもある。

近さがこれを最後に回帰してくる――空間と同様に時間を、自らのただなかへと集め合わせるために。近さがそうするのはまさに、場所という観点からである。「近づける近さ」（**nähernde Nähe**）の働きは時間を内部から強化する。それはすなわち、時間の次元性のまさに基盤である。それはすなわち、「真の時間の統一がその内に存する第一の原初的な、文字通りに始まりつつある拡張」なのである(191)。近さのせいで、時間的な相互作用の全「境域」(Bereich)が立ち現れる。「前空間的な」ものとして、この境域が正確な所在地(Ort)を与えられることは不可能であるが、それでもなおそれが場所的なものであることに変わりはない。つまり、もしそれが所在地《オルト》でないとしても、それは所在性《オルトシャフト》＝集落、局地、ひとの住む場所(たとえば町)なのである(192)。その結果として、「真の時間」は、「現在、過去、未来から現前する作用の近さ――時間の三層の開く拡張を統一する近さ――」(193)と見なされうる。したがって、近さは、時間をその三層性の内で一つに集め合わせるような現前する作用の場所的な様態なのである。これは『存在と時間』第七〇節とは逆の事態である。そこでは三重性の内にある時間性は、空間を根拠づけるものとされている。

しかしハイデガーは、こうした現前する作用(Anwesen)が単なる現前(Anwesenheit)と同じものではないことに注意を促している。近さは与えるのと同様に差し控えもする。「近さがこのように近づける作用は、未来からやってくる近づきの内で現在を差し控えることで、この近づきを開いたままにしておく」(194)。同じことは過去と現在それ自体についても当てはまる。それらはお互いから、また未来から、離れ離れにされている。しかし、それらはどこで離れ離れにされているのか。それはまさにそれらの近さの内で、つまり場所の内でである。三つの時間的な様相は、一つの同じ場所でのお互いからの遠さを尊重することでのみ、お互いに近くなる。だとすれば、場所の内でこそ、「近づける近さが否定と差し控えという特徴をもつ。……時間を与えるような与える作用は、近さを否定し差し控えることで規定される」(195)。実際、このことは一般化できる。場所の近さに内在する差し控えは、与える作用すべてを特徴づける「脱去」(Entzug)の一つの例証なのである。そのような退去は時間を超えて〈存在〉へと拡張する。〈存在〉は単に「送る」(geschickt)だけではなく、自分自身を送る中で脱去させられる。「そこに送ることとして与えることは、とっておくことに属する」(196)。

この複雑なパターンは、〈性起《エアアイグニス》〉の中に、つまり、〈存在〉と時間がともにそれへと同化されるような「〈性起〉の出来事」の中にさえ見出される。というのは、この〈性起〉は同時に〈脱性起《エントアイグニス》〉だからである。

〈存在〉の宿命[つまり、送ること、Geshick]が時間の拡張の内にあり、また、時間が〈存在〉とともに〈性起〉の内にある限り、〈性起する作用〉はその独自の固有性を現れさせる。その固有性とは[つまり]、〈性起〉が、この上なく十分に自分自身のものであるようなものを、限度のない隠れのなさから退去させるということである。〈性起する作用〉という観点から考えれば、これは次のことを意味する。すなわち、以上の意味で、〈性起する作用〉は自分自身から自分自身を脱性起させるのだ。〈脱性起〉は〈性起〉そのものに属する。この脱性起によって、〈性起〉が自分自身を放棄するわけではない――むしろ、それは自分自身のものを保持するのである(197)。

〈性起〉Appropriation と〈脱性起〉Expropriation に含まれる proprius という語根（性起 Ereignis と脱性起 Enteignis の内に含み込まれた eigen- を介した）は、自身の、また独自の（あるいは特有の）という意味である。両者はともに、接近して存在するもの、周りに存在するもの（peri-「周りに」は proprius の構成要素である）という意味での近いものを含意している。『哲学原理』で「近さ」という観点から場所を記述しようとするデカルトの努力――われわれは、それが無益な、しかし示唆に富んだ営みであることを見たのだが――が、ここでは少なくとも部分的には救い出されている。

　というわけで、ハイデガーのポスト形而上学的思想の最も遠い限界に臨んでさえも、われわれは能動的な構成要素としての近さを見出す。時間や〈存在〉と同じく空間が「〈性起〉の贈与物」――まさにその退去において与えられるもの――だとはっきりと言われているのを鑑みれば、このことはさほど意外でもない(198)。さらに、出来事として、〈性起〉は不可避的に時空的である。つまり、出来事であるということは、空間と時間双方の内に実在することである。あるいはより正確に言えば、それは場所の内に実在することなのだ。というのは、出来事とは起こる〔場所をとる〕ものであり、時間と空間の起源において――もっと言えば、起源として――、場所を求め構成するものだからである。しかし、両者の起源に／として存在することは、場所へと／の内に戻るということである。このことは何よりもまず空間について当てはまる。「われわれは、場所に特有な性質の内にある空間の起源への洞察を前もって得ていて、しかもそうした性質を十全に思考している場合にのみ、広く認められるような形でこのこと〔つまり、空間を性起《エアアイグニス》の贈与物として考察するという課題〕に成功することができる」(199)。場所の出来事から空間の贈与物が生じてくる。外に向かうものとしての、延長するものとしての、ひいては無限なものとしての空間の産出は、局限された近さや差し控えられた内密性、場所の時空的な〈性起〉といったものの内部からのみ可能なのである。

7

〔私の〕思想の道の三つの段階を示しながら、お互いをより先へと進化させる三つの語。すなわち、〈意味〉―〈真理〉―〈場所〉。

――マルティン・ハイデガー、トール・ゼミナールでの所見（一九六九

年九月六日）
　場所に関わる話題についてのきわめて多数のハイデガーの後期著作においては、はっきりと見分けることのできる一つの意図が際立っている。これは、「〈開いたもの〉の開いた状態」が意味するものをより正確かつ十分に特定しようとする努力である。「芸術作品の起源」での議論にとって中心的なこの語は、ハイデガーが「明ける作用」（die Lichtung）と呼んでもいるものの役割を「世界内存在」から引き継いだ。そして、その役割とは、究極的な〈出来事〉としての性起《エアアイグニス》を含め、さまざまな特異な出来事がそのただなかで起こりうるように解放された空間という役割である。『存在と時間』以降、明ける作用／開く作用は一貫して、より個別的な何かが起こる〔場所をとる〕ための、あるいはむしろ、それはその何かが自らの自由な環境の内部で場所をもつための「余地を作る」（einräumt）活動として把握されている。環境そのものは、物が最も豊かな意味でその内部に家をもちうるような「ゆとり」――動くためのゆとり《シュピールラウム》〔活動圏〕、あるいは、後期の用語法で言えば、時間《ツァイト》―遊戯《シュピール》―空間《ラウム》、「自在野」――を提供する。そこから戻ることでおそらくは物のための場所が打ち立てられたり享受されたりするのが可能となるような「そこ」や「あそこ」と結合することで、ゆとりが「開け放されて」（einräumen〔余地を作る〕の過去分詞はこう訳されることもある）いるのでなければならない。

　初期であると後期であるとを問わず、空間と場所についてのハイデガーの多彩な言明を特徴づける一つの一貫したパラダイムがもしあるとすれば、それは、向こうにある明けられて外に開いたものから、こちらにある特定の場所へという根本的な運動を措定するようなパラダイムである。「建てる、住まう、思索する」でハイデガーが述べているように、「私は決して、このようにカプセルに入った身体として、ここだけに存在するのではない。むしろ私はそこにすでに存在する。つまり、私はすでに余地にくまなく身を広げており、そのようにしてのみ、私は余地を通り過ぎることができる」(200)。ここで重要な意味をもつ副詞は「通って《スルー》＝くまなく」である。というのは、余地を通り過ぎること（durchgehen）、あるいは、くまなく身を広げる（durchstehen）ことは、私の通行のために余地そのものがすでに十分に明けられているのを前提しているからだ。つまり、こうした余地は、ここで運動しているか静止している私の身体のために、そことして明けられるのである。通って／へと／戻るというそのような能動的な構造は、場所についてのアリストテレスの包含者モデルにおいて問われていた静的な「内に」とは対照をなしている――そこで重要なのは、四方八方を厳重に包囲された存在、後にも先にも開いた状態も明ける作用もなく、単に何かの内にある存在である。ハイデガーにとって場所は、隙間のない包含者ではないにせよ、「隠れ家」（たとえば、四元のための〉を提供することができる(201)。実際、場所はそのような包含者ではありえない。というのも、場所の第一の効果とは余地を創造することであって、余地を囲い込んだりその範囲を限界づけたりすることではないからである。そうする中で、場所は〈開いたもの〉の開いた状態を生じさせる。

〈開いたもの〉のもつ哲学上の利点は明白であるし、実際、発展していくハイデガーの思想の内部で、この〈開いたもの〉が実質上不可避だというのも明白である。現存在の個別化された方向性と隔たりを除く作用、つまり、余地を作り明けられた状態を与える現存在自身の個人的なやり方は、〈開いたもの〉のおかげで、余地を明けることに対する責任を免れる。〈開いたもの〉の開く作用は、非個人的な真理の――したがって、同じく非個人的な〈存在〉の――開示である。現存在は〈開いたもの〉に入り込み、それを目の当たりにし、ひいてはそれに貢献すること(たとえば、芸術や政治において)さえできる。しかし、人間は〈開いたもの〉を創造することはできない。〈開いたもの〉は、どんな個々の現存在や現存在のどんな集団にも先立つと同時に、それらよりも後まで続く。「内-存在」や「在住」――『存在と時間』における初期の主題――はすでにこの非人間中心主義的な地平の方を指し示しているが、それらはすぐに、特定の場所や方域の内での、現存在の文字通り道具的な役割についての記述の下に埋もれてしまう。初期のこの原-プラグマティズムがわきに置かれ、芸術の場合には単なる手仕事へと制限されるやいなや、〈開いたもの〉へと向けて道が明けられる。そして、この〈開いたもの〉は、真理の開示性の舞台として思考されるべきものだ(このこともまた『存在と時間』において暗に含まれている)というにとどまらず、いまや厳密な意味での手許にあるものという身分から解放された場所と方域についての新たな概念のための舞台として、思考されるべきものなのである。

〈開いたもの〉はハイデガーの最後の言葉ではない――それとは程遠い。その利点は結局のところそれ自身の不利な点である。〈開いたもの〉は、アリストテレスやデカルトに、またハイデガー自身の最初期にならって、場所についての思考が必要とするものを名づける。それは場所そのものに概念上のゆとり《シュピールラウム》を与え、場所のただなかで新たなアプローチを誘う。しかし、場所に対する新しい見方が含意しうるものを詳細に述べようと一度試みるならば、この同じ理由によって、〈開いたもの〉のまさにその明けられた状態が、その定義の欠如、その範囲の限界づけの欠如が、障害となる。だとすれば、ハイデガーが一九三〇年代には「限界」と「境界」の本性について思案をめぐらせはじめたのも不思議はない。つまり、その限界にまで(言い換えれば、その限界の欠如にまで)いたらされた〈開いたもの〉は、境界のないものであったり、果てしない空間のような仕方でどこまでも続いたりするおそれが明々白々《オープンリー》にあるというわけだ!(202)〈開いたもの〉と無限空間の混同を不可能にするために、もっと正確な新しい名前が捜し求められなければならない。この方向への第一歩は後に、たとえば「芸術作品の起源」において、作品の内での内的な切れ目と亀裂（Riss）の提示とともに踏み出される。この切れ目と亀裂は大地と世界に共通の断層であり、その周りで両者は布置を与えられて場所の内へと据えられる。この切れ目は、大地と世界の間の闘争それ自体とともに、明ける作用あるいは〈開いたもの〉としての作品が単一な全体ではないことを確かなものにする。サルトルの言い回しを借りて言えば、それは「非 - 全体化された全体性」なのである。

しかし、求められているのは、内的な複雑さや非全体化以上のものである。われわれが見てきたように、ハイデガーは次に、「野の道での会話」での「方域」についての議論において、集め合わせという観念にとりかかる。集め合わせ（versammeln）とは、限られた空間の内部に物をまとめて一緒にする働きである。ハイデガーは、そのような空間があらかじめ打ち立てられたものだとするようないかなる意味（〈開いたもの〉がなおそうした意味を含意しているように思われるのだが）をも避けるために、彼が先に「世界」の場合に行った（そしてもっと後には、「物」、「時間」、「空間」、「〈性起〉の出来事」に関して行うことになる）のと同様に、「方域」を動名詞化する。集め合わせられ、かつ集め合わせる方域は、存在物としてあらかじめ与えられた何かとしてそこに立っているのではない。それは自分自身を方域化する——この働きは、空間《コーラ》がふるいにかける働き、つまり、方域を直接に凝集させる働きにあながち似ていないわけでもない。にもかかわらず、ハイデガーはこれに満足したままではいない。集め合わせる働きは、後期の著作中にその姿をとどめてはいる（〈開いたもの〉がいまだに時折現れ続けているのとまったく同様に）ものの、それは場所に特有なものを説明するのに十分なほど特定されてはいない。集め合わせることは、ほとんどどんなものでも収集するということでありうるため、方域化するものと方域化する作用とは、同様に一般性に苦しめられている。だから、ハイデガーは物という観念への転回を行うのだ。ここで言う物とは、単に自足的なものというだけでなく、大地と空、神々と死すべき者たちからなる四元のための集め合わせの場所となるほど凝縮されていて、大きな内包をもつもののことである。これらの四元は「世界 - 方域」となり、それらの方域は、物——それ自体が所在化されており、これらの宇宙の方域に対して場所や「在処」を与えるような物——の場所の内にひしめく[203]。

さまざまなものをひとまとめにしてひしめき合わせることは、それらをお互いに近くに引き寄せることである。したがって「近さ」は、思想がこうして進歩していく中で当然踏み出すべき次の一歩である。「近さ」は〈開いたもの〉それ自体と同じく、しかし厳密には逆の方向に、ハイデガーが捜し求めるものを名づける。彼が捜し求めるのは、ある特定の場所の内で集め合わせられ、かつ、自分自身で能動的に集め合わせるような物の近さ、内密さである。場所の内に存在することは、その場所の内に存在する他のどんなものに対しても近くに存在すること、何よりもそこに共‐所在化されている物に対して近くに存在することである。さまざまな物を保有する諸々の場所は、今度は方域の内に集成される。その際にそれらの場所は、方域化された仕方で近づけるという原作用において、お互いのそばへと引き寄せ合い、この原作用が単なる近さ以上のものを達成する。それは何か。一言で言えば、住まう営みである。というのは、住まうことはつねに「近さの内に住まうこと」だからである[204]。しかし、住まうという話題を扱った後期の論文で、ハイデガーはこのことそれ自体について、驚くほどわずかしか語っていない。そのかわりに彼は建てるという営みについて、とりわけ、橋のような建造物がどのようにしてそれ自身のまわりに全風景を集め合わせるのかということについて、われわれにきわめて多くのことを語る[205]。彼はこの場面に関わる場所の複雑な構造を記述してもいる。すなわち、橋は風景の内にある所在地であると同時に、四元のための在処なのである。そして、それは近くにある局地性を、最終的には、世界‐空間の内にある位置を生じさせる。このような仕方で、単に道具や住まうことのためにだけではなく、空間そのもののために余地が作られる。「空間は本質上、そのために余地が作られているようなもの、自らの限度の内へと入れられているものである」[206]。〈開いたもの〉のみならず、空間もまた諸々の場所によって明けられているのである。

ハイデガーのまさしく最も後期の著作において、「近さ」が引き受ける役割は次第に重要性を増していく。それは否認されることを拒絶する概念であり、場所に特有のあらゆる用語のうちで最も執拗に追求される概念である。この追求の程度は、「近さ」に関わる動詞の増殖によって指し示される。「近さ」は、能動態の動名詞（近づけること《ネーエルンド》、近くにもたらすこと《ナーエブリンゲンド》）に変形されるだけではない。その名詞形さえもが、「近いもの」（die Nähe）、「近さ」（Nahheit）、「近づき」（Nahnis）といった形で増殖していく[207]。近さに対してこうも異様に焦点が当てられているのはなぜなのか。それは部分的には次の理由による。すなわち、間隔としての距離とは無縁であるために、本性上客観的なパラメーターのようなものと見なされた空間と時間によっては測定できない、まさにそうしたものが近さだからである[208]。しかし、われわれの目的にとってより決定的なことに、近さは場所について思考するための適正な特定性のレベルをともなっている。近さとともに、〈開いたもの〉が外部から囲い込まれるわけではないし、内部から割れ目を入れられたり、方域として集め合わせられたり、物として所在化されたりするわけでもない。それは特定されるのである――しかし、どのようなものとしてなのか。近隣関係〔近所、隣人性〕としてである。「言語の本質」（一九五七年～一九五八年）で述べられているように、近隣関係とは近さが「生じさせる」ものである(209)。あらかじめ実在する方域もなければ、前もって与えられた近隣関係のようなものは何もない。近隣関係は、ある共通の場所に一緒に居住するさまざまな物やひとびとの近さによって導き出されるのである。「近隣関係とは、近さの内に住まうという意味である」(210)。しかし、誰かや何かの近くに住まうことは、二つの特別な性格をもつ。すなわち、住まうことは、相互的な関係であるとともに（もし私があなたにとっての隣人ならば、同じようにあなたは私にとっての隣人である）、顔の見える出会いを含意するのである。

隣人とは、この語そのもの［隣人＝近くにいる人《ナッハバール》］がわれわれに語るように、他の誰かの近くに、その誰かとともに住まう者のことである。……だとすれば、近隣関係とは、あるひとが他人と顔をつき合わせて住むという事実から結果として生じる関係のことである(211)。

近隣関係の近さの内で、場所は確定され、特定され、内密なものにされる。どんな経験であれ、顔の見える出会い以上にどれほど内密でありうるというのか。場所はこの出会いの舞台である。それは、隣人同士の間での相互の関わり合いを具体的に可能にするものである。おそらくわれわれは近隣関係の間の場所について、つまり、そうでなければばらばらであったはずのものの間に場所が差し出す間性について、もっと正確に語るべきなのだ。ハイデガーが『ヘーベル――家の友』（一九五七年）で「世界」に帰属させている「雑多な間」は、場所にも同様に属する(212)。さらに、もし「世界の方域がお互いに向き合うような運動として、近さが現れる」(213)とすれば、場所の方はこの世界運動を媒介する母胎である。ハイデガーが空間について言っていることは、場所についてはもっとうまく言えるかもしれない。「開け放すこと、入らせては立ち去らせること――それらはすべて一体となって〈同じもの〉の内に属する」(214)。場所は、「入らせては立ち去らせる」（**zulässend-entlassend**）というその働きにおいて、ひとの住むこの同じ舞台として近隣関係を可能にする。というのは、場所は、空間よりもずっと多く、局地性や所在地という形での余地を与え、そのことで、近さの内にあるしっかりした基盤を近隣関係に与えるからである。近さが近づけることは、顔の見える関係の中で、隣人同士の相互配置として生じるのである。

自らの後期の思考において、近さと近隣関係が明らかに重要であるにもかかわらず、最終的にハイデガーはこれらの概念には頼らず、その代わりに初期著作からもっとなじみのある用語を引っぱり出してきて、場所と空間の関係を取り上げる。自らの手になる最後の主要テクスト「芸術と空間」（一九六九年）で、ハイデガーは造形芸術、とりわけ彫刻における空間の役割、また、それ以上にとりわけ場所の役割を探究する。彼は、「客観的な」あるいは「宇宙的な」ものとしての空間に依拠することを避けながら、「空間を明ける」（Räumen）働きが、つまるところ「場所の解放」（Freigabe der Orte）になると宣言する(215)。そのような明ける作用とは、「余地を作る作用」（Einräumen）であり、この「余地を作る作用」が、〈開いたもの〉を許容し立ち上げることで、物を現れさせ、人間が住まう営みを生じさせる――またそうする中で、場所に「保証」（Gewährnis）を与える。まさにここで、時遅かりしといえども、ハイデガーは初めて次のように問う。「一体場所とは何であるのか」(216)。彼の答えはきわめて適切で簡潔である。「場所は、さまざまな物がともに属するようにそれらをその都度集め合わせることで、方域（Gegend）を開く」(217)。方域、あるいはむしろ「方域化するもの」（Gegnet）とは、それを介して〈開いたもの〉が物をそれ自身の憩いに到達させるような、あの「自由な拡がり」（freie Weite）のことである。しかし、「建てる、住まう、思索する」からわれわれがこれまで学んできたように、物はそれ自身が場所であって、単に場所に属するのではないし、空っぽで等質な空間の内にある位置を占めるだけというのではなおさらない。方域的な〈開いたもの〉の内に隠された物は、その〈開いたもの〉に属する場所に等しいのである。この路線での思考は、ハイデガーが決定的な結論を引き出すことを可能にする。その結論は、すでに『存在と時間』で暗々裡に形成されつつあったとはいえ、この作品でそれ自体として明言されることは決してなかった。その結論とは次の通りである。すなわち、「場所は、物理的-科学技術的な空間として解釈されるような、あらかじめ与えられた空間の内には見出されない。空間は、ある一つの方域に属する諸々の場所によって享受される自由な統治（Walten）からのみ展開する」(218)。建物や彫刻作品の内にある空っぽの空間でさえ場所に数え入れられる。そして、より一般的には、造形芸術は「諸々の場所の具体化」(219)を表象している。これらの場所が、「人間が住まうことができ、また、人間に近づいてきて人間を包囲する物がとどまることができる方域」(220)を開く。

可能性――とりわけ、空間に住まうさまざまな可能なやり方――という主題がここで再び耳に入ってくる。この主題は「言語の本質」から引いた次の一節に再び出てくるが、この一節は、近隣関係が物と同じくそれ自体ある一つの場所である、つまり、未来の場所設定についての反復可能な可能性のためのある一つの「在処」（Stätte）である、という事実に関わる。

> われわれが語ってきた近隣関係とは、われわれに事態がどうなっているのかを経験するための余地を与える（verstattet）在処（Stätte）のことである。……われわれに余地を与え、何かをするのを許容するいかなるものも、われわれに可能性を与える。つまり、それは、われわれに何かを可能にしてくれるものを与えるのである。そのように理解された「可能

性」は、単なる機会以外のもの、それ以上のものを意味する(221)。

その時、〔次に要約する〕二つの方向から、われわれは最終的に、ハイデガーが当初『存在と時間』で恐れをなしてそこから逃げ出した端的な空間的な可能性というあの見通しへと回帰する。三十年の後に、ハイデガーは以前には気が進まなかったこと、すなわち、「何らかのものの純粋な空間的な〈存在〉の端的な可能性を包括する」(222)ことに着手しようとしているのである。彼がそうできるのは、何かを可能にするこの空間的な〈存在〉が場所の内に――あるいはより正確には、諸々の場所が空間のようなものを産出する経過において設立する方域の内に――存するのを発見したからである。

このようにして場所の重要性を再発見することは、ひとが家にいるような居心地のよさを感じることができる概念上の近隣関係を見出すようなものである。たしかに、家ではひとは、端的な可能性のもつ近さの内で、あるいはこの可能性のもつ不気味さの内でさえ、顔をつき合わせて住まうことができる。「言語の本質」で述べられた近さの近隣関係は、『存在と時間』第一二節で最初にその概略を示された住まうための場所を、本来あるべきところ〔家〕に戻して特定する。その後の行く末を予告するかのようなこの節でハイデガーは、単に手許にある《フォアハンデン》類の〈内-存在〉が、正真正銘の居住を特徴づけ、物を「出会うことができる」ものにするような相互の接触を許容しないということを指摘していた(223)。一九五〇年代後期のテクストにおいて、出会いの可能性は、近隣関係の近さの内での、たとえば、ある方域の「地方」の内での、顔の見える出会いという観点から記述されている(224)。こうした連続性は単に印象的だというにとどまらない。実際この連続性が、ハイデガーの初期の代表作において最初に発行され、その後、時間と時間性への関心のために無視された約束手形を履行する。というのは、ハイデガーはいまや、一九二五年から一九二六年の『論理学』講義ですでに彼が語っていた「新たな可能性」を追求しているのだから。それがすなわち、「時間という基盤」から離れて〈存在〉を把握する別の仕方なのである(225)。

『存在と時間』以降の時期の、場所に関わる問題への絶えざる転回《ターニング》(そして、再転回《リターニング》=回帰)において、ハイデガーはとうとう、「たまたま使用可能だというだけでたいていはむしろ粗雑な、〈存在〉についてのそれらの概念の狭さ」(226)から自分自身を解放することに成功する。彼は、時間と時間性についての彼自身の概念の狭さから自分自身を解放してさえいる。これらの概念が、それらに代わる〈存在〉への道に対する彼の視野――場所を介した(したがってまた〈開いたもの〉、方域、物、近さをも介した)視野――を妨げる働きをしていたのである。だが、彼はついに場所について、二十世紀において最も示唆に富みかつ最も支持を受けるような論考をなし遂げる。四十年以上にもわたるハイデガーの道のりが循環的で脱線的な特徴をもつからといって、われわれはこの事実から目をそらしてはならない。

　ハイデガーが自分自身の時間中心主義を直視して、場所を正当に評価しようと企てたことは十分に注目に値する。ベルクソンが持続に対して行ったことを、ハイデガーは場所に対して行う――自分自身で時間性に優位性を与えているにもかかわらず。しかし、なおいっそう注目に値するのは、ハイデガーが、たとえ場所そのものを主題的な話題としてはまれにしか扱っていないとしても、この企てをなし遂げているということである。場所が〈存在〉における構成要素であると認識すること、場所を〈性起〉の出来事のまさにその背景と見なすこと、それは、命題論的な言説の真剣な話題として場所を取り上げるよう求めるものではない。そうではなくこのことは、「〈存在〉の場所論《トポロジー》」の追求が、きわめて入り組んだ回廊を通ってなされるにせよ、ともあれ特別な価値をもつのに変わりはないと認めるということなのである(227)。

第12章　いま場所に顔を与える
——バシュラール、フーコー、ドゥルーズ＝ガタリ、デリダ、イリガライ

1

万物は形をとり、その形は無限でさえある。

——ガストン・バシュラール『空間の詩学』

空間は至るところに開いている……われわれはこの空間の内に存在する。

——ジャン＝リュック・ナンシー『無為の共同体』

場所についての、また方域や近隣関係のような「種々の現象的な空間性」についてのハイデガーの思考の跡を辿りながら、われわれは、いっそう不可解な片隅やいっそう微妙な表面にまで立ち入って場所を追究してきた。われわれは、場所が明るみに出すことのできる一連の意味についてと同様、きわめて多岐にわたる文脈で場所が引き受けることのできる役割の範囲について多くを学んできた。もしその成果が万華鏡のように変幻自在である——また、場所の「自在野」を、その時間《ツァイト》—遊戯《シュピール》—空間《ラウム》を楽しむようわれわれを促す——とすれば、そのおかげでわれわれはこれまで場所の力を認識する、というか実際には再-認識することができていたのである。アルキュタスの断片的な発言や、要点だけをまとめたアリストテレスの講義録に見られるように、場所に対する初期の賛辞（西洋における場所の認識の黎明期に表明された）はおおむね簡潔である。あるいはまたその対極では、イアムブリコスやプロクロスの熱の込もった文章に見られるように、賛辞はあふれんばかりの感情と手放しのほめ言葉に充ちている。ハイデガーは両者の中道を選ぶ。彼にとって場所は興味深く価値があり、そして、実際多くの場合に必要不可欠ではあるが、そのようにほめそやされて然るべきものではない。〈存在〉や〈世界内存在〉、〈真理〉や〈言語〉、〈四元〉や〈性起〉の出来事のような、つねに脚光を浴びる地位を場所はもたない。とはいえ、場所はこれらの大概念にただ寄生するだけのものには決してならないし、それらの単なる副産物や所産でもない。場所は、それ自身の性格や運命、それ自身の局所的な存在を保有している。

　しかしながら、ハイデガーが場所に関与しそのことを詳細に書き記していく経過で、現象そのものがすべて視界から抜け落

ちていることがあまりに多いという事実は手つかずのままである。場所は根拠そのものではなく、根拠よりも深い地下に潜み、他の思想家たちや他の概念との間でハイデガーの行う複雑な多元的対話の一部となる。その結果とは、意図されたものではないにせよ、場所が地下に葬り去られていることの結果である。場所は、迷宮のようなハイデガーのライフワークの堂々めぐりの回廊の中にとらわれている。

　こうした回廊から外に出てくると、われわれは次のように問いたくなる。いよいよ場所に直面するときではないのか――場所と対決し、その覆いを剝ぎとり、その顔を真正面から見据えるときではないのか。場所に臆せず立ち向かうときではないのか。ひいては、場所に新しい顔を与えるときでさえあるのではないか。ついにわれわれがそれを見出すことができるように。また、そうして不可避的に場所設定されているわれわれ自身の自己をもう一度見出すことができるように。

　ハイデガーの偉業が落とす長い影の中に、またその周りに（そして時には公然とそれに抗って）、意義深い徴候がいくつも見受けられる。それらの徴候は、〈存在〉の思想家からは独立に思考する哲学精神旺盛な著述家たちの間で、場所への関心が装いも新たに息を吹き返し、高まっていることを表す。これらの徴候を示しているのは、フランスでは、バシュラール、ブローデル、フーコー、ドゥルーズ＝ガタリ、デリダ、ルフェーブル、イリガライ、ナンシー、ドイツでは、ベンヤミン、アーレント、M・A・C・オットー、北米では、レルフ、トゥアン、エントレキン、ソージャ、ベリー、スナイダー、ステグナー、アイゼンマン、チュミ、ワルターといった人物たちである。これらの人物はそれぞれが場所のために新たな顔を形づくるのに成功している。

　場所の重要性を再発見したこれらの人物全員に共通しているのは、場所そのものは固定した事物ではない、言い換えれば、場所は確定した本質をもたないという確信である。ハイデガーがなお、場所の本質的な特色のような類《たぐい》のもの（たとえば、集め合わせること、近づけること、方域化すること、物化すること）を捜し求めていたその一方で、ついさっき名前を挙げた書き手の誰一人として、場所の形式的な構造をその定義という観点から探究しようとはしないし、まして形相《エイドス》という観点からとなればなおさらである。その代わりに、それぞれの書き手は、動いている場所、進行し続ける力動的な何かの部分をなす空間、別の何かの内の構成要因となる場所を見出そうとする。歴史の経過（ブローデル、フーコー）の内にであれ、自然界（ベリー、スナイダー）の内にであれ、政治的な境域（ナンシー、ルフェーブル）の内にであれ、ジェンダーの関係や性的差異（イリガライ）の内にであれ、詩的想像力による生産（バシュラール、オットー）の内にであれ、地理学的な経験や実在（フーコー、トゥアン、ソージャ、レルフ、エントレキン）の内にであれ、ポリスや都市の社会学（ベンヤミン、アーレント、ワルター）

の内にであれ、遊牧的思考（ドゥルーズ＝ガタリ）の内にであれ、建築（デリダ、アイゼンマン、チュミ）の内にであれ、宗教（イリガライ、ナンシー）の内にであれ、それは変わらない。名前や話題を並べただけのこのリストを一読すると、さまざまに変化する偶然的な特色が、ゆるい編み目でつながった広範囲の同族的な類似性を示しているのに気づく。このことが示唆しているのは、これほど多くの異なる（あるいは、少なくとも弁別的であるような）仮面の背後に、唯一無比の〈場所〉があるわけではないし、ましてや理想的な〈場所〉などなおさらないということである。この限りで、場所の現代史はその分なおいっそう隠されたもののように見えるかもしれない。というのも、語られるべき公式の物語はなく、あれもこれもと列挙されうる意義深い付随的な挿話の連なりだけがあるのだから。しかし、このエピソード的な歴史において、「万物は形をとり、その形は無限でさえある」。あるいはむしろ、万物は顔を手に入れ、その顔は、場所という主題に、多様な仕方でしかし一心に精力を傾けることの中で現れるのである。

西洋の思想における場所の運命は、本書においてすでにかなりの長さの説明を要してきたし、それを徒に引き伸ばすつもりはない。そのため、この最終章では、とりわけ有望で刺激的な同時代の動向だけをいくつか取り上げ、それらを簡単にスケッチするにとどめ、また、明らかに哲学的な方向づけをもつものだけに話を限定する。こうした素描は、さらなる探究のための道標として役立てようという意図でなされるものであって、これで現代の全体像を網羅すると主張するものではない。しかしそれは、われわれ自身の生の内にある場所を価値づけし直し、場所の勝利を宣言するための方法を浮き彫りにする。本章はいくつかの短い節からなるが、それらの節が入れかわり立ちかわりする中で論じられる人物たち――バシュラール、フーコー、ドゥルーズ＝ガタリ、イリガライ、デリダ――は、われわれとともに、われわれの内に、われわれの周りにあるのが見出されうるさまざまな場所のもつ多くの顔を、より十分な仕方で認め、評価するための手助けをしてくれるだろう。

2

〈心〉は延長している。〔しかし、〕そのことについては何も知らない。

――ジークムント・フロイト「一九三八年八月二二日付覚え書き」

われわれは場所を変えるのではない。われわれの本性を変えるのである。

――ガストン・バシュラール『空間の詩学』

ガストン・バシュラールがまず最初に場所の顔を与え直す――彼はこれをイメージの内で、またイメージによって行う。この場合のイメージとは、もっと特定して言えば詩的イメージのことである。詩的想像力（一九三〇年代後期から一九六〇年代初期までの間に彼の研究対象となった）についてのバシュラールの著作では、詩的イメージが人間の心の内でどのように位置づけられるのかを理解しようとするあくなき関心から、場所設定に関わる問題が立ち現れる。『大地と意志の夢想』（一九四八年）でバシュラールが言うように、「もし心的活動――諸々の思想（**pensées**）以前の――における然るべき場所の内にイメージを置くならば、広大無辺さの最初のイメージが大地のイメージであると認識せずにはいられない」(1)。イメージを「然るべき場所の内に」（**á leur vraie place**）置くとは、イメージのために精神の内に、あるいはより厳密には、魂の内に適切な場所を見出すことである(2)。アリストテレスは魂が「形相の場所」だと主張していたが、イメージの場所であるというのは、アリストテレスが念頭に置いていたのとはまったく異なる場所であることなのだ。つまりそれは、序列をなす階層の形での正確な位置決定（アリストテレスの説明によれば、理性的な魂の内で概念が所在化される最も特徴的な仕方）とはほとんど関係ない仕方で、さまざまなイメージを受容し吸収する性質をもつことなのである。詩的イメージの集合において問われているもの、つまり生き生きとした開花をわれわれが評価しはじめるにつれ、戸棚や階段の比喩はクモの巣やミツバチの巣箱に道を譲る。表面としての場所――アリストテレスのこだわるもう一つの主題――というまさにそのモデルが再評価されねばならない。つまり、イメージの心理的な場所設定において問題なのは、それがどのようにして表面によって包含されるのか（まるで厳重に包囲されるのが宿命でもあるかのように）ということではなく、それがどのようにして表面に、しかも魂そのものの表面に現れるのかということなのである。バシュラールは『空間の詩学』で次のように書いている。「詩的イメージは心の表面上に突如として浮かんでくる」(3)。もしイメージが実際に開花する現象であるとすれば、イメージが現れる場所はイメージを反映する、あるいは、イメージと「反響する」ことができるのでなければならない。それは『ティマイオス』における〈受容者〉とあながち似ていなくもない。というのも、心は、その表面をかすめてひらめくさまざまなイメージと共鳴するためには、〈受容者〉と同様にどちらかといえば特徴のないものでなければならないからである(4)。心的な表面は、それが受容するイメージを送り出さなければならない。この表面は、イメージとともにきらめき、その一瞬の現前とともに輝くことで、それに場所を与えなければならない。ここで重要な場所の意味とは、場所が包含し存続させているような意味ではない。そうではなく、夜の暗闇の中の流星のように、ただ一つの印象的なイメージが発する突然の閃光とともに、場所が照らし出すような意味である。

こうした意欲がバシュラールの作品の基調をなしているのだが、そこで問われているのは大きな問題である。それは心の空間性、あるいはその場所性と言った方がいいかもしれない。魂がイメージに場所を提供すると主張することで、バシュラールはアリストテレスだけではなく、デカルトに対しても同様に異議を唱えている。アリストテレスとは逆に、バシュラールは、非感覚的な事物について妥当するような場所の意味があると考えている。場所は非物理的であってもいいし、それでもなお十分に場所として通用しうるというわけである。古代世界においてはプロティノスとその継承者たちのみが、大胆にも、厳密な意味で非感覚的な形態をもつ場所を措定した。それがすなわち「叡智的な場所」である（叡智的な場所の空間における類比物とは、これまで見てきたように、中世の神学者たちが〈神〉に等しいと見なした想像上の無限空間である）。当今ではバシュラールが、感覚に制約されたアリストテレスの図式にあてはまらない意義深い例外を認めており、この例外が心的な場所である。しかし、魂をある一つの場所として、あるいは、複数の場所の集合として肯定することは、魂がいかなる種類の延長ももたないとするデカルトに反旗を翻すことでもある。しかしながら、バシュラールにとって、詩的イメージがどこかで燃え立ち、その場所が本性上心理的なものなのは明白である。これは何も心的な場所が三次元的なものだと主張しているわけではないし、ましてやそれが本質的に空っぽだと言いたいのではなおさらない。ここでデカルトとピロポノスの両者に対立する形で思考しつつ、バシュラールが論じているのは、魂の延長がそれ自身のさまざまな固有性やパラメーターをもち、それらの間に特別な種類の内部性を、また、表面や深みに関わるこの内部性自身の様態をもつということである（この様態のせいで、たとえば詩的イメージが「表面をゆさぶる前に深みに触れる」ということもありうる）[5]。

最後に述べたこの方向で思考すればするほど、われわれはますますフロイトに近づいていく。フロイトもまた心的な深み＝深層や内面性を強調しており、自らの人生のまさに最後期には、無意識が延長していると言い放った[6]。バシュラールは、自分がフロイトと――また同様にユングとも――よく似た道を歩んでいることに気づいている。『火の精神分析』（一九三八年）から『空間の詩学』（一九五七年）に至るまで、彼が精神分析と趣旨を同じくしながらそれに対決を挑んでいるのはたやすく見てとれる。これら二冊の本が、詩的イメージ群と心についてのバシュラールの思考の大枠を定めている。フロイトにおける例外的な註釈や、ユングにおける同様に例外的な夢[7]が、バシュラールにとっては、「地形分析《トポアナリシス》」という独特の名に値する学究の領域となる。地形分析においては、記述心理学も深層心理学も精神分析も現象学もすべて、ある共通の試みの内で一つになる。その共通の試みは、「われわれの内密な生の局所性についての体系的な心理学的研究」として定義されうる（8）。地形分析とは方法というよりも態度のことであり、そのようなものとして、この分析はある一定のイメージの場所的な固有性に焦点を当てる。そうしたイメージの一例が家である。「いかなる地平の上で検討しようとも、家のイメージは、われわれの内密な存在の地形図《トポグラフィー》になっているように見えるだろう」（9）。

地形分析は、それが真剣に受け止められれば、時間中心主義をなしくずしにするという帰結を即座に導く。心的な生の諸々の場所《トポイ》に目を向ければ向けるほど、われわれはよりいっそう次のように実感するようになる。この生は――カントやベルクソン、ジェームズやフッサールが論じているのとは逆に――、単にその持続的な流れの一機能なのではないのだと。時間ではなくむしろ空間の方が「内官」の形式なのである。聖アウグスティヌスにならった古典的なやり方でわれわれ自身の内部に目をやっても、瞬間の端的な継起を見出すことはできないし、ましてや「絶対的な流動」（フッサール）などなおさらである。その代わり、「われわれの知るすべてと言えば、存在の安定性を備えた諸々の空間への連続した固着である――この存在は、溶け去ろうとはせず、過去においてさえ、自分が過去の事物の追究に取りかかるときには、時間が飛び去るのを「停止させ」ようとする」（10）。内省が開示するのは、「変わらない」――「よりよく空間化された」存在にとってはそれだけいっそう「揺るぎない」――記憶である（11）。内的な生と折り合いをつけるためには、物語調の言葉で伝記や自伝を書き記すだけでは不十分である。そのためには、自分が居住したり経験したりしたことのある場所についての地形分析をも行わなければならない。そして、そのことの方がより決定的なのだ。「内密性の学にとって、われわれの内密性の空間の内での局所化は、日付の規定以上に差し迫った課題である」（12）。それはより差し迫ったというだけではなく、より真実味のある課題でもある。というのは、生を時間的に説明することは、「他人に伝達されて外的に使用されるための、一種の外的な歴史」（13）しか与えないからである。こうして、バシュラールは時間に反撃して形勢を逆転する。つまり、時間は、空間よりも普遍的だ（カントが主張していたように）とか、深層の自己を記述する（ベルクソンが論じていたように）とかいうよりもむしろ、心的な空間性へと吸収されるのである。「その無数の小胞の内に、空間は圧縮された時間を包含する」（14）。実際、心理的な深み＝深層や内面性の内に身を浸せば、「ここでは空間がすべて」であり、無意識は、純粋持続や抑圧された記憶の在処であるどころか、単に「滞留する」にすぎないと分かる（15）。われわれが無意識に内在する場所性を追求すればするほど、時間の要求はその強制力を失っていく――意識的な物語の水準であれ、無意識の観念作用の水準であれ。心理的な場所の充溢を肯定することは、「心理的であるとは場所の内に存在することだ」という形でアルキュタスの公理を再定式化することなのである。

そういうわけで、バシュラールはここまではイメージ、しかも何よりもまず詩的イメージのための場所的な受容者としての心あるいは魂を擁護して論を進めている。それと同時に、イメージはそれ自身の内容に対して所在を差し出す。イメージの内容が認識に関わるものであれ、感情や言語や（繰り返しになるが）想像に関わるものであれ、このことに変わりはない。個々のイメージは、心の表面の上でまたたいたり、そうかと思えばまた深みから浮かび上がったりしながら、さまざまな内容にイメージの盾を、つまり、それらの内容がいつまでも豊かに生き続けるためのわが家を差し出すことによって、それらの場所設定を行う働きをする。もっぱらイメージに関わるこうした意味での場所を、バシュラールは「幸福な空間」と呼ぶ。それは測量者の「無関心な空間」とは対照的に、「われわれが愛する空間」、すなわち「たたえられた空間」である(16)。この空間は、こうした心象的な場所設定を満喫するひとびと——何よりもまず、詩の熱心な読者たち——の間に真実の「場所への愛《トポフィリ》」を育む。イメージへの愛は地形分析と手に手を携えて進む。いわば、「地形分析《トポアナリシス》は場所への愛《トポフィリ》をその旗印とする」のである(17)。

われわれは、ハイデガーが「〈存在〉の場所論《トポロジー》」を呼び求めていたことを思い出す。この呼び声は、「思考の詩作的な特徴」——空間ともども「なお覆い尽くされている」と言われる特徴(18)——を発見することに対するハイデガーの関心から発せられたものだった。さらに、『存在と時間』で空間が「諸々の場所へと分裂している」(19)と言われていたのとまったく同様に、バシュラールにとって諸々の詩的イメージは、それらが自身の内容に対して差し出す諸々の場所へと散らばっている。ハイデガーは、詩と哲学がイメージ——彼が非常に疑わしいと思っていた語——の内で一つになるという点には賛同しないだろう。しかし、彼は、詩作しつつ哲学するという二つの営みが一致して行う冒険の真の課題が、場所論《トポロジー》を露わにすることだという点には同意するだろう。そして、ここで言う場所論《トポロジー》とは、詩作する思考が組み入れられるにふさわしい諸々の場所《トポイ》、〈存在〉がそこでそれ自身の固有の場所（Ortschaft）を見出すような諸々の場所《トポイ》についての論《ロゴス》（説明）のことである(20)。バシュラールが「地形分析」と呼ぶものを、ハイデガーはErörterung、つまり、「場所設定」あるいは「場所究明」と名づける。バシュラールは晩年、哲学的なインスピレーションに充ちた詩的イメージを捜し求めているが、それはハイデガーが後期の著作でそうしているのと変わるところはない。しかしながら、これらの二人の思想家は、詩を特権的な諸々の場所《トポイ》の集合と見なそうとする情熱を共有していたにもかかわらず、最後には道を分かつ。バシュラールにとって最も重要な場所論《トポロジー》とは「存在」に関わる場所論《トポロジー》ではなく、「われわれの［自身の］内密な存在」に関わる場所論《トポロジー》である(21)。そして、ハイデガーの存在場所論《オントトポロジー》——その内では〈存在〉が「純粋で単一な超越者」(22)と見なされる——の根源的な超越性が、バシュラールの地形分析の心理的な内在性と相容れることなどありえない。

　地形分析は、意味のあるあらゆるイメージの在処として心を前提とするため、個々のイメージを詳細にわたって記述しようとする。これらのイメージは、体系的な主題をなすよう配列されたさまざまな内容を隠しており、その例としては、大地、水、空、火——これらはまとめてバシュラール自身の独自の四元を構成する——が挙げられる。したがって、心象的かつ心理的な話題（*topic*）は内在的に主題的なのである。それは形式的、構造的なものであるにとどまらない。特定の話題の内容や主題はこの話題に内部から生気を吹き込んでいる。さらに、地形分析の対象となる、話題として配列された主題や副主題の数には原理的に限界がない。とはいえ、ある一定の主題が特権的なのは疑う余地がない。最も目につくのは家という主題であり、『空間の詩学』の最初の二章がこの主題のために割かれている。というのも、家は——とりわけそれがわが家でもある場合には——、「われわれの内密な存在の地形図《ラ・トポグラフィー・ドゥ・ノートル・エートル・アンティム》」(23)を含むからである。ハイデガーが世界を「死すべき者たちがその内に住まう家」(24)と見なしたとすれば、バシュラールは同じことを家のイメージ（と記憶）について言うだろう。そしてこのイメージは、詩の読者と地形分析家《トポアナリスト》によって同様に居住されるような、このイメージ自身の詩的な場所‐世界を構成する。想像された／記憶された家の微妙な構造や、この家のイメージの地形図に目を向ければ、地形分析の射程と限界の具体的な意味がおのずと見えてくるだろう。

　家は逆説的な存在者である。わが家として、家は「われわれの初めての普遍宇宙《ユニヴァース》」であり、われわれの「初めての世界」である(25)。その限りで、家はもっと広々とした果てしない普遍宇宙についてのわれわれの感覚に先立つ。わが家としての家以前に、またそれとは独立に実在するものとして普遍宇宙を措定するような哲学者たちを、バシュラールは罵倒する。彼らは「自分たちが家を知る前に普遍宇宙を知る」と主張するが、実際には人間が最初に知る——そして決して忘れない——のは「内部の空間の内密な価値」なのである(26)。そのような空間は、家《ハウス》／わが家《ホーム》とは別個に据えられているのではなく、それと一体をなしており、まだ幾何学的になるには至っていない(27)。大きさは問題ではない。粗末な小屋が夢の上でもつ潜在力は大邸宅のそれよりも大きいのであって、小さいのではない。重要なのは、内密さの度合いと、そこでのわれわれの経験の内包の度合いである。これらのものが強く感じられる場合、普遍宇宙と世界の間の区別——調和させられた宇宙論《コスモロジー》を一度引き受ければ、否応なくせざるをえない区別——そのものが無用となる。というのは、「家と普遍宇宙の間の力動的な拮抗」は、居住された家という原初的な水準ではすでに解消されているからである。この水準では世界は家と普遍宇宙の両者を包括しており、その世界は事実に依存するのと同じくらいイメージに依存している。いわば、「イメージが新しいとき、世界は新しい」

のである(28)。

　こうして、地形分析は世界が一つの家であると主張する――宇宙論的な主張――よりもむしろ、家が一つの世界であるとわれわれを説得しようとする。それは場所‐世界、つまり、諸々の場所からなる世界である。ここでバシュラールは再び、家の「日の当たる」側と「陰になる」側についてのハイデガーの初期の記述と接点をもつ。これらの側は、家をいくつもの部屋（Räume）に区分し配列するのを方向づける局地（Plätze）という形で記述されていた(29)。しかし、地形分析は、部屋ごとに、言い換えれば、場所ごとに家の内密さを探究することで、ハイデガーのこの記述を掘り下げる。その探究は建築学的なものではないし、ましてや幾何学的なものではなおさらない。それは夢見られ、想像され、記憶される――そして読解される――限りでの部屋に関わる事柄なのである。「このため、文学と詩の哲学という見地からすれば、われわれが「部屋を書く」とか「部屋を読む」とか「家を読む」とか言うのは理にかなっている」(30)。地形分析は、とりわけそれが詩によって導かれる場合には、読者の内に「夢の家、夢‐記憶の家」(31)の全体を現れさせる。そのような家は、ひとが自分の生まれ育った家から受け継いだ身体的な習慣に基づいているが、詩は、さまざまな部屋の間取りを描写することで、これらの習慣を延長をもつ形へと展開する。

> われわれが生まれた家は、われわれの記憶を超えて、物理的にわれわれの内に刻み込まれている。それは有機体的な習慣の集合である。……われわれは、その特定の家に居住する営みをなすさまざまな機能の図表であり、他の家はすべて根源的な主題のバリエーションにすぎない。……家や寝室や、われわれが一人きりで過ごした屋根裏部屋は、果てしのない夢に対して枠組を供与する。ただ詩のみが、詩的作品の創造を通じてそのような夢を完全に成就するのに成功しうるだろう(32)。

詩人と地形分析家はともに、われわれを場所へと――とりわけわれわれの幼年期のわが家へと――連れ戻すという点で身体がもつ特権的な地位を認識している。両者はまた、イメージや言葉という手段を介してわれわれが再び足を踏み入れる家が、それ自体で身体に似ていることを肯定しもする。「家は人間身体の物理的、心的なエネルギーを自分のものにする。家は豪雨を受けとめようと背筋を張って身構える」(33)。そのような身体‐家の内部にある想像あるいは記憶された部屋は、「そこに居住する者に「まといつき」、その壁を四方から寄せてきて身体の細胞となる」(34)。事実の内であれ空想の内であれ、居住された部屋へと回帰することは、家の有機的な部分へと回帰することであり、この家はそれ自体が、窓が目、玄関が口の巨大な身体として経験される(35)。

人間身体のさまざまな部位が分解された部分ではないのと同様に、家のさまざまな部屋もお互いに完全に分離されているわけではない。それぞれの部屋はそれ固有の特徴をもつ――われわれはこのことを、寝室と書斎の、あるいは客間と私室の間の差異から見てとることができる。これらの部屋を詩人が記述する場合には、この差異はとくに顕著である――が、それでもなおこれらの部屋は、たとえば家の特定の「階」もしくは「軸」の部屋として、相互に連関し合っている。おそらく最も重要な連関は、西洋の家の多くに暗黙の内に含まれている垂直軸――地下室と屋根裏部屋の間に延びる軸――のまわりに密集した連関である。家のもつこれら二つの極限は、夢の上での価値に関しては、この上なく異なっている。屋根裏部屋が、「知性化された企図からなる理性的な地帯」であるのに対して、地下室は無意識の圏域である。「無意識は啓蒙されえない。それは穴倉に下りていくときには燭台を手にとる」(36)。一方の屋根裏部屋の中では、昼間の普通の状態だと光が射しているが、他方の地下室の中では、明かりがないといつも夜と同じ状態になる。「屋根裏部屋の中では、昼間の経験がつねに夜の恐怖を消し去ることができる。地下貯蔵庫の中では、暗闇が君臨している」(37)。昼の／夜のというこの不均等を支えているのが、屋根裏部屋と穴倉に内在する方向性である。事実、ひとは自分自身が前者へと上がっていき、後者へと下りていくのを、想像したり記憶したりする(38)。

このとき、家は「人類の思想や記憶や夢にとって最も偉大な統合力の一つ」(39)である。われわれの目的からして、それは二つの基本的な点で模範的である。一方で、家の地形分析は、心的な場所が単に散慢で形態を欠くものではないのだと証明する。それどころか逆に、心的な場所はそれ自身の精密さを有するのである。〔場所《トポス》と論《ロジー》の複合語である〕場所論＝トポロジーは、「構造」、「体系」、「言葉」という意味をもつ自身の形成要素〔論《ロジー》〕を謹んで引き受ける。想像された／記憶された家は、物理的な意味で実体的であるか、あるいは、実在しさえするかもしれないが、高度に構造化されており、自分自身の限界を知っている。たとえば、「夢の家の内では、地形分析は四か三くらいまでの数え方しか知らない」(40)。想像上の空間は、恣意的であったり混沌としていたりするどころか、一貫していて特定されており、精巧に細工を施されている――繰り返すが、それはフロイトやユングによって究明された無意識に似ていなくもない(41)。他方で、家は「内部の存在」(42)を、すなわち、居住された家の内で経験される内面性を明るみに出す。この居住が、記憶に値する論争の的となった住まうことに、つまりは満足と幸福に関わる場合にはとくにそうである。このとき、「居住された空間の価値」(43)――ユークリッド幾何学がとらえることのできるいかなるものをも超越する価値――は明白となる。

ここで問われているのは、「内に」ということの新たな理解以外の何ものでもない。この前置詞は、少なくとも本書の第3

章以降、何頁にもわたって繰り返し出てきている。この「内に」は、アリストテレスの『自然学』の「内に《エン》」――四方八方を厳重に包囲された存在から結果として生じるあの非心理的な内面性――とは正反対のものである。アリストテレスの「内に《エン》」から距離を置くというまさにその点で、バシュラールの「内に」は、「そばに在ること」（**Sein bei**）としての〈内－存在〉というハイデガーの概念の方により近い。とはいえ、後者のもつこの性格は、現存在の世界内存在の概して空疎で形式的な一機能にとどまっている。ハイデガーが後期に「建てる、住まう、思考する」で住まうという営みを強調する際にでも、そこには具体性や特性が欠けている。この営みが、「死すべき者たちがそれと関わりつつ実存するような、〈存在〉の基本的な特徴」[44]であるとわれわれに語られるにもかかわらず、まさにどのようにしてこの基本的な特徴がそれ自身を顕わにするのかは示されない。そして、読者は、「あなたや私が存在するような仕方、われわれ人間が大地の上に存在するような仕方が、**Buan**、つまり住まうことである」[45]といった一般性を与えられて置き去りにされる。すでに述べたように、一九五一年の論文では、われわれは住まうという営みよりも、建てるという営みや四元についてかなり多くを学ぶ。六年後に発表された『空間の詩学』は、人間が住まう営みのもつ数々の特性について――その「無数の多様化されたニュアンス」[46]について――、なおいっそう多くを語る。地形分析にとって大事な点は（この点に関して、地形分析は現象学によく似ているのだが）、特定の場所《トポス》を個々のきわめて微細な部分に至るまで追跡することである。このことは住まう営みの場合には、箱や抽出や戸棚、片隅や巣や貝殻――『空間の詩学』では、これらのそれぞれに何頁もの密度の濃い記述が割り当てられている――といったこまごました話題を検討することである。

バシュラールの具体的な地形分析――「内密な幾何学のドラマ」[47]を描き出す地形分析――においては、居住に関わる内にということがもつ以下の四つの具体的な特色が際立っている。

（1）　住まう営みにおいて「外に」と対になる「内に」は、ここ／そこには還元されえない。後者の対をバシュラールは「場所についての貧弱な副詞」と見なす[48]。ここが隙間なく内に閉じている――たとえば、絶対的な「無の点」（フッサール）としての身体の場所へと閉じている――その一方で、居住の構成要因である「内に」は、「外に」とつねに通じている流動的な焦点である。たとえば、そのための手段となるのが戸や窓であり、それらを介して外部の世界は内部の存在の一部となる（そして、その逆もまた真である。いずれにせよ、家の内にあるこれらの開口部を通じて、われわれは周囲の世界と絶えず接触を保っている）。「内密な空間と未規定な空間との間の浸透」というものがある[49]。双方向に浸透するこうした流れがあるために、住まうとは内に－住まうことである。そうしてわれわれは、われわれがそこに居住するもののもつ環境の内で外に向かうものとして、自分自身を見出しもする。

（2）　内部と外部の間の連続性のために一役買っているのは、居住に伴う限界がどちらかといえば欠けている状態である。われわれが家はあるひとにとっての「城」であるかもしれない。とはいうものの、幸福な空間の世界の内では、それがより広い世界から隔てられた砦である必要はない。まったく逆なのだ！　バシュラールが同意を示しつつ引用しているのだが、オスカー・V・ミロシュは次のように書いている。「境界よ、崩れ落ちよ、あの地平線の敵ども！　正真正銘の距離よ、現れいでよ！」(50)

しかし、地形分析の見地から厳密に考えれば、われわれはいま一度限界と境界とを区別しなければならない。われわれのわが家の内の部屋は、限界としては、つまり、幾何学的に規定された境目や外縁としては経験されない。そのような部屋に居住することは、それ〔部屋〕がわれわれの内に存在することであり、われわれが家全体の内に、そしてそれを通じて世界の内に存在することである(51)。しかし、この同じ理由で、部屋は境界をもつものとして、つまり、形状や力を備えたものとして経験されることもある。われわれは、正真正銘の敷居である戸口の場合にこれを経験する。バシュラールは、「敷居は神聖な事物である」というポルピュリオスの言葉を引用している(52)。敷居とは、われわれがそれを通り越すものであり、その限りで、それは内部に存在することと外部に存在することの間の痛切な差異──時には「どちらの側にとっても痛ましい」差異──を含む(53)。実際、内密に居住された部屋の内に存在することは、単に境界を甘受することではなく、それを要求することである(54)。境界ではなく限界を求めるのは、われわれの居住経験に重ね合わせられた、「強化された幾何学主義」の「怠惰な確実性」にすぎない(55)。

（3）　境界はあっても（範囲の）限界がないとは、求心化のための条件を享受することである。家の内に住まうとは、自分がさまざまな事物の中心の内に存在すると感じることである。しかしながら、これは必ずしも文字通り中心に存在することではない。両者の差異は、厳密に幾何学的に中心化された状態と、居住において厚みと多孔性を兼ね備えて内に中心化されていることとの間にある。求心化は居住そのものと同じく双方向的である。住まいの内に私が存在し、またこの住まいが私の内に存在しもするというのとまったく同様に、私は、私がその内に住む住まいの内部に存在する──私の周りにあるものによって私自身を方向づけながら──ことで、中心化されていると感じる。他方で私は、その同じ住まいの内でさまざまな事物や部屋に方向を与える限りで、中心化してもいる。こうした二面的な仕方で、私は「中心の価値づけ、求心化された孤独の価値づけ」を実感する(56)。内密な領分の内では、単に私自身だけではなく、非人間的な事物も求心化されたものになる。「内密な空間を賦与された対象はみな、全空間の中心になる」(57)。自己と事物がこのように中心化されているのは、住まうという営みの賜物、家への居住の内で得られるものである。とはいえ、賜物や取得物を受け取るために、文字通りに住居を構えて住むことが必要なわけではない。そのイメージで十分である。実際、「それらはわれわれに存在の場を返してくれる。この存在の場とは、人間の存在の確実性がその内で求心化される家のことである。このようなイメージの内で、また、それと同じくらい安定を与えるイメージの内で生きることで、われわれは新たな生の第一歩を踏み出すことができるという印象を抱く」(58)。求心化は安定を与えるための主要な手段である。したがって、われわれがその内で求心化された生を生きるような家は、正真正銘の「憩いの場所」であり、その限りで「変わらない」ものなのである。私がそこに住まうことの記憶が「変わらない」ものであり続けるのと同様に（だとすれば、家の記憶に決まった住所があるのも不思議はない）(59)。

（4） 居住＝内に－住むこと《イン・ハビテーション》の以上三つの特色は、「内密な広大無辺さ」という現象の内で一つになる。家の内に存在する、もっと言えば、その最も奥まった隅の内に存在するとは、敵意に充ちた外界から自分自身が保護されていると感じることにとどまらない。それは、ミニチュアに凝縮されたより大きな世界の内に自分自身がいるのを経験することでもある。というのも、ミニチュアは「それなりに広漠」だからである(60)。私はこの小さな場所の内で、隅に制限されていると感じる代わりに、その名の示す通りのどんな隅や家をも超えて芽生えつつある世界を見出す。このとき、家のみならずその最も微細な部分さえもが、世界を包含すること——そして、世界の内に存在するだけでなく、一つの世界であること——ができる。一つの世界であること、あるいはただ「世界を意識する」(61)ことでさえ、ひとがその内に存在する部屋という小宇宙《ミクロコスモス》と、この部屋を超えた普遍宇宙《ユニヴァース》という大宇宙《マクロコスモス》との間のアナロジーに参加する以上のことを必要とする。内密な広大無辺さの内では、こうした平行性以上のものが作用している。そのような広大無辺さを感じることは、内密さの内に無限を感じること、一粒の砂——自分自身の砂浜にある自分自身の砂粒——の内に普遍宇宙を感じることである。私が普遍宇宙との一体感を感じるのは、私がそれに向かって外に拡張されているからとか、単にそこに私自身を投影することができるからなのではない。それは、家の内に散在する私の場所の内部から、私が普遍宇宙の全域を経験するからなのである。まさにこの内部の存在から感じられると、非常に疑わしい外部の存在が容易に各人の周域の内部に入ってくる。私が些細なものと巨大なものをひといきに結びつけるとき、限界は消え去り、中心化が起こる。

　内密な広大無辺さによって、私は場所を空間と結びつけもする。これらの両者——一方は有限なものの典型例であり、他方はつねに無限なものへと向かっている——の間にある、ひとを欺き惑わすような二分法は克服される。しかも、即座にだ！内密な広大無辺さの内では、私は場所そのものから空間へと入り込む。私は、外面性つまり部分外部分《パルテース・エクストラ・パルテース》という基盤に立ってというよりもむしろ、内部から広大無辺さへと至る。場所はもはや、空間の一部や部分が限界づけられたものというにとどまらない。いまや空間は場所の内に完全に内在しているのであって、その逆ではない。「絶対的などこか別のところ」でさえも、絶対空間の内にではなく個別の場所の内に所在化されている。無限空間という、パスカルにとってはさまざまな展望のうちで最も疎遠なものが、こうして「存在の友」たりうる(62)。そうした根源的な逆転――近世初期の物理学や形而上学の排他的な用語では想像し難い――は、詩的な表現を見出すのに十分な多孔性をもつ心理的な空間性の内では、非の打ちどころのない形で可能となる。この逆転が可能なのは、内に／外にという対が、分割し乖離する特徴を失ってしまっているからである。外の内に存在する――そして外を内で感じる――とは、もはや明晰さと判明さの支配の下にはない状況の内に存在することである。こうした状況の内で、われわれは「あいまいな存在の空‐時全体」(63)へと入り込む。そのような存在は、潜在的であり（つまり、単に実在的なのではなく）、それと同時に一般的である（つまり、厳密な意味では普遍的ではない）(64)。

内密な広大無辺さによって行われる逆転により、場所と空間の間のまさにその差異は無効となる。「内密な空間がその明晰さを失うのに対して、外的空間はその空虚を失う」(65)という次第である。この重要な言明において、「内密な空間」が場所――それはその内在的な広大無辺さによって、十分に明晰かつ判明であるには至らないものへと変質されているのだが――に等しいのに対して、「外的空間」は無限空間と、つまり、充たされていると同時に内密性へと圧縮されている無限空間と同じである。場所と空間は、通常それらの間にあるとされる相違を脱却する。その相違とは、一方〔場所〕の場合には近いものや小さいものが明晰かつ判明であり、他方〔空間〕の場合には遠いものや巨大なものが空っぽだということである。場所と空間は共通の内包の内で一体となる。「内密な圏域の内での広大無辺さとは、内包、存在の内包、内密な広大無辺さの広漠な展望の内で繰り広げられる存在の内包である」(66)。それと同時に、場所と空間はともに、居住というきわめてあいまいな領分の内で密度を増すに至っている。そして、この領分へとわれわれの目を向けさせるのが、バシュラールによるイメージのサイコグラフである。

私見では、家――『空間の詩学』の主たる話題――は、バシュラールの後期作品における二つの基本的なベクトルを示す模範例だと思われる。その二つのベクトルの一つは心理的な地形図の錯綜性、もう一つは居住の内的な構造である。もし模範例であることがきわめて教育的であることに等しいとすれば、それはこの例が唯一適切なものではないことでもある。実際、バシュラールの著作は両者の傾向を示すさまざまな例で充ちている。それはあたかも、詩的‐心理的な場所設定が、まさにその本性上増殖的だと示唆するかのようである。四つの物質的元素のそれぞれは、きわめてきめの細かい多層的な図式化を生み出す。それは夢想が、そして科学史さえもがそうしているのと何ら変わるところはない(67)。どこに目をやっても、イメージの諸々の場所《トポイ》が豊富にあふれているのが見られる。それと同じように、家やわが家がどれだけ元型《アーキタイプ》に似ていても、居住は断じてそれらには制限されない。居住という営みは大地の休息や水の静謐さの内で成り立つ。実際それは、住まう営みの可能性が生じる——たとえ身体的な慣習によってではなくとも、想像上の感化によって——どんなところにでも成り立つのである。バシュラールが『夢想の詩学』で次のように書いているように。

> 火や水を前にして夢を見ると、ひとは一種の安定した夢想を知る。火と水は夢の上での統合力をもつ。そのとき、イメージは根をもつのである。イメージに身を任せることで、われわれは世界と一つになり、世界の内に根を下ろす。……静謐な水の内に世界は憩う。静謐な水を前にして、夢見る者は世界の休息と一つになる。……魂は、池のほとりで休息する普遍宇宙の内の至るところで、自分の家にいるような居心地のよさを感じてくつろいでいる(68)。

実際、休息に充ち足りて住むことの幸福は、現実的であれ潜在的であれおよそあらゆる場所の内で、自分の家にいるような居心地のよさを感じることである。これらの場所の内で想像したり記憶したりすることは、幸福な空間の内では頻繁に行われている。

　そのような空間の内では——あるいはむしろ、この空間を構成し相互に連関し合うさまざまな場所の内では——、さまざまな個別のイメージが詩の読者の魂の内で、あるいは記憶や夢想の普通の経験の内で共鳴するにつれて、これらのイメージの反響の内で地形図と居住という二つのベクトルが収束していく。さまざまな含意をもつ「幸福な豊かさ」(69)は凝縮された宇宙《コスモス》を導き、この宇宙は、すべてを包括する（つまり広大無辺である）と同時に心地よい具合にしっくりくる（つまり内密である）。この心理的な楽園の内で、家や物質的元素によって——また、要素となる他の多くの事物によって——、さまざまなイメージからなるさまざまな領野の全体が贈与される。そのようなイメージの領野は、多胞的であることで、内に-住まうことの可能的な経験のために数多くの憩いの場所を供与する(70)。これらの領野の内にはつねに、その内に住まうべきありあまるほどの場所がある——想像と記憶の内に、そして両者をつなぎ合わせる詩の内に。というのは、それぞれの話題はそれ自身の場所をもち、それぞれの主題はそれ自身の内容をもつのだから。話題と主題は、純然たる内に-住むこと《イン・ハビテーション》=居住のために最適の境界を所有する布置を形成しつつ再び一体となる。イメージのこうした布置によって提供される足がかりがなければ、ひとはそうした境界の内に住まうことについて有意義な仕方で語ることはできないだろう。「物質的想像力」——バシュラールの『水と夢』の副題——とは、その内に何かが住むのに十分なほど実体的なものについての想像力である。たとえそれがイメージの最期のきらめきの内に住むのでしかないとしても。物質的想像力はわれわれをはかないものに触れさせるのではなく、実在的なものであれ想像されたものであれ、居住のために十分なほど密度が濃く内包の大きいものに触れさせる。その後に続く、内密な仕方で内に-住まう営み、それを地形分析は探究するのである(71)。

3

空間とは、その内に事物が配置されるような背景(実在的であれ論理的であれ)ではなく、事物の措定が可能になるための手段である。

——モーリス・メルロ=ポンティ『知覚の現象学』

バシュラールの死(一九六二年、ハイデガーが最後の重要な公的講演「時間と存在」を行ったのと同じ年)以来ずっと、場所へと向かう新たな方向を捜し求める——そしてさまざまな新たな顔を見出す——動向は続いてきた。想像された物質についての心理的な詩学によって幸先のよい見通しが開かれたにもかかわらず、場所についての思想家たちは、バシュラールのようなアプローチが、場所のもつある一定の具体的な様相を無視しており、二十世紀後半においてはその様相に細心の注意を払うことが切に求められているという共通の確信をいっそう強めている。空間の性的、社会的、政治的、歴史的な様相を考察することは、バシュラールが「実在についての多様な係数」と名づけたものを、とくに「逆行率」と名づけたものを認めることである(72)。そのような係数を見落とすことは、陥穽と背中合わせになるよう定められた企て——メルロ=ポンティが物質的元素へのバシュラールの関心を特徴づけたように、「穏やかな」、「非-措定的な」存在を特権化する企て(73)——の内に関与することである。それは、さまざまなイメージとそれらの場所的な固有性について思索することに心が完全に吸収されてしまうようなある極端なやり方で、地形分析《トポアナリシス》を追求することである。バシュラール自身は、「想像的なものについての学説が必然的に過剰の哲学である」と認めるのをためらわなかった(74)。もし本当にそうならば、今こそまったく異なる極限へと移動し、過剰の多様なあり方へと接近するときである。

本節とそれ以降の節で追跡されるべき運動はいずれの場合にも、どちらかといえば穏健なものから、どちらかといえば反逆的な(逆行率に表されるような)ものへと進む。〈心〉という脆弱な地盤《テラ・イーンシフィールマ》——そこではすべてがあいまいで霊妙なのだが

——は、〈体〉という堅固な地盤《テラ・フィールマ》に場所を譲る。後者は生きられる身体を意味するのみならず、歴史的、物理的な強固な事物性を有するあらゆるものを意味する。われわれが地形分析のさまざまな新形態の内へと入り込むと、心的な境域の柔らかさは硬くなる。それらの形態はいまや抵抗するものの方へと、つまり、不屈の〈第二次性〉——人間の基本的な企てを定義するのとまさに同時にそれらに対立するような、無骨な現実性に当てられたパースの言葉を用いれば——へと方向を定められている。こうしてわれわれは、内密な生《ラ・ヴィ・アンティム》という人目につかない横道から、公的生活という人目につく公道へと歩を進めることになる。歴史や政治とは無関係に思索したり夢見たりする特権は、厳密な歴史的学究や政治的行動、そして他のさまざまな形態でひとが関与する活動に膝を屈するだろう。その帰結として、内密な広大無辺さに関連づけられた内包や濃度は、広がったものや開いたもの、外に広げられたものや露わにされたものがその内に人目を引く形で登場してくるような場所のモデルへと道を譲るだろう——しかしながら、それはハイデガーの〈開いたもの〉に回帰することではないし、ましてやデカルトの延長に回帰することではなおさらない！　夢想の優美な心的ドラマの内で問われている比較的安定した状態——記憶の変わりなさと住まうことの不変性との両者の根底に存する場所の安定性《スタビリタース・ロキー》——は断念されることになる。それと引きかえに探求されるのは、（反逆的ではあるが）変化し変動するもののために、静止状態の内よりもむしろ、（持続的ではあるが）推移の内に実在するもの、そして、（外見上自明ではあるが）事実であると想定されたり想像されたりできないものである。

　要するに、問題なのは、「他の空間について」——一九六七年にミシェル・フーコーによって行われた講義の題目——の舞台へと移動することなのである。フーコーが明言しているように、こうした他の空間は他の場所を生じさせることになる。「われわれはある種の体系的な記述をイメージすることができるだろう——私は科学のことを言っているのではない。なぜなら、この言葉はいまではあまりにも乱用されすぎているからである——その体系的な記述は、特定の社会の内で、こうした異なる空間や他の場所についての研究や分析や記述や「読解」（昨今はやりの言い方をすれば）を対象とするだろう」[75]。このとき、こうした外向きで前向きの運動においては、単に地形分析ではなく、それとははっきりと区別される混在性地形分析が求められている。こうした運動へと向かうために、本節ではフーコーがわれわれの道案内を務めてくれるだろう。当該の講義において彼は、「空間そのものが歴史をもつ」[76]と主張することによって、（本書で先に論じた）十八世紀の空間性についての彼自身の後期の議論のための舞台を設定している。一見何の変哲もないこの命題は、実際にはかなり意味深長である。空間についての正真正銘の系譜学が——そして、変更されるべき点は変更されて、場所の系譜学が——あるというのが事実だとすれば、場所や空間が一度限りで発見され記述し尽くされることが可能なただ一種類のものでしかないと主張することはできなくなる。空間が絶対ではなく、場所が不変ではないというにとどまらず、両者のそれぞれの概念はきわめて長きにわたる歴史的な変遷にさらされている。われわれがいま足を踏み入れようとする極限は、われわれの主題の歴史性の極限である。そして、こうした展望がわれわれにとって本当の意味での試金石となる。

ここで問われているのは、記述の正確さだけではない。「他の空間について」でのフーコー自身による駆け足のスケッチはきわめて問題を孕んでいる。たとえば、中世の空間が「場所設定の空間」でしかなかったとか、ガリレオが場所に無限空間を置き換えただけだとかいう彼の主張がそうである(77)。われわれは事態が実際にはこれよりももっとずっと複雑であるのを見てきた。つまり、中世期がすでに空間的な無限に魅了されていたのとまったく同様に、十七世紀はなお場所の変遷について思案していたのである。しかし、最も重要なのは、場所と空間の根本的な観念が時代から時代へと——そして社会から社会へと——大きく変化しているというフーコーの主張である。不連続なものをつなぎ合わせたこうした歴史の内に不変のものは何もない。「空間」と「場所」は、通常時間がそうだと見なされているのと同じく可変的なのである。つまり、つねに変わり決して同じではない。これは何も驚くにはあたらない。というのも、結局のところ本書全体が、移り変わりしばしば隠されている「場所の歴史」を描き出すことを目的としているのだから。ハイデガーが彼の論文「建てる、住まう、思索する」で、こうした歴史にしばし手を出そうとしたのをわれわれは目の当たりにした。しかし、空間と場所が歴史的な存在者であり、時間の変転にさらされているという系譜学的なテーゼを十分な仕方で定式化したのは、フーコーが最初である（そしてとりわけ、フーコーが強調しているように、空間と場所は権力の変転にさらされてもいる。建築、社会組織、警察による監視等々の内で望ましいとされる空間的なあり方は、権力の特定の配分の表現なのである。「知というものが、領域や圏域、移植や場所移動や移転といったものの観点から分析されることが一度可能になれば、知が権力の一形態として機能し、権力の効果を行き渡らせる過程を捕捉することができる」(78)。しかし、「知は権力である」という主張は、歴史主義的なテーゼを変えるわけではない。このテーゼを真であるとした上で、この主張はそれに明らかに政治的な解釈を与えるのである）。

フーコーは、系譜学的なアプローチに携わる中で、二十世紀の空間と場所の概念についての目の覚めるような読解を提示する。彼は次のように提唱する。われわれは「空間の時代に」——十九世紀の支配的な関心事であった時間が空間へと吸収されてしまった時代に——生きている。「われわれの時代の不安は根本的に、おそらく時間よりもはるかに空間に関わっていると私は考える。時間はわれわれの目には、空間の内に散らばったさまざまな要素が行いうる多様な配分作用の一つにすぎないように見えるかもしれない」(79)。時間は空間に飲み込まれてしまった——それはいまや、滞留する記憶（そうした記憶についてのバシュラールの説明によれば、時間を取り込みもする記憶）という形態をした空間ではない。それは、同時に相互に接続されるネットワークの内で、たとえばコミュニケーションに関わるサイバネティクスや電子工学のマトリックスの内で問われるような、外的で公的な空間である。この状況についてのフーコーの記述は印象的である。

現代という時代は、おそらく何よりもまず空間の時代であるだろう。われわれは同時性の時代にいる。つまり、われわれは並置の時代に、近いものと遠いもの、隣り合わせになったもの、分散したものの時代にいるのである。われわれは、世界についてのわれわれの経験が、間の経過のなかで成長しながら続いていく生の経験であるよりも、数々の点や交差を接続して束にするネットワークの経験であるような、そうした時期にいるのだと私は考える(80)。

ここで注目すべきは、同時性と、近いものや遠いものとの相互連関、つまり空間の第一義的な述語と、場所の基本的な固有性との相互連関である。この相互連関はライプニッツとハイデガーを並置するのに等しい。ここに暗示された対決においては、ライプニッツが勝利を収める。というのも、そこで優勢な判断基準は「並置」あるいは「隣り合わせになったもの」だからである——近いものはこうしたものには還元されえない(81)。さらに、ライプニッツは、まさに「用地=位置」と「関係」という彼自身の主たる記号表現の観点からすれば、勝者であるように見える。

今日では、延長に用地=位置が取って代わってしまっている。そして、この延長はそれ自体が場所設定に置き換わったものであった。用地=位置は、点や要素の間の近さの関係によって定義される。このため、形式的には、われわれはこうした関係を系列や樹系図や格子の形で記述することができる。……われわれの時代は、空間がわれわれに対して用地=位置の間の関係という形態をとって現れるような時代である(82)。

どこまでも長く伸びていく位置解析《アナリシス・シトゥス》の影は、空間と場所両者の歴史性が単に一時限りの事柄なのではないとわれわれに警告してくれる。というのは、連続性も変化と同様に、空間と場所との時代ごとのさまざまな顕われを特徴づけているからである。用地=位置として解釈された空間や場所を、純粋に位置や関係のみで表したモデルの場合、われわれは、デカルトの世紀に生まれ、ライプニッツによって十分に表現されるにいたり、今日なお力をもち続けているものを目の当たりにする。

これは何も、場所や空間についての同時代の経験が用地＝位置に完全に支配されていると言っているわけではない。フーコー自身が次のことを認めている。つまり、十七世紀と十八世紀に「空間の理論的な非神聖化」が遂行されたにもかかわらず、空間に関わるあるいくつかの対立は不問にされ、それらの内では「神聖なものの隠された現前」が根強く生き延びているということを。それらの対立とはたとえば、私的空間と公的空間、家庭空間と社会空間、余暇空間と労働空間との対立である(83)。実際、フーコーはバシュラールの「記念碑的作品」を、「さまざまな質にどっぷりと浸かり、おそらくまた同様に隅から隅まで幻影づくめでもある空間」が生き延びていることを指し示すものとして引用している(84)。フーコーは、これらの質についてのバシュラールの記述が「われわれの時代における省察にとって根本的」であると認めながらも、にもかかわらず、そのような記述が「内的空間」にしか関わらないと見なす(85)。実際、歴史におけるいまこの時点でわれわれが生きている外的空間は、〔それ自体は〕質を欠き、かつ同時に〔その内に〕異質なものを混在させている。バシュラールの考えたきわめて豊かな質をもつ想像上の充実も、等質で（通常は）空虚な空間についての近世初期のモデルも、われわれがいま経験しているものを正当に取り扱ってはいない。「われわれは、光の多様な色合いによって彩られることもある空虚の内部で生きているのではない。われわれは、お互いに還元不可能で絶対に重ね合わせ不可能なさまざまな用地＝位置を表す関係の集合の内部で生きているのである」(86)。

そのような用地＝位置の例には、線路やレストランや海辺、そして家（これはフーコーによって、「全部あるいは半分閉じられている休息の用地＝位置」という形で記述されている）といったものが含まれる。それぞれの場合にわれわれが関わるのは、自身の置かれた歴史的、社会的なさまざまな環境の全体を凝縮あるいは模倣するような関係の集合である。しかしながら、フーコーはこれらの例にいつまでもかかずらわってはいない。家がその内密な広大無辺さのゆえに、圧縮されミニチュア化された世界であるという点で、フーコーはバシュラールに賛同するかもしれないというまさにその理由で、家はフーコーにとって最も興味深いものを明るみに出すことができない。その最も興味深いものとは、「他のあらゆる用地＝位置と関係しているが、その関係の仕方によって、それらの用地＝位置が偶然にも指示したり映し出したり反映したりする関係の集合が問いに付されたり、中和されたり、反転されたりするという、存在の奇妙な固有性」(87)である。彼はこのようなものを表すのに格好のモデルを二つ認めており、それが非在郷《ユートピア》＝理想郷と混在郷《ヘテロトピア》である。非在郷＝理想郷が「実在の場所をもたない用地＝位置」であり、完璧にされた（そうして根源的に変容された）社会状態を表象するその反面、混在郷は、特定の社会の内部にある用地＝位置に異議を唱えたり、それを逆転したりするような実在の場所である(88)。これらの「反-用地＝位置」には、特別な期間のための場所（たとえば、月経中の宿所、寄宿学校）、懲罰や治療の場所（たとえば、病院や監獄、したがって一望監視施設を含む）と同様に、墓地や庭園が含まれる。これらの混在郷のそれぞれは、それらが反映する周囲の場所とはひたすら「絶対的に異なる」――とはいえ、それらは同時に地理学的な実在の内に現実に所在化可能なのだが。実際、これらの混在郷が所在化可能であるということは、周辺的な存在者としてそれらがもつ相当の力に本質的な事柄である。すなわち、「あらゆる「他の、普通の」場所の外」(89)にある一つの位置から内に入ってくることが可能なのは、進入してくるものが形状や場所に関してある程度規定されている場合だけである。これは、単なる所在（単に位置を占めること）の問題ではなく、実際の所在地（実際に位置を占めること）の問題である。混在郷は、社会組織の内で差異を作り出すために、力の適用のための焦点を有するのでなければならない。この焦点は、混在郷そのものの周縁的な所在地の内に見出される。そして、この所在地からは、環境の中心から発するよりも効果的に力を行使することができる。そのような非中心的な用地＝位置についての体系的な研究、つまり「混在性トポロジー」が、フーコーの人生最後の十五年間にわたる主たる学究の場の名前である(90)。この点に関して、事物の歴史的、政治的な秩序を区画する（そして、その秩序そのものに挑戦する）さまざまな他の空間《デゼスパス・ゾートル》を求める彼の試み、〔現代の他の思想家たちと〕協同した探究は、受容的な夢想の場所についてのバシュラールの内向的な地形分析から、この上なくドラマティックかつドラスティックに道を分かつ。

　混在性トポロジーの有望さ――また『監獄の誕生――監視と処罰』や『性の歴史』といった書物におけるその数々の輝かしい業績――にもかかわらず、そこには三つの問題が潜んでいる。第一にフーコーは、「場所」、「空間」、「所在地」、「用地＝位置」といった基本的な用語の間の明確な区別をどこでもしていないし、ましてや厳密な区別となればなおさらである。その帰結として、これらの用語はしばしば混同されたり、区別せずに入れ替えられたりしている。だから、われわれが見てきたように、混在性トポロジーは「こうした異なる空間や他の場所」を研究するという言い方がなされるのである。これに対しては、われわれは次のように言い返してみたくなる。混在性トポロジーはどちらを研究するのか――空間なのか場所なのか、と。なおいっそう問題を孕んだことに、「混在郷はただ一つの場所の内に、それら自体としては両立不可能ないくつかの空間や用地＝位置を並置することができる」(91)とまで言われている。これらの用語は両立不可能ではないかもしれない。しかし、フーコーはこの文の中で、空間と場所と用地＝位置という語を隣り合わせに並べている。この文がちぐはぐなのは、フーコー自身が非常に好んでいたボルヘスの「シナのある百科事典」から引いた次の一節に匹敵する。「（a）〈皇帝〉に属するもの、（b）香の匂いを放つもの、（c）飼いならされたもの、（d）乳呑み豚、（e）人魚」。フーコー自身の分析に基づけば、ボルヘスの文には、これら異質な項目をその内に位置づけるべき「共通の場所」が欠けている。それとまったく同様に、フーコー自身による空間と場所の並置、所在地と用地＝位置の並置には、それらを結合するための――そうしてそれらを差異化するための――筋の通った根拠が欠けているのである(92)。

第二に、（それと認められることのないきわめて多様な権力に向けられる）フーコーの批判がひどく勇ましいのとはうらはらに、彼は「用地＝位置」という観念には何の批判も提起していない。彼は幾度ということなく二十世紀の空間経験をこの観念によって特徴づけているのだが。この語がライプニッツから受け継いだ遺産は見過ごされており、その結果フーコーは、権力／知というパースペクティヴからすれば、最も抑圧的で陰惨なさまざまな含意を背負わされたまさにその現象に黙従しているように見える。空間と場所に関する現状を受け入れることを――「反‐用地＝位置」という思想上は寄生的な概念を引き合いに出すだけで、それ以上に「用地＝位置」という観念を問おうとはしないこと――は、危険なことに、過去の状態へと逆戻りしていくのと紙一重である。用地＝位置化された十八世紀の空間の典型例である〈一望監視施設〉についてのフーコーの輝かしい分析と真正面から対決して、最終的にはライプニッツが勝利を収める。

第三にフーコーは、混在性トポロジーが普遍的たろうとする野心をもつ学説だと提唱することで、微妙な仕方で彼自身の歴史主義的なテーゼ――空間と場所の分析に対する彼の唯一の最も価値ある貢献――を切り崩している。混在性トポロジーの「第一原理」――「おそらく世界には、混在郷を構成しない文化などただの一つもない」――は、「社会は、その歴史が進展していくにつれて、実在する混在郷をまったく異なるやり方で機能させることができる」という「第二原理」との緊張関係の内にある(93)。しかし、もし歴史的な差異が真に根源的であるとすれば、特定の社会の内にきわめて異なる混在郷があるような時点だけでなく、混在郷が**まったくない**ような時点がいつかやってくるのではないか（もしかしたらすでにそのような時点になっているのかもしれないが）。歴史主義的なテーゼは普遍主義的な要求を台無しにしているのではないのか。これらの問いに対して、フーコーの未完作品から十全な答えは出てきそうにない。

4

完全に一致し合うようなものは何もなく、すべては混ざり合い、交錯している。

ここでは、絶対的なものは局所的である。なぜなら、場所が限界づけられていないのだから。

――ドゥルーズ＝ガタリ『千のプラトー』

ジル・ドゥルーズとフェリックス・ガタリの記念碑的作品『千のプラトー』（一九八〇年）は、『資本主義と分裂症』と題された彼らの二部作における前作『アンチ・オイディプス』の成果として開かれた壮大な見通しを探究している。表題そのままに、『千のプラトー』（ここには狭い隘路はない！）はあふれるほど多くの話題を、それらの歴史的な特殊性と、長期にまたがる哲学的、政治的重要性という双方の面から論じる。われわれの目的にとりわけうってつけなのは、第一二章「一二二七年――遊牧論あるいは戦争機械」である。この章で著者たちは次のような社会を探究している。それはすなわち、フーコーのスケッチした混在郷のように、その出現形態（中央アジアの草原でまさに一二二七年に現れたその最も完全な形態）という点では限界づけられているにもかかわらず、同時に、そのさまざまな含意という点では文化を超えている（つまり、どこか別のところにある類似の状況にモデルを与える）のがはっきりとわかるような社会である。ドゥルーズ＝ガタリにとって決定的な「他の空間」とは、定住的な文明の辺境に実在する遊牧民《ノマド》に属する空間である。こうした周縁から、王たちや僧侶階級の構成員たちによって支配された要砦、固定され守りを固められた要砦へと、襲撃その他の侵入が幾度となくなされる。こうした要砦がすなわち「国家装置」である。それに襲撃をかけ侵入するこの隠喩的な戦争機械は、（ゲリラ戦の場合と同じく）群れや徒党の形をとって行動しつつ、外から王国に潜入してそれを転覆する。したがって、戦争機械は「外部性の純粋な形式」(94)である。著者たちは、古代都市国家の場合だけでなく、それと似た他の状況の内にも、城壁を超えてなされるこうした侵略行為を見てとる。その一例としては科学史が挙げられ、この歴史の中では数学や物理学のような国家に認可された公式の科学が、冶金学や水力学のような「遊牧的」あるいは「マイナーな」科学から絶えず挑戦を受けている。国家 state――「立っていること」を意味する stare から派生した語――のもつ静的な特徴は、素人による独立独歩の科学のもつ流動的で隠喩的な本性の異議申し立てにさらされる。後者の科学の変幻自在な活動は、「王立科学」というすでに確立された用地＝位置に対して「他なる」、異質なものである。国家科学に内在する法至上主義、そのロゴス中心主義的な強迫観念は、この科学が数学的な定数や形相的な形式を追究し、また質料形相論的な図式（つまり、質料に形相が押しつけられるという図式）を好むという点に如実に表れている。対照的に、型破りで非公認の科学は、質料－形相そのものよりもむしろ「素材－力」に関心をもつ。そのような科学は、「質料の内にある特異性」や「出来事や此性による個体化」と同様に、漠然とした本質を追求する(95)。城塞国家の〈共分《コムパルス》〉、つまり内に閉じられ規則正しく整えられた空間性は、日曜大工の自家製実験室の〈異分《ディスパルス》〉との対比で、鮮やかに浮き彫りにされる――この実験室は、遊牧民の一時的な野営地のように、その都度しつらえた仕事場の内で手近にある間に合わせの素材から作られており、守りを固められた城壁にそのようなものはない。

さて、ここまでは二つのプラトー――もっと具体的なイメージで言えば、安定した基部に支えられて高くそびえたつ岩丘《メサ》と、その外に横たわりそれを包囲する平原――をスケッチしてきた。この第一の対比が風景に関わる語によって表されているのは、偶然でもなければ単なるレトリックでもない。これらの語は、具体的な場所設定の問題に対するドゥルーズ＝ガタリの極度の感受性を反映している。言い換えれば、あるものがどこに位置づけられているのかが、それがどのように構造化されているのかということと大いに関わりがあるという彼らの確信を反映しているのである。場所設定などどうでもいいことだと仮定しても差し支えがないのは、ただニュートン物理学のような王立科学のもつ帝国主義的なパースペクティヴにおいてのみである。その場合には、重力法則は普遍的《ユニヴァーサル》であり、物理的な普遍宇宙《ユニヴァース》のどこに見出されるどんな二つの物体の間にもこの法則が成り立つと想定されることになる。重力は計量的に規定可能な平行層流線の形で図式化される。しかし、治水の水力学――あるいはもっと広い意味で考えれば、制海権の水力学さえも――のような遊牧科学のもつまったく別のパースペクティヴにおいては、場所が至るところで何らかの役割を果たしており、それを無視することはできない。ここでは素材の力は、格子のような空間の内を完全な直線の形で動いているのではなく、具体的な場所の内を螺旋や渦巻き状の運動という形で動いている。たとえば、洪水の流れや海の嵐の場合のように。水がどのように動くかということは、それがどこにあるのかを直接に反映する。たとえば、水が乾燥した陸地にあるのか、外洋にあるのかで違いが生じるのである。重力幾何学がなおユークリッド的である(平行線が決して交わらないという公準において典型的に示されるように)とすれば、水力運動の幾何学はベクトル的、射影的、そして何にもましてとりわけ位相論的《トポロジカル》である――またそのようなものであるかぎりで、この幾何学はこの運動が行われる場所の一機能をなす。重力は、度量衡についての正確な科学を、ゆえに、地球上のどこでも同じであるような不変の下降を測定する厳密なパラメーターについての正確な科学を導き出す。対照的に、迅速《ケレリタース》、つまり相対的な速さは、近似を用いる「不正確な」科学を求め、この科学は、運動がどこで行われるのかというまさにそのことを、つまり運動の変動的な偏向と方向を考慮に入れる(96)。

これらの対比はすべて、徐々にその全貌を明らかにしつつある場所の哲学において格別の重みをもつ中心的な区別へと集約される。それは平滑空間と条里空間の間の区別であり、ドゥルーズ＝ガタリは『千のプラトー』で、この区別のために別途一章を割いている。この区別は作曲家ピエール・ブーレーズに由来する。ブーレーズは、固定された図式（たとえば、オクターブ）によって秩序づけられた「条里化された」音楽形式と、かなりの変則性を許容する「平滑的な」音楽形式（たとえば、非オクターブ音階）とを対比している。前者の場合には、われわれは「占められるために順に数えられる」ような空間に関わるが、後者の場合には、空間は「数えられることなく占められる」(97)。数えるとは単なる番号づけの問題ではなく、より一般的には一定の価値の割り振りの問題である。条里空間の内では、表面が十分に等質であるため、はっきりと区別された（したがって、番号をつけることのできる）点がいくつも特定され、そうして数えられることが可能である。そのような空間の内での運動は、つねに点から点へ、ゆえに数えられるある単一の所在地〔単に位置を占めること〕から、同様の他の所在地へという仕方で行われる。こうした事態は、空間からいかなる質的な固有性をも排除して、その結果空間を適切に中立化されたものにし、数学的その他の一定の価値を割り振れるようにしようとした十七世紀の努力の遺物である。要するに、問題なのは端的な延長――普遍化（つまり、あらゆるところで結果を得るために保持されるような）に適しているのと同様、中心化（つまり、解析幾何学におけるX軸とY軸とZ軸の交点のような）にも適しているような延長――なのである。そのような空間は、まさに等質で平板な（平らで平行に並んだ平面の内に配列される）ものとして、厳密に引かれた道による線形的な条里化に従属する。そして、この空間は、ある一つの固定された観点から見られるような仕方で――焦点が一つしかない遠近法《パースペクティヴ》の内にあるような仕方で――投影され、またそのことで、どんなところであろうと無関係にその内容の完璧な再生産を可能にする。対照的に、平滑空間は異質なものを混在させ、（ベルクソンの用語で言えば）「諸々の質的多様体」によって充たされている。そして、これらの多様体は正確な中心化や再生産に抵抗するのに加え、普遍化にはなおさら抵抗する。そのような空間においてわれわれはつねに、平板ではなく触れることができる個々の領野の内に身を浸しており、その上で外的な観点をとることはできない（逆説的なことに、その領野の内に存在することは、王立科学と対決する「外の思考」に関与することなのだが）。ドゥルーズ＝ガタリが述べているように、

平滑空間はまさしく最小偏移の空間である。そのためこの空間には、無限に近い点同士の間を除いて等質性がなく、近いもの同士の連結はどんな決まった道からも独立に行われる。それは、ユークリッドの条里空間のような視覚的な空間であるというよりもむしろ、接触の空間、触覚あるいは手を介した微細な接触行為の空間である。平滑空間は［平行な］運河

や水路のない領野である。そのような領野、異質なものの混在する平滑空間は、きわめて特殊な型《タイプ》の多様体と対をなしている。それは、非計量的で非中心化されたリゾーム的な多様体、空間を「数える」ことなく占め、「自分の足で出向いていくことでのみ探検できる」多様体である。これらの多様体は、それらに外的な空間の内にある一点から観察可能であるという視覚的な条件には見合わない。この〔平滑〕空間の例には、ユークリッド空間に対立する音の体系、ひいては色彩の体系までもある(98)。

平滑空間は、固定された点の間を直進する代わりに、放浪、つまり、さまざまな領域の間をさまよい漂うための余地を提供する。ここではひとは、単に基本方位や幾何学的に規定されたベクトルに従って移動するだけではなく、「方向の多義性」――見られると同様に聞かれもする、そしていかなる場合にも、ただ単に理論上の必要性から措定されるのではないさまざまな方向の――において移動する(99)。外洋で、あるいは風の吹きすさぶ砂漠の中で、ひとは方向を見るのと同様に、方向に耳を澄まし、それを感じる（北極の吹雪の中のように、時折ひとは方向を示すどんな種類の目印も見分けることができなくなるが、それでも、その領域に生まれついたひとはどうすれば目指す場所にたどり着くのかを知っている）。こうした環境の中で、誰もが実際に遊牧民であるとき、ひとは、「点や対象に依拠するのではなく、むしろ此性や、諸関係の集合（風、雪や砂のうねり、砂の舞う音や氷の割れる音、砂と水の触覚的な質）に依拠するような、極度に繊細な場所論《トポロジー》」(100)の内に関与せざるをえない。ひとは自分のいる居所を見出す、つまり、まさにその場所の内で自分が占める局所的な絶対を見出すのである――しかも、数えることなく。「遊牧民、遊牧空間は、局所化されてはいても、範囲を限界づけられてはいない」(101)。

遊牧空間は、すみずみまで局所化されている限りで、つねにある一つの場所として――この場所の内で――生じる。しかし、限界を設定されない限りで、それは特別な種類の場所である。それは単にここに、つまり、空間の正確に位置を示された地点の内に存在する場所ではなく、「限界づけられない局所性」(102)の内に存在する場所である。というのは、遊牧空間の内で問われている場所は本質的に広漠なのだから。この空間は、広大無辺ではあるが、無限でも内密でもない。ニュートンもバシュラールも――一方は無限なもの、他方は内密なものについての第一人者とされ、ともに空間についての近現代の思考の極限を構成する両者のいずれも――、そのような空間を認めない。というのは、遊牧空間は、範囲を限界づけられないという点で、もはや純粋に次元だけからなる空っぽの物理的な無限でもなければ、心の内部にある凝縮されて充ち足りた現前でもないからである。遊牧空間は、〈自然〉にも〈心〉にも属さない以上、「外部的」ではあるが延長してはいないし、「純粋」ではあるが想像上のものではない。延長に属するいかなる計量基準によってもその広漠さを測定することはできない。デカルトならばその延長は無際限であるとでも言うだろう——ただし、まったく異なる理由によってだが。このことが、特徴的な遊牧空間とはある領域全体——草原や砂漠や海——である所以である。そして、こうした領域は、その巨大さにもかかわらず、一定の境界線をもつ厳密に測定可能な空間ではない(103)。そのような領域に居住することとは、単にその領域の内のある場所に存在するということにとどまらないし、ましてやこの場所の内のある一点にいるということではなおさらない(遊牧空間に点はない)(104)。それは広漠さの中心に存在することでもない。より適切に中心化を見出すことができるのは、フッサールの言う身体の絶対的なここにおいてか、そうでなければ、宗教に属する世界包括的な絶対(たとえば、宇宙《コスモス》の中心としての神聖な場所)においてである(105)。それとは違って、遊牧民は彼あるいは彼女が居住する全領域にあまねく散らばる。ここにもそこにも、つねにこの領域のさまざまな場所の間にある道の途中に。いわば、「遊牧民の生活は間奏曲である」(106)。それは羊の背に揺られた生活である。このことは——ハイデガーがフッサールの絶対的なここから必死で脱け出そうとしておそらくそう考えるように——、遊牧民がつねにここよりもむしろそこに存在するということではない。彼あるいは彼女は、ここ/そこに、かつ、そこ/ここに存在する、つまり、ここそこの間、この場所とあの場所の間に存在するのである。いわば、これらの両極の間に配分されて(107)。

そのため、平滑空間、遊牧空間は、領域としての場所とでも呼べるようなものを指し示す。バシュラールが時間は空間へと圧縮されていると論じることができ、ハイデガーが空間と場所は原理的に同じものだ(空間がすでに「諸々の場所へと分裂している」からであれ、空間が「その存在を諸々の場所から受け取る」からであれ)(108)と論じることができたとすれば、ドゥルーズ゠ガタリは事実上、領域と場所とが一つになるのだと主張する。あたかもさまざまな場所がある領域の部分へと割り振られたり割り当てられたりするかのように、領域が諸々の場所の単なる全体化なのではない。領域そのものが一つの場所なのである。私——遊牧民としての私——が草原で生活し動き回るとき、私は全領域にくまなく実在し、その全体の内にあるここ/そこに実在するのであって、単にこの領域の部分の内に実在するのではない。局所化が実在することは否めない。どんな個別の瞬間にも、私はどこかに存在するのであって、どこでもないところで漂っている(砂漠や草原で生活したり、海に行ったりしたことが一度もない非遊牧民が間違いなくそう危惧するように)のではない。しかし、私がどこかに存在するということは、ただ一つの局所性の内に存在することには制限されない。船はつねに動き続けているし、隊商は旅を続け、犬ぞり隊は氷原を渡る。私は領域の内の至るところに身を広げている。私は潜在的には領域の内のどの場所にも存在する。領域とは私がその内に存在する場所なのである。したがって、絶対的なものが局所的なものになるのであって、その逆ではない。というのは、場所そのものが至るところに――その領域の内の至るところに、もっと言えば、その領域としての至るところに――存在するからである。「ここでは、絶対的なものは局所的である。なぜなら、場所が限界づけられていないのだから」(109)。この二重の難問が重要なのだ。

この逆説的な状況の内で、(単位としての)局所性以上に重要なのが「局所的操作」(行動)である。この操作によって、私はある領域を区切るさまざまな局所性を通り、道すがらそれらを変様させながら自分の道を進んでいく。

> 遊牧民にとって……局所性は限界づけられていない。そのとき、絶対的なものは個別的な場所に現れるのではなく、限界づけられない局所性になる。場所と絶対的なもののカップリングは、中心を決定され方向づけられた世界包括化や普遍化においてではなく、さまざまな局所的操作の無限の継起においてなし遂げられる(110)。

局所的操作は、平滑空間の構成と経験の基盤そのものであり、この操作は大部分が、ひとが荷物を運ぶ動物や船やその他のゆっくりと進む乗物の助けを借りて、風景や海景を横切って少しずつ動き回る際に行う乗り継ぎからなる。移民が旅程の中で点から点へと進んでいく者であるとすれば、遊牧民は「行程に沿った何度もの乗り継ぎ」を介して前進する(111)。乗り継ぎは、遅れを取り戻したり、少し休んだ後にまた旅を続けたりという熟練を要する運動を含み込んでいるが、これらのことすべては、ひとがその上を動き回る地面や海との緊密な近さの内にある。そのような遊牧あるいは平滑空間において、ひとは単に実際に動き回るだけではなく、強度的＝内包的に動き回ることができる。というのは、平滑空間は「〈延長＝外延《エクステーンスィオー》〉ではなく内包的な〈強度空間《スパティウム》〉」に属するものなのだから(112)。われわれがそのような強度的＝内包的な空間性を経験するのは、何よりもまずわれわれが「その場所にいながらにして旅をする」とき、つまり、文字通りにわれわれの身体を動かしはしないものの、それでもなおどこかへ行こうとするときである。ベドウィンは、早駆けする馬の背に乗ったままで、身をかがめて静止した姿勢をとる。この不動の動性において、彼らは領域との関係で見れば動き回っているわけではないが、にもかかわらず、この領域を横断する(113)。そのような場所／領域の内にいながらにして行われるこうした旅は、距離や運動や時間の量という観点からも、心理的な共鳴という観点からも測定されない。その強度＝内包は内密ではないが、旅がそこで行われる領域のまさにその広漠さに属する(114)。

もしバシュラールが内密な広大無辺さの観念によってデカル

トの二元論の前提を崩すとすれば、それは、心に属する諸々の居心地のよい場所へと空間を崩壊させることによってのみである。ドゥルーズ＝ガタリは領域への浸透という観念によってその同じ二元論を切り崩す。前提を崩す作業の方向性はいまや逆転される。つまり、それは外部性から内部性へというのではなく、その反対向きの方向性で行われるのである。「内部（within）の存在」は外部の［ともにない］（*without*）存在に膝を屈する。遊牧的な平滑空間への浸透は、いかなる心が提供しうるよりも広漠な何かへの浸透である。しかも、より広漠であるというのは、文字通りの物理的な広さという点でだけでなく、漠然とした輪郭をもつだけで果てのない（とはいえ無限ではない！）〈強度空間《スパティウム》〉としてなのだ。ひとは果てがないように見えるもの――〈限界づけられないもの〉――に自分の身を浸透させる。地平線や水平線の向こうに消え去る砂漠や海は、その消失を示す弧に関しては限界をもたない(115)。

平滑空間への浸透は、身体に基づくと同時に風景へと方向づけられている。浸透のこの二重の基盤は、遊牧空間の内での方向の役割を考察すれば一目瞭然である。そのような空間の内で動き回ることは、固定された点の間の決まった道筋に従うことではない。出発点や到達点（そのようなものがあるとして）は目に見えないし、ひとがとる／作る道は移ろう砂や海や風によって即座にかき消されてしまう。天候が荒れたり夜になったりすると、地平線や水平線でさえも見えなくなる。その結果としてひとは、適切な方向を決定することで、自分の行くべき道を絶えず見出さなければならない。乗り継ぎという局所的操作は方向の発見（また往々にして、絶えざる再発見）によって方向づけられなければならないのである。そうでなければ、この操作は徒労に終わるだろう。ここから、「平滑空間は次元や計量に関わるというよりむしろ方向に関わる」(116)という帰結が導かれる。われわれがピロポノスとデカルトの両者から学んできたように、次元性は〈延長＝外延《エクステーンシオー》〉に属する。対照的に、方向性は内包的な〈強度空間《スパティウム》〉に属する。状況を強度的＝内包的なものにするのはまさに、生きられた身体が大地や水と隣り合って存在しつつ、自分がその内にいる領域を区切る陸上や海上の目印に気づくことで自分自身を方向づけるというその仕方である。われわれがカントから学んだように、「宇宙の方域」における方向づけは左右対称的な身体を必要とする。そして、そのような身体は自分の周りにあるこれらの目印を、自分がいま所在化されているところの右か左――もしくは上か下、前か後――にあるものと解釈することができるのである。ここで問題なのは、目印までの正しい距離を見積もることではなく、目印に向けてあるいは目印によって、自分の左右対称的な身体を方向づけること、目印の中に暗に含まれたベクトルに自分自身を合わせることである。この結果として生じる方向感覚は、身体と、それを取り巻く風景の中で目立つ対象との、独特のしかし力を秘めた総合から立ち現れる（この総合は、たとえ直接の知覚においては局所的な道しるべが見つからない場合でさえも、ひとがなお自分の行くべき道を捜し当てたり思い出したりすることができるようにする)。

ドゥルーズ＝ガタリは身体の左右対称性を無視しはするが、にもかかわらず、身体と場所の間の意義深い新たな連結を、つまり平滑空間の内の存在に特有の連結を示唆する。そのような空間は、いかなる計量的な意味での観点や距離にも決して関わらない——陸上の目印でさえも近くでの現前となる——ため、「近距離」での行動によって経験されなければならない。たとえば、「自分の足で出向いていくこと」や歩くことや聞くことによって、そしてより一般的には、把握のさまざまなあり方によって。これらの局所的操作のそれぞれは、陸であれ海であれ、ひとがその上にいる地盤との隣接性を確立する。何もかもがこの地盤との関係において経験され、この地盤は感覚学的また運動感覚的な身体によって存分に感じられる。この地盤の上では、「媒介的な距離はない、あるいはあらゆる距離は媒介的である」(117)。最も決定的なのは——古典的な表象主義的知覚理論においてそうであるように——、何を知覚するのかではなく、自分の身体が直接的な近さへと入っていくのとどのようにして折り合いをつけるのかということである。

近接視野にある把握的な平滑空間の第一の様相は、その方向づけや陸上の目印や連結が絶えず変動するということである。この様相は少しずつ作用を及ぼす。その例としては、砂漠、草原、氷原、海といったもの、つまり、純粋な接続の局所的空間が挙げられる。よく言われるのとは逆に、ひとがこの種の空間の内で距離を置いて事物を見るということは決してないし、この空間を距離を置いて見るということもない。ひとは決して何かの「前に」存在するのでもなければ、「内に」存在するのでもない(ひとは「上に」存在するのである……)(118)。

平滑空間の「上に」とは、包含者の空間の「中に」や、点の「に」と、また定住して住まう際の「ともに」とでさえ置き換えられる。というのは、平滑空間の上では、住まうという営みは旅する中で成就するからである。ひとは住まうことを目的として動いていくのではなく、動き回ることによって住まう、つまり領域の内部の(あるいは繰り返しになるが、領域としての)、場所から場所への移り行きによって住まうのである。したがって、局所的な絶対と同一であるような「移行という絶対」がある。「局所的統合としての遊牧的な絶対が実在する。この統合は部分から部分へと動き、方向の連結と転換との無限の継起において平滑空間を構成する」(119)。「局所的統合」は動き回る身体によって行われるが、こうした身体は家のない居住の担い手であるとともに、運河や定住用地＝位置のない空間の乗物そのものである。その結果として成立するのは、住まう営みの独特の、しかし重要な一形態であり、それはハイデガーとバシュラールがなお固執している定住者のパラダイムとは縁を切っている。しかもそれは、家の内部にあってなじみのないもの、つまり文字通り不気味《ウンハイムリッヒ》なものに関わるものでもない。遊牧民は砂漠や草原の上で完全に自分の家にいるような居心地のよさを感じくつろいでいる。そこには不気味なものは何もない。そうではなく、住まう営みのこうした形態は、つねに先へと続いていく旅の絶対的な地盤へと土地を転化させるような、土地の絶えざる脱領土化に関わるのである。ドゥルーズ＝ガタリは次のように書いている。「遊牧民とともに、大地への関係を構成するのは脱領土化であり、そのために遊牧民は脱領土化そのものの上に再領土化するまでに至る」(120)。

「身体がその内を動く開かれた平滑空間」(121)――しかも、まさに動かないことによって動くのだ!――とは対照的に、条里空間は運動を凍りつかせて所在地から具体性を奪い、住まうための場所を残さない。条里空間が所有するのは、平滑空間の「不定形な」特徴よりもむしろ一定の固有性であり、しかも何よりもまず、分析的‐幾何学的な位置や重力を指示する線である(122)。そのような条里化は、範囲を限界づけられ閉じられた表面内部の目に見える点を接続する。この表面は条里化が進むにつれて徐々に等質なものになる(123)。それは一様なものとして、距離の正確な測定と観点の光学とに従属している。「遠距離からの視野が必要とするもの、つまり方向づけの一定性、不動の準拠点を次々に経由して進む場合の距離の不変性……［そして、］中心をもつ遠近法《パースペクティヴ》の構成」(124)、実際、条里空間はこういったものに支配されるようになる。われわれは「中間＝環境への浸透」が平滑空間に必要不可欠であることを見てきたが、この浸透さえも格子や地図の上での位置の集合に還元される。至るところで、〈限界づけられないもの〉を限界にもたらす努力がなされる――〈限界づけられないもの〉が大洋であれ、砂漠であれ、地球そのものであれ、それは変わらない。この包括的な〈全体〉は秩序へと、つまり固定された位置の間で線の間に組み込んだり切片化したりする強制的な秩序へともたらされる。その結果として生じるのは、諸々の場所からなる領域というよりもむしろ、諸々の用地＝位置からなる空間である(125)。

有無を言わさぬ還元が行われるこうした状況が指し示しているように、平滑空間と条里空間はお互いに完全に独立なわけではない。平滑空間が概して条里空間によって境界線を引かれているというだけではなく、二つの空間は多岐にわたる仕方で相互に作用し合う。すなわち、「平滑空間はつねに条里空間へと変換され横断される。条里空間はつねに平滑空間へと逆転され送り返される」(126)。このことの最も説得的なただ一つの例は世界の幾多の海洋の運命の内に見出される。当初はすぐれて平滑的であった諸々の空間、これらの広漠な遊牧空間が、十五世紀には緯線と経線によって次第に条里化されるようになる。しかし、時代の経過の中で、地図作成的な条里化から独立に動き回る「牽制艦隊」の原子力潜水艦その他の戦艦により、「海は再び一種の平滑空間を分け与える」(127)。平滑空間が条里空間よりも強力に脱領土化するものだというのが真であるとしても、それは平滑空間がつねに勝利を収める——あるいは、それがつねに建設的で健全な力と結びついている——という意味ではない。ドゥルーズ＝ガタリは次のように主張している。彼らが臆面もなく平滑空間を好ましいとしており、とりわけこの空間が抵抗と革命の混在郷的な基盤と見なされる場合にそうであることは、そのような空間の無条件の是認を含意するものではない、と。彼らは以下のように忠告する。「平滑空間がわれわれを救うのに十分だろうなどとは決して信じてはいけない」(128)。われわれは単純に遊牧空間か定住空間かのどちらかを選べばいいわけではない。これは、「よりよいというのではなく、単に異なる」(129)ものに関わる問題なのである。二つの空間の間にはある種の最終的な同等性さえある。一方の空間での配分や旅が、他方の空間での割り当てや定住を補完しているのだ。「平滑なものは一つのノモスであり、一方で条里化されたものはつねに一つのロゴスをもつ」(130)。「あらゆる生成変化が平滑空間の内で起こる」という事実は、「あらゆる進歩が条里空間によって、またその内でなされる」という同じくらい重要な事実を隠すことはできない(131)。平滑空間を強調することが倫理的かつ政治的な利点をもつからといって、われわれは条里化——平滑空間そのものの条里化を含め——の必然性から目をそらしてはならない。相対的な世界包括性と局所的な絶対は、それらの深い不均等にもかかわらず、お互いに帰属し合う。それらは条里と平滑という対を構成するが、この対は場所と空間に関しては、限界づけられたものと限界づけられないもの、奇数と偶数、同じものと異なるものという、プラトンの形而上学的な対と同じくらい必要不可欠なものである。

5

われわれにとってわれわれ自身の姿が現れるのは、建築によってすでにしるしづけられている空間化の経験を通じてのみである。

それはそれらすべてに場所を与える。

——ジャック・デリダ「『フォリー』〔狂気〕の地点」

こうして建築は困難な課題に直面する。その課題とは、建築が所在化したものにずれを生じさせる〔その所在を移動させる〕ことである。これが建築の逆説なのである。

——ピーター・アイゼンマン「ブルー・ライン・テクスト」

建築の［究極的な］重要性は、細心の注意を払いつつさまざまな空間や出来事を配列することを通じて、社会の変容を加速するというその能力の内に存する。

——ベルナール・チュミ『出来事—都市』

空間を場所として思考し直すこと——近世初期のように、その逆の方に思考するのではなく——、それがこの最終章で考察されるべき各人の差し迫った課題である。この課題は多様な仕方で実現される。バシュラールは、現代の他の思想家たちと協同して、思惟するもの《レース・コーギターンス》を想像する精神《メーンス・イマーギナーンス》として価値づけし直すことで自分の仕事を進める。デカルトにとっては思惟する実体が空間の不在の典型例である一方で、バシュラールにとっては想像する精神が場所の新たな充溢を例示する。この場所の充溢は、もはや物理的空間の恩恵を受けることなく、それ固有のほとんど自律的な心理的事象の赴くままに作用する。想像的な心の内には、諸々の場所以外のもののための余地はない……そしてこの余地が、さらにより多くの場所のための余地となる。それと同じように、まったく異なる分野においてではあるが、フーコーは、社会や政治の支配的な構造のもつ主導権に異議を唱える混在郷的な場所という観点から現代の空間を再考する。多くの点でフーコーと盟友関係にあるドゥルーズ＝ガタリは、同じく異質なものの混在する場所として空間を捉え直す。彼らによれば、条里空間は平滑空間に道を譲り、平滑空間は果てしなく開けた遊牧的、非定住的なさまざまな場所を生む（素人の実験の内でであれ、一時的な定住の内でであれ）。

しかしながら、『千のプラトー』の著者たちは、生成変化と運動を強調するに際して、定住のための住まいのもつ——私が別の箇所で「建てられた場所」と呼んでいたもののもつ——場所的な潜在力を見落としている。砂漠や草原といった平滑空間の内での遊牧民の巡行は、含蓄が深くはあるものの、人間の住居の全範囲のほんの一部しか表していない。われわれはすでに数々の異なる形式をした住まいを目にしてきた。その例としては、厳しい統制下にあり内的に透明な〈一望監視施設〉（国家権力を例示する制度）、混在郷的な「他の空間」が反‐用地＝位置として作用する際に関わる、中心的に位置づけられた都市建築、その居心地のよい隅が大人の夢想にインスピレーションを与えるような、記憶あるいは想像の中の幼年時代の家といったものがあった——ただし、ハイデガーが住まうことを〈内‐存在〉として、また、事物に基づくものとして、二重に強調していたことにはここでは言及しなかったが。しかし、われわれは建築のもっと直接的な事例をまだ扱っていない。建てられた場所はどのようにして空間を場所へと転化させるのか。いまやわれわれは、ジャック・デリダの作品を参照しつつ、この問いに取り組むことになる。

建てられた場所の上にいるデリダ？　テクスト性、そして何よりもまず、間テクスト性――一見すると場所とはかけ離れた、とりわけ建てられた場所とはかけ離れた事柄――に対するデリダの関心がよく知られているのを鑑みれば、こんな考え方は邪道であるように思われる。もしこの関心において問われるような場所の意味が何かあるとすれば、その意味とは、有効な出口がまったくない間テクスト性という、建てられることのない迷宮であるように見える。あるいはより適切な言い方をすれば、それはデリダが「テクストの脊柱」になぞらえている「〈バベルの塔〉」(132)である。しかし、建てることと書くことの間の親近性はこれよりさらに深いところにまで及ぶ。デリダは自伝的な余談の中で、彼にとって書くことが空間的な布置形成の特別な一形態であると認めている。「私が……ものを書くとき、私がある一定のテクストを建てるとき、私にとっての法則あるいは規則はテクストの空間化に関わる、そんな気がする。私の興味を引くのは、本当は内容ではなく、空間の内での何らかの配分、私の書くものが形づくられる仕方、それも空間的に形づくられる仕方なのである」(133)。書き手としてデリダは、言葉の集合を形に表す。文字通りに建築上の組み立て《コンポジション》ではないが、構築作用という概念において建築の通路に見合う文章《コンポジション》を作りながら。印刷上の構成《コンストラクション》＝構築に対するこの気遣いは、『弔鐘』のようなテクストではきわめて著しい形で明白になっている。そこでは、二重三重になった縦欄《コラム》＝柱が、垂直的な段組の複雑な文章《コンポジション》＝組み立てを作り上げている。ここから――「テクストの外には何もない」というデリダの言葉にちなんで言えば――、「建てるとはテクストを書くことである」ということが帰結しもする(134)。テクストが建てられるのとまったく同様に、建物が書かれるのである。

デリダの読解に基づけば、あらゆる種類のテクストはさまざまな書かれた痕跡からなっており、これらの痕跡はそれらのまさに産出と維持のために文章＝組み立てと構成＝構築との場所を必要とする。「原－エクリチュール」（archi-écriture）という恐るべき観念でさえも、それが現れる――そして消える――場所を要する――。これは、その場所の内で生じる原－痕跡（archi-traces）がもつ自己消去の働きによる。このため、きわめて特別な種類の場所、テクストの場所がデリダによって措定される。彼にとってすでに問題となっているのは、アリストテレスにとってそうであったように、「どこで」という問いである。しかし、アリストテレスが最終的にはこの問いよりも「何が」という問いの方により関心を引かれたのに対して、デリダは「何が」というこの問いを無効にしようとする。何がという問いが形而上学的な事柄だとすれば、どこでという問いは物理学の――あるいはテクストの問題――である。痕跡、何よりもまず書かれた痕跡はどこかで現れる／消えるはずだという物理的もしくはテクスト上の事実を、どうして否定できるというのか。こうしたテクスト上のどこかは、デリダによって「エクリチュールの舞台」（scène de l'écriture）として把握され、それ自体が「存在の領野」（champ de l'étant）の格好のモデルであると見なされる。この領野‐舞台は、それが「現前の領野」（champ de présence）になる以前に、つまり、そこを占めるのが何かということやその本質、そのものの何であるか《ティ・エスティ》や形相《エイドス》によって規定される位置の集合になる以前に、エクリチュール〔書くこと〕によって創設される[135]。そのような舞台はまた空間と時間に先立つ。いわば、「それは〔もはや〕空間の内に存在しないのと同様に、時間の内にも存在しない」[136]。ここから、エクリチュール〔書きことば〕への抑圧――たとえば、パロール〔話しことば〕の推定上の優位性による――が（内的なものとしての）時間と（無限なものとしての）空間の優先性についての要求を伴うということが帰結する[137]。しかしながらエクリチュールは、それが抑圧されない状態において、「空間化〔間隙化〕」（espacement）というその基本的な働きによって、つまりそれ自身の「痕跡化」（tracement）によって空間と時間の優位性の前提を崩すような舞台を創設する。空間と時間がそのようなエクリチュールの舞台から派生するのであって、エクリチュールの舞台が空間と時間から派生するのではない――これは、エクリチュールとしての痕跡化が起源や目的《テロス》という一般的な地位を拒絶する「特殊な地帯」を必要とするという事実によるものである[138]。私が提案したいのは、こうした地帯が、異なる仕方で思考され、異なる仕方で書かれた場所以外の何ものでもないということである。

たとえデリダが、グラマトロジーに関する著作中でのように、「場所」（lieu, place）という語をまれにしか用いていないとしても、グラマトロジー（線、書かれた筆跡、目に見えるしるしを意味する grammē から派生した語）というまさにその観念は、エクリチュールの場所、またエクリチュールのための場所についての概念を含意する。これはつまり、その提示に対して絶対に必要なものとしてのそれの場所、また、その生産のための背景としてのそれのための場所ということである。この論法を成り立たせるために効果的に作用しているグラマトロジーの前提とは、場所配置の作用がなければ痕跡化はない、したがって、エクリチュールはない、というものだろう。どんな種類の書かれたしるし――アルファベットのエクリチュールの場合のように、二重に分節化された非偶像的なしるしであれ、新石器時代の顔面陰刻の場合のように、単一のものとして分節化された図像的なしるしであれ――を作り出すことも、書き込みの表面を、書くべきどこかを要求することである。このどこかは、たとえばページやスクリーンのように文字通りに物理的である必要はない。とはいえ、それはフロイトの無意識の場合のように精神的でもありうる。そして、この無意識の内にデリダは、サイコグラフの書き込みの場、暗号化されたさまざまな記号の領域を見つけ出すのである[139]。

そのとき、グラマトロジーのパースペクティヴにおいて、場所はエクリチュールのための可能性の条件――エクリチュールについての現実的、物理的な例証を必要としないような条件――である。デリダは原‐痕跡を経験的な痕跡に還元するのを拒否する。原‐痕跡は物体に似てはいるが物質的ではなく、「非質料的物体」[140]というシリアノスの撞着語法的な概念にあながち似ていなくもない。原‐エクリチュール(archi-écriture)は、字義通りの物質的なしるしが現れ記録されるために、テクスト上のどこかある場所を創造する。エクリチュールのための必要条件として場所を措定することは、地形分析《トポアナリシス》に新たな力と射程を与えることである。それは、バシュラールが強調していたように、詩がそのような分析に従うということにとどまらない。散文的であれ詩的であれあらゆるエクリチュールは、前提条件としての場所によって範囲を定められると見なされるのである。実際、デリダならば、詩によって伝えられるイメージの中のさまざまな場所はテクスト上の場所を前提とする、つまり、あらゆる文学がそこから生じるような、さまざまなしるしからなる書かれた舞台を前提とすると主張するだろう。そして、もしこれが正しいとすれば、グラマトロジーは地形分析と不可分である(そして逆もまた真である、とデリダならば主張するだろう)。

痕跡化の優位性は空間化の優位性を含意する。空間化そのものは、さまざまな場所――主として、エクリチュールの/のための場所――の絶えざる提供として起こる。しかしながら、一九六七年の『グラマトロジーについて』の出版後デリダは、空間化《エスパスマン》がその作用という点で、書かれた痕跡の生産に、つまりテクストと間テクストの産出に限定されないという事実に次第に敏感になっていった。空間化の働きによって織り上げられた網(trame)は結局、きわめて豊かな意味をもつ他の網状組織へと連なる。その例としては、映画、絵画、ダンス、政治学、経済学、宗教、そしておそらく最も目につくものとして、建築がある。一九八〇年代の中頃からの一連のインタヴューや論文中でデリダは、彼がそれ以前に原‐エクリチュール(archi-écriture)を扱ったのとほとんど同じ趣旨で、建築=原‐建設=原‐テクスト=原―織物(archi-tecture)を取り上げている。-tecture「―建設」とtextual「テクスト上の」が、texture「織物組織」ともども *text-* あるいはそれに準ずる要素をもつ語群――それ自体が人間の経験における創造的な空間化の根本的な一形態である、布を織る作業に関わる共通の隠喩によってつながれた語群――の内にある言語学的に同系統のものであることを鑑みれば、これはほとんど驚くにはあたらない。だからデリダは、「連鎖をなす多くの糸を紡ぎ合わせる」ことで作業を進める「建築家‐織物師」について語るのである[141]。建築が「空間についての一つのエクリチュール、出来事のための場所を作り出す空間化の一つの様態」[142]であるとデリダが言うとき、彼が建築とエクリチュールをはっきりとした形で等置しているのもまた、驚くにはあたらない。

フーコーが十八世紀の制度的な施設建築の内に懲罰の空間の

──ゆえに「用地＝位置」の──最も有力な例証を見出したとすれば、デリダは現代建築の内に別種の空間化のための基盤を発見する。フーコーが「他の空間」について書くその一方で、デリダは「他の空間化」について語る(143)。フーコーの言い回しは十分に制度化された建築をほのめかしている。対照的に「他の空間化」*spacing*は、建てるという出来事がまず第一《イン・ザ・ファースト・プレイス》に起こるまさにその過程を指し示している。したがって、それは個々の建てられた場所で出来事として起こる経験を指し示していると同様に、形の出来上がった家や学校や橋等々に先立つ構築の出来事（それは物理的な構築そのものと混同されてはならない）を指し示してもいる。にもかかわらず、施設建築──つまり、起源や目的《テロス》、有用性や美といった形而上学的な決定因子(144)の等価物を建物の中に無反省に追い求めるような構築物──に対する批判から、デリダは混在郷的な空間への評価を新たにすることになる。そのような（文字通りに他の）空間の一例がパリのラ・ヴィレット公園《パルク》の『フォリー』であり、これはベルナール・チュミを建築家のチーフとするプロジェクトである。デリダはフーコーと同様に、都市空間のただなかで創造される正真正銘にオルタナティヴな場所という展望に魅了されている。公園がフーコーの言う意味での混在郷の格好の例をなすということが思い起こされるだろう。デリダはヴィレット・プロジェクトのコンサルタントとして──彼は、大きな〈公園《パルク》〉の内部にある小さな公園を（ピーター・アイゼンマンと一緒に）設計するようチュミに依頼された──、設計とエクリチュールの両方において、混在郷的な場所のもつ脱構築的な意義をじっくりと考えることができた。チュミの誘いに対するデリダの返答はおそらく無理な高望みであり、それは次の言明からも見てとれる。「私の考え方はこういうことだ。空間《コーラ》、つまり不可能な場所を設計すること、それを設計することである」(145)。空間《コーラ》がまさに設計されえないものである限りで、この言明は無理な高望みである。実際、デミウルゴスは別の秩序から、つまり〈形相〉の秩序から借用されたものとしてのみ設計を外的に賦与するのである。彼は空間《コーラ》を内部から、その赴くままに形づくろうとはしない(146)。

　結局のところ、ヴィレット公園《パルク》は設計するのが非常に困難な──少なくとも、デリダの共同作業という見地からは困難な──場所であることが明らかになった。事実、この共同作業は誤解を招いたし、これまでのところは具体的な成果をもたらしていない（対照的に、アルキュタスは都市設計者として成功を収めた！）。とはいえ、デリダはなお、このプロジェクトに関わっていく経過で、このポストモダンの混在郷がもつ意味をさまざまな方法でじっくりと考える機会に恵まれたのだし、これらの方法は生産的で示唆に富むものであることが明らかになった。

　それらの方法のうちの一つ──しかも場所に深く関わっているもの──が、出来事としての建築という考え方である。「記念碑的な瞬間の試み」（この試みにおいては、記念建築物が、固定された起源《アルケー》や目的《テロス》に忠実に、自分自身の上で頑なに内に閉ざされた何かを暗示する）としての建築というパラダイムを拒絶しつつ、デリダは建物が事物よりも偶発事《ハプニング》＝生起に属するのだと主張する。それは構築の出来事という意味での偶発事＝生起であるにとどまらない——これは重要で必要なことではあるが。そうではなく、すでに構築されたものとしてさえそれが起こり続け、「いま生起するものの切迫」(147)であり続けるという点での偶発事＝生起なのである。デリダが「いま」——**maintenant**、建築についての彼の著作の真の中心主題——を強調しているからといって、建築の出来事が純粋に時間的な事柄だと考えようなどという気を起こしてはならない。**"Maintenant"** は「維持すること」という意味でもある（またそう訳すことができる）——それは言い換えれば、空間と時間双方の内で存続すること、そこで手中に保たれていることである（**"main-tenant"** の元々の意味〔手に—もつこと〕はこのことを指している。ただそれは、いかなる仕方であれ手許にあるという意味ではないのだが）(148)。にもかかわらず、痕跡の場合にわれわれが見てきたように、空間と時間が最終的な決定権をもつわけではない。最終的な、あるいはむしろ最初の決定権は場所にある。というのは、建築の出来事とは、建築がまさに起こること〔場所をとること〕だからである。つまり、この出来事は、「出来事として約束されたさまざまな形象を、それらがこれから起こる〔場所をとる〕べく」(149)産み出すのである。しかし、建築の場合には、出来事はただ起こる〔場所をとる〕(**a lieu**) ものというだけではない。それは事物が生起するために場所を与え (**donne lieu**)、余地を与えもする。ハイデガーが、**Räumen**（空間を明けること）や **Einräumen**（余地を作ること）や **Raumgeben**（空間を与えること）を強調していたのが思い出される。同様に、デリダの著作全体を通じて存続している「空間化」という語は、生起するさまざまな出来事のための空間を明けることを含意する。つまり、空間化とはこれらの出来事にそれが起こる余地を与えることなのである。そのような余地とは場所のための余地である。建築上きわめて特殊な意義をもつ「余地＝部屋《ルーム》」という語は、哲学的な言説において場所《トポス》としての場所と空間《コーラ》としての場所の間を、またより一般的には、場所と空間の間を媒介するのに役立ってきた。この媒介的な役割を思い出して言わせてもらえば、建築において余地＝部屋を与えるとは、建てる作業に場所を与えることである。そのような仕方で余地＝部屋を与えることが問われるのは、建築とは「出来事のための場所を作り出す空間化のある一つの様態」だとデリダが言うときである。そのような場所（フランス語の **place**）は、その内でさまざまな出来事が生じる単なる場所なのではない。デリダはハイデガーと同様に、包含性を表すアリストテレスの「内に《エン》」のどんな残滓に対しても批判的である。「チュミの作品が本当の意味で出来事の建築を記述しているとすれば、それは単に、その内で何かが生起すべきさまざまな場所（lieux）を彼の作品が構築するという点に関してだけではない……これは本質的なことではない」(150)。

本質的なこと――それがある一つの本質だというわけではないが――は、「出来事的な次元」が生起するために余地が作られる（そうして与えられる）ということである。このような次元は、「シークエンス、開かれた順列、物語性、映画芸術、劇作術、振付法」(151)といったものの内に存する。出来事的なものについてのこれらの例のそれぞれは、たとえば、行、スクリーン、ページ、青写真、ステージ、壁といったそれら自身の場所を要する。チュミはローザンヌの橋の再設計計画の中で半透明なガラスの壁を立てることを考え、その壁の上に電子工学的に産出されたさまざまなイメージが提示され、それが一つの「電子建築」を創造するようなしくみを作ろうと構想している（写真1を見よ）。

このような建造物は、さまざまな出来事の所在地であるだけでなく、これらの出来事のための場所、つまり、真なる「移行の背景図法」を構築する、生起すべき場所である(152)。移行はいくつもの場所の間での運動を含意する。しかし、移行は、そこを通って移行が行われるべき場所をも意味する。移行は出来事そのものと同じく、さまざまな「空間的な」固有性とさまざまな「時間的な」固有性をもつ。同じことは、それと緊密に関係づけられた偶発事＝生起の観念――建築上の出来事を考察するもう一つの方法――についても当てはまる。デリダが、彼の著書『ある序文のための五二のアフォリズム』のうちの一つのアフォリズムで述べているように、「建築について、それが存在しない［たとえば記念碑的ではない］と言うことは、おそらくそれが生起するものだと理解していることである。それは自らに回帰することなく自分自身に場所を与える。そこに出来事がある」(153)。そのとき、建築は場所を占めるのではなく、場所――何よりもまず第一に自分自身に対する場所――を提供し、そうすることで「そこにある」出来事として生じる。非常に単純に言えば、「それが生起する」のである。偶発事＝生起する作用（*happening*）として、建築は時間に関わる。偶然の事件＝生起する－足場（happen-*stance*）として、建築は散在した空間の内で揺るぎないものにされる。両者の様相は建築のあらゆる出来事の内で、言い換えれば、建築のあらゆる場所の内で息づいている。

われわれが生きるところ、とりわけわれわれの家－場所（故郷）は、記念建築物のように不変ではないにせよ、われわれ自身の行動や思想を維持するのに十分なくらいには長もちする。わが家の内に立っているとき、私はここに立っていて、にもかかわらず、そこの向こうにある建物の境界に包囲されて（隠れ場を与えられて、対決を挑まれて、誘い出されて等々）いると感じている。こうした状況の内にいる人間は、単に時間の内に、あるいは単に空間の内に存在するだけではなく、出来事がひと

写真１．ローザンヌ中央橋プロジェクト：「電子建築」のついた梁。

を関与させるその予測不可能なあらゆる力の中でこの出来事を経験しているのである。デリダの言葉で言えば、「この外は、われわれがその内に存在するまさにその事物の内にわれわれを関与させる」。そして、われわれは、自分が建築を計画したり私有したり、使用したり享受したりする支配力をもつ主体であるよりもむしろ、建築に従属しているのに気付く。要するに、建築が「われわれを包括する」[154]のである。主人たるべき主体がいないのとまったく同様に、長たるべき建造者（つまり、「建築家」（archi / tect）〔首位の／建設者〕の元々の意味）もいない。ただ「がある」――建物という出来事を経験する主体という出来事――だけがある。

　われわれが自分の占める建物によって包括されたり関与されたりする――この建物の場所、移行の行われる出来事的な場所によって――とすれば、われわれはその建物の内で外へと空間化されてもいる。これは、「外への－到来＝出来事」événement（つまり、「外に出てくること」）という語がそれと分かる形でもつ含意であると同様に、「外への－間隔化＝空間化」e-spacement の字義通りの意味である。建築上の出来事－創出は、内に閉じられている――アリストテレスとハイデガーがともに、彼らの間にあるあらゆる相違にもかかわらず主張しているように――というよりもむしろ、外に向かうべく定められているもの、ロックの言葉で言えば、「拡がりのある」ものなのである。「空間的なものはすべて拡がりをもつ」[155]というのは正しくないかもしれないが、建築上の場所はすぐれて拡がりのあるものである。しかも、建築が「自分自身ではないものの内で、自分自身を外へと空間化する」とすれば、そのときデリダは、われわれが「超建築《トランス・アーキテクチャー》」について語るべきだと提唱する(156)。超建築《トランス・アーキテクチャー》は、表現的（溢れんばかりの感情を表すロココ式やロマン主義の建物のように）でもなければ、単に無感情（国際様式の多くの建物のように）なのでもない。そうではなく、ラ・ヴィレット公園《パルク》に見出される超建築《トランス・アーキテクチャー》の実践は、「出来事とともに展開される《セクスプリク・アヴェック・レヴェヌマン》」(157)。言い換えれば、その実践は出来事を形成することにおいて外に繰り広げられ（explicare）、そうして自らが具体化する出来事に従って外に向かって拡がることで、いかなる単一の所在（単に位置を占めること）への制約に甘んじるのも拒絶するのである。こう捉えられることで、建物は場所の内で自分自身を外へと空間化する。これは、場所とは、建物がその内に存在するもの、つまり建物のある剝き出しの場所だからではなく、建物がそこへと拡がるもの、すなわち、建物がそれへと生成変化する（そしてつねになお生成変化している）ものだからである。この拡がりは無際限な空間へと向かうのではないし、ましてや無限空間へと向かうのではなおさらない。それは建物の環境へと、したがって、建物自身がじかに接する「原-場所」を超えて、周囲の「共-場所」へと向かうのである。しかし逆に、そしてまったく同様に、この拡がりは、その周辺にある抵抗する「反-場所」から内に向かう――内に住まう主体のここに向かう――運動でもある(158)。さらに、この主体は、「この他の空間化からの作用を受けとることで、自らの身振りを発明する」(159)ような主体である。そのため、問題となる主体はもはや、それ自身が囲い込まれたものでもなければ、この同じ主体がそこに自分を見出す建てられた構造でもない。主体は、建物自身の空間化《エスパスマン》が進むにつれて「出来事のための場所を作り出す」ような、まさにそうした建物の内で外へと空間化する。そうする中で、建物と主体は同様にその出来事を生じさせる（に場所をとらせる）。それらはともに出来事を場所設定へと至らせ、出来事のための場所を見出すのである。

　建築上の外への空間化は、軽量化――物理的な質料《マター》という重荷と、それと同じくらい重い建築様式の歴史性という問題《マター》とを軽くすること――に関わる事柄《マター》である。問われているのは、「持続や硬度、伝統に属する記念碑的なもの［と］質料的なもの」(160)を解き放つことである。建築における脱構築は、まさにそのような脱重力的な外への空間化によって進行し、この外への空間化は、運動、ずれ（所在の移動）、点という三つの基本形態をとる。以下、それぞれを順に見ていこう。

（1）運動。脱構築的な様式で設計された建物は、場所の端的な持続性と安定性によって、そこにとどまるようわれわれをそそのかしかねない場所のただなかで、われわれをつねに動いている状態に保つ。ここでは「運動」は歩行以上のものである。

歩行はすでに踏み固められた道におとなしく従うことが多すぎる。身体の目的のない徘徊は、超建築《トランス・アーキテクチャー》の精神にのっとり設計されたさまざまな建物の内で（またそれらの間で）なされるによりふさわしい運動形態である。そのような漂流において問題なのは、「偶然、形態の発明、組み合わせによる変形、さすらい、これらのもののための機会」(161)である。

（2）ずれ〔所在の移動〕。そのような偶然的な動きの結果として生じるのは、固定された環境からの絶えざるずれである。ここには単一の所在〔単に位置を占めること〕は実在しないが、しかしまた、単一の移転も実在しない。というのは、いまや場所は、同一化可能なさまざまな場所の間を移行する不断のずれの内に、また、これらの場所そのものを非同一化する過程の内に見出されうるからである。たとえば、チュミの『フォリー』は「全域にわたるずれを作動させる。『フォリー』は、いま（**maintenant**）まで建築に意味を与えていたように思われるものをすべてこのずれへと引きずり込む」(162)。デリダは、「非安定化」destabilization、「脱構築」deconstruction、「裂開」dehiscence、「解離」dissociation、「破砕」disruption、「離接」disjunction といったチュミの語彙における *de-* や *dis-* のついた語の重要性を際立たせる(163)。ハイデガーがその論文「アナクシマンドロスの箴言」で、正当性の欠如《ウン・フーク》＝継ぎ目の不在や「支離滅裂な」ものを強調していたことが思い出される(164)。しかし、ハイデガーが——そしてデリダ自身がこの同じ論文を註釈しつつ——、支離滅裂なものを哲学的概念として支持している一方で、チュミのような建築家は、構築された作品そのものの内に「離接的な力」を注入ようとする。チュミが書いているように、「ラ・ヴィレットで問題なのは、解離を形成すること、それを実演することである……。このことには困難が伴わないわけではない。解離を形にすることは、それを支持する建造物（〈公園〉、施設）が再集結のシステムとして構造化されることを必然的なものにする」(165)。解離を設計することは、ラ・ヴィレットで行われているように、外への空間化をその建築上の限界に至るまで追求することである。ラ・ヴィレットにある相互の連結を断たれた建物の並びにはさまざまな使用法があり、どれをとるかはそこを行き過ぎるひとびとの選択に委ねられている。

（3）点。チュミはこうも言っている。「『フォリー』の赤い点はこの解離された空間の焦点である」(166)。なぜ点なのか。これは幾何学的な存在者のうちで最も貧弱なものであり、建築において、つまり、巨大で堅固なものをその構築の単位とする傾向にある企てにおいて、最も強調されそうにないものではないのか。しかし、チュミにとっては、建築上の離散（disaggregation）に関わるどんなプロジェクトにおいても点が大事なのである。点は記念建造物へのアンチテーゼであり、脱構築的な建築は決定的な仕方で反記念碑的である。点はまた哲学におけるアフォリズムの空間的な等価物である。だから、デリダは建築家たちと哲学者たちの合作である書物への序文に、「ある序文のための五二のアフォリズム」という表題をつけようと決めたのである。点はアフォリズムと同じく、体系的で全体的なもの――すなわち、建築における全構築物《ゲザムトヴェルク》であれ、哲学における全　集《ゲザムトヴェルク》であれ、いずれにせよ全作品《ゲザムトヴェルク》の集大成である（そして哲学は、建築のようになろうという野心を抱き、記念碑化を好むという建築の嗜好とあいまって、不可避的に建築と盟友関係を結ぶ）――への要求を失効させる。デリダとチュミの両者にとって、点は空間の境域の内で最も効果的な脱構築の動因である。点は、差異のない等質な媒体としての空間の脱構築である。デリダは次のように書いている。「それぞれの点は切断点である。つまり、それはテクストや格子の連続性を絶対的に中断する」(167)。デリダがすでに「ウーシアとグランメー」（『グラマトロジーについて』とまったく同時期の論文）で述べていたように、点は幾何学的な存在者のうちで最も逆説的なものである。つまり、それは開いていると同時に閉じられていて、（自分自身に）集中化を行うとともに、（他の点を、究極的には直線全体を）一つに結び合わせる(168)。

　われわれがえてしてそう考えがちなのとは裏腹に、点は原子的なものではない。われわれが見てきたように、アリストテレスはすでに、点が分割可能であるとともに分割不可能であるとしていた。しかも、点は（原子がそうであるように）空虚を含意するのでもない。そうではなく、点は、とくにそれが建築の空間の内で実現される場合には、裂け目のようなもの、あるいは「無根拠な」（sans fond）ものであって、孤立した物理的な素粒子のようにただ真空の内で宙に浮いているのではない(169)。この見地からすれば、再び点はアフォリズムに似ている。つまり、それはモナド的であり、自分自身の内にある観点全体（究極的にはこの観点からは何も見えないのだが）を集中させるのである(170)。点は、そこに何かが集中するというその本性によって、あらゆるものを内に取り込む――他方で、点は同時に、外への空間化の究極的な単位でもあって、他の何ものをも指示しない。その限りで、点は（デリダの言葉で言えば）「[まさにその]建築との交流の点」であり、「この建築の方はこの点を脱構築したり分割したりする」(171)。さらに、点は（アリストテレスが想定していたように、あたかもそれが場所を溶解させるおそれでもあるかのように）場所に背反するどころか、場所の新たな意味の基盤そのものとなりうる。デリダとチュミならば賛同するだろうが、点は包含者としては無力である――そのため、もし場所が包囲する表面と見なされるべきだとすれば、点は場所の究極的な単位ではありえない――が、しかしまさにこの理由で、つまり、それが事物を包含したり囲い込んだりするものではないというその資格で、点は離接や破砕の建築にとって有望なのである。点は、包含するのでも包含されるのでもなく、超　建　築《トランス・アーキテクチャー》における開きの運動、この建築の脱構築的な力の唯一特異な源なのだ。というのは、点とは不変の現前がついに破裂した姿なのだから。

　建築が運動からずれ〔所在の移動〕へ、そこから点へと向かうにつれて、空間化《エスパスマン》の効果はなおいっそう破砕的になる――にもかかわらず、場所設定《アンプラスマン》のためにはなおいっそう有意義になる。以上のような記述の流れに沿って空間の内に出ていくと、場所へと帰ってくることになる。ここに、安定よりも運動に、所在よりもずれ〔所在の移動〕に、包含する表面よりも点により深く関わるような、場所の新たな意味がある。その結果として生じる場所は、この場所を出来事へと作りかえるまさにその建物によって重さを軽くされ、密度を下げられ、堆積から解放される。それは、デリダがアイゼンマンへの手紙の中で述べているように、「場所なき場所」(172)である。いわば、遠く離れた場所。つまり、伝統的な外観を呈する空間と時間から遠く離れた、またどんな剝き出しの場所――位置によって定義され、用地=位置として構成されたものとしての――からも遠く離れた場所。問われているのは、点/から離れる/作用(ap / point / ment)としての指定=約束という脱構築的な運動による空間の離散から生まれ育っていくような場所である。

　そのときわれわれは、身体によってというよりもむしろ建物を通って、霊妙な空間から指定=約束された場所へと回帰する。とはいえ、この回帰は人間身体にとってさまざまな深い含意をもつ。フーコーが焦点を当てた「従順な身体」の場合と同様に、生きられる身体は、建築が与えるその背景によって深い影響を受けており、それはこの背景がどのような形態をとるのであれ変わらない。アイゼンマンが述べているように、「身体と眼差しはともに建築の内面性によって含意されている」(173)。身体と眼差しがこの内面性の内にとらえられ、そこに家をあてがわれ、そうしてこの内面性のもつさまざまな構造を反映するのも不思議はない。そして逆に、建物はそれ自身の設計や構築や使用の内に「身体の署名」(174)を施されている。建物は通常、結局のところ、その内に住まったりその内で働いたりする身体によって居住される目的で作られているのである。

　それにもかかわらず、建築上の外への空間化においてわれわれが帰ってくる場所は、単に居住や固定された住まいのある定常的な場所だけではないし、なるほど必ずしもそうだというわけでもない。脱構築的、超建築《トランス・アーキテクチャー》的な建物はとりわけ場所を非安定化し点在化するが、これらの作用は、「建設用地=位置」(あまりにもはまりすぎたネーミング)の上に構築された前出の住まいの場所や労働の場所に属するような、固定された所在や延長する空間にはまったくそぐわない。脱構築的なプロジェクトにおいて、そのような安定した用地=位置は私が「反‐用地=位置」と呼んだものになる。あるいは、アイゼンマンがふざけ半分で述べているように、「[建設]用地=位置を単に現前として論じるのではなく、重ね書き用の羊皮紙《パリンプセスト》として、かつ宝庫として、記憶と内在性の両者のさまざまな痕跡を含むこれら二つのものとして論じることで、用地=位置を非‐静的なものとして思考することができる」(175)。にもかかわらず、ずれを生じさせる〔所在を移動させる〕ことが場所を移転することではないのとまったく同様に、点在化させることは粉々にして消し去ることではない。場所は残存しているのである――大部分の家や寺院や学校や監獄、その多くがヨーロッパ中心主義的な文化においてここ二世紀の間に構築された、これらの建物の典型的な用地＝位置－空間とは異なるという、まさにその差異の中で、そしてその差異を通じて。

　実際、脱構築的な建築の最も致命的な帰結の一つは、通常の西洋的な意味での、そしてもっと特定して言えば、ハイデガーの言う意味での住居への批判である。住居は実に、西洋建築における「不変項」の一つ――神聖なものへの感受性、美と調和の再認、倫理的政治的な目的の実現といったものとともに――であるかもしれないし、住居が建てる営みの中心にあるという事態は、歴史的には家《オイコス》つまり所帯のさまざまな価値をギリシャ人が強調したことに端を発する(176)。ハイデガーは『存在と時間』以降、住まう営み（Wohnen）に内在するものとしてこれらの同じ価値を再び肯定する。たとえ彼が不気味さ《ウンハイムリッヒカイト》〔家をもたない居心地の悪さ〕や故郷喪失《ハイマートロージッヒカイト》〔家がないこと〕を援用することで、これらの価値を複雑なものにしてもいるとしても、この肯定は動かない。しかし、これらの価値がこうも複雑だろうと、デリダはそれらの内に、自己批判を欠く現前の形而上学の影を、つまり近さと近接の価値の過大評価を見てとる。そうして彼は、「住居、住まう営み、神々と人間たちの現前を隠すことがもつあの価値に簡単に従属させられないような建築」(177)があるのだろうかと疑問を投げかける。なおいっそう問題の核心に迫って、彼は次のように問う。「ひとが住めるようにという目的に合わせずに、作品〔つまり建築作品〕に取り組むことは可能なのか」(178)。「アフォリズムには住み家がない」(179)のとまったく同様に、住居は、建築の最優先の目標であるというよりむしろ、住まう営みとはほとんど関係ない他のさまざまな目標に従属させられうるということが――アフォリズムと建築の間の不断の平行性からすれば――帰結するだろう。たとえば、日本の関西の新空港のためにチュミが行った型破りの設計は、たしかにホテル（つまり、一時的な住まいの場所）を内に含んではいるが、次のような努力を内に孕んでもいる。（チュミ自身の言葉で言えば）「出来事《イベント》やスペクタクルになるまで、乗継《インターチェンジ》＝国際交流と交易《エクスチェンジ》＝国内交通の、商業と文化の新たな都市――一日二四時間にわたる不眠不休の発明……――になるまで、空港を拡大する」という努力を。「ひとびとは、関西国際空港がそのような場所だからという理由で、飛行機でそこに行くようになるだろう」(180)。チュミの設計図（写真2）は、ここで企図されていることについての観念をいくらか与えてくれる。これとほぼ同種の、多くの水準をもつ複合的な出来事は、京都駅のためのチュミの設計（写真3）にも見受けられる(181)。

　これは、ひとが住めない建造物を建設するために建築家が奮

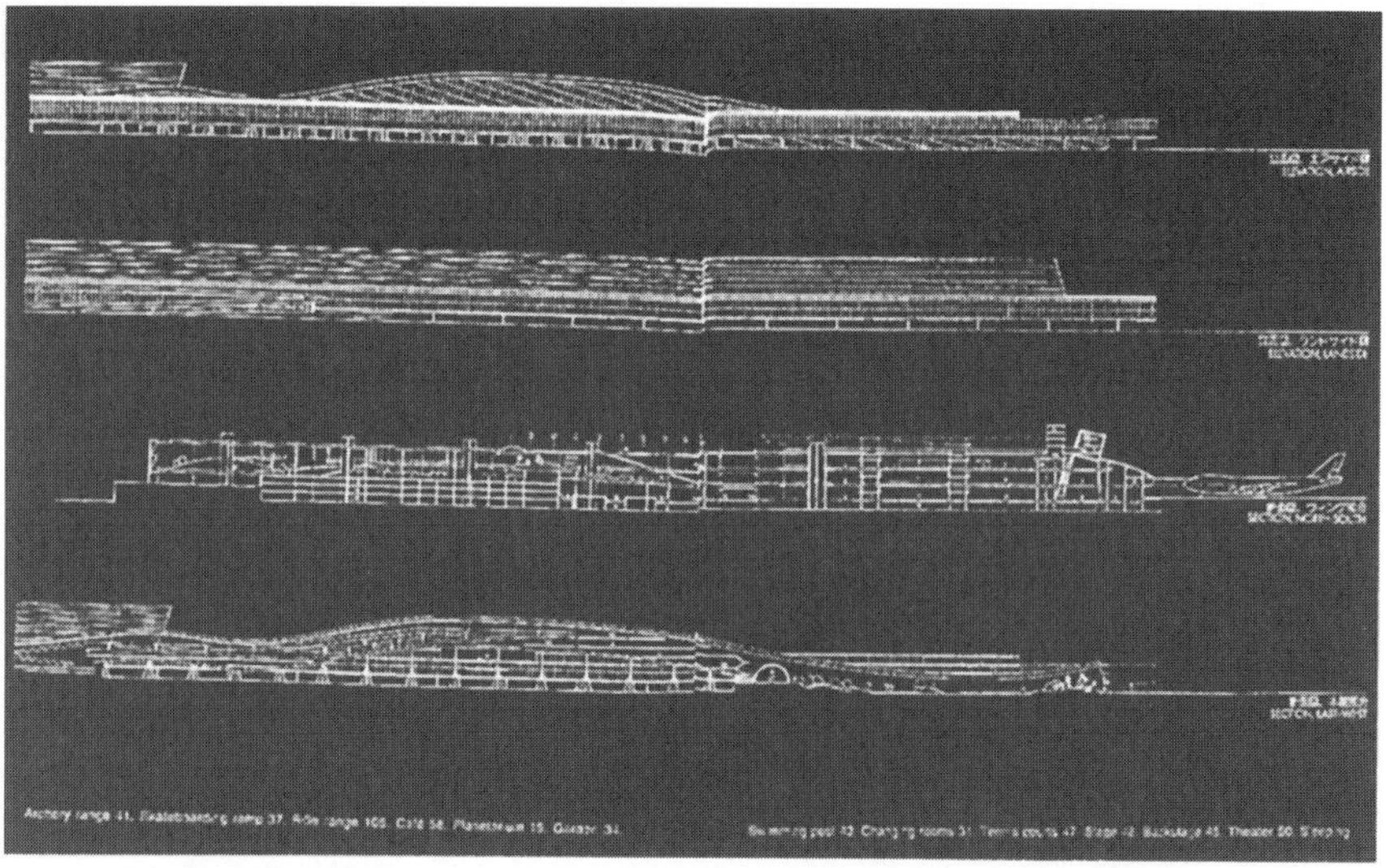

写真２．関西国際空港。正面図と断面図。展望喫茶、庭園、射撃場、スケートボード場、水泳プール、等々。

写真３．京都駅とコンベンションセンター。正面図と断面図。ウエディングチャペル、アスレチッククラブ、歴史博物館、高級食材売場、等々を含む。

闘すべきだという意味なのか。あるいは脱構築が、破壊することや、建物を廃屋や今にも倒れそうな建造物に変えてしまうことに等しいという意味なのか。もちろんそうではない。事実、アイゼンマン自身がその名を知られている一番の理由はおそらく、設計は風変わりだが、ちゃんとひとが生活できる家を造ったということにある。とはいえ、これが意味するのは、住居が唯一無二の目的と、あるいは第一義的な目的とさえ見なされるべきではなく、他のさまざまな目的と適合しうるものと見なされるべきだということである。そのことによって、住居は結局、構造上また価値論的に異質なものが混在する建物、つまり意味のいくつもの水準（チュミの言葉で言えば、いくつもの「層」）をもつ建物になる。問題なのは、住居のような伝統的価値を捨て去ることではなく、最初にそうした価値を脱構築し、それから新たな建築作品の内部にこの価値を再び組み込むことである。だからこそ、デリダは同時代の建築家たちにこう勧める。「君たちはいわば新たな空間と新たな形態を構築しなければならない。そして、新たな方式の建物を形づくらねばならない。その内に件のさまざまな「伝統的な」モチーフや価値［たとえば、住居の］が再び刻み込まれてはいるものの、同時にそれらが自らの外的な主導権を失ってしまっているような、そうした新たな方式の建物を」(182)。西洋の思想における「空間」の地位が問題を孕んだものであることを鑑みれば、新たな形態をもつ新たな場所を構築することが問題なのだとでも言った方がいいだろう——単にある場所に、あるいはその上に建てる新たな仕方ではなく、場所そのものを建てる、新たに、そして別様にそれを建てる新たな仕方が問題なのだと。

結局のところ、デリダはアイゼンマンやチュミとの対話の中で、建てられた場所において問われている「内に」の二重の脱構築を行っているのである。その「内に」とは、居住《インハビテーション》＝内に住むことの「内に」と、建物の内にある身体の「内に」である。これら両者の脱構築的な運動においてわれわれが目の当たりにするのは、制限や包含性から逃れようとする努力である。そしてこの制限や包含は、全体化し全体化される生活単位と見なされた建造物内部にとどまり続ける居住（それ自体が現前の形而上学の一形態）に対する西洋的な価値づけの内に暗に含まれているものである。この逃走は、多様な形での外への空間化を通じてなされる——しかしながら、ここでは「外への」は単に「内／外」という二項的な対の他方の項というだけではない(183)。「外」は超える ***trans-*** ということを含意してもいる。推移 **transition**、翻訳 **translation**、転移 **transference**、越境 **transgression** においてそうであるように——ただし、ここでの「超える」とは、いまここにある現実の彼方の理想的な場所を含意する超越（transcendence）という意味の「超える」ではない（チュミは彼の最近の作品において「横断《トランス》プログラミング」について語っている）(184)。

場所がちぐはぐで不完全であり、破砕してそれ自体の実現が不可能になった状態をすべて受け入れたうえで、場所の方へと向かうこと、最終的にはそれが目的である。それはまさに、建てられる（そして、それとまったく同様に建てられない）ちょうどその過程の内にあるような場所の方へと向かって行くことである。建築において場所は「非全体化された全体性」（サルトル）であり、つまりはいかなる種類の事物でもない。それは、あまりにも非実体化されているため、前もって企図可能なものでさえない(185)。問題なのは、場所なき場所——場所《トポス》の内にある非場所的《アトピック》なもの——なのである。そのような場所は、（物理的ではないにせよ）形而上学的な現前という重荷から解き放たれているため、先んじた位置の内に存在する。つまり、それは空間と時間に先んじているのである。それと同時に、この場所は、それがそのための場所であるような出来事と一体をなしている。

とはいえ、場所そのものは与えられていない——建築において、あるいは人間による他のどんな企てにおいても。場所は存在しない、場所は存在すべきである。つまりそれは、まったく企図可能ではないとしても、少なくとも約束されている。完全に構築されてはいないとしても、見出されるべきである。デリダの『五二のアフォリズム』の最後のアフォリズムは次のような文章になっている。

維持すること、数々の誘惑にもかかわらず、再専有〔再性起〕が可能であるにもかかわらず、アフォリズムの偶然を維持すること、それは中断の内部《ウィズイン》で、中断なしに《ウィズアウト》＝中断の外部で、場所を与えるという約束を守ることである。もしそれが必要であれば／もしそれが失われていれば（**s'il le faut**）の話だが。しかし、それは決して与えられてはいない(186)。

最後の一文中の「それ」の多義性は含みが多い。それが指しているのは「アフォリズム」なのか、「中断」なのか、「場所を与えること」なのか。おそらく、これらすべてであるとともに、ある一つの言葉でもある。その言葉への言及がないからといって、その否定し難い重要性をあいまいにしてはならない。その言葉とは「出来事」である。建築とは、場所を与えるというまさにその約束によって、場所を作り出すことである——たとえ場所それ自体が、場所の場所が、そのものとしては決して与えられないとしても。不合理《アトピア》＝場所の欠如はどの場所《トポス》の内にもある構成要因である。建てられた場所は、それが記念碑的なものでありたいとどれほど切に望んでも与えられない。それは実在しさえしない。そのような場所は、建築の産物というよりも——建築というこの語が、用地＝位置に制約された制度上の規則によって限界づけられた企てを含意するとすれば——、「無政府建築《アナーキテクチャー》」(187)の産物なのである。

建てられた場所は出来事であり、また、外への空間化のまさにその過剰において場所が生じる〔場所が場所をとる〕ということである。「それは自らに回帰することなく自分自身に場所を与える。そこに出来事がある」というのも不思議はない。チユミの言葉で言えば、問題なのは、「自らの場所をさまざまな出来事に与えるような空間化の様式」(188)である。あるいは、われわれはフィリップ・ソレルスとともに次のように言うことができる。

偶然

それは起こって＝場所をとってしまうだろう

しかし　場所

それは彼方と融合する

利害の外部で

自らが関わる限りで指し示され

一般に

しかじかの傾斜によりしかじかの

勾配に従って(189)。

6

だからこそ私たちは、私たちの場所概念についての問い全体を再考しなければならない。差異の別の時代(思想のそれぞれの時代は、差異についての省察の特定の時期に対応している)へと移動し続けるために、かつ情念の倫理を構築するために……性的差異によるのでなければ、どのようにして私たちは、ある一つの場所の、場所一般のこの限界をしるしづけることができるというのか。

――リュス・イリガライ「性的差異」

女性はなお場所、場所の全体である。その内で彼女は、そのようなものとしての彼女自身の所有を手にすることができない。

――リュス・イリガライ『検鏡、もう一人の女性について』

流動性は根本的な条件である。

――G・F・ライプニッツ『人間悟性新論』

場所に最後の顔を付与すべきときがきた――あるいはむしろ、主体の長い歴史の内でほとんどまったくあいまいにされてきた顔を見出すべきときが。この顔は、場所の運命に関わる場合には、ジェンダーという二価的な顔である。場所とジェンダー？ 性的に特定されたものとしての場所？ 場所に制約されたものとしての性的同一性？ これらの事柄は単にこれまで論じられてこなかったというだけではない。伝統的な西洋の思考においては、決して俎上に載せられることさえなかったのだ。少なくともアリストテレス以来、場所や空間が問題になる場合には、性的差異は何の違いも生まないものと想定されてきた。実際、次のような疑念が頭をもたげてくる。もっぱら自然物理主義的な用語で場所を把握し、それを他ならぬ自然の境域の内に所在化することによって、アリストテレスは場所についてのジェンダー化された論述の痕跡をことごとく抹消しようと目論んでいたのではないか、と。そのような論述は、ヘシオドス（「胸幅広い〈大地〉」という彼の言い回しが、まぎれもない侮蔑の念とともに、アリストテレスによって『自然学』での場所についての議論の冒頭で引用されている）やプラトン（彼にとって、デミウルゴスがひたすら「男性的なもの」であるのと同様に、〈受容者〉としての空間《コーラ》は否定しようもなく「女性的なもの」である）にはなお顕著であったのだが。プラトンとヘシオドスの彼方には、ティアマトがマルドクによって打ち破られたという集合的な記憶が横たわっている。この記憶は、紀元前六世紀に古代ギリシア哲学が最初に興ったときには、地中海のひとびとの精神の内でなおふつふつと燃えたぎっていた英雄譚である。

ジェンダーと場所への問いを本書のまさに最後で取り上げるからといって、これからまったく新しい事柄へと足を踏み入れるわけではない。それは一回りして振り出しに戻ることである。それは、どのようにして場所が人間によって（そしておそらく、他の動物によっても同様に）把握され経験されるのかということに関して、性的同一性が違いを生むという古代の確信へと帰ることである。この確信は、戦闘的で暴力的なもの――メソポタミアの神話が想定しているような、文字通りの「ジェンダートラブル」の問題――に関わる。しかし、そのような確信を再び取り上げることは、「万物のうちで、まずはじめに〈混沌《カオス》〉が生じた」とヘシオドスが言っているのにならって混沌へと逆戻りするという意味ではない。性的差異は人間を裂け目へと引きずり込むかもしれない。しかし、そのことは単に破滅に導かれること〔深淵の内に置かれること〕（mise en abîme）ではないし、それが必然だというのではなおさらない。アリストファネスによって措定された「原初的な〈隔たり〉」の内で大きく口を開けた無にさえも、ある一定の形状がある。二つの性が、元来は一心同体の満ち足りた存在という形で合一しており、その後で不幸にも分かたれたと考えたのは、そもそもアリストファネスであった。フロイトは人間における両性具有性の起源について考えるとき、アリストファネスの手になるこの原神話をほのめかしている。リュス・イリガライもまたそうである。「あの説話によれば、かつて男性と女性は、堅く抱き合ったままで歩き回るほど一つに結ばれていた。その後、彼と彼女は分かたれたが、それぞれはいつまでも、失われた半身を見つけ出してもう一度抱きしめようとしている」(190)。

　本書中で考察する、場所についての最後の書き手イリガライは、われわれを原初的な起源へと立ち戻らせる。彼女がそうするのは、われわれを身体へと立ち戻らせることによって、またそうして、身体と場所の関係に携わる他の人物たちの占める迷宮の隘路を貫いて伸びるアリアドネの糸を辿ることによってである。しかし、こうした他の人物たちとは異なり、イリガライはわれわれを、決定的な仕方で（性的であるのと同様に）性化された身体へと立ち戻らせる。第10章で論じた思想家たちは誰一人として、性的な特性への問いを考察するのを快しとはしなかった。バシュラールは、はっきりとした形でジェンダー化された夢想――ユングの言う意味でのアニマを表すような――を指し示してはいるが、それがもつ身体的な含意を避けている。ドゥルーズ＝ガタリは近代的な主体の「女性への生成変化」を論じてはいるものの、この概念についての彼らの議論は具体性を欠く。それは、アニマにインスピレーションを受けた詩的な夢想に対するバシュラールの哀歌がそうであるのと変わるところはない(191)。一人イリガライのみが、性的差異が場所に関係する際に男性と女性の身体においてもつ妥当性を探究している。さらに、彼女のこの探究は、アリストテレスの『自然学』第四巻の第二章から第五章までの註釈の形式をとるが、この書こそが、西洋哲学における場所と空間についての二千年にわたる論争の口火を切ったまさにそのテクストなのだ！　したがって、イリガライの挑戦を取り上げることで、われわれは単に身体に回帰するだけではない。場所の内にある身体から、その性を特定する意味のいかなる痕跡をも事実上奪い去ってしまった当のカノンとなるテクストに回帰するのである。アリストテレスにとって、場所の内に然るべき〔固有の〕仕方で存在すること、固有の場所（autos topos）の内に存在することは、どんなものであれそのような意味を所有することではない。彼はこうした意味を哲学とは無関係だと考えることだろう。イリガライにとって、場所の内にある存在とは、身体的な特性に従ってすでに差異化された――そして性的な歴史にどっぷりとつかった――存在を除いてほかにはない。さらに、アリストテレスが場所に本質的な政治的、宗教的意義があるのも否定した（場所がそのような意義をもつのは、いわば借用によって、たとえばポリスからの、もしくは〈第一動者〉からの借用によってのみである）のとまったく同様に、イリガライは、場所にこれらの両種の意義を取り戻させようと試みるだろう――しかしそれはただ、場所がまず最初に性的な意義をもつものとして理解される限りでのみなのだが。

まず最初に、諸々の身体と諸々の場所がある。あるいはむしろ、諸々の場所としての諸々の身体がある。それはたとえば、出生前の胎児のための場所としての母親の身体である。ここには何か「確固とした」もののための、つまり成長しつつある胎児の身体のための場所がある。そのような身体－場所は、単に有機体として基盤を与えられ形を整えられているというだけではない。それは、出産が尊ばれる地位をもつことを鑑みて、ほとんどすべての社会によって高い価値を与えられている。そして、それよりも低い価値しか与えられない（そして、適応という観点からすれば必要度が低いと見なされる）のが、快楽のための――女性のオルガズムとしての享楽《ジュイッサンス》のための――場所としての女性の身体である。そのような快楽－場所は、アリストテレスの見地からすれば、狼狽を引き起こす元凶とまではいかないにしても、疑念を引き起こす元凶ではある。というのは、オルガズムの流動的な内容つまり体液が、有機体というその包含者から溢れ出すからだ。（男性と女性双方の）オルガズムにおいて、身体－包含者はそれ固有の然るべき目的に達し損なう。ここでは実際、「流動性は根本的な条件である」(192)。女性の快楽はとりわけ、「彼女が包含するとき、しかも彼女自身を包含するときに、彼女そのものである場所の内に存在するあらゆるものの流れ（épanchement）に「似る」べく定められている。性的行為において男性が溢れ出させる「白酒《ワイン》」が、おそらくそれなのだろうか。神々の食物アムブロシアーの精髄、そして場所そのものの精髄であるところの「白酒《ワイン》」が」(193)。

イリガライは、器としての場所というアリストテレスの隠喩を真剣に受け止めている――（それほど字義通りにではないにせよ）アリストテレス以上に真剣に。器としての身体は、ただある場所から別の場所へと動かされることが可能なだけではない。動かないときでさえも、それは実際に場所の場所なのである。場所の無限後退――アルキュタスとゼノンによって初めて提起された認識上の悪夢――についてのアリストテレスの関心を皮肉りながら、イリガライは次の事実を肯定する。それはすなわち、女性がある場所（たとえば、家庭《ホーム》＝わが家）の内に存在するにとどまらず、「場所は、女性においては、単に器官［彼女の内部の］としてだけではなく、器あるいは受容者として場所の内に存在する」という事実である。「それは母として、また女性として、二度にわたって場所である」(194)。さらにいっそう皮肉なのは、男性が「女性の居場所のなさ」(195)を措定することで、有機体や性欲という見地からと同様、社会的、政治的にも女性に対する有意義な場所設定を否定するのを好むということである。女性は、二重に場所設定されていながら、彼女自身はどんな「固有の場所」をも奪い去られている。それにもかかわらず、女性は場所である、とイリガライは主張する。

女性に関して言えば、彼女は場所である。彼女はさらにいっそう大きな場所の内に自分自身を所在化しなければならないのだろうか。しかしまた、彼女そのものである場所を、彼女自身の内に見出し位置づけもしなければならない。自分そのものである場所を彼女が自分自身の内部に構成できないとすれば、彼女は自分自身に回帰するために、子供を介して絶え間なく移行する。そして、このことによって、他者［つまり、子供］は彼女の内部性の内にからめとられてしまう。こうしたことが起こらないようにするためには、彼女は無限大と無限小の間での移行を引き受けなければならない[196]。

しかし、無限大と無限小の間の移行——ゼノンのパラドクスとカントのアンチノミーが用いる、問題を孕んだ用語——をやり遂げることは、両極端の間の中間地点として場所を扱うことである。「彼女にとって、ある一つの場所から他の場所への移行は、つねに彼女の構成が変動しうる状態にあるという文脈の内部にあるような、そのようなものとしての場所の問題であり続ける」[197]。女性は、ただ一種類の他者（すなわち、男性）にとっての最初あるいは最後の場所であるだけというよりもむしろ、子供や彼女自身の母や〈神〉との関係における場所でもある。究極的には、女性が彼女がそれであるところの場所になるのは、ただ他の多くの場所を横断したり通過したり（à travers）してのみである。「無際限な数の身体を通過して、自然を通過して、〈神〉を通過して、私は探索を続ける。かつて私のために場所として役立っていた身体を求めて」[198]。多くの場所へと分散しているという事態が重くのしかかってくる。しかしまさにそこで、場所によって救済が与えられるのではないかという可能性がかすかに光を放っている。女性はいわば、「彼女が自分について知っているいかなるものへ向かっても決して一つに集められないような、不特定多数のx個の場所の内へとばらまかれる」[199]ことができるのである。

女性の身体はきわめて大きな拡がりをもつ場所になるとはいえ、ただ、それは他のさまざまな場所との相互作用を通じてだけでなく、彼女自身の存在と動因を通じてでもある。というのは、彼女の身体は、それ自体が受容者を包含するような包むものである限りで、すでに場所なのだから。

彼女は場所として場所の内部で動くことができる。場所を意のままにできる状態の内部で。ただしそれは、どのようにして彼女そのものである場所の限界を描き出し、彼女自身をこの場所の内に位置づけてそこで他者を迎え入れることができるようにするのかが、彼女の問題であるとすればの話だが。もし彼女が包含したり包んだりできるのであれば、彼女には自分自身の包むものがあるのでなければならない。それは単に誘惑のための彼女の衣服や装飾品であるだけではなく、彼女の肌でもある。そして、彼女の肌は一個の受容者を包含するのでなければならない[200]。

プラトンの〈受容者〉——空間《コーラ》——と同じく、場所としての女性は動く力である。しかし、空間《コーラ》とは違い、女性が動く力であるのは、包む（つまり、彼女の身体全体の肌によって）と同時に包まれる（彼女の膣と子宮の内に）ような、二重の包むものとしてである。だから彼女には「外の広がり」（肉からなる包むものとしての彼女の身体）と「内の広がり」（彼女の生殖器と内臓によるもの）の両方がある。仮にこの二様の拡がりがなければ、彼女は裂け目のようなものであり、他者を裂け目の内へと導き入れてしまうだろう(201)。この拡がりをもつからこそ、女性はデカルトの言う意味での延長するものではまったくない。デカルトの言う意味では、あらゆるものは他のあらゆるものに対して外的である、つまり部分外部分《パルテース・エクストラ・パルテース》である。しかも彼女は、ドゥルーズ＝ガタリの遊牧空間の「外の思考」のような仕方で「純粋に外部的」なわけでもない。そうではなく、彼女の身体‐場所は部分内部分《パルテース・イントラー・パルテース》の質料、つまり他の諸々の部分——女性自身の身体‐部分と、さまざまな他者（懐胎の場合には彼女の子供、性交の場合には彼女の恋人）の身体‐部分の両者——を包むような諸々の部分の質料なのである。性的欲望は、二重の囲い込みという形態をしたこの巻き込みを反映している。「欲望が存続すべきであるとすれば、二重の場所、二重の包むものが必要である」(202)。

　別の仕方で述べてみよう。女性の場所としての身体は、二重に関与させるものである。すなわち、それは解剖学的な陥入（つまり、それ自身の肌の内にある内部的な部分）によって自分自身を関与させ、また、その能動的な受容性のゆえにさまざまな他者（子供たち、恋人たち、母、〈神〉）を関与させるのである。女性の身体にとって、二重性は質料の真理であり、この身体にとっては、「厳密に言えば、最小の数は二である」(203)というアリストテレスの言葉が依然としてあてはまる。仮に女性の身体それ自身の場所にあらかじめ与えられた二性がなければ、他のさまざまな関与は起こりえないだろう。その場合には、女性の身体は決して十分に他のものから関与されないだけでなく、自分自身にさえもまったく関与しないだろう(204)。

　包むことを厳重な包含性とするアリストテレスのモデルが、出口なく囲い込まれている状態を含意する反面、イリガライのパラダイムはしかしながら、まったく正反対の方向へと向かう。つまりそれは、「開いたものの開いた状態」（The openness of the open）（イリガライによって借用されたハイデガーの言い回し）(205)を明るみに出すような多孔的な身体‐場所へと至るのである。問われているのは、単に偶然的に開いているものではなく、原理的に開いているものである。「女性は、包含者である限りで、決して閉じられた（fermée）ものではない。場所は決して閉じられて（clos）いない。［彼女の身体の］諸々の境界は、なお開いたままでありつつも、お互いに触れ合っている」(206)。アリストテレスの排他的な自然学とは対照的に、二重に包まれていることは二重に開いていること、つまり、自分自身の内部で自分自身へと開いており、かつ、自分自身の外部で他者へと開いていることである。しかし、他者はまた内部にも存在する。母の内なるイマーゴの内に、妊娠の内に、あるいは繰り返しになるが、性交の内に。他者のこれらの内在化（そのうちのいくつかは男性にも同様に起こるのだが）は、まず最初に女性の身体が開いているのでなければ、あるいはより正確に言えば、半ばもしくは「わずかに開いている」（**entrouverte**）のでなければ不可能だろう。アリストテレスの包含者にたとえ部分的にでも穴があると大変なことになる。というのも、もしそうなれば内容が流れ出てその場所を失ってしまうからだ。いかなる厳密な意味での包含性も、すべてか無かといった類の問題である。同じことは、自己原因《カウサ・スイー》としての「神」というスピノザの定義にも当てはまる。この〈神〉の本質は、厳重かつ全体的に実在を包むとされるのだが、このような仕方で包まれていないとは、実在しないこと——〈神〉に属する必然性をもたないこと——である。この定義から次の帰結が導かれる。すなわち、女性は「女性として実在しなければならないわけではない。なぜなら、女性として、彼女のもつ包むものはつねにわずかに開いているのだから」(207)。女性は〈神格性〉の試練に耐えない——〈神〉が男性によって、男性のために定義されている(208)のを鑑みれば、これは驚くにはあたらない——、それは女性の身体が、包むものとしては具合が悪いというまさにそのために、女性が適切な包含者たるに耐えないのとまったく同様である。要するに、女性の身体は厳重な包囲者ではないのである。疑いようもない。この身体は隙間ができないようものを内に入れる代わりに、「多孔空間」(209)として大きな穴を開けている。女性の身体は撞着語法的な構造をもつ。つまり、それは開け／閉じ込めである。

再び疑いようのないことだが、女性の身体は、〈神〉の身体や物理的な事物という意味での物体とは違い、有機的な身体である。このささいな事実が大きな違いを生む。というのは、デカルトの言うような意味での延長——スピノザの（あるいはモアの）言う〈神〉の場合の無限の延長も含め——を第一義的な固有性とするような身体は、内的な空洞をもたないからである。同じことは、アリストテレスの包含者の内に収められた物理的な事物にも当てはまる。そこに収められた事物は、それが水や空気であるときでさえ、中身の詰まった等質な仕方でそこにある何かとして、すなわち隔たりのない一個の可感的な実体として把握される。堅固で非有機的な物理的物体の内部では移行が起こらないのとまったく同様に、それを包むものには穴がない。両者はともにそれら自身の上で内に閉じられており、穴をもたない。それらはいわば、一方が包含し他方が包含される、二つの連続的な大きさなのである。この同じ理由で、両者はともに非有機的なものとして、本質的に変化せず動かない。アリストテレスの公式の定義によれば、「包囲するものの第一の不変の限界」(210)である場所と同様、スピノザの〈神〉は静的なものである。

イリガライは、女性の身体が以下の法則を証明するスキャンダラスな例外であると主張する。すなわち、女性の身体は場所の典型例であるにもかかわらず、穴をもたないわけではないし、静止しているわけでもないという法則である。まったく逆に、それはつねに（少なくともわずかに）開いており、つねに（ある程度は）動いている。これはまさに、唇の場合にわれわれが目の当たりにすることである。顔にある唇や生殖器の陰唇は、決して動くことをやめず、決して開くことをやめない。これらの唇は、性的な活動においてのみならず、あらゆる活動において絶えず触れ合っている。その限りで、これらの唇は場所の役割を演じる。それらは場所の役割を外に向かって演じると同様に内で演じる。唇は共通の敷居として内部と外部を接続し、この敷居の内で、身体の内部に存在するものが外部に存在するものに出会う。しかも、単に視覚上で出会うだけではなく、触れることができる形で出会うのである[211]。唇に決定的なのはその粘液質の特徴である——その特徴とはつまり、ものを摂り入れやすくするように濡れてはいるものの、完全に水と同じではなく、定まった輪郭をもつというよりむしろ粘着性であり、ただ動かされるだけというよりむしろ自ら動く、他の何かによって配置されるよりもむしろ自ら配置するということである。唇を備えた身体は、腕や足や手を備えた身体と同様、本質的に二部分からなる。カントは一七六八年の論文で、腕と足と手という三つの対に焦点を当てたが、これらの対が周囲の世界と行き来を行う一方で、唇はこの世界と内部の世界との間の交流を媒介する。イリガライの読解によれば、唇は器官に準じるものであって受動的な部分ではない。唇という振動する存在は、「器官なき身体」（ドゥルーズ＝ガタリ）のような観念をことごとく問いに付す。唇は、有機的な身体の臨界的な閾として位置づけられた接触し合う一致対称物である。それらはその身体のもつ無限定の対、しかし事態を規定する力に充ちた対なのだ[212]。

きわめて示唆に富むイリガライのテーゼは、一般的なテーゼが姿を現す。このテーゼは、イリガライ自身がこれまで実際に述べているよりも抽象的に述べられる。それは、（性的に差異化された）身体と（その）場所はほとんど交換可能なくらい内密に結びついている、というものである。大事な点は、単に身体がなければ場所もない、あるいは逆もまた真だというにとどまらず、身体そのものが場所であるということ、そして、身体そのものが性を特定されているのと同様に、場所が身体に制約されているということである[213]。ドゥルーズ＝ガタリが、場所と領域を融合させる（そのことによって場所の射程を広げる）のを望むとすれば、イリガライは、ほとんど意図したかのように、場所と身体を融合させる——そのことで場所の射程を異なる方向に拡張する。その結果、場所の境は突き破られる。この境は、性的に差異化されていない非有機的な身体の限界によって規定されているのだが。このことは、包まれた身体を自らの力強く発展的な存在の内で反映するような、可塑的で生き生きとしたもの——何かと相互に作用し関与を生じさせる包むもの——へと場所を作り変えることである。その結果として、場所と身体はともに、弾性を欠く強固な基盤を失う。たとえば、延長《レース・エクステーンサ》するものや〈第一動者〉としての〈神〉といった偏狭な物理学的、形而上学的なモデルにおいては、場所と身体はそうした基盤に身を預けているのだが。こうした基盤から解放されると、場所と身体のそれぞれが相手のもつ固有性を帯びるようになる。場所は多孔的な（また閉じられただけではない）ものになり、身体は包囲する（また包囲されるだけではない）ものになるのである。両者はともに絶えず運動する存在者となり、一緒に動き回る。

しかし、イリガライ自身は、そのような概括的な言明——その輪郭はすでに、生きられた身体とその生活世界との間の内密な関係についてのフッサールの概念の中にがいま見ることができる——に甘んじようとはしなかった。彼女の関心は、そのようなどんな命題をも、同時にフェミニズム的、政治的また宗教的に解釈することである。彼女にとって、場所の内で最も重要な身体——動くことのできる純粋な質料である身体(214)——とは、女性の身体である。この身体とその抑圧された歴史のゆえに、場所設定のもたらす帰結は、潜在的に政治的であるのと同様に内在的に宗教的である。たとえば、場所設定は特別な政治的意義をもつが、それは女性の身体が、女性によって自分自身のために、また自らの赴くままに享受される場所になる限りでというよりもむしろ、母としてであれ、恋人としてであれ、あまりにもしばしば男性のための——もっぱら彼だけの居住と搾取のための——場所になる限りでのことである。『基本的情念』でイリガライは、架空の恋人である男性にこう尋ねている。「でも、あなたにとって私は何なのでしょう。あなたが自存するための出発点となる場所でないならば。あなたの自存、あるいは実体」(215)。「場所、間隔」で、彼女はこの論点を徹底的に推し進める。まさに誘い庇護する二重の鞘として、女性の身体は男性にとって「最初の、そして唯一の場所」(216)となるのである。この場所は男性の意のままになるが、男性が自分自身の場所を女性に差し出すことはない。そればかりか、二つの性が具体化する異なる種類の場所、厳密には交換不可能な場所に対する評価さえも与えることがない(217)。男性は空間——たとえば、地理上の探検が行われる世界包括的な空間——を供給するかもしれないが、場所を提供することには失敗する。男性は場所を差し出すことがない、もっと言えば、自分自身に場所が欠けているため、絶望的になってどこか別のところに場所を捜し求める。そう、女性の内に。いわば、「男性的なものは、場所としての母性的 - 女性的なるものに誘引される」(218)のである。それはなぜか。男性の「揺るぎなさへの欲求」、「岩のように揺るぎない家庭」への欲求を満足させることを約束する盾を、女性の身体が差し出すように思われるからである(219)。受胎のための場所としてであれ、性的なアヴァンチュールのための場所としてであれ、単に慰めのための場所としてであれ、女性の包む／包まれる身体は、小宇宙《ミクロコスモス》のような住まいの場所、「彼が生活することのできる唯一の場所」(220)となる。このことは、女性に彼女自身のための場所を（ただの一つも）想定するのを許さず、場所を搾取や快楽や憐憫の用地＝位置、つまり家〔家庭〕－場所へと還元することである。女性は場所そのもの、物理的であると同時に形而上学的な場所となる――単なる「事物」でも高尚な本質でもない、性を特定された身体／場所となる機会を逃したまま(221)。そうした場所そのものであることは、自分自身の場所を欠くということである。

母性的－女性的なるものは、「自分」自身の場所から引き離された場所、「自分の」場所を奪い去られた場所のままである。彼女は他者の場所であるか、あるいは絶え間なく他者の場所になる。この他者〔男性〕は彼自身をこの場所から引き離すことができない。そのとき彼女は、彼女に欠けているもの、つまり「固有の」場所のゆえに、それとは知らず、また心ならずも、ひとを脅かすものになる(222)。

男性は、家－場所としての女性の内で育まれ保護されているが、そうする中で「他者を、そして彼自身の生成変化を忘却している」。失われた家庭生活を求めて男性が行うオデュッセイアのような絶えざる追究は、「彼が他者や彼自身を見出すことを妨げる」(223)。西洋の男性は、「大部分が居住不可能な世界」(224)を建設してきたというまさにそれゆえに、それだけいっそう、住むことができる家－身体へと女性を転じることに執着する――このことは両性にとって、また大きな規模で見れば、世界にとって壊滅的な帰結をともなう。それと同時に、男性は彼自身の身体の特性を忌避してしまう。彼の身体が、女性の身体によって贈り与えられた場所とは明らかに異なる場所になるかもしれない道を行くのを忌避してしまうのである。男性は精神と空間の内に逃げ込んで、身体と場所に対する全責任を女性に委ねてしまうのだ。

それでは、どうすべきなのか。政治的な切り口をもつ問題を提起することは、政治的な含意をもつ答えを求めることである。イリガライは、男性と女性が両者の差異的な性的同一性を反映するようなさまざまな場所を構成し培うべきであると答える。「男性と女性の間でおよそ出会いが可能であるべきだとすれば、それぞれが一つの場所でなければならない。相手に対して、また相手にとってふさわしいものとしての場所、そして、彼あるいは彼女がそこに向かって動いていくことになる場所で」(225)。そのような差異的な場所設定は、建築に特有の表現形態の内でのみならず、男性と女性が最も十分に共有する二つの境域の内でもまた生起すべきである。その二つの境域とは、「知覚」と「概念把握《コンセプション》＝受胎」、つまり、男性と女性が事物について感覚し思考するその仕方である。なおいっそう基本的な部分で言えば、こうした場所設定は、それぞれの性が「自己を受容し自己を包む」能力という形態をとって生起すべきである(226)。男性と女性の間には、（非対称的ではあっても）相互的な移動《トランスポート》＝感情の高まりがなければならない。それはすなわち、「運動の内での相互の包み合い」(227)、それぞれの性が相手に自由と必然性の両者を与える運動である。しかし繰り返すが、このことは、それぞれが相手との関係において差異化された形で自分を配置することの内でのみ起こりうる。「このことは、それぞれの局面で、お互いの間で規定し合いお互いに合致し合う二つの場所があることを意味するだろう」(228)。しかしながら、こうした相互配置が可能であるためには、「男性的なものの概念が女性的なものの概念を包むのをやめなければならないだろう。というのも、女性的なものは、それがただ男性的なもののためだけに実在するとすれば、必然性をもたないからである」(229)。そうではなく、真に比類のないもの――二重に襞状になった女性の身体――は、そのあるがままの姿のゆえに尊重されねばならない。それは、男性によって定義されたり、男性の使用へと運命づけられたりするのではない快楽と可能な生殖との場所である。そのとき女性の身体は、それ自身が原因と見なされるだろう。つまり、単に結果でしかないような場所というよりもむしろ、それ自身が原因となり結果を生む力をもつ場所として(230)。女性の身体は、一人男性だけが有するための場所というよりもむしろ、男性と女性が存在するための場所であるだろう。女性が類としての「彼」の内に場所を見出す――場所をそのなすがままにさせつつ、彼女自身のためにそこに場所を作り出す――ように強いられる代わりに、男性が「彼女」の内に彼の場所を、すなわち、広義での類としての男性を特徴づける仕方だけではもはや定義されない、完全にジェンダー《エンジェンダード》化された＝生み出された場所を見出すようになるだろう。

　イリガライは、両性の間の関係――とりわけ、それぞれが相手のために表象するような類《たぐい》のさまざまな場所の間の関係――が即座に簡単に改善されうると信じるほどナイーヴではない。容易な解決があるなどというには、状況はあまりに複雑である。たとえば、相互性と尊重に訴えるなど的外れである。こうした訴えは等質な倫理的／政治的空間を想定しているのだから。問われているのは場所であり、場所の非対称性と特異性と不一致であり、そして、場所の特徴的な布置形成が倫理的かつ政治的な問題にどのように関わるかである。相互性という形式的な関係――この関係においては、あらゆる部分が個人としてのお互いに対して疎遠なものにとどまることもありうる――よりもむしろ、内密さと近さの（つまり、近接の）具体的な関係の方がより大きな妥当性をもつ(231)。何にもまして必要なのは次の認識である。この歴史的な瞬間に、男性は単純に彼らの場所を女性に譲り渡すことはできず（そうすることは、すでに圧倒的な力を手に収めている家父長制を強化するだけだろう）、他方、女性は女性として、彼女たちのために、またお互いのために、彼女たち自身のさまざまな場所を培わなければならない。そしてこれらの場所は、彼女たちの身体的な慣習や利害を、つまり彼女たちのもつ生きられた特性を可能な限り忠実に反映すべきである。同じことは男性にも当てはまる。男性は、女性とはまったく異なる自分たちの有機体としての構造と身体の性向とに照らして、さまざまな場所を構成するよう試みなければならない。もしこのことが両性によってなされうるならば、その結果として生じるさまざまな場所は、それらを形づくりそれらの内で生きる者たちの多様な性的方向づけとジェンダー上の性的同一性とを、より十全な形で反映することだろう。

　身体／場所についてのイリガライの言説においては、政治的次元以外の次元、とりわけ宗教的次元も問われている。実際イリガライは、「男性と女性の間の包むものの内にある開きの作用は、つねに〈神〉によって媒介されなければならない」(232)と主張している。これは、おそらく一瞥した印象ほど急進的な――あるいは反動的な――思想ではない。〈神〉もまた場所であるとすればそうだと言っているのではない。〈神〉とは、「自分自身で自分自身の場所であるもの、自分自身の内部を外に裏返し、そうして自分自身で（のために）住まいを構成するもの」(233)である。別の言い方をすれば、〈神〉とは究極的な包むもの、彼自身／彼女自身（そして他のあらゆるもの）を包む存在者であり、この理由で自己自身を原因とするもの、自己原因《カウサ・スイ》なのである。しかしながら、イリガライは「神」のような純粋に神学的な用語に満足したままではない。彼女にとって、個人相互の間での生と同様、宗教的な生へと通じる特権的な道は、まさにその身体性において霊的であり超越的であるような女性の身体の、他に類を見ない布置形成の内に見出されなければならない。女性の身体は、場所を与えるそのエロティシズムのゆえに、〈神〉を受容しもすれば、〈神〉へと向かって動きもする。「この点に関して、女性のセクシュアリティ以上に霊的なものは何もない」(234)。女性のセクシュアリティは、それが「可感的なもののための超越の場所」(235)を創造する限りで、霊的なものである。イリガライは、「霊的」という語をきわめて基本的な意味で、つまり、場所としての女性の身体の内密な質料性の錬金術的な昇華として理解している。「この場所、内密さの生産は、ある意味では、いまここで現世を天国に変成させることである」(236)。内密さは、それを経験しその範囲を定める身体と同様に、完全に閉じられてはいない。それは物理的な広大無辺さとではなく、神的な無限性と含意し合っている。そして、もし性的欲望が無限なものの方へと手を伸ばすとすれば、そうなるのは、性的欲望がこの身体の質料的な母胎の方へと戻っていくと同時に、「もう一つの包含者」(237)として解釈される〈神〉の方へと向かっていくという、二重の運動によってのみである。このため、性的行為は「行為のうちで最も神的な」(238)ものである。

ここには次のような逆説がある。すなわち、女性の身体がそれ自身の官能性を神の方へと向かって拡張することができるのは、それが二度にわたって繰り返し囲い込まれているというまさにその理由でなのである。その一方でこのことは、〈神〉がもはや抽象的には把握されず、生成変化するある一つの身体と見なされると想定している。ただし、その身体とは身体を超えた超身体なのではあるが(239)。それと同時に、女性は彼女の自己超越する内在によって〈神〉に似ている、とイリガライは提唱する。「彼女は彼女自身のための原因であるだろう――しかも、男性ほどは偶然にではなく。彼女が、自分が「提供する」ことのできるあの包むものの内に彼女自身を包む、あるいは彼女自身を再び包むとすれば」(240)。ただ女性だけがこの包むものを提供することができる。なぜなら、ただ女性のみが身体をもち、したがって、それ自身の内にそれ自身を包むことができるような場所をもつからである。二度囲い込まれている――そして二度場所設定されている――ことで、女性は宗教的な境域を動かし（その内で動き）、この境域を結合する（それと結合する）。

だが、女性のもつ場所としての身体の比類のなさにもかかわらず、また、「誘引の場所」(241)としての女性の男性による搾取にもかかわらず、イリガライは来るべき時への希望には口をつぐむ。その来るべき時とは、より機微に富んだ、つまり、さらに場所に対して敏感で、さらにそれぞれの身体を特定した、男性と女性の間の関係が可能になるような時のことである――それは異なる宗教的な受容性と感受性へと開いた状態が姿を現すことになる時でもある。イリガライは、アリストテレスの『自然学』についての彼女の註釈をいくつもの問いの列挙で終えているが、それらの問いは、有望な前途を約束すると同様に、われわれを困惑させもする。

男性は女性の享楽《ジュイッサンス》を受容するために、またそれを受容したから、場所になるのだろうか。それはどのようにしてなのか。女性は男性の享楽《ジュイッサンス》を受容したから、場所になるのだろうか。それはどのようにしてなのか。ここではひとはどのようにして自然学から形而上学へと移り行くのか。ペニスのための物理的な受容者から、それほどはっきりとは触れることも見ることもできないが、場所を作り出すような受容者によって包むことへと(242)。

実際、男性と女性の生の内に等しく場所――身体の内の、かつ身体としての場所、いくつもの身体の間の場所、神的なものに対して受容的な場所――のための余地を作ることなしに、どうしてこれらのことが可能だろうか。そのような生であれば、「空間」や「時間」という名の全体性のために、そのような場所のための余地を放棄したりはしないだろう。ましてや〈神〉「彼自身」のためにということであれば、なおさらである。そうではなく、（ジェンダーに関して中立の、非差異化された）空間が、（身体と性を特定された）場所になることだろう。

「創造の追究」は、それがなされうる唯一の場所の内で起こるだろう。つまり、性的差異を維持し尊重ながら、相互の認識と充足による抱擁の中に自分自身を包み、お互いを包み合うような者たちの、再び生み出された《リエンジェンダード》＝再び完全にジェンダー化された身体の内で起こるだろう。たとえこの性的差異がどれだけ流動的なものであろうとも(243)。身体と場所の――したがって、女性と男性の、親と子の、自己と〈神〉の――創造的な絡み合いが生まれはじめるのが可能なのは、この抱擁の内部からである。

終論——見出された場所

これらの場所は、あらゆるところに拡がって、新たな空間を譲り渡し、それらを方向づける。

——ジャン＝リュック・ナンシー『神的な様々の場』

1

イリガライによるアリストテレスの『自然学』の魅力的な読解は、物体と場所はどのように関係しているかという、古代の(そしてつい最近の)問いを生き返らせる。アリストテレス自身が与えた最初の回答においては、場所のうちに固定した質料的物体が措定される。この質料的物体は、それをじかに取り囲んでいるものの内側の表面と、全面的に接触している——これは厳密に自然物理的な密接さであって、ぴったりと包含することによって機能する。プラトンの『ティマイオス』で描写されたように、この包含は実際には、元素的な性質と力による気まぐれで激しい運動を抑えつけ、支配するという働きをする。実際、この『ティマイオス』という宇宙創生説的な物語においては、空間《コーラ》による暴動は、規定的なさまざまな場所《トポイ》の秩序に敗れ去るのである。では、この場所という多産的なものは、力動的な物体——とりわけ女性の身体——という規定的でない場所に本質的なものをすでに生み出しているのだろうか。これがイリガライがプラトンとアリストテレスに突き付けた難問である(1)。この難問がいまだ解決されていないとしても、確実なことが一つある。すなわち、場所によって物体を限界づけることは、典型的なギリシア的強迫観念であり、ストア派のひとびと、さまざまなヘレニズムの思想家たち、新プラトン主義者たちにも見出すことができる——そして、場所を付与された物体の厳密な大きさと形に場所を厳格に閉じ込めようとする、デカルトの「内的場所」という考えにもまだ見られる——ということである。

しかし、もし「物体」が単に自力で動くことのできない自然物理的物体ではなく、有機的で絶えず変化しているものだとしたらどうだろうか。アリストテレスは、生命をそなえた物体の成長が場所をめぐる自分の考え方に対して突き付ける困難(最も顕著には、成長しつつある事物が占める場所は、それがわずかでも成長する度に変化しなければならない、という困難)のことを意識していたため、その範例を大地、水、空気といった無生物の世界から選び出している。しかし、彼はかろうじて不安を隠すことができているにすぎない。すなわち、「物体がどれも場所の内にあるように、いずれの場所の内にも物体がある。そうだとすれば、その大きさを増している事物については、われわれはどう言ったらよいのだろうか」(2)。実際、われわれはどう言ったらよいのだろうか。

アリストテレスの鋭い問いが適切に取り扱われるようになるのは、哲学の歴史においてずっと後になってからのことである。カントに端を発し、フッサールやホワイトヘッドやメルロ゠ポンティに引き継がれたように、場所は生きている有機体や、とりわけ生きられた人間身体という観点から考察されるのである。このことは、われわれが人間に固有の場所経験をよりよく説明できるようにするというだけではない。それは、無限〈空間〉と計測的〈時間〉に対する双子の近世的強迫観念の下に覆い隠されていた、場所付与がもつさまざまな特性への新たな関心を引き起こす一方で、場所そのものへの新鮮な展望を切り開く――つまり、われわれは場所の限界だけでなく、その射程も把握できるようになるのである。たしかに、生きられた身体はいつもただここにあるので、一見するとその場所《ロクス》は縮小しているように見える。しかし、それは実は、場所がそこや遠いところに局所化されているときでさえ、場所とは何かということをめぐる後に広く受け入れられることになった見解にとっての、有効な基礎だったのである。イリガライと、彼女には劣るものの、フーコーとドゥルーズ゠ガタリは、この見解を豊かにし続けてきた。イリガライの場合、初めは限られた視点にすぎないと思われるものが実は著しい射程をもつことが示される。実際、ジェンダー化された／セックス化された身体は、神的な次元から男女間の悩ましい関係までを含んでいるような、「ますます大きな包むもの、ますます広大な地平」(3)へと通じている。身体がもつ性的な特殊性は、それを取り囲んでいる倫理的・政治的・社会的・宗教的な母胎の方へと絶えず超え出ている――イリガライ自身の言葉を用いれば、「はみ出している《デボルデ》」――ような何かなのである。カントは、右手と左手の違いというただそれだけのことが、われわれが周囲の宇宙的な方域に挿入されていることと大いに関係があることを示したが、それと同様に、同じく二つの性に差異化されている身体は、すっかり各人格を貫き、それを超えているような、さまざまな世界に通じている。性的に特殊である身体は、その特殊性にもかかわらず（というよりむしろ、その特殊性のおかげで）、場所は既知の普遍宇宙の境界にまで、そしてその彼方にまで引き延ばされているという、場所をめぐる広範な見方を提供してくれるのである。ジェンダー化された〔生み－出された〕生きられた身体の襞によって、場所の運命は同時に明確にもなれば、複雑にもなる。この身体において、場所そのものは包まれているが、今度は場所の作用がその身体を包むのである。イリガライがもたらした身体へのポスト・モダン的な転回（回帰）は、カントや、イリガライよりも直接にカントを受け継いだフッサールやメルロ＝ポンティといったひとびとによる、近世後期の洞察を深化し、拡大する――そして、そうすることで、ぴったり密接している包囲者にきっちりと取り囲まれた自然物理的物体という、アリストテレスに端を発し、いまだ大いに魅力的なモデルに固有の、固定性と締めつけを解消するのである。

2

　このように身体に主導権を与えることによって、われわれは場所の哲学的な歴史に潜んでいるあるパターンをもっとはっきりと捉えることができる。そのパターンとは、より包括的になろうとする傾向のことであり、したがって、単なる包含している表面という地位に場所を制限しようというアリストテレスの努力に特有の排他性から、遠ざかろうとする傾向のことである。こうした排他性は、この言葉の字義通りの排除を――異性としての女性に属する性質のような具体的な感覚的性質の排除だけでなく、延長や次元のような抽象的な要因の排除も――含意している。紀元前四世紀にはすでに、アリストテレスはアナクシマンドロスの境界をもたないもの《ト・アペイロン》やプラトンの空間《コーラ》のような、場所ないし空間をめぐる包括的な概念には懐疑的であった。そして、アリストテレスはこれら二つの概念をどちらとも、「質料《ヒューレー》」という彼に固有の概念へと圧縮しようとする。ただし、質料そのものは場所には不要だとされるので、場所は実際には、厳密に自然物理的なこれらの事物を取り囲んでいる、質料的でない薄膜に還元される。場所は文字通り周縁化される。すなわち、場所は自然物理的な事物の先端と延長を等しくする、この上なくぴったりと密着した静態的な表面に、つまり、自然物理的な事物の周縁そのもの（周縁にあるもの）になるのである。

　この古代における場所の周縁化は、哲学と科学の歴史において多大な反響をもたらすことになった。この周縁化は、空間が徐々にではあるが力強く場所を浸食していくための舞台を設えた――そしてその結果、場所は実質的に空間へと姿を消してしまったのである。しかし、このように場所が姿を消すのに先だって、空間が提供する一見普遍的な媒体のうちに早々に消滅してしまうことから場所を救い出そうという、長きにわたる一連の輝かしい努力があった。これらの努力は、場所そのものをこれまで以上に包括的なものにするという形をとっていた。たとえば、リュケイオンにおけるアリストテレスの直接の後継者であったテオプラストスは、ロックやライプニッツから、ホワイトヘッドやイリガライまでを先取りするような、場所とは関係性であるとする準有機体的なモデルが正しい、と論じた。古アカデメイアでは、ストラトンが場所は端的な容積の問題であると提案して、ニュートンや（重要な変容をともなってはいるが）アインシュタインにさえまだ生きている「絶対的場所」という考えを予見した。ストア派のひとびとは、地球が局所化されている宇宙は、有限かつそれ自体で存続する場所——たとえその場所そのものは宇宙を超える領域の無限性の内部に置かれているとしても——である、と主張した。デモクリトスとレウキッポスからエピクロスやルクレティウスにいたる古代原子論者たちは、限界なき空虚を措定しはしたものの、運動中の原子が作り出す個々の布置に固有の場所のための、ゆとりを許容してもいた。もっと注目すべきことに、新プラトン主義は、「叡智界の場所」としてであれ（プロティノス）、神的な「光」としてであれ（プロクロス）、「集めること」や「支えること」といった特別な力をもつものとしてであれ（イアムブリコス）、内部から場所を切り開こうとした。

　しかし、場所をよりいっそう包括的なものにすることで、場所のために余地を残そうとするこの努力は、空間を優位に置こうという誘惑が高まっていくのに耐えられなかった。すでに見たように、この点ではピロポノスが中心的な役割を果たしている。というのは、彼は公的には無限空間を否定したものの、次元（diastasis）に関心をもったために、事実上はつねに満ちているが原理上は空っぽである、延長（diastēma）というものを思いつくにいたったからである。その結果、イアムブリコスがその力動的な性格を強調していた境界（peras）は無用のものとなり、純粋な次元性を効果的な形で限界づけることのできるものなどなくなってしまった。逆説的なことに、ピロポノスは、場所をすべてを包括するものにしたことでかえって、その場所のために弔鐘を鳴らすことになったのである。限界づけられていない次元を有することによって、すべてを等しくするものであること——要するに、普遍宇宙と延長を等しくすること——は、神だけにとっておかれた特権である（これはピロポノスのようなキリスト教徒にふさわしい結論である）。十四世紀の神学者たちは、ためらうことなく神の広大無辺性を普遍宇宙の（たとえ想像上のものであれ）果てしない拡がりと同一視したが、彼らがそうした途端に、まさにその「場所」（locus）という言葉は権限を奪われてしまい、それに代わって「空間」（spacium）という言葉が採用された。しかも、ここで言う空間とは、その範囲という点で限界がなく、ドゥルーズとガタリが解釈するような意味ではまったく「強度的」でない空間のことである。ここから、ルネサンス期のひとびとが普遍宇宙の完全に自然物理的な無限性に心を奪われるようになるまでは、ほんの一歩でしかないし、また、そこから、空間とは無際限の「延長」（extensio）——この延長の内部では、場所はせいぜい従属的な部分、つまり、容積的な存在者でしかありえない——であるというデカルトの考えまでも、ほんの一歩でしかない。デカルトの死後半世紀のうちに、場所は無限空間という虚空のうちに失われてしまった——そして、この果てしない空っぽの奈落の内部にある単なる「部分」、つまり、「個別的で制限された見方」になってしまったのである。

　さて、アリストテレスからニュートンにいたるまでの時期に、場所は空間に敗北した。場所が敗北したのは、その範囲を拡大することで場所を救い出そうと企てた——この企てに着手したのはアリストテレスの註釈者や批判者たちであったが、彼らはみな、『自然学』における場所の概念はあまりにも限られていたため、場所‐内‐存在が含む重みに耐えられない、という点で意見が一致していた——ために、そのきわめて真面目な意図に反して、場所そのものが失われ、開かれた空間という限りのない空虚へと雲散霧消してしまったからにほかならない。場所がもつ力を保存しようという最初の試みは、こうして失敗に終わった。この時期の終わり頃までには、場所は空間の顔のない手先となった。場所はその（まさにこの場所であって他の場所でないという）境界性も（この特定の場所という）唯一性も失ってしまったため、単に位置を占めること《シンプル・ロケーション》の限りない集まりから普遍宇宙の無限性が生まれたとき、空間に併合された。その後に残された場所のただ一つの痕跡は、用地＝位置（site）という形をとって生じた空間に組み込まれたが、この用地＝位置は、ライプニッツの巧みな手腕のおかげで近代の支配的な空間の構成単位となり、哲学的思考そのものはもちろん、建築や医学、学校や刑務所といった近世的な生のあらゆる側面に影響を与え、それらを汚染した。たとえば、十八世紀の新古典主義や啓蒙主義は、「相対的な包括者」(4)と解された、用地＝位置としての空間による支配を反映していた。それに続いて質的な空間性——距離、位置《ポジション》、さらには端的な関係といった要因を逃れる、さまざまな場所的特性——が尽き果ててしまったために、十九世紀に時間中心主義が勝利を収めるための舞台が整った。

だが、〈空間〉と〈時間〉という包括的な絶対者が隆盛になったからといって、場所への関心はまだ完全に消滅してしまったわけではない。啓蒙主義の伝道者であり、空間と時間の超越論的観念性を主張したカントは、この点についての最も顕著な実例を与えてくれる。周知のように、カントによれば、右と左という二つの側面をもつ身体は、その方向づけの力によって、空間のうちに一つの場所を作り出す。すなわち、イリガライが後に述べるように、この身体のおかげで、「場所はねじ曲がり、場所自身へと向きを変えることになる」(5)のである。複雑に入り組んでおり、身体に特有であるこの場所は、宇宙的な方域に身を隠してはいるものの、それに固有の特性（すなわち、一致していない二つの部分から組み立てられたものとしての特性）と力（たとえば、方向を示したり見出したりする力）をもっている。場所を普遍宇宙のこの一見無害で貧弱な片隅に——まさに主流思想の余白に——取り戻すことで、身体は哲学的な復帰に備えていた。この復帰は一世紀半ほど延期されたが、その間、場所は身体に基づいているという考えは潜伏状態のままであった。しかし、この考えは、フッサールとメルロ＝ポンティの現象学や、ホワイトヘッドの存在論において、説得的なものとして復活したのである。

場所の重要性が生きられた身体というごく限られたもののう

ちで再発見されたからといって、この再発見は排他性という意味での場所への回帰を表しているわけではない。それとは反対に、場所はもう一度、それに固有の包括性という観点から評価されるのである。しかし、だからといって、その包括的なものは、もはや純粋に物理的ないし形而上学的な広大無辺性という次元性に探し求められるわけではないし、まして無限性に探し求められるわけでもない。それどころか、それは身体に限定されてさえいない。たとえば、バシュラールは、心理的なものという非物質的な領域のうちに、「内密の広大無辺性」を見てとる。彼は、心理的生という内面性に――「内部の存在」に――存する一連の印象的な場所的現象を顕わにするのである。また、すでに見たように、バシュラールの地形分析《トポアナリシス》に相当するものは他の分野でも追求されたが、それは、おそらくフーコーによる混在郷《ヘテロトピア》の検討において最も突出していた。この混在郷の検討は、場所の及ぶ範囲を、西洋におけるさまざまな抑圧的施設にある監禁用の独房へと、内側や下方に拡大するだけではなく、外側や側面にも――ほかならぬ社会の周縁にも――拡大するのである。われわれがどちらの道に進むことを選ぶにしても、場所の射程は、厳格な包含者やただの位置表示や（より一般的に言えば）用地に特有のものといった役割を超えて拡大している。抵抗のための劇場としてであれ、単に差異のための劇場としてであれ、混在郷的な場所は、再び権能を与えられもすれば、再び権能を与えもするのである――この点は、建造された場所を非静態的な反‐用地《アンチ・サイト》と特徴づける、出来事‐としての‐場所の脱構築的な建築というデリダの考え方にも見られる(6)。さらに、この二重の再権能化はまた、女性の身体は社会の内部にある他性の場所――それゆえ、社会秩序が組み替えられるべきときにはそれを変えていくための、社会がもつ潜在能力――である、というイリガライの（そして他のフェミニストたちの）の確信のうちにも認めることができる(7)。

場所を再評価するうえでこれと同じくらい見込みのありそうな方策は、場所とは住居、近さ、〈性起〉の出来事であるとするハイデガーの壮大な見解に見出される。さらに、展開しつつあったハイデガーの場所論によって予見された「雑多な間」は、それがひとたび〈開いたもの〉の開く作用として、つまり、〈存在〉の顕現と四元のための余地を作り出している、かの〈明ける作用〉として捉えられれば、場所付与の包括性を強調するのに役立つ。実際、存在論的に考えて、〈真理〉を覆い隠すこと／から覆いを取ることという顕現的な場面と見なされた場所以上に包括的なものなどありえようか。

初期ハイデガーは方域を強調したが、これは後年彼が「方域化するもの」や「方域化」に焦点を当てたときに実を結び、ドゥルーズとガタリの遊牧空間というモデルでさらに探究されることになる。「平滑空間」の典型であるこの遊牧空間は、その性格という点ではっきりと方域的である。しかも、これはあまりにも方域的であるため、この二人のフランスの思想家たちは方域と合致するほどまで場所を拡張し、場所は「局所的な絶対者」と見なしうるような、「限界づけられない局所性」と等しいと考えられることになるのである。他方、この場所の拡張と足並みをそろえてはいるものの、まだ全面的にはヘレニズムや中世の思想家たちと異ならない形で、イリガライは、もし「元素は普遍宇宙を満たしている」(8)ということが正しければ、方域のところでさえとどまる理由はないと示唆し、それによって、有限な場所と無限な普遍宇宙の間にあるとされる、どんな決定的差異も疑問に付す。質料的な元素があらゆるところに等しく見出されるとされていることからして、「普遍宇宙は閉じた器、つまり、すべての元素のための受容者として理解される[べきである]」(9)。ここでは、アリストテレスは逆立ちし、プラトンは再び直立する。すなわち、囲い込むものとしての場所は肯定されるものの、ただしそれは、場所を作り上げている元素が、いまや巨大なざる状の器——これは全面的に包み込まれてはいるが、いたるところで水漏れする——と見なされている、一つの全体としての普遍宇宙に住まい、それを満たしているというかぎりにおいての話なのである。

このような回り道をして、普遍宇宙は果てしないが有限であるという量子論（これはきわめて明確に非アリストテレス的な種類の物理学である）の見方が再び肯定される。普遍宇宙内のどこかにある——普遍宇宙内のある特定の場所にある——ということは、その普遍宇宙を通してあらゆるところにあるということ、つまり、すみずみまで効果を及ぼし、それゆえあまねく局所化されているということである。ホワイトヘッドが「あらゆるものは、あらゆるときに、あらゆるところにある」(10)と書いたとき、彼が（ライプニッツのことだけでなく）量子論のことを念頭に置いていたことは疑いない。あるいは、われわれとしては、あらゆる場所はあらゆるところにある——締め出すことのできない因果的効力のおかげで、そしてまた、ただ一つの場所だけでも空間という普遍宇宙全体を反映することができるという事実のおかげで、あらゆるところにある——、と言うことにしよう。場所とは、この反映という出来事である。そのような出来事として、場所は身体にはじまるものを最後までなし遂げる。すなわち、場所は、何一つ排除することなく、あらゆるものに、つまり、自然の事物はもちろん、すべての建築物にまで及ぶような包括性を有するのである。ホワイトヘッドの指摘によれば、「身体的経験を意識するとき、われわれはそれによって、身体的生の内部に映し出されている通りの空間的–時間的世界全体がもつ、さまざまな側面を意識しているはずである」(11)。しかし、場所がもつ映し出す力は、身体がもつ力よりもはるかに広い範囲に及ぶ。身体が場所へと拡大するように、場所は（建造されたり与えられたりした）さまざまな事物を通じて（社会的ないし自然的な）さまざまな方域へと枝分かれし、さらに、その方域はさまざまな世界へと拡大する。われわれは身体と事物と方域から世界にたどり着くが、それはあくまでも、場所という出来事が隅から隅まで活動的であるかぎりにおいてなのである。

要するに、われわれはさまざまな場所において一つの世界――これは、日に照らされた海のたくさんの波が周囲の光を反映するのとちょうど同じように、それぞれ独自のやり方で世界を反映するたくさんの個別的な場所のうちに存続する、一つの場所‐世界のことである――にたどり着く。場所は限りなく世界へと拡大する。たとえ、イリガライが言うように、「場所が直接に専有されないかぎり、つねにより大きな場所が、より多くの場所が存在する」(12)としても、このことは、専有されていない場所(すなわち、用地に支配されていない場所)がそれぞれ、その境界をものともせずに(それどころか、ほかならぬその境界の開放性のために)そっくりそのままの世界に入り込み、その世界をそれ自身に連れ戻すというかぎりでのみ正しいのである。これが場所がもつ元素的な力、出来事的な力である。この力のおかげで、場所は限界づけられても全体化されてもいない拡張性として認識されることになり、既知の普遍宇宙だけでなく、未知の普遍宇宙のいたるところで方域的に共鳴するのである。

3

場所をめぐるこのような見方とともに、われわれは場所の優位性というテーゼに戻ってきたように見える。存在するとは(ずっとそうであるにせよ、再びそうなったにせよ)場所のうちにあることである、という古代におけるアルキュタスの公理は、正当化されたように思われる。しかし、場所がもつ重要性を再び肯定するのに、われわれは、場所は「あらゆる事物に先だつ」としたアリストテレス流のやり方で、場所に特権的な地位を措定するには及ばない。新しい基礎づけ主義――〈場所〉を、以前は〈神〉や〈思惟〉や〈存在〉に割り当てられていた難攻不落の最高位に据えることによる――は問題ではないのである。また、こうした勝ち負けを連想させる言葉で考えるのは魅力的かもしれないが、〈空間〉と〈時間〉に対する〈場所〉の勝利が問われているのでさえない。そうではなくて、重要なのは、場所のもつ意義が再び主張されたとき、古代の世界でそれが享受していたのとはまったく異なる基礎に基づいていたという点に気づくことなのである。古代の世界では、場所の優位性は自然学的であり、形而上学的であり、宇宙論的であった(アリストテレスにおいては自然学的かつ形而上学的であり、プラトン、新プラトン主義、ヘレニズム哲学においては形而上学的かつ宇宙論的であった)。それに対して、場所の優位性とされるものの新しい基礎は、それ自体多様である。すなわち、それはもちろん身体的であるが、心理的でも、遊牧論的でも、建築的でも、制度的でも、性的でもある。場所の優位性を支えるただ一つの基礎などないのだから、この優位性を打ち立てることができるような一枚岩の基盤もない。問われているのは、多価的な優位性――つまり、優位にあるさまざまな項が等しく根源的であること――なのである。

では、このことは暗に多元的基礎づけ主義をほのめかしているのだろうか。そうではない。一方で、新たに出現した場所は、場所設定がもつリゾーム的な構造や、場所が人間的ないし非人間的な背景に姿を現すたくさんのやり方を認識するように要求する。重要なのは、単なる場所の多様性ではなく、その根本的な異質性なのである。他方、場所は存在者的――およそ基礎というものがそうでなければならないように――ではなく、出来事的であり、進行中の何かであり、事物に閉じ込めることのできない何かである。いや、それは単に位置を占める《シンプル・ロケーション》ことに閉じ込めることのできない何かである、と言った方がよい。場所はあらゆる場所にあり、単にここやそこにではなく、あらゆるところにある。場所の優位性は、場所があまねく局所化されているという点に、つまり、よりいっそう広大な包み込むものに絶えず含まれているという点にある。そしてこれは、場所にはただ一つの起源もただ一つの目的もないということ、つまり、この問題にははっきりしたはじまりもなければ、はっきりした終わりもないということにほかならない。場所の優位性とは、唯一無二の場所の優位性ではないし、ましてこの場所やある場所の優位性でもなく（そしてまた、何かきわめて特別な場所の優位性でさえなく）――というのは、これらの言い回しはどれも、単なる－現前－としての－場所を含意しているからである――、多くの複雑なやり方で、しかも多くの複雑な結果に向けて事物に場所を付与することのできるような、そうした一つの出来事であるということがもつ優位性である。重要なのは、異なる仕方で場所のうちにあること、別の仕方でその出来事性を経験することなのである。ただし、別の仕方でとは言っても、それはあくまでも、西洋史における古代・中世・近世という時代に、伝統的な自然学者や形而上学者、宇宙論者や倫理学者が予言してきたのとは別の仕方で、ということであって、ある種の原住民族や多くの芸術家や数人のポストモダンの思想家が知っており、説明しようとしたのと別の仕方で、ということではない。

4

初期ギリシア思想における場所の卓越性が、後期ヘレニズム哲学や中世哲学が徐々に空間に心を奪われていったために抑圧されてしまったので、この場所という考えそのものは、近世の文化的・哲学的な無意識という地下世界に住まうことになった。われわれは、このことがいかに起こったかを――それもかなり詳細に――見てきた。しかし、このことはなぜ起こったのだろうか。それはなぜ、場所がわれわれの周りに――われわれの物理的な意味での両足のすぐ下とか、われわれの概念的な意味での眼のすぐ前というように、誰にでも見えるところに――あるときに起こったのだろうか。それはなぜ、場所が空間と時間のうちでわれわれが経験するすべてのものにとっての不変の枠組みという役割を果たしているときに起こったのだろうか。場所がそれほど明白で協力的だというのに、なぜそうした空間への移行が起こったのだろうか。場所の歴史はなぜこれほどまでに隠されてしまったのだろうか。われわれには、それは無限空間がパスカル流の実存的苦悩の源泉であっただけでなく、ある特殊な形式の快適さを、ひとを安心させるような現前を与えてもきたからに違いない、と推測することしかできない。ひとは自らの輪廻的な悲しみを、空っぽな空間という果てしない希薄さのうちに解消できるのではないだろうか。というのも、そうした空間は、いくらでも無限に生活空間《レーベンスラウム》を与えてくれるからである。すなわち、たとえこの世界が満足のいかないものであったとしても、他の世界が無数に待ち受けているのである。世界の後に世界が続くというこの際限のない見通しがブルーノを惹きつけたこと——そして、当時の教会の位階制を脅かしたこと——は疑いない。同時に、無限空間は限りない支配の可能性を示唆している。すなわち、そうした空間は、測定したり予測したりできる（したがって、数学化できる）だけでなく、全面的に「通過できる」のである。カントが『純粋理性批判』「第二版序論」の初めの方で引き合いに出した形而上学的なハトのように、ひとは自分が無限空間の空気を、自由気ままに、何ものにも邪魔されることなく切り開いているところを想像するのである(13)。

西洋の思想家たちがこの見通し——この見通しには無限の時間も含まれていた——に引きつけられたのも不思議はない。不快にもこの自由気ままな見通しと比べれば、場所は単に手に負えないだけでなく、およそひと好きのしない、個別性という姿で現れてくる。ひとには場所のうちに、ないし、場所にあるものを、つまり、そこで問われているものを取り扱うという以外に選択肢はない。自分がすでにそこにいる個別的な場所に関しては、ひとは自由に思いを巡らすことはできないし、まして空中に浮かび上がることも、奇跡を起こすこともできない。ただそこにある存在の口うるさい要求と、つまり、その有限の歴史性や特別な性質といったものすべてと、何とかうまくやっていかなければならない（この点で、場所は非測定的な時間、つまり、緊急時とか締め切りの時間といった、延長しているというよりむしろ限界を定める時間とより密接に結びついている。生きられた時間がつねに尽き果てようとしているように見えたり、「閉じつつある時間〔閉店時間〕」であるように見えたりするのと同様に、場所はつねにその限界を定める境界を有するのである）。おそらく、もっと古い時代には、ひとびとは場所がもつ複雑さを、より正確に言えば、その困惑を、もっとうまく取り扱うことができたし、そうすることをもっと望んでいた。しかし、ニーチェが述べたように、「コペルニクス以来、人間は中心からXの方へと走ってきた」(14)。もし場所が（たとえば、出生地、聖地、生誕地、埋葬地などのように）中心化されており、有限であるとすれば、空間は無限であり、脱中心化されているからである。しかしながら、このことは、場所がつねに中心化されているということでも、ただ単に中心化されているということでもない――その正反対なのである！

　近世において、速度中心主義が場所中心主義にとって代わった。近世のひとびとは、無限の固定された延長よりも速度――光速とは言わないまでも、想像上の移動においてであれ、現実の移動においてであれ、彼ら自身が空間を貫いて行う熱狂的な運動の速度――を連想させる、空間の方を熱心に採用してきた(15)。宇宙的ないし「普遍宇宙的」空間への我を忘れるほどの眺望、つまり、既知の世界の先端に立つことをめぐるアルキユタスの謎かけにおいて初めて獲得された眺望が引き起こした、大きさへの熱狂と比べれば、場所内存在によるのろまな手仕事が、偏狭なものに思われたり、ただひとをいらいらさせるものに見えたりするのも不思議はない。たとえカント流のやり方でそうした空間を主観化しても、この普遍性がもつ魅力は失われはしない。それどころか、空間を主観化することは、認識主観の内部でこの魅力を保証することである。というのは、認識主観は、無限空間がもつ静穏さや無制限の横断可能性を――そして、想像可能なあらゆる種類の「宇宙旅行」に開かれた領域としての魅惑を――味わうのに、自分自身の認識に偏った心よりも遠くまで旅するには及ばないからである。この見通しに我を忘れてしまったならば、場所を空間という無限の天空へ消し去ってしまおうとか、さもなければ、場所を近代主義的思考の冥界に埋葬してしまおうといった誘惑に、抵抗できる者などいるだろうか。

5

　もし場所が実際に（再び）本領を発揮すれば、場所は本書の最初のいくつかの部で検討されたのとははっきり異なった形をとって現れてくるはずである。実際、場所の形、つまり、その相貌そのものは、アルキュタスやアリストテレスの時代とは劇的に変わってしまった。あまりにも変わってしまったので、場所が二千年以上も閉じ込められていた隠れ家から出てくるとき、われわれにはそれを場所として認識するのは難しいかもしれない。たしかに、場所はもはやただの包含者としては現れない。だからこそ、ハイデガーは『存在と時間』の初めの方で包含者モデルを直ちにはっきりと退け、このモデルに含まれている、手前に現前するという構造を、〈開いたもの〉、つまり、存在者というより出来事であるような、方域化された近隣関係というモデルに変容したのである。まただからこそ、デリダもまた、そうした場所、つまり、文字通りの事物としての場所や本質としての場所が、ただもっぱら現前しているだけであることを否定したのである。デリダにとってもまた、場所は一つの出来事であり、起こること〔場所をとること〕をめぐる問題なのである。同様に、イリガライは包含性というモデルを、半開きで部分的に接触している唇というイメージに変形する。すなわち、包含している表面の堅い殻は、いまやエロチックな拘束のための、柔らかで身体にぴったりと密着した衣服になるのである。場所が取り囲むものであることに変わりはないが、それはもはや気密的で不動で透き通った限界としてではない。場所は包むことそれ自体という出来事なのである。

このようにして掘り出された場所は、絶えずその外観を増殖させながら甦ろうとしている。すなわち、場所は、バシュラールにおける想像的な場所《トポイ》、フーコーにおける混在郷《ヘテロトポイ》、デリダにおける書かれた痕跡や外へ―空間化された建物といった場面、離散的な「局所性」（ハイデガー、ドゥルーズ＝ガタリ）としてはもちろん、リオタールにおける社会―政治的な「飛び地」やステグナーにおける「場所の感覚」としても甦ろうとしている(16)。場所は、人類学者やその他の社会科学者たちの間での「局所的な知《ローカル・ナレッジ》」の適切さへの最近の関心にも現れているし、近年「文化地理学」が盛んになったときにも姿を現している。〈空間〉（ないし〈時間〉）へとすっかり消え去ってしまうどころか、場所は満ちあふれている。すなわち、場所がいろいろな名前で呼ばれたり、自ら多様な出来事や経験を名づけるときでさえ、場所は満ちあふれている。新たに捉え直された場所の包括性は、この豊富さの境界を定め、それを可能にしているのである。

果てしない空間からの誘惑（と系列的な時間がもつ魅惑）をものともせずに、場所は近世の西洋における文化的・哲学的な地下世界への埋葬から逃げ出そうとしている。まだ完全に地上に出たわけではないが、場所はそこに、つまり、あれこれの場面に、ここやそこに、いまも昔も、あらゆるところに、どこかにあって、見られたり、少なくとも垣間見られたりするのである。ジャン＝リュック・ナンシーは、「物質的で局所的な現前」は「ここやそこに」あり、「どこかと自同的」である(17)、と書いている。彼はこれに、神の現前であれ、人間の現前であれ、他の動物の現前であれ、「すべての現前は、一つの身体の現前である」と付け加える(18)。ナンシーにとって、場所はいつでも、刷新された観点から、場所の下での、そして、場所を通じての、身体の現前として認識されることを求めている。すなわち、場所設定は身体化を含意し、身体化は場所設定を含意するのである。他のどの単一の要素にもまして――心理や社会、建築や政治といった要素にさえまして――、有機的な身体は場所の多様な現われを関連づける。すなわち、有機的な身体はこれらの現われをすべて受肉させ、身体自身の歴史の一部とするのである。そして、そうだとすれば、有機的な身体は、アルキュタスの近世以前《プレ・モダン》の言明をポスト・モダン的に改訂し、簡潔ではあるが重大な補足をするよう要求する。すなわち、存在するとは場所のうちに――身体的に――あるということである。あるいはむしろ、こう言った方がよいかもしれない。存在するとは、（たった今強調したように）他の多くの仕方でも場所のうちにあるが、少なくとも身体的に場所のうちにあるということである、と。

もしアリストテレスの世界観には空間が場所と区別された概念としてはまだ存在していなかったとすれば、そしてまた、もし古典期が終わった後に場所が徐々に空間へと失われていったとすれば、二十世紀にわれわれは、三度目の事態の急変に証人として立ち会っているということになる。ハイデガーが「建てる、住まう、思索する」で語っている「諸空間」（「単数の」空間」ではない）という形式や、『千のプラトー』における「平滑諸空間」や、ナンシーの『神的な様々の場』における「開かれた諸空間」では、空間はいまや場所に吸収されようとしているのである。「空間は諸々の場所へと分裂している」という『存在と時間』の単純な一文は、それが最初に書かれてから七十年の後に、実は予言であったと判明した。以前の優劣関係が劇的に逆転して、空間は再び場所へと同化され、場所の実体と構造の一部になろうとしている。この逆転の結果として、空間化は場所化に帰着するというだけでなく、場所化からはじめるよう要求しているのが見られる。端的な空間的延長の空っぽで測定的な次元性は、もはや哲学的な心に影響を与えてはいないし、ましてそれを支配してもいない。次元は具体的なものとなり、場所や方域にしがみついている。たとえば、高さは「天井に」とか「空に」などと見なされるのである[19]。生きられた身体の水準では、次元性は――われわれが生きられた奥行きの経験のうちにはっきりと見るように[20]――方向性と一つになった。『存在と時間』でも言われているように、「すべての「どこ」は、われわれが日常的な交際で思い通りに振る舞うときに発見され、見回すような仕方で解釈されているのであって、観察的な空間測定によって確定され、一覧にされているのではない」[21]のである。

「どこ」は再び、そして決定的に、場所へと帰ってくる。格好の実例を一つ挙げれば、絵画はもはやもっぱら離れた視点から、つまり、等質的で焦点がただ一つであるような空間に対してあてはまる、「どこでもないところからの視界」から描かれているのではない。画家たちは、自分が主題と十分な身体的関わりをもつことができるような近接領域で、近づいて描いていることを認めつつある。すなわち、「一枚の絵画は、遠くから見られるとしても、近くで描かれる」[22]のである。もう一つ事例を挙げれば、神聖さもまた、遠ざけられ高められた広大無辺性の問題としてではなく、信者の身体や「神的な場所」に具体的に住まうものとして理解されているし、この「神的な場所」も、習慣として確立しているという意味でも、記念碑的であるという意味でも、もはや明らかに儀礼的なものではない。

この「神的な場所」という言葉はナンシーのものであるが、そのナンシーは、イリガライと同様に、場所をめぐる考察を宗教的な領域にまで拡大する。しかしながら、イリガライとは違って、ナンシーは、人間はいまや完全な「貧困」の時代に生きており、そこでは神も神々も根本的に不在だと信じている。すなわち、「神的なものは神殿を見捨てた」[23]のである。ニーチェ以降（そして、数多くの非西洋的な宗教できわめて長いこと知られてきたように）、人間が「神の場所」を引き継いできたと主張することはできるとしても、この場所は空っぽである。すなわち、神の代わりに〔神の場所に〕存在するのは場所である。個々の場所が神と神々の代わりをして〔場所を占めて〕きたのであり、まさにこのことが、それらの場所を神的なものにしているのである。（信仰と儀式に関しては）場所の空っぽさは根絶できないものの、そうした場所には力が存在する。というのは、それらの場所は新たな空間を生み出すからである。空間が場所から来るのであって、その逆ではないのである。ナンシーはここで、場所が空間に対して優位にあると主張するひとびとの仲間入りをする――しかしながら、これはもっぱら多くの場所、つまり、不定複数形をとった場所において（また、そのような場所として）取り戻された優位性なのである。

ナンシーの見解によれば、神的な場所は、このように場所が発掘され、再評価されたことの、最も教訓的な事例である。神的なものは、以前は無限空間やその空間の最も特権的な住民と延長を等しくすると考えられていたが、いまや場所へと、それも、まさにわれわれが日常生活において住んでいる場所へと、外に-空間化される。もし神ないし神々にはもはやどんな固有の場所もないとすれば、神ないし神々は住処のないままだし、われわれ自身は見放されたままである。とはいえ、まさにこうした状況が、「あらゆる場所の外部で何かを開き、その何かが外への-空間化を作り出す」[24]。「外への-空間化」（われわれは、デリダを論じているときにこの言葉に出会った）という出来事は、すべての歴史的かつ制度的に認可された場所の外部で起こるが、しかし、それは場所のないところで、たとえば、空虚において作り出されるわけではない。場所のないこと《ノー・プレイス》は――われわれが本書の冒頭で検討した、混沌《カオス》や非存在といった天地創造以前の状態に見出されなかったのと同様――、この荒廃した場面においてさえ見出されることはない。神が介入する以前だけでなく、それ以後も、場所は存続するのである。

神的な場所は、神々を欠き、どんな神もともなっていないが、われわれの周りのあらゆるところにまき散らされて、われわれの到来、われわれの出発、われわれの現前に対して開かれ、与えられている。それはまた、われわれの訪問、もはや人間ではないが、現にそこに、これらの場所に存在する者たち、つまり、われわれ自身の頻繁な出入りに対して委ねられ、約束されている。そして、そのわれわれ自身は、単独で、われわれがそれではなく、また神々の方でもまた一度としてそれであったことのなかったものに出会おうとしている。……そこに存在するすべての者たちにとっての、他の線描に、他の道に、他の場所に(25)。

ナンシーはこうして、「場所が直接に専有されないかぎり、つねにより大きな場所が、より多くの場所が存在する」という、イリガライの幸先のよい主張に同意する。われわれが跡をつけたり訪れたりできる以上に多くの、まして所有したり利用したりできる以上に多くの場所が存在するのである。場所は、専有（あるいは、脱専有〔没収〕と言った方がより正確かもしれない）されるときにのみ、閉じ込められ、閉鎖された用地《サイト》になる——そして、この用地は、純粋に外に-空間化されるのに失敗して、位置《ポジション》と距離、むき出しの局所化と不毛な関係だけからなる、科学技術的な風景に薄っぺらに拡げられる。そうした荒れ果てた（そして、荒廃をもたらす）用地という場面は、方域を失い、深さを欠いている。

だが、場所はこの枯渇し荒廃した荒れ地にさえあふれている。ここでも場所は「拡がって」(26)いる——不吉なことに、この言い回しは「延-長」を連想させるものの、延長するもの《レース・エクステンサ》という近世初期の遺産からは決定的に逸脱している。場所のうちで拡がることとは、等質的な無限空間の延長性を離れる〔置き去りにする〕ことであり、異質的で、開かれていて、純粋に外に-空間化された空間という、新しい種類の空間に住まうことなのである。もしそうした空間が「あらゆるところで開かれて」(27)いるとすれば、それはまさに場所において開かれている。というのは、空間が、空間そのものが場所を付与されていることの印となる、質的な多様性と十分な識別可能性に加えて、鋭さと豊かさを手に入れるのは、まさに場所においてだけだからである。そして、もし「われわれには、この空間の限界なき開放性を見ることが許されている」(28)とすれば、われわれはまず間違いなく、この開放性を、われわれの具体的な身体運動の限界づけられていない局所性のうちに、つまり、われわれと最も関わりが深い場所-内-存在の経験のうちに——たくさんの異なるやり方で、そしてたくさんの異なる場所のうちに——見ることになるだろう。

訳者あとがき

本書は、Edward S. Casey, *The Fate of Place : A Philosophical History*, University of California Press, 1997の全訳である。著者のエドワード・S・ケーシーは、一九三九年生まれのアメリカの哲学者であり、一九六七年にノースウェスタン大学で博士号を取得し、その後カリフォルニア大学やエール大学で教鞭をとった。現在は、ニューヨーク州立大学ストーニー・ブルック校の教授。主な著作に、*Imaging : A Phenomenological Study*（1976），*Remembering : A Phenomenological Study*（1987），*Spirit and Soul : Essays in Philosophical Psychology*（1991），*Getting Back into Place*（1993），*The Fate of Place : A Philosophical History*（1997）［本書］，*Representing Place : Landscaping and Maps*（2002），*Earth-Mapping : Artists Reshaping Landscaping*（2005），*The World at a Glance*（2007）などがある。またケーシーは、ミケル・デュフレンヌの名著『美的経験の現象学』（一九五三年）の英訳者でもある（*The phenomenology of aesthetic experience* [1973]）。この簡単な著作目録からも分かるように、ケーシーは、八〇年代まではとりわけ現象学の精緻な研究に従事していたが、九〇年代に入ってから人間経験における場所の重要性を体系的に考察した本を出版しはじめる。また近年では、彼はこうした〈場所 - 世界〉についての詳細な哲学的調査を「地図」や「風景画」にまで広げて、人間経験における場所の基本的な現象的ニュアンスを探求している。

本書の目的は、ケーシー自身が明確に述べているように、「現代の西洋思想において深い眠りについている場所というこのアイデアを、いま一度、哲学的議論の白日の下にさらすこと」である。また本書の最大の特徴は、一見して分かるように、一部で神話や宗教（創造の物語としての）を含みながら、西洋哲学の長い歴史のなかでの「場所」とそれに関する諸概念についての多様な思想を包括的で統一的な言説にまとめ上げたところにある。それは場所の系譜学でもある。場所の物語は、一方では空間との闘争の歴史であり、他方では空間あるいは用地《サイト》に翻弄され続けた歴史である。場所は絶えずそれらのもとに隠されてきただけでなく、場所の歴史も隠蔽され抑圧されてきたのだ――つまり、ケーシーが言う西洋文明がもつ「普遍主義」のもとに。なぜなら、そこでは場所という形質化された方域は、用地化された等質的な空間へと絶えず均される傾向にあるからである。空間とは、深さのない、つまり記憶がなく、地形がない、言い換えると、存在はあるが、しかし存在の仕方がないような三次元の領域のことである。こうした空間を志向する背後には、実は場所を移動する際につねに何らかの単位——量的であれ価値的であれ——を変えなければならないことへの恐怖があり、またそれを裏打ちするようなかたちで、例えば開拓や再開発につねに伴う用地化への意志がそれとは反対の感情としての希望を与えるのである。しかし、場所は、存在の仕方によってしか表現されえないもの、つねに単位を変えなければ移動しえない諸領域のことである。この「普遍主義」の歴史において空間はつねに等質化、量化を以って勝利するが、しかし今日、場所の再現出がどのように起きているのかを、私たちはケーシーとともに本書を通じて考える必要があるだろう。

　本書全体の構成を述べておこう。

　第一部の問題は、場所はア・プリオリに前提されるものではなく、それゆえ歴史的に生成してきたものであるという点にある。では場所は、最初はどのようなものとして生成したのか。場所や空間という観念以前にあったのは、「空虚」あるいは「母胎」という考え方である（空虚はそれゆえ欠如として表象されてはならない）。これらを経て、場所についての最初の有力な思考、とりわけアリストテレスにおける「場所」の概念——つまり「包囲しているものの第一の不変な限界《ペラス》」——が登場してきたことが分かる。

　第二部では、ヘレニズムからルネサンスまでの時代が取り扱われる。そこでは、無限や延長という観念とともに、次第に「無限空間」の考え方が成立してくる過程が、かなり複雑に、かなり苦心したかたちで描かれている。

　第三部は、こうした中世的な無限空間から近世における絶対的な無限空間への移行が取り扱われる。この時期、たしかに場所は考慮されるが、しかしその空間概念は場所に対してまったくの無差異となり、つまり場所概念にまったく依存することのない空間概念が初めて成立し、その近代的な無限空間の意義を完成させたと言える。つまりそれは、場所を点や位置に無際限に還元しようとする、用地《サイト》の思考と不可分だということである。

　最後の第四部においてケーシーは、まさに「場所の復興」という理念を作動させるべく、現代の多くの哲学思想を次々と組み合わせていく。すなわち、身体を中心として（カント、フッサール、等々）、内-存在、開いたもの、方域化、物化、近さ、住まうこととして（ハイデガー）、地形分析によって（バシュラール）、混在郷として（フーコー）、遊牧民的な方域として（ドゥルーズ＝ガタリ）、エクリチュールあるいは建築によって約束されたものとして（デリダ）、性的に差異化された身体そのものとして（イリガライ）、等々。

　さて、ケーシーは言う。「場所の歴史は隠されている」、と。本当だろうか。そうだとすれば、何によって場所は隠されてしまったのか、また誰が場所を隠したのか。あるいは、むしろ次のように問うこともできる。場所は本質的に隠されるものではないのか、と。本書は、単に空間に対する場所の優位性を主張するだけでなく、まさにこうした問いをもった系譜学的観点からの諸問題に応えてくれるものである。ケーシーの結論の一つに「住まう」という観点から場所を把握することがあるが、本書の最後では、二〇世紀のさまざまな思想において多様な仕方で場所が再び現出し、空間に対して復権しつつあることが明らかにされる。新たな場所論のいくつかの可能性が本書によって強力に意識されるであろう。私たちの身近な事柄である「住まう」という観点から言っても、われわれは直ちに次のような問題に思い至る。

(1)他の動植物と同様、人間も生息圏域としての場所なしに生きられない以上、人間は他のすべての生物とともに場所を見出さなければならないであろう。

(2)あるいは、きわめて今日的な問題から言えば、気象現象や大気の領野なしに場所を考えるとすれば、「場所」はまったくの抽象概念――用地的平面の像――にすぎないであろう。

(3)場所論は、もはや「空間」批判ではなく、特定の場所に特権性を与えるような人間的観念から、当の場所を真に解放することができなければならないだろう……。

この(3)の論点に簡単に触れておきたい。

場所の歴史はニヒリズムの一つの側面を表現している。もはや神などそこに存在しない空っぽな場所としての「神的な場所」、またこうした意味において空間に対して場所の優越性が示されていると言われる「不特定多数の場所」（ナンシー）、これらは、場所の歴史的展開がまさに必然的にニヒリズムの形態になることを表わしている。空間に歴史は必要ないが、場所には不可欠なものである。空間が関わるのは、つねに時間であって、歴史ではない。現代における問題は、もはや場所と空間との争いではなく、まさに場所と場所との、歴史と歴史との、記憶と記憶との恐るべき争いであるように思われる。したがってこうした意味では、場所を単なる用地《サイト》に置き換えるということは、実際にはより危険性の少ない方をそのつど選択しうるようにする一つの様式であると考えられるだろう。

「聖地」と呼ばれるものは、単なる空間でも用地でもなく、歴史的な土地としての、記憶の大地としてのまさに特権的な場所以外の何ものでもないだろう。〈場所〉対〈場所〉の争いだけでなく、一つの場所を占有するための壮絶な争いが存在するのは、実はそうした場所の優越性、つまりある特定の場所を特別なものとみなす考え方――大地の皮膚病（ニーチェ）――からくるものである。そう考えると、空間の否定的側面にはけっして還元されえない場所だけがもちうる強力な負の側面（他者の絶対的排除）があるのも事実である。それゆえ、きわめて現代的な意識のもとで提起されるべき「場所の復興」とは、空間に向けられたものではまったくなく、むしろ自己の場所を普遍的だと思い込み、それゆえその拡大を他者の場所の排除として推進できるという観念をもつ人間の住み方に向けられるものでなければならないだろう。「場所の記憶」を語るならば、これに対して「場所の迷信」（レヴィナス）に注意を促す必要があるのだ。
「空間」批判としての場所論はすでに時代遅れであり、問題の力をもはやもたない。場所の危険性、あるいは場所の危機は、いまや新たなかたちで顕在化してきている。実はこうした諸問題を考えるとき、本書がもつ意義は最大になると思われる。空間に対する場所の優越性が、特定の場所の特権性にけっしてつながらない場所論。本書を通して読者諸賢に、ぜひ〈場所の未来〉あるいは〈未来の場所〉を、あるいは場所論批判――容易に陥りやすい人間主義的な場所の観念に対する批判――を考えていただきたいと思う。

本書における各訳者の担当部分を示しておく。
序論、謝辞、第1章を堂囿が、第2章を堂囿と大崎が、間奏、第3、4、5章を宮川が、幕間、第6、7、8、9章、終論を井原が、変遷、第10章を江川が、第11、12章を大崎が、それぞれ担当した。
翻訳は次のように進めた。まず多くの基本的用語に関する訳語の統一を図りつつ、各自が担当部分の訳稿を仕上げた。その後で、できあがった原稿を他の訳者がチェックし、さらに相互に検討し合うというかたちで、文体や語彙などを含めた全体の統一性を図った。また校正のそのつどの段階で、とくに堂囿が再度、全体を精読し、最終的な調整を行なった。

本書の翻訳はある意味で困難をきわめた。その多くの理由は、本書が「場所」という一つの主題をめぐって二千年以上にわたる思想的領域をその考察対象にしているという点にあった。つまり、時間的に隔絶した時代の諸思想をいくつかの概念や観念だけに基づいて対置し比較検討した大部の書物であるという点である。しかし、本書の内容そのものは比較的平易であり、より多くの方々に本書を読んでいただけることを心から願っている。

本書の翻訳の話は、数年前に山本哲士氏（元信州大学教授）からいただいた。そのすぐ後に当時の新曜社の社長であった堀江洪氏とお会いして、本書の翻訳を直接お約束した記憶がある。しかし堀江社長は二〇〇七年六月に亡くなられ、結局、生前に約束を果たすことができず、完成した本書をお見せできなかったことは、訳者として本当に残念である。
最後に、本書の編集作業では、竹中龍太氏をはじめ、元新曜社出版部の鷲北繁房氏、現同社編集部の渦岡謙一氏にお世話になった。訳者一同、深く感謝する次第である。

二〇〇八年五月

訳者を代表して　江川隆男

人名索引

ア 行

アームソン Urmson, J. O.　571
アーレント Arendt, Hannah　15, 251, 318, 377, 498, 522, 608
アイゼンマン Eisenman, Peter　377, 378, 407, 412, 419, 422, 459, 466, 467, 470
アインシュタイン Einstein, Albert　83, 147, 225, 365, 440
アヴェロエス Averroes 148, 149, 151, 152, 564
アヴェンパケ Avempace　564, 582
アウグスティヌス Augustine　288, 381
アクィナス Aquinas, Thomas　96, 149-152, 215, 267, 587, 591
アナクシマンドロス Anaximander　37, 115, 145, 187, 206, 212, 417, 440, 605
アヌ Anu　48, 50
アプスー Apsu　45, 47-51, 53, 65, 601
アプスキナ Ubshukinna　54
アリストテレス Aristotle　9-, 18-, 27-, 45-, 79-, 110-, 115-, 147-, 184-, 192-, 209-, 224-, 246-, 264-, 272-, 323-, 376-, 438-, 457-608＊
アリストファネス Aristophanes　28, 64, 74, 264, 425, 465
アリソン Allison, David　18, 542
アルキュタス（タレントゥムの）Archytas of Tarentum　21
アルベルトゥス（ザクセンの）Albert of Saxony　161, 563
アレクサンドロス（アフロディシアスの）Alexandar of Aphrodisias　144, 566, 584
アンシャル Anshar　48, 50
アンセルムス Anselm　193, 546
イアムブリコス Iamblichus　10, 127-130, 139, 164, 194, 266, 376, 441, 560, 567, 570-572
石黒ひで Ishiguro, Hidé　528, 533
イリイチ Illich, Ivan　464, 465
イリガライ Irigaray, Luce　9-11, 18, 376-378, 424, 426, 427, 429, 431-436, 438-440, 442-445, 449-452, 454, 459-465, 469, 598
インウッド Inwood, Brad　575, 576
ヴィーコ Vico, Giambattista　525
ウィトゲンシュタイン Wittgenstein, Ludwig　16
ヴィリリオ Virillio, Paul　471, 608
ウィルシャー Wilshire, Bruce　17, 317
ヴォルフ Wolff, Christian　253
ウパニシャッド Upanishads　41
エウデモス Eudemus　566
エウリュノメ Eurynome　25, 26, 76
エドワーズ，ジェフリー Edwards, Jeffley　18, 520
エピクロス Epicurus　115, 117-124, 126, 127, 134, 138, 141, 162, 165, 175, 176, 191, 206, 441, 543, 573-577
エリアーデ Eliade, Mircea　23, 55, 66, 594
エリオット Eliot, T. S.　480
エントレキン Entrekin, J. K.　377
エンペドクレス Empedocles　117
オーウェン Owen, G. E. L.　579, 584
オッカム Ockham, William　215, 564
オットー Otto, M. A. C.　377, 482
オレーム Oresme, Nicholas　153-159, 161, 206, 562, 563

カ 行

カーク Kirk, G. S.　28, 605
カーライル Carlyke, Thomas　245
カーン Kahn, Charles　487, 577
ガダマー Gadamer, Hans-Georg　525
ガタリ Guattari, Pierre-Félix　184, 248, 376-378, 398-400, 402, 404-408, 426, 429, 431, 439, 441, 443, 449, 454, 460, 462, 464, 474, 524
ガッサンディ Gassendi Pierre　11, 179, 181, 182, 187, 189, 191-195, 203, 209, 221, 225, 227, 261, 266-269, 281, 363,　541, 547, 549, 550, 552-554, 576
カッシーラー Cassirer, Ernst　604
ガリレオ Galileo　14, 91, 113, 189, 201, 224, 225, 246, 282, 292-294, 304, 393, 535, 547, 553, 563
カルダーノ Cardano　176
カント Kant, Immanuel　10, 11, 18, 42, 113, 140, 172, 188, 193, 246, 252-261, 265, 266, 268, 270-281, 286-289, 295, 297, 300, 303, 305, 308, 311, 312, 314-319, 326-328, 332, 342, 363, 381, 404, 428, 431, 439, 442, 447, 448, 454, 459, 481, 493, 496, 497, 500, 501, 508, 509, 511-522, 525, 533, 551, 554, 608
カンパヌス（ノウァラの）Campanus of Novara

193
カンパネルラ Campanella, Tommaso 176, 177, 180-182, 553, 554
キケロ Cicero 554
キシャル Kishar 48, 50
ギャムツォ Gyatso, Janet 17, 567
キルケゴール Kieregaard, Soren 11, 77, 592
ギルバート Gilbert, William 186, 187, 266, 268, 516, 547, 550
ギレス（ローマの）Giles of Rome 150
キングKingu 52, 271, 608
クザーヌス Nicholas of Cusa 10, 18, 164-170, 173, 175, 180, 182, 266, 332, 557-560
クラーク Clarke, Samuel 155, 204, 221, 222, 228, 233, 237, 241, 257, 518, 519, 526-531, 533, 563
グラント Grant, Edward 157, 534, 545, 546, 564
クリーズ Crease, Robert 525
グリーンバーグ Greenberg, S. 560
クリステラー Kristeller, Paul O. 169, 558
クリュシッポス Chrysippus 124-127, 267, 572, 573
クレイヴァー Klaver, Irene 495, 502, 528
グレイヴス Graves, Robert 591
クレオメデス Cleomedes 115, 124, 125, 572
クレスカス Crescas 161, 167, 191, 192, 197, 206, 266, 267, 554, 558, 561, 582
グロース Grosz, Elizabeth 17, 465, 469
グロステスト Grosseteste, Robert 564, 565
クロンビー Crombie, A. C. 551, 556
ゲイ Gaye, R. K. 590
ケーシー Casey, Eric 18, 584
ケプラー Kepler, Johannes 91, 190, 553
ケラー Keller, Catherine 599, 601
ゲラルドゥス（クレモーナの） Gerard of Cremona 152
ケルナー Korner, S. 587
コイレ Koyré, Alexandre 165, 201, 212, 213, 541, 543-548, 550, 558, 560, 561, 564
コーヘン Cohen, I. Bernard 546, 547
コーンフォード Conford, F. M. 57, 58, 65, 586, 594-599, 605, 607
コスロー Koslow, A. 546
ゴッホ van Gogh, Vincent 354
コペルニクス Copernicus 91, 165, 276, 447, 458
コリングウッド Collingwood, R. G. 190, 244-246, 525, 526, 551
ゴルギアス Gorgias 80, 104, 591
ゴルラエウス Gorlaeus, David 549

サ 行

サルトル Sartre, Jean-Paul 125, 308, 334, 370, 423, 476, 502
サンダース Sandars, N. K. 53, 600, 601
ジェームズ James, William 11, 14, 98, 288, 381, 511
シャニュ Chanut 213, 540, 541
ジャンダン John of Jandun 150, 161, 565
シュッツ, チャールズ Schulz, Charles
シュトラウス Straus, Leo 16
シュトレーカー Ströker, Elizabeth 499, 501
シュンザグ Shunzanghu 20, 44
シリアヌス Syriannus 127, 128, 134, 138, 569, 571, 572
シンガー Singer, D. W. 558
シンプリキオス Simplicus 86, 127, 129-131, 134, 139-145, 153, 165, 176, 209, 538, 564, 565, 567, 571, 572, 574, 576, 577, 588, 607
スアレス Suarez 562
スカリー Scully, Vincent 523
スコトゥス Scotus, Duns 150, 156, 564
スコフィールド Schofield, M. 28, 605
スティーブンス Stevens, Wallace 301, 310, 500
ステグナー Stegner, Wallace 377, 449
ストバイオス Stobaeus 122, 572, 573
ストラウス Straus, Erwin 577
ストラトン（ランプサコスの） Strato of Lampsacus 122, 123
スナイダー Snyder, Gary 377
スピノザ Spinoza, Baruch 206, 430, 460, 463, 509, 537, 544
スペクター Spector, Marshall 536
スミス Smith, N. K. 541, 542
スミス Smith, Jonathan 600
ゼウス Zeus 28, 37, 69, 605
セール Serres, Michael 229, 474, 529, 533
セクストス（エンペイリコス）Sextus Empiricus 120, 122, 126, 165, 572, 573
セドリー Sedley, David 119, 568, 569, 574-576
ゼノン Zeno 80, 104, 427, 428, 584, 591
ソージャ Soja, Edward 377
ソシュール de Saussure, Ferdinand 13, 583
ソフォクレス Sophocles 346
ソラブジ Sorabji, Richard 115, 128, 131, 566, 570-574, 579
ソレルス Sollers, Philipe 424

タ　行

ダーウィン Darwin, Charles　11
ターナー Turner, Victor　15, 608
タイオワ Taiowa　20, 35, 39
ダマスキオス Damascius　127, 131, 137, 139, 140, 184-186, 209, 215, 547, 567, 570, 592
ダムキナ Damkina　48, 49
タンピエ Tempier, Etienne　152, 153
チュミ Tschumi, Bernard　377, 378, 408, 412-414, 417, 418, 420, 422, 424, 466, 468, 469
チョムスキー Chomsky, Noam　13
デ・クーニング De Kooning, Willem　458
ティアマト Tiamat　46-56, 58, 61, 63-65, 68, 72, 77, 101, 315, 425, 465, 593, 599, 601
ディオゲネス Diogenes Laertius　576, 577
ディグビー Digby, Kenelm　553
ディッゲス Digges, Thomas　175, 557
テオプラストス Theophrastus　138, 139, 141, 150, 165, 198, 215, 440, 567
デカルト Desractes, Réné　10, 11, 18, 93, 113, 159, 184, 186, 187, 189, 207-232＊, 242, 244-247, 252, 253, 257, 261, 265-267, 269, 271, 276, 281, 282, 287, 288, 300, 305, 315, 321, 325, 363, 367, 369, 380, 392, 394, 402-404, 408, 429, 430, 438, 441, 481, 494, 496, 524, 529, 533, 535, 536, 538-544, 551, 589
デミウルゴス Demiurge　55, 56, 60, 61, 63-69, 76, 82, 86-88, 101, 116, 151, 242, 311, 412, 425, 593, 594, 599
テミスティウス Themistius　148
デモクリトス Democritus　116, 118-120, 209, 264, 441, 543, 574, 575, 577
デュエム Duhem, Pierre　153, 564, 565, 570, 578-580, 588, 589, 598
デリダ Derrida, Jacques　15, 61, 99, 100, 279, 376-378, 407-420, 422, 423, 443, 448, 449, 451, 454, 459, 460, 463, 466-471, 490, 583, 593, 596, 597
テレシオ Telesio, Bernardino　176, 177, 553, 554, 556
ド・マン DeMan, Paul　15
トゥアン Tuan, Yi-Fu　377
ドゥルーズ Deleuze, Gilles　184, 230, 233, 245, 248, 376-378, 398-400, 402, 404-408, 426, 429, 431, 439, 441, 443, 449, 454, 460, 462, 464, 469, 474, 524-528, 532, 557
トクペラ Tokpela　20, 35, 39
ドネラン Donelan, James E.　536
トリスメギストゥス Trismegistus, Hermes　158, 561
トンプソン Thompson, E. P.　523

ナ　行

ナーリック Nerlich, Graham　514
ナンシー Nancy, Jean-Luc　376-378, 438, 449-452, 455, 458, 608
ニーチェ Nietzsche, Friedrich　20, 76, 283, 349, 447, 451, 455, 458, 470, 476, 489, 607
ニコラウス（オートルクールの） Nicholas of Autrecourt　161, 554, 563
ニュートン Newton, Isaac　10, 13, 113, 118, 138, 140, 155, 156, 158, 172, 176, 179, 182, 184, 185, 189, 191, 193, 195-210, 213, 214, 221, 224-227, 243, 246, 252, 253, 255, 256, 260, 261, 266-268, 274, 281, 285, 291, 316, 363, 399, 401, 440, 441, 511, 513, 518, 526, 527, 529, 534, 537, 539, 542-548, 552, 561, 563, 567, 582, 589, 592, 596
ヌディンムド－エア Nudimmund-Ea　45, 48, 50
ヌンバルカ Numbakula　23

ハ　行

バークリ Berkeley, George　282, 308, 516
バージャー Berger, John　584
パース Peirce, C. S.　235, 258, 259, 283, 300, 313, 392, 397, 399, 410, 509
ハーディ Hardie, R. P.　590
バーニェット Burnyeat, Myles　579
バーネット Burnet, John　27, 605
バーリー Burley, Walter　556
ハーン Hahm, David　126, 143, 572, 573
バーンズ Barnes, Jonathan　575
ハイデガー Heidegger, Martin　9, 11, 14, 16, 66, 83, 97, 107, 184, 310, 320-375＊, 376, 377, 382-384, 386, 391-394, 402, 406, 408, 413, 415, 417, 420, 429, 443, 444, 448-450, 454, 458, 468, 472, 475, 477, 478, 480-500, 512, 513, 578, 585, 594, 596, 597, 602
パキウス Pacius　581
ハシー Hussey, Edward　102, 103, 581, 582, 586, 588-590, 602, 604
バシュラール Bachelard, Gaston　10, 184, 189, 376-384, 386, 387, 389-391, 394-396, 401-403, 406, 408, 411, 426, 443, 449, 454, 459, 464, 467, 472-478, 480, 481
パスカル Pascal, Blaise　165, 220, 244, 246, 389, 447, 477, 493, 562
バトラー Butler, Judith　461, 469
パトリッツィ Patrizi, Francesco　176-180, 182, 191, 203, 549, 550, 553-556

ハルデン Haldane, E. S.　538
パルメニデス Parmenides　80, 92, 93, 104, 117, 144, 574, 584, 586, 591
ハンディサイド Handyside, J.　510, 513
ヒーニー Heaney, Seamus　512
ピコ・デラ・ミランドラ Pico della Mirandola, Gianfresco　180
ヒトラー Hitler　346, 348, 490
ヒポクラテス Hippocrates　238, 529
ピュタゴラス Pythagoras　93, 94, 98, 99, 104, 584, 585, 594
ビュリダン Buridan, John　157, 538, 556, 562, 563, 565, 566
ヒルマン Hillman, James　18, 577
ピロポノス Philoponus　10, 11, 13, 118, 134-140, 142-144, 153, 155, 159, 164, 165, 176, 178, 179, 186, 188, 192, 209, 210, 213, 225, 226, 264-267, 276, 321, 380, 404, 441, 481, 517, 537, 538, 542, 547, 550, 552-554, 560, 561, 563, 564, 567, 568
ファーリー Furley, David　569, 574, 576
フィロン（アレクサンドリアの） Philo of Alexandria　158
フーコー Foucault, Michel　9, 10, 248-250, 318, 376-378, 392-398, 408, 411, 412, 419, 439, 443, 449, 454, 459, 465, 474-476, 498, 522-524
ブーレーズ Boulez, Pierre　400, 474
フォースター Forster, E. M.　77, 592
フッサール Husserl, Edmund　11, 14, 18, 29, 61, 84, 89, 224, 270, 286-304, 306-308, 312, 314-319, 326, 342, 381, 386, 402, 432, 439, 440, 442, 454, 458, 474, 480, 484, 494, 498-508, 515, 524, 535, 547, 582, 586, 603-605
プトレマイオス Ptolemy　169, 558
ブラドワディーン Bradwardine, Thomas　13, 147, 158-161, 167, 168, 191, 192, 266, 545, 561
プラトン Plato　11, 18, 43, 55, 57-59, 61-63, 66, 68, 69, 71-72, 74-83, 86, 87, 89, 90, 92, 93, 95, 99, 105, 107, 110, 111, 115-117, 125, 132, 145, 155, 164, 175, 176, 185, 187, 188, 192, 194, 201, 209, 214, 219, 224, 267, 273, 280, 325, 332, 425, 438, 440, 444, 445, 460, 461, 463-465, 485, 486, 514, 515, 536, 556, 570, 584, 585, 587, 590-599
フランク Franck, Didier　492, 494
ブリックマン Brickman, Benjamin　178, 556
プルースト Proust, Marcel　313, 480
ブルーノ Bruno, Giordano　10, 151, 164, 165, 166, 169, 176, 177, 179-182, 188, 191, 192, 198, 209, 214, 266, 332, 447, 551-558, 560
フロイト Freud, Sigmund　48, 59, 104, 270, 320, 378, 380, 385, 410, 425, 465, 470, 477, 481, 516, 581, 601, 603
ブローデル Braudel, F.　377
プロクロス Proclus　91, 93, 95, 96, 98-101, 127, 131-135, 138, 139, 179, 376, 441, 516, 569, 570, 583-586
ブロッケルマン Brockelman, Tom　523
プロティノス Plotinus　10, 128, 131, 164, 380, 441, 571
フンボルト Humboldt, Wilhelm　13
ヘーゲル Hegel, Georg Wilhelm Friedrich　11, 99-101, 298, 584
ベーコン Bacon, Frances　551, 565
ベーコン Bacon, Roger　149, 151, 156, 189, 190
ベーンケ Behnke, Elizabeth　507
ヘシオドス Hesiod　26-28, 36, 47, 81, 89, 110, 118, 425, 578, 602, 605-607
ヘス Heath, Thomas　585, 586
ベッカー Becker, Oscar　494, 505
ベムカー Baemker, C.　560
ヘラクレイトス Heraclitos　69, 73, 175, 358, 490, 593
ベリー Berry, Wendell　13, 377
ベルクソン Bergson, Henri　11, 14, 79, 99, 104, 107, 184, 264, 267, 280, 288, 375, 381, 400, 480, 511, 553, 569, 578, 581, 588
ヘルダー Herder　13
ヘルツ Herz, Marcus　508
ベンサム Bentham, Jeremy　249-251, 522, 523
ベンヤミン Benjamin, Walter　377
ホイヘンス Hygens, Christiaan　246
ボイル Boyle, R.　189, 246, 551
ホール Hall, A. R.　546
ホール Hall, H. B.　546
ホフシュタッター Hofstadter, A.　489, 490
ホルコット Holkot, Robert　156, 563
ポルピュリオス Porphry　387
ボルヘス Borges, J. L.　396, 397, 474
ホワイトヘッド Whitehead, Alfred North　11, 13, 68, 77, 80, 87, 98, 99, 190, 191, 195, 230, 231, 233, 245-247, 270, 279-286, 292-295, 297, 307, 308, 314, 316-319, 342, 439, 440, 442, 444, 459, 460, 484, 491, 497, 509-511, 524, 525, 532, 548, 551, 558, 590, 592, 595, 596

マ 行

マーチャント Merchant, Carolyn 526
マサム夫人 Masham, Lady 530
マッハ Mach, Ernst 83
マルクス Marx, Karl 11, 476, 508
マルシリウス（インヘンの） Marsilius of Inghen 563
マルドク Marduk 45, 49-55, 58, 61, 63, 64, 68, 69, 71, 101, 242, 425, 464, 465, 583, 599-601
ミュニッツ Munitz, Milton K 596
ミラー Miller, Lee 18, 564
ミル Mill, John Stuart 23, 594
ミルトン Milton, John 75, 592
ミロシュ Milosz, Oscar V. 387, 478
ミンコフスキー Minkowski, Eugène 89, 477
メイ May, J. A. 440, 512
メリッソス Melissus 574
メルセンヌ Mersenne 210, 540, 542
メルロ＝ポンティ Merleau-Ponty, Maurice 11, 18, 65, 89, 270, 275, 286, 302-305, 307-309, 311-314, 316-319, 342, 391, 439, 440, 442, 458, 462, 463, 475, 476, 498, 499, 500, 501, 502, 514, 535, 594, 605
メンデル Mendell, Henry 580, 581
モア More, Henry 158, 205-207, 209-211, 218, 268, 430, 515, 538, 540-545, 567
モーペルテュイ de Maupertius, Pierre Louis Moreau 524

ヤ 行

ヤコブソン Jakobson, R. 13
ヤハウェ Yahweh 47, 69, 73, 593, 600
ヤンマー Jammer, Max 200, 526, 538, 550, 552, 589, 606
ユークリッド Euclid 90, 91, 93, 98, 107, 191, 292, 293, 295, 304, 385, 399-401, 505, 579, 583, 586
ユング Jung, Carl 380, 385, 426, 464, 477, 481
ヨハネス（リパの） John of Ripa 161, 562
ヨハネス二十一世 John, Pope, XXI 152

ラ 行

ラーム Lahmu 48
ライプニッツ Leibniz, Gottfried Wilhelm 10, 18, 99, 150, 155, 173, 184, 185, 187, 189, 197, 204, 209, 221, 222, 227-249, 253-261, 266, 268, 269, 271, 273-275, 281, 283, 305, 314-316, 394, 397, 424, 440, 442, 444, 459, 460, 464, 509-511, 516-522, 525-534, 539, 546, 557, 563
ラカン Lacan, Jacque 480
ラグランジュ Lagrange, Joseph Louis 524
ラザフォード Rutherford, Donald 528, 531
ラシェーズ＝レイ, P. Lachièze-Ray, P.
ラッセル Russell, Bertrand 13
ラハム Lahamu 48
ラフォール Raffoul, François 18, 480, 484, 492
ラブジョイ Lovejoy, Arthur O. 170, 176, 557, 558
ラプソン Raphson, Joseph 158
ランベルト Lambert, Johann 83, 287
リーチ Leech, Maria 604
リヴォ Rivaud, Albert 68, 594
リオタール Lyotard, Jean-François 449, 458, 468
リクール Ricoueur, Paul 50, 600, 601
リチャード（ミドゥルトンの）Richard of Middleton 156, 161, 563, 564
リップス Lipps, Theodor 182, 553
リルケ Rilke, R. M. 478
ルイス Louis, Joe 490
ルクレティウス Lucretius 115, 121, 122, 146, 165, 174-176, 181, 441, 474, 543, 554, 576, 606
ルフェーブル Lefebvre, Henri 377
レウキッポス Leucippus 116, 118-120, 264, 441, 574, 577
レーヴン Raven, J. E. 28, 605
レムカー Loemker, L. 527, 531
レルフ Relph Edward 377
ローリンソン Rawlinson, Mary C. 18, 461, 511
ロールズ Rawls, John 15, 608
ロス Ross, W. D. 26, 28, 37, 73, 82, 97, 145, 177, 178, 312, 485, 538, 566, 570, 584, 585, 588, 590, 593, 605
ロック Locke, John 10, 155, 156, 170, 186, 189, 197, 209, 221-228, 242, 243, 247, 257, 261, 266, 268, 269, 281, 282, 305, 324, 326, 334, 363, 415, 440, 525, 526, 532-539, 557
ロング Long, A. A. 458, 577

ワ 行

ワルター Walter,E. V. 377, 592

事項索引

あ　行

か　行

さ　行

た　行

な　行

は　行

ま　行

や　行

ら　行

わ　行

［註］

序論

（1） Immanuel Kant, *Kritik der reinen Vernunft*, A 34, B 50.〔『カント全集　第4巻　純粋理性批判（上）』有福孝岳訳、岩波書店、2001年〕

（2） *Getting back into Place : Toward a Renewed Understanding of Place-World*（Bloomington : Indiana University Press, 1993）を参照のこと。

（3） 以下を参照のこと。Paul Virilio, *Speed and Politics,* trans. M. Polizzotti（New York : Semiotest［e］, 1986), passim.〔ポール・ヴィリリオ『速度と政治――地政学から時政学へ』市田良彦訳、平凡社、2001年〕

（4） テクノロジーがもつこの双方向的な側面については、Joshua Meyrowitz, *No Sense of Place : The Impact of Electronic Media on Social Behavior*（Oxford : Oxford University Press, 1985）〔ジョシュア・メイロウィッツ『場所感の喪失　上』安川一他訳、新曜社、2003年〕を参照のこと。テレビや電子メールという開かれたネットワーキング、つまり終わることなく、数限りないネットワーキングは場所よりもいっそう空間に似ている。これを否定するつもりはない。これではまるで、古代における場所と空間との弁証法がテクノロジー自体の領域で再現されているかのようだ！さらに、電子テクノロジーは速度主義にはかりしれないほど貢献しているのだが、この速度主義はそれ自身として場所の重要性を見落としているわけではない。人生がうんざりするほど速められると、われわれは自分たちがあっというまに通り過ぎる場所をもっとよく鑑賞できるようになりこそすれ、逆のことはないのである。つまるところあらゆる競争は、スタートするある場所と終わるある場所とのあいだのレースなのである。

（5） Victor Turner, *The Ritual Process : Structure and Anti-Structure*（Chicago : Aldine, 1969), chap. 3 and chap. 4.〔ヴィクター・ターナー『儀礼の過程』冨倉光雄訳、新思索社、1993年〕を参照のこと。しかしジャン＝リュック・ナンシーは同意しないだろう。「共同体の代わりとして、［いまや］いかなる場所も、いかなる用地＝位置も、いかなる神殿も、いかなる祭壇も存在しない。暴露はあらゆるところで、あらゆる場所で生じている。というのもこの暴露は、あらゆる場所が、そして各人が、その孤独において、一人ではないということにさらされることだからである。」（*The Inoperative Community*, trans. M. Holland［Minneapolis : University of Minnesota Press, 1991], 143.〔ジャン＝リュック・ナンシー『無為の共同体――哲学を問い直す分有の思考』西谷修／安原伸一朗訳、以文社、2001年〕強調は著者。）ナンシーの見解については、この本の最後で簡単に触れることになるだろう。

（6） Hannah Arendt, *The Human Condition*（Chicago : University of Chicago Press, 1958）の随所を見よ.〔ハンナ・アーレント『人間の条件』志水速雄訳、中央公論社、1973年〕

（7） John Rawls, *A Theory of Justice*（Cambridge: Harvard University Press, 1979年）〔ジョン・ロールズ『正義論』矢島鈞次監訳、紀伊國屋書店、1979年〕. とくに22節「正義の環境」を参照のこと。

（8） Martin Heidegger, *Being and Time*, trans. J. Macquarrie and E. Robinson（New York : Harper, 1962), 138.〔マルティン・ハイデッガー「有と時」辻村公一訳、『ハイデッガー全集　第2巻』創文社、1997年〕

第Ⅰ部

—第１章—

(1) Friedrich Nietzsche, *The Genealogy of Morals*, trans. F. Golffing, in *The Birth of Tragedy and The Genealogy of Morals* (New York: Doubleday Anchor, 1956), 299. 〔フリードリッヒ・ニーチェ「道徳の系譜」信太正三訳、『ニーチェ全集　2』筑摩書房、1993年〕

(2) 「場所ではないこと」――つまり、単に場所ではない何か――という考えは、領域といった、場所と関連した他のものを排除しないが、「場所がない」というのは、（私が「いかなる場所もまったくない」と簡潔に記したように）宇宙の領域も含めていかなる種類の場所もまったくないことを意味する。それゆえに「場所がない」というのは、「完全な空虚」「徹底的な空虚」「絶対的空虚」と呼ぶことになるものと等しい。

(3) この文章全文は以下のとおり。「世界は創造されたのではなく、時間そのものと同じように、始まりも終わりももたない。このことを知れ。」(The *Mahapurana, in Primal Myths: Creating the World*, ed. Barbara C. Sproul [New York: Harper & Row, 1979], 17, 193から引用).

(4) A. K. Coomaraswamy and M. F. Noble, *Myths of the Hindus and Buddhists* (New York: Dover, 1967), 392-395. 混沌（第２章でもっと詳しく考察する）はとくにヒンドゥー教の宇宙創生説に現れる。各々のカルパが終わろうとするとき、あるいはブラフマンの日に、三つの世界は混沌（パララヤ）へと融合し、100年にわたるブラフマン年の終わりに、「あらゆる面、あらゆる存在は…、混沌（マハーパララヤ、「偉大なる混沌」）へと融合し、この混沌はさらに100年のブラフマン年の期間、続く。」(ibid., 393) 注目すべき点は、いくつかの言い伝えにおいて、創造は認められうるが、神という創造者の役割は拒まれるということである。たとえば老荘思想では、創造は天空と大地との間の相互作用のみによって自発的に生み出されると見なされている。「創造は、天空と大地との自発的な作業であり、それ自身、規則的に、毎年、あるいは時間の変革ごとに、あるいは道（タオ）、つまり普遍宇宙の秩序の変革ごとに、繰り返される。」(De Groot, *The Religion of the Chinese*, cited by F. C. Cornford, *From Religion to Philosophy* [New York: Harper, 1957]〔コーンフォード『宗教から哲学へ――ヨーロッパ的思惟の起源の研究』廣川洋一訳、東海大学出版会、1987年〕, 99). ヘシオドスの『神統記』でも同じように、創造は明確な創造者をもたない根本的な分離から生じる。極端な場合には創造も創造者も拒絶される。上で引用したジャイナ教の神話では、次のような文章が続く。「一部の愚かなひとびとは、〈創造者〉が世界を創ったと断言する。世界は創造されたという教説は浅はかである。そして拒絶されるべきである。」(*Mahapurana*, 192) こうした言葉のなかには、世界は自存し、自己展開する――つまり創造という特別な瞬間も、世界を産出する特別な創造者も必要としない――のだという考えが見られる。

(5) （シンプリキオスの伝えるところでは）アルキュタスの元来の発言は以下の通り。「実在するすべての事物は、場所の内に存在するか、場所を欠いていて存在しないかである。」(cited and translated in S. Sambursky, ed., (*The Concept of Place in Late Neoplatonism* [Jerusalem: Israel Academy of Sciences and Humanities, 1982], 37).

(6) 「霊的」と言うのは次の理由による。ある種の宇宙創生的説明は、完全に非物質的な、宇宙の展開を扱っているからである。私が考えているのは、第一の原理である神から生じたバルベロ（第二の原理）の行為による十の霊的実在の産出というグノーシス派の考えである。こうした実在の各々は、「同時に場所であり、時間の広がりであり、抽象的なものなのである。」(Bentley Layton, *The Gnostic Scriptures* [New York: Doubleday, 1987], 14). 問題となっている場所

は、創造の行程、つまり最後の方になってやっと物質的世界の創造へと至る複雑な行程におけるある段階の場所である。

(7) 私は、*Getting Back into Place: Toward a Renewed Understanding of the Place-World* (Bloomington: Indiana University Press, 1993), chap. I において似たことを指摘した。そこでは、(〈場所としての神〉に関する議論と同じように) 創造の教義において場所が果たす役割についてもっと簡潔な形で説明した。以下で証明するべく試みるが、逆のことも妥当する。すなわち、場所が宇宙の出現に際して果たす役割を綿密に考察することで、宇宙そのものの性質および構造が大部分明らかになる限りにおいて、場所の発生は宇宙の発生である。場所に細心の注意を向けるとは、とりもなおさず創造された世界についてより深く学ぶことなのである。

(8) Mircea Eliade, *The Sacred and the Profane: The Nature of Religion*, trans. W. R. Trask (New York: Harcourt Brace Jovanovich, 1959), 34. 強調は原文。

(9) Ibid., 47. この文章は、原文では斜体になっている。

(10) 「何ものも無からは作られえない。」また一方、ルクレティウスは、こうした状況で、何らかの力が何かを創造できるのかどうかを疑っている。「いかなるものも、神聖な力によって (さえ)、無から創造されえない。」(*The Nature of Things*, trans. R. D. Latham, in Theories of the Universe, ed. M. K. Munitz [New York: Free Press, 1957], 43. 強調は原文。)〔ルクレーティウス『物の本質について』樋口勝彦訳、岩波文庫、1961年〕.

(11) Marcel Griaule, *Conversations with Ogotemmêli: An Introduction to Dogon Religious Ideas* (Oxford: Oxford University Press, 1965), 73. See also pp. 28–29, 49, 65, 67.〔マルセル・グリオール『水の神——ドゴン族の神話的世界』坂井信三／竹沢尚一郎訳、せりか書房、1997年〕私がこの文献を参照できたのは、ヘンリー・ティルボワのおかげである。

(12) これは『ギリシャ神話』でのロバート・グライヴスの文章をパラフレーズしたものである。Robert Graves, *The Greek Myths* (Baltimore: Penguin, 1955), I: 27.〔ロバート・グライヴス『ギリシャ神話』高杉一郎訳、紀伊國屋書店、1998年〕ペラスギ族は、紀元前4000年中頃にパレスチナからギリシアを侵略した旧石器時代の人々である。

(13) 「「混沌」というこの言葉は、ギリシア語の語根 cha- (chaskein, chainein) に由来し、「大きな口を開けている」「大きく割れた」というそうした語の意味からも分かるように、恐怖や恐れという観念を含意する。」(Max Jammer, *Concepts of Space: The History of Theories of Space in Physics*, 2 d ed. [Cambridge, Mass.: Harvard University Press, 1970], 9)〔マックス・ヤンマー『空間の概念』高橋毅／大槻義彦訳、講談社、1980年〕また〈混沌〉とコーラ (空間) との間には、古代において語源学上のつながりがあることにも注意しておきたい。両者にはともに、「分離」「開き」「くぼみ」という同じ根幹の意味がある。この点については、以下の文献を参照のこと。F. M. Cornford, *Principium Sapientiae* (New York: Harper & Row, 1965), n. 10.

(14) *Theogony* 116–134 in G. S. Kirk, J. E. Raven, and M. Schofield, *The Presocratic Philosophers* (Cambridge: Cambridge University Press, 1983), 35.〔ヘシオドス『神統記』廣川洋一訳、岩波文庫、1984年〕エレボス (Erebos) は、ガイアとハデスの間にある「暗黒の場所」を意味する点に注意されたい。

(15) See Cornford,, *Principium Sapientiae*, 198–203; Kirk, Raven, and Schofield *Presocratic Philosophers*, 43–45. 後者の著者は、エジプトの『死者の書』やフルリ人・ヒッタイト人の叙事詩だけではなく、マオリ族の神話におけるパパ (大地) からのランギ (空) の分離におけるよりいっそう顕著な類似性を指摘している。

(16) P. Diamandopoulos, "Chaos and Cosmos," in *The Encyclopedia of Philosophy*, ed. P. Edwards (New York: Macmillan, 1967), I: 80. 実際のところ『神統記』では、他の大部分のイオニア派

による宇宙創生説を根本的に修正していることが分かる。後者の宇宙創生説では次のことが是認される。つまり、「初めに原初的な〈統一〉、すなわち後になって別個のものとなるさまざまな要素が混ざり合っている無差異あるいは融合の状態がある。」(Cornford, ***Principium Sapientiae***, 190) この考えに従うと、たとえば、アナクシマンドロスの〈境界をもたないもの〉という考えでは、明らかに、分離はそうした統一の後に起きる。

(17) John Burnet, *Early Greek Philosophy* (New York: Meridian, 1958), 7.〔ジョン・バーネット『初期ギリシャ哲学』西川亮訳、以文社、1982年〕

(18) Aristotle, *Physics* 208b31-32.強調引用者。「空間」はコーラ、「場所」はトポスの訳語である。

(19) コーンフォードの認めるように、「現代のひとびとにとって〈混沌〉という言葉は、イオニア学派の多元論者が言うところの、「すべての事物が一緒になっている」原初的な無秩序と結びつくようになってしまった。これは6世紀から7世紀ギリシアで通用した意味ではない。」(*Principium Sapientiae*, 194) また同じ点については次の文献も見よ。Kirk, Raven, and Schofield, *Presocratic Philosophers*, 36-37. 混沌とメルロ＝ポンティの「肉」という考えとの間には顕著な類似性がある。つまり両者は無秩序で原初的だと簡単に解釈されるが、にもかかわらず両者は差異化という方法で生まれ出る構造の源泉なのである。(Cf. M. Merleau-Ponty, *The Visible and the Invisible*, trans. A. Lingis [Evanston: Northwestern University Press, 1968], 248-251, 273-274.〔メルロ＝ポンティ『見えるものと見えないもの』滝浦静雄／木田元訳、みすず書房、1989年〕またメルロ＝ポンティは『シーニュ』の序文 (*Signs*, trans. R. McCleary [Evanston: Northwestern University Press, 1964], 21〔メルロ＝ポンティ『シーニュ　1』竹内芳郎ほか訳、みすず書房、1969年〕) において無定形ではないもの、つまり「開き」として特徴づけられる、裂け目の性質に着目している。この箇所も参照のこと。)

(20) Kirk, Raven, and Schofield, *Presocratic Philosophers*, 39.

(21) Ibid., 38; 強調原著者。彼らはコーンフォードが *Principium Sapientiae*, 195で示した初期の解釈に対してコメントしている。その解釈とは次のようなものである。「ヘシオドスの「宇宙創生説は天空と大地との間の大きく口を開けた溝の生成をもって始まる…そして最初に起きたことは、「それらが相互に分離する」ということであった。」

(22) これはカーク、レーヴン、スコフィールドの用語である。*Presocratic Philosophers*, p. 36.

(23) Aristophanes, *The Birds*, line 693.

(24)『神統記』だけではなく他の数多くの宇宙創生説にもこうした特徴が見られる。「こうした体系すべてに共通する特徴は、その〈隔たり〉を回避し、そもそもクロノスないしはゼウスを置くという試みである。(Burnet, *Early Greek Philosophy*, 7) エロスについてコーンフォードは次のようにコメントしている。エロスは「それら［大地と空］を再統合するべく運命づけられた［それらの間の］相互牽引を分かりやすく人格化したものとしてその〈隔たり〉へと踏み入るのである。」(*Principium Sapientiae*, 195)

(25) 押しつけについては以下のものを参照のこと。Edmund Husserl, *Experience and Judgement*, trans. J. S. Churchill and K. Ameriks (Evanston: Northwerstern University Press, 1973), 77ff.〔フッサール『経験と判断』長谷川宏訳、河出書房新社、1999年〕

(26) 引用は以下の文献からである。D. A. Mackensie, *Myths of China and Japan* (London: Allen & Unwin, 1923), 261.

(27)「最初に大きな宇宙の卵があった。卵の中には〈混沌〉があり、〈混沌〉の中を漂っていたのは、いまだ〈未発達の者〉、神聖な〈萌芽〉、すなわちパンクーであった。パンクーは卵から飛び出した。」(ibid., 260) もっと早い時期の道教のテクストでは、混沌は原初的な分離の源泉である。

初めに混沌があった。ここから純粋な光が立ち現れ、空を形づくった。ところが重々しい薄暗さが活動し、自らの内から大地を形づくった。空と大地とは、一万の創造をもたらした…そしてそれらはすべて空と大地とを自らの様態としている。男性原理である陽と女性原理である陰も、空および大地の中で始まったのである。(Cited by Charles Long, *Alpha : Myths of Creation* [New York : Braziller, 1963], 126)

(28) Rik Pnxten, Ingrid van Dooren, and Frank Harvey, *Anthropology of Space : Explorations into the Natural Philosophy and Semantics of the Navajo* (Philadelphia : University of Pennsylvania Press, 1983), 9, 14. ナバホ族の創造神話をもっと立ち入って説明したものとしては、以下の文献を参照のこと。Leland C. Wyman, Blessingway (Tucson : University of Arizona Press, 1970), and Gladys A. Reichard, *Najavo Religion : A Study of Symbolism* (New York : Pantheon, 1950), 2 vols. ケルト族の見方については、John Rhys, *Lectures on the Origin and Growth of Religion as Illustrated by Celtic Heathendum* (London : Williams and Norgate, 1862), 669を参照のこと。古代の日本人が創造についてどのような信念をもっていたのかについては、W. G. Aston, trans., *The Nihongi* (London : Allen & Unwin, 1956) を参照のこと。

(29)「初めには霧だけがあった。このとき世界は全くなく、あるのは空気の中をただよう、白、黄色、青、黒、銀、赤といった色をした霧だけであった。霧は集まり、性交のようにお互いの上に覆いかぶさった。」(Stanley Fischler, *In the Biginning : A Najavo Creation Myth*, Utah University Anthropological Paper no. 13 [Salt Lake City, 1953], 9) この説明では、混沌という契機が分離という契機とほとんど同一視されている。つまり霧がお互いの上に覆いかぶさることができるなら、それらはすでに——どれほど漠然としていようと！——見分けることができるくらいに異なっているのである。

(30) Pinxten, van Dooren, and Harvey, *Anthropology of Space*, 10.ピンクスティンの研究に協力した現地住民の話では、「両者の間にはどんなところでも空気が存在する。」(p. 12) 複数の軸は天空を地上から離しておくために置かれている。

(31) 実際のところ夜明けは地平線の根源的なモデルだと考えることができる。というのも夜明けは空と大地との開きを線として描き出し、両者の違いをよりはっきりと感じさせるからである。カッシーラーは次のように書き記している。「ほとんどすべての民族や宗教の創造伝説では、創造という過程は光の現れと融合している。」(Ernst Cassirer, *Mythcal Thought, vol. 2 of The Philosophy of Symbolic Forms*, trans. R Manheim [New Haven : Yale University Press, 1955], 96〔エルンスト・カッシーラー『シンボル形式の哲学 第1巻 言語』生松敬三／木田元訳、岩波文庫、1989年〕) こう付け加えてもよいだろう。夜明けは、一日の始まりに、大地と空の間に生じるという点で、真の意味で時空的概念である。

(32) マリア・リーチが形を変えて述べたアイヌ族の創造神話より。*The Beginning* (New York : Funk and Wagnalls, 1956), 205.

(33)「基礎となる物体」という用語は、フッサール後期の手稿による。"Fundamental Investigations of the Phenomenological Origin of the Spatiality of Nature," trans. F. Kersten, in P. McCormick and F. Elliston, eds., *Husserl : Shorter Writings* [South Bend : University of Notre Dame Press, 1981], 223ff.

(34)『創世記』1:1–2。

(35) Aristotle *Physics* 220a27. この同じ文章は次のように翻訳することもできる。「最も少ない数は、無条件に2である。」(ハシーの訳文)

(36) *Physics* 200b21 (ハシーによる訳文) 文章全体は次のようなものである。「場所、空虚、時間なくしてはいかなる変化もありえない…なぜならこれらはあらゆるものに共通であり、普遍的だ

からである。」

(37)『ヨブ記』38:4-12　翻訳は、*the Revised Standard Version*, p.557. 密接に関連した文章が『箴言』8:27-30に見られる。「彼が天空を作り、深淵の表面に円を描いたとき…海にその限界を立てたとき…大地の基を定めたまえるとき…。」(ibid., 669)

(38) 見渡す方法における幾何学の起源に関する問題について、そして基本的な限界づけられた形を初期の幾何学者がどのように構成していたかについては、次の文献を参照のこと。Edmund Husserl, "The Origin of Geometry," in *The Crisis of European Sciences and Transcendental Phenomenology*, trans. D. Carr (Evanston: Northwestern University Press, 1970), 353-378.〔フッサール『ヨーロッパ諸学の危機と超越論的現象学』細谷恒夫／木田元訳、中央公論社、1974年〕

(39) Sproul, *Primal Myths*, 17における引用から。

(40) 他の物語では、宇宙の空っぽさは、最初の始まりと、創造そのものの充足との間に位置づけられる、宇宙の第二の状態として認識される。こうしてわれわれは『淮南子』という中国漢王朝のテクストに次のような文言を見るのである。「天空と大地が形づくられる以前、すべてはあいまいで形をもたなかった。それゆえにこれは〈偉大な始まり〉と呼ばれた。偉大な始まりは空虚を作り出し、空虚は宇宙を作り出した。この宇宙は物質力を作り出したが、この力には限界があった。」(the *Huai-nun Tzu* 3 : Ia in Sproul, *Primal Myths*, 206からの引用。 強調は引用者。) 空虚をめぐる、認識論上の文脈での啓発的な議論については以下の文献を参照のこと。C. W. Huntington, Jr., with Geshé Namgyal Wangchem, *The Emptiness of Emptiness: An Introduction to Early Indian Madhyamika* (Honolulu: University of Hawaii Press, 1989)

(41) これらの地下世界、およびそれらの「発生場所」については以下を参照のこと。Alieen O'Bryan, *The Diné: Myths of the Navajo Indians* (Washington, D.C.: U.S. Bureau of American Ethnology, Bulletin 163, 1956), 1-3.

(42)「[その] 場所で彼は創造した、土の煉瓦を彼は立てた、その街を彼は建てた、生き物を彼はその内に置いた。」(Alexander Heidel, *The Babylonian Genesis* [Chicago: University of Chicago Press, 1942], 52)

(43) "A Maori Cosmogony," tans. Hare Hongi, *Journal of the Polynesian Society* 16, no. 63 (September 1907): 113 (Wellington: Polynesian Society) からの引用。

(44) F. H. Cushing, "Outlines of Zuni Creation Myths," in *Thirteenth Annual Report of the U. S. Bureau of American Ethnology* (Washington, D. C.: Smithsonian Institution, 1891-1892), 379.からの引用。

(45)「心配」という言葉が、狭さと制限という考えに端を発するということに注目するのは興味深い——他方でわれわれは、囲いの欠如こそが、場所のない状態につきまとう心配を引き起こすという状況に直面してきたのである。(病理学の観点から言えば、この違いは、閉所恐怖症と広場恐怖症との違いである。) われわれがここで直面しているのは、フロイトによって「原初的な単語に見られる正反対の意味」(*Standard Edition of the Complete Psychological Works* (London: Hogarth, 1954-1975), II: 155-161に収められた同題名の論文を見よ) と名づけられたものの事例と思われる。

(46) The Book of the Dead (ca. 2000-1500 B.C.), in C. Doria and H. Lenowitz, eds. *Origins: Creation Texts from the Ancient Mediterranean* (New York: Doubleday Anchor, 1976), 87.からの引用。 原始時代の水という考えについては、Sproul, *Primal Myths*, 183-186, 188, 256を参照のこと。

(47) *Physics* 208b25-26 (Hardie and Gaye translation)

(48)「彼は実在していた。タアロアは彼の名前であった。無限［の空間］には／大地もなく、空もなく／海もなく、人もいなかった」（E. S. Craighill Handy, *Polinesian Religion*［Honolulu : Bishop Museum Press, 1927], 11.からの引用。）そしてツアモツのひとびとは自分たちの創造をめぐる叙事詩的物語を、次のような言葉で始めている。「キホは〈空虚〉の内に住んでいると言われている。」（Frank J. Stimson, *Tuamotuan Religion* [Honolulu : Bishop Museum Press, 1933], 12）

(49) Sproul, *Primal Myths*, 17.からの引用。それゆえにホピ族の神話でもまた、多くのグノーシス派に見られる、空虚化、つまり自己を空っぽにするという活動が見られる。

(50) Stimson, *Tuamotuan Religion*, 12.

(51) Ibid., 12–13. ここで言われる〈夜〉の優位もやはり、ヘシオドスが同じように強調している点と呼応する。「夜から澄明と昼日が生じた。夜が幽冥と情愛の契りを交わして妊娠し、産んだのである。」（『神統記』より）

(52) From M. E. Opler, *Myths and Tales of the Jicarilla Apache Indians*（New York : Stechert, 1938), I ; Sproul, *Primal Myths*, 263.における引用から。ここに引用した二つの考えを、同じ時間の状態を示したものだと解釈することもできるだろう。しかしそうすると、ますます場所の反転の影響を受けやすいことになる。

(53) Chuang Tzu, *Basic Writings*, trans. B. Watson（New York : Columbia University Press, 1964), 38.

(54) Adrian Recinos, *Popul Vuh : The Sacred Book of the Ancient Quiché Maya*, trans. D. Goetz and S. G. Morley（Norman : University of Oklahoma Press, 1950), 81.

(55) R. E. Hume, ed. and trans., *The Thirteen Principal Uphanishads*（London : Oxford University Press, 1971), 214.

(56) 手前にある性質と手許にある性質という観点からの空間の評価については、M. Heidegger, *Being and Time*, secs. 12, 22–24〔マルティン・ハイデッガー「有と時」辻村公一訳、『ハイデッガー全集　第2巻』創文社、1997年〕を参照のこと。私はハイデガーのアイデアについては自らのエッセイで扱った。“Heidegger In and Out of Place,” *Duquense Studies in Philosophy* (Silverman Phenomenology Center, Duquence University, 1990), 62–97.

(57) *Physics* 222b 6 (Hardie and Gaye translation). ハシーは次のように訳している。「時間は終わらないだろう。というのもそれはつねにある始まりにあるから。」

—第2章—

(1) baráが「刻み、切断し、区別すること」を意味するギリシア語のtemnein、そしてドイツ語のOrt（この語のそもそもの意味の一つもまた「矢の先端」である）と近いことはとても印象的である。そしてOrtが「場所」を意味し、temneinが（「構内／境内」を意味するtemenosを介して）ラテン語のtemplum、つまり「最初の建造場所」の起源であるだけに、なおさらそうなのである。ここでは次のようなアイデアが示されている。すなわち場所であることは、周囲の「空間」の内部から具体的な物質が閉め出されることなのである（伐採することを意味するtimberもまたtemneinに由来する）。

(2) これらは、N. K. Sandars, *Poems of Heaven and Hell from Ancient Mesopotamia*（Baltimore: Penguin, 1971), 73の翻訳による『エヌマ・エリシュ』の最初の二節である。より専門的なアレクサンダー・ハイデルによる翻訳Alexander Heidel, *Babylonian Genesis : The Story of Creation*, 2 d ed.（Chicago : University of Chicago Press, 1963）も参照した。しかしとくに断りのないかぎ

り、『エヌマ・エリシュ』からの引用はサンダース訳によった。キャサリン・ケラーはテホムとティアマトとのつながりに注意を向けさせてくれた。この点に感謝したい。

(3) しかし次の点は注意しておくべきである。『エヌマ・エリシュ』は『神統記』に対して影響を与えたと思われる。この影響関係を論じたものとしては、F. M. Cornford, *Principium Sapientiae* (New York: Harper, 1965), chap. 15がある。

(4) *Enuma Elish*, 73.

(5) Ibid., 82, 85.

(6) Ibid., 74.

(7) Ibid., 75.

(8) Ibid., 75.

(9) 追悼という営みについては以下の自著を参照されたい。*Remembering: A Phenomenological Study* (Bloomington: Indiana University Press, 1987), chap. 10 原初的な父の殺害と、その後に起きる聖地および族霊動物の生け贄という形で行われる、和解を目的とした父の追悼という営みに関するフロイトの理論については、彼の *Totem and Taboo* (*Standard Edition of the Complete Psychological Works* [London: Hogarth, 1958], esp. pt. 4)を参照のこと。また René Girard, *La Violence et le sacré* (Paris: Grasset, 1972)〔ルネ・ジラール『暴力と聖なるもの』古田幸男訳、法政大学出版局、1982年〕を参照のこと。「質料」という語の起源がインド・ヨーロッパ語族の語根 dem-ないしは dom-、つまり「建てること」を意味する語根と姻戚関係にあるということは、核心的である。この語根はラテン語の domus、つまり「家」の起源でもある。『エヌマ・エリシュ』は、建てることを原型的な活動とするシュメール人のテクスト全体の一部をなす叙事詩だが、この中でマルドクが担っているのは、典型的な建造者の役割である。建設へと向かうこの傾向——とくに、たとえば、建築行為がまったく登場しない起源をあつかったアボリジニの神話とは対照的な——については、Jonathan Z. Smith, *To Take Place: Toward Theory in Ritual* (Chicago: University of Chicago Press, 1987), chaps. 1, 2を参照のこと。スミスは次のように記している。「『エヌマ・エリシュ』、すなわち古代中近東に由来する最もよく知られた宇宙創生説のテクストは、建築行為によって特色づけられる。…これは本質的に、バビロンという神聖な都市の創造を語ったものなのである。」(p. 19)

(10) *Enuma Elish*, 75.

(11) Ibid., 87.「ティアマト」および「アプスー」のもともとの意味については、サンダースが『エヌマ・エリシュ』の翻訳に付した序論 (pp. 24ff.) を参照のこと。

(12) *Enuma Elish*, 90.

(13) 結局のところエアは、最上の建造者であるマルドクのための設計者を演じている。マルドクがティアマトに勝利した後で、意気揚々と彼の部下たちは次のように宣言している。「エアを彼の設計者とし、すばらしい計画を考えさせよう。」(*Enuma Elish*, 96)

(14) *Enuma Elish*, 91.

(15) Paul Ricoeur, *The Symbolism of Evil*, trans. E. Buchanon (Boston: Beacon Press, 1967), 179. See also pp. 182–183〔ポール・リクール『悪の神話』一戸とおる訳、渓声社、1980年〕「マルドクは創造と破壊の同一性を擬人化したものである…暴力は事物の起源に刻みつけられている。」

(16)「マルドク」はセム語で「太陽の子ども」を意味する。そして「土地の主」ないしは「世界の主」という称号は、『エヌマ・エリシュ』最後の「五十の名の賛美歌」において彼に与えられる。

(17) *Enuma Elish*, 92. ハイデルの翻訳において最後の文章は次のようになっている。「彼は彼女の

開いた部分をムール貝のように二つに切り裂いた。彼女の半分を彼は固定し、天空を屋根として形づくった。彼は閂を通し、番人たちを置き、彼らに彼女の水を流出させないように命令した。」(*Babylonian Genesis*, 42 ; 強調引用者) 建造物と死体との密接な結びつきを私は、*Getting Back into Place : Toward a Renewed Understanding of the Place-World* (Bloomington : Indiana University Press, 1993) 第3章で考求した。

(18) それゆえに『エヌマ・エリシュ』では、「宇宙論が神々の系譜を完成させる。…世界について言うべきことは、神的なものの創生の帰結である」というリクールの主張 (*Symbolism of Evil*, 177 ; 強調原文) に対して、われわれは次のことを付け加える必要がある。すなわち神的なものの創生自体は、要素的な領域の原始的な状態から生じるのである。つまり神々の系譜が宇宙創生説を完成させると。

(19) *Enuma Elish*, 92. (エンリルとは、古代シュメールにおける宇宙の大気の神である。) ハイデルの翻訳では最初の行は次のようになっている。「彼は天を見て回り、その領域を検査した。」(*Babylonian Genesis*, 43)

(20) *Enuma Elish*, 99.

(21) *Ibid*., 92.

(22) 「彼は月に宝石の光沢を与え、夜のすべてを与えた。それは、日々を区分し、夜の間、月ごとに、満ちていき、かつ欠けていく光を眺めるためであった。…彼は太陽を手に取り、一つの年から次の新しい年へ一巡りし終えるようにそれを定めた。」(ibid., 93)

(23) Ibid., 93. p. 92において、ネビルないしは「天頂」、すなわち天空の中央帯は (マルドクの星座名と同じく)、高いところからの方向づけの究極的根拠として配置される。基本的な方向性のおかげで、「あらゆる方向において基礎が堅固である」(p. 107) ことを確実にすることができる。そうした方向性はそれ自体、場所のようなものである。*Getting Back into Place*, chaps. 3–4および Yi-Fu Tuan, *Space and Place* (Minneapolis : University of Minnesota Press, 1976, chaps. 6–7を参照のこと。

(24) *Enuma Elish*, 93–94.

(25) Cf. ibid., 94–96, 98–99. バビロンは「神々の家」(p. 96) と言われるが、これはまた普通の人間の住処でもある。つまり神々は、パラクという神殿 (バベルの塔)、そしてエ・サギラという神殿 (天空の神殿) に住むのである。この章の最初の註で論じられた言語上のつながりという点から見て、神殿が早い時期に現れたことは注目される。

(26) Ibid., 97. p. 101において神々はマルドクによる人間の創造を支持する。「彼は人間、すなわち永遠に働き続ける生命を創造したのであり、神々は自由の身になれる。」(ここで「人間」は、男性だけではなく女性も含めた人間を意味する。)

(27) たとえばマルドクは次のように豪語している。「おまえ [エア] ではなく私が、世界の本性を、つまり生まれ来るべきものを決める。私の命令は決して変わることはなく、決して取り消されることはないが、私の創造はどこまでも持続する。」(ibid., p. 82)「命令」と述べることで、マルドクは言葉の力を指摘しており、これは他の文章 (cf. ibid., 86, 88, 107) において強められるテーマである。しかしマルドクの創造は、ヤハウェの創造とは異なり、言葉による創造ではない。

(28) *Enuma Elish*, 110.

(29) Ibid., 107.

(30) Ibid., 110.

(31) *Poems of Heaven and Hell from Ancient Mesopotamia* に付されサンダースの序論 (p. 61) から。

(32) Ibid., 61. 強調は引用者。ジョナサン・スミスの同じように疑わしい主張、すなわち「多くの

点において、このテクストを宇宙創生説と呼ぶのは不適切である」という主張も参照せよ。(*To Take Place*, 19)

(33) *Enuma Elish*, 102.

(34) Ibid., 95.

(35) マルドクは集まった神々に次のように言う。「以前、あなた方は裂け目の上にある空虚に住んでいた。しかし私は〈天空〉の鏡として〈大地〉を作った。」(ibid.,95) ティアマトは p. 106(「彼は罠に捕らえられた混沌を運び去った。」)および p. 107(「[マルドク] は〈混沌〉と対決するために王としてやって来た。」)において「混沌」として言及されている。ティアマトを混沌として解釈することに関しては、Susan Niditch, *Chaos to Cosmos : Studies in Biblical Patterns of Creation*(Chico. Calif. : Scholars Press, 1985)を参照のこと。

(36)「ティアマトが彼のことを聞くと、彼女の理性は消え去り、彼女はとりつかれたように大声で叫び、呪文を早口で述べ、呪いをつぶやいた。」(*Enuma Elish*, 90)

(37) Paul Ricoeur, *The Symbolism of Evil*,180. chorizein(区分すること)と chora(空間、場所)との間の古代におけるつながりによって示されているように、場所を分けることと創造することとの間には密接なつながりがある。もう一度、このことに注意を向けておきたい。

(38) ティアマトとマルドクとを性差の代表と見なしたうえでの――そしてフェミニストの関心にとくに関係する基本的な問題を引き起こすものとしての――両者の対立については、Cathrine Keller, *From a Broken Web : Separation, Sexism, and Self*(Boston : Beacon Press, 1986), 74-78, 81-83, 88-90, 106-107, 115-118における注目すべき議論を参照のこと。ティアマトを創造の主要な質料と見なした上で、どのようにしてケラーがこの解釈(これは私自身のものと一致する)を、『エヌマ・エリシュ』において示される天地創造説的なモデルをフェミニスト流に批判するための基礎とするのかは印象深い。「分割する[男性的]自己は創造的な混沌を、退行的な無秩序と感じ、深みを死の雰囲気と感じる。…死、彼女はいまや個性を欠いた非人間的なもの、最初の質料、傷ついた質料の役割を果たす。そしてこの上に、彼の並外れた男性中心主義がその新たな創造を演じてのけるのである。」(p. 78)『エヌマ・エリシュ』をこのようにジェンダー・センシティブに読解することには、少なからぬ真理がある。にもかかわらず私は疑問に思う。ティアマトは本当に混沌として、さらには無秩序として理解されうるだろうか。

(39) 母胎に関する議論、とりわけそれらのもつ形相対資料という形式的議論については、自著 *Remembering*, 293-299を参照のこと。

(40) Sandars, introduction to *Poems of Heaven and Hell from Ancient Mesopotamia*, 16.

(41) *Enuma Elish*, 95を参照のこと。

(42) Mircea Eliade, *The Sacred and the Prafane : Tha Nature of Religion*, trans. W. Trask(New York : Harper & Row, 1959), 77. 強調は引用者。

(43) *Timaeus* 52a.〔プラトンからの引用に際しては〕ほとんどつねに次の著作中のコーンフォードの翻訳を使用する。*Plato's Cosmology : The Timaeus of Plato Translated with a Running Commentary*(New York : Liberal Arts Press, 1957). テクスト中に出てくる以下の参照箇所については、この著作のステファヌス番号を使用する。

(44) *Timaeus* 37d から有名な一節を引用する。強調引用者。コーンフォードの翻訳は以下の通り。「数に従って動く永続的な映像」。

(45) Plato, *Timaeus* 49a ; さらに、52d も見よ。

(46) この呼び名については、*Timaeus* 50d, 51a を見よ。本節の最初の段落で、私は「男性的な」と「女性的な」に二重括弧を付け〔訳文中では省略〕、プラトンが、属性の帰属そのものについて特に言葉に表しては論じずに、これらの属性をデミウルゴスと〈受容者〉にそれぞれ負わ

せていることを示した。本書の最終章でのイリガライについての議論の中で、私は空間のもつジェンダー的な含意についての問いに立ち戻る。

(47) *Timaeus* 50b-c；強調引用者。母胎に相当するギリシア語は exmageion。この語は、その内でさまざまな印象が作り出されるような可変的な塊や集まりを暗示する。さらに、Plato *Theatetus* 191c も見よ。

(48) 鏡のようなものとしての〈受容者〉の解釈については、*Plato's Cosmology*, pp. 184–185, 194, 200におけるコーンフォードの註釈を見よ。

(49) アリストテレスはまさにこのことを *Physics* 214a12ff. で主張している。しかしながら、結局のところ、原子論者の言う kenon は徹底した〔厳密な意味での〕空虚ではない。一つには、それは「間隔」(diastēmata) に存することとして特徴づけられ、「間隔」が、たとえ否定的ではあっても一定のものであることは、完全な空虚とは両立不可能である。もう一つには、諸々の原子そのものは、まとめ合わされて渦巻をなし、そうしてそれらが占める空間の布置を形成するとされる。原子論者による kenon の用法を、空間、とりわけ空っぽの空間と考える方がより筋が通っているし、この用法を中立で、開けていて、境界を定められていない空間に対する最初の哲学的な呼称と見なすことでさえそうである。Keimpe Algra, *Concepts of Space in Greek Thought*（Leiden : Brill, 1995), 38–52を見よ。空間に対する原子論者の見解についてはさらに、C. Bailey, "Matter and the Void According to Leucippus," in M. J. Capek, ed., *The Concepts of Space and Time : Their Structure and Their Development*（Dordrecht : Reidel, 1976), 17–19、また同様に、"The Invention of Space," in *Essays in Honor of Gilbert Murray*（London : Allen & Unwin, 1936), 215–235における、古代〈原子論〉についてのコーンフォードの説明も見よ。コーンフォードは、囲い込まれてはいるが隔たりを含む普遍宇宙の「内的な空虚」と、既知の世界を超えた果てしない空間の「外的な空虚」との両者をプラトンが拒絶していると論じている。本書第４章の冒頭で、私は古代〈原子論〉についてより完全を期した形で論じる。

(50) これらの隙間については、*Timaeus* 58a-c；また、*Plato's Cosmology*, p. 200でのコーンフォードの註釈を見よ。

(51) この場合には、デュエムの解釈は疑わしい。彼の解釈によれば、「プラトンに従えば、そのとき、限界づけられた球形の世界の外部には、必然的に限界づけられない空間があり、そこにこの〈普遍宇宙〉が所在化される。というのは、この空間の内には何も実在せず、それは空っぽだからである」(Pierre Duhem, "Plato's Theory of Space," excerpted in Capek, *Concepts of Space and Time*, 22；同じページでデュエムは、〈受容者〉にとって内的な空虚はないと認めている)。しかし、「〈普遍宇宙〉」の空間とは〈受容者〉の空間以外の何ものでもなく、それ〔〈受容者〉〕は断じて空っぽではない。コーンフォードが言うように、「空間は、球形の普遍宇宙と延長を等しくするため、それ自身の形状をもつが、その外部には物体も空虚もない」(*Plato's Cosmology*, 188；さらに、p. 200も見よ)。言葉を替えて言えば、何でもないもの（「その外部」）は、空虚とは混同されえないのである。

(52) *Timaeus* 52b. "hedran"は、「在処」、「住居」、「住まいの場所」を暗示する。

(53) Cornford, *Plato's Cosmology*, 181；強調原文。コーンフォードは次のように付け加えている。〈受容者〉とは「ただ単に、「その内で」さまざまな性質が現れるような場所である」(*Plato's Cosmology*, 187)。プラトンは、*Timaeus* 49e で、その内でという言い回しを用いている。「その内でそれらすべてがつねに存在するようになり、現れ出で、再びそこから消え去るようなものについて語る際にのみ、われわれは、「これ」や「あれ」という言葉を使うことができる」。

(54) *Timaeus* 52d-53a；強調引用者。この一節の前の方の部分を見れば、〈受容者〉について語る理

由が明らかになる。それは、〈受容者〉はさまざまな特徴を受容し、それらの特徴は一度受容されればこの〈受容者〉の性質を規定するようになるが、初めにはいかなる内的な性質規定もないからである。デリダが註釈しているように、「空間（コーラ）はそれ自身で受容するわけではない。したがって、それは受容することができるわけではない。それはただ、自らが受容する（ものの）諸々の固有性を借り受けるだけである」（Jacques Derrida, "*Chōra*," in *Poikilia : Festschrift pour J. − P. Vernant* [Paris : Ecole des Hautes Etudes, 1987], 271；強調原文。この論文の改訂版は、以下の表題で英語で出版されている。"Khōra," trans. I. McLeod, in J. Derrida, *On the Name*, ed. T. Dutoit [Stanford : Stanford University Press, 1995], 89–127）。

(55) 選り分けることに関わる隠喩については、*Timaeus* 52e–53a、また、*Plato's Cosmology*, pp. 201–202でのコーンフォードの説明を見よ。穀物を選り分ける際に、そのためのいくつもの場所は、あらかじめ確定されているわけではなく——選り分けのふるいは開かれた拡がりである——、選り分けるというまさにその行為によって創造される。これがまさに〈受容者〉の場合に起こっている事態である。〈受容者〉の激しい運動が、さまざまな物質的な性質のための領域や、諸々の第一次的な物体のための場所を作り出すのである。

(56) これについてもまた再びデリダの指摘が当てはまる。〈受容者〉は、「主語＝主体に関して、まさに主語＝主体に関して、『その上へと』書き込まれるようになるものの総計あるいは過程以外の何ものでもないの『である』。しかしそれは、［これ］全体の主語＝主体あるいは現前する支えではない」（"*Chôra*," 273；強調原文）。要するに、それは、自分自身のものとしてそれに属するさまざまな固有性を有する実体ではないのである。

(57)「'chōra'は充たされている「余地」であって、空の空間（kenon）ではない……実際、「場所」は、chōra の訳としては、「空間」よりは誤解の可能性の少ないものである。なぜなら、「場所」は、普遍宇宙の有限な領分を超えて横たわる空いた状態の無限の範囲を示唆しはしないからである」（*Plato's Cosmology*, 200n；ここで言う「無限の範囲」は「外的な空虚」を指示している）。それなら、なぜコーンフォードは、彼の『ティマイオス』の翻訳において「場所」という語を用いなかったのかという疑問が頭をもたげる。その点だけが彼のすぐれた翻訳の唯一の欠点だろう。ハイデガーは次のことを指摘している。ギリシア人は、「chōra［という］基盤に基づいて、空間的なものを経験した。chōra が意味するのは……そこに立っているものによって占められるものということである。場所は物そのものに属する。種々の物はすべてそれぞれ自らの場所をもつ。生成するものは、この局所的な『空間』の内に配置され、そこから姿を現す」（Martin Heidegger, *An Introduction to Metaphysics*, trans. R. Manheim [New Haven : Yale University Press, 1959], 66）〔『ハイデッガー全集　第40巻　形而上学入門』岩田靖夫／ハルトムート・ブフナー訳、創文社、2000年〕。慎重でやや懐疑的な読解としては、Algra, *Concepts of Space*, esp. p. 38を見よ。「chōra と topos という語は、日常的なギリシア語においても、また、それらの語が初めて哲学に応用された際にも、数多くの文脈で、相互に交換可能なものとして用いることができた」。しかしながら、その場合でさえ、topos には「相対的な所在地」を指し示す傾向があり、chōra はつねに topos よりも大きな広がりを意味する（たとえば、プラトンの『法律』760c でそうであるように。「国土［chōra］のあちこちの場所［topoi］」）。しかもアルグラは、「そのような概念上の区別［つまり、場所と空間の関係が、topos と chōra の関係に等しいこと］は、好意的に考えれば、少なくともプラトンとアリストテレスに帰せられるかもしれない」（p. 32）と認めている。さらに、Luc Brisson, *Le Même et l'autre dans la structure ontologique du Timée de Platon : Un commentaire systématique du Timée de Platon*（Nanterre : Lettres et sciences humaines, 1974）, 213も見よ。「［『ティマイオス』において用いられる］chōra と topos は、同一性と差異の間を揺れ動いている」。

(58) 「のために空間を作る」、「ゆとり」という語は、『存在と時間』、「芸術作品の起源」、「時間と存在」における、余地を空けることと動くためのゆとりとについてのハイデガーの議論からとったものである。これ以上の議論については第11章を見よ。

(59) topos と chōra が区別されていることは、次の一節中に表れている。「存在するいかなるものも、何らかの場所（topos）の内に存在し、いくらかの余地（chōra）を占めるのでなければならない」（*Timaeus* 32b）。つい先ほどなされた区別に一致して、chōra と topos の両者がお互いに隣り合って出てくる代表的な一節が、『ティマイオス』57c に見られる。「こうした取り扱いを受ける経過で、［創造された諸々の「第一次的な」物体は、］すべてそれらの領域（chōrai）を入れ替わっている。というのも、何種類もの大きな集まりが〈受容者〉の運動によって、いずれもそれ自身の場所（topos idios）の内に、それぞれ離れて配されているその一方で、いかなるときにも自分の同類には似ないで、他種のものに似ていくような諸部分は、振り動かす作用によって、それらが似ていく他のものの場所（topos）の方へと運ばれるからである」。

(60) この呼び名については、*Timaeus* 52a を見よ。「永続的な」と訳されたギリシア語の原語は aiōnios であり、この語は通常「永遠の」と訳される。しかしコーンフォードは、天体の運動の不断の持続が、ただ慢然と続いていくものであって、厳密な意味で永遠なのではないという事実を考慮して、「永続的な」（これは通常 aidios という語によって指し示されるのだが）という語を選んでいる。*Plato's Cosmology*, p. 98n での彼の註釈を見よ。

(61) 「『ティマイオス』で表現されているようなプラトンの宇宙論は、神話の手法に逆戻りすることで、総じて主体の歴史における致命的な後退の一歩を表している」（Milton K. Munitz, *Space, Time, and Creation : Philosophical Aspects of Scientific Cosmology* [New York : Dover, 1981], 15）。皮肉なことに、ミュニッツは『ティマイオス』を、「原子論的唯物論者たちの、有望で未来を先取りする観念」（ibid.）に対峙した際の、言い換えれば、この同じ対話篇におけるプラトンの論敵たちに対峙した際の失敗であると見なしている。まったく異なる見解として、『ティマイオス』が、西洋における神話以後の宇宙論の中で最も偉大な二つのもののうちの一つである（もう一つはニュートンの『自然哲学の数学的諸原理』である）というホワイトヘッドの意見をこれと比較されたい。*Process and Reality*, ed. D Griffin and D. Sherburne（New York : Free Press, 1978）, 93〔『ホワイトヘッド著作集　第10巻　過程と実在（上）』山本誠作訳、松籟社、1984年〕. ホワイトヘッドは次のように付け加えている。「近世の数学的物理学に属する空〔空間〕－時〔時間〕は、この空－時の内で生起するさまざまなものに対して適用される個々の数学公式から抽象されて把握されているが、それはほとんどプラトンの〈受容者〉そのままである」（*Adventures of Ideas* [New York : Mentor, 1960], 154〔『ホワイトヘッド著作集　第12巻　観念の冒険』山本誠作／菱本政晴訳、松籟社、1982年〕）。デリダは第三の解釈を示す。すなわち、『ティマイオス』は、まさに空間（コーラ）についてのその議論において、神話かあるいは論理のいずれかとして分類されるのを拒絶しており、まさしくこの選択そのものを問いに付すのである。「そのような言説は神話に属するのだろうか。神話／論理の二者択一に依拠し続けることによって、ひとは空間の思想を正当に扱っているのだろうか。この思想もまた第三種の言説を要するとしたらどうだろうか。……論理の規則性、その法則、その本性のあるいは合法性の系譜を超えてはいるものの、それでもなお厳密な意味で神話には属さないようなものを、どのようにして思考すべきなのか」（"*Chōra*," 266 ; 強調原文）。

(62) Derrida, "*Chōra*," 272–273.

(63) Edmund Husserl, *Ideas*, I , sec. 76を見よ。

(64) *Timaeus* 58b-c.

(65) Ibid., 52e. コーンフォードは次のことを指摘している。「実際、四種類のものが、別々に分離された領域の内で、それぞれがその内にいかなる変化も起こりえないような等質な集まりとして、恒久的に静止に至ったことがないのはなぜなのか、われわれはいまやそれを目にすることができる」(*Plato's Cosmology*, 245)。小規模なレベルでは、変化は起こりうる。それは、これらの粒子がお互いに絶えず接触を繰り返しながら激しく動き回る際の、四元素の粒子の破損として、とくに、これらの粒子のもつ、三角形からなる表面の破損として起こるのである。この経過については、*Timaeus* 57d–58c を見よ。

(66) ホワイトヘッドが見解を述べているように、〈受容者〉は、せいぜいよくても「何かを子として孕ませるようなあらゆる作用のための母胎」、「あらゆる生成の養－母」である(*Adventures of Ideas*, 154；強調引用者)。〔この引用中で〕私が強調しているのは、〔〈受容者〉の〕性質規定が必要なのを指し示す言葉である。〈受容者〉は、たとえ文字通りに子を孕ませるようなものではなくても、それでもなお母胎ではあり、したがって、ブリッソンが示しているように、栄養(trophos)と養い親(tithēnē)と母(mētēr)から、空間(コーラ)と場所(トポス)へと延びていく連続的な系列――〈受容者〉はその中間の位置にある――の一部なのである。Cf. Brisson, *Timée de Platon*, 214–215.

(67) したがって、「〈空間〉にはいかなる原型もない」(*Plato's Cosmology*, 193)という点で、私はコーンフォードに賛同する。しかしだからといって、〈空間〉が、「〈形相〉がそうであるのと同じくらい確実に、それ自体で独立に実在する」(ibid.)という結論にはならない。私の読解では、〈空間〉が実在するのはただ、現象的な現われや物質的事物のために場所を提供するものとしてのみである。そのような「これ」、そこに何もなくただ所在化するだけの「これ」であることは、何でもないということではない。そうではなく、コーンフォードが認めているように、「〈受容者〉は、物体的な［境域］において「これ」と呼ばれうるただ一つの要因である。なぜなら、それは恒久不変の存在をもち、その本性は変化しないからである」(ibid., 181；強調引用者)。

(68)「実際、これはわれわれが夢の中にあると見なすものである」(52b)。夢がそれ自体で雑種的な存在物であり、夢の上での場所の等価物である「夢の光景」の中で、空想的なものを可感的であるにすぎないものと組み合わせるかぎりで、この類比は何も驚くには及ばない。さらに、51b も見よ。〈受容者〉は、「何か非常に当惑させるような仕方で叡智的なものに与るため、把握することが非常に難しい」。下にあるもののもつ「混血」的な特徴という主題については、Duhem, in Capek, *Concepts of Space and Time*, 22を参照のこと。そこには、問われている雑種化は、理性の働きと感覚の間の雑種化であるという言明がある。

(69) 変化する存在にとっては、局所的な運動は、ある一定の場所でのその実在のはじまりであり、この実在が後には同じ場所から消え去ることになる。そのような運動は、それが行われている〔場所をとっている〕間中ずっとそこにあるような場所を前提する」(Duhem, in Capek, *Concepts of Space and Time*, 21)。ブリッソンはこのことを次のような一文に凝縮している。「空間(コーラ)は、その空間的な様相において、それなしにはいかなる運動も可能ではないものとして、自分自身を提示する」(*Timée de Platon*, 212)。

(70) コーンフォードは次のように主張してまでいる。「混沌は、もしそれが秩序＝宇宙以前には決して実在しないとすれば、普遍宇宙の働きの内にいま、そしてつねに現前している何らかの要素を表すのでなければならない」(*Plato's Cosmology*, 37；これ以上の議論としては、pp. 203–207も見よ)。

(71) *Plato's Cosmology*, 223. これを、*Adventures of Ideas*, p. 152におけるホワイトヘッドの次のような指摘と比較されたい。プラトンは、「彼の考える〈至高の職人〉に全能が属することをはっ

きりと否定している。イデアを受け入れることのもつ影響は、つねに説得のそれに似たものであり、[物質上] 可能であるような秩序のみを生産しうるにすぎない」。

(72) この主題については、*Timaeus* 33b–41a を見よ。この主題は本質的に、〈世界霊魂〉の完璧な円運動を扱うものである。

(73) Cornford, *Plato's Cosmology*, 210.

(74) Ibid.

(75) M. Merleau-Ponty, "Eye and Mind," in *The Primacy of Perception*, ed. James Edie (Evanston : Northwestern University Press, 1964), 185〔M. メルロ＝ポンティ『眼と精神』滝浦静雄／木田元訳、みすず書房、1966年〕.

(76) *Timaeus* 53c ; 強調引用者。ここで言う「物体」とは、「第一次的な物体」、つまり規則的な立体図形（たとえば、正六面体、正四面体、正八面体、正二十面体）の形状をした、感性的性質の布置のことである。

(77) これについて、私は *Plato's Cosmology*, pp. 210–239におけるコーンフォードのさらに詳しい議論を参照している。

(78) ギリシア語の dēmios（「ひとびとに属すること」）は、*dem-という同じ語幹から派生しているように思われる。この語幹は、先の註〔本章註 9〕の中で指摘したように、インド＝ヨーロッパ語のさまざまな語に含まれる、「建てること」、「家」、「家庭の」等を示すそれ以上分解不可能な形成要素である。したがって、デミウルゴスの「デミ」demi を「半分」として解釈することはできない（後者の demi はラテン語の dimidium から派生したものである）。

(79) したがって、プラトンがここで最小単位としての平面三角形に特権を与えているということも重要ではない。彼は別のところで、具体的には *Laws* 894a で、それ以上分解不可能な幾何学的諸始原が、「分割不可能な直線」に帰着することを指し示している。プラトンが非常に深く影響を受けたピュタゴラスの数学には、数から出発して、点、直線、面、立体図形を経て、最後に可感的物体へと至る、厳格に定められた進化の系列がある（この点については、Cornford, *Plato's Cosmology*, 212 n 3 を見よ。そこでは、A. T. Nicol, "Indivisible Lines"という論文が特筆すべきものとして参照されている）。しかし、『ティマイオス』でのそれ以上分解不可能な宇宙論的単位が四つの第一次的な物体である以上、この書の文脈では、それらの表面を構成する三角形に特権的な位置が与えられるべきだというのも理解できる。

(80) Eliade, *The Sacred and The Profane*, chap. 1 ("Sacred Space and Making the World Sacred")〔ミルチャ・エリアーデ『聖と俗――宗教的なるものの本質について』風間敏夫訳、法政大学出版局、1969年〕を見よ。

(81) ハイデガーにとって、近世的な、つまりデカルト的な意味での「延長」、目に見えず等質なものとしての「延長」は、空間（コーラ）から派生したものである。「空間とは次のようなもののことではないだろうか。あらゆる個別的なものから抽象されるもの、退去するもの、そしてそのような仕方で、まさに何か他のもののための場所を認め、「場所を作り出す」もの」（*An Introduction to Metaphysics*, 66）。

(82) Brisson, *Timée de Platon*, 212.

(83) この変容は三角形という同じ単位を共有することから生じる。*Timaeus* 56c–57c を見よ。

(84) Albert Rivaud, *Timée*, *Critias*, vol. 10 of *Platon*, ed. and trans. A. Rivaud (Paris : Alcan, 1925), 80 ; cited by Cornford, *Plato's Cosmology*, 229. さらに、リヴォの次の著作も見よ。*Le problème du devenir et la notion de la matière* (Paris : Alcan, 1906), 303–315.

(85) これは、*Plato's Cosmology*, p. 229でのコーンフォードの言葉である。私はコーンフォードの『ティマイオス』の解釈にかなりの部分を負っているが、彼の解釈は、〔支配する者と服従する

者の〕序列を前面に押し出すこうした読解と、前に引用した一節中で表現されているようなより穏健な見解との間を揺れ動いている。「デミウルゴスは〈必然〉が許容するだけの秩序と比例を導入する」(ibid., 223)。

(86) Whitehead, *Adventures of Ideas*, 125.〈内在論〉と〈外的賦与論〉の対立については、ibid., p. 138を見よ。

(87) 紀元前約30年頃から紀元後約14年頃にかけて成立した、文法家のヘラクレイトスの「ホメロスの比喩」より。C. Doria and H. Lenowitz, eds., *Origins: Creation Texts from the Ancient Mediterranean* (New York: Doubleday Anchor, 1976), 155での引用。

(88) Ibid.

(89) 私がここで依拠している、決定不可能性についてのデリダの定式は以下の通りである。「でもなく／でもない、つまり、同時にいずれかあるいは」(Jacques Derrida, *Positions*, trans. A. Bass [Chicago: University of Chicago Press, 1981], 43; 強調原文)。

(90) "A Ritual for the Purification of a Temple," cited from F. Thureau-Dangin, *Rituels accadiens*, in Doria and Lenowitz, *Origins*, 81.

(91) 第一の言い回しは、『エヌマ・エリシュ』第二連から、第二の言い回しは、"A Ritual for the Purification of a Temple"第三連からの引用。

(92)『旧約聖書』の中でティアマトが生き長らえていることに関するこれ以上の議論としては、Alfred Jeremias, *Das Alte Testament im Lichte des Alten Orients* (Leipzig: Hinrichs, 1916), 36ff. を見よ。

(93) これと関連した謎がもう一つある。その解決は、でもなく／でもない、でありかつ／である、のような、二者択一的な選択肢の双方の肯定と似たようなものである。その謎は、〈受容者〉が物質と空間のどちらとして把握されるべきなのかという問いをめぐる、プラトンの(文字通りに)両義的な位置に関わる。可感的性質のための、その内に(en hoi)、また、現象的物体のための、そこから(ex hou)であるかぎりでは、〈受容者〉は前者〔物質〕であるが、運動している現象的物体のための、その内に、つまり、これらの物体のための所在化の空間であるかぎりでは、それは後者〔空間〕である。この両義的な語法を明快に論じたものとしては、Algra, *Concepts of Space*, 76–120を見よ。

(94) *Orphic Argonautica* の2世紀の断片より。Doria and Lenowitz, *Origins*, 122での引用。

(95) *Baiga* におけるインドの創造神話より。*Beginnings: Creation Myths of the World*, ed. P. Farmer (New York: Atheneum, 1979), 15での引用。そのような原初的な水が、少なくとも表に出ない形で現前していたのは、『ティマイオス』でさえうすうす感じ取られる。hupodochē (〈受容者〉) がそこから派生したもとの動詞 hupodechomai は、「海の表面の下で受容する」という意味である(他の意味には、「自分の家の屋根の下で来客を歓迎すること」、「耳を傾けること」、「引き受けること」、「妊娠すること」が含まれる)。

(96)「神々の中の神たるヤハウェが大地と空を作っていたとき／大地の上には野の藪さえも実在していなかった／野の草さえも生え出ていなかった」(ヘブライ語聖書より。Doria and Lenowitz, *Origins*, 160での引用)。

(97) 先の註〔本章註57〕で、私は場所(トポス)から空間(コーラ)を区別することの難しさを指摘した。しかし、われわれはまた、空間がつねにすでに場所を生むものだと言うこともできる。ブリッソンは、空間とは「発生と腐敗に従属する現象がその内で現われる全体的な場所設定」(*Timée de Platon*, 212)のことであると語るとき、まさにこのことを念頭に置いている。

(98) Archytas, as cited and translated in S. Sambursky, ed., *The Concept of Place in Late Neoplatonism* (Jerusalem: Israel Academy of Sciences and Humanities, 1982), 37.

(99) John Milton, *Paradise Lost*, bk. 2, lines 891–898.

(100) 私自身の説明で、これまでに〈夜〉や〈闇〉を主題化したことはないが、それらは多くの創造神話にとって、とりわけ初期ギリシア人の創造神話にとっては決定的なものである。彼等はしばしば〈夜〉と〈闇〉の重要性を強調している。ミルトンはおそらく、自分の受けた古典教育の知識を利用している。このことを的確に示す例としては、Doria and Lenowitz, *Origins*, 164–167を見よ。

(101) ホワイトヘッドは次のように書いている。「ミルトンは『失楽園』において、『ティマイオス』とセム的な［創造］教義の間で、奇妙なくらいに［つまり、ニュートンの同時代人としては奇妙なくらいに］大きく揺れ動いている」(*Process and Reality*, 95)。

(102) これは、『道徳の系譜』の最後の文——先にゴルフリングによる別の翻訳から引用した文——のワルター・カウフマンによる翻訳である。

(103)「プラトンは彼の〈世界〉の内に、原子論者たちの考える空虚を認めていない。その一方で、これらの哲学者たちが充実と呼ぶもの、つまり、彼等がそこから物体を形成するような、無規定ではあるが堅くて不可入的な実体をプラトンが認めていると言うこともできない。空間の内に、空間（コーラ）の内に、プラトンは、さまざまな幾何学的図形の組み合わせ以外のいかなる実在的な物体をも認めていない」(Duhem, in Capek, *Concepts of Space and Time*, 22–23)。

(104) 場所の規定において、深さ＝奥行きがこのように中心的な重要性をもつようになるのは、この結合力によるものである。というのも、さまざまな事物が別個になっていても一緒にとらえられるのは、深さ＝奥行きの内部でだからである。「さまざまな経験が相互に排他的であるにもかかわらず、それらの内でこのように同時に現前するということ、お互いの内でこのように含み合うこと、可能な過程全体がある一つの知覚行為へとこのように収縮すること、それが奥行き〔深さ〕の独自性を構成する。奥行き〔深さ〕は、その内でさまざまな事物やそれらの要素がお互いに包み合うような次元である。他方、幅や高さは、その内でこうした事物や要素が並置されるような次元である」(M. Merleau-Ponty, *Phenomenology of Perception*, trans. C. Smith [New York: Humanities, 1962], 264–265〔M．メルロ＝ポンティ『知覚の現象学』中島盛夫訳、法政大学出版局、1982年〕)。深さ＝奥行きについてのこの記述は、〈受容者〉についてのプラトンの記述を彷彿とさせる。後者の記述中には、「さまざまな事物やそれらの要素がお互いに包み合う」際の収縮や相互的な含み合いもある。

(105) これらの言い回しはそれぞれ、*Adventures of Ideas*, p. 190と p. 138に出てくる。〈受容者〉は、「相互伝達の媒体についてのプラトンの学説」(p. 192) である。さらに、p. 154も見よ。「世界の共同体、それは何かを子として孕ませるようなあらゆる作用のための母胎であり、その本質は結合された状態の把持を伴う過程である——この共同体は、プラトンが〈受容者〉と名づけるものである」(強調引用者)。

(106) *Remembering*, chap. 12, esp. pp. 292–295を見よ。

(107) Kierkegaard, *Concluding Unscientific Postscript*, trans. D. F. Swenson and W. Lowrie (Princeton: Princeton University Press, 1941), 107〔『キルケゴール著作集　第７巻　哲学的断片への結びとしての非学問的あとがき（上）』杉山好／小川圭治訳、白水社、1968年〕を見よ。「実存はそのいろいろな契機を分離して別々に離れた状態にする」。E. M. フォースターからの引用箇所は、彼の小説 *Howards End* (New York: Putnam, 1910), 22〔『Ｅ・Ｍ・フォースター著作集　第３巻　ハワーズ・エンド』小池滋訳、みすず書房、1994年〕に見出される。

(108) これは、新プラトン主義者ダマスキオスによる紀元後約500年頃のギリシア語のテクストであり、このテクストは紀元後約３世紀頃のペルシア語のテクストを典拠としている。Doria and Lenowitz, *Origins*, 156での引用〔Zerauné akerené は、古代アヴェスター語の Zrvan Akarana

をギリシア語で表したもの〕。

—第3章—

(1) アリストテレス『カテゴリー論』*Categories* 2a1,5a9-14を参照のこと〔「カテゴリー論」『アリストテレス全集　第1巻』山本光雄訳、岩波書店、1971年〕。「どこに」に関心をもつのは自然物理学者や形而上学者にかぎったことではない。ロバート・グレイヴスは次のように指摘している。「「どこに」ということは、詩人が詩の題材としてひたすら生と死だけを取り上げている場合、つねに他の誰にも増して重くのしかかってくるべき問題である」(*The White Goddess* [New York: Farrar, Straus & Giroux, 1966], 251)。マンガのキャラクターでさえも場所のことを気にかけている。ライナス〔スヌーピーを主人公とする漫画『ピーナツ』の登場人物〕は次のように言っている。「ときどき、僕は夜横になったまま眠らずにいて、問いかけてみるんだ、「どうして僕はここにいるんだろう」ってね。——すると声が聞こえてくる。「どこに君はいるの」——「ここだよ」って僕は答えるんだ……。そうしたら、その声は「「ここ」ってどこさ」って訊くんだよ」(*Peanuts*, Charles Shultz, summer 1993)。

(2) 『天体論』279a11-18〔「天体論」『アリストテレス全集　第4巻』村治能就訳、岩波書店、1968年、『天について　西洋古典叢書1』池田康男訳、京都大学学術出版会、1997年〕および『自然学』212b8-18をそれぞれ参照のこと。

(3) これについて、トマス・アクィナスは、アリストテレス『自然学』に対する自身の註解の中で次のように表現している。「哲学者〔アリストテレス〕は、第3巻において運動と無限なものとについて扱った後、……第4巻では外的に運動へと属するものを扱おうとしている。最初に彼は、外的に運動へと属するこれらのもの［つまり、場所と空虚］を、運動する物体の尺度として扱っている。次に……彼は運動そのものの尺度である時間を扱っている」(St. Thomas Aquinas, *Commentary on Aristotle's Physics*, trans. R. Blackwell, R. Spath, and W. Thirlkel [New Haven: Yale University Press, 1963], 189)。無限であるものは、連続性の類に属するかぎりで、内的に運動に属するという点に注意しなければならない。アリストテレスが時間をどのように扱っているのかについては、この章の後の方で再び取り上げようと思う。空虚については、アリストテレスも『ティマイオス』でのプラトンに引けを取らないくらいに激しく拒絶しているとだけ言っておこう。ただし、アリストテレスの場合はプラトンとは異なり、そうした拒絶は注意深く構成された一連の議論によって行われている。『自然学　第4巻』第6～9章を見よ。

(4) 『自然学』298a31-32.(とくに断りのないかぎり、Edward Hussey, *Aristotle's Physics, Books III and IV* [Oxford: Clarendon Press, 1983] における翻訳を引用する。以後、『自然学　第4巻』から引用する際の出典箇所は、原則として本文中に括弧で記す。)

(5) アリストテレスによれば、静止と運動の規定はすべて場所によってなされうるのであり、この点で、場所はそれらに共通した制限である。Pierre Duhem, *Le système du monde* (Paris: Hermann, 1913), I: 200を見よ。「場所とは、われわれが物体の静止および運動について判断するのを可能にする、確固とした名辞である」。

(6) 『自然学』208a29-31。プラトンによるこの議論の主たる定式化は、『ティマイオス』52bおよび『パルメニデス』145eに見られる。ゼノンは次のように主張する。「実存するものはどれも、どこかに存在する」。また、ゴルギアスは「限界づけられていないものはどこにもない」と述べることで、これに従っている。(以上のゼノンとゴルギアスの言葉は、それぞれ次の文献から引用した。F. M. Cornford, *Plato's Cosmology* [New York: Liberal Arts Press, 1957], p.

192 n. and p. 195）ホワイトヘッドは次のように述べている。「いずれの事物も積極的には、現実態においてどこかに存在する」。（*Process and Reality*, ed. D. R. Griffin and D. W. Sherburne [New York : Free Press, 1978], 40.〔アルフレッド・ノース・ホワイトヘッド「過程と実在 上巻」『ホワイトヘッド著作集 第10巻』山本誠作訳、松籟社、1984年〕また、これと同じ「存在論的原理」についての比較可能な定式化として、46, 59, 231も参照せよ。） 場所の優位性に関するアルキュタスの公理を繰り返し主張するこうした一貫した伝統は、それを受け継ぎ再定式化を与える本質的契機として〔アリストテレスの〕『自然学』に基づいている。

（7） どちらの文章も『自然学』208b34-209a 1 から。ここではハーディとゲイの翻訳を引用した。（J. Barnes, ed., *The Complete Works of Aristotle* [Princeton : Princeton University Press, 1984] に所収された翻刻版から。該当箇所は、p. 355。）ハシーの翻訳は以下のとおり。「仮にそうしたことが本当なら、場所の力は際立ったものであり、万物に先だっている。というのも、それなくしては他のどんなものも存在しないが、それ自体は他のものなくしても存在する、そのようなものは第一でなければならないからだ」。

（8） 仮にプラトンのコーラがとにかく何らかの形で生き残っているとすれば、それは「思惟的質料」（hulē noētē）としてである。こうした可能性については、*Aristotle's Physics* 所収のハシー訳に付けられた p. 184の註に見られる、ハシー自身のコメントを参照のこと。一般的に言えるのは、プラトンにおける〈受容者〉が、アリストテレス的な質料、とりわけ思惟的質料の役割を果たしているということである。とはいえ、すでに強調したことでもあるが、『ティマイオス』でなされた説明によると、〈受容者〉それ自体は、質料から構成されているのではない（すなわち、質料的性質というあり方をしているのではない）。

（9） W. D. Ross, ed. and trans., *Aristotle's Physics*（Oxford : Oxford University Press, 1936）, 54. ロスが示唆しているところによると、コーラは、アリストテレスにおいては単にメゲトス〔大きさ〕を表示するものへと還元されている。アリストテレスは、コーラを正面から議論するのを避けるために「メゲトスについて多くを語るのであり、彼はこれを質料的な諸事物の周知の属性として受け入れている」（ibid.）。

（10） これらの問題は実際にあるのかもしれないが、結局それらはアリストテレス自身の問題であり、相反する諸物の基体として第一質料を捉える彼の考えから生じているのである。ハシーがコメントしているように、「やはりこれも、アリストテレスが自身の用語を使い、自身の前提を用いて自分に先行する思想家たちに対して批判を行なっている事例の一つである。プラトンは［アリストテレスによって］不正確に述べられているというよりも、その存在論が異なるゆえに、真剣な考察の対象からごく自然に除外されているのである」（*Aristotle's Physics*, xxxii）。これとは別にアリストテレスが強固に批判しているのは、プラトンが三角形を、自然物理的物体の構成要素としてそれらの物体から不可分なものにしようとしたことに向けられている。アリストテレスによれば、これは次の二つのこと、すなわち、物体はいかなる形にも還元できないということ、そして、形そのものは線と点とに分解できるということを見過ごしている。（同じ批判が、『天体論』299a6-11では別の形で表現されている。これについては、H. H. Joachim, *Aristotle on Coming-to-Be and Passing-Away* [Oxford : Clarendon Press, 1922], 73-74）で述べられている註解も併せて参照せよ。アリストテレスによるプラトン批判についての包括的な議論――アリストテレスの批判を全般的に検証している議論――に関しては、Keimpe Algra, *Concepts of Space in Greek Thought*（Leiden : Brill, 1995）, 110-117を参照のこと。

（11） アリストテレスの『自然学』は「隠れた、そしてそれゆえに、決して十分には理解されていない、西洋哲学の基本書である」（Martin Heidegger, "Vom Wesen und Begriff der *Physis* : Aristotelis' Physik B, I," reprinted in M. Heidegger, *Wegmarken* [Frankfurt : Klostermann, 1967],

312)。当初は1939年の講義録として出されたもの〔「道標」『ハイデッガー全集　第9巻』辻村公一ほか訳、創文社、1985年〕。

(12)『自然学』208a28–29、強調引用者。この他に、「それは存在するのか否か」および「それは何であるのか」(ibid.) という二つの問いが探究されねばならないとされている。より適切には、これらの二つの問いは形而上学的なものである。しかし、アリストテレスにすれば、丹念な記述的分析こそがこれらの問いを最善の方法で解決するのである。

(13)「現象学」という用語の歴史については、Herbert Spiegelberg, *The Phenomenological Movement: A Historical Introduction* (The Hague: Nijhof, 1960), I: 11–23を見よ。いずれにせよ、アリストテレスの自然学を、現代の基準はもちろんニュートン流の基準によってすらも判断すべきでないのは明らかである——それらの基準と比較すれば、アリストテレスの自然学はある種の欠点をもつと考えられることだろう。こうした欠陥の内の二つを現代物理学に照らして論じたものとして、Hussey, *Aristotle's Physics*, x を見よ。もっと広い歴史的視野で捉えるなら、場所に対するアリストテレスの考えが与えたインパクトは、今日にいたるまで無視できないほど大きなものであり続けている。マックス・ヤンマーが主張するように、「アリストテレスの場所論が最も深く関わってくるのは、この理論が物理学に対して重要な意味をもつからというだけではなくて、空間についての理論をさらに発展させるための最も決定的な舞台となったからである」(Jammer, *Concepts of Space: The History of Theories of Space in Physics*, 2 d ed. [Cambridge, Mass.: Harvard University Press, 1970], 17)〔マックス・ヤンマー『空間の概念』高橋毅／大槻義彦訳、講談社、1980年〕。

(14)『自然学』208b12–22.明らかに、ここで並べられた六つの方向の内、実際には「上」と「下」が優位を占める。たとえば、同書212a21–29を参照せよ。そこでは、上方は天界の最も外側の限界と、下方は地球の内にある天界の中心とそれぞれ関連づけられており、それによって、これら二つの方向は既知なるこの普遍宇宙に関してとりわけ優先的に扱われている。この場合、宇宙論が現象学よりも優先されている。(『カテゴリー論』 6 a11–18、および、*Le système du monde*, I: 205–208におけるデュエムの注釈も参照のこと。)残りの四方向の定位は、もっと直接的な仕方で物体の位置に依存していることにも注意されたい。さらなる議論については、自著 *Getting back into Place: Toward a Renewed Understanding of the Place-World* (Bloomington: Indiana University Press, 1993), chap. 4 を見よ。

(15)『自然学』210a14–24。アリストテレスはこれと同様の意図の下に、『形而上学　第5巻』第25章では「部分」という語の、また、『カテゴリー論』第15章では「もつ」という語のさまざまな意味を探究している〔『形而上学　上巻』出隆訳、岩波文庫、1996年〕。「もつ」と「内に」とは密接な、見方によっては逆の関係にある。

(16) ハシーの論じるところでは、アリストテレスは、この最後の意味が「時間的な順序からすれば最初に使われるもの、また、恐らく認識論の点から言って［もそうであるもの］」(*Aristotle's Physics*, 109) として解釈されることを意図している。現象学の優位性を断言するからといって、この主張と両立しないということはまったくない——それどころか、現象学の優位性はこの主張によって強められる。

(17) この点については、『自然学』211a23ff を参照のこと。ハシーの注記するところでは、「場所は境界づける限界なので、対象と「ともに (hama)」存在し、そのため、対象が拡がりをもっているかぎり場所も拡がりをもつ」(*Aristotle's Physics*, 118)。しかし、ここで付け加えておかねばならないが、場所と対象がいかに分ちがたいほど連続的であろうとも、対象の外側の面と、場所が境界づけている面とは、依然分離可能である。デカルトの厳密な語義に従えば、それらは「共通の面」を形成しない。(*Principles of Philosophy*, pt. 2, sec. 15を参照のこと。)〔『哲学

原理』桂寿一訳、岩波文庫、1971年〕

(18)『自然学』211a25–27。強調はハシーによる。アリストテレスはさらに次のように続けている。「仮に空気全体がわれわれの場所であったとしたら、いかなる場合にも事物はその場所と等しいということにはならないであろうが、実際には等しいと考えられている。この種の場所こそ、その内に事物が存在する第一の場所である」(211a25–28：強調はハシー)。

(19)『自然学』209b 1 また210b34–35も参照のこと。この「第一の」(prōtos) 形態における場所については、ibid. 211a28を見よ。

(20)「ho pas potamos〔川全体〕」というフレーズをこのように解釈することについては、Duhem, *Le système du monde*, I : 200を参照のこと。そこでは、シンプリキオスの著書 *Aristotelis Physicorum libros commentaria,* bk. 4 , chap. 4 からの引用が見られる(シンプリキオス自身は、アフロディシアスのアレクサンドロスに依拠している)。この曖昧さについては、この章の最終節で再び検討する。

(21) これは『自然学』212a20–21のロスによる翻訳である(W. D. Ross, *Aristotle's Physics*, 56)。

(22)「場所は限界であるゆえに、面であり、またそれゆえに、対象を「受容する」というよりも「境界を画する」のである」(Hussey, *Aristotle's Physics*, 118)。しかし、私の同僚であるウォルター・ワトソンの指摘によると、「境界を画する」という単語を用いている点でハシーの解釈はミスリーディングだということであった。

(23) 諸天球は「全体としては、どこにも、いかなる場所の内にも存在しない。なぜならいかなる物体もそれらを包囲していないからである。……上部は円を描いて運動をするが、全体はどこにも存在していない」(『自然学』212b 8 – 9 , 14–15)。

(24) 実際には、パラドックスは一つだけではない。今一つ別のパラドックスとして、諸天球の一番外側の領域は静止している(というのも、この領域は自らの包含するすべてのものにとっての究極的な場所としての役割を果たすから)と同時に、動いている(諸々の惑星の位置が変化するのをじかに観察することから見て取ることができる)という事実が挙げられる。デュエムは、このパラドックスを指摘しつつもそれが解決しうるものだと主張している(*Le système du monde*, I : 202–205)。反対に、ロスは、どうあがいてもこれを解決することはできないと考えている(cf. *Aristotle's Physics*, 58)。ロスにとって、このパラドックスはより包括的な問題の部分でしかない。「事物の場所が事物そのものよりも広くあってはならないとの条件は[すなわち、場所を厳密に包含者と見なす最初の考えに基づくならば]、事物の場所は静止していなければならないとする要請[つまり第二の考え]とは両立しえないことが証明される」(*Aristotle's Physics*, 57)。というのも、場所が静止しているのを見定めるためには、ある所与の事物を直接包含しているものを越えなければならないことがよくあるからである——これこそまさに、天界そのものの事例で起きていることなのである。「天界によって構成される遠く離れた、ないし、より広い場所だけが、移動を(アリストテレスの見解によれば)必然的に免れているものである」(ibid.)。しかし、天界は実際には「移動する」。つまり、それは円環運動、もしくは、回転運動をするのである。幸いにも、われわれはこの議論に深入りする必要はない。というのも、この問題は、紀元前323年のアリストテレスの死に引き続いて協議され、先送りされることとなったからである。(この余波を体系的に概観したものとしては、Duhem *Le système du monde*, chap. 5 , 6 、および、Aquinas, *Commentary on Aristotle's Physics*, 214–216を見よ。ここで議論しているパラドックスと問題とを明解に述べたものとしては、1889年のアンリ・ベルクソンの論文 "L'Idée de Lieu chez Aristote," *Les Études Bergsoniennes*,(1949) 2 : 84–87、とくに p. 86の以下の記述を参照のこと。「物体は、ある場所 [lieu]をその場所から少し距離を置いている [éloigné] という条件の下で所有しているのである」。)

(25) Eugène Minkowski, *Lived Time : Phenomenological and Psychopathological Studies*, trans. N. Metzel (Evanston : Northwestern University Press, 1970), 277ff.〔『生きられる時間——現象学的・精神病理学的研究』(1)(2)、中江育生ほか訳、みすず書房、1972、1973年〕

(26) サンバースキーが指摘するように、「アリストテレスは、いくつかの自然物理的事実を説明するために、たとえば、運動について論じる場合のように、時として数学を用いた。しかし、全体としては、彼にとって数学とくに幾何学は、知覚可能な性質を捨象したうえで見られる知覚可能な事物以上のものではなかった。……幾何学的形態のような数学的要素が自然物理的実在を記述するための記号として使えるという考えを、アリストテレスは抱いたことがなかったのである。これこそまさにプラトンが『ティマイオス』でやっていたことなのであって、アリストテレスがプラトンの理論に対し、主要な性質についてだけでなくテクニカルな細部にいたるまで反論するその根底においては、そうしたプラトンの姿勢こそが批判の対象となっていたのであった」(Samuel Sambursky, *The Physical World of Late Antiquity* [London : Routledge, Kegan & Paul, 1962], 32–33)。アリストテレスの見解に基づき数学を「理想化する抽象」と見なす考え方については、Stefan Körner, *The Philosophy of Mathematics* (London : Hutchinson, 1960), 18–21を見よ〔ケルナー『数学の哲学　論理学古典選集三』公論社、1987年〕。

(27)『自然学』226b21–22。「〜とともに」は空間と時間に対して同じように——かつ、それらの相互作用において——関係する、との議論については、Jacques Derrida, "Ousia and Grammē," *Margins of Philosophy*, trans. A. Bass (Chicago : University of Chicago Press, 1982), 53–57を見よ。

(28) アリストテレスの枠組みでは、「空間」は、トポスとしての「場所」からは区別される何らかのものを含意しており、また、同じ根拠に基づき、場所は延長的大きさ (megethos) には還元できない。ここで取り上げた包含者と包含されるものにおける限界の結びつき、つまり、それらの表面の接触は、こうしたアリストテレス流の枠組みにおいて、ただ一つ有効なものとして残った空間 (chōra) の意味を表わしているのかもしれない。しかし、たとえそうであっても、アリストテレス自身は空間それ自体のそうした意味を認識し損ねている。

(29)『自然学』209a 7–13、強調引用者。この引用の第一文には、場所と空間について言及されている数少ない用例の一つが含まれている。場所〔トポス〕と空間〔コーラ〕は、実質上二詞一意として一纏めにして考えられているのである。トマス・アクィナスはこの一節について次のようにコメントしている。「場所と点の場所との間にはいかなる違いもありえない。なぜかというと、場所は場所の内に所在を与えられているものより卓越したものとなることはないのであるから、点の場所は不可分な何かでしかありえない。けれども、一緒にされた二つの点といった二つの不可分な量は、ただ一つのものなのだからである。したがって、まさに以上と同じ理由で、表面の場所は表面と別ではないであろうし、物体の場所は物体と別ではないであろう」(*Commentary*, 193)。トマスが明らかにしているところによれば、先に引用された一節は、「場所が実存しないことを示すためにもち出された、一連のもっともらしい六つの論証」(ibid.) の部分であって、この論証に対するアリストテレスの最終的な回答は、212b24–28で与えられており、トマスによると、その箇所においてアリストテレスは、そもそも点は可変的な物体ではないから場所をもたないと主張している（同じことが、表面、「そして、他の限界」にも当てはまる）。

(30)『天体論』299b9. ただし、『ティマイオス』においては線よりも面が好まれている。というのも、三次元たる可能性とは、面をもつということに基づくのであるから。この問題については、Conford, *Plato's Cosmology*, 212–213n4を見よ。

(31) これはユークリッドの古典的定義である。*The Thirteen Books of Euclid's Elements*, 2d ed., ed.

Thomas Heath（Cambridge：Cambridge University Press, 1926), I：153. 強調は引用者。

（32） *Parmenides,* 138a3-7〔「パルメニデス」『プラトン全集　四』田中美知太郎訳、岩波書店、1975年〕. コーンフォードの英訳による。ハシーの指摘では、アリストテレスが「[『自然学』209a7-13において] 含意しているのは、次のような論証かもしれない。すなわち、点の場所は点そのものと同様に、延長を有することなく存在しなければならないことになろう、それゆえに、場所自体も点でなければならないであろう。しかし、異なる二つの点は一致しえない」（*Aristotle's Physics*, 102)。

（33） ハシーは、所在（点はこれをもつ）と場所（点はこれをもたない）との間の場所として点を捉えることを拒絶するアリストテレスの立場を支持している。点に対して場所を拒絶するアリストテレスの立場についての説明とは、「一方で、その論証は点の所在については許容する、というのも、場所があるためには所在があるだけでなく、所在を包囲しているのでなければならないのであるから、というだけのものである」（*Aristotole's Physics*, 121、強調原文)。しかし、もし点がそれ自体完全に包囲されていると言われうるものであるなら、この説明は失敗している。H. A. ウォルフソンの同様の指摘では、アリストテレスにとっては、「もしある物体が別の物体に包含されているのでなければ、いかなる場所もありえない。というのも、その場合にだけ、包囲し、均等で、分離した一つの限界があるのだから」（H. A. Wolfson, *Crscas' Critique of Aristotle：Problems of Aristotle's Physics in Jewish and Arabic Philosophy*［Cambridge, Mass.：Harvard University Press, 1929], 44)。位置としての所在についての問題は、後で再び取り上げることにする。

（34） マックス・サイモンの言葉。トーマス・ヘスによる引用から。Thomas Heath, *The Thirteen Books of Euclid's Elements*, I：157-158. 強調引用者。

（35） こうした事例を詳細に論じたものとしては、Proclus, *A Commentary on the First Book of Euclid's Elements*, ed. and trans. Glen R. Morrow（Princeton, N.J.：Princeton University Press, 1970), 73-74を参照のこと。

（36） 実際プロクロス自身は次のことを認めている。すなわち、点は「どこでも不可分であり、その単純性ゆえに分割可能なものとは区別されうる」が、「存在の尺度における地位を下げる」に従い、「たとえ点といえども分割可能なものに特有な性質を帯びるのである」（ibid., 75-76）。

（37）『分析論後書』87a36-37〔「分析論後書」『アリストテレス全集　第１巻』加藤信朗訳、岩波書店、1971年〕。その他にも、「点とは位置をもった単位である」（『デ・アニマ』409a５)。また『形而上学』1016b31「位置をもたないものは単位であり、位置をもつものは点である」も参照せよ。

（38） Proclus, *Commentary*, 78を見よ。「単位［つまり、数の一］は位置をもたない、というのも、それは非質料的であり、あらゆる延長や場所の外にあるものだからである。しかし、点は想像の内部で生じ、それゆえに質料化されるのであるから、位置をもつのである」。数が位置をもつのかどうかという問題になると、アリストテレスは完全に一貫しているわけではなく、このことについては注記しておく必要がある。『自然学』208b24-25で彼は次のように言っている。「数学的対象は……場所の内に存在するのではないが、それでもわれわれに対して相関的なそれらの位置に応じて右や左をもつ」。

（39） 以下の二つを参照せよ。 F. E. Peters, *Greek Philosophical Terms*（New York：New York University Press, 1967), 196、および、 Hussey, *Aristotle's Physics*, 101. thesisは、より後の時代には「判断を措定すること」も意味するようになった（たとえば、フッサールによる「自然的態度のなす定立」という概念など)。

（40）「[ピュタゴラス派の] 小石を意味する点のことは、通常「境界石」(horoi, termini,「境界」)

と呼ばれている……「畑」が数と同様比較しうるものだという考えが、［ピュタゴラス派のひとびとに］ひらめいたに違いない」（John Burnet, *Early Greek Philosophy*［New York : Meridian, 1958］, 109）。

(41) Proclus, *Commentary*, 73. プロクロスによる、点と対比して捉えられた場所についての概念に関しては、Duhem, *Le systèm du mond*, I : 338-342を参照せよ。

(42) アリストテレスが躊躇なく述べているところでは、場所は「長さ、幅、深さ〔＝奥行き〕という三つの次元をもっているが、それらによって、どの物体も境界づけられている」（209a 4－5）。場所の構成における深さ＝奥行きの役割については、自著 *Getting Back into Place*, pp. 67-70, 268-270 ですでに論じている。

(43) 深さ＝奥行きを知覚する際の面の重要性については、J. J. Gibson, *The Perception of the Visual World*（Boston : Houghton Mifflin, 1950）; および、私の論文"'The Element of Voluminousness': Depth and Place Reexamined," in *Merlau-Ponty Vivant*, ed. M. C. Dillon（Albany : SUNY Press, 1991）, 1－30 を参照せよ。

(44)『形而上学』1085a12。深さと浅さは、究極的な生成の原理として考えられた〈大と小〉の一種である。

(45)（アリストテレス自身も主張するように）線ですら一連の連続した諸点から構成されるのでないと主張するなら、深さ＝奥行きを構成する諸点の能力は、さらに一層見過ごすことのできないほどに損なわれるであろう。「連続したいかなるものも、不可分なものからは構成されえない。つまり、線は点から構成されえない、線は連続的で点は不可分なのであるから」（『カテゴリー論』 5 a 1－5 。『自然学』215b19、および Heath, *The Thirteen Books of Euclid's Elements*, 155-156、Proclus, *Commentary*, 79ff. も参照せよ）。

(46) しかしながら、より小さな染み〔ドット〕がより大きな染み〔ドット〕に混じり込む場合のように、点は他の点に併合されるとは言われうるかもしれない。

(47) Euclid, *Elements*, bk. 1, definitions 3, 6. 以上の議論において、私は「包含している」と「取り囲んでいる」を区別していない。

(48) サイモンの言葉。ヘスによる引用から。Heath, *The Thirteen Books of Euclid's Elements*, 157. 強調ケーシー。

(49) それどころか、形は限界の一種と見なしうる。プラトンは形が「立体の限界」だと言っている（『メノン』76a〔『メノン』藤沢令夫訳、岩波文庫、1994年〕）。

(50) Proclus, *Commentary*, 71.

(51) Ibid. 75.

(52) Aquinas, *Commentary on Aristotle's Physics*, 214. 強調引用者。

(53) Proclus, *Commentary*, 109.

(54) Martin Heidegger, "Building Dwelling Thinking," in *Poetry, Language, Thought*, trans. A. Hofstadter（New York : Harper & Row, 1971）, 154. 強調原文。しかし、ハイデガーは horismos を暗示しているけれども、同時に「境界」（die Grenze）を境界〔horos〕でなく限界〔peras〕と関係づけている。「空間（ein Raum）とは、そのために余地をとっておかれるその当の何ものかであり、遮るものが取り払われた、制限のないものである、と言っても、ある境界、つまり、ギリシア語のペラスの中でのことである……だからこそ、この概念はホリスモス、すなわち、地平線〔horizon〕、境界（die Grentze）についての概念なのである」（ibid.）。

(55) ホロスが「境界」ないし「境界の印づけ」だけでなく「境界標識」（つまり、道標石に見られるようなもの）を意味するということは重要である。境界標識は所有地の範囲を限定するように限界づけるだけでなく、多くの方向から知覚されうるものである。それは、注意を引きつけ

る道しるべであり、かつ、まさにその意味で「能作的に現前すること」の源なのである。そのように現前する他のあり方も、境界〔ホロス〕の範囲に含まれるのであって、境界〔ホロス〕は規則や基準、語の定義をも意味しうるものである（この用語の豊かな意味論的射程について、私はエリック・ケーシーから示唆を受けた）。

(56)『自然学』219b16–22。G. E. L.オーウェンは、この一節が点は場所をもたないとするアリストテレスの主張とは相容れないと主張している。すなわち、一方では、「点は境界の中にあることはできないのであるから、厳密には所在をもちえない（あるいは、所在を印づけるのには用いられえない）」。他方、ここで引用したような一節によっては「彼はそれを否定せざるを得ない」。（どちらの主張も、以下でなされている。"Aristotle : Method, Physics, and Cosmology," in G. E. L. Owen, *Logic, Science, and Dialectic : Collected Papers in Greek Philosophy* [Ithaca : Cornell University Press, 1986], 155）しかし、アリストテレスは運動する事物について点との類比によって推論しているだけであり、しかも、時間の経過や場所の変化によっても自己同一的であるという観点からそうした類推を行なっているにすぎないのではないのか。オーウェン自身が続けて指摘しているところでは、ここで引用した一節は「運動している対象が、時間と空間の内にある諸点と相互関係にあることを示している」（ibid., 161. 強調引用者）。なるほどそうした相互関係があるからといって、アリストテレスは、点が場所をもつという、アリストテレス自身にとっては受け入れがたい立場へと追い込まれることはない。思うにわれわれが結論づけねばならないのは、何らかの自然現象が自らを点のように現出させるのを明らかにするのに、点がきわめて役に立つということだけであろう。たとえば運動している対象ばかりでなく、光源であるとか、動物の関節とか、この普遍宇宙の中心にあるものとしての地球の所在などが挙げられよう。（p.162では、オーウェンはこれらの例の他にも事例を出して論じている。また、オーウェンが他の論文で行っている、点を場所として捉えることに関するアリストテレスの批判は、実質的には『パルメニデス』138a 2 –b 6 でプラトンが与えている——ことによると、究極的にはゼノンから得られたのかもしれない——、分割不可能な〈一者〉は場所をもたないことについての証明の洗練された形である、とする説得力のある論証も参照のこと。オーウェンの論文"Tithenai ta phainomena," in ibid., p. 245を見よ。）

(57)「点は、ピュタゴラス派によって「位置をもったモナド」と定義されてきた。明らかにプラトンはこの定義に対して反対しており、[だが]それに代わる定義を立てていない。というのも、アリストテレスによるとプラトンは点の類を「幾何学上の虚構」と見なしたからである[『形而上学』990a20]〔『形而上学』出隆訳、岩波文庫、1996年〕」（Thomas Heath, *A History of Greek Mathematics* [Oxford : Clarendon Press, 1921], I : 293）。

(58) Proclus, *Commentary*, 72

(59)「アリストテレスは、分割不可能な線であっても端をもつと指摘する……一方で、点を「線の端」とする[プラトンの]定義は非科学的であるとしている」（Heath, *History of Greek Mathematics*, I : 293）。

(60) Proclus, *Commentary*, 72. プロクロスによる点と、プラトンによるコーラとの対比が、必然的に念頭に浮かぶ。どちらも生成的源であり、母胎であり、「女性的」である（点の女性性については、ibid., p. 81 を参照せよ）。

(61) Ibid., 73.

(62) G. W. F. Hegel, *Encyclopedia of the Philosophical Sciences*, trans, W. Wallace（Oxford : Oxford University Press, 1971）, sec. 256. ジョン・バージャーによる以下の主張は、プロクロスとヘーゲルの中間に落ち着くものである。「死においてばらばらになるのは、尺度なのである。同様に、点は概念上この普遍宇宙と融合して、尺度を創造するのである」（*End of Faces, My Heart,*

Brief as Photos [London : Writers & Readers, 1984], 53)。

(63) Derrida, "*Ousia* and *Grammē*," 41–42. デリダは以下を加えている。「空間についての最初の規定と最初の否定として、点は空間化する、もしくは、空間そのものである。それは自らによって、自らとの関係において、つまり、他の点との関係において、自らを否定するのである」(p. 42. 強調原文)。

(64) G. W. F. Hegel, *Philosophy of Nature*, trans. M. J. Petrie (London : Allen & Unwin, 1970), I : secs. 260–261 を見よ〔『自然哲学　上巻』本田修郎訳、未來社、1973年〕。ここでは、「空間と時間について措定された同一性」とされた場所が、「具体的な[つまり、十分に現実化された]点」であると述べられている。抽象的な点とは、空間について行われる最初の規定であり、またしたがって、時間と場所に先立っている。

(65) 私は、(第2章で引用した) 次のような一説を念頭においている。「彼は[彼女の屍を]二枚貝の殻のように二つに引き裂いた。上の半分で蒼穹を創り、閂を通し、水の上に見張りを立てた。だから水は決して逃げられないだろう。」この一節で言われた「閂」〔バー〕は、初期のギリシアにおいては点によって最初に生成されるものとして捉えられた線を——さらには、もしかするとホリスモスつまり「地平線」をも——予感させうるものではなかろうか。(この段落で引用した『エヌマ・エリシュ』からの三つの文章は、N. K. Sandars, *Poems of Heaven and Hell from Ancient Mesopotamia* [Baltimore : Penguin, 1971] における翻訳によった。)

(66) たとえば、stiktos は「刺し貫かれた」、「染みをつけられた」を、また、stizein (「stigma」の語根) は、「尖った道具を用いて印づけたり、焼印を押したりすること」(つまり、刺青を施すこと)、「あざができるほどひどく打つ」(再びマルドクの亡霊が見える！) を意味する。

(67) アリストテレスの死後ほどなくしてから、ユークリッドはその『原論』で、stigmē に代えて sēmeion を用いている。プロクロスはごくたまにではあるものの、より早い時期の用語に戻っている。(プロクロスにおけるこれらの用語の用法については、Proclus, *Commentary*, pp. 78–79、および、Heath, *The Thirteen Books of Euclid's Elements*, I : 156 を参照せよ。) フェルディナン・ド・ソシュールのおかげで、sēmeion が主に「記号」、たとえば、印、兆候、兆し、信号、証印、標語などを表すものであることを想起させられる。(Ferdinand de Saussure, *Course in General Linguistics*, trans, W. Baskin [New York : McGraw-Hill, 1966], 16.〔『一般言語学講義』小林英夫訳、岩波書店、1986年。〕「私は[この新しい科学を]記号学 semiology と呼ぶ (ギリシア語の sēmeion「記号」から)」[強調原文]。ソシュールが言及していない sēmeion の拡張された意味の一つが、まさに限界ないし境界である。) しかし、sēmeion と stigmē は関係がないわけではない。sēmainō には、印づけること (一里塚によるような) と、記章によって押捺することという意味が、二つとも含まれている。アリストテレスの後、刺すことは本質的に点から除外された。アリストテレスによる点概念の範囲には、——逆説的にも——プロクロスが思うままに拡張した点の役割が準備されていたのである。もはや刺し貫く点ではなく、その内在的な力は、この被造世界において制限されないものであり、そこではそれは「万物の中で第一に位置づけられる」ものと見なされる。

(68)「さて、前後 [すなわち、時間の主要構造] は、主として場所の内にある……しかし、前後とは大きさの内にもあるから、そこ [大きさの内] にあるものとの類比により、それはまた変化の内にもあるのでなければならない。しかし、時間の内にも、前後は現前する、それらの一方はつねに他方に随伴するのであるから。(『自然学』219a14–20)」ここでアリストテレスが示しているのは、字義通り、時間が変化と大きさを介して場所から発生する、ということである。彼は簡潔に述べている。「変化は大きさに随伴し、時間は変化に随伴する (220b25–27. 219b15–16も見よ)」。変化と大きさ、時間と場所はすべて、連続的にして分割可能な量である。しか

し、それらの行く末はそれぞれ異なっている。これらの内、場所以外の三つの量は（フッサールの用語で言えば）「根源的基礎」である場所からリゾーム的〔根茎状 rhizowatically〕に——rhiza は「根」を意味する——拡がっている。第一に、場所内の大きさとして、次いで、大きさの変化として（これは運動として、場所運動の場合に場所を暗示する）、最後に、変化し運動する大きさを測る時間として。

(69) しかし、アリストテレスが場所と空虚を関連させた最初の哲学者であったことに注意せねばならない。「彼以前に[空虚が]場所と関連づけられるようになっていたといういかなる証拠もない」（Friedrich Solmsen, *Aristotle's System of the Physical World*［Ithaca : Cornell University Press, 1960］, 140）。

(70) 空虚を「可触的な物体と物体の間にある拡がり」とする見解については、『自然学』211b14–28、213a27–213b 1、214a6を参照せよ。ハシーは、アリストテレスが彼の先人たちによる空虚の概念について論じる際に取った一般的戦略に対して、以下のように註釈を加えている。「彼は、空虚についての理論が空間についての理論、つまり、ある物体によって侵入された場合、その物体に占有されながらも残っている（その物体に対峙して後退したり、その物体によって消滅させられたりするのではない）ような、「支えられていない」純粋な延長についての理論でなければならないと一貫して考えていた」（*Aristotle's Physics,* xxxv. 強調原文）。場所に関する誤った概念としての空虚な間隔と純粋な延長に対する詳細な議論は、Henry Mendell, "Topoi on Topos : The Development of Aristotle's Concept of Place," *Phronesis* 32（1987）: 222 ff. を参照せよ。

(71)『自然学』214a25。注目すべきことに、この論証もまた通常の信念から生じている。すなわち、ある者は「空虚について、その内で変化が生じるという意味で、それが変化の原因であると考えている——これは、あるひとびとが場所だと言っている類（たぐい）のものであろう」（214a24–26）。

(72)『自然学』214b16–17、強調英訳者。媒体や抵抗が欠けているのであるから、空虚は、空虚を通るものの流れや速度が異なるわけを説明できない。215a35–215b14 を見よ。アリストテレスに対する共通した批判として、アヴェンパケおよびクレスカスが論じているところによると、「運動元来の時間」は、空虚の内で生じるということによっては影響されない。Wolfson, *Crescas' Critique of Aristotle*, 57–58 を参照のこと。

(73) 運動は、次の二つの理由により、空虚という考えによっては説明されない。第一に、「もし空虚があるとしたら、いかなるものであれ運動できない」（214b30–31）、なぜなら、動くことは異なる方向を要請するものだから（214b32–34を見よ）。第二に、空虚は、いかなるものであれ自然の運動が依拠する上下という重要な相違をもたないからである。「それが空虚であるかぎり、上方は下方とまったく異ならないであろう」（215a8–9）。一方で、静止についても同じくらい議論の余地が残される。「なぜ[空虚の内で]動かされる何らかのものがどこかで静止するようになるのか、誰も述べることはないだろう。なぜそれは、あちらではなくてこちらで静止しなければならないのか」（215a18–20）。空虚を、運動と静止の原因とはしないまでも、条件として捉えて擁護するクレスカスの議論については、Wolfson, *Crescas' Critique of Aristotle*, 54–55を参照せよ。この箇所でクレスカスは、過去の原子論者たちと未来のニュートン——ともに、空虚が運動と静止に必要な基盤であると捉える——を同時に見据えている。

(74) アナクシメネスによる圧縮と希薄についての概念に関しては、第4巻第9章全体を見よ。アリストテレスはそこで、質料を可能態として捉える自身の見解が、これら二つの過程に対して完全な説明を与えると主張している。同じ根拠に基づき、空虚の内では転置は不可能である。『自然学』216a23–216b3を参照のこと。

(75) Hussey, *Aristotle's Physics*, 128. ハシーは以下を加えている。「この普遍宇宙に備わった恒久的相貌が、説明において完全な遊び車になることはありえない、との原理が暗黙のうちに使われている」(ibid.)。ベルクソンは以下のように述べ、ハシーと同じ見解をとっている。「実際、空虚な空間は、もし存在するとしたら何も産出しないだろう。ところで、何も産出しないものは、アリストテレスの目からすればいかなる実存も剝奪されている」("L'idée de Lieu chez Aristote," 98)。言うまでもなく、空虚に対して成り立つものは真空に対しても成り立つ。(真空という後者の概念は、「その内に重いものも軽いものもない、それが空虚である」[214a12-13] とか、「触れることによって知覚可能な物体で満たされていない」[214a7-8] といった記述に暗示されている。これらの記述は、17世紀に行われる完全な真空の創出を、すなわち、個別の質料的実体をいかなるものであれ欠く有限な空間の創出を先取りしている。アリストテレスによる「分離された空虚」という一般的な概念さえ真空に近いものであり、ハシーの用語で言えば、「現実に物体をもたない受容的延長」[*Aristotle's Physics*, 128] と定義される場合はことにそうである。しかし、たとえ場所は空虚でないとしても、それにもかかわらず瞬間的に空っぽとなることはあるかもしれないということ、つまり、場所の嵩を規定する諸物体が取り去られる場合のことを認めなくてはならない。)

(76) こうした結びつきについては、Proclus, *Commentary*, definition I, とくに. p. 72を参照せよ。点は「〈限界づけられないもの〉の本性を密かにもち、それによって境界づけられている事物の内のどこにでもあるよう奮闘している」。

(77) 現実的空虚と可能的空虚について、アリストテレスは決然とした調子で次のように述べている。「限定されないのであれ希薄なものの内においてであれ、明確に識別される空虚はないこと、および、可能的にも空虚はないことが明らかである」(217b20-23。ここでの「希薄なもの」とは、希薄化された統一体としての空虚を指す)。普遍的な場所配置については、以下のように述べられている。「存在するもののすべてが場所の内にあるわけではなく、場所の内にあるのは可変的な物体[のみ]である」(212b27-28)。「のみ」は、英訳者によって補われた語であるが、この自然物理的世界全体は可変的な物体から構成されている――かつ、そうした物体以外の何ものからも構成されてはいない――のだとするなら、この「のみ」は元来のテクストに密かに込められていたものである。

(78) フロイトによるこの言明は、"Three Essays on the Theory of Sexuality," *Standard Edition of the Complete Psychological Works* (London: Hogarth, 1953), 7: 222に見られる。場所付与のやり直しに関して、アリストテレスは次のように述べている。「場所が存在するということは、置き換えるという表現 [antimetastaseōs] が、再び場所を付与することを意味するということから明らかなように思われる。今は水がある所に、その水があたかも器から流れ出るようになくなると、そこに今度は空気が流れ込み、また別のある時には、その同じ場所が他の何らかの物体によって占有されるのである (208b1-4)」。だとすると、場所とは連続して占有されることを要請するものだということになる。

(79) "Tout est plein dans le monde d'Aristote" (Bergson, "L'idée de Lieu chez Aristote," 95).

(80) 『カテゴリー論』5a9-14および『自然学』211b14-28を参照せよ。こうした見解の変化についての詳細な議論――1580年にパキウスによって初めて注目された――は、Mendell, "Topoi on Topos," 206-231に見られる。メンデルが論じているところによると、『カテゴリー論』における静的で体積計測的な分析では、――場所付与のやり直しという考えによる以外に――自然物理的変化における場所の行く末を説明できない。そこで、アリストテレスは、『自然学』におけるような、より「動的〔ダイナミック〕な」見解、すなわち、場所とは、包含者の内側の表面に備わった、維持するという活動作用の一つだとする見解へと導かれたいうのである。しか

し、すでに見たように、この包含者が場所を規定するのは、それ自身が不動であり、またそれゆえに、独立して静的であるかぎりにおいてのみのことである。ここでわれわれは、ある困難が場所についての包含者モデルを悩まし続け、それによって次のような正真正銘のアンチノミーを構成するのを見る。すなわち、場所は、(占有者の側の変化を説明するため) 動的であると同時に、(所在の同一性という要請に応じるため) 静的でなければならない。デュエムはこの問題を次のように述べている。「場所の本性を規定するために、アリストテレスはこの本性に二つの条件を課したが、アリストテレスの『自然学』では、それらの条件を両立させえない。すなわち、一方でアリストテレスは場所を、場所づけられた物体を包みその周りを境界づけるもの、つまり、「場所」や「宿ること」[lieu, logement] といった語のもつ通常の意味によって要請されるようなものとしたい。他方で、彼は場所を不動なる限界 [terme] としたい。なぜなら、仮にそうした不動なる限界が欠けていると、ひとは物体が位置的な運動によって動かされていることを判断できないであろうし、そうした運動が何であるのかも判断できないであろうから。」(Duhem, Le systèm du monde, I: 204)。アリストテレスは『カテゴリー論』と『自然学』における明確に異なるモデルの間で揺れているが、だからといって適切なモデルを掴み損ねているというわけではない――アリストテレスとしては概念的混乱はほとんどない――。むしろ、そうした二つのモデルの間の揺らぎは、本質的に解決不可能なこのアンチノミーを、アリストテレスが少なくとも非明示的なあり方で認識していたことの現われである。近年の諸研究の一致した見解によれば、『カテゴリー論』と『自然学』の不一致は、「場所と空間についての常識的見解に本来的につきまとう諸問題に、次第に気づき始めたこと」を反映したものである。Algra, *Concepts of Space in Greek Thought*, chap. 4, esp. pp. 121–153, 173–190 を参照せよ。

(81) 「[可変的な物体の]場所とは、この世界そのものではなく、この世界の一部であり、それは一つの境界であって、可変的な物体と接している」(『自然学』212b18–20。強調引用者)。「ぴったり密接した場所」という表現は、メンデルから借用した。彼は、アリストテレスの「包含者は、定義によってぴったり密接した場所なのである」("Topoi on Topos," 224) と書いている。

(82) ソルムセンの指摘によれば、「「包含する」という概念は……純粋に所在的な関係以外のいくつかの意味をもつ」(*Aristotle's System of the Physical World*, 133)。そうした意味の一つが、まさしく部分/全体関係についてのもの――「~の内に」について『自然学 第4巻』第3章で区分された八つの形式の最初のもの――である。さらに、部分が全体の内にあるのと同じく、全体も部分の内にあると言われうる (つまり、第4巻第3章で区分された第二の意味である)。いずれにせよ、包含性のこうした意味に関して問題となるのは、直接的な包囲者よりも許容範囲の広いものについてである。

(83) 「明らかに、場所すなわち所在的包含者は、上や下であるという特徴をもつ。場所とは上や下であるが、それは、場所が包含者であることによるのでなく、むしろ、場所がある絶対的意味で、(固定され不動の)〈地球〉と外的領域の双方に対して相対的に位置づけられうるということのためである (『自然学』212a20f.)」(Michael Bradie and Comer Duncan, "An Aristotelian Model of Space and Time," unpublished paper, 1985. p. 4)。こうして、可感的な物体がある限定された場所から他の場所へと動く際の運動については、アリストテレスの練り上げられたモデルによって説明されるのだが、あらゆる自然物理的物体が、固定された中心としての地球へと引力によって引きつけられるという見解には困難もつきまとう。しかしながら、ある絶対空間ないし地球空間を要請することは、無限空間を要求することと同じではない、という点に注意すべきである。反対に、「絶対的中心という考えと、この普遍宇宙が有限であるということとは、相互に依存している。どちらか一方が覆されれば、必然的に他方も覆されることにな

る」(S. Sambursky, *The Physical World of the Greeks*, trans. M. Dagut [Princeton: Princeton University Press, 1987], 208. p. 100も参照せよ。「有限な物体のみが中心をもちうる」)。アリストテレスの宇宙論で要請されるのは、地球が中心に存在するということではなく——それは偶然そうなっているというだけのことである——そこにはそうした何らかの存在者が存在するということである。(アリストテレスがこの後者の歩み寄りを『天体論』で行うに際し、そうした絶対的位置を点のようなものと捉えていることは注目に値する。『天体論』271a4-5 [285b8-11および287b4-14も見よ]。点と場所は再び合流する。しかし、今度は最も極端な宇宙論的文脈において!) この問題全体に関しては、G. E. L. Owen, "Aristotelian Mechanics," *Logic, Science, and Dialectic*, 315-333、および、Solmsen, *Aristotle's System of the Physical World*, 292-303、Liba Taub, *Ptolemy's Universe: The Natural Philosophical and Ehtical Foundations of Ptolemy's Astronomy* (Chicago and LaSalle: Open Court, 1993), 74 ff. を参照のこと。

(84) この問題は、リチャード・ソラブジによって、思慮深く考察されている。*Matter, Space, and Motion: Theories in Antiquity and Their Sequel* (Ithaca: Cornell University Press, 1988), 188-192. ソラブジは、マイルス・バーニェットによって最近提起された以下の趣旨の見解を重視している。すなわち、器の場所とは、一つの巨大な地理学的存在者として捉えられた川の内に、仮に穴と捉えられたものの恒久的縁である。(Myles Burnyeat, "The Skeptic in His Place and Time," *Philosophy in History*, ed. R. Rorty, J. B. Schneewind, and Quentin Skinner [Cambridge: Cambridge University Press, 1984], n 15 を見よ。) しかし、バーニェットによる解決では、継起的に新たな縁をもつこととなる、動いている舟の場所に対する説明に、困難が見られる。そうした周りを囲むものの可動性と場所の不動性への要請とは、どのように調和させられるのだろうか。

(85) これ以上の諸問題については、Sorabji, *Matter, Space, and Motion*, 192-201、および、Algra, *Concepts of Space in Greek Thought*, chap. 5、Victor Goldsmidt, "La théorie aristotélienne du lieu," *Mélanges de philosophie grecque offerts à Mgr. Diés* (Paris: Vrin, 1956)、とくに、pp. 110-119 を参照せよ。

(86) アリストテレスによる場所は意図的に埋没させられていた、とするこの主題が浮かび上がってきたのは、私がパトリック・ヒーランとともに、1990年の秋学期、ストーニー・ブルックで担当した空間についての現象学と物理学に関する大学院セミナーでのことである。Heelan, *Space-Perception and the Philosophy of Science* (Berkley: University of California Press, 1983)、とくに、第4章 "Hyperbolic Space: The Model" を見よ。興味深くもヒーランは、今ではそうした空間を好んで「アリストテレス的空間」と呼んでいる。ここで挙げた彼の著作における議論全体は、非ユークリッド的諸空間を、形式的に厳密な定式化のもとに扱った価値あるものであり、また一方で、そうした諸空間についての経験が特異であることにも配慮がなされている。

(87)「アリストテレスは、決して幾何学者ではない。結局のところ、彼は観察者なのである。彼が現実だと見なすのは、第一に観察によって彼に明らかとなったものである。ペリパトス派の哲学すべてに見られるこうした本質的特質は、アリストテレスが提起した場所と運動についての理論の内に最も完全なあり方で示されている」(Duhem, *Le systèm du monde*, I: 189)。しかしながら、オーウェンはこれとは異なった見解を述べている。「だからといって、『自然学』そのものにおける分析が、この世界に対するわれわれの検分を出発点としているか、そうした検分に厳密に支配されているかのいずれかであるとまでは言えない (そしてまた、アリストテレスがそのように考えていたということにもならない)」("Tithenai ta phainomena," 244)。この問題に関しては、私はデュエムに賛成である。アリストテレスが場所、運動、空虚、時間につい

て『自然学』で論じている内容に備わった説得力は、間違いなくこの世界の諸現象に対する徹底的な注視から生じている。デュエムの見解に対するさらなる支持については、J. Morsink, "The Mandate of Topics I, Z," *Apeiron* 16（1982）: 102–128 を参照のこと。

(88)『天体論』268a7。

(89) Heidegger, *Being and Time*, trans. J. Macquarrie and E. Robinson（New York : Harper, 1962）、とくに sec. 83〔『存在と時間』桑木務訳、岩波文庫、1960年〕を参照せよ。この箇所によると、アリストテレスは「今の継起」(Jetztfolge）を単に vorhanden、すなわち、「手前に現前する」というあり方において考察しているだけだとされている。(ハイデガーの主張については、Derrida, "*Ousia* and *Grammē*," および私の論文 "Derrida's Deconstruction of Heidegger's Views on Temporality : The Language of Space and Time," *Phenomenology of Temporality : Time and Language* [Pittsburgh : Silverman Phenomenology Center, 1987], 89–113 を見よ〔本書第11章第1節も参照のこと〕。時間の空間化に対するベルクソンの批判については、*Time and Free Will*, trans. F. L. Pogson（New York : Harper, 1960）、とくに chap. 2, pp. 91–106 を参照のせよ〔「時間と自由」『ベルグソン全集　第1巻』平井啓之訳、1965年、白水社〕。*Time and Free Will* は、"The Idea of Place in Aristotle" とほぼ同時期に書かれたものであることから、ベルクソンが、空間化されていない実在的持続（durée réelle）としての時間に、許容性のある包含的なものとしての——手前に現前するのではないことが明らかなものとしての——場所という意味を当てがおうとしたのではなかろうかと考えたくなる。ベルクソンはそうした場所の意味について、この主題を初めて取り上げたアリストテレスから学んでいた。もしそうだとすると、場所は彼にとって、一新された、ポスト形而上学的な時間概念のための隠れたモデルとしての役割を果たしていたことになる。以上は、場所のもつ力が、時間について西欧で提唱されてきたいつくもの重要な概念にこっそり影響を与えてきたことを示す、ほんの一例にすぎない。

(90) アルキュタスの言葉。S. Sambursky, ed., *The Concept of Place in Late Neoplatonism*（Jerusalem : Israel Academy of Sciences and Humanities, 1982), 37.

第Ⅱ部

間奏

(1) 再度ヘシオドスを引用しているが、今度は「原因」についての初めての定式化、ないし、はじめての説明原理として用いられている。『形而上学　第1巻』第4章を見よ〔アリストテレス『形而上学　上巻』出隆訳、岩波文庫、1996年〕。そこでは、『自然学　第4巻』第1章で引用された『神統記』から、同じ箇所が再び引用されている。「すべてのものの中では、はじめに混沌が生じた」。

(2) アリストテレスが、四つの原因を表わす自身の用語によって行っている場所に関する考察については、『自然学』第1章から第4章を見よ。概して、アリストテレスはこの四つの原因が場所に適用可能であることについて懐疑的であった（「四つの原因のうちの一つとして、場所には現れない」[209a19–20]〔「自然学」『アリストテレス全集　第3巻』出隆／岩崎允胤訳、岩波書店、1968年〕が、場所は運動にとって最終的な原因であるとする議論には説得力がある。この解釈については Richard Sorabji, *Matter, Space, and Motion : Theories in Antiquty and Their Sequel*（Ithaca : Cornell University Press, 1988), 186–187、および、Keimpe Algra, *Concepts of Space in Greek Thought*（Leiden : Brill, 1995), 199–221を見よ。

(3)　この段落中、私は、ジェームズ・ヒルマンが彼の著作『心理学再考』や私との対話の中で用いた「世界」と「普遍宇宙」の区別、および、アーウィン・ストラウスによる「感覚する」と「知覚する」の区別を参照した。James Hillman, *Re-Visioning Psychology*（New York : Harper &Row, 1975〔『魂の心理学』入江良平訳、青土社、1997年〕), Erwin Straus, *Primary World of Senses,* trans. J. Needleman（Glencoe, III. : Free Press, 1963）318–322.

―第４章―

(1)　〈境界をもたないもの〉に関する詳細については、Charles H. Kahn, *Anaximander and the Origins of Greek Cosmology*（New York : Columbia University Press, 1960), appendix 2。この補遺の中で、カーンは境界をもたないもの〔ト・アペイロン〕が、概念的にも歴史的にも、原子論的な空虚とプラトン的なコーラの双方の根底にあると論じている。Paul Seligman, *The Apeiron of Anaximander : A Study in the Origin and Function of Metaphysical Ideas*（London : Athlone Press, 1962）の諸所も参照のこと。

(2)　ディオゲネス・ラエルティオス版の伝レウキッポスのテクストより引用〔ディオゲネス・ラエルティオス『ギリシャ哲学者列伝　下巻』加来彰俊訳、岩波文庫、1994年〕。英訳は、David Furley, *The Greek Cosmologists*（Cambridge : Cambridge University Press, 1987), I : 140.原子論者による、世界形成に関するさらなる議論については、G. S. Kirk, J. E. Raven and M. Schofield, *The Presocratic Philosophers*（Cambridge : Cambridge University Press, 1983), 416－421を見よ。

(3)　「大いなる空虚」を、地球と星々との間の空間とする解釈については、Furley *The Greek Comologists*, 141を見よ。場所は、どの原子も「形」（schēma）だけでなく、「配列」（taxis）と「位置」（thesis）をもつという事実からも含意される。場所に関連するこれらの要素は、結局のところ自然物理的諸事物を作っている原子群の間の「諸々の相違」（diaphorai）を決定する。この最後の点については、アリストテレスの『形而上学』985b15–22〔『形而上学　上巻』出隆訳、岩波文庫、1996年〕、および、*De Caelo* 801を見よ。

(4)　“Letter to Herodotus,” *The Philosophy of Epicurus*, ed. and trans, G. K. Strodach（Evanston : Northwestern University Press, 1963), 166.しかし、エピクロスは、初期原子論者たちに対して反論し、原子の種類と結合の仕方は、数的に制限されているとした。シンプリキオスは、デモクリトスが「空間（topos）を以下の名前――「空虚」(kenon)、「無」(ouden)、「無限なもの」(apeiron)――によって呼んでいる」と述べている（Simplicius, *De Caelo*, 242 18 ff., translated in Kirk, Raven and Schofield, *The Prseocratic Philosophers*, 414)。

(5)　原子論的空間の有孔性――レウキッポスによるとされる――については、アリストテレス『生成消滅論』325b10を見よ。

(6)　エピクロスは、この二重に語られる無限性について以下のように論じている。「事物の総体は限界づけられないが、それは、以下の理由による。すなわち、何であれ限界づけられているものは端点をもち、この端点は他の何らかのものに接した形で見られる。しかし、この総体はいかなる端点ももたないのであるから、いかなる限界ももたないし、さらに、いかなる限界ももたないのであるから、それは無限であり、境界をもたないのでなければならない」(“Letter to Herodotus”)。このように考えるなら、空間の無限性は、空間内の事物の数の無限性より説得力がある。なぜそこにあるものは有限数ではありえないのだろうか。A. A. ロングが一つの根拠を与えている。「無限で空っぽな空間内には限界づけられた数の原子しかないとしたのでは、そのような空間と原子が互いを同時に成立させるのに十分ではなかったであろう。そのような

空間と原子は、われわれが経験する複合の複数性を形成できなかっただろう」（A. A. Long, *Hellenistic Philosophy : Stoics, Epicureans Sceptics*, 2 d ed. [London : Duckworth, 1986], 32)〔『ヘレニズム哲学——ストア派、エピクロス派、懐疑派』金山弥平訳、京都大学学術出版会、2003年〕。しかし、このように考えを進めると、それらの複合そのものは無限ではなく、（エピクロスが明確に断言しているように）「数的に未規定である」にすぎないことになる（"Letter to Herodotus," 117）。

(7) この点については、『生成消滅論』324b35〔「生成消滅論」『アリストテレス全集　第4巻』戸塚七郎訳、岩波書店、1968年〕、および、Cyril Bailey, *The Greek Atomists and Epicurus* (Oxford : Clarendon Press, 1928), 70–76の註釈を見よ。エピクロスが率直に述べているところでは、「もしわれわれが「空虚」あるいは「空間」ないし「触知不可能なもの」と呼ぶものが存在しないとしたら、物体は存在すべきいかなる所ももたないだろうし、それらの物体が運動しているのは明らかであるのに、運動がその中で行われる、そのような媒体ももたないことになってしまうだろう」（"Letter to Herodotus," 155–156）。

(8) 『形而上学』についてのシンプリキオスによる註解で引用されたアリストテレス、および、Bailey, *the Greek Atomists and Epicurus*, 75による。存在を欠きながらも実存するという逆理については、後ほど触れる。

(9) ファーリーは、「アリストテレス主義者」と「原子論者」との第一の相違点が、全体主義（すなわち、「説明における主眼を全体的な枠組みに与えること」）を認めるか、「構成部分」によって説明することを是とするかの対立に見出されると示唆している。彼の評価によれば、「アリストテレス主義者」と「原子論者」が、古代ギリシアの宇宙論における対立する二大潮流をなしている。（Furley, *Cosmic Problems : Essays on Greek and Roman Philosophy of Nature* [Cambridge : Cambridge University Press, 1989], 233を見よ。）

(10) この慣用句は、エピクロスの「ヘロドトスへの手紙」に見られる（"Letter to Herodotus"）。ベイリーは、ユーズナーに従い次のように述べている。「欠落したいくつかの単語[すなわち、基本となる文 alla mēn kai to pan esti〔しかるにまた万物とは〕……中の sōmata kai topos〔物体と場所〕]が、他の一節から補われうるのは確実である（Bailey, *The Greek Atomists and Epicurus*, 279 n 1)」。しかし、この確実性は絶対的なものではなく、リストはユーズナーが「topos〔場所〕を恐らく誤って補っている」と述べている——ルクレティウスが、『事物の本性について』中のこれに対応する箇所において、locus〔場所〕ではなく inane〔空虚〕を用いていることを引用している（J. M. Rist, *Epicurus : An Introduction* [Cambridge : Cambridge University Press, 1972], 56 n）。インウッドは、リストの疑念に同意している（Brad Inwood, "The Origin of Epicurus' Concept of Void," *Classical Philology* 76 [1981] : 276 n 14）。しかし、セドリーは、topos と同じ慣用表現がエピクロスの他の箇所でも起こっていると指摘しており、「ユーズナーの[挿入句]sōmata kai topos は不当に悪評されている」としている。だが、セドリー自身は、ガッサンディが sōmata kai kenon という句を好んだことに対し、同程度に確実な論拠があるものと認めている（以下を見よ：David Sedley, "Two Conceptions of Vacuum," *Phronesis* 27 [1982] : 192 n 18）。ガッサンディがこの句を好んだのは17世紀初頭のことで、空間が場所に対して明らかに優勢であった時期であり、すでに予測されうるものであった。

(11) Diogenes Laertius, *The Lives and Opinions of Eminent Philosophers*, bk. 10 ("Epicurus"), sec. 40によって報告されている〔ディオゲネス・ラエルティオス『ギリシャ哲学者列伝　下巻』加来彰俊訳、岩波文庫、235頁〕。

(12) Inwood, "The Origin of Epicurus' Concept of Void," 275. 私は「不可触な本性のもの」の代わりに「不可触な実体」という語を用いた。インウッドは、「エピクロスによる場所としての空虚

は、アリストテレスにおける第一の場所に対応するものである」と付け加えており（p.281）、「したがって、アリストテレスとエピクロスにとっての場所とは、periechon——アリストテレスにとっては包囲している物体、エピクロスにとっては包囲している本性ないし実体（ピュシス）——の境界なのだ」としている（p.282）。

(13) Inwood, "The Origin of Epicurus' Concept of Void," 276. したがって、「運動の問題は、無限な普遍宇宙についての原子論者による理論を動機づけたものである」けれども、一つの無限な空虚を措定することの主たる動機は、ここからは得られない（Furley, "The Greek Theory of that Infinite Universe" in *Cosmic Problems*, 12）。

(14) Furley, "Aristotle and the Atomist on Motion in a Void," in *Cosmic Problems*, 78.

(15) Sedley, "Two Conceptions of Vacuum," 182. 同書では、「空虚は空間充塡者である」との記述も見られる。セドリーは、ジョナサン・バーンズの示唆をもとに、「非有は存在する（to mē on einai）」という文を、「非有」＝「非実在的なもの」、「存在する」＝「非実在的なものが存在する」とする文法的解釈をとっている（pp. 180–181）。

(16) セドリーは、「存在するとは、一つの場所を占めることだとする、説得力のある広く普及した想定」について述べ、アルキュタスの公理について——それがアルキュタスによるものとはしていないが——言及している（"Two Conceptions of Vacuum," 180）。彼は次のような結論を導いている。「一つの場所が無によって占められる場合、占有者が無であるかぎりにおいてはそれは存在しないが、それが場所を占めるかぎりにおいてはそれは存在している」（p. 183）。

(17) アリストテレスが本来の意味での空虚を「場所」として捉えようとし、真空を徹底的に拒絶したことについては、すでに第3章で論じた通りである。しかし、ここでは、アリストテレスが古代の原子論者たちを誤解していた——自身の思想傾向に合わせて彼らの思想を歪ませた——という評価を下すことができよう。実際、アリストテレスは初期原子論者たちについて、彼らの空虚、とくにデモクリトスによって述べられた空虚を、場所のようなものだと見なすことによって、系統的に誤解していたと言いうる。「デモクリトスが空虚と場所とを同一であるとしたとする点については、いかなる独立した証明もされていない。アリストテレスは、空虚の存在を攻撃するために、自身の場所概念をデモクリトスに押しつけたのである」（Inwood,"The Origin of Epicurus' Concept of Void," 275 fn 5）。セドリーによる考察も参照せよ。「[アリストテレスにとって]空虚を場所として扱うのは好都合だったのだが、それは、彼が場所を定義するに際し、すでにそれから独立した存在を剝奪していたからである。そして今度は、空虚も〔独立した存在をもたないという点で〕同罪だとする機会を逃さず捉えたという具合である（とくに、『自然学』214a16–22）」（"Two Conceptions of Vacuum," 179）。

(18) Sextus Empiricus, *Against the Professors*, bk. 10, chap. 2. 英訳は、A. A. Long and D. N. Sedley, eds., *The Hellenistic Philosophers*（Cambridge : Cambridge University Press, 1987）, I : 28.

(19) Long and Sedley, *The Hellenistic Philosophers,* I : 30. 文全体は以下の通り。「彼は、代わりに最も広い意味での空間——異論もあろうが、彼はこの概念を独立させた、最初の古代の思想家であった——を選んだことで、自分の第二の要素［つまり、空虚］の永久不変性を確実なものとしたのである」。

(20) この訳については、以下を見よ。Long and Sedley, *The Hellenistic Philosophers,* I : 30.

(21) Long and Sedley, *The Hellenistic Philosophers,* I : 30. このステップによって、われわれは〈空間〉へと近づくことになる。エピクロスの予言的見解において、われわれは「幾何学的空間を、それが物体によって占められると否とにかかわらず、三次元的延長であり続けるものとして捉える、最初の明確な認識」に到達する（Sedley, "Two Conceptions of Vacuum," 188）。

(22) 原子の部分——それら原子の空間的最小部分に関する問題——については、David Furley,

Two Studies in the Greek Atomists（Princeton：Princeton University Press, 1967), Study I（"Indivisible Magnitudes"), とくに、chaps. I. 8を参照のこと。興味深いことに、アリストテレスがデモクリトスやレウキッポスの主張した部分のない原子について批判したのに反論して、エピクロスは原子の部分を措定している——しかも、自然物理的な部分ではなく、それら原子に備わった純粋な延長の測定可能であるような部分（つまり、形の輪郭）を措定している。ある与えられた複合体を構成する原子と原子の間の内部的関係について言えるのは、「複合体は、さまざまに間隔をあけて配されている諸々の原子からなっている」ということ（Sedley, "Two Conceptstions of Vacuum," 191)、および、不可触な実体としての空間は「複合的な対象の部分とはなりえない」ということだけである（Long and Sedley, *The Hellenistic Philosophers*, I：30)。位置（thesis）について強調しておきながら、結局エピクロス的な空間は、以下の点を問題含みのまま与えている。すなわち、どこからそれは来るのか。

(23) ギリシア語は、amoiroi tou kenou。シンプリキオスがこの句をアリストテレスの『天体論』についての註解の中で、さらに、ベイリーが *The Greek Atomists and Epicurus*, 79で、それぞれ引用している。パルメニデスの弟子であったメリッソスは、無限空間——ただし、無限な充満した空間——を措定している。空間の無限性および空虚性こそが、最初の原子論者によって表明された、反パルメニデス的な思想であった。

(24) Lucretius, *De rerum natura*, bk. 1, lines 31-34. 英訳は、Long and Sedley, *The Hellenistic Philosophers*, I：28。「存在するかぎり」（dum sit）という句は、アルキュタス的な補足を加えるものである。

(25) 延長と空間との関連は、とくに示唆的である。たとえばソラブジは、三次元的な延長を強調する初期ギリシア時代の各理論について論じるにあたり、「実際のところ、それらを空間の理論と呼んでも差し支えあるまい」と、いみじくも述べている（*Matter, Space, and Motion：Theories in Antiquity and Their Sequel*［Ithaca：Cornell University Press, 1988], 200. 強調原文)。

(26) 私は、「本性上は」と述べたが、それは、空虚が時に、かつ、部分的に（まさしく原子によって）占有されるからであり、また一方、質料的物体が十分に充満しているとは言えないこともありうるからだ。たとえば、物体が空っぽの隙間ないし空虚を含んでいる場合などである。「存在の秩序」という表現は、セドリーから借用した。セドリーによると、物体と空虚は、エピクロスにとって「普遍宇宙を説明するために要請される、存在のただ二つの秩序」である（"Two conceptions of the Vacuum," 191)。

(27) 興味深いことに、シンプリキオスはストラトンを、際立って強調して古代の原子論者たちと対比させている。原子論者たちにとって空間は分化しておらず、また、その内にいかなる物体がなくとも存在しうるものであった。Simplicius, *Corollary on Place*（*Physics* 601. 14-24）を見よ。

(28) David Furley, "Strato's Theory of the Void," *Cosmic Problems*, 149からの引用。ここでの「間隔」はdiastēmaの、「～の間」はmetaxuの訳語である。

(29) Furley, "Strato's Theory of the Void," 151による、シンプリキオスの断片から引用。

(30) ファーリーは、ウェアリによって編集された断片から、「空虚は、宇宙的物体と大きさにおいて等しく、つねに物体によって満たされている」という見解を引用している（"Strato's Theory of the Void," 152)。ストラトンにおいて「宇宙的物体」についてこのように言及されていることと、ストラトンは無限空間といういかなる考えも支持していなかった、というファーリーの否定的見解とを調停させるのは困難である。ファーリーによれば、「[ストラトンにおいては、]原子論で言うところの、無限に延長し中心をもたない空間のいかなる影響も見られない」（ibid., 159)。私自身の仮定では、ストラトンは、そのような空間を当然のものと見なしてお

り、もしかすると、それをエピクロスから学んでいたのではなかろうか。エピクロスはストラトンに、真空恐怖〔ホロル・ワクイー。本書第５章註23も参照〕に対する解決として、物質における小空虚を連続的に、かつ、瞬時に詰めることを保証するという方策を示唆していた可能性もある（この最後の点については、ibid., 156–158参照）。

(31) この緊密に連携し合った諸概念の複合性については、ソラブジの *Matter, Space, and Motion*, 213–214を見よ。

(32) たとえばセクストス・エンペイリコス（およそ紀元後150–225年）は、ストア派についての記述の中で、次のように述べている。「彼らはコーラについて、部分的には物体によって占有され、また部分的には占有されない一つの拡がりだと言っている」（Algra, *Concepts of Space in Greek Thought*, 265 からの引用）。

(33) 炎が占有する空間は、その炎へと変成する他の元素の総量が占有する空間より広い。したがって、この世界がすべて炎となる場合には、炎と化したこの世界は、四元素の混合である現時点での世界より、広い余地を塞ぐことになるはずである。つまり、それが拡張しうるだけの余地がなければならない。（F. H. Sandbach, *Aristotle and the Stoics* [Cambridge : Cambridge Philological Society, 1985], 42 ）。

(34) Long and Sedley, *The Hellenistic Philosophers*, I : 294からの引用。

(35)『天体論』279a13–14。アリストテレスは、「空虚の内で物体が存在へといたることは可能である」と加えている（ibid.）。しかし、彼が同じテクスト、『天体論』278b21–279a 7 で示しているように、いかなる物体も空虚を占有することは不可能である。したがって、空虚の内には、いかなる物体も決して存在できない。言い換えると、空虚とは「占有されうるものだが、存在する何ものか、つまり、物体的な何ものかによっては[実際には]占有されない」（Sandbach, *Aristotle and the Stoics*, 43でクリュシッポスのものとされた断片からの引用）〔セクストス・エンペイリコス『学者たちへの論駁集　第10巻』３〕。ハーンが述べている通り、「この宇宙の外にはいかなる物体もないのであるから、いかなる場所もありえないし、またしたがって、物体を取り去った場所として定義される[アリストテレス的な意味での]いかなる空虚もありえない」（David E. Hahm, *The Origins of Stoic Cosmology* [Columbus : Ohio State University Press, 1977], 103）。

(36) クリュシッポスが明確に述べているところでは、「空虚は無限だと言われる。というのも、この世界の外にあるものは、そのようなものであるから。しかし、場所は有限である、なぜなら、いかなる物体も無限ではないのだから。ちょうど、何であれ物体的なものが有限であり、非物体的なものは無限であるように」（Hahm, *The Origins of Stoic Cosmology,* 294 中の、ストバイオスからの引用）〔ストバイオス『抜粋集　第１巻』18–４d（161から）、「初期ストア派断片集二　クリュシッポス」『西洋古典叢書』水落健治／山口義久訳、京都大学学術出版会、2002年〕。こうした主張によってクリュシッポスが示唆しているのは、実際には不可能である何らかの手段によって、空虚の内に物体が存在しうることにでもなったとしたら、その物体は拡がりにおいて無限でなければならないだろう——しかし、すべての物体は有限である——ということである点に留意されたい。

(37) 他の議論も援用される。すなわち、何であれ仮定された境界に位置づけられたひとは、いつでもさらに遠くへと身体を伸ばすことができるであろう。したがって、空間の延長は無際限に押し戻される〔「ストア派断片集三　クリュシッポス」『西洋古典叢書初期』山口義久訳、京都大学学術出版会、2002年〕。Hahm, *The Origins of Stoic Cosmology,* 122を参照せよ。結局のところアルキュタスから生じているこの議論はについては、この章の終わりで改めて論じることにする。

(38) Sextus Empiricus, *Against the Professors.* Long and Sedley, *The Hellenistic Philosopners*, I: 294からの引用〔セクストス・エンペイリコス『学者たちへの論駁集　第10巻』3〕。

(39) クレオメデスによる記述。Long and Sedley, *The Hellenistic Philosopners*, I: 294からの引用〔「初期ストア派断片集三　クリュシッポス」『西洋古典叢書』山口義久訳、京都大学学術出版会、2002年〕。

(40) ストバイオスによる記述〔ストバイオス『抜粋集　第1巻』18-4d（161から）〕。Long and Sedley, *The Hellenistic Philosopners*, I: 294からの引用。セクストス・エンペイリコスは、ストバイオスの定義に同意したうえで、さらに、「存在者」（on）とは自然物理的物体を意味するのだと補足している。「場所とは、一つの存在者によって占有されたものであり、かつ、それを占有しているものと等しくされるものである（「存在者」という語によって、ここでは物体が意味されている）」（*Against the Professors* より、ibid. からの引用）〔『学者たちへの論駁集　第10巻』3〕。というのも、場所が「複数の事物によって」占有されうるとすると、複数の事物が一つの場所に存在できるのかという問題が生じるからである。それが、「相互浸透の問題」であった。リチャード・ソラブジは、その著 *Matter, Space, and Motion*, ch. 6, "Can Two Bodies Be in the Same Place? Stoic Metaphysics and Chemistry." の中で、とりわけストア派にとって悩みの種であったこの問題の歴史についてたどっている。

(41) この変質については、S.Sambursky, *Physics of the Stoics*（Princeton: Princeton University Press, 1975）を参照のこと。

(42) Ibid., 7.

(43) Hahm, *The Origins of Stoic Cosmology*, 125.

(44) Sambursky, *Physics of the Stoics*, 1.

(45) ストバイオスによる記述。Long and Sedley, *The Hellenistic Philosophers*, I: 294からの引用。

(46) Hahm, *The Origins of Stoic Cosmology*, 105. ハーンは以下の文を加えている。「クリュシッポスは場所と空虚を、「物体によって占有されうる」第三のものと同等の種と見ている」（ibid.）。

(47) たとえばハーンは、「恐らくストア派は、「余地」という用語を、場所と空虚（つまり、「すべて」）を結びつける空間を指示するのに用いた」と述べている（ibid., 296、強調引用者）。

(48) セクストス・エンペイリコスによる記述。Long and Sedley, *The Hellenistic Philosophers*, I: 268 からの引用（強調引用者）〔セクストス・エンペイリコス『学者たちへの論駁集　第9巻』332〕。

(49) Ibid. 強調引用者。

(50)「ひとは、われわれが数学的面を数学的物体の限界として捉えるように、場所を単なる限界（peras）として捉えてはいけない。そうではなく、自然物理的物体の自然物理的境界（horoi）として、そして、霊魂を吹き込まれた生命体の生気溢れる境界として捉えるのでなければならない（シンプリキオスが『アリストテレス『カテゴリー論』註解』*In Aristotelis categorias commentarium* で論じているイアムブリコスの言葉。英訳は、S. Sambursky の *The Concept of Place in Late Neoplatonism* [Jerusalem: Israel Academy of Science and Humanities, 1982], 47 によった）」。

(51) シンプリキオスの『アリストテレス『自然学』前4巻註解』*In Aristotelis physicorum libros quattuor priores commentaria* で報告されている、シリアヌスの言葉。英訳は、Samburky, *The Concept of Place in Late Neoplatonism*, 57-59。シリアヌスがこれを述べているのは、まさにストア派に対する批判、とくに、質料の相互浸透に関する彼らの原理について批判している箇所においてである。

(52) Ibid., 57. ここでは、ソラブジの *Matter, Space, and Motion*, p.207 による、わずかに異なった

訳を掲出した。より完全な記述は次の通り。「より普遍的な場所から個々の存在者へと移るものは、場所の内にあるものからは切り離されるのであり、そのものの第一の［すなわち、特別な］場所ではない。彼らはまた、共通で広大と［考えられた］場所という考えのもとに、場所を不動のものと見なしている」（ibid.）。

(53) シリアヌスの「広大な、共有された場所」という語は、*The Concept of Place in Late Neoplatonism*, p. 57から引用した（これもソラブジによるテクストを用いた）。サンバースキーは、ibid., 56 n 4. で、こうした広大な場所を「絶対的空間」と同一視している。

(54) Plotinus, *Ennneads*, II, 5〔『プロティノス全集　第II巻』水地宗明ほか訳、中央公論社、1987年〕. 英訳は、Sambursky, *The Concept of Place in Late Neoplatonism*, 39 によった。

(55) これらさまざまな種類の場所については、ibid., p. 45のイアムブリコスの記述を参照せよ。「本来的場所」は、ho [topos] ousiōdēs tis の訳。

(56) Sorabji, *Matter, Space, and Motion*, 206における、イアムブリコスによる次の一節に関する箇所から。「他のすべてのものは、各々の事物に固有の本性に一致して同様に定義されるべきであって、たとえば限界（perata）は、自らが自らの内で完全に限界づけを与える事物に、それが何であれ真に類似している、といった具合である」（シンプリキオスによって引用されたイアムブリコスの言葉、Sumbursky, *The Concept of Place in Late Neoplatonism*, 47）。

(57) シンプリキオスの『アリストテレス『自然学』前4巻註解』*In Aristotelis physicorum libros quattuor priores commentaria* で報告されているイアムブリコスの言葉。英訳は、Samburky, *The Concept of Place in Late Neoplatonism*, 47. シンプリキオスの『アリストテレス『カテゴリー論』註解』*In Aristotelis categories commentarium* で引用された、類似の一節も見よ。〔それによると〕場所は「物体をあらゆる側から取り囲むだけでなく、それらを支え保ち、落下していれば持ち上げ、散らばっていれば一つに集め、それらの物体を満たす力である」（Samburky, *The Concept of Place in Late Neoplatonism*, 43）。

(58) この最後のフレーズは、ibid., p. 43。ここでの議論は、これらのさまざまな力に関してソラブジが *Matter, Space, and Motion*, p. 205で行なっている論証に多くを負っている。

(59) シンプリキオスの『アリストテレス『自然学』前4巻註解』*In Aristotelis physicorum libros quattuor priores commentaria* からの引用。英訳は、Samburky, *The Concept of Place in Late Neoplatonism*, 43。アームソンは、同じ箇所を、「場所の内にある事物と同様の本性をもつ」と訳している（Simplicius, *Corollaries on Place and Time*, trans. J. O. Urmson [London: Duckworth, 1992], 73）。

(60) Sambursky, *The Concept of Place in Late Neoplatonism*, 43におけるシンプリキオスの記述から。アームソン訳は以下の通り：「それらが諸々の存在の中で最初に出現することからも、その中心的な意味における存在からも、決して切り離されない」（*Corollaries on Place and Time*, 73）。

(61) Simplicius, *Corollaries on Place and Time*, 71. ここでの「本質」は、ousia の訳。ソラブジの次の指摘も参照のこと。シンプリキオスにとって、「事物の本質と場所とは、同じものではないにもかかわらず、区別が困難となっている」（*Matter, Space, and Motion*, 210）。

(62) 以上のイアムブリコスの言葉は、Sambursky, *The Concept of Place in Late Neoplatonism*, 45 に見られる。ここでは、「存在」に代えて、「実在性」とした。原因としての場所については、ibid., p. 43で論じられている。

(63) イアムブリコスにとっては、場所は力を「もつ」と同時に力「である」。Sorabji, *Matter, Space, and Motion*, 205で引用されている箇所を参照のこと。その中では、「作用する力」という句も引用されている。

(64) イアムブリコスの言葉。Sambursky, *The Concept of Place in Late Neoplatonism*, 45からの引用。

(65) Ibid.

(66) これは、イアムブリコスの以下の文についての、サンバースキーによる解釈である。「物体は、場所によって取り囲まれながら、かつ、それら自身の延長を、拡がりをもたない本性において保持しながら、場所の内に〈存在〉をもつ」(ibid., 45; cf. n. 6)。

(67) Ibid.

(68) Ibid. アルキュタスの他の主張については、p. 45とp. 49を見よ。明らかにアルキュタスは、場所の諸力に関するイアムブリコス的見解の、紛れもない先駆者と捉えられる。

(69) この解釈に賛同する議論については、Sorabji, *Matter, Space, and Motion*, 206を参照のこと。

(70) ダマスキオスの言葉。Simplicius, *In Aistotelis physicorum libros quattuor priores commentaria* からの引用。英訳は、Sorabji, *Matter, Space, and Motion*, 206。

(71) 測定についての異なる意味に関しては、Martin Heidegger, "On the Nature of Language," *On the Way to Language*, trans. P. D. Hertz (New York: Harper & Row, 1971), 102を参照せよ〔「言葉の本質」『ハイデッガー全集　第12巻』亀山健吉／ヘルムート・グロス訳、創文社、1996年〕。

(72) *Matter, Space, and Motion*, 206. ソラブジはまた、「測定の器具ではなく測定の理念的単位であるかぎりにおいて、場所は延長的ですらない」とも指摘している (ibid., 110)。.

(73) Simplicius, *Corollaries on Place and Time*, 69.

(74) プロクロスの言葉。Simplicius, *In Aistotelis physicorum libros quattuor priores commentaria* による詳述から。英訳は、Sambursky, *The Concept of Place in Late Neoplatonism,* 67.「運動する諸物体の中にあって非質料的な諸物体」とは、諸天体を指す。宇宙の場所の物体的性質に関してプロクロスが決着をつけた議論とは、もし実際に、場所が、場所の内にあるものと正確に延長を等しくするもの、ないし、共外延的なものであるならば、場所と場所の内にあるものとの間には、同一種の事物——この場合なら物体的事物——に属する二つの量の間に見られる等値性がなければならない、というものであった。この点については、Sorabji, *Matter, Space, and Motion*, 118を参照せよ。

(75) Sorabji, *Matter, Space, and Motion*, 109. Simplicius, *In Aistotelis physicorum libros quattuor priores commentaria*, 615, 34に関しての記述から。ここでは「世界霊魂」を大文字で始める表記にした。

(76) Simplicius, *In Aistotelis physicorum libros quattuor priores commentaria* で引用されたプロクロスの言葉。英訳は、Sorabji, *Matter, Space, and Motion*, 115。ソラブジの指摘によると、embibazeinという動詞は、プラトンによって、魂が乗り物に埋め込まれる方法として用いられている。プロクロスは以下のように続けている。「ひとは、この宇宙が全体としては動かないことを理解するだろう。したがって、それはその場所に似ているが、その諸部分に対しては運動しているのであり、したがって、そのようにしてそれは場所より劣るであろう」(ibid)。デュエムは、「最高天より上の光」としての天上界は、近世における、すべてを取り囲むエーテルという概念の先取りであると論じている。Pierre Duhem, *Le systèm du monde* (Paris: Hermann, 1913), I: 341–342を見よ。

(77) *In Aistotelis physicorum libros quattuor priores commentaria* で引用されたプロクロスの言葉。英訳は、Sambursky, *The Concept of Place in Late Neoplatonism,* 69. ここでの「形」とは、「型」と等しいものであり、ダマスキオスとプロクロスが、普遍宇宙の究極的な場所とは型のようなものだとする考えに落ち着いている点に注目されたい。

(78) Sorabji, *Matter, Space, and Motion*, 109–110.

(79) Simplicius, *In Aistotelis physicorum libros quattuor priores commentaria* で引用されたプロクロスの言葉。英訳は、Sambursky, *The Concept of Place in Late Neoplatonism,* 67. 相互浸透について問題にする場面でも、同じ対比が見られる。「プロクロスは、相互浸透についての説明の根底においても不可分割性をよりどころにしている。場所もしくは空間は、仕切りによって分割されえないからこそ、それは、それを突き抜けてまっすぐに進むのである。物体の相互浸透は、それらの物体の無限分割によって可能になる、という初期[原子論者]の考えとの間に、これ以上の対比はありえないだろう（Sorabji, *Matter, Space, and Motion*, 117)」。

(80) Simplicius, *In Aistotelis physicorum libros quattuor priores commentaria* において引用されたプロクロスの言葉。英訳は、Sambursky, *The Concept of Place in Late Neoplatonism,* 69. ここでのギリシア語は、「諸々の世界の頂上、神聖なる頂きにおける光」といった内容である（ibid., 68 n 5)。ベルクソンは近世初期の概念と比較して、場所の質的側面の重要性――アリストテレスにおいてさえ見られる――を指摘している。「空虚で限界づけられない空間の代わりに、［アリストテレスが述べているところでは］場所は大きさによって限界づけられるだけでなく、性質によって規定されてもいる」（"L' Idée de Lieu chez Aristote," *Les Études Bergsoniennes* (1949), 2 : 100)。

(81) Sorabji, *Matter, Space, and Motion*, 112 で引用されたシリアヌスの言葉。英訳も同書による。

(82) Philoponus, *Corollaries on Place and Void*. 英訳は David Furley（London : Duckworth, 1991), 28.

(83) Ibid., 39、強調引用者。ここでは chōra を、（ファーリーの好む）「空間」ではなく「余地」と訳した。

(84) したがって、「もし質料を伴わない物体的延長について考えるなら、それはもはや場所の内にあるのではない」(Philoponus, *Corollaries*, 66)。物体と場所との密接な連関は、以下の記述によって補強される。「物体は物体として場所の内にあり、かつ、物体は三次元であるから、物体はその三つの次元において場所の内にある。しかし、その場合、その物体の場所が、自身の三つの次元においてそれ自体で三次元であるものを受け容れるためには、その場所は三方向に延長しているのでなければならない」(ibid., 66–67)。以上のように考えられた物体的延長と、デカルト的な延長〔extensio〕との類似は、注目に値する。

(85)「もちろん私は、この延長が、物体をつねに一切伴わない、あるいは、伴わない可能性があると言っているのではない。まったくそうではない。私が主張しているのは、それが、その内で存在へといたる物体とは別の異なる何かであり、物体を伴わないことは決してないけれども、それ自体の定義によって空っぽである、ということである」(ibid., 29–30)。より簡潔に、「空虚は物体から切り離されては決して存在できない」とも述べている（p. 41)。デイヴィッド・セドリーが、その論文 "Philoponus's Conception of Space," *Philoponus and the Rejection of Aristotelian Science*, ed. R. Sorabji（London : Duckworth, 1987), 140–153で展開している、空間的延長の実際上／原理上の占有に関する見事な議論を参照せよ。

(86)「また、延長としての物体が他の延長の内にあることもないだろう。むしろ、物体的延長として、それは空間的延長の内にあるであろう」(Philoponus, *Corollaries*, 66)。ここでは、ファーリーによる収まりの悪い「場所延長」という用語に代えて、「空間的延長」としておいた。この語は、セドリーとサンバースキーも同様に用いている。もっとも、ファーリーの用語はギリシア語の diastēma topikon の字義通りの訳である。しかし、ここで問題となっている種類の場所は、ある物体を取り囲んでいる特定の場所――つまり、本来の意味での物体的延長 (diastēma sōmaton) ――ではなく、すでに無限空間へと向かう途上にある、もっと広大な場所である。

(87) Philoponus, *Corollaries*, 23, 65.

(88) Ibid., 29. この句は、「それ自身の定義によって物体を欠く」(p. 28) という句に等しい。ピロポノスは、ibid., 16–17において、場所を物体だとする概念に明確に異論を唱えている。もしそれが物体だとするなら、その場合、他の物体はそれを占有できないことになる。また、もし事実上は不可能だが、何らかの手段によってそれが占有されうるとするなら、それは分割されることになろう——しかし、そうしたことは、純粋な空間的延長が分割不可能であるというその本性に反している。

(89) Ibid., 39, 28.

(90) Sedley, "Philoponus's Conception of Space," 141、強調原文。ここでの「空間」は、「空間的延長」に等しい。セドリーが示しているところでは、ピロポノスにとって、いかなる現実的空虚も存在しないが、真空という実際の脅威、すなわち「真空の力」があったのであり、ピロポノスはこの問題について真剣に取り組み、それについて少なくとも重要な概念的余地を残した。さらに、われわれは、真空についてのまったくの可能性を思案することでしか、空間を十分には把握できない。「空間は、存在論的には真空に先だつものであるけれども、理解の順序においてはそうではない。空間という概念を得る最も有効な方法とは、真空についての概念によるものである」(ibid., 151、強調原文)。

(91) Philoponus, *Corollaries*, 23. さらに簡潔に、以下のように述べられてさえいる。「物体は、表面とは一致しない」(p. 72)。これと関連した議論によると、運動は面の間だけでは不可能である。Ibid., 27を参照せよ。三つの次元をもつからといって、必ずしも物体であるわけではないとしても、場所の内にあるいかなる物体も、三次元の延長においてあるのでなければならない。(この最後の点については、p. 21、およびp. 66–67を参照のこと。)

(92) これら四条件の充足については、ibid., 39を参照せよ。

(93) Ibid., 30.

(94) (i)、(ii) のどちらも、ibid., 45。直前の文中の、「いかなる効力ある境界も」の「境界」は、peras の訳である。

(95) 「というのも、それは諸物体の場所として存在するのであるから、その内の、この宇宙の諸物体によって占有されうるのと同じ分[だけしか]存在しないが、それは、それらの物体の諸々の境界と延長的に等しい」(ibid., 45)。言い換えるなら、「最も外側の表面」——つまり、全宇宙の表面——は、「空虚の[内側の]境界と一致している」ものと考えうる (ibid., 46)。しかし、この宇宙の外側の表面が、空虚の内側の表面と一致するものと想像しうるということだけでは、そうした一致があると考えなければならないことの証明にはならない。こうした一致そのものは一つの信仰箇条であり、それを支持せんがためにピロポノスは、実際にそうなっている——彼の認めるところでは、それは経験的問題であるが——と想像することと、実際にそうなっていると想定しなければならないこととを混乱してしまったのではないかと考えられよう。

(96) ピロポノスの議論が説得力を欠いているのは、それがアリストテレスによる基準へとこっそり避難している、ということだけによるのではない。彼の議論が、無限数ではなく無際限の数の物体に対してのみ有効であるように思われることも、その一因となっている。たとえば、岩石群からできた一つの巨大な岩山がヒマラヤ山脈に突き出しているとして、われわれはその岩山の周りの境界を想像することはできる。だが、実無限個の岩々に対しても、そうした境界を想像できるとでもいうのだろうか。このような反論に対してピロポノスが実効的に答えうるとしたら、次のようになるだろう。すなわち、われわれは、より制限されたこの思考実験における成功から、もっと重要な実験における成功がどのようなものになるかを、類推的な拡張によって知ることができるかもしれない、と述べるよりほかにないだろう (この点に関する議論につ

いては、私はジャネット・B. ギャムツォに負っている)。ピロポノスの神学的動機とは、「この普遍宇宙の歴史に無限なる時間の経過を割り当てることを否定しようとして彼が行っているキリスト教的議論を思えば」、彼は「容易にはそうした無限を認めることができない」はずだ、というものである(Sorabji, *Matter, Space, and Motion*, 141)。無限を拒絶するピロポノスのまた別の動機として、彼の自然学においてきわめて明白に見られる、真空恐怖〔ホロル・ワクイー〕も挙げられるかもしれない。(この点については、Sedley, "Philoponus's Conception of Space," 143 ff. を見よ。)

(97) Philoponus, *Corollaries*, 29.

(98) Ibid., 44. この記述は、アリストテレスによる次の定式、何がしかの力をもつ(echei tina dunamin)、を用いたもので、アリストテレス的な自然の場所を批判する文脈において現れるが、その批判にはキリスト教神学上の隠れた動機もあるように思われる。「それゆえに、軽い事物は上へ向かうが、それは、包含者の表面に接することを欲するからというだけでなく、むしろ、〈創造者〉によってそれらに割り当てられた位置を欲してのことである。というのも、そうすることで、それらの事物はそれらの存在を最も完全に得るのであり、それによって、それらの完全性が成し遂げられるからである」(ibid., 44)。ピロポノスによる場所の力の否定については、Sorabji, *Matter, Space, and Motion*, 211 を参照せよ。

(99)「場所は、場所の内にある物体よりも上位の等級に属しており、したがって、取り囲まれた物体に対して、ある一定の力を行使する、というイアムブリコスや彼の追随者たちによる概念を、ピロポノスは明らかに拒絶している」(Sambursky, *The Concept of Place in Late Neoplatonism*, 224 n 10)。というのも、アリストテレスにとってそうであったように物体は優位性を再び取り戻す——からである!「したがって、物体をそれらに固有の場所へと動かす力をもっているのは場所ではない。それらの物体こそがそれら自身の位置を保とうと欲するのである」(*Corollaries*, 44. 強調引用者)。

(100) ルネサンスが受け取った、ピロポノスの遅きに失した、しかし、重要な遺産に関しては、Charles B. Schmitt, "Philoponus's Commentary on Arisotle's *Physics* in the Sixteenth Century," Sorabji, *Philoponus and the Rejection of Aristotelian Science*, 210–229 を参照のこと。ヘンリー・モアを通じ、ピロポノスの影響はニュートンその人にまで及んでいたかもしれない。

(101) Philoponus, *Corollaries*, 44.

(102) Simplicius, *Corollaries on Place and Time*, 72 において引用されたテオプラストスの言葉。こうした見解は、宇宙全体に対して適用される。テオプラストスは、宇宙全体を一つの巨大な有機体と考えていた。結局のところ、ピロポノスがテオプラストスに対して同意しているのは、自然の場所についてのみである。非自然的場所、つまり、知性的場所にいたっては、秩序と位置の重要性は薄れていく。この点に関しては、Sorabji, *Matter, Space, and Motion*, 211を見よ。

(103)「テオプラストスの真の支持者」としてのピロポノスについては、Sorabji, *Matter, Space, and Motion*, 211–213を見よ。

(104) Simplicius, *Corollaries on Place and Time*, 52 で引用されたダマスキオスの言葉。

(105) Simplicius, *Corollaries on Place and Time*, 79による引用から。

(106) *Corollaries on Place and Time*, 73.

(107) Ibid., 73.

(108) Simplicius, *Corollaries on Place and Time*, 36–37 による引用から。

(109) Simplicius:「物体とともに存在する場所もまた、物体とともに延長している」(ibid., 66)。

(110) Simplicius, *Corollaries on Place and Time*, 68. シンプリキオスは次のようにも述べている。「場所は、場所の内にある対象への関与を通じて延長しているが、それはちょうど、場所の内にあ

る対象が、場所によって測られ、所在を与えられているのと同様である」(p. 67)、「場所は、正しく位置づけられた延長の測定器として、あらかじめ必要である」(ibid., p. 66)。

(111) Ibid., 69.

(112) Ibid., 66.

(113) この三重の区別については、ibid., 70–71を見よ。個別の場所(idios topos)とは「本質的な場所」のことで、これについては先に言及した。これと、直接的な場所とは、どちらもある特定の延長した事物に固着し、その事物が消滅すると消える。共有された場所——「共通で広大と考えられた場所」(p. 58)——とは、ある一つの延長した物体のさまざまな位置が、継起的に取られるその領域のことである〔本章の註52、53も参照せよ〕。以上の区別に関する議論については、Sorabji, *Matter, Space, and Motion*, 209–210を参照のこと。

(114) Simplicius, *Corollaries on Place and Time*, 61.

(115) Ibid., 61. この結論は、音楽における調和(ハーモニー)についての分析の後得られている。その分析においては、「よい配列」の問題が主要課題となっている。

(116)「超越的測定器は、……力における至高性と存在の統一性とによって、測られる対象を超越している」(ibid., 65)。p. 70も見よ。場所は、「物体が物体的に包含している、場所に関わるすべてのものを取り囲むという、ある一定の超越的性質をもつ」。

(117) Ibid., 64.

(118) Ibid., 61.

(119) アリストテレス『天体論』279a12–13〔『アリストテレス全集　第4巻』岩波書店〕。ソラブジが註釈しているように、アリストテレスは、ひとたび「場所は三次元の延長だとする明白な見解を拒絶してからというもの、事物の場所とは、それを自然物理的に取り囲んでいるものの内側の表面だ、とする考えをもち続ける。このことによって、ただちに、場所は宇宙外的であることも、無限であることもできないことになる。というのも、この宇宙はいかなる自然物理的包囲者ももたないのであり、それゆえ、この意味における宇宙の場所、ないし宇宙の外側はありえないからである。さらにまた、取り囲んでいる表面は有限の差し渡し以上のものをもたない〔からである〕」(*Matter, Space, and Motion*, 138–139)。

(120) Hahm, *The Origins of Stoic Cosmology*, 106.

(121) Ibid., 107.

(122) ここでは、Simplicius, *In Aistotelis physicorum libros quattuor priores commentaria* の記述による、エウデモスの報告から引用。英訳は、Sorabji, *Matter, Space, and Motion*, 125. 私は、「棒」の代わりに「杖」としておいた。この同じ問い——古代および中世世界は、この問いから多くの遺産を受け継いだ——の他の形が、Sorabji, p. 126 および、Hahm, *The Origins of Stoic Cosmology*, 106 に引用されている。

(123) Alexander of Aphrodisias, *Quaestiones* 3. 12. 英訳は、Sorabji, *Matter, Space, and Motion*, 126。もしかするとアレクサンドロスは、有限宇宙に関してアリストテレスを弁護した、ヘレニズム世界における第一人者であったのかもしれない。彼はまた、この宇宙のもつ限界づけられた性質から、何であれそれを超えた、限界づけられないものへの推論を行うことはできないとも論じている。Sorabji, *Matter, Space, and Motion*, 136–137. 本文に掲げたテクストの中で、アレクサンドロスは、ひとがただ腕を伸ばすにあたっては、まさにその行為によって、その腕の嵩をもつある空間が創出されるという可能性を見過ごしている。こうした点について、ジャン・ビュリダンは、14世紀に書かれた彼の『自然学に関する諸問題』の中で次のように述べている。「ひとがその腕をこの[最も外側の]領域に伸ばす以前は、そこには何もなかったであろうが、腕を伸ばした後には、一つの空間、すなわち、そのひとの腕の拡がりが、そこにあることにな

ろう」（Edward Grant, *Much Ado About Nothing: Theories of Space and Vacuum from the Middle Ages to the Scientific Revolution* [Cambridge: Cambridge University Press, 1981], 15 における引用から）。ビュリダンは、「空間とは、単に物体の拡がりのことであり、また、ひとの空間とは、そのひとの身体の拡がり[である]」（ibid.）ということを前提にしている。注意しなければならないが、ビュリダンの分析で言われている空間とは、その端に孤立して立っているひとの外側の、切り離された空虚な空間ではなく、そのひとの腕の、厳密に内側の空間——つまり、その腕の外側の拡がりもしくは輪郭によって限界づけられる空間——のことである。

(124) シンプリキオスによる、アリストテレスの『天体論』についての註解より。Sorabji, *Matter, Space, and Motion*, 127からの引用。「空っぽであれ立体であれ、……何か」という句は、原文の記述中の「外側にあるものは、物体か空間のいずれかであろう」という句に相当する。

—第5章—

(1) デュエムが指摘するように、「アリストテレスにとって、無限の大きさは現実には存在しない、なぜなら、この普遍宇宙は限界づけられているからだ。それは、可能的にも存在しえない。どれほど大きな量が現実化しようとも、ある限界が存在し、それを超えることはできない。というのも、いかなる量も、この世界の諸々の境界を超えることはできないのだから」（Pierre Duhem, *Medieval Cosmology: Theories of Infinity, Place, Time, Void, and the Plurality of Worlds*, ed. and trans. R. Ariew [Chicago: University of Chicago Press, 1985], 73）。この普遍宇宙において質料に与えられている厳密な限界づけについては、p. 77を見よ。デュエムのテクストの第1部全体——彼の *Le système du monde*（1956）第7巻に所収されている——が、無限に大きなものと無限に小さなものについての問題に当てられている。

(2) アリストテレス『自然学』212b8–9。212b15も見よ。「上の部分は円環運動を行うが、[この部分の、つまり、最も外側の領域の]全体はどこにもない」。

(3) Duhem, *Medieval Cosmology*, p. 146において引用された、ベーコンの13世紀半ばの著作 *Questiones supra librum Phisicorum a magistro dicto* から。

(4) Duhem, Medieval Cosmology, p. 154 において引用された、トマスの *In libros Physicorum Aristotelis expositio*, book 4, lectio 7 から。

(5) Duhem, *Medieval Cosmology*, p. 154 において引用された、トマスの、前掲註（4）と同じテクストから。しかし、トマスは、地球が実際にはこの宇宙の不動の中心であるとする見解を主張している。「中心において本性的に不動なものとは、地球である」（p. 153で引用）。

(6) Duhem, *Medieval Cosmology*, p. 155で引用されたトマスの、*In libros Physicorum Aristotelis*, book 4, lectio 6 から。強調ケーシー。デュエムは、トマスがロバート・グロステストによる「質料的」場所と「形相的」場所との区別に依拠していると主張している。「場所は、質料的には移動可能であるが、形相的には不動である」（Duhem, *Medieval Cosmology*, p. 155で引用された、グロステストの *Super octo libris Physicorum Aristotelis brevis et utilitis summa*, bk. 4から）。

(7) Duhem, *Medieval Cosmology*, p. 161 において引用された、ギレスの *In libros de Physico auditu Aristotelis commentaria accuratissime emendata*, bk. 4, lectio 7 から。ギレスは、「この普遍宇宙そのものの位置は、絶対的に不動である」（ibid.）ことを前提としている。

(8) 「天球の運動のゆえにこそ、地球のすべての部分は中心へと向かうのである」（Duhem, *Medieval Cosmology*, p. 195 で引用された、ジャンダンの *Quaestione de motibus animalium* から）。

(9) デュエムはスコトゥスの見解を要約している。*Medieval Cosmology*, 186.

(10) トマスはまた、仮に実無限の大きさが原理的に可能である場合——かつその場合にかぎって——神はそうした大きさを創造しえるのだとも主張している。このような原理的可能性は、神が実際にはそうした大きさを創造しないというトマスの確信とは矛盾しない。Duhem, *Medieval Cosmology*, pp. 12, 14–15 を見よ。この時代に知識者階層が置かれていたもっと大きな政治的背景については、Gordon Leff, *The Dissolution of the Medieval Outlook*（New York : Harper & Row, 1976）を参照。（この最後に挙げた参考文献に関して、また、とくに本章の最初の草稿に丹念に目を通してくれたことに対して、リー・ミラーに感謝したい。）

(11)「この一連の文献資料は、12世紀後期および13世紀初頭に西欧ラテン社会での入手が可能になると、場所と空間についての諸問題，諸見解の宝庫としての役を担い、以後四世紀間にわたる議論と論争をもたらした」(Edward Grant, "Place and Space in Medieval Physical Thought," in *Motion and Time, Space and Matter : Interrelations in the History of Philosophy and Science* ed. P. K. Machamer and R. G. Turnbull [Columbus : Ohio State University Press, 1976], 137)。注目すべきことに、ピロポノスとシンプリキオスによるアリストテレス『自然学』への註解は、16世紀になるまで完全にはラテン語に訳されていなかったにもかかわらず、アヴェロエスによるいくつかのテクストにおいては敷衍されていた。さらに、ピロポノスはアヴェンパケに重要な影響を与えており、それが、今度はアヴェロエスに決定的な意味をもつこととなったのである。

(12) 完全な記述は以下の通り。「もし近世科学の誕生の瞬間を特定せよと言われたら、1277年にパリ司教によって、複数の世界が存在しうるのであり、また、諸天球の全体が、矛盾することなく直線的に運動しうるのだと厳かに宣言された時を、おそらくは選ぶだろう」（Duhem, *Études sur Léonarde de Vinci* [Paris : Hermann, 1906–1913], II : 412)。しかし、デュエムは次のように警告もしている。「ペリパトス派の構築したアリストテレス的自然学の破壊は、突然生じたのではなかった。近世物理学の構築は、何も据えられていない空地で達成されたのではない。前者から後者への移行は、部分的な変容の過程が長期にわたって続くことによりなされたのであり、その各過程は、全体を変えることなく構築物の一部を修正したり、拡張したりしようとしたにすぎない」（*Medieval Cosmology*, 3）。1277年の断罪が、デュエムの主張するように始まりとしての意義をもつのか否かについては、議論の余地のあることが論証されてきた。アレクサンドル・コイレは、徹底的にデュエムの主張を否定した。（Koyré, "La vide et l'espace infini au XIVe siécle," *Archives d'histoire doctrinale et littéraire du moyen age* 24 [1949] : 51 を見よ。）エドワード・グラントは、その著 *Physical Science in the Middle Ages*（Cambridge : Cambridge University Press, 1971）第5章において、両者の中間の立場をとっている。近年の評価については、David Lindberg, *The Beginnings of Western Science*（Chicago : University of Chicago Press, 1992）第10、11、12章を見よ。Lindberg（p. 365）および、Leff（*Dissolution of the Medieval Outlook*, 117）の強調するところでは、物理学の現代における発展は、神学における議論とはおよそ独立に生じたのであるが、やはり空間の無限性をめざすものであった。たとえば、ロバート・グロステスト（1170–1253年）の研究に着想を得た、マートン学派がある。

(13) "Quod prima causa non posset plures mundos facere." 英訳は、Edward Grant, *Source Book in Medieval Science*（Cambrigde, Mass. : Harvard University Press, 1974), 48 からの引用。

(14) A. D. Menut and A. J. Denomy, eds., *Nicole Oresme : Le Livre du ciel et du monde*（Madion : University of Wisconsin Press, 1968), 172–174.

(15) Ibid., 179. 断罪の結果、複数の世界というテーゼを明確に支持した思想家としては、13世紀末のミドゥルトンのリチャード、14世紀のウィリアム・オッカムが挙げられる。より詳しい議論

については、Edward Grant, "The Condemnation of 1277, God's Absolute Power, and Physical Thought in the Late Middle Ages," *Viator* 10（1979）: 220ff. を見よ。断罪以前には、トマスでさえ、神はもし望むなら他の諸世界を創造することができたが、それは経済的でも最良のことでもなかったのだと認めている。また、トマスは、可能性――彼は、そうした可能性を、神の意志よりもむしろ偶然性に結びつけることを好んだ――だけから無限空間を示唆することもしていない。『神学大全』第1部47問第3項参照〔『神学大全　第4冊』高田三郎ほか訳、創文社、1965年〕。

(16) "Quod Deus non posit movere caelum motu recto. Et ratio est, quia tunc relinqueret vacuum." 再び、グラントの *Source Book*, p. 48の英訳から引用した。この箇所でグラントは caelum について、それが「世界」を意味しているのであって、単なる「諸天球」ではないと論じている。

(17) オレームの *Le Livre du ciel et du monde*, 370。英訳は、グラントの *Source Book*, p. 553 n 25によった。

(18) Clark, *Third Reply to Leibniz*（1716）より。*The Leibniz-Clarke Correspondence*, ed. H. G. Alexander（New York: Philosophical Library, 1956), 32からの引用。強調引用者〔「ライプニッツとクラークとの往復書簡」『ライプニッツ著作集　9　後期哲学』西谷裕作ほか訳、工作舎、1989年〕。

(19) 「空間的延長」(diastēma topikon) というまさにこの語は、この宇宙内に、(ニュートンの用語による)「絶対的な諸々の場所」の存在することを含意する。グラントが指摘しているように、「水差しの内部を継起的に占有するもの、たとえば、空気や水といったものの場所は、三次元で非物体的な空虚であり、それは、ある絶対的で三次元の空虚な空間のほんの部分にすぎない。そのような絶対的空間は、この宇宙全体を包含するのみならず、それと延長を完全に同じくする。……ピロポノスの宇宙では、物体はある絶対的に不動で、三次元の空虚な空間の内を運動する」(*Much Ado About Nothing*, 20)。ピロポノスは、この非物体的な空虚が宇宙――それ自体はまったく有限である――と延長を等しくするとして、そのような空虚が限界づけられたものであることを保証している。

(20) ロバート・ホルコットについては、Grant, "The Condemnation of 1277," 224 を、またミドゥルトンのリチャードについては、Duhem, *Medieval Cosmology*, 182 ff. を参照せよ。

(21) Menut and Denomy, *Nicole Oresme*, 178. 強調引用者。

(22) これは、グラントが "The Condemnation of 1277," 215 で敷衍しているもの。ビュリダン自身の躊躇については p. 128を見よ。強調は引用者。グラントの指摘によれば、「アリストテレスの自然哲学の原理に反して、神は、もし望むならわれわれのとは異なった諸世界を創造すること、われわれの世界を直線的に動かすこと、基体のない附帯性を創ること、その他受け入れられている諸原理に反するようなどんなことでも行いえたのである。だが、ひとたび譲歩がなされたなら、自発的にであれ、破門の可能性という拘束のもとであれ、皆自由意志によって伝統的な意見を維持することができたのであり、実際たいていの場合、彼らはそうしたのである」(p. 216)。

(23) Grant, *Source Book*, 46. グラントは、以下の点を加えている。「たとえば、複数の世界が存在したり、真空が存在したりするのは、自然的には不可能だが、神は、もしそう望むならどちらの結果も成就しえたのである」(ibid.)。この議論に加わった者の中には、ザクセンのアルベルトゥス（1316－1390年）とジャン・ビュリダンが含まれており、両者はともに、たとえ神はすべてを消滅させ、空〔そら〕を空っぽにし、そうして真空を創造できたのだとしても、「真空はどこにもない」(ビュリダン) と論じた。真空の問題はガリレオを悩ませ続けた。彼は、彼に先だつインヘンのマルシリウスやオートルクールのニコラウスとほぼ同様の論法で、微細な間

隙的真空を認める論を展開した。パスカルは、「自然は真空を避けるために、まったく何もしはしない」ことを証明して、とどめの一撃を与えたのだと言えよう——ただし、かつては自然が真空を嫌うためだとされていた自然現象を、空気圧によるもの（つまり、表面が互いに接触し合っている二つの大理石板を分つことは、きわめて困難である）とする説を仮定したうえでのことである。数世紀にわたるこの論争については、Grant, *Source Book*, pp. 324–332 で詳細に報告されている。D. Mahnke, *Unendliche Sphäre und Allmittelkpunkt*（Halle : Niemeyer, 1937）も参照のこと。

(24) Menut and Denomy, *Nicole Oresme*, 179. 強調引用者。

(25) Ibid., 279. オレームは以下を加えている。「これによって、われわれがなぜ神はつねにあらゆる所に存在すると言うのかが説明される」(Ibid.)。神は、空間の内にあるのと同様に、場所の内にあるが、それは、一層強固な根拠をもって演繹されるというかぎりにおいてのことである。すなわち、もし神が空間のすべてにおいてあるのなら、神はそうした空間に属する諸々の場所の内にもあるのでなければならない。

(26) Ibid. オレームにとって、結局のところ無限空間そのものは次元的なのか否かについては、答えられないままである。オレームはたしかにそう考えていたであろうが、想像の域を出ない。しかし、そのような空間は、それが神の宿るものとして現実的だとするかぎりにおいては延長しているのか。グラントはそうではないと考えている（彼はその著 *Source Book*, 553 n26で、それを「超越的で非次元的」と呼んでいる）。だが、問題はまったく明確になっていないと思われる。というのも、それがどれほど仮定的ないし思索的なものであったとしても、神は自らに、神自身に固有の種の次元性を備えていると考えられるからである。たとえばスアレス（1548頃－1618年）はそうした見解をとっており、次のように述べている。「われわれは、神的実体の性質と広大さを、何らかの延長という、必然的にわれわれが物体との関係によって説明するものによってしか考えられない」(Suarez, *Disputationes Metaphysicae*, 2 : 100. Grant, *Much Ado About Nothing*, p. 154 からの引用)。

(27)「誰も中世においては、神がこの世界の外に、三次元で、有限ないし無限な真空を現実に創造したと信じるにはいたらなかった」(Grant, *Much Ado About Nothing*, 121)。問題は単純ではない。グラントが示しているところでは、ビュリダンほどの思想家が、神は「無限で不動な三次元の空間」を創造したかもしれないと認める立場と、そうした創造は、「神の絶対的権能を脅かし、これを制限するもの」となるだろうとする立場との間で揺れている（Ibid., 128)。こうしてビュリダンは、「14世紀のスコラ学者たちによって突きつけられた諸々の実無限の創造というディレンマを、たしかに露呈している」(ibid.)。創造に関する妥協案は、他の思想家によっても試みられている。たとえば、14世紀半ばにリパのヨハネスは、有限であれ無限であれいかなる真空が存在するとしても、神の広大無辺性は、そのようないかなる真空についても、その「境界を画する」のだとした。すなわち、神はどの空虚の内にもあるだけでなく、どの空虚も神の内にあるというわけである。(これ以上の議論については、ibid., pp. 129–134 を参照せよ。)

(28) *Hermetica, the Ancient Greek and Latin Writings which Contain Religious or Philosophic Teachings Ascribed to Hermes Trismegistus*, ed. and trans. W. Scott（Oxrford : Clarendon Press, 1924), I : 318.

(29) 英訳は、Grant, *Source Book*, 556–567。

(30) グラントの指摘によると、オレームは、「実際に存在する宇宙外的空間……」を信じていた。「その実在性は、理性と悟性によってのみ確認される（*Much Ado About Nothing*, 120)」。こうした認識上の実在性は、無限な空虚を「想像的」だとするオレームの特徴づけと両立しうる。

というのも、感覚によってもたらされるどんなものと比べても、それは身分上想像的なものだからである。しかし、究極的にはそれは知性の対象――まさしくトリスメギストゥスが主張していたのと同じ――である。同様に、ブラドワディーンにとっても、神は、「神性以外の何ももたない、想像的な無限の場所の内に遍在している」（Grant, *Physical Science in the Middle Ages*, 77）のだが、まさにこの場所――つまり、この無限の空間――は、神がその内に遍在しているというまさにそのことによって、実在的なものとなる。

（31）Grant, *Much Ado About Nothing*, 142. 完全な記述は以下の通り：「ブラドワディーンは、新たな種類の空虚、すなわち、神以外の一切を欠いている空虚について明確に論述してみせたが、後者、つまり、神が非延長的であるがゆえに、恐らくそうした空虚もまた非延長的である。こうしてブラドワディーンは、「霊に満たされ」、想像的で無限の空虚な空間の現実的存在を主張した」。

（32）*De Causa Dei contra Pelagium* より。英訳は、Grant, *Source Book*, p. 559. 強調引用者。グラントは、他の箇所で次のように述べている。「神は任意の特定の場所の内には現前しないが、それでも、どの特定の場所の内にも現前するのである」。

（33）Grant, *Source Book*, 559.

（34）Ibid. グラントが述べているところでは、「明らかに場所Bは、この世界外の、ないし、この世界を越えたどの場所をも代表するものとして、正当に捉えることができる。それゆえ、神はどこにでもいることになるのである」(p. 556 n II)。

（35）Grant, *Much Ado About Nothing*, 142.

（36）しかしながら、ストア派とは異なり、クレスカスは複数世界を認めている。H. A. Wolfson, *Crescas' Critique of Aristotle*（Cambridge, Mass.: Harvard University Press, 1929）の諸箇所、および、グラントが *Much Ado About Nothing*, p. 22 f. において扱っている箇所を参照せよ。グラントの主張によれば、「クレスカスは、古代ギリシア以降の西欧世界において、無限で三次元の空虚な空間の存在を明確に採用した、初めての学者だったであろう」（*Much Ado About Nothing,* 332 n 20）。クレスカスはここで、「空間的」ないし「宇宙的」延長の三次元性に関するピロポノスの主張にきわめて類似した見解を導いているが、「三次元の真空は、われわれの世界をあらゆる方向へと超出し、無限に延長している」と主張することで、さらに前進している（*Much Ado About Nothing*, 22）。

（37）*Much Ado About Nothing*, xii. グラントは以下を付け加えている。「アイザック・ニュートンは17世紀に、トマス・ブラドワディーンが14世紀に行ったのと同じ知的枠組みの中で活動した」。

（38）Bradwardine, *De Causa Dei contra Pelagium,* in Grant, *Source Book*, p. 560.

（39）想像上の場所（situs imaginarius）という用語は、ブラドワディーンによって用いられている。Ibid., p. 558.

（40）これは、グラントの、*Much Ado About Nothing*, p. 142 に見られる以下の記述的フレーズから。「ブラドワディーンは、神に満ちた無限の空間がわれわれの有限な宇宙を包囲しているとした。ブラドワディーンの見解に見られるこうした神学的本性を鑑みるなら、ひとが彼の概念から何がしかの体裁を取り入れるのは、それによって空間を幾何学的に表現したり物理学的に探究したりするためではなく、空間を神格化することに関心があってのことであることを見出しても、何ら驚くべきことではない」。

（41）Frances A. Yates, *Giordano Bruno and the Hermetic Tradition*（Chicago: University of Chicago Press, 1964）, I；強調引用者。

（42）実際コイレは、彼のこの古典的テクストでまさに最初に行っている以下のような主張によって、無限という概念が原子論者によって提示されたとするのはいまだ直接的には不明瞭であ

る、との見解を認めている。すなわち、コイレによると、原子論者が古代ギリシアないし中世の思想家の主流に受け入れられたことは決してなかったのであり、いずれにせよ、「この普遍宇宙が無限化されていく歴史を、古代ギリシアの原子論者たちがもっていた世界観の再発見へと還元するのは不可能である」。(*From the Closed World to the Infinite Universe* [Baltimore : Johns Hopkins University Press, 1957], 5)。それはたしかにその通りであるが、原子論者とルネサンス期の哲学者たちとの間に介在する、無限についてめぐらされた思索の広範な歴史をコイレは考慮していない。注目されることのないある註の中で、コイレは、「フィレンツェ・アカデミーからケンブリッヂ・プラトン主義者までの、プラトン主義と新プラトン主義の復活の歴史」の重要性については認めているが (p. 277)、イアムブリコスやピロポノスといった、無限空間という概念の発展に対してきわめて批判的であった新プラトン主義者たちについては扱っていない。

(43) このテクストは、*Beiträge zur Geschichte der Philosophie und Theologie des Mittelalters*(Münster, 1928) のシリーズ中の vol. 25, *Das pseudo- hermetische Buch der XXIV Meister* として C. ベムカーによって編集された (Koyré, *From the Closed World to the Infinite Universe*, 279 n, 19 で引用されている)。

(44) ラテン語による定式 "sphaera cuius centrum ubique, circumferentia nullibi" についてのこうした拡大解釈は、1584年に書かれたブルーノの論文 *Concerning the Cause, Principle, and one* に見られる。英訳は、グリーンバーグによった。S. Greenberg, *The Infinite in Giordano Bruno*(New York : King's Crown Press, 1950), 162. 原題は、*De la causa, principio, e uno*, 1584.〔「原因・原理・一者について」『ジョルダーノ・ブルーノ著作集 第3巻』加藤守通訳、東信堂、1998年〕。元々の定式についてのブルーノ自身によるひねった解釈が意図しているのは、結局のところ、中心と縁とは識別可能ではないということ――実際、両者は、無限性という視点のもとでは究極的には同じものであるということ――である。

(45)「[クザーヌスは]空間 (方向) と運動についての知覚の相対性から導き出した (終わりから二つ目の) 結論に基づき、次のように主張した。すなわち、いずれの観察者の世界像も、その観察者がこの普遍宇宙において占める場所によって規定される。さらに、それらの場所のどれ一つとして、絶対的に特権的な価値 (たとえば、この普遍宇宙の中心であるといった価値) をもつとすることはできないのであるから、われわれは、異なった等価の諸々の世界像の存在が可能であること、[および] それらのどれもが、まったく字義通りの意味で相対的な性質のものであることを認めねばならない」(Koyré, *From the Closed World to the Infinite Universe*, 16. クザーヌスの『学識ある無知について』I, ii, chap. 2についての註釈から)〔ニコラウス・クザーヌス『学識ある無知について』山田桂三訳、平凡社ライブラリー、1994年〕。

(46) Bruno, *Concerning the Cause, Principle, and One*, P. 162. 言い換えるなら、端あるいは限界とは、それを越えて、もしくは、その外側に何かがあることを含意するものだというかぎりにおいて、そのような実効的な端や限界はないということである。だが、それを越えて、もしくは、その外側には、まったく何もない――そのような「～を越えて」や「～の外側に」さえもないのである！ひとは、自分の腕や杖を無へと伸ばすことができないどころか、端として指示されうるような位置、すなわち、そこから腕や杖を伸ばす行為が行われるのでなければならないような位置に、よじ登ることさえできない (ただし、「伸ばす」とは、ある定まった位置から伸ばすことだとする基本的な意味を保ち続けるとしたうえでのことだが)。

(47) 私はここで、ブルーノの1584年の著作 *The Expulsion of the Triumphant Beast*(Spaccio de la Bestia Trionfante) を念頭においている。英訳は、A. D. Imerti (New Brunswick : Rutgers University Press, 1964)。

(48) *Nicholas of Cusa on Learned Ignorance*, trans. J. Hopkins (Minneapolis: A. J. Banning, 1981), 52.

(49) クザーヌスが周到に述べているところでは、「存在が可能なもの、ないし、質料は、……現実に無限へと届くことのできないものである」(ibid., 90)。同様の根拠に基づき、複数であるものは、量においてどれほどの大いさをもつものであろうと、この絶対的極大者と、決して等しくあることはできない。「〈絶対的唯一性〉は、あらゆる複数性を免れている」(p. 97; p. 91 も見よ)。

(50) Ibid., 53. 強調原文。

(51) 「そして、それは、ありうるもののすべてであるから、より大きなものがありえないのとちょうど同じく、その同じ理由によって、より小さなものもありえない。ところで、〈極小者〉は、それより小さなものがありえないものである。そして、〈極大者〉もまたそのようであるから[つまり、より小さなものを認容しえないものであるから]、明らかに〈極小者〉は〈極大者〉と一致する」(ibid., 53)。

(52) Ibid., 53. 把握不可能性について、クザーヌスは次のように述べている。「(それより大きなものがありえないような) 端的にして絶対的〈極大者〉は、われわれが把握しうる以上に大きいのであるから (なぜならそれは、〈無限の真理〉であるから)、われわれは、把握不可能であるという以外の方法ではそれに到達できない。というのも、それは比較によってより一層大きくありえるものや小さくありえるものとは本性を異にするので、われわれが把握しうるどんなものをも超えているからである」(ibid.)。

(53) 〈極大者〉の唯一性については、ibid., bk. I., chap. 5; bk. 2. chap. 3 を、その必然性については bk. I, chap. 6. を参照せよ。

(54) 「〈絶対的極大者〉のみが否定的に無限である……一方、この普遍宇宙は、神でないすべてのものを取り囲むのであるから、境界づけられず、またしたがって、欠如的に無限であるとしても、否定的に無限ではありえない……というのも、何であれ、それに対してこの普遍宇宙が境界づけられるような、普遍宇宙より現実に大きいものを措定しうるというのは正しくないからである」(ibid., 90)。

(55) Ibid., 90. p. 114 も参照せよ。「この世界は無限ではないが、有限とも考えられない、なぜなら、それはそれを囲む境界を欠いているのだから」。

(56) 「すべての被造物は、いわば、有限な無限であるか、もしくは、創造された何らかの神にすぎない〔つまり、唯一の創造主たる神ではない〕」(ibid., 93)。

(57) Ibid., 96.

(58) Ibid., 97.

(59) Ibid., 97.

(60) 有限な無限における神の無限性の縮約は、クザーヌスの以下の主張によって示唆される。「神は広大無辺であるから、太陽や月の内では、絶対的なあり方で、それらがあるがままのところのものであるけれども、太陽にも月にも含まれない」(ibid., 97、強調引用者)。もちろん、極大的に無限なものである神が、有限な事物の内に実存するというのはパラドクスである。これに対するクザーヌスの答えは、神は、縮約というあり方でそれらの内にあるというものである。事物が神の内に「畳み込まれる」のに対して、神は自らをそれらの事物の内で「開示する」。事物は神から開示されるのである。(畳み込みと開示の対比については、『学識ある無知について』第Ⅱ部第6章を参照せよ。)

(61) Ibid., 99. 「万物は万物の内にある」というクザーヌスの言葉は、ホワイドヘッドによる「すべてのものが、あらゆる所につねにある」という指摘と対比されるべきものである (Alfred

North Whitehead, *Science and the Modern World* [New York, Cambridge : Cambridge University Press, 1926], 93)〔「科学と近代世界」『ホワイトヘッド著作集　第6巻』上田泰治／村上至孝訳、松籟社、1981年〕。

(62) *On Learned Ignorance*, 98.

(63) 地球がこの普遍宇宙の中心に所在を与えられているものとするプトレマイオスの見解——および、それによって含意される、所在を与えるものとしての場所のもつ厳密な意味——に関しては、Liba C. Taub, *Ptolemy's Universe : The Natural Philosophical and Ethical Foundations of Ptolemy's Astronomy*（Chicago : Open Court, 1993）を見よ。

(64) *On Learned Ignorance*, 114. 論証の最初の部分は次のようになっている。「もし[この世界が、固定された]中心をもつとしたら、それは、[固定された]縁ももつことになってしまう」(ibid.)。この論証の背後には、幾何学的な前提だけでなく、神、すなわち、〈絶対的極大者〉においては、「この世界の中心は縁と一致する」という（ibid.）究極的前提がある。

(65) Koyré, *From the Closed World to the Infinite Universe*, 23. コイレはまたクザーヌスについて、「中世的な宇宙概念を拒絶し、この普遍宇宙の無限性を主張したという功罪がしばしば帰せられる、滅び行く中世における最後の偉大な哲学者」とも記述している（p. 6）。クザーヌスは、クレスカスと同じく、明らかに端緒をなす——場所／空間の歴史上、紛れもない転換点を印した——人物である。

(66) Paul O. Kristeller, *Eight Philosophers of the Italian Renaissance*（Stanford : Stanford University Press, 1964), 136〔P. O.クリステラー『イタリア・ルネサンスの哲学者』佐藤三夫訳、みすず書房、1993年〕.

(67) Arthur O. Lovejoy, *The Great Chain of Being : A study of the History of an Idea*（New York : Harper & Row, 1960), 118 に所収の、ブルーノの *De l'infinitio universo e mondi* からの引用。

(68) Lovejoy, *Great Chain of Being*, 118–119.「存在の等級」という用語は、ラブジョイによるものだが、ブルーノによる以下の記述において示唆されている。「完全性についての数え上げられない程の等級は、物体的な様態を通して、神の非物体的完全性を開示するのでなければならない」(Bruno, *On the Infinite Universe and Worlds*, trans. D. W. Singer, in *Giordano Bruno : His Life and Thought*（New York : Greenwood, 1968), 257 ; 以下、シンガーによる英訳を使用する)。

(69) Bruno, *On the Infinite Universe and Worlds*, 256.

(70) Ibid., 255.

(71) Ibid., 254.ブルーノは以下を加えている。「いかなる差異もない所には、いかなる質の区別もないし、いかなるものもない所には、おそらく質すらもない」(ibid.)。アリストテレスが、類似した根拠によって空虚を拒絶していたことを想起されたい。すなわち、空虚における差異の欠如は、その中での運動を許さない、というものであった。

(72) Lovejoy, *Great Chain of Being*, 117におけるブルーノについての註釈から。

(73) *On the Infinite Universe and Worlds*, 254.

(74) Ibid., 256.ドロテア・シンガーは以下の点を指摘している。「ブルーノは、「普遍宇宙 universo」という語を、無限の普遍宇宙の意味で用いている……。[彼は]「世界 mondo」という語を、われわれの地球という意味においてのみならず、われわれの感覚によって把握されるこの普遍宇宙という意味でも用いており、この点ではアリストテレス主義者たちが考えていたのと同様である」(*Giordano Bruno*, 231 n 2)。反対に、「通常ニコラウス[・クザーヌス]は、「世界」と「普遍宇宙」という語を交換可能なものとして使っている」(Hopkins, *Nicholas of Cusa on Learned Ignorance*, 194 n 46)。

(75) *On the Infinite Universe and Worlds*, 258.

(76) Lovejoy, *Great Chain of Being*, p. 117 における *De Immenso*（1586）からの引用。

(77) Lovejoy, *Great Chain of Being*, p. 118 における *On the Infinite Universe and Worlds* からの引用。

(78) どちらの言明も、*On the Infinite Universe and Worlds*, 257. ブルーノが同じテクスト中で指摘している次の記述も参照せよ。「広大にして無限なこの普遍宇宙は、そうした一つの空間と、その空間の中に含まれる非常に多くの物体から構成された複合体である」（Arthure D. Imerti による、G. Bruno, *The Expulsion of the Triumphant Beast*, 51 からの引用）。

(79) *On the Infinite Universe and Worlds*, 257.

(80) Ibid, 250.

(81)「こうして、われわれは、われわれの住むこの地球の表面について、感覚による知覚がわれわれを欺くという経験をもっているのだから、星霜界の限界をなすものについて感覚による知覚がわれわれにもたらす印象については、さらにずっとこれを疑うべきである」（ibid, 251）。

(82) Nicholas of Cusa, *on Learned Ignorance*, 89. *On the Infinite Universe and Worlds,* 55–56 も見よ。

(83) 厳密には両者は、ブルーノ哲学のさらに大きな描像において四つ組を構成している。有限において、諸事物と諸世界という二つの秩序があるように、無限にも二つの秩序がある。すなわち、この普遍宇宙の秩序と、神の秩序である。神の無限性は、「全内含的全体」である――この普遍宇宙だけでなく、そのすべての部分に行き渡っている――が、一方、この普遍宇宙の無限性は、全体に行き渡ってはいるものの、その各部分（つまり、特定の事物）には見出されないから、内含的でない全体性である。この区別について最初に論じたのは、クザーヌスであろう。この区別については、ブルーノの、*On the Infinite Universe and Worlds,* 261–262 を見よ。

(84) どちらの定式化についても、*Concerning the Cause, Principle, and One* の第五対話のラブジョイによる翻訳から引用した（*Great Chain of Being*, p.120）。

(85) Cusa, *On Learned Ignorance*, 88.

(86) Ibid.；強調原文。

(87)「偉大なる神よ、栄光に包まれたこの庭で、あなたの計り知れない［unsearcheable、原文のまま］、目で見ることのできない御業を、われわれは部分的ながら、それらの目に見える御業を通じ推し量ることができるでしょう、そして、量と質のどちらともにおいて、他のすべてのものの頂にあるそのような無限の場所は、あなたの無限なる［infinit、原文のまま］力と威厳にのみ似つかわしいのです」（Lovejoy, *Great Chain of Being*, p. 116において引用された、ディッゲスの1576年のテクスト、 *A Perfit Description of the Caelestiall Orbes*）。

(88) *Concerning the Cause, Principle, and One*, 164.

(89) 包み込みと展開については、*Concerning the Cause, Principle, and One*, 165–168 を参照せよ。包み込み（complicatio）と 展開（explicatio）という語は、元々クザーヌスによる。これらの用語は、ライプニッツに引き継がれることとなるが、これについては、ジル・ドゥルーズによる最近の解釈の中で強調されている通りである。*The Fold : Leibniz and the Baroque*, trans. T. Conley（Minneapolis : University of Minnesota Press, 1993）〔『襞――ライプニッツとバロック』宇野邦一訳、河出書房新社、1998年〕。

(90) *Concerning the Cause, Principe, and One*, 160.「不動」という言葉でブルーノが意味しているのは、この普遍宇宙が全体としては所在を変える運動を行わないということである。この普遍宇宙は、「それ自体では所在を変えて運動しない、なぜなら、それは、それ自体の外に、それ自体をそこへと移動させる行く先となるものを何ももたないからである――というのも、それ自体が万物なのだから」（ibid.）。

(91) ブルーノはこのフレーズを、想像に結びつけている。*On the Infinite Universe and Worlds*, p. 264.

(92) Lovejoy, *Great Chain of Being*, p. 116.

(93) さらなる議論については、以下を参照のこと。Alfonso Ingegno, "The New Philosophy of Nature," in *The Cambridge History of Renaissance Philosophy*, ed. C. B. Schmitt and Q. Skinner (Cambridge : Cambridge University Press, 1988), 253 ff. ("The Struggle with Authority").

(94) 批判的傾向については、Charles B. Schmitt, "Experimental Evidence for and Against a Void : The Sixteenth-Century Arguments," *Isis* 58 (1967) : 352 を見よ。しかし、自然についての諸著作〔libri naturales〕[つまり、アリストテレスによる自然哲学] について、15、16世紀に与えられた註釈はテクストに一層忠実であり、元々の意味するものについての識別、ならびに、大抵はそれを擁護することにさらなる熱意を込めていた」のも事実である(William A. Wallace, "Traditional Natural Philosophy," in *The Cambridge History of Renaissance Philosophy*, 203.)。

(95) こうした発展についての考察は、Ingegno, "The New Philosophy of Nature," 236-244を見よ。グラントが主張するように、「ゾロアスターからフィッツィーノ以降にまで続く、異教徒ならびにキリスト教徒の哲学者や神学者たちを繋ぐ大きな流れをどのように捉えるにせよ、すなわち、独立したものとして捉えようと、新プラトン主義の一部として捉えようと、あるいは、宗教哲学〔pia philosophia〕における主要な一鎖として捉えようと、いくつもの強力な折衷的哲学が、中世と近世初期のスコラ主義において支配的だったアリストテレスの自然哲学と宇宙論に反対する形で発展したのは確かである。その折衷的諸哲学における中心的位置を占めたのは、プラトンであった」(Grant, *Much Ado About Nothing*, 183)。

(96) ここで引用したのは、ベンジャミン・ブリックマンによるパトリッツィの *Nova de universis philosophia* (1587) の一部を翻訳したもの。Benjamin Brickman, "On Physical Space, Francesco Patrizi," *Journal of the History of Ideas* 4 (1943), 240-241. ただし、グラントによって多少修正されている。Grant, *Much Ado About Nothing*, 204. グラントの指摘によれば、テレシオは、空間が他のいかなるものとも異なっているということを1565年にすでに主張しており、当時のスコラ主義思想家の幾人かは、異なる根拠に基づいてではあるものの、これに同意さえしていた。また実際、ジャン・ビュリダンとウォルター・バーリーは、空間が実体/附帯性という枠では捉えることができないとの考察を14世紀に行っていた。ただし、それは超自然的に創造された空間についてのみ真であって、通常の自然物理的空間についてはこのかぎりではないことが、両者ともに前提されている。

(97) この点で、パトリッツィはブルーノと異なっている。ブルーノは空間を、本質的に創造されたものでなくはじめから与えられたものとしており、この意味ではプラトンのコーラとも異なっている。ブルーノにとって空間は、神から流出したものでも、神を特徴づけるものでもない。

(98) "On Physical Space," 225. パトリッツィによる、空間についての以下の記述も参照せよ。「〔空間とは、〕それ以外の他のすべての事物が、自らの実存のために要請するところのものであり、それらの事物はそれなくして実存することはできないが、空間それ自体は他のいかなる事物がなくても実存しうるのであり、空間自体の実存のためには、他のいかなるものも必要とされない」(ibid., 225)。

(99) Ibid., 241.

(100) Ibid., 226.

(101) クロンビーが指摘しているように、アリストテレスにとって「次元は次元を伴った物体から離れては存在することのできないものであった。彼は、次元を物体の量的属性と捉えており、一

方、いかなる属性もそれが内属する実体から離れては存在できないものであった」(A. C. Crombie, *Medieval and Early Modern Science, Vol. 2: Science in the Later Middle Ages and Early Modern Times* [New York: Anchor, 1959], 36)。

(102)パトリッツィ自身、ひとたびわれわれが空間の端に自らの身を置くなら、空間にはいかなる実効的限界もありえないとするアルキュタスの議論を引き合いに出している。この議論についてはPatrizi, "On Physical Space," pp. 236–237, および、*Much Ado About Nothing*, p. 386 n 131におけるグラントによるコメントを参照のこと。

(103)この点については、ブルーノはそれほど近世を先取りしていたわけではなく、次のように主張している。すなわち、空間は「不可浸透的」なのであって、受容的であると同時に不可浸透的(impenetrabile)である、とする。彼の見解では、ただ不連続な大きさだけが浸透性をもつ、つまり、連結されていない部分と部分の間に入りこむことができる。この教義については、ブルーノの後期の論文 *De immense et innumerabilibus* (1591) を参照のこと。それでも、ブルーノとパトリッツィはどちらも空間を無限で均一的、連続的、不動であると捉えており、この意味で、両者は17世紀に提唱された諸々のモデルの先駆である。決定的な相違は、パトリッツィがそうしたすべての性質を明確に三次元性に基づくものとしていることにある。「三次元性は、物体の受容にいかなる抵抗も示さないし、物体を受け容れることで、実際に物体に浸透できる。空間は、そうした三次元性を伴うなら、物体と同時に共存できるのであり、それらに対する絶対的に不動な容器としての役割を果しうるであろう。[三次元的な]空間が物体を受け容れると同時に物体に浸透するのだと想定することで、パトリッツィは、空間が連続的、不動、均一であると明確に示している」(Grant, *Much Ado About Nothing*, 202)。

(104)Patrizi, "On Physical Space," 231. パトリッツィによる以下の記述も見よ。「しかしながら、場所〔locus〕が、所在を与えられたもの〔locatum〕とは異なっていると言われる場合、それは、所在を与えられたすべてのものが物体である一方、場所は物体ではないのであって、さもなければ二つの物体が相互に浸透し合ってしまうことになるという意味において理解されるのでなければならない。それゆえ、物体でない場所は必然的に、三つの次元——長さ、幅、深さ〔=奥行き〕——を備えた〈空間〉(spacium) であることになろう。そして、それら三つの次元を伴うことで、空間は自らの内に、囲まれた物体の長さ、幅、深さ〔=奥行き〕を受け容れ、保持するのである」(ibid.)。(spacium は、古典ラテン語の spatium に対する中世ラテン語の語である。)

(105)Ibid., 241. パトリッツィは、その著 *Pancosmia* 中の「空気について」という章で、「空間は物体の中で最も非物体的である、なぜなら、それは最も希薄なものだから」と述べている(Grant, *Much Ado About Nothing*, 386 n 139における引用から)。パトリッツィの光に関するさらなる議論については、John Henry, "Francesco Patrizi da Cherso's Concept of Space and Its Later Influence," *Annals of Science* 36 (1979): 556 ff. を参照せよ。

(106)「明確な跡をたどることはできない」と述べたが、それは以下の一節が、すぐ前の数頁で論じた意味での余地に類似したものを指すに留まっているためである。「〈空間〉のこれら二つの種類[つまり、この世界とこの普遍宇宙]の内いずれも、物体ではない。どちらも物体を受け容れることができる。どちらも物体に道を譲ることができる。……どちらも物体に対するいかなる抵抗ももたず、どちらも物体が運動する際にはそれらの物体に場所〔locus〕を譲り、残す」("On Physical Space," 238.) 諸物体に「場所〔locus〕を残す」という考えは、物体に「余地を与える」という概念ときわめて近似している。

(107)"On Physical Space," 236–237、および、Grant, *Much Ado About Nothing*, 201–202 における議論を見よ。ブルーノにとって宇宙的空間、つまり、この世界の空間はやはり有限であると同時

に無限であったことを想起されたい。

(108)パトリッツィはまた、この世界内の、微小な間隙としての真空を信じていた。それらの内部的真空については、Henry, *Francesco Patrizi*, 563–564を参照のこと。中世の思想家たち、たとえば、オートルクールのニコラウスも、間隙としての真空を措定していた（Grant, *Much Ado About Nothing*, 75 を見よ）。

(109)Gianfrancesco Pico della Mirandola, *Ex vanitatis doctrinae gentium et veritatis Christianae disciplinae*（1502－1514年の間に書かれたもの），6 , chap. 4, p. 768. C. B. Schmitt, *Gianfrancesco Pico della Mirandola*（1469–1533）*and His Critique of Aristotle*（The Hague： Nijhoff, 1967），140–141における引用から。ヂャンフランチェスコは、より有名な、ヂョヴァンニ・ピコの甥である。若い方のピコは、明らかにピロポノスとクレスカスの影響を受けている。

(110)Tommaso Campanella, *Universalis philosophiae*, bk. 2, chap. 13, p. 288. Grant, *Much Ado About Nothing*, 195 における引用から。

(111)Campanella, *Metafisica*, vol. 2, bk. 10, chap. 1, art. 5. Grant, *Much Ado About Nothing*, 195における引用から。

(112)Bruno, *On the Infinite Universe and Worlds*, 253.ブルーノがルクレティウスの *De rerum natura* を読んで――あるいは、キケロがこれを取り上げている *De natura deorum*, I, 20, 54 であったかもしれない――、この謎かけについて学んでいたことは確かである。アルキュタスによる刺激的な思考実験がたどった経過について、独立してその歴史をうまくまとめた箇所がある。

(113)"Locum nihil esse aliud, quam spatium hactenus descriptum"（ガッサンディによる場所〔locus〕についての議論に当てられた章題名）。Gassendi, *Opera Omnia*（Lyon, 1658）, III, 216。引用と英訳は、Schmitt, *Gianfrancesco Pico della Mirandola*, 143 によった。場所と空間とを区別しないのは、ベルナルディノ・テレシオの *De rerum natura*（1544－1552年の間に書かれたもの）にも見られる姿勢である。おそらく、無限の均一空間を措定した最初のルネサンス思想家であったテレシオにとって、「場所」（locus）は、受容性という特性――この特性は、人間の感性的直観を「受容性」として捉え、空間とはその二大形式の一つであるとするカントの見解の内に、実質的に無傷のまま生き残っていくことになるだろう――をもつものであった。ブルーノとパトリッツでは、受容性は明らかに、かつ、もっぱら「空間」（spacium）にのみ帰せられていた。さらに、カンパネルラは、空間的構造の究極的源、とくにその三次元性が、心の内に見出されうると信じていた。心（mens）は「空間を線、平面、深さ〔＝奥行き〕へと分割する［、そして、それらを作り出す］、というのも、それはより高次の秩序である形而上的世界の内にあるのだから」（*Metafisica*, 2： 370； Grant, *Much Ado About Nothing*, 196 における引用から。さらなる議論については、カンパネルラの *Physiologia* [1592] を見よ）。

(114)Patrizi, "On Physical Space," 239–240. 実際、パトリッツィの *Nova de Universis Philosophia* から、これよりもっと完全な形で引用されている別の記述によると、真空さえ空間によって置き換えられている。「真空そのものは、三次元の〈空間〉に他ならない」（ibid., 231）。再び、「～にほかならない」という強い限定語に注目されたい。こうしてパトリッツィは、この限定語のおかげで、真空、つまり、多くの思想家にとっての（時としてパトリッツィ自身にとっても）空間のまさに原型が、その写しである空間に地位を奪われるべきものだと提唱しうることとなったのである！

(115)こうした理由から、私はウォレスの次の主張には賛成できない。「13世紀の初めから17世紀中頃までにかけての……思想の発展は、不連続なジャンプの積み重ねというよりも、一つの連続体になぞらえられるようなものであるだろう」（"Traditional Natural Philosophy," 202）。たしかに13世紀から16世紀までは、一つの連続体として捉えられるが、16世紀は、場所と空間の問

題において枠組みの変化を印す、まさに転換点なのである。

(116)「物質においてさえ欲求と感覚が見出されるのであるから、どうして空間においても見出されないことがあろうか」(カンパネルラの *Del senso delle cose*, bk. I, chap. 12, in Grant, *Much Ado About Nothing*, 196. ここでグラントが指摘しているところによれば、カンパネルラは「空間に感覚と感情を与えている」)。空間をめぐる16世紀的な把握の仕方における特別な点を指摘したからといって、空間についての16世紀的思索と17世紀的思索の間の深い関連を否定することにはならない。ケプラーは明らかにブルーノによって、また、ガッサンディはパトリッツィによって影響を受けた。ケプラーが、ブルーノから影響を与えられたと明確に表示している――ガリレオにはっきりと認めている――ことについては、Ingegno, "The New Philosophy of Nature," 261–262を見よ。パトリッツィがガッサンディにもたらした深大な影響については、Grant, *Much Ado About Nothing*, 389 n 165を見よ。「ガッサンディは、彼の死後出版された *Syntagma philosophicum*(Lyon, 1658)の中で、テレシオ、パトリッツィ、カンパネルラ、ケネルム・ディグビーに言及している。これらの思想家たちの内、ガッサンディが記述しているのは、パトリッツィによる空間についての教説のみである」。

(117) Rudolf Arnheim, *The Dynamics of Architectural Form* (Berkeley: University of California Press, 1971), 86 において引用されたセオドア・リップスの言葉。空間が無際限に拡張するというカンパネルラの考えについては、Grant, *Much Ado About Nothing*, 196–198 を参照のこと。

第Ⅲ部

幕間

(1) まさにアリストテレスに言及しながら、ベルクソンは場所がもつ質的な次元の重要性について、近世初期の考え方と比較して次のように指摘している。「空虚で無限定な空間の代わりに、ただその大きさによって限定されているだけでなく、その質によって定義づけられてもいる場所[をアリストテレスは記述する]」("L'idée de Lieu chez Aristote", *Les Études Bergsoniennes* [1949], 2:100.〔アンリ・ベルクソン「アリストテレスにおける場所の観念」『ベルクソン全集 第1巻』村治能就/廣川洋一訳、白水社、1965年〕。これは、ベルクソンが1889年にラテン語で書いた学位論文、"Quid Aristoteles de loco senserit"の翻訳である)。

(2) Damascius, *Damascii diadochi dubitationes et solutiones de primis principiis*, ed. C. A. Ruelle (Paris, 1889); translated in S. Sambursky, ed., *The Concept of Place in Late Neoplatonism* (Jerusalem: Israel Academy of Sciences and Humanities, 1982), 95. ここで言う「場所」は topos の訳語である。

(3) Ibid.

(4) 場所と空間を仲介する言葉である「余地」に頼ることがどれほど魅力的だとしても、それはここでは、場所と空間はどのように関係し合っているかという問題をただ置き換えるだけでしかない。この置き換えは、ピロポノスの「宇宙の余地(chōra)でもあり場所(topos)でもある宇宙的な延長は、それ自体ではどんな差異ももたない」(from Philoponus, *In Aristotelis physicorum libros quinque posteriores commentaria*, 569, lines 13–15; as translated in Sambursky, *The Concept of Place in Late Neoplatonism*, 119)という主張において歴然としている。場所に関する古代の言説の二つの等根源的な言葉、chōra と topos があからさまに並置されているのがとくに目立っている。

(5) William Gilbert, *De mundo nostro sublunari philosophia nova* (Amsterdam, 1651), bk. 2, chap.

8, p. 144; cited in Max Jammer, *Concepts of Space: The History of Theories of Space in Physics* (Cambridge, Mass.: Harvard University Press, 1969), 90.〔マックス・ヤンマー『空間の概念』高橋毅／大槻義彦訳、講談社、1980年〕ラテン語の原文は、'locus nihil est, non existit, vim non habet'である。

(6) 全文は次の通りである。「何らかの物体をもつことが領域ないし空間ないし場所にとって不可欠であるのに劣らず、つねに何らかの形をもつことは物質にとって不可欠である」(Pierre Gassendi, *Syntagma philosophicum*, section on Physics, translated by C. B. Brush, *The Selected Works of Pierre Gassendi* [New York: Johnson, 1972], 386)。しかし、ガッサンディは、「時間ないし持続」を「場所ないし空間」と比較するときには (ibid., 395)、場所と空間という、より普通の二項による言い方も用いている。

(7) アリストテレスの共通の場所についての記述である、「すべての場所の総和」という言い方は、Jammer, *Concepts of Space*, p. 22に由来する。ヤンマーは、「われわれの観点からすれば、空間が(近世的な表現を用いれば)力の場に喩えられているアリストテレス『自然学』(208b9–14)の一節は、きわめて興味深い」(p. 19)と指摘している(私は第3章で、場所のある側面はある場所にいる人物の身体の位置に対して相対的であるという、アリストテレスの場所論がもつ別の相対主義的側面を指摘した)。アリストテレスの空間モデルの近世との関わりに関するより詳しい論述としては、S. Sambursky, *The Physical World of the Greeks* (Princeton: Princeton University Press, 1987), 92ff., esp. p. 96を見よ。「その場所概念を形作るためのアリストテレスによる幾何学と物質の結合は、一般相対性理論の空間概念と似ていなくもない」。アリストテレスが近世初期の自然学のいくつかの概念——たとえば、運動と速度——を先取りしているという議論については、Edward Hussey, *Aristotle's Physics, Books III and IV* (Oxford: Clarendon Press, 1983), 176 ff.を見よ。

(8) Philoponus, *In Aristotelis physicorum libros quinque posteriores commentaria*; as translated in Sambursky, *The Concept of Place in Late Neoplatonism*, p. 119. アリストテレス流の先在する自然的場所という考えを退けたという点で、ピロポノスは場所相対主義へと駆り立てられている。「場所は物体をそれに固有の場所へと動かすだけの力を何らもっていない。むしろ、物体はその配置を保とうとする」(cited from *In Aristotelis physicorum libros quinque posteriores commentaria,* by Richard Sorabji, *Matter, Space, and Motion* [Ithaca: Cornell University Press, 1988], 213)。しかし、空間の無限性を退けてはいるものの、空間のことを、原理上は空っぽであるが事実上はいつも満たされているただ一つの容積的な全体と考えているという点では、ピロポノスは空間の究極的な絶対性を肯定している。

(9) 最初の言明は、Harold Höffding, *A History of Modern Philosophy* (New York: Dover, 1955), 125からとられた。「[ブルーノにとって] 地平はその中心点である観察者によって占有されたあらゆる場所の周りで自分自身を新たに作り出すのだから、場所のあらゆる規定は相対的でなければならない」。第二の言明は、Paul Henri Michel, *The Cosmology of Giordano Bruno*, trans. R. E. W. Maddison (London: Methuen, 1973), 168で引用・翻訳されたブルーノの対話編、『無限について』(*De l'infinito*) からのものである(「空間の一部」という言い方は、ニュートンの『自然哲学の数学的原理』で再び登場することになるだろう)。ブルーノは、相対主義は場所に属し、無限主義は空間にあてはまるという、興味深い妥協案を提案している。厳格に単数形である無限の空間がそうした世界すべてにとっての環境であるのに対して、つねに複数形である場所は、個別的な世界——場所はこれらの世界が内側から分節化される仕方である——に属するのである。すなわち、「われわれが……無限であると明言するただ一つの一般的空間、ただ一つの巨大な広大無辺性が存在する」(Bruno, *On the Infinite Universe and Worlds*, trans. D.

W. Singer, in *Giordano Bruno* [New York: Schuman, 1950], 363〔ジョルダーノ・ブルーノ『無限、宇宙と諸世界について』清水純一訳、岩波書店、1982年〕)。

(10) カントがわずかに場所に言及するのは、彼がそれとほとんど同じくらいわずかに、「場所の変化」としての「運動」に暗に言及するときである。Immanuel Kant, *Critique of Pure Reason*, trans. N. K. Smith (New York: St. Martin's Press, 1965), A32 B48, p. 76〔『カント全集　第4巻　純粋理性批判（上）』有福孝岳訳、岩波書店、2001年〕を見よ。しかしながら、カントの場所に対する態度のもう一つの側面が、第8章冒頭の議論で姿を現わすことになるだろう。

—第6章—

(1) 17世紀の機械論に関して、コリングウッドは「自然的世界は、有機体ではなく、機械である。すなわち、その言葉の文字通りで固有の意味における機械であり、機械そのものの外部にある知的な心が一定の目的のために計画し、集め、作動させた、物体的な部分の配列である」(R. G. Collingwood, *The Idea of Nature* [Oxford: Oxford University Press, 1945], 5〔R. G. コリングウッド『自然の概念』平林康之／大沼忠弘訳、みすず書房、1974年〕）と指摘している。延長と運動という根本原理は、おそらくフランシス・ベーコンによって初めて提案された。A. C. クロンビーも指摘しているように、「ベーコンは、すべての出来事を完全に物体と運動に還元することを提案した、近世最初期の著作家の一人であった」(A. C. Crombie, *Medieval and Early Modern Science* [New York: Doubleday, 1959], 2:290〔A. C. クロンビー『中世から近代への科学史（上・下）』渡辺正雄／青木靖三訳、コロナ社、1968年〕)。ボイルもまた――デカルトとホッブズが典型的にそうしたように――この還元を支持していた。

(2) Francis Bacon, *Novum organum*, xlv, cited in M. H. Nicolson, *The Breaking of the Circle: Studies in the Effect of the "New Science" upon Seventeenth-Century Poetry* (New York: Columbia University Press, 1960), 9.〔フランシス・ベーコン『ノヴム・オルガヌム』桂寿一訳、岩波書店、1987年〕天界の円環性は、ベーコンの言う「種族のイドラ」を象徴する事例である。

(3) この物語の私自身によるヴァージョンについては、*Getting Back into Place: Toward a Renewed Understanding of the Place-World* (Bloomington: Indiana University Press, 1993)、第1章を見よ。

(4) 17世紀の根本前提のもう一つの候補は、「局所的運動」である。クロンビーはデカルトについて論評しながら、「結局のところ、すべての自然現象は、十分に分析されたならば、局所的運動というただ一種類の変化に還元することができた。そして、この結論は、17世紀の科学の最も影響力のある信念となった」(Crombie, *Medieval and Early Modern Science*, 164) と主張している。しかし、局所的運動は単に位置を占めることという範型に論理的に含まれている、と論じることはできる――そして、ホワイトヘッドはそのように論じることになるだろう。

(5) Alfred North Whitehead, *Science and the Modern World* (Cambridge: Cambridge University Press, 1926), 72.〔『ホワイトヘッド著作集　第6巻　科学と近代世界』上田泰治／村上至孝訳、松籟社、1981年〕ホワイトヘッドはこれに、「[単に位置を占めることを] 離れれば、この図式は表現できない」(ibid.) と付け加えている。

(6) Ibid., 62; 強調原文。ホワイトヘッド自身の見解は、「われわれの直接的な経験において把握されたものとしての自然の第一次的な要素の中には、この単に位置を占めることという性格を有するような要素などまったく存在しない」(ibid.) というものである。

(7) 「まったく奇妙なことに、われわれが空間－時間の一領域のことを絶対的に規定されていると見なすにせよ、相対的に規定されていると見なすにせよ、単に位置を占めることというこの性

格は有効である」(ibid., 62)。こうして、単に位置を占めることという学説は、「空間ないし時間をめぐる絶対主義的見解と相対主義的見解の間の論争とは独立である」(p. 72)。「絶対的前提」については、R. G. Collingwood, *Essay on Metaphysics*（Oxford : Clarendon Press, 1940)、第１章を見よ。

(8) Whitehead, *Science and the Modern World*, 62 ; 強調引用者。

(9) Ibid., 64. この虚偽のもう一つの定式は次の通りである。「構成的抽象という一過程によって、われわれは物質の単に位置を占められた部分である抽象物に到達することができる」(ibid., 72 ; 強調引用者)。

(10) Max Jammer, *Concepts of Space : The History of Theories of Space in Physics*, 2 nd ed.（Cambridge, Mass. : Harvard University Press, 1969), 91.〔マックス・ヤンマー『空間の概念』高橋毅／大槻義彦訳、講談社、1980年〕ヤンマーはここで、ウィリアム・ギルバートの *De mundo nostro sublunari philosophia nova*（Amsterdam, 1651）に含まれる彼の学説について論評している。ギルバートは磁気学を研究したおかげで、引きつける力（つまり引力）は、そのときそれらが占有している個々の場所とは無関係に、すべての物質的対象を通過する、と確信したのである。

(11) Jammer, *Concepts of Space*, 90.

(12) Crombie, *Medieval and Early Modern Science*, 2 : 159. 無限の空間が17世紀に「幾何学化」されたかどうかは、それ自体論争の余地のある問いである。すなわち、コイレは幾何学化されたと想定したが、グラントはこのことへの疑念を表明している。Edward Grant, *Much Ado About Nothing*（Cambridge : Cambridge University Press, 1981), 232–234を見よ。ガッサンディの原子論については、M. J. Osler, "Baptizing Epicurean Atomism : Pierre Gassandi on the Immotality of the Soul," in V. Chappell, ed., *Grotius to Gassendi,* vol. 2 of *Essays on Early Modern Philosophers*（New York : Garland, 1992), 239–260と、とくに、L. S. Joy, *Gassendi the Atomist : Advocate of History in an Age of Science*（Cambridge : Cambridge University Press, 1987）を見よ。ガッサンディにはストア派からの影響も見られる。Grant, *Much Ado About Nothing*, 217, 213を見よ。

(13) ヤンマーは、「空間の独立性、自律性、優位性はどれもガッサンディが力強く提起したものであるが、これらは新しい自然学のさまざまな要求に対する時宜に適った譲歩であった。……ガッサンディの空間概念は、小さなスケールでは、非連続的な物質が連続的な空間を満たすという、17世紀の原子論的な理論の基礎となり、大きなスケールでは、天体力学の基礎となった」(*Concepts of Space*, 94）と述べている。しかし、そうした空間を顕在化したという点では、その名誉はガッサンディに決定的な影響を与えたパトリッツィにも等しく与えられなければならない。「パトリッツィとガッサンディが記述した三次元の空虚な空間は、ゆくゆくは有力な支持者たちを引きつけることになるだろうし、支持者たちはそれを新しい自然学と宇宙論の絶対空間にすることになるだろう」(Grant, *Much Ado About Nothing,* 221 ; p. 338 n 162, 163も見よ)。

(14) これらの科学的功績については、Crombie, *Medieval and Early Modern Science*, 2 : 159を見よ。

(15) Pierre Gassendi, *Physics*, in his *Syntagma philosophicum*, as translated in *The Selected Works of Pierre Gassendi*, ed. C. B. Brush（New York : Johnson Reprint, 1972), 385. ガッサンディのこの言明とピロポノスの立場は明らかに類似しているが、このことはさして驚くにはあたらない。というのは、ギリシア語で書かれたピロポノスの註釈書は、16世紀以降広く浸透していたからである。Charles B. Schmitt, "Philoponus' Commentary on Aristotle's *Physics* in the Six-

teenth Century," in *Philoponus and the Rejection of Aristotelian Science*, ed. R. Sorabji（Ithaca : Cornell University Press, 1987), 210–230を見よ。

（16）ガッサンディ自身の言葉で言えば、「アリストテレスは、物体的な次元以外に他の次元が存在することや、花びんや場所に含まれている物体以外のところに何らかの隔たり（diastēma）が存在することを否定する」(Brush, *Selected Works*, 385)。

（17）Brush, *Selected Works*, 387.

（18）ガッサンディがアルキュタスの謎かけを引き合いに出していることについては、Grant, *Much Ado About Nothing,* 389, n. 168を見よ。ガッサンディの壮大な思考実験については、Brush, *Selected Works*, 383–385, 386, 387, および、とくに p. 136を見よ。「地球だけでなく、普遍宇宙全体もまた無に還元され、それゆえ、神が世界を創造する以前にそうであったように、これらの空間が空っぽであったと想像してみよう」。この文で「空っぽ」と「無」がほとんど同一視されていることがとくに目立っている——あたかも、無限な空間と空虚と無はある意味で等しい、と言っているかのようである。

（19）この異端的な論点については、Brush, *Selected Works*, 388を見よ。p. 390でガッサンディは、空間は「それら創造されうる事物のうちの一つではない」と述べている。

（20）空間の無境界性と不動性については、Brush, *Selected Works*, 388を見よ。

（21）Brush, *Selected Works*, 388.

（22）Ibid., 384. グラントの指摘によれば、ガッサンディは空間が実体／偶有性という分類から独立していると宣言した最初の人物ではない——パトリッツィもダヴィッド・ゴルラエウスも最初の人物という名誉にふさわしい——が、ガッサンディが最も説得的であることは間違いない。Grant, *Much Ado About Nothing,* 209–210を見よ。

（23）Brush, *Selected Works*, 384–385. p. 384では、ガッサンディは、場所と時間——すなわち、空間と時間——は「通常実体や偶有性と呼ばれているものとは別種の、ある非物体的な本性」である、と述べている。

（24）Ibid., 383. この文の主語は実際には「場所と時間」であるが、「場所」と「空間」を交換可能と見なすのは、最後の集体成である『哲学集成』(*Syntagma philosophicum*) のガッサンディにまったく特徴的な点である。場所と空間の交換は往々にしてある文から次の文へ移行するときに起こる。たとえば、ガッサンディはたった今神は「あらゆる場所に」存在すると主張したかと思えば、すぐに「神が空間のうちにあることは神の本質とは無関係な特徴だと考えられている」(Gassendi, "The Reality of the Infinite Void According to Aristotle," trans. M. Capek and W. Emge, from the *Syntagma philosophicum* in M. Capek, ed. *The Concepts of Space and Time : Their Structure and Their Development* [Dordrecht : Reidel, 1976], 94 ; 強調引用者）と付け加えるのである。

（25）Brush, *Selected Works*, 385. したがって、「たとえ物体が存在しなかったとしても、不変の場所と展開する時間の二つは、それでもやはり存在し続けるだろう」(p. 384)。

（26）Gassendi, "The Reality of the Infinite Void According to Aristotle," 93.

（27）〈最高天〉については、Duhem, *Le système du monde : Histoire des doctrines cosmologiques de Platon à Copernic*（Paris : Hermann, 1913–1959), 7 : 197–200を見よ。

（28）Gassendi, "The Reality of the Infinite Void According to Aristotle," 94.

（29）Brush, *Selected Works*, 385.

（30）Ibid., 385 ; 強調引用者。

（31）Ibid., 384 ; 強調引用者。

（32）Ibid., 389. ガッサンディが空間は創造されないと主張するのは、この「否定的な性質」のため

である。すなわち、どんな種類のものであれ、否定的な傾向をもつ事物を創造するということは、神の威厳にふさわしくないのである。より立ち入った議論については、Grant, *Much Ado About Nothing,* 210–212を見よ。

(33) Jammer, *Concepts of Space*, 94. その第４章「絶対空間の概念」では、ニュートンと彼の哲学的・宗教的な先行者たちの間にある、深い連続性が跡づけられている。

(34)『ティマイオス』とニュートンの『プリンキピア』の「註解」は、「西洋思想を導く二つの偉大な宇宙論的文献」(A. N. Whitehead, *Process and Reality*, ed. D. W. Sherburne and D. R. Griffin [New York : Free Press, 1978] , 94〔『ホワイトヘッド著作集　第10巻　過程と実在（上）』山本誠作訳、松籟社、1984年〕）であるとされる。

(35) Issac Newton, *Mathematical Principles of Natural Philosophy*, trans. A. Motte, ed. F. Cajori (Berkeley : University of California Press, 1962), I : ６.〔ニュートン「自然哲学の数学的原理」河辺六男訳、『世界の名著第26巻　ニュートン』中央公論社、1971年〕（冒頭の「定義」に付加された「註解」より）

(36) この「可知的」という特徴は、ニュートンがそう名づけたわけではないものの、「哲学的な探究においては、われわれは感覚から離れ、事物そのものを、事物についての可感的な尺度にすぎないものから区別して考察しなければならない」(*Principia*, I, ８）という彼の主張に由来する。特徴（２）と考え合わせれば、この主張は具体者置き違いの虚偽と等しい。ホワイトヘッドがはっきりと述べているように、「[「註解」の] 読者たちは、そしてほとんど確実なことであるが、ニュートン自身も、……私が他のところで「具体者置き違いの虚偽」と名づけたものに陥っている」(*Process and Reality*, 93)。

(37) *Principia*, I, ６.

(38) Ibid., I, ８.

(39) Ibid., I, ６－７；強調原文。この引用は「註解」の第３節の全文である。

(40) ここで言及されたパラドクスをめぐる議論については、Jammer, *Concepts of Space*, 76–78を見よ。

(41) ニュートンは、『プリンキピア』を書き終えるはるか以前に、この過激なテーゼに引きつけられていたように見える。「ニュートンは未刊行の草稿において、物体は、神が特別に一定の因果的特徴を授けた、空間の特別な領域にすぎないのかもしれない、と論じた」(A. Koslow, "Ontological and Ideological Issues of the Classical Theory of Space and Time," in *Motion, Time, Space, and Matter : Interrelations in the History of Philosophy and Science*, ed. P. K. Machamer and R. G. Turnbull (Columbus : Ohio State University Press, 1976), 225)。ここで問題になっているテクストは、おそらく1664年から1668年の間に書かれた、「重力ならびに流体の平衡について」(De Gravitatione et Aequipondio Fluidorum) である。しかし、『プリンキピア』からとられた「物体全体のうちに」という言い方から、ニュートンが20年の後にもまだ、（コイレが書いているように）「こうして、場所——ロクス——とは、物体のうちにあり、また逆に、物体がそのうちにあるような何かのことである」(*From the Closed World to the Infinite Universe* [Baltimore : Johns Hopkins University Press, 1957], 163〔アレクサンドル・コイレ『閉じた世界から無限宇宙へ』横山雅彦訳、みすず書房、1983年〕、強調原文）という、同じ過激な考えをいだいていることが分かる。この主張がアリストテレスの立場——この立場によれば、物体は最初から場所のうちにあるのであって、その逆に、場所が物体のうちにあるのではない——を逆転させるものであるという点に注意せよ。

(42) Jammer, *Concepts of Space*, 110；強調原文。

(43) *Principia*, I, ９.

(44) Ibid., I, 7.

(45) Ibid.

(46) さらに、ある最近の研究者が指摘しているように、「絶対的な運動や静止の存在は、相対的な運動や静止の存在のみからは確立されえない」(Florian Cajori, "An Historical and Explanatory Appendix" to the *Principia*, II, 640)。相対的な運動や静止は、絶対的な運動や静止において知覚不可能な仕方で起こるものを知覚可能にするだけなのである。同じ論点は、絶対的場所と相対的場所の関係——ないし、絶対空間と相対空間の関係——にもあてはまる。

(47) *Principia*, I, 8.

(48) 註41で言及した同じ初期の草稿で、ニュートンははっきりと空間に関する相対的な見方を支持した。「彼は、空間の領域(と時間の瞬間)は空間の他のすべての領域(ないし他のすべての瞬間)に対する関係によってのみ個体化される、と主張した」(Koslow,"Ontological and Ideological Issues," 225、ここでは「重力ならびに流体の平衡について」が論じられている)。

(49) Jammer, *Concepts of Space*, 101.

(50) *Principia*, I, 8.

(51) Ibid; 強調引用者。

(52) 私は「ニュートン革命」という言い方を、I.バーナード・コーヘンの *The Newtonian Revolution* (Cambridge: Cambridge University Press, 1980) から借用している。コーヘンのすぐれた著作は、どの言語で書かれたかを問わず、これまでに出版された最も包括的なニュートン研究の一つであるが、意外なことに、この著作では場所という概念はまったく論じられておらず、ついでに触れられてさえいない。よくあることだが、ここでは、ある理論的なコーパスからそれにぴったり合わない概念を一掃するという点で、そのコーパスの作者自身よりも、入念な「再検討」の方が先を行ってしまっている。われわれがダマスキオスやピロポノスといった数多くの事例のうちに見てきたように、場所に対するどっちつかずの態度は、ある伝統の創始者の最初の見解や、とくに実際のテクストに、執拗だが示唆的な形で残存しているのである。

(53) Koyré, *From the Closed World to the Infinite Universe*, 169.

(54) ガリレオの幾何学化については、Edmund Husserl, "The Origin of Geometry," in *The Crisis of European Sciences and Transcendental Phenomenology*, trans. D. Carr (Evanston: Northwestern University Press, 1970), 353–378〔エドムント・フッサール「幾何学の起源について」『ヨーロッパ諸学の危機と超越論的現象学』細谷恒夫／木田元訳、中央公論社、1974年〕、および、Alexandre Koyré, *Galilean Studies*, trans. J. Mepham (Atlantic Highlands, N. J.: Humanities Press, 1978)〔アレクサンドル・コイレ『ガリレオ研究』菅谷暁訳、法政大学出版局、1988年〕、第1章と第2章、とくにp. 78における「ガリレオの徹底的な幾何学化は、時間にとって妥当であるものを空間に移す」(強調原文)という一文を見よ。

(55) *Principia*, I, xvii. ニュートンにおける幾何学と力学の統一については、Jammer, *Concepts of Space*, 96–97を見よ。

(56) 最初の引用は、"The System of the World," *Principia*, II, 497から、二番目の引用は、ibid., p. 415からのものである。物質的なエーテルと非物質的なエーテルの区別については、Grant, *Much Ado About Nothing,* 247を見よ。ガッサンディとギルバートに引き続いて、ニュートンは、慣性の力と重力は物質的な粒子に局所化されるのであって、それらが占有する場所に局所化されるのではない、という厳格な原子論を支持している。空間から物理的な力を取り除いて、それをただの粒子に移した結果、絶対空間の部分の下位区分を形作っている場所は、さらに権能を奪われる。

(57) "De Gravitatione et aequipondio fluidorum," in Koslow, "Ontological and Ideological Issues,"

233より引用；強調原文。

(58) Koslow, "Ontological and Ideological Issues," 223；強調原文。

(59)「何かがそこにあるのは、それ以上のものは何もないが、空間はそこにあるからである」というニュートンの主張に対して、エドワード・グラントは、「「それ以上のものは何もない」、すなわち、神自身を除いて何もない」(*Much Ado About Nothing*, 243) と応じている。これが正しければ、神は（絶対的）場所そのものという場所を占めていることになる！〔「神即自然」ならぬ〕神即場所なのである！

(60) *Principia*, II, 545. 神に関するニュートンの最初の記述は、よりアンセルムス的なものである。すなわち、神とは「永遠で、無限で、絶対的に完全な〈存在〉」(ibid., 544) である。

(61) *Principia*, II, 545.

(62) Ibid.

(63) "De Gravitatione et aequipondio fluidorum," in *Unpublished Scientific Papers of Isaac Newton, A Selection from the Portsmouth Collection in the University Library, Cambridge*, ed. A. R. Hall and M. B. Hall (Cambridge: Cambridge University Press, 1962), 137より引用。ホール版にはコスローが引用している論文の全文が収められている。

(64) 空間は「いわば神からの流出的な結果ないし全存在の配置である」("De Gravitatione et aequipondio fluidorum," 132)。「流出」とは、源泉である神「から流れてくること」を意味する。

(65) *Principia*, II, 545；強調原文。

(66) Newton, *Opticks: Or a Treatise of the Reflections, Refractions, Inflections, and Colours of Light* (New York: Dover, 1952), 370〔アイザック・ニュートン「光学」『科学の名著第6巻　ニュートン』田中一郎訳、朝日出版社、1981年〕、強調引用者。ただし、"Sensory"を"Sensolium"に変えた。数頁後で、ニュートンは「感覚器官は、魂が感覚中枢における事物の種を知覚することを可能にするためのものではなく、それらをそこに運ぶためのものでしかない。そして、神は、あらゆるところで事物そのものに現前しているので、そうした器官を必要としない」(ibid., 403) と付け加えている。ニュートンがおそらくライプニッツらによる批判への反駁として付け加えた、「いわば」(tanquam) という決定的な限定句の歴史については、A. Koyré and I. B. Cohen, "The Case of the Missing *Tanquam*: Leibniz, Newton and Clarke," *Isis* 52 (1961), 555-566を見よ。コイレとコーヘンの議論によれば、「感覚中枢」は適切に理解されれば「器官」ではなく、したがって、結局のところ、神が空間的な感覚中枢を有するのはもっともなことなのである。

(67) "De Gravitatione et aequipondio fluidorum," 136. これもまた印象的な点であるが、ニュートンの円熟期の学説の多くは——神学的な含みさえもが——この初期の論文で先取りされている。『プリンキピア』の「一般的註解」では、ニュートンは、神は「永久に持続し、あらゆるところに現前する。そして、つねにあらゆるところに (semper et ubique) 存在することによって、神は持続と空間を構成する」と言うことになるだろう。

(68) "De Gravitatione et aequipondio fluidorum," 133. このアルキュタス的な論点を言い表すもう一つの、より中世的なやり方で言えば、「われわれが想像しうるどんな延長よりも大きな延長が存在する」(ibid., 134)。

(69) Frank Manuel, *The Religion of Isaac Newton* (Oxford: Clarendon Press, 1974), 35n において引用；強調原文。ただし、ヘブライ文字を"makom"で置き換えた。

(70) "Of the Day of Judgment and World to Come," cited in Manuel, *The Religion of Isaac Newton*, 101. ニュートンがこれに、「神の恩恵の享受は、場所の多様性に応じて多様でありうるし、この多様性に応じて、神はある場所により多くあり、他の場所により少なくあると言われる」

(ibid.) と付け加えるとき、彼は自分の主張を込み入ったものにしている。しかし、この主張は、神は真に遍在的——この遍在的という性格は正しくは度を許容しない——であるという考え方に矛盾しているように思われる。

(71) 以上は、グラントの *Much Ado About Nothing*, 223–235で報告された、部分内全体論に対するモアの反論である。

(72) コイレの意見によれば、「重力ならびに流体の平衡について」では、ニュートンは空間一般を「神の空間」と同一視している。『プリンキピア』では、「彼はまだそう考えてはいるが、そうは言わない。その代わりに、彼はそれを絶対空間と呼ぶのである」(A. Koyré, *Newtonian Studies* [Chicago : University of Chicago Press, 1968], 104 ; 強調原文)。

(73) 「遍在性と永遠性という点での神の存在の限りない拡がり」という言い方は、少し前にマコムが引き合いに出されたのと同じ「読者への注意」に登場する。Manuel, *Religion of Isaac Newton*, 35 n. 私なら、マコムは決して単なる個別的な場所を意味していたのではなく、初期ヘブライ神学においてさえすでに無限空間に近づく途上にあった、天上の超自然的な場所を意味していたのかもしれない、と付け加えるだろう(この論点については、Jammer, *Concepts of Space*, 第2章「ユダヤ教・キリスト教の空間概念」を見よ)。これもまた印象的な点であるが、エドワード・グラントほどの注意深い研究者でさえもが、ニュートンの神概念について注釈するときには、同一の文のうちで「場所」からすぐに「空間」に移ったり、その逆に「空間」から「場所」に移ったりしていることに気づかされる。「神が遍在する場所として、空間は永遠でなければならない」(*Much Ado About Nothing*, 243) とか、「無限な空間は神の器官ではないかもしれないが、それはたしかに、神が比喩的にでなく文字通りに次元的に遍在する場所である」(p. 246) といった具合である。

(74) *Principia*, II, 544 :「神という言葉は、通常は〈主〉のことを意味する。しかし、〈主〉がどれも神だというわけではない。精神的存在の支配こそが、神を構成しているのである」。

(75) Koyré, *From the Closed World to the Infinite Universe*, 151を介して、モアの *Enchiridium metaphysicum*, chap. 7より引用。

(76) グラントが簡潔に述べているように、「ただ一つの無限な精神だけが存在するのだから、無限に延長する空間は神自身に内在しているのでなければならない」(*Much Ado About Nothing*, 227)。しかし、逆もまた真であって、神は——「物体的であれ非物体的であれ、あらゆるものは延長を有する」(ibid., 223) というモアの究極の前提のおかげで——無限に延長する空間に内在しているのでなければならない。私は、*From the Closed World to the Infinite Universe* の第5章と第6章におけるコイレの論述からはもちろん、グラントのモアに関する議論全般 (pp. 221–228) からも多くを教えられた。

(77) 1648年12月11日付デカルト宛書簡。Koyré, *From the Closed World to the Infinite Universe*, 111で引用。

(78) グラントが指摘しているように、「もしニュートンが無限で延長的で空虚な空間を神の属性だと考えていたとすれば、たしかに神は延長する存在だということになる」(*Much Ado About Nothing*, 244)。しかし、モアだけは進んでこのテーゼにはっきりと肩入れした。すなわち、彼は「神は三次元的な存在でなければならない」と主張するという、「信じられないほど大胆で前代未聞の一歩」(ibid., 223) を踏み出したのである。この一歩は、ギリシアや中世の宇宙論では前代未聞である——ただし、これらの思想体系は、宇宙論的なものの厳密さによって、自らこの一歩を踏み出すよう誘惑され続けていたのかもしれないが。ブラドワディーン——彼は神をまさにこの「想像上の無限の空虚」(*De causa Dei contra Pelagium*) のうちに局所化しようとした——の思考においては、閉じた物質的世界を取り巻く無限の普遍宇宙は非次元的であ

ると同時に（非延長的なものとして）想像的であるのに対して、いまや神は、この地上の既知の物質的世界を含む普遍宇宙全体に浸透している、無限で延長的で実在的な空虚と一体になっている。われわれが見てきたように、この重大な一歩が初めてすっかり可能になったのは、ルネサンス期においてであった。「16世紀に、離散的で、無限で、三次元的な空虚な空間というギリシア的な考え方が導入されてから、1677年のスピノザの『エチカ』までのおよそ150年の間に、空間は神自身から区別できなくなった。スピノザは最後の一歩を踏み出して、神、延長、物質、空間を一つの無限で不可分の実体としてまとめ上げた。これ以上先に進むことはできないし、そこまで行った者はほとんどいなかった」（Grant, *Much Ado About Nothing*, 229）。しかしながら、スピノザが通常の物質的存在者の知覚可能な延長と神の延長を区別していたという点に注意しなければならない。すなわち、神の延長だけが無限かつ永遠であり、知覚の対象ではなく、知性の対象なのである。

—第７章—

（1） 1649年２月５日付ヘンリー・モア宛書簡、英訳は A. Kenny, *Descartes : Philosophical Letters* (Oxford : Clarendon Press, 1970), 240による。

（2） Ibid. 240. デカルトにとって、物体的な事物しか思い描くことのできない想像力は、それ自体物体的な能力であり、本来的に物体と結びついた能力である。

（3） Ibid., 239 ; 強調引用者。

（4） Ibid., 239. 神の場合には、デカルトは神は一つの場所にだけでなく、あらゆるところにある——そして、どんな厳密な意味でも延長していないのに、あらゆるところに影響を及ぼす——とも言える必要がある。だからこそ、デカルトはモアに、「神の本質はあらゆるところに現前しているはずです。というのは、神には自分自身をあらゆるところに顕現させうるという能力があるからです。しかし、私は神の本質が延長する事物のような仕方でそこにあるということは否定します」（1649年８月付モア宛書簡）と認めるのである。別の箇所で、デカルトは神や天使が延長する実体に及ぼす「力」という考えを展開しているが、その力そのものはそうした実体のどれにも基づいていない。たとえば、1649年４月15日付の書簡で、デカルトは「神や天使のうちにも、われわれの心のうちにも、実体の延長は存在せず、力の延長のみが存在する、と私は理解しています」（*Philosophical Letters*, 249, 1649年４月15日付モア宛書簡、pp. 239, 250も見よ）と述べている。ニュートンはデカルトの神学に関してきわめて懐疑的であったものの、彼と同様に（コイレの言葉で言えば）「延長は神からのある種の結果、つまり流出の結果であり、そしてまた——あるいはむしろ、それゆえに、と言った方がよいかもしれないが——、あらゆる存在者、つまり存在するあらゆるもののある種の変様である」（*Newtonian Studies* [Cambridge, Mass. : Harvard University Press, 1965], 86）と主張することになる。

（5） *Philosophical Letters*, 239–240 ; 1649年２月５日付モア宛書簡 ; 強調引用者。

（6） Ibid., 239. 神はどんな厳密な意味でも延長していないが、「力という点では」、つまり、正当な仕方で延長する世界に神が及ぼす結果という点では、「延長している」と見なすことができる。モアは「神は神に固有の仕方で延長している」（1648年12月11日付デカルト宛書簡 ; 強調引用者）と主張していたのだから、この点ではデカルトは途中までモアと一致しているのである。しかし、デカルトにとって、物体的でない実体が、〔物体的な実体との〕合致を完全にする基準そのもの——つまり、部分外部分、形状、場所内で排他的に局所化されていること——を欠いていることに変わりはない。コイレはモアを代弁して、次のように述べている。「延長を支える実体を探し求めたという点では、デカルトは正しかった。その実体を物質のうちに見出し

たという点では、彼は間違っていた。たしかに、万物を取り囲み、万物に浸透している、無限で延長する存在者は実体である。しかし、それは物質ではない。それは〈精神〉である。それも、ある一つの精神ではなく、唯一無二の〈精神〉、つまり神なのである」(Koyré, *From the Closed World to the Infinite Universe* [Baltimore: Johns Hopkins University Press, 1957], 147〔アレクサンドル・コイレ『閉じた世界から無限宇宙へ』横山雅彦訳、みすず書房、1983年〕; 強調原文)。

(7) *Philosophical Letters*, 240.(1649年2月5日付モア宛書簡)

(8) Ibid., 240. デカルトによれば、われわれが空っぽの空間があると考える——われわれが子供の頃にそうするように、あるいは、ギリシアの原子論者たちがそうしたように——とき、われわれはただ空っぽの場所を想像しているにすぎない。「われわれがそのうちに何も知覚しない場所はすべて、空虚である」(ibid., 240)。場所は、想像的空間という領域における排除の一基準であると同時に、われわれが空っぽの空間を考えようとするときにもつ、誤った——少なくとも素朴な——想像の一つの典型である。

(9) 古代の原子論者たちに対するデカルトの軽蔑は、同じ1649年2月5日付モア宛書簡で姿を現す。「私はためらうことなく、エピクロス、デモクリトス、ルクレティウスといった偉大な人物たちに同意しません。というのは、私には、彼らが確固とした理由に導かれたのではなく、われわれがみな幼年期以来吹き込まれてきた、誤った先入見に導かれたにすぎないことが分かるからです。……エピクロス、デモクリトス、ルクレティウスはこの先入見を決して克服できなかったのですから、私には彼らの権威に従う義務はありません」(*Philosophical Letters*, 240)。デカルトとニュートン——彼は原子論者の中で最も近世的な人物であった——のより広い範囲にわたる比較としては、Koyré, *Newtonian Studies*, 第3章「ニュートンとデカルト」、とくに補遺M「運動、空間、場所」を見よ。

(10) アリストテレス(彼にとって、次元とは実際には方向のことである)とは対照的に、デカルトは次元のことを、「それによってある基体が測定可能と見なされる様態および側面」(*Rules for the Direction of the Mind*, trans. E. S. Haldane and G. R. T. Ross in *The Philosophical Works of Descartes* [Cambridge: Cambridge University Press, 1973], I: 61〔デカルト「精神指導の規則」大出晁/有働勤吉訳、『デカルト著作集　第4巻』白水社、1993年〕)というように、厳密に量的な仕方で定義している。延長、量、容積の間の関係については、Descartes, *Principles of Philosophy*, trans. V. R. Miller and R. P. Miller (Dordrecht: Reidel, 1983)〔デカルト「哲学の原理」三輪正/本多英太郎訳、『デカルト著作集　第3巻』白水社、1973年〕、第2部第9項を見よ。デカルトの延長論をめぐるすぐれた議論としては、Gerd Buchdahl, *Metaphysics and the Philosophy of Science: The Classical Origins, Descartes to Kant* (Oxford: Blackwell, 1969), 90–104を見よ。この最後の文献については、パトリック・ヒーランのご教示を得た。

(11) *Rules for the Direction of the Mind*, 57.

(12) Ibid., 58.「物体像」については、p. 57を見よ。p. 59では、デカルトは「われわれは想像力の助けを借りることができるし、また、借りるべきである」と述べている。われわれはすでに、デカルトのモアへの答弁で、この文脈での想像力の個別的な使用が重要な役割を果たしているのを見たが、この想像力の個別的な使用という点については、「規則14」を見よ。「その延長は、もっぱら[物体的]想像力のうちに描かれたありのままの形を手段として、心の前にもたらされなければならない」(N. K. スミスによる「規則14」第2文の翻訳: N. K. Smith, trans., *Descartes' Philosophical Writings* [London: Macmillan, 1952], 85; 原文は強調されている)。デカルト哲学における想像力の役割については、Véronique Fóti, "The Cartesian Imagination," *Philosophy and Phenomenological Research* 46(1986); 631–642と、私の *Imagining: A Phenome-*

nological Study（Bloomington : Indiana University Press, 1976), 222–223を見よ。

(13)「延長ということで、われわれはここでは、延長する対象そのものから区別され、分離されるような何かを意味しているわけではない」（*Rules for the Direction of the Mind*, 57)。言い換えれば、延長は延長する物体、つまり、物体の大きさと等しいのである。

(14) *Descartes, Philosophical Letters*, 184. 延長をめぐるニュートンの多様な見解については、Koyré, *Newtonian Studies*, 83–93を見よ

(15) *Philosophical Letters*, 62.（1639年1月9日付メルセンヌ宛書簡）

(16) ノーマン・ケンプ・スミスは次のように述べている。「空間のある部分がそれ自体で空間の他の部分にやってくるとは考えられない。もし運動が可能であるべきならば（そして、疑いなく、経験は運動が存在することを立証している）、その運動は、空間を占有するものとして、あるときは空間のある部分を、あるときは他の部分を占有できるような何かの運動、すなわち、空間のさまざまな要求にはつねに合致しているが、この運動のための能力という点ではそれらの要求からまったく独立しているような何か、つまり、そのような「基体」としての運動でなければならない」（N. K. Smith, *New Studies in the Philosophy of Descartes : Descartes as Pioneer* [New York : Macmillan, 1966], 193 ; Buchdahl, *Metaphysics*, 96も見よ)。ここでわれわれは次のように問わなければならない。空間そのものの「部分」とは場所のことではないのか。運動は、物質と空間が区別されることと同様に、場所が無効化できないことも示しているのではないか。ある箇所では、デカルトは自ら、運動とは「それによって何らかの物体がある場所から他の場所へ移る活動にほかならない」（*Principles of Philosophy*, 50、強調原文）と述べている。しかし、デカルトの思考における場所と空間の関係は問題をはらんでいるので、この主張――われわれは以下でこれに立ち戻るつもりである――は事態を十分に解明してくれるとまではいかない。

(17) *Principles of Philosophy*, 43–44. N. K. スミスによれば、デカルトは「それ自体単独で考えられた延長は単なる抽象にすぎず、存在するものとしては延長は延長するものから区別できない、ということを認めた」（*Descartes' Philosophical Writings*, 192)。もしデカルトがこれを認めていなかったとすれば、彼は――先に挙げた『哲学原理』からの引用で危うくそうしかけているように――ピロポノス的な「空間的」延長と「物体的」延長の区別に肩入れしようとしていることになるだろう。

(18) こうして、われわれはデカルトとモアの論争に舞い戻る。モアの最初のデカルト宛書簡（1648年12月11日付）では、「神は神に固有の仕方で延長し、拡がっているのであり、したがって、延長する事物です。けれども、あなたの心は――それは巧みな芸術家であるので――器用にも物体や物質を小球体と筋状の粒子に変えてしまったのですが、神はそうした物体や物質などではありません。それゆえ、延長する事物の概念は物体の概念よりも広いのです」（Capek, *The Concepts of Space and Time*, 85において翻訳・引用；強調はケイペック）と述べられている。

(19) *Principles of Philosophy*, 44 ;「第一省察」と「第二省察」（つまり、名高い蜜鑞の分析)。上の註18で引用した書簡でモアがこの思考実験に対して行った批判（p. 86 in Capek, *The Concepts of Space and Time*）を見よ。ディヴィッド・アリソンが私に指摘してくれたところでは、われわれは一片の蜜鑞からその切り離しえない本質としての延長へと進むことはできるが、その過程を逆にすることはできない。このことは、デカルトの延長論が形而上学的というより方法論的であるということ、つまり、存在論の一項目というより定義ないし断定の問題であるということを示している。この示唆を与えてくれたことと、以上の数頁をきめ細かく読んでくれたことに対して、同僚のアリソンに感謝する。

(20) この点では、デカルトははっきりと保守的である。実体に内在していない属性などない（『哲

学原理』第1部第11項を見よ）というだけでなく、空間と時間はその延長的な本性という点ではそれ自体属性である。すなわち、デカルトは、空間と時間は属性でも実体でもないという、ガッサンディの過激なテーゼに従うことを拒むのである。しかし、このために、デカルト自身の実体概念は不透明なままになっている。

（21）*Philosophical Letters*, 250–252.（1649年4月15日付モア宛書簡）1649年2月5日付のモア宛書簡（p. 242）も見よ。「神は、私が積極的に無限と理解する唯一のものです。告白すれば、世界の延長や、物質が分割されうる部分の数といったその他の事柄に関しては、私はそれらが絶対的に無限であるのかどうかを知りません。私が知っているのは、私はそれらに終わりを認めることができないということだけなのです。ですから、私自身の観点から見るかぎり、私はそれらを無際限と呼びます」。

（22）1649年4月15日付モア宛書簡（*Philosophical Letters*, 251–252）。デカルトがここで（精神的）限界から（物理的）無限へと論じていることに注意せよ。これ以外の言明としては、1649年2月5日付モア宛書簡、1647年6月6日付シャニュ宛書簡、とくに *Principles of Philosophy*, p. 49を見よ。「われわれは、この世界、つまり、物質的実体からなる普遍宇宙がその延長という点でどんな限界ももたないことを理解する。というのは、これらの限界があると想像するときはいつでも、われわれはつねに、その限界の外に無際限に延長する空間を想像することができるだけでなく、それらの空間がわれわれが理解している通りにあり、したがって、それらが無際限に延長する物質的実体を含むということを、はっきりと認識することができるからである」。

（23）無限と無際限の区別が物質的延長に適用されるときにもデカルトがこの区別を維持できるかどうかは、議論の余地がある。「第五省察」でデカルトは、延長とは「哲学者たちが通常連続量と称している量であり、この量のうちに、というよりもむしろ、量がそれに帰せられる量化された事物のうちにある、長さと幅と深さ＝奥行きにおける延長」である、と書いている。N. K. スミスはこの一節を論評して、「存在はこのように連続的なのだから、延長は範囲という点で無限であると同時に、無限に分割可能な存在として認識されなければならない。時間についてのデカルトの論じ方はきわめて異なる。彼は時間が連続的であることを否定して……、それを原子論的な仕方で説明しようとするのである」（*New Studies in the Philosophy of Descartes*, 193 n；強調引用者）と指摘している。

（24）「デカルトは空虚を、……アリストテレスそのひと以上に根本的な仕方で退ける」（Koyré, *From the Closed World to the Infinite Universe*, 101）。コイレの *Newtonian Studies*, 164–169も見よ。他方、デカルトは断固として空虚を拒絶したものの、原初の混沌という考えには従順である。デカルトの『宇宙論』では、神が普遍宇宙を作る状況は「どんな詩人も描写できないほど混乱し紛糾した混沌」（cited in Smith, *New Studies in the Philosophy of Descartes*, 116）だと考えられている。また、混沌は純粋に思弁的な概念でもない。すなわち、「運動法則はありとあらゆる自然の出来事を説明するのに十分であるということは、原初の混沌を少なくとも仮説的には可能なものとして想定することを通してのみ論証されうる」（Smith, *New Studies in the Philosophy of Descartes*, 115）。

（25）デカルトが物質内部の小空虚的な空間を退けていることについては、*The World*, trans. M. S. Mahoney（New York：Abaris Books, 1979), 27, 35〔デカルト「宇宙論」野沢協／中野重信訳、『デカルト著作集　第4巻』白水社、1993年〕を見よ。

（26）「真空の存在は矛盾を含んでいます。というのは、われわれが物質に関してもつ観念は、われわれが空間に関してもつ観念と同じだからです。物質の観念はわれわれに実在的な事物を示すので、もしわれわれが、空間は空虚である、つまり、われわれが実在的な事物と理解しているものは実在的ではない、などと言えば、われわれは自己矛盾し、自分が考えているのとは反対

のことを主張することになるでしょう」(1645年10月付ニューカッスル宛書簡, *Philosophical Letters*, 184)。われわれが、特定の物体を考えることなしに、さまざまな比の集まりとしての端的な大きさについて考えることができるとしても、想像力と知覚においては、大きさとはつねにある一定の物体の大きさのことであろう。

(27) Descartes, *The World*, 27. この論証の前提は、(i)「物体はすべて、固体であるか流体であるかを問わず、同一の物質から作られている」(p. 25)、(ii) 隔たりはすべて、空気の粒子間の隔たりでさえ、つねに全面的に満たされている (cf. pp. 35, 37)、の二つである。別の箇所でデカルトは、われわれが空っぽの空間があると信じるのは、われわれがまったく相対的な言葉で考えているからにすぎない、と論じている。「水がめは水を入れるために作られているので、空気で満たされているだけのときには、空っぽだと言われる」(*Principles of Philosophy*, 47)。しかし、通常それにふさわしい中身を欠いているために何かが空っぽに見えるとしても、実際にはそれは決して全面的に空っぽではないのである。

(28) 1639年1月9日付メルセンヌ宛書簡 (*Philosophical Letters*, 62)。より完全な言明としては、*Principles of Philosophy*, 47-48を見よ。ヘンリー・モアは、まさに神こそが壁を離れたままに保つのだと言って、こうした考え方に応じた。「もし、あなたが主張されたように、神が物質に運動を与えているのだとすれば、神は花びんの側面に反対方向に圧力をかけて、それらの側面を離れたままにしておくことはできなかったのでしょうか」(cited in Capek, *Concepts of Space and Time*, 87)。

(29) この「キマエラ以外の何ものでもない」という言い方は、*The World*, p. 31に由来する。

(30) この充実体に関するさらなる詳述としては、*Philosophical Letters*, pp. 62-63を見よ。そこでは、普遍宇宙を満たすものとして、三種類の物体が区別されている。

(31) 1647年6月6日付シャニュ宛書簡 (*Philosophical Letters*, 221);強調引用者 (注意すべきは、デカルトがここで、われわれが次元のない空間を考えられないということを理由に、われわれが物質のない空間について理解できるということまで否定しているという点である)。この議論は*Principles of Philosophy*, p. 47に再び見出され、1649年2月5日付モア宛書簡で凝縮された形で繰り返される。「私は、[延長が与えるような] そうした実在的な特性は実在的な物体のうちにしか存在しえない、と信じておりますので、私はあえて、完全に空っぽな空間などありえない、と主張いたします」(*Philosophical Letters*, 240)。他方で、デカルトは「一般に空っぽの空間と呼ばれるもの」が「その偶有性をすべて欠いた実在的な物体」(1649年8月付モア宛書簡[*Philosophical Letters*, 257];強調引用者) ――延長は取り除くことができないので、ここで言う「すべて」とは、延長そのものを除くすべて、ということである――であることを認めている。

(32) Koyré, *From the Closed World to the Infinite Universe*, 99.「性急にも物質と空間を同一視したために、[デカルトは] 17世紀の科学が彼に突き付けたさまざまな問題に正しい解を与える手段を自ら奪ってしまった」。この論争については、Jonathan Rée, *Descartes* (London: Lane, 1974), 55-57も見よ。

(33) *Principles of Philosophy*, 44-45; 強調引用者。デカルトは、ここで問題になっている場所について、それは「空っぽだと信じられてさえいるかもしれない」(ibid.) と付け加えてはいるものの、ここではあくまでも「信じられている」に力点が置かれている。

(34) *Rules for the Direction of the Mind*, 58.「延長は場所を占有する、と言うとき、私は、延長するものは場所を占有する、と言うときとまったく同じことを考えている」(強調原文)。

(35) Ibid.; 強調引用者。

(36) *Principles of Philosophy*, 46. (括弧内の言葉は『哲学原理』の仏訳版――デカルト自身が通読し

て承認した版——で付加されたものである)。「あたかもそれ［場所］が置かれた〔場所づけられた〕事物のうちにあるかのように」という言い方が、ニュートンにも見られた、まさにその場所のうちにある物体に内在する場所、という論争の余地のある考えを導入することに注意せよ。

(37) デカルトは『哲学原理』第2部第10項（その表題は「空間ないし内的場所の本性」である）で、「ある物体によって占有された空間を構成している、長さ、幅、深さ＝奥行きにおける延長は、物体を構成している延長とまったく同一のものである」(*Principles of Philosophy*, 43) と述べている。内的場所について論じている真っ最中に、デカルトがためらうことなく、あたかもそうした場所と「ある物体によって占有された空間」が等しいかのような語り方をしていることに注意せよ。

(38) *Principles of Philosophy*, 46.

(39) Ibid., 45.

(40) この点については、*Principles of Philosophy*, pp. 45–46を見よ。そこでデカルトは再び、「内的場所」の代わりに「空間」を用いている。「われわれはしばしば、正確に同じ大きさや同じ形でなくても、ある事物が他の事物の場所を占める、と言う。しかし、そのときわれわれは、その事物が他の事物が占有していたのと同じ空間を占有するということは［暗黙のうちに］否定しているのである」(強調引用者)。

(41) デカルトが、空間の延長の類的一性は、「それが同一の大きさと形のままであり、いくつかの外的物体の間で同一の位置（situation）を維持するかぎりで」のみ、「まったく同一であり続ける」(*Principles of Philosophy*, 44；強調引用者；p. 45も見よ）ことができる、と主張するとき、彼はこの論点を込み入ったものにしている。この主張は、内的場所と外的場所は二つとも空間の類的一性に欠かせない、と論じているように見える。しかし、内的場所を空間の個別的一性に帰し、外的場所をその類的一性に帰す方が、より経済的——しかも、より正確——なのではないだろうか。

(42) *Meditations on First Philosophy*, Second Meditation, as translated by J. Veitch（Buffalo：Prometheus Books, 1989), 80.〔デカルト「省察」所雄章訳、『デカルト著作集　第2巻』白水社、1993年〕とはいうものの、場所と空間は二つとも、形と大きさという観点から定義される。

(43)「特定」は *Principles of Philosophy* の p. 44で行われ、「規定」は p. 45で行われる。

(44) *Principles of Philosophy*, 45–46；強調引用者。

(45) Ibid. 46. しかしながら、この文章の残りの部分は、決定的に重要な多義性を含んでいる。「しかし、それ［ある事物］はその空間またはその場所を満たす、と付け加えるとき、われわれは、その事物はその空間の特定の大きさと形をもつということもまた理解している」(ibid.；強調引用者)。この「またはその場所」という言い方は、外的場所の内的場所への——したがって、内的場所と同一視されている空間への——逆行的な還元以外の何を意味しえようか。

(46)「［外的場所のうちに含意されている］その位置を規定するには、われわれは、われわれが不動と見なしているいくつかの他の物体を考慮に入れなければならない。そして、どの物体を考えるか次第で、われわれは、同一の事物がその場所を変えるとも、変えないとも言うことができる」(*Principles of Philosophy*, 45)。われわれはロックとライプニッツを論じるときに、固定的な指標点をめぐるこの問いに立ち戻るつもりである。

(47) *Principles of Philosophy*, 45. これらの天上の点は、解析幾何学を支えている座標系に対する保証を、物理的世界において与える、と言ってよい。

(48) デカルトは「不動なのは地球ではなく、恒星である、と信じる理由はない」(*Principles of Philosophy*, 95) と述べている。デカルトが地球の運動を否定したのは、おそらく異端審問への譲

歩のせいである。厳密に言えば、デカルトにとって、地球を含むすべての天体は運動しているのである。

(49) *Principles of Philosophy*, 45. より早い時期に出版されたハルデンとロスの訳では、「もしわれわれが遂に、やがてもっともであることが示されるように、普遍宇宙には実際に不動であるような点などない、ということを納得したならば、われわれは、その場所がわれわれの思惟によって（by our thought）固定されている場合を除けば、恒久的な（permanent）場所をもつものなど何もない、と結論するだろう」となっている。この論法はピロポノスが——アリストテレスを批判するときに——初めて用いたものである（Jammer, *Concepts of Space : The History of Theories of Space in Physics* [Cambridge, Mass. : Harvard University Press, 1969], 57〔マックス・ヤンマー『空間の概念』高橋毅／大槻義彦訳、講談社、1980年〕を見よ）。

(50) *Principles of Philosophy*, 46.「外的空間」はここでは外的場所と等しい。

(51)「われわれは「表面」ということで、共通の表面のことを理解する。共通の表面は、一方の物体の部分でもなければ、他方の物体の部分でもない。また、共通の表面は、同一の大きさと形を保つならば、つねに同一のものと考えられる」(ibid.)。

(52) Ibid., 46.

(53) 同じ理由から、包囲している要素のベクトルが互いに相殺し合うならば、場所の同一性は保たれる。「もしわれわれが、船が川の流れによってある方向へ押され、そして同時に、風によって反対の方向にまったく等しい力で押される（それゆえ、両岸の間での船の位置は変わらない）と仮定すれば、包囲している表面はすべて変わっているというのに、船は同一の場所にとどまっている、と誰もが容易に信じるであろう」(ibid.)。デカルトはここで、包囲している表面という基準が脆弱であることを指摘する、シンプリキオスからビュリダンを経て拡大する古代以来の批判の伝統を取り上げ直している。この伝統をめぐる生き生きした説明——われわれはすでに第4章でこれに言及した——については、Richard Sorabji, *Matter, Space, and Motion* (Itaca : Cornell University Press, 1988)、第11章を見よ。

(54) *Principles of Philosophy*, 45 ; 強調引用者。

(55) Ibid., 50 ; 原文は強調されている。「本来の意味では」、運動は、「物質の一部分または一つの物体が、それにじかに接触しており、静止していると見なされたこれらの物体の近くから、他の［いくつかの］物体の近くへと移動すること」(ibid., 51 ; 原文は強調されている)、と定義される。

(56) Ibid., 52 ; 強調引用者。

(57) Ibid. ヘンリー・モアは、デカルトの運動理論に対するある鋭い批判において、「近さ」を引き合いに出すことに反対した。この批判についての説明としては、Koyré, *From the Closed World to the Infinite Universe*, pp. 142–143を見よ。

—第8章—

(1) John Locke, *An Essay Concerning Human Understanding*, ed. P. H. Nidditch (Oxford : Clarendon Press, 1975), 172.〔ジョン・ロック『人間知性論』1～4、大槻春彦訳、岩波書店、1972～1977年〕強調原文。ロックは「観念」という言葉も強調している。固性は、「二つの物体がお互いに向かって動くとき、この二つの物体が近接するのをこのように妨げるもののことを、私は固性と呼ぶ」(p. 123 ; 強調原文）という仕方で定義される。固性は『人間知性論』では独立に論じられているものの、場所と空間に関するロックの見解を理解するうえで決定的に重要である。まず、固性は「物体に不可分に備わっている」(p. 123) が、すでに場所を含んで

いる。すなわち、「固性の観念……は、われわれが物体のうちに見出す抵抗から生じるが、この抵抗が、ある物体がそれの有する場所を去るまで、その場所に他の物体が入り込まないようにするのである」(pp. 122–3；強調引用者）。さらに、固性は空間にとっても欠かせない。固性とは、「物体に属する観念であって、この観念によってわれわれは、物体は空間を満たしていると考えるようになる」(p. 123；強調引用者)。固性は、他の物体が侵入するのを拒むという、独特の仕方で空間を満たす。固性に備わる抵抗は、「他の物体を、ある物体が有する空間の外にとどめておく」(p. 124）のである。結局のところ、固性は端的な「硬さ」と「純粋空間」の間に置かれるのであるが、固性とは違って、この「純粋空間」は「抵抗もできなければ、運動もできない」(p. 124）とされる。

(2) Ibid., 172；強調原文。ロック自身は、ニュートンとピロポノスを同時に思い起こさせるような仕方で、二種類の延長を区別している。すなわち、一方の「物体の延長」は、「固性があり、分離でき、可動的な部分の凝集ないし連続性」であり、他方の「空間の延長」は、「固性がなく、分離できず、可動的でない部分の連続性」である（ibid., 126)。『人間知性論』の初版から第3版まででは、ロックは同様に、延長について「物体だけに属する」と語り、「明らかなことだが、空間は［そうした物体的延長］なしでも考えられる」(cited in *An Essay Concerning Human Understanding*, ed. A. C. Fraser [New York: Dover, 1959], I: 220 n 1）と指摘している。こうした理由から、ロックはできるかぎり、「延長」という言葉を物体的な延長に限定し、「空間」という言葉は空間的な延長にとっておこうとするのである。興味深いことに、ロック思想のより初期の段階、つまり、1677年から1678年に、ロックは「空間それ自体は、延長する存在ないし物体が存在するための能力ないし可能性でしかないように思われる。……実のところ、空間それ自体は実際には無であり、今何もないところに物体が存在するかもしれない、という単なる可能性以上のことは意味しないし……、あるいは、もしそこに存在を想定する必要があるとすれば、その存在は神でなければならない。だから、われわれは神の存在を、延長してはいるが不可入的ではないと想定する」(cited from Locke's *Miscellaneous Papers [1677–78]*, in the Fraser Edition, 155 n. 4；強調原文）と主張している。驚くべきことに、ロックはここで、スピノザの『エチカ』が出版されたまさにその年に、神は延長しており、空間全体——その空間はさらに「無限」であるとも言われている（*Miscellaneous Papers*, 156）——を満たしている、という考えを支持しているのである。しかし、後に註32で指摘するように、この見解は『人間知性論』では真面目には主張されない。

(3) *Essay*, 177；強調原文。ただし、どうすれば空間——少なくとも、ここで問題になっている固性が生じる最小限の空間——なしで固性を考えることができるのか、という点は、疑問に思われるかもしれない。

(4) 「純粋空間」という言い方は『人間知性論』の p. 173などに登場するが、ここでは等価な言い回しである「単純空間」も用いられている。純粋空間は空虚ないし「真空」に等しいが、ロックはこの空虚や真空のことを、「固性なき純粋空間」とか、「［運動する物体］を欠いた場所」で生じるもの、と定義している（p. 124）。

(5) 「容量」とは、「長さ、幅、厚さにおいて考えられた」(*Essay*, 167）あるものの範囲のことである。「形」は、「延長ないし仕切られた空間の終端の部分がお互いの間でもつ関係」(p. 168）と定義される。この定義が形ないし「形状」そのものを関係的な特性にするという点に注意せよ。このように理解された形は無限に可変的である。この点については p. 169を見よ。ロックが「延長」という言葉に対してどっちつかずの態度をとっていることからして、ロックがこの言葉を時には「容量」(e.g. at p. 167）に適用し、時には彼の言う「物質そのもの、その凝集した固性ある部分の距離」(p. 179）に適用しているのも、驚くにはあたらない。また、ロック

的な意味での容量がデカルト的な意味での内的場所にきわめて密接に関係しているということ——そして、ロックの場合には首尾一貫しない形ででではあるが、この二つが「延長」と「物質」を含むということ——も、驚くにはあたらない。

(6) *Essay*, 167.

(7) 「距離ないし長さにはもう一種類あって、われわれはその観念を、空間の恒久的な部分からではなく、継起の、はかなく、永久に消え去ろうとしている部分から得る」(*Essay*, 181)。ここにあるのは、いわゆる「時間の空間化」の最も直接的な表現の一つである。

(8) *Essay*, 169; 強調原文。この言明のうちに時間という要素が含まれていることは、場所と時間がどちらとも距離に基礎をもつことを表わしている。

(9) Ibid., 171.

(10) いつもの明快なやり方で、ロックは自分が文字通りの点のことを言っているわけではないことを明らかにしている。「通俗的に言えば、場所という普通の概念で、われわれはつねに厳密に文字通りの点からの距離のことを言うとは限らず、置かれている〔場所づけられている〕事物が関係をもつと考えられる可感的な対象の、点よりは大きな構成部分からの距離のことを言うのである」(*Essay*, 169; 強調原文)。このように点それ自体は距離の必然的な構成要素ではないとしても、ロックの考えでは、「位置」は不可欠である。というのは、距離に訴えて場所を規定するとき、われわれは「事物の個々の位置のことを指している」(p. 170) からである。ここから見てとれるのは、ロックが場所の規定を三角化という観点から考えているという点である。すなわち、場所は少なくとも三つの位置の関数であり、その位置はそれぞれ三角形の頂点と見なすことができるだろう。私の同僚であるマーシャル・スペクターの示唆によれば、われわれはそうした三角化を、三次元座標系が必然的なものとなるうえでの一歩と見なしてよい。いずれにしても、このことは、空間的世界は究極的には三角形から組み立てられているという、プラトンの主張と結びつく！　そうした位置の三角化に基づく場所相対主義の鋭い分析としては、Andrew Newman, "A Metaphysical Introduction to a Relational Theory of Space," *Philosophical Quarterly* 39 (1989), 200–220を見よ。

(11) ロックの例については、*Essay*, pp. 169–170を見よ。この分析において、ロックは船尾に座る水夫という、デカルトによる先行例 (*Principles of Philosophy*, 45, 50)を作り直しているように見える。

(12) *Essay*, 170.

(13) Ibid.

(14) 一連の安定した指標点——実際には座標系——のうちどれを選択するかは、「他の目的のためであればよりよくその事物の場所を規定するであろうような他の事物は考慮に入れずに、[ある一つの] 当面の目的のために最も役立つ、これらの手近にある事物」によって決定されることになるだろう (*Essay*, 170; 強調原文)。

(15) ロックによる所有権の分析に見られる場所的な含意に関しては、ジェームズ・E. ドネランとの議論や、とくに彼の未刊行の論文「ロック・場所・所有権」を読んだことから得るところが大きかった。

(16) 測定は、ロックの空間論がはじまる箇所ではっきりと引き合いに出されている。「ひとびとは、測定で用いるために、また、測定上の習慣から、インチ、フィート、ヤード、ひろ、マイル、メートルなどといった、ある定まった長さの観念を心の中で決める。それらは空間だけから作られるきわめて多くの判明な観念である」(*Essay*, 167; ロックは文中のいくつかの言葉を強調している)。

(17) 自然の数学化に関しては、Edmund Husserl, *The Crisis of European Science and Transcendental*

Phenomenology, trans. D. Carr（Evanston： Northwestern University Press, 1970）〔エドムント・フッサール『ヨーロッパ諸学の危機と超越論的現象学』細谷恒夫／木田元訳、中央公論社、1974年〕、第1部、とくにその第9節「ガリレオによる自然の数学化」を見よ。

(18) しかしながら、ロックは、デカルトが延長の観念の起源としてあまりにも視覚と触覚を強調しすぎていると批判する箇所で、デカルト主義者たちに「味や匂いの観念、……飢え、渇き、その他いくつかの苦の観念」（*Essay*, 178–179）をもっと真面目にとるよう勧告している。

(19) 私は「測定者」という言葉を、Merleau-Ponty, *The Visible and the Invisible*, trans. A. Lingis（Evanston： Northwestern University Press, 1968), 103〔モーリス・メルロ＝ポンティ『見えるものと見えないもの』滝浦静雄／木田元訳、みすず書房、1989年〕からとっている。「われわれは、身体、感覚、眼差し、言葉を理解したり話したりする能力に加えて、〈存在〉のための測定者を、われわれが〈存在〉に帰することのできる次元をもっている」。また、身体が「普遍的測定者」であると言われる、p. 260も見よ。しかし、このことが身体について言えるとすれば、なぜ場所についてはそう言えないのだろうか。身体と場所の密接な重なり合いについては、私の *Getting Back into Place： Toward a Renewed Understanding of the Place-World*（Bloomington： Indiana University Press, 1993)、第3章および第4章を見よ。

(20) *Essay*, 171. ロックは“Idea”という具合に語頭を大文字で書いている。またしても船の例が範例となるが、これは今回は、位置に関する端的な、そして、一見したところ限りない相対主義の範例である。すなわち、われわれは一方で、十分に安定した指標点を与えられれば、チェス駒、チェス盤、そのチェス盤が置かれている船室、その船そのものの場所について、「そうした点では［すなわち、指標点との関係では］、これらの事物は同一の場所にある、と言うのが適切かもしれない」と言えるが、他方では、「これらの事物の、この問題でわれわれが考えなかったいくつかの他の事物からの距離は変わっている」のだから、「それらの事物はその点では疑いなく場所を変えたのである」（*Essay*, p. 170； 強調原文）。こうして、空間におけるまったく同一の点――そこでは「空間」は変わることのない母胎と見なされる――は、この点が関係づけられる指標系の選択次第で、変わることのない場所とも変わりつつある場所とも見なすことができる。これははなはだしい道具主義であって、場所－世界全体をこの上なく不安定なものにする。

(21) Ibid., 173.

(22) Ibid., 171.「したがって、場所の観念を、われわれは空間の観念（場所の観念は、空間の観念についての個別的で制限された見方にすぎない）を得るのと同じ手段によって、つまり、われわれの視覚と触覚によって得る。このどちらによっても、われわれは延長ないし距離の観念を心に受け取るのである」（強調原文）。

(23) Ibid., 167.

(24) Ibid., 180； 強調原文。

(25) Ibid., 177. ロックは「真空の実在を、ではなく、普通のひとびとが真空があるか否かを探究したり議論したりするときにもっている、真空の観念を、証明」（p. 178； 強調原文）しようとしているのである。

(26) Ibid., 172.

(27)「純粋空間の部分は不動である。そして、このことはその部分が分離不可能であることから帰結する」（*Essay*, 173； 強調原文）。

(28)「ある距離についてわれわれがもつある観念を反復ないし倍化し、元の観念に何度でも望むだけ距離を付加し、いくらでも望むだけ距離を拡大しても、決して停止や休止に到達できない、というこの力が、われわれに広大無辺性の観念を与えているものである」（*Essay*, 168； 強調

原文）。

(29) *Essay*, 171.

(30) Ibid., 176；強調原文。この言明に先行する部分は次の通りである。「もし神がある人間を物体的存在の最先端に置いた〔場所づけた〕としたら、その人間は自分の身体より先にその手を延ばせないだろうか、と私は問うだろう。もし延ばせるとすれば、彼は以前は物体のない空間があったところにその腕を置いていることになるだろう」（pp. 175–176；強調原文）。

(31) Ibid., 171.

(32) Ibid.「空っぽの空間」とか「空虚」にあたるラテン語、"Inane"は強調されている。ロックは再びニュートンと手を組んで、永遠性と無限性を結びつけた。「思考する人間であって、自分の思惟の中で持続に境界を定めることができる以上に空間に境界を定めることのできる者、あるいは、空間と持続のどちらであれ、思考によってその終わりに達することを望むことのできる者がいたら、私は是非お会いしたい。したがって、もしそのひとの永遠の観念が無限ならば、広大無辺性の観念も無限なのである」（p. 176；強調原文）。私は、無限空間とは「神の広大無辺性である」（*Much Ado About Nothing: Theories of Space and Vacuum from the Middle Ages to the Scientific Revolution* [Cambridge: Cambridge University Press, 1981], 406 n 329）というエドワード・グラントの見解には同意しない。たしかに、グラントが言及している一節では、ロックは「持続と拡がりの境界なき不変の大洋は……、そのうちにあらゆる有限な存在者を含んでおり、その十分な拡がりという点では、神性にしか属さない」（*Essay*, 200）と書いている。しかし、私はロックがこれを形而上学的な主張として言っているとは思わないし、まして、宇宙論的な主張として言っているとも思わない。ここで実際に言われているのは修辞学的な装飾である。すなわち、われわれはこの無限性について何も知ることができないからこそ、この無限性は神に属するかもしれないと認めることができるのである。

(33) ライプニッツの『人間知性新論』（1703–1705年）のことを言っている。このテクストの詳細な研究に基づいて二人の哲学者を比較評価したものとしては、Nicholas Jolley, *Leibniz and Locke: A Study of the New Essays on Human Understanding*（Oxford: Clarendon Press, 1984）を見よ。

(34) 能動的力は「原始的力」とも呼ばれるが、これに関するライプニッツの最初の体系的言明は、彼の *Specimen Dynamicum*（1695）に登場する。ライプニッツの見解では、物体の「第一エンテレケイア」ないし「実体形相」である能動的力が運動そのものの潜在力であるのに対して、延長は運動を受容するための能力でしかない。運動していない物体でさえライプニッツの言う「不可入性」ないし抵抗という受動的力を有するが、この受動的力とは、実際には、その物体が自分自身を同一の場所に維持することである。こうして、場所は実質的な力の連続的系列——この連続的系列の能動的な側の先端は運動であるが、この運動は（ロックの場合と同様）もはや場所とは結びついていない——の、最少ないし受動的な側の先端に現れるのである。

(35) Leibniz, "Metaphysical Foundations of Mathematics"（ca. 1714）in *Philosophical Papers and Letters*, ed. L. Loemker（Chicago: University of Chicago Press, 1956), 2：1091.〔ライプニッツ「数学の形而上学的基礎」三浦伸夫訳、『ライプニッツ著作集　第２巻　数学論・数学』工作舎、1997年〕「最短の道」という言い方で、ライプニッツは「中間にある行程が最も単純な仕方で両端へと関係づけられる」（ibid.）ような道のことを言っている。（道そのものは場所との関係で定義される。すなわち、「道とは、可動的な事物の連続的で継起的な場所である」[ibid., 1086；強調原文]。）距離は制限された概念ではあるが、それでも延長する普遍宇宙に欠かせないものである。だからこそ、ライプニッツは『モナドロジー』〔ライプニッツ「モナドロジー」西谷裕作訳、『ライプニッツ著作集　第９巻　後期哲学』工作舎、1989年〕において、物体間

の交通は「どんな距離にも及ぶ」(ibid,. 1054) と指摘するのである。

(36) これらの言い回しは二つとも、*Philosophical Papers and Letters*, 2に再録された、ライプニッツのクラークへの第五書簡〔「ライプニッツとクラークの往復書簡」米山優／佐々木能章訳、『ライプニッツ著作集　第9巻　後期哲学』工作舎、1989年〕に登場する (pp. 1151, 1145)。

(37) Ibid., 1145–1146 ; 強調引用者。ライプニッツは最初の文における「場所」という言葉を強調している。

(38) Ibid., 1147. この有名な定式は、とりわけ "Metaphysical Foundations of Mathematics," ibid., 1083に登場する。「空間とは、共存する事物の秩序、ないし、同時に存在する事物にとっての存在の秩序である」。石黒ひでは、ライプニッツの考え方における関係の観念性を強調している。すなわち、ライプニッツにとって、「関係とは、お互いに「位置のうちに」ある事物から抽象によって作られた、抽象的な存在者である」(H. Ishiguro, "Leibniz's Theory of the Ideality of Relations" in H. Frankfurt, *Leibniz : A Collection of Critical Essays* [New York : Doubleday, 1972], 201)。このように空間の観念性を措定したという点で、ライプニッツはカントを先取りしている。「ライプニッツとともに、空間はカントにおける超越論的なものの役割を果たす」(Michel Serres, *Le système de Leibniz et ses modèles mathématiques* [Paris : Presses Universitaires de France, 1968], 2 : 778)。セールは、カントにとってと同様、ライプニッツにとっても、空間は「測定、大きさ、分割可能性を条件づけ」(ibid.)、そのようなものとして距離と形の二つを規定する、と付け加える。こうして、空間は「全世界性のア・プリオリな形式」(Yvon Belaval, *Étude Leibniziennes* [Paris : Gallimard, 1976], 207) なのである。ライプニッツ自身、「第一真理」(ca. 1680–1684) という論文では、「空間、時間、延長、運動は、事物ではなく、われわれの考察のよく基礎づけられた様態である」(*Philosophical Papers and Letters*, I : 417〔ライプニッツ「第一真理」山内志朗訳、『季刊　哲学』1、哲学書房、1988年〕; 強調引用者) とはっきり述べている。

(39) Serres, *Le système de Leibniz*, 2 : 782.

(40) この二つの点については、クラークへの第五書簡、*Philosophical Papers and Letters*, 2 : 1149を見よ。

(41) 「広大無辺性」と「無限性」——われわれが一瞥したように、これらの言葉の相違は中世まで遡る (ただし、先に見たように、ロックはこの区別を重視していない) ——の区別については、*Philosophical Papers and Letters*, 2 : 1143, 1149を見よ。

(42) "An Example of Demonstrations about the Nature of Corporeal Things, Drawn from Phenomena," in *Philosophical Papers and Letters*, 1 : 222 ; 強調原文。ライプニッツは、この区別がデカルトが主張したように子供時代の先入見でしかないかどうかを疑問に付し (p. 223)、次のような簡単な思考実験によってこの区別は正しいと論じている。すなわち、われわれがある物体を知覚するとき、その物体はつねに空間内にあるが、われわれは物体がなくても空間を思惟することができるというのである。この思考実験が「もし二つの事物について一方を他方なしで考えることができるとすれば、この二つの事物は異なっている。したがって、空間と物体は異なっている」という結論とともに示されている、p. 224を見よ。なお、興味深いことに、ライプニッツが「空っぽの場所」を純粋な延長と同一視している箇所が少なくとも一箇所ある。「空っぽの場所という概念と、ただの延長の概念は同一である」(2 : 642)。

(43) この批判は、すでに"First Truths," p. 416に姿を現している。デカルト的延長が決定的なものだとすれば、「二つのお互いに完全に類似した物体的実体が存在しうることになるが、これは不条理である」。これが不条理であるのは充足理由律に基づく。この充足理由律によれば、なぜある実例が存在し、別の実例が存在するのでないのかということの、決定的な理由が存在し

なければならないとされる。

(44) "Critical Thoughts on the General Part of the *Principles* of Descartes," *Philosophical Papers and Letters*, 2 : 642. 別の箇所では、ライプニッツは可動性が抵抗を必要とすることを明らかにしている。「延長は物質ないし物体を構成するのに十分ではありません。というのは、彼ら［デカルト主義者たち］は可動性を付け加えなければなりませんが、可動性は不可入性［つまり侵入不可能性］ないし抵抗からの結果だからです」("Conversation of Philarète and Ariste", ibid., 2 : 1011〔ライプニッツ「フィラレートとアリストとの対話」米山優訳、『ライプニッツ著作集　第9巻　後期哲学』工作舎、1989年〕)。

(45) "First Truths," I : 417. ライプニッツはこれに、「物体の実体には延長を欠いた何かが必要である。さもなければ、現象の実在性や真の統一性のための説明原理は存在しないことになるだろう」(ibid.)と付け加えている。

(46) 1699年3月24日／4月3日付デ・フォルダー宛書簡〔「デ・フォルダー宛書簡」佐々木能章訳、『ライプニッツ著作集　第9巻　後期哲学』工作舎、1989年〕でそのようにほのめかされている。「私の信じるところでは、われわれの思惟が完成し、終わるのは、延長の概念においてというよりむしろ、力の概念においてなのです」(*Philosophical Papers and Letters*, 2 : 838)。

(47) 「私は延長がそれ自体で理解されうるとも思いません。私は延長を分解可能で相対的な概念だと考えています。というのは、延長は、多数性、連続性、共存性、つまり、さまざまな部分の同時的な存在に分解できるからです」(*Philosophical Papers and Letters*, 2 : 838)。多数性とは任意の事物がもつ共存する部分の多数性であり、連続性とは全体としての事物の連続性である。1701年7月6日付デ・フォルダー宛書簡も見よ。「延長ということで、私は一のうちの多、つまり、連続性（延長はこれを時間および運動と共有しています）と共存のことを考えます (ibid., 855)。

(48) 延長的連続体については、A. N. Whitehead, *Process and Reality*, ed. D. R. Griffin and D. W. Sherburne (New York : Free Press, 1979), 61–82, 97〔『ホワイトヘッド著作集　第10巻　過程と実在（上）』山本誠作訳、松籟社、1984年〕を見よ。ジル・ドゥルーズは、彼の最近の研究である *The Fold : Leibniz and the Baroque*, trans. T. Conley (Minneapolis : University of Minnesota Press, 1993), 76–78〔ジル・ドゥルーズ『襞——ライプニッツとバロック』宇野邦一訳、河出書房新社、1998年〕で、ホワイトヘッドの概念をライプニッツの概念と比較している。

(49) "Conversation of Philarète and Ariste," in *Philosophical Papers and Letters*, 2 : 1010. 別の一節では、「牛乳に白さが必要であるように、その概念が相対的なものである延長には、延長的で連続的であるような何かが必要です。……それが何であれ、この何かの反復が延長なのです」(ibid., 642) と言われている。ドゥルーズが述べているように、「延長が存在するのは、一つの要素が後続する要素にまで引き延ばされ、それが一つの全体となり、後続する要素がその部分になるときである。（われわれの感覚がもつ限界を無視すれば）全体—部分のこうした連結は、最終項も限界もない一つの無限系列を形作る」(*The Fold*, 77)。

(50) 延長は、運動や物体そのものと同様、「虹や幻日のように、実体ではなく、真なる現象である」("First Truths," in *Philosophical Papers and Letters*, 1 : 417)。さらに、「単なる延長は、色や努力や抵抗といった何らかの質が備わっていなければ、決して［ひとびと］に姿を現さない」("An Example of Demonstrations about the Nature of Corporeal Things, Drawn from Phenomena" *Philosophical Papers and Letters*, 1 : 223)。とはいうものの、延長が物質的事物の属性であることに変わりはない。「持続と延長は事物の属性ですが、時間と空間については、われわれはそれらを、事物の外にある何かであって、事物を測定する役をしている、と見なしていま

す」(*Philosophical Papers and Letters*, 2 : 1011)。

(51) "Critical Thoughts on the General Part of the *Principles* of Descartes," *Philosophical Papers and Letters*, 2 : 642.

(52) 1712年2月5日付デ・ボス宛書簡、*Philosophical Papers and Letters*, 2 : 977.〔「デ・ボス宛書簡」佐々木能章訳、『ライプニッツ著作集　第9巻　後期哲学』工作舎、1989年〕

(53) 引用された言い回しは、1690年3月23日付アルノー宛書簡、*Philosophical Papers and Letters*, 2 : 599〔「アルノーとの往復書簡」竹田篤司訳、『ライプニッツ著作集　第8巻　前期哲学』工作舎、1990年〕による。

(54)「私なら、延長するものないし延長と、延長する存在ないし相対的な概念である拡散が関連づけられる属性を、つねに区別するでしょう。その属性とは、位置ないし場所性のことでしょう」(*Philosophical Papers and Letters*, 2 : 1011)。

(55) *Philosophical Papers and Letters*, 2 : 1011.

(56) 平面図法的なものと背景図法的なものの対立については、*G. W. Leibniz : Die Philosophischen Schriften*, ed. C. I. Gerhardt (Berlin, 1875–1890), 2 : 438におけるデ・ボス宛書簡を見よ。「というのは、観察者の位置 (situation) に応じて多様な背景図法があるので、幾何学的な平面図法はただ一つの表現法ではありません」。「平面図法」は平面の透写図を意味するのに対して、「背景図法」は遠近法を用いて遠くから描かれた線画のことを意味する。この註(および以下のいくつかの註)はエモリー大学のドナルド・ラザフォードに負うところが大きい。

(57) レムカーの指摘によれば、アリストテレスの『自然学』(第7書第4章) から借用した第一根拠という言葉は、「ライプニッツが彼の思想の最後期に実体を表すのに普通に用いている言葉」(*Philosophical Papers and Letters*, 2 : 1198 n 295) である。

(58) "Metaphysical Foundations of Mathematics" (ca. 1714), *Philosophical Papers and Letters*, 2 : 1084 ; 原文では全文が強調されている。

(59) Ibid. ; 原文は強調されている。

(60)「空間と時間は限界ではなく、それ自体延長しているすべての系列の抽象的な座標である」(Deleuze, *The Fold*, 77)。

(61) クラークへの第五書簡 (1716年)、in *Philosophical Papers and Letters*, 2 : 1151.ライプニッツはこれに、「絶対的な事物だけでなく、相対的な事物にも、その量があります」(ibid.) と付け加えている。

(62) "On the Principle of Indiscernibles" (ca. 1696), in *Leibniz : Philosophical Writings*, ed. and trans. G. H. R. Parkinson (London : Dent, 1973), 133–134. この短いが注目すべき論文は、L. Couturat, ed., *Opuscules et fragments inédits* (Paris : Presses Universitaires de France, 1903), 8–10ではじめて公刊された。

(63) "On the Principle of Indiscernibles," 133 ; 強調引用者。

(64) クラークへの第四書簡、 in *Philosophical Papers and Letters*, 2 : 1118を見よ。「もし空間が特性ないし属性だとすれば、それは何らかの実体の特性でなければなりません。しかし、境界づけられた空っぽな空間は、どの実体の変状ないし特性だというのでしょうか……」。もし空っぽの空間がどの可能的実体の特性でもないとすれば、それは地位という点で架空のものだということになる。

(65) "On the Principle of Indiscernibles," 133 ; 強調引用者。

(66) こうした理由から、質的な変化だけが本当の変化である。量の変化をはじめとするその他の変化はすべて、「相対的」でしかない。すでに初期の「結合法論」(1666) において、ライプニッツは質のことを「絶対的な何か」と見なし、量には全面的に「相対的な」地位を帰した。「さ

らに、ある存在の変状（ないし様態）は、質と呼ばれる絶対的な何かであるか、相対的な何かであり、この相対的な何かは、それが何らかの部分をもつなら、その部分に相対的な事物の変状、つまり量であり、さもなければ、他の事物に対して相対的なある事物の変状、つまり関係である」（*Philosophical Papers and Letters*, 1 : 122〔「結合法論」『ライプニッツ著作集　第１巻　論理学』澤口昭聿訳、工作舎、1988年〕；強調原文)。しかしながら、空間は疑いなく一つの関係であり、それゆえ、この理屈からして、量の一様態である――場所がそうであるのと同様、空間は全面的に関係から構成されているというほどである。われわれは後にこの還元に立ち戻るつもりである。

(67) "On the Principle of Indiscernibles," 133. この考え方においては、何と距離でさえ一時的に救い出される！「距離および距離の度合は、事物そのもののうちに遠くにある事物を表出すること、つまり、遠くの事物を触発したりそれから触発を受けたりすることの度合も含んでいる」(ibid.)。

(68) "Metaphysical Foundations of Mathematics," *Philosophical Papers and Letters*, 2 : 1085；強調原文。

(69) ライプニッツは1704年６月30日に、マサム夫人に宛てて次のように書いている。「ひとは魂を身体のうちに置か〔場所づけ〕なければなりません。身体には視点が局所化されていて、身体は現在そこから宇宙を自分自身に表現しているのです」(cited in Donald Rutherford, *Leibniz and the Rational Order of Nature* [Cambridge : Cambridge University Press, 1995], chap. 7, "Modelling the Best of All Possible Worlds," n. 35)。このことは、もっと十分な形でも述べられている。「どの有機的物体〔身体〕も、普遍宇宙の各部分に対して一定であるような関係を通じて普遍宇宙全体に触発されているので、その物体〔身体〕がもつ関係に応じて残りの普遍宇宙を自分自身に表現する魂が、普遍宇宙を映し出す一種の鏡であり、(いわば）その視点に応じて残りの普遍宇宙を表現しているというのも、驚くにはあたりません」(ibid.)。

(70) "On the Principle of Indiscernibles," 133.

(71) Ibid., 134. この決定的な主張は量と位置にあてはまるとはっきり言われているものの、場所を量や位置とひとまとめにすれば、この主張は確実に場所にも適用できる。たしかに、ライプニッツはさらに、ここで問題になっている基礎は「質のカテゴリーに由来する」(ibid.）と主張しているが、それでもこのことに変わりはない。ここでは「質」が万能札になっているのではないか、という疑念が生じる。すなわち、一方で、質がそこに延長しているものとしての場所と結びつけられているときには、場所は位置的ではない。他方、質が「カテゴリー」として解されるときには、場所はおよそ場所が根本的でありうる以上に根本的なものになる――そして、場所はこうした責務を果たさなかったために、位置や量のような端的に相対的な現象と一緒に投げ捨てられるのである。

(72) Cited by Rutherford, *Leibniz*, 413.

(73) クラークへの第五書簡、*Philosophical Papers and Letters*, 2 : 1148より；強調原文。

(74) "On the Nature Itself" (1698) という表題の論文で、ライプニッツは「物質そのものは完全に一様であるという仮定の下では、ある場所を他の場所から区別したり、同じ場所内にある物質の一片を他の一片から区別したりすることは決してできない」(*Philosophical Essays*, trans. R. Ariew and D. Garber [Indianapolis : Hackett, 1989], 164〔「自然そのもの」『単子論』河野與一訳、岩波書店、1951年〕と指摘している。結局のところ、ライプニッツは物質が一様であるということは退けているものの、場所が等質的であるということは支持しているのである――異質性の典型であるという点で場所が物質よりもはるかに勝っていることからすれば、これは奇妙で皮肉な結果である。

(75) *Philosophical Papers and Letters*, 2：1146；強調原文。

(76)「私は、空間とは事物が位置づけられることを可能にするような秩序ないし位置（situation）のことだ、と言っているのではなく……、空間とは位置の秩序ないしそれに従って位置が配置されるような秩序であり、抽象的空間とは、さまざまな位置が可能だと考えられているときの、その位置の秩序のことだ、と言っているのです。したがって、空間は単に観念的なものにすぎません」（Fifth Paper, 1163）。

(77) Serres, *Le système de Leibniz*, 2： 781；強調原文。セールはこれに、「したがって、それはすぐれて可能的な関係の、すべての可能的な関係の秩序である」（ibid.；強調原文）と付け加える。ライプニッツは、空間は純粋な可能性であると強調しているものの、真空に強く反対しているという点ではデカルトに劣らない。「自然においてはすべてのものは充実体である」（from “The Principles of Nature and of the Grace, Based on Reason”, in *Philosophical Papers and Letters*, 2：1034〔ライプニッツ「理性に基づく自然と恩寵の原理」米山優訳、『ライプニッツ著作集　第9巻　後期哲学』工作舎、1989年〕）。ライプニッツの主要な真空批判は、真空には有効な存在理由がないというものである。「物質的な有限の普遍宇宙が無限の空っぽな空間内を動くなどという虚構を認めることはできません。……そうした働きにはどんな計画もないでしょうし、それは何もせずに働くこと、働かずに働くことでしょう」（ibid., 1141）。

(78) ライプニッツは1712年9月20日に、デ・ボスに宛てて次のように書いている。「なぜモナドは実際に無限なのでしょうか。私は、無限であることが可能だというだけで、このことを確立するのに十分だからだ、とお答えします。神の作品がきわめて豊かであることは明らかだからです」（*Philosophical Papers and Letters*, 2：988）。ライプニッツはクラークへの第四書簡の第9項において、無限空間が存在することに疑いの余地がないことを明らかにするために、「広大無辺性」という観点から無限空間を論じている。p. 1118を見よ。

(79) クラークへの第五書簡、*Philosophical Papers and Letters*, 2：1146；強調原文。「絶対的実在」という言い方で、ライプニッツは最大のライバルであるニュートンの空間概念のことを指している。ライプニッツは単一の実体と見なされたそうした空間的実在を断固として退けたものの、絶対空間という考えに全面的に反対しているわけではない。抽象的な座標系として、ライプニッツの考える空間は絶対的な何かの方へと歩み寄る。というのは、結局のところ「位置の秩序」はただ一つしかありえないからである。さらに、空間を「不変」と見なすことで、ライプニッツは危うく、その「不動性」という点で絶対的な空間へと歩み寄る（「空間はしたがって延長する何かであり、……われわれにはこれが変化するものだとは考えられない」[“An Example of Demonstrations about the Nature of Corporeal Things, Drawn from Phenomena” (*Philosophical Papers and Letters*, 1：223–224)]）。ライプニッツはある箇所で、これが問題のない手だてであるかのように、場所に「絶対的」という言葉を適用してさえいる。「形相的に拡散しているものは、場所性、つまり位置を構成するもののことであって、これ自体は絶対的なものだと考える必要があるでしょう」（1712年2月5日付デ・ボス宛書簡、*Philosophical Papers and Letters*, 2：977）。しかし、ここでは、「絶対的」は文字通りそれ以上分解されえないものと解釈されている。最後に、「数学の形而上学的基礎」では、ライプニッツは留保なしで「絶対空間は最も充実した場所、あるいは、すべての場所の場所である」（ibid., 2：1087；強調原文）と述べている。ただし、ライプニッツはこのように折にふれて絶対空間という領域に侵入するものの、クラークとのやりとりにおいては、その成熟したモナドロジーでは結局いかなる形式の絶対空間ないし絶対時間も退けなければならない、ということを明らかにする。

(80) 引用された一節とヒポクラテスからの引用はそれぞれ、*The Monadology*, sec. 56, 61, in *Philosophical Essays*, 220, 221より。

(81) Ibid., sec. 61.

(82) Ibid., sec. 62. ライプニッツにおける「表出」は、表現それ自体を意味するのでもなければ、まして心像を意味するのでもなく、モナド間の関係の規則を意味する（この解釈はドナルド・ラザフォードに負うところが大きい）。

(83) Cited by Rutherford, *Leibniz*, n. 37.

(84) 共感については、1702年4月付デ・フォルダー宛書簡を見よ。「任意の二つの事物、AとBは、それらが事物ないし実体であるという点で共通しているだけでなく、ある種の共感ももっています」（*Philosophical Papers and Letters*, 2：858）。

(85) 1712年5月26日付デ・ボス宛書簡、in *Philosophical Essays*, 201.

(86) *Monadology*, sec. 7. その結果、「実体も偶有性も、外からモナドに入ることはできない」。

(87) Ibid., sec. 63.；強調引用者。鏡のアナロジーについては、*Monadology*, sec. 56を見よ。「どの単純実体も、普遍宇宙の永遠で生きた鏡なのである」。第77節では、魂と身体がどちらとも普遍宇宙の鏡として働くことが明らかにされている。ライプニッツにとって、魂は「支配的モナド」ないし「原始的エンテレケイア」であり、これは、モナド全体を形成するための「受動的力」をもつ、「第一質料」と対になっている（1703年6月20日付デ・フォルダー宛書簡、*Philosophical Papers and Letters*, 2：864）。モナドは第一質料は有するが、厳密に言えば延長していない。だからこそライプニッツは、モナドは「延長のうちに位置（situs）をもつ」とか、「延長のうちに位置（position）をもつ」（同書簡、pp. 865, 866）と言うのである。これは、魂は身体内に位置づけられ（situated）、この身体の方は空間内に位置づけられる、と主張することに等しい。しかし、後者の位置（situation）だけが厳密に位置的である。というのは、たとえ身体が延長しているとしても、魂はそれに固有の身体のうちに位置（position）を有することができないからである。ライプニッツは、1691年のあるテクストでは、この異常な事情を認めているように見える。「私は、あらゆる物体が延長していること、物体がなければ延長もないことに同意する。とはいえ、われわれは場所ないし空間の概念や純粋な延長の概念と、実体の概念を混同してはならない。というのは、実体の概念は、延長以外に、抵抗を、つまり、作用〔能動〕と受動性を含んでいるからである」（"Whether the Essence of a Body Consists in Extension," *Journal des Savants*, June 18, 1691；cited in P. Wiener, ed. *Leibniz： Selections* [New York：Scribner's 1951], 102）。魂は「作用〔能動〕」の源泉であり、物体〔身体〕は「受動性」の源泉である。たとえ物体〔身体〕そのものが延長していても、単純実体としてのモナドは魂と身体の二つから構成されており、したがって、それ自体「純粋な延長」――つまり、広義の空間の秩序――とは混同されえない。しかし、私の読みでは、モナドは場所のうちに固定されうるし――それどころか、固定されなければならない。

(88) 視点にとっての基礎である場所の秩序は、魂の表現活動にとっての不可欠の条件でもある。ドゥルーズが述べているように、魂はそれ自体「視点のうちに残っているもの、視点を占有するもの、それなしでは視点もないことになるもの」（Delueze, *The Fold*, 22）に関わっている。私の読みでは、「それなしでは視点もないことになるもの」とは、まさに場所にほかならない。この註とこれに関連する論点をめぐる議論は、アイリーン・クレイヴァーに負うところが大きい。

(89) クラークへの第五書簡、*Philosophical Papers and Letters*, 2：1147；強調原文。抽象と場所について、石黒は「……個体的な空間的場所（locus）における場所という概念は、お互いに対して一定の関係的な特性をもつ事物をめぐる考察から、抽象によって得られたものである」（"Leibniz's Theory," 201）と指摘している。それゆえ、空間の概念もまた、これらの特性からなる全体から抽象される。空間の概念はこのように、「関係的な特性ないし事物の相互連結か

ら抽象されたもの」（Ishiguro, ibid.）なのである。

(90) クラークへの第三書簡における次の指摘を見よ。「空間は、かの［物体の］秩序ないし関係にほかならず、物体がなければまったくの無であり、それらの物体を置く〔場所づける〕可能性以外の何ものでもない」（*Philosophical Papers and Letters*, 2 : 1109；強調引用者）。

(91)「持続と延長は事物の属性ですが、時間と空間は事物の外にある何かと考えられ、事物を測定するのに役立ちます」（"Conversation of Philarète and Atiste," 2 : 1011）。レムカーの指摘も見よ（2 : 1192, sec. 214）。もし場所がその端的な機能性という点で力に類するものであるとしても、場所はそれ自体では力をもたない。実体だけが力をもつのである。

(92)「時間についても事情は同じです」（クラークへの第三書簡、*Philosophical Papers and Letters* 2 : 1109）。以上が、ライプニッツが機会のある度に追求する、彼独自の方策――空間―時間の並行論という方策――である。

(93)「抽象的空間」という言い方は、クラークへの第五書簡、*Philosophical Papers and Letters*, 2 : 1163に登場する。「位置が可能だと考えられているとき、かの抽象的空間とはかの位置の秩序のことである」。用地＝位置は、公式には、「複数の存在者の間の一定の共存関係であり、その共存関係は、仲介者の役をしている他の共存物、つまり、もともとの存在者に対してより単純な共存関係をもつ他の共存物に立ち戻ることによって知られる」（"Metaphysical Foundations of Mathematics," *Philosophical Papers and Letters*, 2 : 1091）と定義される。用地＝位置は、量的な関係だけでなく、質的な関係も含んでいる。「用地＝位置は共存の様態である。したがって、それは量だけでなく、質も含む」（ibid., 1084；最初の文は強調されている）。しかし、用地＝位置は純粋に関係的であるので、質よりも量の方を好む。すでに見たように、「不可識別者の原理について」では、量は関係と密接に結びついていると主張されている。

(94) クラークへの第三書簡、*Philosophical Papers and Letters*, 2 : 1108.

(95) ドゥルーズは、「迷宮」（labyrinth）という言葉が labium（lip）〔唇〕という言葉を介してその語源に襞をもつことを、われわれに思い出させてくれる。彼は、「物質の単位、迷宮の最小の要素は襞である」（*The Fold*, 6）と書いている。

(96) 位置解析については、ライプニッツの"Studies in a Geometry of Situation"（1679）as translated in *Philosophical Papers and Letters*, 1 : 381–396〔「位置解析について」三浦伸夫／原亨吉訳、『ライプニッツ著作集　第3巻　数学・自然学』工作舎、1999年〕を見よ。このテクストで、ライプニッツは「位置（situation）を考察すれば、代数計算ではひじょう困難であった多くの事柄が容易に明らかになる」（p. 390）と主張している。こうした幾何学は、相似と合同に焦点を当てる。

(97) 私はこの言葉を、Serres, *Le système de Leibniz* のたとえば第2巻 p. 781における、「空間は関係の頂―点からなる全体である」という言い方からとっている。ライプニッツが点に心を奪われていること――いわばライプニッツの点主義――は、たとえば、彼がニュートンと同時代に考案した微分法という有名な事例において、彼が極限にも等しく心を奪われていることに呼応している。

(98) "The Theory of Abstract Motion"（1671）, in *Philosophical Papers and Letters,* 1 : 218.

(99) "The Metaphysical Foundations of Mathematics," in *Philosophical Papers and Letters,* 2 : 1087.

(100) しかし、ライプニッツが究極の原子的単位としての幾何学的点を退けていることが強調されなければならない。Deleuze, *The Fold,* 6 を見よ。形而上学的点と数学的点の対立については、*Philosophical Papers and Letters,* 2 : 745–746を見よ。形而上学的点は「正確かつ実在的」であるのに対して、数学的点は「正確ではあるが様態的なものでしかない」。ライプニッツは「物理的点」、つまり、「物体的実体が凝縮するとき」（ibid.）に得られる点についても論じている。

視点に関しては、「理性に基づく自然と恩寵の原理」における次の言明が典型的である。「したがって、各モナドは生きている鏡、つまり、内的作用を授けられた鏡であり、その視点に応じて普遍宇宙を表現している」(ibid., 1035)。

(101) 私はこのニュートン批判には焦点を当ててこなかった。というのは、この批判はクラークとの往復書簡においてライプニッツ自身がきわめて明快に示しているし、空間と時間の哲学をめぐる標準的な説明において、きわめて頻繁に引き合いに出されているからである。例としては、Max Jammer, *Concepts of Space: The History of Theories of Space in Physics* (Cambridge, Mass.: Harvard University Press, 1969), 113-120〔マックス・ヤンマー『空間の概念』高橋毅／大槻義彦訳、講談社、1980年〕; Bas van Fraassen, *Introduction to the Philosophy of Time and Space* (New York: Columbia, 1985), 35-44, 108-114が挙げられる。

—第9章—

(1) 「あるモナドに属し、そのモナドが自らのエンテレケイアないし魂となっている物体は、そのエンテレケイアとともに生物と呼びうるものを構成し、魂とともに動物を構成する。……それゆえ、生物に属する有機的な身体はどれも、一種の神的な機械ないし自然的な自動機械なのであって、これはどんな人工的な自動機械よりも無限にすぐれている」(*Monadology*, secs. 63-64, as included in *Philosophical Papers and Letters*, ed. L. Loemker [Chicago: University of Chicago Press, 1956], 2:1055〔ライプニッツ「モナドロジー」西谷裕作訳、『ライプニッツ著作集　第9巻　後期哲学』工作舎、1989年〕)。

(2) *Monadology*, secs. 66; in *Philosophical Papers and Letters*, 2:1056.「理性に基づく自然と恩寵の原理」における、「手足や器官に結びついた生命があらゆるところにある、というだけでなく、モナドには生命の無限の度もあるのであって、そのうちのあるものがその他のものを多少なりとも支配している」(*Philosophical Papers and Letters*, 2:1035)〔ライプニッツ「理性に基づく自然と恩寵の原理」米山優訳、『ライプニッツ著作集　第9巻　後期哲学』工作舎、1989年〕という同じ時期の言明も参照せよ。このことを表現するもう一つのやり方は、「物理的な意味でさえ、われわれは外的な物質的折り目を横切って、内的で、活力があって、自発的な襞の方へと動いている」(Gilles Deleuze, *The Fold: Leibniz and the Baroque*, trans. D. Conley [Minneapolis: University of Minnesota Press, 1993], 13〔ジル・ドゥルーズ『襞——ライプニッツとバロック』宇野邦一訳、河出書房新社、1998年〕) と言うことである。

(3) このメタファーについては*Monadology*, secs. 67を見よ。

(4) R. G. Collingwood, *The Idea of Nature* (Oxford: Oxford University Press, 1945), 110.〔R. G. コリングウッド『自然の観念』平林康之／大沼忠弘訳、みすず書房、1974年〕ここでは省略したが、この文章には「その序列のいたるところで上の方向を目指して働く不断の衝動ないし意欲をもって」という一節が組み込まれている。ここで言う意欲とは、あるモナドがもつ他のモナドを支配しようという意欲であり、最終的には、神がもつ全モナドを支配しようという意欲である。神は、神に固有の完全に包括的な（つまり背景図法的な）視点をもちながら、厳格な意味で身体をもたないただ一つの存在である。

(5) Deleuze, *The Fold,* p. 12で、箇所を指示せずにライプニッツから引用された。

(6) エコロジーに敏感なフェミニズムの方向にライプニッツを拡張することについては、Carlyn Merchant, *The Death of Nature: Women, Ecology, and the Scientific Revolution* [New York: Harper & Row, 1983], 275-290〔キャロリン・マーチャント『自然の死　科学革命と女・エコロジー』団まりな／垂水雄二／樋口祐子訳、工作舎、1985年〕を見よ。マーチャントは、近世

最初の有機体と生気論の思想家として、ライプニッツを選び出している。

(7) Alfred North Whitehead, *Science and the Modern World* (Cambridge: Cambridge University Press, 1926)〔『ホワイトヘッド著作集　第6巻　科学と近代世界』上田泰治／村上至孝訳、松籟社、1981年〕、とくに第4章「18世紀」を見よ。ホワイトヘッドは、場所がもつ新たな意味を次のように表現している。「他の場所に関連する事物についての把握が、ここ、この場所にある。……この把握の統一性は、一つのここおよび一つの今として定義され、把握された単位へとそのようにして取り集められた事物は、他の場所や他の時間と本質的に関連する」(pp. 86-87; 強調引用者)。ライプニッツがホワイトヘッドの有機体の哲学に与えた影響については、p. 81、87、91を見よ。ドゥルーズは「ホワイトヘッドはライプニッツの継承者ないしディアドゴイである」(*The Fold*, 76) と述べている。しかし、ホワイトヘッドは、*Process and Reality*, ed. D. R. Griffin and D. W. Sherburne (New York: Free Press, 1978), xi, 54, 123, 128, 147〔『ホワイトヘッド著作集　第10巻　過程と実在（上）』山本誠作訳、松籟社、1984年〕では、ロック――われわれはライプニッツがロックといくつかの決定的な点で対になっているのを見てきた――の名前も挙げている。

(8) 「[モナド] にはある種の自足性 (autarkeia) があり、これがモナドをその内的作用の源泉にし、いわば非物体的な自動機械にしているのである」(*Monadology*, secs. 18, in *Philosophical Papers and Letters*, 2: 1047)。「普遍宇宙という機械の建築家」――ここで言う普遍宇宙とは、作用因に支配されていると見なされた普遍宇宙のことである――としての神については、ibid., secs. 87, p. 1060を見よ。しかしながら、普遍宇宙は目的因の「道徳の王国」でもあって、これは、その秩序をまったく異にするにもかかわらず、自然の「物理的な王国」と完全に調和して存在する。ライプニッツのテクストのいたるところで「しかしながら、〜でもある」という言い回しが事態を緩和させる役割を果たしているのが見られるが、このことがこの哲学者を一面的に読むことを妨げているのであり、場所と空間に関する彼の見解もその例外ではない。この最後の論点をめぐる議論に関しては、ロバート・クリーズに負うところが大きい。

(9) Deleuze, *The Fold*, chaps. 1 and 8, esp. p. 13を見よ。「魂そのものは、別の階ないし内部の上方を構成しているものであり、そこには外部からの進入ないし影響を許すような窓はない」。

(10) Collingwood, *The Idea of Nature*, 112. コリングウッドによる「量的」という言葉の用い方は、量という観点だけから考察されたときの場所の運命に関する私の評価に、ぴったり符号する。しかし、これまで見てきたように、ライプニッツ自身は、場所に関する質的な評価と量的な評価をどちらとも認めている。

(11) Whitehead, *Science and the Modern World*, 69. ホワイトヘッドとコリングウッドの二人は、明らかに17世紀の世界観について語っている――しかし、18世紀の哲学者と自然学者において十分に明確になるのは、まさにこの世界観である。だからといって、ヴィーコの「新科学」、生まれつつあった教養の重要性、カントの『判断力批判』(1790) や初期のロマン主義哲学者や詩人たちにきわめて顕著であった想像力への関心の増大といった、この新世紀に見られるその他のまったく異なる方向性を軽視しようというわけではない。しかし、こうした多様な見解はどれも、前世紀からまったく不問のままに相続された機械論と科学主義そのものへの反動という形で生じたのである。「18世紀最大の発想」である教養がもつ意義については、Gadamer, *Truth and Method* (New York: Seabury, 1975), p. 10〔ハンス＝ゲオルグ・ガダマー『真理と方法　哲学的解釈学の要項』轡田収ほか訳、法政大学出版局、1986年〕を見よ。「ロマン主義的反動」については、ホワイトヘッドの *Science and the Modern World*, pp. 93-118における、「ロマン主義的反動」という章を見よ。

(12) 18世紀の哲学者たちは、「17世紀の一群の科学的な抽象物を、境界なき普遍宇宙の分析に応用

した。主に彼らの同時代人の関心をひいた一連の観念に関しては、彼らの勝利は圧倒的であった。……自然のすべての過程を機械論的に説明するという考え方が、遂には凝固して科学のドグマとなったのである」(Whitehead, *Science and the Modern World*, 74–75)。

(13) われわれはここに、具体者置き違いの虚偽のもう一つのヴァージョンを認める。西洋への17世紀の遺産である生命なき自然という見方について言えば、ホワイトヘッドは「普遍宇宙に関するこうした考え方はたしかに高度の抽象によって組み立てられるのであり、この［天才がなし遂げた業績がそうした不毛な哲学的雰囲気においてなされたという］逆説が生じるのは、われわれが［その］抽象を具体的な実在物と取り違えたからにすぎない」(*Science and the Modern World*, 69) と説いている。ホワイトヘッドには、近世初期の数学の成功に抽象性の源泉を特定するという傾向がある。「数学的精神の大きな特色は、その抽象を取り扱う能力である」(p. 70)。抽象はまさに「事物の残滓」(p. 73) に由来する。「残り続けている」ものの重要性については、E. Husserl, *Ideas: General Introduction to Pure Phenomenology* (New York: Macmillan, 1962)〔フッサール『イデーン　I－1』渡辺二郎訳、みすず書房、1979年〕, 第33節も見よ。

(14) 私が「重要であるにもかかわらずたいていは無視されている」と言うのは、デカルトが「「場所」という言葉と「空間」という言葉の違いは、場所は大きさや形よりも位置 (position) の方をよりはっきりと指示するのに対して、空間について語るときには、われわれは大きさや形に注目しているという点である」(*Principles of Philosophy*, Part Two, sec. 14; in the translation of J. Cottingham, R. Stoothoff, and D. Murdoch, *The Philosophical Writings of Descartes* [Cambridge: Cambridge University Press, 1985], I: 229) と書いたとき、彼はあらかじめ場所が位置へと崩壊するのを予見していたからである。ちなみに、同じ訳者たちによるもう一つの英訳では、「position」の代わりに「situation」が用いられている。

(15) Whitehead, *Science and the Modern World*, 93. 明示的には、ホワイトヘッドはここで、17世紀にまだ生き延びているスコラ主義に固有と見なされた、「混濁した思想の世界」(ibid.) の一掃のことを言っている。

(16) こうして、ジョゼフ・ルイ・ラグランジュの『解析力学』(1788年) は、「どんな量的測定がなされても、それが位置を定めるのに十分であるならば、それに等しく適用可能な運動方程式を演繹し」(Whitehead, *Science and the Modern World*, 78; 強調引用者) ようと試みることで、力学を「解析学」の一分科にした。18世紀のもっと早い時期に、ピエール・ルイ・モロー・ド・モーペルテュイは、運動に固有なエネルギーと位置に固有なエネルギーの関係を論じた。彼の1736年の論文、"Sur les lois de l'attraction," *Suite des Mémoires de mathématique et de physique, tirés des registres de l'Académie Royale des Sciences de l'année MDCCXXXXII* (Amsterdam: Pierre Mortier), 2: 473–505を見よ。

(17) Gilles Deleuze and Felix Guattari, *A Thousand Plateaus* (vol. 2 of *Capitalism and Schizophrenia*), trans. B. Massumi (Minneapolis: University of Minnesota Press, 1987), 382〔ドゥルーズ＝ガタリ『千のプラトー』宇野邦一ほか訳、河出書房新社、1994年〕; 強調引用者。

(18) この言い方は、Michel Foucault, *The Birth of the Clinic: An Archeology of Medical Perception*, trans. A. Sheridan Smith (New York: Pantheon, 1973), 6〔ミシェル・フーコー『臨床医学の誕生』神谷美恵子訳、みすず書房、1963年〕による。

(19)「布置」や「局所化」という言葉は、*The Birth of the Clinic*, pp. 3, 11で論じられている。

(20) Foucault, *The Birth of the Clinic*, 195. p. 231には「空間内に固定する」という言い方が登場する。「支配空間」については、M. Foucault, *Discipline and Punish: The Birth of the Prison*, trans. A. Sheridan (New York: Pantheon, 1977), pp. 187 ff〔ミシェル・フーコー『監獄の誕

生——監視と処罰』田村俶訳、新潮社、1977年〕を見よ。監視については、*Discipline and Punish*, pp.170–177（「階層秩序的な監視」）を見よ。

(21) Foucault, *Discipline and Punish*, 197. 全文は次の通りである。「この閉鎖され、分割された空間は、各点で監視され、そこでは個人個人は固定した場所に組み入れられ、どんなにわずかな動きも管理され、あらゆる出来事が記録され、中断のない書記作業が中枢と周辺を結びつけ、権力は連続した階層秩序的図表に従って分割されることなく行使され、各個人はそこに絶えず局所化され、検査され、生存者、病人、死者に分類される——これらすべてが規律的な装置の簡潔なモデルを構成するのである」。

(22)「計算可能な人間」という新たに出現しつつあった人文科学の主題は、*Discipline and Punish*, p. 193に登場する。「規律的個人」という言い方はp. 227に見られる。

(23) 時間の統制については、18世紀イギリスの時間割に関するE．P．トンプソンの研究だけでなく、*Discipline and Punish,* p. 220も見よ。「基本的な局所化ないし分割化」という言い方は、p. 143にある（強調原文）。

(24)「権力の実験室」という言い方は、*Discipline and Punish*, p. 204に登場する。「機能的用地＝位置の規則」という言い方はp. 243に（強調原文）、「身体の空間への局所化」という言い方はp. 205にある。

(25) 従順な身体については、*Discipline and Punish*, pp. 135–169を見よ。規律的空間という主題全般については、Thomas R. Flynn, "Foucault and the Spaces of History," *Monist* 74（1991）: 165–186を見よ。

(26) *Discipline and Punish*, 203. 場所／空間／用地＝位置には三種類の建築が対応している、と想像するのは魅力的である。たとえば、「場所」の建築であれば、囲いを強調したり、もっと一般的には、家庭的な美徳を強調したりするだろうし、「空間」の建築物は、帝国都市やニュルンベルクのように、記念碑的であり、「用地＝位置」の建造物というものがあれば、フーコーが空っぽで一望可能な系列性の典型として選び出した、18世紀の建物によって代表されることになるだろう。しかし、より正確に言えば、われわれはここで、すべての建物が手に入れることのできるような秩序づけの三つの方式と関わっているのだから、一つの方式だけの実例となるというのは例外的なことであろう。ほとんどの場合、あらゆる建造物は三つの方式すべての側面を含んでいると言ってよいのである。たとえば、ギリシアの神殿は、屋内に密接に結びつけられた部屋があるという点では、場所的ないし場所創造的である。しかし、この神殿は、より広大な風景（たとえば、ヴィンセント・スカリーが示したような、聖なる山が作り出している形態）との結びつき方という点では空間的であるし、また、その神殿を同じ神殿群にある他の建物に対して位置づけている、注意深く計算された配列に基づいて用地化＝位置化されてさえいる。ほぼ同じことは、ありふれた中流階級向けの家屋についても言える。その落ち着いた室内は注意深く建てられた骨組の内部に設置され、この骨組それ自体はまた（偶然にではなく）「建築用地（site）」と称するものの上に位置づけられる。そして、こうしたものはすべて、都市や郡や区〔方域〕と呼ばれる、適切に名づけられた「空間的」拡がりのうちに位置づけられる。こうして、われわれは場所と空間と用地＝位置を、居住可能で耐久性のある建物を建てようというどの努力にもある、三つの潜在的な方向性と考えなければならない（この説明はトム・ブロッケルマンとの議論に負うところが大きい）。

(27) これは、「一望監視装置」（panopticon）という言葉についての、ベンサム自身による語源の説明である。*The Works of Jeremy Bentham*, ed. J. Bowring（Edinburgh : Tait, 1843), 11 : 97を見よ。

(28) *The Works of Jeremy Bentham*, 4 : 44 ; 強調原文。「監視力」という言い方は、p. 44に登場す

る。

(29) Ibid., 44.

(30) Ibid., 45；強調原文。「軸的可視性」という言い方は、*Discipline and Punish*, p. 20でフーコーが用いたものである。こうした可視性は、囚人同士の「側面的可視性」によって補完される。

(31)「公共の眼への近さ」という言い方は、*The Works of Jeremy Bentham*, 4：177より。「近さ」という言葉は強調されている。「透明な建物」という言い方は、*Discipline and Punish*, p. 207より。

(32)「その監視機構のおかげで、[一望監視装置] は効率およびひとびとの行動に浸透する能力という点で進歩する。知が権力の増大に続き、権力が行使される表面全体に知の新しい対象を発見する」(*Discipline and Punish*, 204)。

(33) *The Works of Jeremy Bentham*, 4：45. この文の前半で引用された「厳重な拘置の場所」や「労働の場所」といった言い方は p. 46より。

(34) *Discipline and Punish*, 205. そうした「機能化は、いかなる障害、抵抗、摩擦からも切り離されて、純粋な建築学的・光学的体系として表現されなければならない」という、p. 205の一節も見よ。

(35)「建築上の単純観念」という言い方は、*The Works of Jeremy Bentham*, 4：207からのものである。フーコーは、「ベンサムは [多様な規律的実践を]、いたるところでつねに目を光らせ、社会を通して空間的にも時間的にも中断することなく作動しているような、機構の網目に変えることを夢見ているのである。一望監視的な配置は、こうした一般化のための定式を与える」(*Discipline and Punish*, 205；強調引用者) と論評している。

(36) *Discipline and Punish*, 207.

(37) ベンサムの計画がアメリカで応用されたことの実例としては、『監獄の誕生』の図版4～6を見よ。ステイトヴィル刑務所はその一例である。

(38) *Discipline and Punish*, 205. 前の文章における「中央監視原理」という言い方は、*The Works of Jeremy Bentham*, p. 40に登場する。

(39) Hannah Arendt, *The Human Condition* (Chicago: University of Chicago Press, 1958), 6.〔ハンナ・アーレント『人間の条件』志水速雄訳、筑摩書房、1994年〕これら二つの移動は、その疎外力という点で、近世初期という時代を最もよく特徴づける二つの方向である。

(40) Immanuel Kant, "Thoughts on the True Estimation of Living Forces, and Criticism of the Proofs Propounded by Herr von Leibniz and other Mechanists in their Treatment of this Controversial Subject, together with some Introductory Remarks Bearing upon Force in Bodies in General," as translated in J. Handyside, ed., *Kant's Inaugural Dissertation and Early Writings on Space* (Chicago: Open Court, 1929), 4.〔イマヌエル・カント「活力測定考」大橋容一郎訳、『カント全集　第1巻　前批判期論集Ⅰ』岩波書店、2000年〕「人間理性はライプニッツにきわめて多くを負っているが、その彼は、物体には、それになくてはならず、それどころか、延長に先だってその物体に属しているような力が備わっている、と説く最初の人物であった」。活力をめぐるライプニッツの学説の標準的典拠は、*Philosophical Papers and Letters*, 2：711-738に再録された、彼の"Specimen Dynamicum" (1695)〔ライプニッツ「物体の力と相互作用に関する驚嘆すべき自然法則を発見し、かつその原因に溯るための力学提要」横山雅彦／長島秀男訳、『ライプニッツ著作集　第3巻　数学・自然学』工作舎、1999年〕に見出される。力に関するさらなる思想については、カントの1763年の論文、"Enquiry Concerning the Clarity of the Principles of Natural Theology and Ethics," trans. G. B. Kerferd and D. E. Walford, *Kant: Selected Pre-Critical Writings and Correspondence with Beck* (Manchester: Manchester Univer-

sity Press, 1968), 18–20〔イマヌエル・カント「自然神学と道徳の原理の判明性」植村恒一郎訳、『カント全集　第3巻　前批判期論集Ⅲ』岩波書店、2001年〕を見よ。そこでカントは、延長実体の不可入性、つまりその「抵抗」はそれ自体力である、と論じている。

(41) Kant, "Thoughts on the True Estimation of Living Force," 10.

(42) ライプニッツが試みた演繹については、彼の『弁神論』(1714)〔『ライプニッツ著作集』第6・7巻　宗教哲学（上）（下）、佐々木能章訳、工作舎、1990・1991年〕、第351節を見よ。これが循環論証であるというカントの批判は、"Thoughts on the True Estimation," p. 10にある。

(43)「三次元は、実在する世界における実体はお互いに対して作用の強さが［それらの間の］距離の二乗に反比例するように作用し合う、という事実から生じるように思われる」("Thoughts on the True Estimation," 11)。しかしながら、カントは距離、力、次元の間の正確な関係を明らかにはしていない。ただし、彼の大まかな方向性ははっきりしている。すなわち、実体同士の相互作用こそが、すべての空間的現象の根底にある発生的な要素なのである。

(44) "Thoughts on the True Estimation," 12.「この［距離の二乗に反比例するという］法則は恣意的なものであり、……神であれば、たとえば距離の三乗に反比例するといった、別の法則を選択することもできただろう。そして、……別の法則からは、別の特性と次元をもった延長が生じていたことだろう」。

(45) 固有の空間性を備えた「単独の世界」という概念をめぐるさらなる議論としては、カントの1755年の論文、"A New Elucidation of the First Principles of Metaphysical Cognition," in *Theoretical Philosophy*, 1755–1770, trans, D. Walford and R. Meerbote（Cambridge : Cambridge University Press, 1992), 42〔イマヌエル・カント「形而上学的認識の第一原理」山本道雄訳、『カント全集　第2巻　前批判期論集Ⅱ』岩波書店、2000年〕を見よ。そうした孤立した世界は、その場所、位置、空間の規定がその世界に特有で、われわれの世界とは無関係であるような実体を含むことになるだろう。

(46)「魂は空間内の位置をもつので、魂自体の外部に作用を及ぼすことができるはずである」("Thoughts on the True Estimation," 7)。後にカントは、空間内で作用するこの能力のことを、「活動の軌道」として記述することになる。この軌道は、「空間内に」あるとはいっても、何らかの実体に満たされ占有された現実の空間にまさっている。カントの1755年の論文、"Physical Monadology," in *Theoretical Philosophy*, 1755–1770, pp. 58–59〔「自然モナド論」松山壽一訳、『カント全集　第2巻　前批判期論集Ⅱ』岩波書店、2000年〕(「活動の軌道」という言い方はここで論じられている)、および、"Dreams of a Spirit-Seer Elucidated by Dreams of Metaphysics"（1766), *Theoretical Philosophy*, 310–312〔イマヌエル・カント「視霊者の夢」植村恒一郎訳、『カント全集　第3巻　前批判期論集Ⅲ』岩波書店、2001年〕を見よ。後者においては、カントは空間「において活動的であること」と空間を「満たすこと」を区別している。

(47) "Thoughts on the True Estimation," p. 7.「われわれが位置（position）と称しているものの概念は、それを分析してみれば分かるように、それ自体われわれを実体同士の相互作用へと差し向ける」。

(48) だからといって、カントは初期著作で一度も場所に言及していないというわけではない。「形而上学的認識の第一原理」は、「相互的規定」と「外的結合」による「実体同士の関係」の主要な様態として、位置や空間とともに、場所（locus）を選び出している。*Theoretical Philosophy*, Proposition XIII, pp. 40 ff.を見よ。しかし、実体およびそれに固有の力と比べると、実体同士の関係は決定的に二次的であり、カントの推定では、実体は場所がなくても存在できる。「実体をたくさん措定しても、同時にその結果として場所、位置、空間……を規定したことに

はならない。したがって、実体が存在していながら、実体は場所のうちにはない、と定める法則に抵触しないということもありうるのである」(ibid., 42、強調原文)。「自然モナド論」においては、カントは、どんな種類の空間も——それゆえ、空間の規定である場所と位置を含めて——実体同士の関係から生まれたものであるという点を明らかにしている。「空間は実体ではなく、実体同士の外的関係のある種の現われである」(ibid., 57)。この最後の定式化には、よく基礎づけられた現象という、ライプニッツによる有名な空間の定式化からの強い反響が認められる。カントはまた、ライプニッツの全面的に関係主義的な空間の見方を復権させる。この見方によれば、空間は「外的関係という観点からのみ記述されうる」(p. 59) のであり、したがって、存在する実体の「外的現前」に全面的に依存している (p. 58)。他方、実体の「内的規定は空間のうちにはない」(p. 58) のであり、このことは、この「自然モナド論」における決して解消されることのない二分法へと導く——そして、この二分法はカントの後期著作にもひそかに付きまとうことになるだろう。実際、後期著作では、現象がつねにすでに空間化されているのとは対照的に、物自体は非空間的と見なされるのである。結局のところ、注意すべきなのは、これら1755年の重要な論文のいずれにおいても、場所それ自体——固有の権利をもった現象としての——が固有の仕方では議論されていないという点である。

(49) Kant, "Concerning the Ultimate Ground of the Differentiation of Regions in Space," in *Theoretical Writings*, 365–366.〔イマヌエル・カント「空間における方位の区別の第一根拠について」植村恒一郎訳、『カント全集　第3巻　前批判期論集Ⅲ』岩波書店、2001年〕。私は'Gegend'という言葉を訳すにあたり、「方向」(direction) を「方域」(region) に変えた。

(50) Kant, *Metaphysical Foundations of Natural Science*, trans. J. W. Ellington, in *Kant's Philosophy of Material Nature* (Indianapolis : Hackett, 1985), 24.〔イマヌエル・カント「自然科学の形而上学的原理」『カント全集　第12巻　自然の形而上学』岩波書店、2000年〕空間の絶対的解釈と相対的解釈をめぐる議論は p. 18～21に登場するが、そこでは、「相対空間」は「運動がそこで知覚される空間」であり、他方、「絶対空間」は「究極的にはあらゆる運動がそこで考えられるべき空間」である、と言われている。こうして、カントは相対空間のことは本質的に「可動的」と見なし、絶対空間のことは「絶対的に不動」と見なすのである(「不動」ということで、カントは(たとえば普遍宇宙のような) 存在者としての運動不能のことを言っているのではなく、空間の絶対的実在性という概念としての運動不能のことを言っている)。この説明とこの節におけるその他の説明は、私の同僚であるジェフリー・エドワーズに負うところが大きい。

(51) Ibid., 21. 同様に、どの物理的物体にも、「その場所を構成する点がただ一つだけある」(ibid.)。

(52) Ibid., 30. Phoraという言葉は「運動」(より正確に言えば、「場所運動」) を意味するギリシア語であり、したがって、運動学 (phoronomy) は物体をその端的な可動性という点からのみ考察し、力の「動力学的」な考察は顧みない。そうすることで、運動学は物体をさまざまな点の間に置かれた動く点と見なすのである。「運動中の物体は、それが通過する線上の各点に、一瞬の間だけ存在する」(*Metaphysical Foundations*, 25)。

(53) Kant, *Opus Postumum*, trans. E. Förster and M. Rosen (Cambridge : Cambridge University Press, 1993), 3. この主張によって、われわれは、『活力測定考』(そこでは、「能動的力」は全物質にいきわたっているとされる) を『オプス・ポストゥムム』から隔てる50年余の間に、カントによる力の論じ方が根本的に変わったのを目のあたりにする。たしかに、『オプス・ポストゥムム』で展開された「エーテル」という概念は、『活力測定考』における活力に関する概念的な研究の多くを引き継いでいる、と論じることはできる。しかし、このように論じるには「場」(field) という重要な概念を引き合いに出さなければならないが、この概念は場所を含意しているにもかかわらず、これについてカントはかろうじて示唆しているにすぎない。と

はいうものの、『自然科学の形而上学的基礎』では、カントは物質を延長とは別々に考察したい——これは、カントがいまだライプニッツと共有している、反デカルト的な手法である——と主張している。こうして、カントによれば、「私はまさにこの物質という概念を延長の概念とは独立に規定しようとしたのであり、そしてそれゆえに、物質を一つの点と見なすことができたのである」(*Metaphysical Foundations*, 21)。しかし、空間は単に外的関係の問題にすぎないという考え方——これは1755〜1768年の初期著作ではきわめて顕著である——は、いまや著しく失われようとしている。

(54) "Metaphysical Foundations of Dynamics," chap. 2 of *Metaphysical Foundations*, p. 75より。われわれはここで、カントが相変わらず逆二乗則に心を奪われているのを目のあたりにする。「点」が「空間」と対にされていること——われわれはまもなくこの点と空間の結びつきに立ち戻るつもりである——に注意せよ。ただし、ライプニッツが用いる「拡散」という言葉には示唆に富んだ両義性が見られたが、カントの「拡散」という概念にはそのような両義性はない。

(55) Ibid., 21. カントは読者に、「この[通常の]説明に反して、そうした説明のうちには発酵のような内的な運動が含まれていないということに思いいたるひとがいるかもしれない」(ibid.)という点に気づかせる。通常の説明では、ビール樽はある場所から他の場所へと移動するが、樽の中身は場所の変化とは独立に発酵という運動を行っている。すなわち、「ある事物の運動は、この事物における運動と同一ではない」(ibid., 22；強調引用者)。

(56) クラークへの第五書簡、*Philosophical Papers and Letters*, 2：1147.

(57)「時間の規定はすべて、知覚において永続的な何かを前提する。……この永続的なものの知覚は、私の外にある事物を通じてのみ可能である」(Kant, *Critique of Pure Reason*, trans. N. K. Smith [New York：Humanities Press, 1960], B275, p. 245〔『カント全集　第4巻　純粋理性批判(上)』有福孝岳訳、岩波書店、2001年〕；強調原文)。逆説的なことに、「永続的なもの」(Beharrlichkeit)に訴えることによって、空間的な相対主義が復権する。「内的経験そのものはある永続的なものに依存しているが、この永続的なものは私のうちにはなく、したがって、私の外にある何かのうちにのみありうる。私は自分自身を、この何かへの関係のうちに存立するものと見なさなければならない」(ibid., B xl, pp. 35-36；強調引用者)。

(58) *Opus Postumum*, 160. もちろん、位置をめぐるカントの考えを論じるうえでの標準的典拠は、『純粋理性批判』の「超越論的感性論」である。しかし、私は『オプス・ポストゥムム』のいくつかの一節をより経済的かつ適切だと考えており、これらの一節を『純粋理性批判』からのもっとよく知られた文章とあわせて引用するつもりである。

(59) Ibid. カントは「知覚する」という言葉を強調している。「直観の一様態」としての空間については、p. 159を見よ。「空間は直観の対象ではなく、……むしろそれ自体直観の一様態である」。

(60) Ibid.；強調引用者。「空間における運動力」が形式的直観における「可感的なもの」と表現されているp. 159も見よ。「遠くにある物体を引きつける力、および、斥ける力(物体を物体たらしめる、つまり、自己限定的な物質たらしめるのは、この斥ける力である)は、空間と時間の統一体として、経験の可能性という概念のうちにすでにア・プリオリにある」。

(61) Ibid., 159.「空間内に何が存在するかを決定できるためには、ひとはまず、[ある]空間の大きさ——その形状だけでなく、その位置(position)と位置(situation)——の直観的表象をもたなければならない」と言われる、p. 158も見よ。この一節においては、空間がもつ容量的な性格も示されている。すなわち、空間には「直観における所在(延長)、所在の変化(運動)、この変化がそれに従って規定される法則(運動力)」(*Critique of Pure Reason*, A49 B67, p. 87)

が含まれるのである。

(62) *Opus Postumum*, 160. 空間と時間は、「外感および内感の知覚の可能的対象からなる複合物（complexus）の、単なる形式的要素にすぎない」(ibid.)。

(63) *Critique of Pure Reason*, A26 B42, p. 71.

(64) Ibid., A25 B41, p. 70. 純粋直観が生じるのは「われわれがこれらの対象［つまり、感性の対象］から抽象するとき」(A27 B43, p. 72）である、とされているように、純粋さには抽象という要素が含まれているが、このことは驚くにはあたらない。こうした一節を読むと、具体者置き違いの虚偽は18世紀後半にいたってもまだ大いに活躍しているのではないか、と疑いたくなる。

(65) *Opus Postumum*, 160；強調原文。

(66) Ibid., 160；強調原文。もっとずばりと言えば、「空間と時間は直観の対象ではなく、純粋直観それ自体である」(p. 161)。

(67) *Critique of Pure Reason*, A29, p. 74. 奇妙なことに、この見通しのよい主張は、『純粋理性批判』の第二版では取り除かれた。「純粋形式」という簡潔な言い方は、間違いなくア・プリオリのことを表しており、その上、このア・プリオリは、空間的直観の必然性と普遍性を暗に示している。すなわち、「ア・プリオリであって経験的でない直観が、すべての空間概念の根底にある」(A25 B39, p. 69)。

(68) 空間の絶対的側面については、*Critique of Pure Reason*, A23 B38, p. 68を見よ。「［空間のどの個別的部分に関しても］空間の表象は前提されていなければならない」。空間的な無限性に関しては、カントは「空間とは量であり、量はつねにより大きな量の部分として——それゆえ、無限なものとして——表象され、そのようなものとして与えられなければならない」(*Opus Postumum*, 171；強調原文）と述べている。空間はこうして、「与えられた無限の大きさとして表象される」(*Critique of Pure Reason*, A25 B39, p. 69；強調原文)。第一アンチノミーもまた、空間の無限性を論じている。*Critique of Pure Reason*, A426 B454–A427 B455, pp.396–397を見よ。空間がもつ、経験的には実在的であるが超越論的には観念的な地位については、*Critique of Pure Reason*, A28 B44, pp. 72–73を見よ。

(69) *Critique of Pure Reason*, A23 B38, p. 68. カントが「心」(Gemüt）を引き合いに出していることからして、人間的知識が主観的なものであることは間違いない。

(70) Ibid., A25 B41, p. 70. カントはまた、ここで「対象そのものに先行し、そのうちでこれら対象の概念がア・プリオリに規定されうる外的直観は、いかにして心のうちに存在しうるのだろうか」(ibid.；強調引用者）という示唆的な問いを立てている。カントは、空間と時間が神の直観——ニュートンならば神の感覚中枢と言うだろう——であることを否定しているが、この点については、A49 B71, pp. 89–90を見よ。

(71) *Critique of Pure Reason*, A23 B38, p. 68；強調引用者。ここでは「場所」だけでなく、「方域」もまた空間に組み込まれていることに注意せよ。われわれは次章の冒頭で、方域がもつ地位に立ち戻るつもりである。

(72) Ibid., A25 B39, p. 69. カントはこれに、「空間はその本質からして一つである。空間における多様は、またしたがって、空間をめぐる一般的概念は、もっぱら制限［の導入］にのみ依存する」(ibid.）と付け加えている。同様に、「空間は、われわれに対して外的なものとして現れるすべての事物を包括するのであって、すべての物自体を包括するのではない」(ibid., A27 B43, p. 72）とも言われる。空間は包括的なものだと述べられていることから、空間とは「これらの場所をすべて包括するもの」(クラークへの第五書簡、*Philosophical Papers and Letters*, 2：1146）である、というライプニッツの主張が思い出されるが、しかし、カントの眼からすれば、ライプニッツは現象と物自体を区別できていない。空間と時間を表象の「混乱した」様態

にすることで、ライプニッツは直観と概念の間に一つの連続体を想定するが、これは空間と時間がもつ、直観的ではあるが非概念的なもの、という独立的な地位を破壊してしまう。この混乱は、空間と時間を「よく基礎づけられた現象」——これはまだ究極的には実在的な実体ではない——と見なすときに起こる。円熟期のカントによるライプニッツ批判（したがって、カント自身の初期著作の批判）については、「反省概念の両義性」（*Critique of Pure Reason*, A260 B316–A289 B346, pp.276–296）を見よ。とりわけ、ライプニッツの空間論に対するカントの批判については、Gerd Buchdahl, *Metaphysics and the Philosophy of Science: The Classical Origins, Descartes to Kant*（Oxford: Blackwell, 1969), 574–580を見よ。

(73) *Critique of Pure Reason*, A25 B39, p. 69；強調原文。論点を補強しつつ、カントは、空間は概念とは違って、「それ自身の内部に無数の表象」（A25 B40, p. 70；強調原文）を含む、と述べている。

(74) *Opus Postumum*, 163. p. 162の「空間も時間もただ一つしかない。すべてのものを含んでいる絶対的一性は、さらにこの対象の無限性でもある。そして、この対象は本当は主観であって、直観していると同時に直観されている」という一節も見よ。『純粋理性批判』では、カントは単に「空間はその本質からして一つである」（A25 B39, p. 69）と述べている。

第Ⅳ部

変遷

(1) Philoponus, *In Aristotelis physicorum libros quinque posteriores commentaria*, ed. H. Vitelli (Berlin, 1888), 567；Max Jammer, *Concepts of Space：The History of Theories of Space in Physics*, 2d ed. (Cambridge, Mass.：Harvard University Press, 1970), 56 における引用と翻訳。

(2) この言明（*Concepts of Space* において Jammer によって引用された）に誘因されて、「ピロポノスは空間のための名前として「空虚」を実際に取り入れた点で、プラトン主義者たちの一般的趨勢を超えている」と最近の注釈者は述べている（David Sedley,“Philoponus's Conception of Space,”in *Philoponus and the Rejection of Aristotelian Science*, ed. R. Sorabji [Ithaca：Cornell University Press, 1987], 141；強調原文）。空虚の本来的な「力」については、「おそらくこれが空虚の力である——この種の量［つまり、空間］は決して実体から分離されないという事実」（“Philoponus's Conception of Space,”p. 144 での、Sedley によるピロポノスの *In Physica* からの引用）というピロポノスの主張を見よ。

(3) Furley,“Summary,”p.132 からの引用。

(4) 「空虚（真空）の力は、この延長が存在することと、それが決して物体なしにはありえないことの両方を明らかにする。(…) しかし、含まれた物体から区別され、それ自身の定義からして空っぽの延長物［は存在する］」（*Commentaria in Aristotelem Graeca* in D. Furley's “Summary of Philoponus' Corollaries on Place and Void,” in Sorabji, *Philoponus and the Rejection of Aristotelian Science*, p.133 からの D. Furley による引用と翻訳）。

(5) *Critique of Pure Reason*, A24 B38, p.68.

(6) アリストテレスによってすでに用いられた概念、エーテルについては、E. A. Burtt, *The Metaphysical Foundations of Modern Science*（New York: Doubleday, 1932), 111 ff., 189 f., 264 ff. を見よ。カントが「世界－質料」（Welt-stoff）という普遍的な媒質としてのエーテルの存在と必然性をその最後の著作で（超越論的演繹によって）実証することにとりつかれていたのは、注目すべき点である。*Opus Postumum*, ed. E. Förster, trans. E. Förster and M. Rosen（Cam-

bridge：Cambridge University Press, 1993), 62-99；Burkhard Tuschling, *Metaphysiche und transzendentale Dynamik in Kants opus postumum*（Berlin：de Gruyter, 1971), および近刊本の Jeffrey Edwards, *Force, Substance, and Physics: An Essay on Kant's Philosophy of Material Nature*（Cambridge：Cambridge University Press）を見よ。もしエーテルが普遍的な質料的媒質として——物質それ自体という超越論的な場としてでさえ——存在するなら、それは、われわれが空間を「物体を欠いた延長」として考えうるという（まさに上に引用した）主張を困難なものにするだろう。もしエーテルが存在するなら、そのとき空間は実際に個体化した物体を欠いているかもしれないが、しかしそれは物質を欠いているわけではない。反対に、それは具体的な質料的「素材」で充たされている。光について言うと、それが空間の理論のために重要であり続けたことは、プロクロスの思索から、一時期、光を普遍的な溶媒にしようと考えたライプニッツの思索にいたるまで明らかである（"On the Principle of Indiscernibles,"in *Leipnitz：Philosophical Writings*, ed. and trans. G. H. R. Parkinson [London：Dent, 1973] を見よ)。カントは、彼に関するかぎり、「われわれの眼と諸天体との間でたわむれる光は、われわれとそれら諸天体との間の間接的相互性を生み出し、これによって天体とわれわれとが共存在することをわれわれに示している」(*Critique of Pure Reason*, trans. N. K. Smith [New York: Humanities Press, 1965], A 213 B 260, p. 235)〔『カント全集』第4・5・6巻　純粋理性批判（上）（中）（下）、有福孝岳訳、岩波書店、2001、2003、2006年〕と書いている。

(7) William Gilbert, *De mundo nostro sublunari philosophia nova*（Amsterdam, 1651), p.144. この言明でギルバートは、場所はそれ自身に固有の力をもたない、というライプニッツの見解に先んじている。

—第10章—

(1)「窪んだ小径（engen Hohlweg）を通りすぎたところで、突然一つの高地にでる。そこからは道が四方八方に分かれていて、あらゆる方向にすばらしい眺望が開けている。われわれはしばらく足を止めるだろう」(Sigmund Freud, *The Interpretation of Dreams*, trans. J. Strachey [New York: Avon, 1965], 155)〔『フロイト著作集　第2巻　夢判断』懸田克躬／高橋義孝訳、人文書院、1968年〕。フロイトは夢を理解する仕方としての意識と無意識の二つの眺望を前にして足を止めたが、われわれはここで場所の本性につながる最も重要な通路としての心と身体の間で足を止めている。

(2)「糸口」(clue) と訳すこともできるカントの Leitfaden の用法については、*Critique of Pure Reason*, A 76 B 102, sec. 3, "The Clue to the Discovery of all Pure Concepts of the Understanding"〔『カント全集』第4・5・6巻　純粋理性批判（上）（中）（下）、有福孝岳訳、岩波書店、2001、2003、2006年〕を見よ。

(3) *Critique of Pure Reason*, A 25 B 41, p.70；強調引用者。空間についてのカントの超越論的観念論の学説の問題論的な地位に関しては、Paul Guyer, *Kant and the Claims of Knowledge*（Cambridge：Cambridge University Press, 1987), chap. 16,"Transcendental Idealism and the Forms of Intuition"を見よ。

(4) 私が「ほとんど完全に無視されている」と言うのは、バークリが身体運動（触覚や視覚とともに）を距離——これはそれ自体場所の基本的パラメーターである——の見積もりに本質的なものだと考えるからである。「[自分が] 見るものがもっぱら自分の知性に示唆するのは、一定の距離を通過した後には——その距離は自分の身体の運動によって計られるべきものであり、この身体の運動は触覚によって知覚可能なものであるが——自分は、普通しかじかの視覚的観念

と結びついていたしかじかの触覚的観念を知覚するようになるだろうということである」(George Berkeley, *An Essay Towards a New Theory of Vision* [London：Dent, 1934], 33)〔『視覚新論』下條信輔ほか訳、勁草書房、1990年〕。

(5) 「われわれにとって、これら――すなわち、上、下、左、右――は、必ずしもつねに同じとはかぎらず、われわれの位置（thesis）との関係において、われわれ自身が向きを変えるのに応じて現われる。そういうわけで、同じものが、右や左、上や下、前や後にあったりする」(*Physics*, 208b 14–18；Hussey translation)〔『アリストテレス全集　第3巻　自然学』出隆／岩崎允胤訳、岩波書店、1968年〕。

(6) Kant,"Concerning the Ultimate Ground of the Differentiation of Regions in Space,"trans. D. Walfold, in *Kant：Selected Pre-Critical Writings and Correspondence with Beck*, ed. G. B. Kerferd and D. E. Walford (Manchester：Manchester University Press, 1968), 43〔「空間における方位の区別の第一根拠について」植村恒一郎訳、『カント全集　第3巻　前批判期論集Ⅲ』岩波書店、2001年〕. 以下では、"Concerning the Differentiation"と略記する（本章の他の箇所では、D. Walford and R. Meerbote, in *Kant：Theoretical Philosophy,* 1775–1770 [Cambridge：Cambridge University Press, 1988] による、この同じ論文の最近の翻訳に従っている)。「経験〔認識〕の第一の与件」(die ersten data unserer Erkenntnis) という言葉はフッサールの具体的経験についての明証性の探求を思い起こさせる。

(7) これらの言葉は、カントの1770年の就任論文のなかの第27節と第30節の注――*Kant: Theoretical Philosophy,* 1755–1770, pp. 410, 415–416〔「可感界と可想界の形式と原理」山本道雄訳、『カント全集　第3巻　前批判期論集Ⅲ』〕における翻訳による――からとられている。神霊的存在者の局所化を論じる際に、カントが皮肉な調子で「非物質的実体の物体的宇宙における場所について、このような空虚な問いがまき散らされている」と言うとき、彼の念頭にあるのはヘンリー・モアである。カントはたしかにすべての存在者が感覚可能であるとは考えない――彼はモアと同じように神や魂に多くの余地を残したいのだ――が、しかし、彼は超感性的なものが何らかの正当な局所的現前をもつことは否定する。しかしカント自身は、"Dreams of a Spirit-Seer Elucidated by Dreams of Metaphysics" (1766), translated in *Theoretical Physics*, esp. pp. 308–313〔「視霊者の夢」植村恒一郎訳、『カント全集　第3巻　前批判期論集Ⅲ』〕という初期の論文では、モアにひじょうに近い立場をとっていた。したがって、カントは次のように問うのだ。「物体の世界におけるこの人間の魂の場所（Ort）はどこにあるのか」(p. 312)、と。p. 311では、「霊的本性」あるいは「霊的実体」は場所を「占有する」(einnehmen) と言われ、「空間における現前」であると言われるが、しかし、物質的実体がそうするように場所や空間を「充たす」(erfüllen) わけではないと言われる。それにもかかわらず、モアに抗してカントは、霊的な諸実体を純粋に「延長して」いるとは考えない。というのは、それらはどんなに規定的な種類の形態ももたないからである。

(8) *Inaugural Dissertation*, in *Theoretical Philosophy*, 409；強調原文。カントはこの公理の広範な影響力に気づいている。彼はそれを「存在するあらゆるものはどこかにある」という「よく知られた通俗の公理」と呼んでいる（ibid., 408 n；強調原文)。窃取の虚偽は、形式的に「悟性に属するものと感性的であるものとの混同」(p.408) と定義され、またその第一の定式において「そのもとでのみ対象の直観が可能である同一の感受性の［すなわち、感性の］条件が対象の可能性そのものの条件である」(p.409；強調原文) と規定される。

(9) 「どこかにあるあらゆるものは存在する」ということは「最高度に真」である（ibid., 408n；強調原文)。

(10) *Timaeus,* 31c (Conford translation)〔「ティマイオス」種山恭子訳、『プラトン全集　第12巻

ティマイオス／クリティアス』岩波書店、1975年〕. プラトンは、「すべての絆のうちで最善のものは自分自身とこれが結び合わせる諸項とを最大限に一体化させるものである」（ibid.）と付け加えている。事物と場所を「最大限に」結び合わせるのはまさに身体であると主張できるだろう。不思議なことに、プラトンは、場所（topoi）と領域（chorai）の両者が本質的に方向づけられていることに同意するものの、そのような宇宙的方向性の構築において身体に何の積極的な役割も与えない。

(11) これは〔カントの〕1768年の論文に関するウォルフォードとミーアボットの解説のなかの言葉である。*Theoretical Philosophy*, p. lxix を見よ。「特種的な空間的性質」は強調されている。

(12) カントの言い方では、二つの対称物は「正確に等しく類似していながら、しかもそれ自体においてひじょうに異なっていることがありうるために、一方の限界が他方の限界ではありえない」（“Concerning the Differentiation,”369）。

(13) 「鏡像体」（エナンティオモルフ）の概念については、Graham Nerlich, *The Shape of Space* (Cambridge : Cambridge University Press, 1976), esp. p. 29 を見よ。ナーリックは、カント自身の後期の動揺だけでなく鏡像体についての最近の著作を論評した後で、「カントの最初の着想は問題の全体に関してほぼ完全に正しかった」（ibid., p. 30）と結論づけている。鏡像体についてのカントの見解を包括的に扱ったものは、J. V. Buroker, *Space and Incongruence : The Origins of Kant's Idealism*（Dordrecht : Reidel, 1981）のなかに見出せる。

(14) “Concerning the Differentiation,”371；強調原文。

(15) Ibid., 369. 注目すべきは、この論文での絶対空間に対するカントの処置が独断的な調子をなしていて、また位置、方域、身体についての彼の議論を捕捉する詳細な論証が欠けていることである。さらに、絶対空間は「根本概念」（p.43）と言われる――これは、そのわずか二年後に就任論文において取り消される見解であり、そこでは空間と時間は感性的直観として特徴づけられることになる（カントが『純粋理性批判』のなかでより明確に述べているように、「空間の根源的表象は一つのア・プリオリな直観であって、概念ではない」[A25 B40, p.70]）。印象的なのは、空間の絶対性の証明としてここに挙げられている、まさにその当の不一致対称物が、たとえば、*Prolegomena to Any Future Metaphysics*（1783), sec. 13〔「プロレゴーメナ」久呉高之訳、『カント全集　第6巻』岩波書店、2006年〕において、後には空間の超越論的観念性の証明として引き合いに出されることである。不一致対称物と絶対空間との関係についてより詳しく論じているものとしては、Peter Remnant,“Incongruous Counterparts and Absolute Space,”*Mind* 62, no. 287（1963）: 393-399 を見よ。また不一致対称物についてのカントの解釈の変化を丹念にたどったものに関しては、N. K. Smith, *A Commentary on Kant's Critique of Pure Reason*（New York : Humanities Press, 1962), 161-166〔『カント『純粋理性批判』注』（上）（下）、山本冬樹訳、行路社、2001年〕を参考にせよ。

(16) 「私は絶対的源泉である」（M. Merleau-Ponty, *The Phenomenology of Perception*, trans. C. Smith [New York : Humanities, 1962], ix）〔『知覚の現象学』１・２、竹内芳郎ほか訳、みすず書房、1967、1974年〕。メルロ＝ポンティがあらかじめ与えられた周辺世界について述べていることも不一致対称物に通じる。「私の実存は私の経歴からも、私の物理的社会的環境からも由来したものではない。逆に私の実存がそうしたものの方に向かっていって、それらを支えるのである」（ibid；強調引用者）。

(17) Kant, *Prolegomena to Any Future Metaphysics*, trans. E. B. Baxter（London : Bell, 1883), 32；強調引用者。

(18) Ibid., 33.

(19) Walford and Meerbote, résumé of the 1768 essay in *Theoretical Philosophy*, p. lxxx.同様に、pp.

xliv, lxx も見よ。ウォルフォードとミーアボットは、「時間と空間に関するカントの見解の展開を理解するために、またそれゆえ批判哲学そのものの出現を理解するために、［1768年の論文の］重要性が強調されすぎるということはほとんどないだろう」（p. lxx）と付け加えている。示唆的なのは、『プロレゴーメナ』のなかで、カントが「類似しかつ等しいが、しかし一致しない事物（たとえば、逆巻きのらせん）の間の区別はどんな概念によっても理解されえず、ただ直観に直接に関わる右手と左手の関係によってのみ理解されうるのだ」（*Theoretical Philosophy*, p.33；強調引用者）と書くとき、その主題に関する身体的な解釈と精神的な解釈との間での彼自身の動揺が示されている点である。ここでわれわれは次のように問いたくなる。二つの手の関係だけで十分ではないのか。なぜ、われわれは二つの手を「直観」に、つまり超越論的哲学の装備の一部である精神的な項に「直接に」関わらせる必要があるのか、と。

(20) "Concerning the Differentiation," 365. 別の言い方をすると、諸々の方域は位置の集合を「統一としての普遍的空間」に関係させ、またそうした関係づけの際に方域はこれら位置の集合あるいは「体系」を「秩序づける」、すなわちそれらを方向づけるのである（「統一としての普遍的空間」という言葉は、p.365 からの引用、また「普遍的な絶対空間」は、p.369 で言及されている）。もう一度言うと、しかしながら、絶対的あるいは普遍的空間に訴えることは不当のように思われる。なぜ、方域が（そして、ニュートンに関するかぎり、場所そのものがというわけではないが）絶対空間とそれほどまでに緊密に関係づけられるのか。後にカントは『純粋理性批判』のなかで、相互作用の形式、すなわち「相互作用の汎通的共通性」の形式における超越論的配置の必然性をもっぱら主張するだろう（*Critique of Pure Reason*, A213 B260, p. 235)。それは、実際、"Thoughts on the True Estimation of Living Forces"（Gerd Buchdahl, *Metaphysics and the Philosophy of Science* [Oxford：Blackwell, 1969], 580–584 を見よ）〔「活力測定考」大橋容一郎訳、『カント全集　第1巻　前期批判論集Ⅰ』岩波書店、2000年〕で表現された最初の見解を復活させたような一つの見解である。しかしながら、決定的な論点は、カントにとって方域は単に位置から樹立されるのではなく、それどころか位置が方域に依存するということである。つまり、「空間の相互に関係し合う諸部分の位置は方域を前提としており、この方域のなかでそれぞれの位置がそうした関係のなかで秩序づけられるのである」（"Concerning the Differentiation,"365）。ここで言う「方域」（region）は、Gegend の訳である。ケンブリッジ版の訳では、一貫してこのドイツ語の訳として、"region"ではなく、"direction"（方位）を用いていることは意味深い。私は逐語訳の方を好むが、しかしこのウォルフォードとミーアボットの選択には、カントのテクストにおける「方域」の機能的役割が特定の方域のなかで局在化された場所と事物に方位を与えることにあるという事実を認めさせるという利点がある。

(21) "Concerning the Differentiation," 366–367；強調原文。私は、この最後の文章のなかで再び「方位」(direction) を「方域」(region) に代えた。他の二つの次元的方域、つまり前／後と右／左は、直接にはその後の p.367 で演繹されている。この一節でなされた主張についての洞察に富んだ取り扱いに関しては、有益な図表も載った、Hoke Robinson,"Incongruent Counterparts and the Refutation of Idealism,"*Kant-Studien* 72（1981）：391–397 を見よ。

(22) "Concerning the Differentiation,"367；強調引用者。私は、Gegenden überhaupt の訳語として、「方位一般」(directions in general) を「方域一般」(regions in general) に代えた。また「コンパスの基本方位」(the cardinal points of the compass) を「宇宙的方域」(cosmic regions) に代えたが、それはハンディサイドの初期の翻訳と一致して、Weltgegenden に意味の点でより近いからである（J. Handyside, ed., *Kant's Inaugural Dissertation and Early Writtings on Space* [Chicago：Open Court, 1929], 22)。どのようにわれわれが自分たち自身の両側性を知るのかを規定することは、われわれをあまりに遠くへと連れ去ってしまうだろう。カント自身は

われわれをただ「右側と左側との異なった感じ」に差し向けるだけである（“Concerning the Differentiation,”369）。ハイデガーはこの主張を理由にしてカントを批判する。「右と左は、主観がそれに対する感じをもつようなある「主観的な」ものではない。それらは、すでに道具的に存在する世界への向きがもつ二つの方位である。「私の両側の相違という単なる感じによる」［言い換えると、カントを引用すること］だけでは、私は世界のなかでの自分の道を決して見出すことはできないだろう」（*Being and Time*, trans. J. Macquarrie and E. Robinson [New York：Harper & Row, 1962], 143）〔『ハイデッガー全集　第２巻　有と時』辻村公一ほか訳、創文社、1997年〕。ハイデガーにとって重要なのは、身体的な感じではなく、世界内存在によって構成された舞台全体である。

(23) “Concerning the Differentiation,” 367.

(24)「最も正確な星図であっても、星々相互の相対的な位置を指定するのに加えて、同じように私の両手に対するその星図の位置をも勘案して方位を指定するのでないとすれば、どれほど正確にその星図が頭に入っていたとしても、すでに知られた方位、たとえば北をもとに、地平線のどの側に日の出を期待すべきかを、私は推察することができないだろう」（“Concerning the Differentiation,” 367；強調引用者）。J. A. メイは次のように指摘する。「地図を用い慣れたひとなら誰でも、［カントの］この観察がどれほど真実であるかが分かるだろう。（……）一度、北極指示星を定めたならば、ひとは自動的に東を右手に、西を左手に結びつけることによってその地図に適応するのである。そしてこの身体の連合の働きそのものによって、北という概念そのものが他の方位に相対的な意味を担うようになるのだ」（*Kant's Concept of Geography and Its Relation to Recent Geographical Thought* [Toronto：University of Toronto Press, 1970], esp. chap. ２）。

(25) “Concerning the Differentiation,” 367–368.「方向づける」（orientate）は「方域に従って位置づけることができる」（nach den Gegenden stellen können）の訳であることに注意されたい。「実に」（indeed）は *ja* の訳であるが、これは同様に、「それどころか」（even）あるいは「とりわけ」（especially）としても表わされうる。この後者の訳に関してわれわれは次のように言うことができるだろう。われわれ自身の身体の役割に依存しているのは、とりわけわれわれのまわりにある諸々の場所の位置に関するわれわれの現行の知識である、と。まさに身体こそが、場所が別の仕方ではもてないような方位性をその場所（と方域）に授けるのである。そうでなければ、場所はただ「相互の位置関係の全体的体系」（das ganze System der wechselseitigen Lagen）を形成するだけである。この相互の位置関係の体系は、〈第三類推〉で議論されたような「汎通的相互性」における諸実体の力動的な相互作用という考え方と比較される必要がある（*Critique of Pure Reason*, A211 B256 ff.；see n. 25, above）。

(26) こうしたことが「われわれの最も普通の知識」（unserer gemeinsten Kenntnis）という表現がもつ力である。シェイマス・ヒーニーの次の詩行と比較されたい。「普通の雰囲気が／フランスでの夜のドライブ中、ずっと新鮮な感じだった（……）／ぼくはきみのことをずっと考えていた（……）／そのとき、きみの普通さが新鮮によみがえってきた」（“Night Drive,”*New Yorker*, May 1994）。

(27) Immanuel Kant, *Was heisst：Sich im Deneken orientieren?*（*Gessammelte Schriften* [Berlin：Royal Prussian Academy of Sciences, 1902–66], ８：131–147）〔「思考の方向を定めるとはどういうことか」円谷裕二訳、『カント全集　第13巻　批判期論集』岩波書店、2002年〕を見よ。この例についての批判的な議論に関しては、May, *Kant's Concept of Geography*, 71–72 を見よ。

(28)「身体の一方の側、つまり右側は、器用さとおそらくは強さの点でも、左側より疑いなく優位に立っている」（“Concerning the Differentiation,”369）。人類学者たちは、文化的な表現や儀式

のなかでの右と左の価値づけに関する、これと同類の非対称性を調査してきた。R. Needham, ed., *Right & Left*（Chicago：University of Chicago Press, 1973）を見よ。私は、*Getting Back into Place：Toward a Renewed Understanding of the Place-World*（Bloomington：Indiana University Press, 1993), 88–97 で、もっと広範囲にこの問題を議論している。

(29) Jacques Derrida, *Positions*, trans. A. Bass（Chicago：University of Chicago Press, 1981), 71〔『ポジシオン』高橋允昭訳、青土社、1981年〕. この参照箇所はメアリー・C. ローリンソンに負っている。

(30) この語句と実在的持続についての別の記述については、Henri Bergson, *Time and Free Will* [French title：*Les données immédiates de la conscience*, first published in 1889], trans. F. L. Pogson（New York：Harper, 1960), chap. 2, esp. pp.121–123〔『ベルクソン全集　第1巻　時間と自由』平井啓之訳、白水社、1965年〕を見よ。「空っぽの同質的媒体」としての空間については、p.95 ff. を見よ。時間の空間化については、pp.97–98 を見よ。均一でも量的でもない別のあるものとしての空間を一般的に無視した19世紀の思想家たちに対して、ウィリアム・ジェームズは重要な例外的立場に立っている。彼は、空間的深さの次元、つまりベルクソンがただ時間のうちにのみ認めることを望んだ次元にとくに強い影響を受けた（William James, *Principles of Psychology* [New York：Dover（1890）1950], 2：134 ff.)。ジェームズはまた、この経験を「大きさの感覚」にまで遡ることによってわれわれの空間の経験の身体的基盤にうすうす気づいていた。深さと容積について——また暗にではあるが、場所について——のジェームズの扱いに関しては、私の論文、"'The Element of Voluminousness'：Depth and Place Re-Examined"（in M. Dillon, ed., *Merleau-Ponty Vivant* [New York：SUNY Press, 1991], 1–29）を見よ。カントはすでに、"Thoughts on the True Estimation of Living Forces," in J. Handyside, *Kant's Inaugural Dissertation and Early Writings on Space*, secs. 10–11 のなかで、空間の別の諸形式が現実に可能であることを指摘していた。

(31) 私は、『ティマイオス』が「西洋思想に主要な影響を及ぼしてきた宇宙論的理論についての二つの言説」(*Process and Reality*, ed. D. R. Griffin and D. W. Sherburne [New York：Free Press, 1979], 93)〔『ホワイトヘッド著作集』第10巻・第11巻　過程と実在（上）（下）、山本誠作訳、松籟社、1984－85年〕の一つのとしてニュートンの『一般的注解』に比肩するというホワイトヘッドの見解をすでに引用した。ベルクソンにおける空間化については、ホワイトヘッドの *Science and the Modern World*（New York：Free Press, 1953), 51, 147〔『ホワイトヘッド著作集　第6巻　科学と近代世界』上田泰治／村上至孝訳、松籟社、1981年〕だけでなく、*Process and Reality*, pp.82, 114, 209, 220, 321 も見よ。

(32) Kant,"Concerning the Differentiation," 368. 私は、Beziehung の主格形を保持して、"referring" を"reference"に代えた。前文のなかの引用は、*Science and the Modern World*, pp.52, 58 からである。この文の最初の句は、p.52 からである。

(33) ホワイトヘッドがやや技術的に表現しているように、「もし一つの領域がただ他の諸存在者と一定の関係を示す仕方にすぎないとすれば、私が単に位置を占めることと呼んでいるこの特徴は、物質的［物体］は他の諸存在者に対してまさにそれらの位置関係をもつと言われうるが、それを説明するには、同じ諸存在者に対する類似の位置関係から構成された別の諸領域とのいかなる関係も要求することはない、ということである」(*Science and the Modern World*, 49；強調引用者。また、p.58 でも再び言明されているので見よ)。ライプニッツの言い方では、もしAとBが、C、D、F、Gという固定した存在者との関係で局在化されるとしたら、そのように形成された結合体は、他の結合体と——これらは単に位置を占めることではない学説に基づかなければならないかぎりで——それ以上関係しないだろう。

(34) *Science and the Modern World*, 49；強調引用者。

(35) 領域についての十分な議論に関しては、*Process and Reality,* 283-284, 300-302, 312-313 を見よ。

(36) "Concerning the Differentiation," 371. ハンディサイドは、Ursprünglichen Raum を primary space〔根本的空間〕と訳している。

(37) *Science and the Modern World*, 58；強調引用者。

(38) *Process and Reality*, 51.

(39) *Science and the Modern World*, 58.

(40) Ibid.

(41) Ibid., 59.

(42) Ibid.

(43) このテーマについては、次の著作も見よ。Carolyn Merchant, *The Death of Nature：Women, Ecology, and the Scientific Revolution*（New York：Harper & Row, 1983), esp. chap. 12. Morris Berman, *The Reenchantment of the World*（Ithaca：Cornell University Press, 1980), passim.

(44) *Process and Reality*, 64. ホワイトヘッドは、p.81 で「身体は（……）世界のとくに密接な一断片にほかならない」と言う。

(45) *Science and the Modern World*, 91.

(46)「彼ら［すなわち、17世紀の哲学者たち］は、身体を客観主義的原理に基づいて、そして世界のその他のものを主観主義的原理に基づいて取り扱っている」(*Science and the Modern World*, 91)。

(47) *Science and the Modern World*, 92；強調引用者。「離れた環境の相」に言及するとき、ホワイトヘッドは自覚的に単に位置を占めることに改良を加えている。際立っているのは、この哲学的な改善作業をはじめるとき、ホワイトヘッドが、ライプニッツの思想、とりわけ諸々のモナドは自らが表現しかつ表象する世界を映し出し統一するという考え方にきわめて近づいていくことである。

(48) *Science and the Modern World*, 91；強調引用者。

(49) Ibid., 73.

(50) 身体的効果については、*Process and Reality*, p.312 を見よ。抱握的統一に関してホワイトヘッドは、『科学と近代世界』のなかで「この［身体の］自己認識はそれ自身の外にある存在者の様態的現前の抱握的統一をあらわにする」(p.73）と言う。客観化（言い換えると、抱握と正反対のもの）については、*Process and Reality*, pp.23-25 を見よ。因果的効果によって含意されたものとしての「順応」については、A. N. Whitehead, *Symbolism, Its Meaning and Effect*（New York：Macmillan, 1927), 43 ff.〔「象徴作用」市井三郎訳、『ホワイトヘッド著作集　第8巻　理性の機能・象徴作用』松籟社、1981年〕を見よ。

(51) この二つの引用は、*Process and Reality*, p.81 からである。ホワイトヘッドは、彼が技術的に「因果的効果」と呼ぶものに言及しているが、これについては、ibid., 119-121, 339、それととくに、*Symbolism, Its Meaning and Effect*, pp.39-49（ここでは、現前的直接性との相違が支持されている）を見よ。

(52) *Process and Reality*, 81.

(53) ただ現前的直接性の観点からのみ、第二性質は（投影された）「心的」抱握の対象である。しかし、ホワイトヘッドのはっきりした意図は、そうした性質が究極的には知覚者自身の身体の物理的抱握に基づいていることを示す点にある。「ここで与えられる説明は、これら第二性質を、「身体で以って」ということで表現された物理的抱握におけるその根幹にまで遡っている」

(*Process and Reality*, 64；〔原文では〕「で以って」は強調されている)。

(54) 反復については、*Process and Reality*, pp. 133–137 を見よ。

(55) *Process and Reality*, 339. それでもホワイトヘッドは、反復の使用だけが有機体の未来における「新しさの器官」(ibid.) になることだと言い足している。

(56) Ibid., 62；強調原文。この引用文のなかの「で以って」(withness) がどれほど視覚の優越性に異議を唱えているかに注意せよ。さらに〈で以って〉に関しては、pp.81, 311–312, 333 を見よ。

(57) Ibid., 311；強調原文。

(58) Ibid., 63. この主張を基盤にして、身体の〈で以って〉と因果的効果——この後者はつねに直接的過去の問題である——との間の緊密な結びつきが明らかになる。

(59)「結合体」はホワイトヘッドによって、「現実の諸存在者が相互に抱握し合うことによって構成される、あるいは——同じ事柄を逆に表現すれば——それらが相互に客観化し合うことによって構成される関係性の統一における一連の現実の諸存在者」(ibid., 24) として定義される。抱握と客観化の弁証法は、結合体における場所設定が単に位置を占めることに還元されえないことを保証する。

(60) Ibid., 93；強調原文。

(61) Ibid., 311；強調原文。ここ／そこの構造に関するさらに進んだ議論については、*Getting Back into Place*, chap. 3 を見よ。

(62)「感覚対象は空間－時間に進入する」(*Science and the Modern World*, 70；強調原文)。

(63) *Science and the Modern World*, 70. これと同じ頁でホワイトヘッドは、鏡のなかの木の緑色を知覚する例を挙げている。緑色は、私の「ここ」にある鏡の表面に現われているが、他方では、同じこの鏡に映し出されている、私の背後の「そこ」にある木に属する様態的に位置を占めることも同時に有している。

(64) 様態的に位置を占めることについては、*Science and the Modern World*, p.71 を見よ。ホワイトヘッドによって用いられた、「様態」と「様態的」という語のスピノザ的起源をめぐる議論に関しては、p.69 を見よ。また、*Symbolism*, pp.53–56 における「局在化」の取り扱いと比較せよ。「他の場所に位置を占めること」という語句は、*Science and the Modern World*, p.71 に登場する。

(65) *Process and Reality*, 7.

(66) Ibid., 119. このような主張は、ライプニッツとの明らかな類似性を超えて、パースの考え方をも反映している。それは、人間の直観（輝くような「仮説設定的な」(アブダクティブ) 前提のなかで示されるものとしての) は、最近提起された「人間的原理」——これに従って宇宙は究極的には人間の悟性構造と関連しながら形作られる——の部分や小片であるだけでなく、当の直観が把握しようと試みる宇宙の部分や小片でもある、という考え方である。

(67)「現前化した場所」は、「感覚所与によって定義されたその領域をともなった、現前的直接性という様態において知覚された同時的結合体」として定義される (*Process and Reality*, 126)。

(68)「[現実的存在者の] 現前化した場所は、人間身体とのある体系的関係によって限定されている」(*Process and Reality*, 126)。争点は場所に対する身体の相対的な優先性に関する問題ではない、ということに留意すべきである。というのは、この反対もまた肯定されうるからである。「[身体の] 合生はその基本的領域を前提するのであって、この領域がその合生を前提するのではない」(ibid., 283)。結局、用地化とは場所による身体の両側的規定性を用地化することであり、逆もまた同じである。このことをわれわれは、特定の現実的存在者のうちでの抱握と客観化の併存から理解することができる。

(69) ホワイトヘッドはまた、経験された世界に順応するというよりも、むしろそうした世界を構成している直観形式をつくり出したことでカントを批判する。「カントの「直観形式」(……)は、所与としての現実世界から導出され、したがってその言葉のカント的な意味で「純粋」ではない。それは、秩序づけられた世界を産出するのではなく、そうした世界から派生するものである」(*Process and Reality*, 72)。

(70) カントは、1772年2月21日付けでマルクス・ヘルツ宛に『純粋理性批判』の初期の計画に関する手紙を書いている。計画された仕事は、〔第一部門では〕二つの章、つまり「現象論一般」と「その本性と方法に従った形而上学」をもつだろう(translated in Kerferd and Walford, *Selected Pre-Critical Writtings*, 111)〔『カント全集　第21巻　書簡Ⅰ』北尾宏之ほか訳、岩波書店、2003年〕。

(71) Edmund Husserl, *The Crisis of European Sciences and Transcendental Phenomenology*, trans. D. Carr (Evanston : Nortwestern University Press, 1970), 98〔『ヨーロッパ諸学の危機と超越論的現象学』細谷恒夫/木田元訳、中央公論社、1974年〕. フッサールは「私－自身」(Ich-selbst)を強調している。「普遍哲学」という語句も、p.98 に見出される。哲学における超越論的な企てのもう一つの定式化は、それ〔超越論的哲学〕が「あらゆる客観的な意味形成と存在的な妥当性の根本的な場所としての主観性を知ることに立ち帰る」(ibid., 99)ということである。「根本的な場所」(Urstätte)という語句は、場所設定された主観性を連想させるが、しかしフッサールはこれについてそれ以上追求しない。

(72) Ibid., 99;強調原文。

(73)『危機』の第28節の表題は、「カントの暗黙の「前提」、すなわち妥当なものとして当然視された生活の環境世界」である。「厳密な学」(strenge Wissenschaft)という語句は、p.99 にある。1911年のフッサールの論文、「厳密な学としての哲学」は、たとえフッサールがとくに学に関する超越論的形式をまだ支持していなかったとしても、こうした学へのこの著者の情熱的な関わり方を語っていた。

(74) *Crisis*, 107. フッサールはつけ加えている。「純粋に知覚の点から言って、物理的物体と生ける身体[物体(ケルパァ)と身体(ライプ)]は本質的に異なっている。生ける身体は、言い換えると、知覚において[そういうものとして私に]現実に与えられる唯一の身体として、つまり私自身の生ける身体として[理解される]」(ibid.)、と。「完全に唯一の存在的な意味」とは、おそらくこの同じ生ける身体が知覚的な生活世界に専念し、かつそれを組織化する特別な仕方である。

(75)「私はまったく直接的に、つまり運動感覚的に統御する――私がそれを通して統御する、あるいは潜勢的に統御するような特殊な器官に連結したもの[として]、(……)この「統御」[は]物体のあらゆる知覚において機能するものとして示される」(*Crisis*, 107)。関与については、p.106 を見よ。「自明的かつ不可避的にこれに関与するのは、知覚野に決して欠けることのないわれわれの生ける身体であり、またとりわけそれに対応する「知覚器官」(眼、手、耳など)である」。「手」についての言及は興味をそそられるが、これ以上焦点はあてられない。

(76) *Crisis*, 106. 運動感覚は、生きられた身体と生活世界との間の最も深い「一致」の基盤である。「ある[知覚された]物体がこの一個同一の物体として知覚可能になる多様な現われには、それらに固有の仕方で、この[生きられた]物体に属する運動感覚が対応している」(p.107)。運動感覚の特質――これについては後で戻ることにする――を別にしたとしても、環境における「諸物体」の感覚的現われと、それらを知覚する責任のある生きられた身体との間には深い共軛関係がある。すなわち、ある現われは、「見ること、触れること、聞くことなどにおいてのみ知覚的に提示されるのである」(p.106)。

(77)「過去の地平をともなった今の時点」(Husserl, *The Phenomenology of Internal Time-Consciousness,* as published in the series *Husserliana,* ed. R. Boehm [The Hague：Nijhof, 1966], sec. 10〔『内的時間意識の現象学』立松弘孝訳、みすず書房、1967年〕)という句のなかにあるような〈今〉である。

(78) 私は、1905年の夏(このとき現象学的還元の着想も考え出された)にゼーフェルトで書かれた草稿のことを言っている。それは、たとえば、間主観性に関する3巻本の第1巻——これは、*Husserliana* 13：*Zur Phänomenologie der Intersubjektivität*, ed. Iso Kern (The Hague：Nijhof, 1973) として出版されている——の最初のテクストである。また、ibid., vol. 1, p.490 でのフッサール自伝風の論評も見よ。(私は、こうした参照箇所や空間についてのフッサールの取り扱いに関する他の多くの貴重な指摘を、ジーン・ゲブサー研究所の所長で、*Newsletter for the Phenomenology of the Body* の編者でもある、エリザベス・ベーンケに負っている)。空間との関係での身体についてフッサールが最も努力を向けた、初期の取り扱いに関しては、*Ding und Raum* (*Husserliana* 16, ed. Ulrich Claesges [The Hague：Nijhof, 1973]) という表題のもとに出版された講義録と補遺を見よ。代表的な一節とともに、これら初期の研究についての説明としては、Ulrich Claesges, *Edmund Husserls Theorie der Raumkonstitution* (The Hague：Nijhof, 1964) と、Elizabeth Ströker, *Investigations in Philosophy of Space*, trans. A. Mickunas (Athens：Ohio University Press, 1987) を見よ。

(79) Husserl,"The World of the Living Present and the Constitution of the Surrounding World External to the Organism," trans. F. A. Elliston and L. Langsdorf, in *Husserl：Shorter Works* (Notre Dame：University of Notre Dame Press, 1981), 246 (以下、"The World of the Living Present." この原稿は1931年に書かれた).

(80) Ibid., 247.

(81) 私自身の身体(フッサールによって、IchLeib と呼ばれる)は、「事物世界が知覚を通して現れる以上、この事物世界(Dingwelt)のなかで一つの特権化された位置(eine ausgezeichnete Stellung)を占める」(*Ding und Raum,* 80)。

(82) 私の担い手としての、かつ諸感覚を局在化するものとしての身体(ライプ)については、*Ding und Raum*, p.162 を見よ。物体(ケルパァ)としての私の身体と身体(ライプ)としての私の身体との差異については、pp.161-162, 279-280 を見よ。後にひじょうに有名になったこの区別は、空間を主題にしたフッサールの初期の著作、すなわち1906年から1907年頃に書かれた著作にすでにある。

(83)「そこという感覚の区別可能で具体的な各要素には、それの位置(Lage)、それのここが対応する。そしてこのここは、距離に帰属し、距離(Abstand)の諸関係を基礎づける一つの契機である」(*Ding und Raum,* 283)。フッサールは、こうした身体的な「ここ」を「眼のなかに、あるいは眼の裏側に」(p.228) 局所化したものとして記述する。別のところでフッサールは、「私はつねに[私の身体(ライプ)を]ここの担い手として知覚する」と言う(*Intersubjectivity*, 1：236)。

(84) *Ding und Raum,* 80.

(85) この三つの次元——したがって、それらが含む諸々の方位——と身体との関係については、*Ding und Raum,* pp. 80, 321 を見よ。

(86) Ibid., 80："Alles Erscheinende ist seine Umgebung."

(87)「中心としての私」(イッヒツェントゥルム)という表現は、*Ding und Raum*, p.280 に見出される。「点としての私」(イッヒプンクト)の中心性についてはさらに、pp.238, 281 を見よ。フッサールの分析に従うと、生きられた身体と私と方向の中心はすべて一点に収束する。事

実、それらは同一の存在者の諸側面である。固有の身体（アイゲンライプ）としての私の身体は、つねに私自身に絶対的に近いものである。「私の身体は〔私自身に〕きわめて近いものである」(*Zur Phänomenologie der Intersubjektivität*, 2：546)。

(88) *Ding und Raum,* 280. さらに、p.283 も見よ。私が空間のなかを動くとき、「世界そのものは動いていたが、私は静止していた」ように見える。「しかし、その運動の後、それ［世界］はそれでも以前と変わらず正確に同じものである——ただし私の身体が世界に対して別の位置(Stellung) をもつということを除いて」。

(89) Ibid., 281：“der Leib bewegt sich, ohne sich zu ‘entfernen.’”

(90) フッサールは、1931年のテキストのなかで次のように述べている。「私は、自分の手が遠くに飛んでいくためにその手を投げることができない」(“The World of the Living Present”, 249)。

(91) *Ding und Raum,* 80：“der immer bleibende Beziehungspunkt.”これは、身体（ライプ）としての私の身体がある意味で場所を変えるということを否定するものではない。フッサールが好んで述べているように、私の身体は「うろつきまわる」。すなわち、「私自身が場所から場所へと動くとき、この方向性のゼロ点は、ある仕方でたえず客観的空間の新たな点と一致しながらうろつきまわるのである。私の物体としての身体（ライプケルプァ）は、ゼロ点が「うろつきまわる」という事実と、それに加えて私の視覚空間のおかげでのみうろつきまわることができるのだ」(ibid., 308)。このようにうろつきまわることは、純粋に現象的な運動であり、「客観的空間」における運動ではないように思われる。

(92) Ibid., 83. 領域という考え方のさらなる検討については、sec. 23, 48 を見よ。視覚空間（ゼーラウム）と客観的空間（オプイェクティヴェ・ラウム）との区別については、p.367（Ibid. 付録Ⅸ，1916年）と p.304（Ibid. 1916年のフッサールの論文要旨）を見よ。

(93) これらの考えについては、*Ding und Raum,* sec. 53：“Das visuelle Feld als Ortssystem und seine möglichen Transformation”を見よ。

(94) *Ding und Raum,* 185, 275, 298–300 を見よ。

(95) Ibid. 179：“die Ortsmannigfaltigkeit ist etwas absolut Invariables, immer Gegebenes.”

(96) Ibid., 180. しかしながら、フッサールの論点は、個々の運動感覚が個々の場所と結びついているという点ではなく、「場所の延長全体とK〔運動感覚〕一般」との間には確実な相関関係が存在するという点にある（ibid., 180)。

(97) この点については、*Ideen Ⅱ*, ed. M.Biemel（The Hague：Nijhof, 1952), 57–58 と、Claesges, *Edmund Husserls Theorie*, 114, n. 1 で引用された1921年の断章を見よ。「もともと、そこでは各々の（視覚的かつ触覚的）「世界」の構成的現われのあらゆる体系に属するのは、運動感覚的な出来事の動機づけの体系であり、これらの出来事はこの動機を超えた意味をもたない」。

(98) 視覚的運動感覚と他の種類の運動感覚の関係については、*Ding und Raum,* 299–300, 308 を見よ。

(99) “Der Ort ist verwirklicht durch die kinäesthese, in der das Was des Ortes optimal erfarhen ist”（Claesges, *Edmund Husserls Theorie*, 82 のなかの1932年の草稿からの引用).

(100) フッサールは、1931年の草稿で次のように書いている。「こうした仕方で、私は、全体的に独自に構成された諸事物の中心領域（Kernsphöre)、いわば中心世界（Kernwelt）をもつ。これは、私が私の運動感覚によってそれへともたらされ、私が最適なかたちで経験することのできる諸事物の領域である」(Claesges, *Edmund Husserls Theorie*, 83, n 2 で引用された文章)。

(101) クレスゲスが指摘しているように、「運動感覚の体系は、ある［特定の］運動感覚的状況においていつも部分的に現実化される能力（Vermöglichkeit）の体系である。能力とは「私はできる」という意味での一つの可能性である」(*Edmund Husserls Theorie*, 75)。

(102) Claesges, *Edmund Husserls Theorie*, 83 で引用された1921年の草稿から。フッサールによると、近接性それ自体は、「私が「わずかな」時間の長さのなかで――あるまとまった把握的直観において、また統一された意識に限定され、諸側面の全体に関係する運動感覚的アスペクトにおいて――見ることのできるもの」(ibid., n 4, 同じ草稿から)として定義される。近接領域についてのさらに進んだ議論に関しては、Beilage 73,"Die Konstitution des Raumes im Synthetischen Übergang von Nahraum zu Nahraum" (Feb. 1927), *Zur Phänomenologie der Intersubjektivität* 2 を見よ。ここでフッサールは、「空間［は］遠さの運動感覚を通じての近接空間から近接空間への移行において構成される」と言う。

(103)「私の直観的世界の「形式」としての空間は、したがって一つの全体としての私の運動感覚的体系とその地平－構造の相関者である」(1921年の草稿から。これは、Claesges, *Edmund Husserls Theorie*, 84 で引用された)。

(104) Claesges, *Edmund Husserls Theorie*, 84 で引用された1931年の草稿から。フッサールは、場所の重要性に気づきはじめているときでさえ、十分に構成された同質的な客観的空間という考え方を決して捨てようとはしない。「空間それ自体は点と方位の体系であり、またそれ自体において同質的である」(*Zur Phänomenologie des Intersubjektivität*, 2：54)。しかし、この主張がもつ重大な含意については、本書の本文のなかで次に引用される言明〔註 105〕を見よ。

(105) *Zur Phänomenologie des Intersubjectivität*, 1：239；強調原文。

(106)「身体をもった」(ライプハフティヒ)は、「身体の」、「生ける」、「生き生きした」、「身体的」、「自ら」を意味する。フッサールがこの言葉を用いるのは、直観的洞察の明証性が疑いえないことを特徴づけるためである。

(107) Husserl, *Crisis*, 51. フッサールは、「理念の衣」を強調している。フッサールは次のようにつけ加える。「数学と数学的科学は、理念の衣、あるいはシンボル的な数学理論のシンボルの衣として、科学者と一般的な教養人にとっては、「客観的に現実的で真の」自然として、生活世界の代理をし、それを覆い隠すようなすべてのものを包含している」(ibid.；強調原文)。

(108) Ibid., 54；強調引用者。方法と自然との混同については、p.51 を見よ。つまり、「われわれが現実には方法であるものを真の存在だと思い込むのは、理念の衣によってである」(強調引用者)。

(109) Ibid., 55.

(110)「初歩的な規定手段としての基本形態からはじめて、いくつかの、そして結局はすべての理念的形態を操作的に規定するという幾何学的方法論は、測量と見積り一般よる規定の方法論を遡って示している」(ibid., 27)。現象学的所与からの幾何学(最も著しいのがユークリッド幾何学である)の発生に関する、異なった、しかしまったく厳密な取り扱いについては、Oscar Becker, "Beiträge zur phänomenologischen Begründung der Geometrie und ihrer physikalischen Anwendungen,"*Jahrbuch für Philosophie und phänomenologische Forschung* (1923) 6：385-560 を、また同様にベッカーの後の著作、*Grösse und Grenze der mathematischen Denkweise* (Freiburg：München, 1959) を見よ。

(111) *Crisis*, 27-28.

(112) この支配と指導については、ibid., 28, 32 を見よ。

(113) Ibid., 38.

(114) Ibid., 29. フッサールは「純粋」と「抽象的な形態」を強調している。

(115) Ibid., 38.

(116)「この普遍的な理念化された因果性は、それらの理念化された無限性のうちにすべての事実的形態と充実を包含している」(Ibid., 39)。

(117) フッサールの第二性質の主観化についての言明に関しては、*Crisis*, p.36 を見よ。そこでは、「色、音、熱、重さ」は、「事物そのもの」に帰属させられるのではなく、「音の振動や熱の振動」などとして解釈される。フッサールは、これらの振動を「形態の世界における純粋な出来事」(ibid.) と呼んでいるが、しかしこうした振動が、知覚する有機体の生理学のなかに登録されたもの、すなわちその有機体に内部から因果的に影響を与えるものとしてのみ機能するということは明らかである。

(118) Ibid., 33；強調原文。

(119) 第二性質の間接的な数学化については、ibid., 37 ff. を見よ。

(120) Ibid., 34；強調原文。

(121) 最初の語句は、*Crisis*, p. 216 から、次の語句は、p. 31 からである。

(122) Ibid., 50.

(123) *Process and Reality*, pp. 321, 316 を見よ。

(124) *Crisis*, 217.

(125)「身近な事物」(ナーディングゲ) については、"The World of the Living Present," p. 249 を見よ。

(126) Ibid., 107.

(127)「生ける現在のなかで同時に経験される事物全体は、単なる「一緒に経験された存在」ではなく、空間時間的「全体」の統一、空間時間性において布置的に包括された［あるもの］の統一である」("The World of the Living Present," 245-246)。

(128) "The World of the Living Present," 248.

(129) Ibid., 249.『危機』の言い方では、個別的な身体的諸器官とは「感受と活動の自我」が「制御」できるようにするもののことである。*Crisis*, p. 107 を見よ。

(130) "The World of the Living Present," 249.

(131) Ibid. 私は、äusseren の訳語として、「外面的」(external) を「外的」(outer) に代えた。この文章のなかの「流れ」(Verläufe) は、とりわけ走ることのように、動くことという言外の意味をもつ。

(132) Ibid., 248. この点については、『危機』での定式化がより明確である。すなわち、「物体がそれを通じてこの一個同一の物体として知覚可能になる多様な現われには、それらに固有の仕方で、この物体に属する運動感覚が対応している」(*Crisis*, 107)。

(133) "The World of the Living Present," 249-250. このここ／そこの関係については、*Crisis*, p.216 を見よ。

(134)「初めから、生き生きした有機体は、構成的に例外的な位置 (Ausnahmestellung) をもつ」("The World of the Living Present," 249)。

(135) "Hiersein ist herrlich" (Rilke, *Dunio Elegies*, the Seventh).

(136) "The World of the Living Present," 250.

(137) Ibid.

(138) 持続する事物のこうした達成について、フッサールは次のように述べている。「歩行はそれによって共存する主観的現われすべての変様の感覚を受けとり、これによっていまや事物の現われの志向性は、自己同一的な事物 (identische Dinge) と同様に、方向づけられた事物と方向性の変化のなかで自己－構成するものとして、最初に保持され続けるのである」("The World of the Living Present," 250)。もっと明確に表わすと、「現われの運動感覚的に動機づけられた様態の変化において、まさに外的な事物 (Ausserding) は同じものとして構成される」(p. 248)。「固定された場所の体系」は、p.250 で議論される。

(139) "The World of the Living Present," 240.

(140)「それゆえ、ここでは連合が働いている――そしてこれは、連続的な統覚、すなわち先触れの形成として一つの位置（die eine Stelle）で生じる総合的統一を含んでいる」（ibid., 246；強調原文)。

(141)“The World of the Living Present,” 250. ドイツ語は、feste Ortssystem であり、これは、p.250 では「固定された場所の体系」と言い表わされているが、しかし、feste は、固定されたものとか安定したもののことを意味するのであって、正確に示されたものを意味しない。また、System は、組織化された全体――科学的に秩序づけられた全体性ではなく――を意味する。他のところで、フッサールは次のような明確な所見をつけ加えている。「われわれは、周囲の空間を場所の体系として――言い換えると、物体の運動の可能的な終点の体系として――もつ。この体系のなかでは、たしかに地球上のすべての物体はそれぞれ個別の場所（Stelle）を有している」（“Foundational Investigations of the Phenomenological Origin of the Spatiality of Nature,” trans. F. Kersten, in Elliston and McCormick, ***Husserl：Shorter Works***, 225；以下、“The Origin of the Spatiality of Nature”）〔「自然の空間性の現象学的起源に関する基礎研究」新田義弘／村田純一訳、『講座・現象学　第3巻』弘文堂、1980年〕。

(142)私は、「基盤－場所」（Bodenstätte）という語を“The Origin of the Spatiality of Nature”から借りたが、そこではこの語の意味論的な範囲は、「住処－場所」（Heimstätte）から究極の「根幹－基盤」（Stammboden）としての地球にまで及ぶ。Ibid., pp. 226-227 を見よ。

(143)Ortskontinuum. 場所の体系と場所の連続体は潜在的には同一であり、このことは、“The Origin of the Spatiality of Nature”のなかの一節から明らかにされる。「地球は場所の体系あるいは（数学的に考えられていない場合でさえ）場所の連続体としての内的空間をもつ」（p.225）。さらに「位置の連続体」というもう少し客観化された表現をフッサールが用いていることに注意しよう。「（構成上）一つの連続体となったような運動感覚的な動きは、可能的に静止し続けるものの位置（Stelle）の連続体である」（“The World of the Living Present,” 250）。

(144)“Jeder hat seinen Ort”（“The Origin of the Spatiality of Nature,” 225).

(145)“The World of the Living Present,” 250；強調引用者。

(146)Ibid.

(147)Ibid., 248. フッサールは、このような「私は私自身を動かす」は「その主観的な運動感覚的な意味で純粋に捉えられる」（ibid.）とつけ加えている。

(148)Ibid., 248.

(149)この点については、“The Origin of the Spatiality of Nature,” pp.224-226 を見よ。フッサールは、p.230 で「その〔地球の〕静止は運動の様態ではない」と言う。実際、ちょうど地球について通常の意味での「物体」として語ることが整合的でないのと同様、その場合に地球を「静止している」――「静止」が通常の物理的物体の場合には「運動」に関係づけられ、また「地球は動かない」（p.225）というかぎりで――と考えることがおそらく正確でさえないほど、地球は根本的に動かないのだ。

(150)“The Origin of the Spatiality of Nature,” 224.

(151)“The World of the Living Present,” 245.

(152)“The Origin of the Spatiality of Nature,” 226. フッサールは、pp.225-226 で次のように主張する。生きられた身体の唯一性とは、これに対してわれわれが「第一次的な経験において［私の身体］は、他の物体と違って、運動も静止もせず、ただ内的運動と内的静止をもつだけである」と言うことさえできるようなものである、と。それでも、生きられた身体が止まっていると感じ、また自らを運動中のものとして経験するのではなく、静止して動かない運動の中心として経験するということは変わらない。同じ根本的な思考法の一部は、生きられた身体もまた

固有の場所をもたないということを含んでいる。1934年の断章――“The Origin of the Spatiality of Nature”が書かれたのと同じ年に執筆された――のなかで、「その第一次性において私の生きられた物理的身体（mein Leibkörper）は、この身体に対して場所の変化（Ortsveränderung）が意味＝方向をもたない――したがってまた、空間における場所（Ort im Raum）をもたない――ような性質のものである（それゆえ、そのようにはっきりとした意味をもつ）」（*Zur Phänomenologie der Intersubjectivität*, 2：659）と言われている。この「空間における場所」の最後の否定は、まさにフッサールが――地球と身体との間の深い類似点を示唆しつつ――地球について主張する事柄だということに注意しよう（おそらくこれは、もし地球が、場所――身体がその本来的な無場所性にもかかわらず依存するもの――の究極の供給者だとすれば、さして驚くには及ばない）。

(153)“The World of the Living Present,” 239.

(154)“The Origin of the Spatiality of Nature,” 225；強調引用者。

(155)“The World of the Living Present,” 250. 私は再び翻訳の際に、「固定した」（fixed）を「定着した」（steady）あるいは「安定した」（stable）に改めた。私にこの一節を指摘してくれたアイリーン・クレイヴァーもまた、身体と運動に関するフッサールの後期著作における静止の重要性を示唆していた。

(156)Wallace Stevens, “Tea at the Palaz of Hoon.”

(157)“The Impenetrability of Bodies in Space Rests on the Fact that Spatial Determinations are Substantial and Individuating”（February 7, 1915）, in *Franz Brentano：Philosophical Investigations on Space, Time, and the Continuum*, trans. B. Smith（London：Croom Helm, 1988）, pp. 153, 152. 同じ口述ノートで、「絶対に空っぽの場所」は存在しうる、という主張をブレンターノは否定している。「というのは、もし現実のなかにそもそも可能な所在が存在しないときにのみ、そのときだけひとは絶対的な空虚について語ることができるだろうからである」（ibid.）。場所を空間から区別することについては、1917年2月23日の口述ノート、“What We Can Learn about Space and Time from the Conflicting Errors of the Philosophers,” ibid., 156–181 を見よ。奇妙な一致によって、ジャン＝ポール・サルトルは、身体（サルトルはこれを〔場所とは〕別に取り扱う）の役割とは無関係に場所（サルトルにとって、われわれの実際的な「状況」のなかの主要素の一つ）の重要性を認識しているという点で、ブレンターノと再会することになる。*Being and Nothingness：A Phenomenological Essay on Ontology*, trans. H. Barnes（New York：Washington Square Press, 1992）, 629–637（“My Place”）〔『存在と無』松浪信三郎訳、人文書院、1999年〕を見よ。

(158)メルロ＝ポンティのこの言葉の用法については、彼の *Phenomenology of Perception*, trans. C. Smith（New York：Humanities Press, 1962）, 130 を見よ。

(159)Ibid., 146.

(160)「作動的志向性」（フッサールから借りた言葉）については、*Phenomenology of Perception*, xⅦ–xix を、また「根原的志向性」については、p.387 を見よ。これらは、同じ現象、すなわち生きられた身体の独特の身体的志向性に関する二つの表現である。作動的志向性の一形式としての身体的志向性については、J. N. Mohanty, *The Concept of Intentionality*（St. Louis：Green, 1972）, 139–143 を見よ。

(161)意識の志向性についてのブレンターノの最初の定式化に関しては、彼の *Psychology from an Empirical Point of View*, first published in 1874 and translated by L. McAlister（New York：Humanities Press, 1973）, 77 ff. を見よ。

(162)志向弓については、*Phenomenology of Perception*, pp.136, 157 を見よ。生きられた経験のこの

特徴を明らかにする論考としては、Richard Zaner, *The Problem of Embodiment* (The Hague：Nijhof, 1971), 172–180；and David Michael Levin, *The Body's Recollection of Being* (London：Routledge & Kegan Paul, 1986), 140–142, 293–300 を見よ。私は、自著の *Getting Back into Place, chaps*, 5–8 のなかで志向弓のさまざまな形式を検討した。

(163) このような繋留については、*Phenomenology of Perception*, 144 を見よ。

(164) 最初の句は、ibid., p.250 から、二番目は、p.251 からである。「連動状態」(ギアリング) は、engrenage の訳である。

(165) *Phenomenology of Perception*, 387.

(166) Ibid., 140.

(167) Ibid., 267. これと、たとえば、*Ding und Raum*, pp.85 ff. での「前－現象的」という語のフッサールの使用法を比較せよ。

(168) メルロ＝ポンティは、P. ラシェーズ＝レイが"Réflexions sur l'activité spirituelle constituante" (*Recherches Philosophiques*, 1933–1934), 386–387 で解釈した通りにカントを引用している。

(169) *Recherches Philosophiques*, 387；強調引用者。

(170) 空間化する空間と空間化された空間との対比については、ibid., 244 を見よ。

(171) Ibid., 243.

(172) "The Origin of the Spatiality of Nature," 225："Die Erde bewegt sich nicht."

(173) 空間に関するこれら二つの解釈のメルロ＝ポンティの拒否については、ibid., 140,243 を見よ。

(174) Ibid., 146. 方向性については、pp.102–103 を見よ。

(175) Ibid., 139–140；強調引用者。メルロ＝ポンティは、p.148 で「われわれの身体は原初的には空間のなかにあるのではなく、空間に属しているのである」(強調原文) と言う。また、p.250 では、「[ひとは] 光景に住みつく」ということが言われる。

(176) *Phenomenology of Perception*, 250.

(177) 用地化の空間性と位置の空間性との対比については、ibid., p.100 を見よ。

(178) Ibid., 387. また、p.244 も見よ。

(179) Ibid., 104.「位置的」は、ここでは、心のなかで明確に位置づけられたもの、すなわち表象を意味する。

(180) Ibid., 197.「どこ」と「何」——アリストテレスの基本的な形而上学的カテゴリーのうちの二つ——の連結は、メルロ＝ポンティのこの文章のなかで際立っている。

(181) Ibid., 5："préjudgé du monde."

(182) Ibid., 249–250. ここに引用した言明は、実際にはフッサールによって考えられたような、身体的な「私はできる」を言い直したものである (p.109 も見よ)。無限定な地平という概念については、p.140 を見よ。ここでメルロ＝ポンティは、「私が住みつく空間と時間は、つねにそれらのいろいろな仕方において無規定的な地平である」と言う。

(183) Ibid., 106. 現象野は序論の第 4 章で議論される。

(184) 場所としての身体については、ibid., pp.106, 154, 254 を見よ。この主張は、人間身体は地球と同様に固有の場所をもたないというフッサールの確信とは対照的である。またエリーザベト・シュトレーカーの見解も見よ。「慣れ親しんだ空間における私の現象的な場所は確認可能ではない。慣れ親しんだ存在として、私はこの空間における規定可能な所在をもたないのだ」(*Investigations in Philosophy of Space*, 27)。

(185) *Phenomenology of Perception*, 105.

(186) Ibid., 104.

(187) Ibid. 習慣的身体については、ibid., pp.82, 146 を見よ。

(188) Ibid. 252. あるひとに固有の居住環境を知ることの例については、p.129 を見よ。場所についての身体的な知識のなかでの習慣の役割に関しては、pp.142–143, 146, 152 を見よ。習慣的身体については、ibid., pp.82, 146 を見よ。身体の習慣性についてのフッサールの見解に関しては、Claesges, *Edmund Husserls Theorie*, p.76 を見よ。習慣的身体の記憶については、私の論文、"Habitual Body Memory in Merleau-Ponty,"*Man and World*（1984）17：279–297 を見よ。

(189) *Phenomenology of Perception*, 106. 私は、région の訳として、「部分」（part）を「領域」（region）に代えた。

(190) *Process and Reality*, 41. 積極的抱握としての感じについては、p.23 を見よ。

(191)「感じられるものとしての現実的存在者はその主観に対して「客観化」されると言われる」（ibid., 41)。ここでの客観化は不当な理論化の結果や理念の衣の負荷のことを意味しない。

(192) *Phenomenology of Perception*, 249. ウェルトハイマーの実験は、pp.248–251 で議論されている。ストラットンの実験（ここでは、被験者は上下の軸を逆さまにした眼鏡を通して世界に適合しなければならない）は、pp.244–248 で扱われている。

(193) Ibid., 250. 空間的基準という概念については、pp.248–254 を見よ。

(194)「ある基準のどんな構成も、予め設定された別の基準を前提する」（ibid., 249)。それゆえメルロ＝ポンティにとって、予め設定されているのは、フッサールの意味での場所の「体系」ではなく、場所の基準である。

(195) Ibid., 251.

(196) これらのさらなる次元については、*Phenomenology of Perception*, pp.266–267 を見よ。

(197) ハイデガーの主張に関しては、*Being and Time*, secs. 22–24 と、"In and Out of Place with Heidegger"（Pittsburgh：Simon silverman Phenomenology Center, 1989), vol. 7 における私の注釈を見よ。私は、以下の第11章でハイデガーのよりいっそう詳細な議論に戻ることにする。

(198) M. Heidegger, *What Is Called Thinking ?* , trans. J. Glenn Gray（New York：Harper & Row, 1968), 16〔『ハイデッガー全集　第８巻　思惟とは何の謂いか』四日谷敬子ほか訳、創文社、2006年〕を見よ。「[われわれの] 手仕事」（Work of [our] hands）は、Handwerk の訳語である。また、Levin, *The Body's Recollection of Being*, 120–134（"Thinking with Our Hands"）and pp.137–140（"Lending a Hand to Being"）も見よ。

(199) これは、ウォレス・スティーブンスの"The Snow Man"という詩の最後の二行からの引用である。

(200) このことが「潜在的な身体」に関係するときの「可能な住処」という考え方については、Merleau-Ponty, *Phenomenology of Perception,* 250 を見よ。

(201) M. Merleau-Ponty, *The Visible and the Invisible*, trans. A. Lingis（Evanston：Northwestern University Press, 1968), 133–134〔『見えるものと見えないもの』滝浦静雄／木田元訳、みすず書房、1989年〕. さらに、p.148 と、とくに p.261 を見よ。「触れられ－触れるもの（……）一方 [の指] は他方 [の指] を蚕食する。しかし、それらは実在的な対立関係にある（カント）——指の局所的自己。その空間が感じられ－感じるのである」（強調原文)。すでに、*Phenomenology of Perception,* pp.102, 141, 244, 266 のなかで、右手／左手の関係はとくに注意して扱われている。

(202)「私の身体は、極端に言うと、すべての事物がそうあるところのもの、すなわち次元的なこのものである」（*The Visible and the Invisible*, 260；強調原文)。

(203) Ibid., 141；強調原文。

(204) Ibid., 260.

(205) Ibid., 141；強調引用者。

(206) Ibid. これが考え難いのは、事実、「片眼でも、片手でも、視ること、触れることができるからであり、また、理解されるべきは、それらの複数の視覚、複数の触覚、複数の小さな主観性、複数の「……の意識」が花束のように一つにまとめられうるということだからである」(ibid.)。

(207) Ibid., 216-217；強調原文。

(208) 右手と左手の対比において問題となる二つ一組の重要性は、研究ノートのなかでメルロ＝ポンティによって強調されるだけでなく、「人間の行動において左手は「右手がおこなっている」ことを「知る必要などない」。生きられた身体は、単に両手があるだけでなく、二つの手を使うのある」(*Investigations in Philosophy of Space*, 66) と言うシュトレーカーによっても強調されている。

(209) *The Visible and the Invisible*, 261.

(210)「機能上の非対称性」は、*Investigations in Philosophy of Space*, p.65 のなかのエリーザベト・シュトレーカーの言葉である。

(211) たとえば、次の文献を見よ。Ervin Straus,"The Forms of Spatiality," in *Psychology of the Human World*, trans. Erling Eng (New York : Basic Books, 1966), and *The Primary World of Senses*, trans. J. Needleman (Glencoe : Free Press, 1963), 197-202, 246, 249, 316 ff., 340 ; Eugene Minkowski, "Toward a Psychopathology of Lived Space," in *Lived Time*, trans. N. Metzel (Evanston : Northwestern University Press, 1970), 399-433 ; Bruce *Wilshire, Role-Playing and Identity* (Bloomington : Indiana University Press, 1983) ; Otto Bollnow, "Lived-Space," trans. D. Gerlach, in *Philosophy Today* (1961) : 31-39 ; Herbert Plügge, *Der Mensch und sein Leib* (Tübingen : Niemeyer, 1967), 1-47 ; Elisabeth Ströker, *Investigations in Philosophy of Space*, passim ; J. H. Van den Berg,"The Human Body and Movement,"*Philosophy and Phenomenological Research* (1952) ; and M. A. C. Otto, *Der Ort : Phänomenlogische Variationen* (Freiburg : Alber, 1952).

(212) 右と左の関係の文字通りの不可視性については、Ströker, *Investigations in Philosophy of Space*, p.65 を見よ。すなわち、「右－左の差異化は、可視的で対称的な物理的特徴に含まれない。(……) 私の両手を私の身体の一部として「見る」ことは、完全に等しく形成された二つの構造を見出すことである」。触れることが見ることとまったく代替不可能なのはこの理由のためである。「触れることがその空間構成的な活動においては、他のどんな感覚的機能によっても繰り返し不可能であること、視覚によってさえもそうであることを理解するのは重要である」(p.144；強調引用者)。

(213) 沈澱と再活性化についてのフッサールの主要な議論は、"The Origin of Geometry,"an appendix to *The Crisis of European Sciences*, esp. at pp.361 ff. のなかにある。メルロ＝ポンティは、この二つの言葉を1960年6月1日の研究ノートのなかで取り上げている。「それは、歴史学と超越論的地質学との──「歴史学的」でも、「地理学的」でもない──結合体を捉えること、見えるものと肉についての私の分析によって私が見出すことになる、空間であるこの時間と時間であるこの空間を捉えること、ある歴史的光景や歴史の準－地理学的記述を存在せしめるような時間と空間との同時的な根源的設立(ウアシュティフトゥング)を捉えることの問題である。根本的問題、すなわち沈澱と再活性化」(*The Visible and the Invisible*, 259；強調原文)。メルロ＝ポンティはここで「場所」に言及していないが、それでも場所〔の概念〕はこのノートのいたるところで作用している。事実、それはまさに「沈澱」(sedimentation) という語のなかで作用している。これは、「座る」、「置く」という意味のラテン語 sedere に由来し、また「住む」と同様に「座らせる」に密接に関係している。

(214) 同様にこの双方の要因はとりわけ生きられた身体に関係する。同様にこの身体も、その習慣性のうちにある沈澱化したものであるが、他方ではその革新的な活動のなかで無際限に再活性化可能である。まさにこの生きられた身体の二重性こそが、フッサールにとっての生活世界やメルロ＝ポンティにとっての肉－としての－世界と身体が連続的であることを可能にするのである。この二人の哲学者は、身体そのものの実在論的な身分に関してのみ意見を異にする――フッサールは身体をその場所設定する活動において生きられていると同時に延長したものと見なすが、メルロ＝ポンティは身体の延長性を場所設定に対する障害物だと考えている。

(215) Merleau-Ponty, *Phenomenology of Perception*, 254. 同じ頁でメルロ＝ポンティは、「すべての特殊な焦点をある一般的な投企のなかに引き込むような匿名の「諸機能」の体系」として身体－主体を示している。ここでのメルロ＝ポンティは、制度的に受動的あるいは「従順な」身体は他者の注視力を銘記して内面化するが、こうした他者は身体からそれらが違った仕方で経験するかもしれない私秘性と親密さを奪い去るのである、というフーコーの説に先んじている（Michel Foucault, *Discipline and Punish*, trans. A. Sheridan [New York：Pantheon, 1977], 135–169）〔『監獄の誕生』田村俶訳、新潮社、1977年〕。

(216) Hannah Arendt, *The Human Condition*（New York：Anchor, 1959）, chap. 1 ,"The Public and the Private Realm"〔『人間の条件』志水速雄訳、ちくま学芸文庫、1994年〕を見よ。アーレントにとって、ギリシアのポリスは公的領域の最初のモデルである。「公的領域そのものであるポリスは、ひどく苦しんでいる精神〔激しい競技精神〕で充たされていた。（……）それは、人々が他者と真に取り換えることのできない自分を示しうる唯一の場所であった」（p.38；強調引用者）。

(217) たとえば、Beilage 70 of *Zur Phänomenologie der Intersubjektivität*, 2：515–516 を見よ。ここでフッサールは、他者の身体を同質的空間における空間的な事物として構成する間の慣れ親しんだ絆について議論している。加えて、Beilage 73, pp.546–547 を見よ。ここでは、「近接領域」の構成が間主観性に適した仕方で議論されている。*Intersubjektivität* の第３巻（esp. Beilage 48）における「家－世界」と「外－世界」についてのフッサールの広範な議論は、これと同じ問題構成をよりいっそう示唆に富んだ仕方で示している。私はこれらの参照箇所をアンソニー・スタインボックに負っている。

(218)「粒子的社会」については、Whitehead, *Process and Reality*, pp.35, 63, 72, 92, 99 を見よ。

(219) たとえば、*The Visible and the Invisible*, pp.259–260 における「肉－心」と題された、1960年６月の日付をもつ研究ノートを見よ。身体と社会的構造との間の微妙な相互作用については、最近の次の二つの研究がある。Susan Borbo, *Unbearable Weight*（Berkeley：University of California Press, 1993）, and Judith Butler, *Bodies that Matter：On the Discursive Limits of "Sex"*（New York：Routledge, 1993）.

―第11章―

(1) ハイデガーは時折身体のことをそれとなくほのめかしている。『存在と時間』で彼は、「この「身体の本性」はそれ自身の全問題構制を隠してしまう」と書いている（*Being and Time*, trans. J. Macquarrie and E. Robinson [New York：Harper & Row, 1962], 143）〔マルティン・ハイデッガー「有と時」辻村公一訳、『ハイデッガー全集　第２巻』創文社、1997年〕。しかし、この箇所に加え、第３節で再び立ち帰ることになるのだが、『論理学の形而上学的基礎づけ』から引用される別の箇所で彼が身体をほのめかしていることは、場所の経験において身体が必要不可欠な役割を果たすという決定的な断言を含意していない。実際、ドレイファスが断

定しているように、「ハイデガーは、身体をもつことが現存在の本質的な構造には属さないと示唆しているように思われる」（Hubert Dreyfus, *Being-in-the-World : A Commentary on Heidegger's Being and Time, Division I*［Cambridge : MIT Press, 1991］, 41）。

（2） Heidegger, *Being and Time*, 456.「気遣いの存在論的な意味としての時間性」という言い回しは第65節の表題になっている。この節には、「時間性は本来的な気遣いの意味としてそれ自身を顕わにする」（p. 374 ; 原文では強調）という文面が見られる。時間性（Zeitlichkeit）は、「すでに存在している過程の内で現在〔現前〕を生じさせる未来の統一性」として定義される。その限りで、時間性は時間（Zeit）と混同されてはならない。時間は、その通俗性という点から見ても、内世界的な特徴という点から見ても、単に水準を下げられ等質化された時間性の残滓でしかない——近世初期においては空間が場所の平板化なのだが。時間化の様態は、「本来的あるいは非本来的な実存の根本的な可能性」（p. 377）を可能にすると明言されている。さらに、1925年の連続講義、*The History of the Concept of Time : Prolegomena*, trans. T. Kisiel（Bloomington : Indiana University Press, 1985）〔『ハイデッガー全集　第20巻　時間概念の歴史への序説』常俊宗三郎／嶺秀樹／レオ・デュムペルマン訳、創文社、1988年〕、ならびに、1924年の講義、*The Concept of Time*, trans. W. McNeill（Oxford : Blackwell, 1992）も見よ。

（3）『存在と時間』の最後の二文は以下の通り。「根源的な時間から〈存在〉の意味へと至る道はあるのか。時間は〈存在〉の地平として現れるのか」（*Being and Time*, 488 ; 強調原文）。

（4） *Being and Time*, 40 ; この箇所は原文では強調。

（5） Ibid., 377 ; 強調引用者。「自分自身の外部」は、Ausser-sich の訳である。この言い回しは、「外官」（ausser Sinn）としての空間や、主体の「外部」としての常住不変の空間世界についてのカントの観念を即座に彷彿とさせる。『存在と時間』におけるハイデガーの自己脱構築への問いについては、私の論文"Derrida's Deconstruction of Heidegger's Views on Temporality : The Language of Space and Time," in *Phenomenology of Temporality : Time and Language*, Third Annual Symposium of the Silverman Phenomenology Center（Pittsburgh : Duquesne University, 1987）を見られたい。

（6） *Being and Time*, 79.「内部性」については、p. 134を見よ。

（7） *Being and Time*, p. 79を見よ。p. 134でハイデガーは、「内部の存在者とそれを囲んでいる存在者は、両者ともに空間の内で手前に現前する」と言っている。「範疇的な」という言葉によってハイデガーが言おうとしているのは、「その〈存在〉の種類が現存在の特徴をもたない存在者に属するような類の」（ibid.）特徴をもつということである。「所在－関係」への言及は、この概念が、ホワイトヘッドの言う意味での単に位置を占めることとどれだけ近いかを示唆している。

（8） Ibid., 79. ハイデガーは、手前に現前する二つの存在者がもつ包含者的な関係において、まず第一に欠けているのが、世界の内でお互いに「触れ」合う能力だということを明らかにしている。「二つの存在者が手前に現前するとき……［それらは］それら自体では無世界的である。それらは決してお互いに「触れ」合うことができない」（ibid., 81 ; 強調原文）。

（9） Ibid., 80 ; 強調原文。

（10） Ibid. たとえハイデガーが、慣れ親しみのあるものにするというこうした行動の媒体としての生きられた身体を無視しているとしても、この身体はこの行動を実行することの内に確実に含意されている。

（11） Ibid., 83.

（12）「われわれは、〈世界内存在〉を現存在の本質的な構造として理解して初めて、現存在の実存論的な空間性に対する洞察を得ることができる」（Ibid., 83 ; 強調原文）。これは、『存在と時間』

において「実存論的な」ものとして空間性に言及するきわめて数少ない箇所の一つである。

(13) Ibid., 95; 強調原文。「内世界的」はinnerweltlichの訳であるが、これは、手許にある存在者が日常世界の内で実在する特別な仕方のことである。

(14) Ibid., 119.「それ自身を割り振ったり指示したりするような理解の行為の「その内で」があるおかげで、ひとは、さまざまな関わり合いに属するような種類の〈存在〉の内で、さまざまな存在者が自分に出会うようにする。この「その内で」は世界の現象である。そして、現存在が自分自身をそこに割り振るようなものの構造は、世界の世界性を作り上げるものである」(ibid; 原文ではほとんど全文が強調)。

(15) 現存在のさまざまな根本的な実用的関係をまとめ合わせるものとしての「その内で」についてのこれ以上の事柄としては、とりわけ *Being and Time*, section 18を見よ。

(16)「ゆとり」については、*Being and Time*, section 23、とりわけ次の文を見よ。「現存在が隔たりを除くという仕方で本質的に空間的であるため、その交渉はつねに、ある一定のゆとりをもって現存在から隔たりを除かれた「周りの世界」の内部に保たれている」(p. 141)。

(17) *Being and Time*, 141.「前に来て現れること」(Vorkommen) の構造は、未来が来るべきものとしてわれわれの方に向かってやってくる仕方の空間的な類比物である。〔時間と空間の〕どちらの場合にも、さまざまな開かれた可能性のもつゆとりは現存在によって投企されている。つまりそれは、その内で現存在がその道具的行動を実現しうるようなゆとりなのである。

(18) 一定の現前が果たす破壊的な役割については、The Introduction to *Being and Time*, esp. section 6,"The Task of Destroying the History of Ontology"〔前掲訳、序論／第2章、第6節「オントロギーの歴史の構造解体という課題」〕を見よ。

(19) Cの冒頭にある次の一節中では、間違いなくアリストテレスがほのめかされている。「この表現［つまり、「内部性」］は、それ自身延長する存在者が、同じように延長する何らかのものの延長する境界によって囲まれて (umschlossen) いることを意味する」(*Being and Time*, 134)。「延長する」という言及はデカルトをも念頭に置いており、そのためにこの言明は、ハイデガーが空間理論において自らの主たるライバル——カントともども——と見なす二人の哲学者に対する二重の批判になっている。

(20) *Being and Time*, 135. さらに、p. 140も見よ。「現存在の内には、近さへと向かう本質的な傾向が存する」(強調原文)。以下の第3節においてこの主張に再び立ち帰ることにしよう。

(21) Ibid., 136; 強調原文。

(22)「ここへ」(Hier) と「あそこへ」(Dorthin) は、道具連関が方域に属することをはっきりと示している。これについては、*Being and Time*, p. 145を見よ。「何のため」(das Worumwillen) に関してもまたp. 145を見よ。「「どこへ」は、配慮の「何のため」の内に確立された、指示作用をも全体によってあらかじめ指し示されている」。どこへの他の特徴を知るためには、次の一節が手助けになる。「一般に、ある一つの道具連関にふさわしい諸々の場所の全体がそこへと当てふられる「どこへ」は、配置されうるものとしての道具立て全体がどこかに属することを可能にする、根元的な条件である。……ひとが見回すような仕方で意のままにできるある一つの道具全体性にふさわしい諸々の場所を当てふったり、それに出くわしたりすることがおよそ可能でありうるとすれば、まず最初に方域のようなものが発見されているのでなければならない」(p. 136)。ここで問われている構造についての明敏な議論としては、Dreyfus, *Being-in-the-World*, pp. 91ff を見よ。さらに、『存在と時間』第22〜24節の基本的な主題の説明としては、chapter 7 of *Being-in-the-World*,"Spatiality and Space,"pp. 128–140も見よ。

(23) *Being and Time*, 136.

(24) 目立たない慣れ親しさについて、また、何かの置き場所を間違えているときに方域に気づくこ

とについては、*Being and Time*, pp. 137–138を見よ。ここで効果的に働いている前提は、「見回すような〈世界内存在〉が前もって考慮に入れているもので、つねに手許にあるいかなるものも、その場所をもつ」(p. 137；強調引用者）ということである。

(25) *Being and Time*, 137；強調引用者。「個々の場所」は、einzelnen Plätzeの訳である。

(26) この例は、ibid., p. 137で挙げられている。それほどには説得的でないのが次に挙げる他の二つの例である。すなわち、天体のある一定の方域を指し示すものとしての、日々の運行上の太陽の「場所」、また、教会や墓地の、日出や日没の方への方向づけ——これによって「生の方域と死の方域」を指し示す——である（両者の例はともにp. 137で挙げられている)。これらの事例がそれほど説得的でないのは、それぞれの例が時間——たとえば、日周運動や生涯——を方域性と一緒にしているのに対して、前述の例では方域性の非時間的な特性が論じられているからである。これ以上の議論としては、Maria Villela-Petit,"Heidegger's Conception of Space," in C. Macann, ed., *Martin Heidegger : Critical Assessments*（New York : Routledge, 1993), 124ffを見よ。

(27)「現存在はつねに、それが隔たりを除く作用を携えているのとまったく同様に、これらの方向をも携えている」(*Being and Time*. 143)。

(28) *Being and Time* 144. ハイデガーが重視している点は、自らの単なる感じから——あるいは、世界の内にある外的な目印から——、方向づけられるような「無世界的な主体」は決してないということである。方向づけは、世界内存在によって構成されることをその特色とするような現存在を要求する。ハイデガーが終始関わっているのは、「現存在は、さしあたりたいていは自らの世界という観点から自分自身を理解する」(p. 156）という命題である。

(29) Ibid., 144.

(30)『存在と時間』を基礎づけるこの公的な世界についての啓発的な議論としては、Dreyfus, *Being-in-the-World*, chap. 8, esp. pp. 141–148を見よ。

(31) *Being and Time* 145；強調引用者。この箇所に出てくる〔「ある一つの方域で」の〕「で（at)」はbeiの訳である。beiは、通常「そばに」と訳されるが、ときには「内に」と訳されることさえある。

(32) Ibid., 145. 次の文中で引用する、「発見された自分自身の方域」という言い回しも同頁にある。

(33) 両者の引用箇所はともにibid., p. 145にある。強調原文。

(34) だとすれば、ハイデガーが最初に「場所」を導入したのが、道具の近さのもつ方向性をほのめかしながらであったのは、あながち偶然の所作ではなかったのである（*Being and Time*, pp. 135–136を見よ)。さらに、彼が初めの方にあるその同じ一節中で、場所がこのように把握されるならば、それは「単に何らかの空間的な位置の内に無作為に現れ出てくるというだけのことから原理的に区別されねばならない」(p. 135）と主張してもいるのも恣意的ではない。「無作為に」と「何らかの空間的な位置の内に」という言い回しはともに、現存在の介入の範囲の完全な外部にある周りの環境を意味している。留意されるべきは、ただ方向性だけが、手許にある物と現存在とによって共有されているということである。他方、方向は手許にあるものにのみ属する——隔たりを除くことは現存在にのみ属するのであるが。

(35) もしこのために現存在なしにはいかなる場所もないということが正しいとすれば、場所なしにはいかなる現存在もないのだろうか。ハイデガーはこの問いにはまったく取り組んでいないが、私は彼の答えは肯定的なものだろうと推測する——現存在が方向を定め隔たりを除く力が、(a）現存在の資質の一部であり、かつ、(b）われわれが知っているような形で場所を構成することを鑑みれば（この問いが的を射たものであることに気づかせてくれたことについて、アイリーン・クレイヴァーに感謝の意を表したい)。

(36) Richtung あるいは「方向」は、方向性の投企あるいは産物ではない。逆に、方向性が方向によって導かれるのである――われわれが基本方位に「従う」場合と同様に。ハイデガーはドイツ語の Form に当たるラテン語の言い回しをまれにしか引き合いに出さないが、このことが、方域の内ですでに相互に関わり合わせられているものとしてそれ自身を現前させるもののもつ、あらかじめ規定された身分をさらに堅固なものにしている。

(37) ディディエ・フランクが指摘しているように、「道具のような仕方で、場所は手の届くところにある存在（les étants à portée-de-main）である」(Didier Franck, *Heidegger et le problème de l'espace* [Paris : Minuit, 1986], 69)。

(38) *Being and Time* 145.

(39) 場所から位置がおのずと生じることに関しては、ibid., p. 413を見よ。「「ハンマーは重い」という「物理学的な」断言においては……その〔道具の〕場所は空－時〔空間－時間〕上の位置、「世界点」となり、この点はいかなる仕方でも他のどんな点からも区別されない」。

(40) *Being and Time* 145. こうして、その内でと言われるときの場所は、「世界」――われわれが見てきたように、〔その内でという〕この語は最初はこちらに付されていたのだが――から「空間」へと移されている。だから、それは「純粋な」ものなのである。しかし、世界と空間が交換可能であるということは、まさにデカルトの形而上学（つまり、ハイデガーにとっては、近世の手前に現前する思考の典型）が含意するものである。

(41) Ibid., 145.

(42) Ibid., 146 ; 強調引用者。

(43) Ibid., 146. この前にある文章も重要である。「先行して発見されている方域も、一般にその時々の空間性も、表立った仕方で視界の内にあるのではない。それらのいずれもがそれ自体で、手許にある物の目立たなさの内で、周りを見回す作用に対して現前しており、この見回す作用は配慮しつつ、手許にある物の内に埋没している。世界内存在とともに、空間はさしあたりこうした空間性の内で発見される」(ibid.)。

(44) この結論については、ibid., p. 146、とくに次の文章を見よ。「空間が主体の内に存在するのではないし、世界が空間の内に存在するのでもない。現存在を構成するあの世界内存在によって空間が開示されている限りで、空間はむしろ世界「の内に」存在する。……ここでは、「ア・プリオリ性」とは先行性のことであって、この先行性があるから、手許にあるものが周りの世界で出会われるときにはいつでも、空間は（方域として）出会われているのである」(強調引用者)。

(45) ハイデガーはここで、フッサールの「幾何学の起源」のテーゼを先取りしている。しかしながら、フッサールのこの論文では、系譜はより注意深く考案されている。ハイデガーは脚注で、フッサールには言及せず、オスカー・ベッカーに言及し、彼が『幾何学とそれの物理学的適用との現象学的根拠づけへの寄本』(1923年）で〔この系譜の〕先鞭をつけたとしている。しかしながら、ベッカー自身はフッサールの学生であったし、この論文をフッサールの目のよく行き届いた指導の下で書いた。

(46) ハイデガーは、より完全で幾分異なる形の空間の系譜を“Building Dwelling Thinking,” p. 155で示している。これについては後で再び立ち帰ることにしよう。

(47) これらの展開については、*Being and Time*, p. 147を見よ。

(48) Ibid., 147. reinen の訳として、私は「単なる」(mere）を「端的な」(sheer）に変えた。

(49) Ibid., 147–148.

(50) Ibid., 147. 彼は次のように付け加えている。「空間の〈存在〉もまた、現存在に属するような種類の〈存在〉をもたない」(ibid.)。この一節に関して、ディディエ・フランクは次のように

注釈している。「脱－時間化された空間はもはや世界の内では現れないという事実を超えたところに、普遍的な存在論によって統括される〈存在〉の様態に対応しないものがどのようにして存在しうるのか。空間が、現存在としても、手の届くところにある存在としても、存在しない――それ自身を時間化しない――と言うことは、現存在を構成する意味を時間性が与えないと想定することではないのか」(*Heidegger et le problème de l'espace*, 98；強調原文)。

(51) 不気味なものについては、*Being and Time*, section 40 を見よ。ハイデガーはそれと分かるような仕方で、第12節での分析を p. 233に出てくる不気味なものに結びつけている。

(52)「不安は、それが生じてくるいかなる一定の「ここ」や「あそこ」をも「見て」はいない。ひとがそれに直面して不安を覚えるものは、脅かすものがどこにもない (niegends) という事実によって特徴づけられる」(*Being and Time*, 231；強調原文)。こうして、次のことが帰結する。「不安がそれに直面して不安に感じるのは、内世界的に手許にあるような何ものでもない」(ibid.)。

(53) *Being and Time*, 230. ハイデガーは「向きを転じる」を強調している。彼はまた、確固とした地盤を再び見出そうとする試みの一部として、このような存在者について語ってもいる。「日常的な言説は、手許にあるものに配慮することと、それについて語ることへと向かっていく」(p. 231)。

(54)「手許にあるものが「何もない」こと［つまり、不安において経験されるような］は、最も根源的な「何か」の内で――世界の内で――根拠づけられる。しかしながら、存在論的には、世界は本質的に、世界内存在としての現存在の〈存在〉に属する。このため、「何もない」こと――つまり、世界そのもの――が、ひとがそれに直面して不安を覚えるものとしてそれ自身を明るみに出すとすれば、このことは、〈世界内存在〉とは不安がそれに直面して不安を感じるものであるということを意味する」(*Being and Time*, 232；強調原文)。

(55) *Being and Time*, 232. また、 p. 233を参照。不安は「現存在を自らの世界としての世界に直面」させ、「そうして現存在を世界内存在としての自分自身に直面させる」。定式の厳密な平行性は、ただひとえに「世界」と「世界内存在」の間の深い結びつきを反映している――この結びつきは、「現存在は実存しつつ自らの世界である」(p. 416；強調原文）という別の定式ではより明白である。

(56) Ibid., 232；強調原文。厳密に言えば、「可能的－存在」は、「現存在がそれについて不安を感じるもの」である――その一方で、それは自らの被投的な世界内存在に直面すると逃避してしまう。この区別については、p. 235を参照。

(57) Ibid., 148. ハイデガーは次のように付け加えている。「現存在自身の空間性が、〈世界内存在〉というその根本的なあり方にとって本質的であるのとまったく同様に、空間はなお世界を構成する物の一つである」(ibid；強調原文)。

(58) Ibid.

(59) それはまた、純粋な、「〈自然〉の等質な空間」(ibid., 147）に達することでもある。この空間は近世初期の科学の勝利であり、またハイデガーによれば、とりわけ「世界性を奪われた」(ibid.) 状態の内に存する。まさにそのような空間の静謐な無限性を観想する中で、パスカルが深い不安へと駆り立てられたのも驚くにはあたらない！（とはいえ、この同じ平板な空間がまた形而上学的な慰めの源でもありうる――これは本書の終論で私が再び立ち帰る点である)。

(60)「実存論的－存在論的な観点からすれば、「家のない居心地の悪さを感じること」は、よりいっそう根源的な現象として把握されねばならない」(ibid., 234；強調原文)。

(61) Ibid., 234.

(62) Ibid., 231；強調引用者。次のような疑念が頭をもたげる。すなわち、空間という点に関して

どこにもないという状態は、空間をそれ自身が個別にはどこにも所在化されない「特定の無限の量」とするカントの超越論的な学説において暗黙の内に現前しているのではないか。この見解はフランソワ・ラフォールに負うものである。

(63) Ibid., 231.

(64)「われわれが述べてきたような、先駆的決意性のもつ、全体〈存在〉への本来的な潜在的可能性が、現存在それ自身にとって可能となるのは、現存在が時間性という一定の特徴をもつ限りでのみである。時間性はそれ自身を本来的な気遣いの意味として露わにする」(ibid., 374; 強調原文)。気遣いそのものは、現存在の種々の実存範疇を最初の統一へと至らせる機能をもつ。しかし、気遣いはそれ自身の統一のために時間性に依存する。すなわち、「気遣いの構造の根源的な統一性は時間性の内にある」(p. 375; この箇所は原文では強調)。

(65)「現存在の空間性は、時間性に基づいて実存論的に基礎づけられるという意味で、時間性によって「包括されて」いる」(ibid., 418)。

(66) "Time and Being," in M. Heidegger, *On Time and Being*, trans. J. Stambaugh (New York: Harper, 1969), 23. ハイデガーは、事態はほとんど逆であるに違いないと示唆している。すなわち、「われわれが、場所 (Ort) に独自の固有性の内にある空間の起源への洞察を前もって得ており、かつそうした固有性を十全な仕方で思考している場合には」(ibid.)。

(67) Ibid., 418.

(68) この引用と訳は、S. Sambursky, *The Concept of Place in Late Neoplatonism* (Jerusalem: Israel Academy of Sciences and Humanities, 1982), 37でのもの。

(69) *Being and Time*, 418.

(70) Ibid.

(71)「[現存在の] 空間性がただ時間性を通してのみ実存論的に可能であることの証明は、空間を時間から演繹したり、空間を純粋な時間へと解消したりすることを目指しえない」(ibid.)。これらの問題に関しては、Franck, *Heidegger et le problème de l'espace*、とりわけ、『存在と時間』における手、また、それ以上にとりわけ肉 (la chair) の役割が、現存在のいかなる時間的分析をも超えており、かつそれに異議を唱えているというフランクの雄弁な議論を参照。「手を組むこと、[つまり、] 元来空間化する作用をもつ、肉の絡み合い (l'entrelacs) は、基礎的存在論によって認識される〈存在〉の様態のどれ一つとしてもたない。…… [この空間性が] 脱自的な時間性には還元不可能であるのは、〈存在〉[の様態] が手前に現前するか手許にあるかのいずれかであるような世界の内にある存在としての現存在の空間性が、手を組むことを前提するからである」(*Heidegger et le problème de l'espace*, 97)。

(72) *Being and Time*, 420.

(73) Ibid.

(74) Ibid., 419; 強調引用者。全文は以下の通り。「現存在は空間を取り入れる (einnehmt)。このことは文字義通りに理解されねばならない」。Einnehmen は、空間を占めるあるいは塞ぐことを意味する。しかし、ハイデガーは言葉遊びをして、これをここでは ein-nehmen つまり「取り入れる」の意に解している。

(75) Ibid., 419. ハイデガーは数文後に、「現存在が自分自身のために余地を作ることは、方向性と、隔たりを除くこととによって構成されている」(ibid.) と明記している。

(76) 空間へと分け入ること (Einbruch) については、*Being and Time*, p. 421を見よ。しかし、次のように付け加えたからといって、それが何になるのか。「脱自的－地平的時間性という基盤に基づいてのみ、現存在が空間へと分け入ることが可能である」(ibid; 原文では全文が強調)。

(77) ハイデガーはPlatzを一貫して「手許にある道具に属する何らかのもの」(p. 423) に相当するものとして用いている。しかしながら、彼のOrtの使用は一貫していない。彼は、単に手前に現前するものとして道具を考察する際には、「その場所 (Platz) はどうでもいいものになる」が、「このことは、手前に現前するものがその「所在」(Ort) まで一緒に失うことを意味しない」(p. 413) と指摘する。ここではOrtは、ホワイトヘッドの言う意味での単に位置を占めることに近いものを意味する。しかし、先に引いた一節では、Ortは正真正銘の実存論的な意義をもっている。というのも、ただ現存在のみが「自分自身の所在を規定する」ことができるからである。用語法におけるこの曖昧さは、ハイデガーの初期著作における場所の重要性に対する彼のアンビヴァレンスを露呈させている。すなわち、場所はたまたま実存論的であるにすぎない身分をもつために、手許にあるものの境域に委ねられてしまうことが多すぎるのである。

(78) *Being and Time*, 420. ハイデガーはまた、この同じ運動を彼の時間的分析の内に認めてもいる。「われわれが何かあるものをそれの「そこ」から近くにもたらすことで現前させるとき、この現前させる作用は、「あそこ」を忘却し、それ自身の内にそれ自身を喪失する」(p. 421)。

(79) Ibid., 420; 強調引用者。ハイデガーは「方域」を強調している。

(80) *History of the Concept of Time*, 224. 1925年のこのテクストの第25節 (「世界の空間性」) での、現存在の「第一的な空間性」についてのハイデガーの議論は、『存在と時間』第22〜24節の数々の決定的な定式の初期形としてとくに興味深い。

(81) *The Metaphysical Foundations of Logic*, trans. M. Heim (Bloomington: Indiana University Press, 1984), 138〔『ハイデッガー全集　第26巻　論理学の形而上学的な始元諸根拠』酒井潔訳、創文社、2002年〕.

(82) Ibid; 強調原文。Zerstreuungの訳として「分散」(dispersion) (『存在と時間』の英訳者によって選択された語) が不適切だというわけではないが、私はこれを「散種」(dissemination) とするハイムの訳を採用する。「散種」――固有の名詞形を与えられることでいまや威厳を与えられた――は、新たな分析の方向が分散している状態が根源的なものであることを正当にも強調している。

(83) Ibid., 137-138.

(84) Ibid., 138.

(85) Ibid; 強調原文。

(86) Ibid; 強調引用者。

(87) Ibid.

(88) "strew"「散らす」は、古ゲルマン語の語幹strau-から派生したものだが、この語幹は、Zerstreuung 散種と同様に、ドイツ語のstreuen (まき散らす、ばらまく) の根底にも存する。"strew"のもつ英語の基本的な意味の一つは、「まき散らされること、あるいは、ばらまかれること」(*Oxford English Dictionary*) ――散種の働きを外への広がりの前提条件と結びつける定義――である。

(89) *Metaphysical Foundations of Logic*, 221.

(90) M. Heidegger, *An Introduction to Metaphysics*, trans. R. Manheim (New Haven: Yale University Press, 1959), 205〔『ハイデッガー全集　第40巻　形而上学入門』岩田靖夫／ハルトムート・ブフナー訳、創文社、2000年〕; 強調原文。Stätteの訳として、私は「用地」(site) を「場所」(place) に変え、「ひと」(man) を「現存在」(Dasein) に変えた。また、Seinがそれだけで用いられている場合には、「〈存在〉」(Being) と頭文字を大文字にした。

(91) *An Introduction to Metaphysics*, 152; 強調原文。

(92)「歴史のこの場所と舞台には、神々、神殿、司祭、祭典、競技、詩人、思想家、支配者、元老評議会、民会、軍隊、船舶が属する」(ibid., 152)。

(93) Ibid., 62.

(94) Ibid., 60; 強調原文。私は、Seiendesを「本質存在者」(essent) ではなく「存在」(being) とした。

(95) "Building Dwelling Thinking," 154; 強調原文。「現前すること」はWesenの訳である。ホフシュタッターはGrenzeを「境界」(boundary) と訳している。ハイデガーは、ギリシア人の議論におけるperasを念頭に置いている。「空間とは、そのために余地が作られているようなもの (Eingeräumtes)、明けられていて自由なもの、すなわち、境界つまりギリシア語で言うperasの内部にあるもののことである」("Building Dwelling Thinking," 154)。

(96) 実際、手許にある存在者と手前に現前する存在者の両者が生じるのは、「限界の内へと押し入れられたもの、つまり、自らの形態の内に置かれたものが最終結果ではもはやない」まさにそのときなのである (*An Introduction to Metaphysics*, 62. 私は「自らの形態の内に置かれた」という言い回しに付いていた括弧を外した)。

(97) ポリスを記述するものとしての「歴史の場所」という言い回しは、"Building Dwelling Thinking,"p. 152に出てくる。現前作用(アンヴェーゼン)と現前(ウーシア)が共通してもつ、実在の地所〔不動産〕という意味については、p. 61を見よ。ラテン語のstatus〔位置、政治形態〕を介した、ドイツ語のStätte〔在処〕と英語の"estate"〔地所〕の間の関係にも注目すべきである。

(98) Ibid., 37–38.

(99) Ibid., 38.

(100) Ibid., 38–39.

(101) このおぞましい方向——政治的に有害である(それがヒトラーを明らかに支持しているとすれば)と同時に、哲学的にうさんくさい(「国家」や「中心」等々について話しつつ、われわれは手前に現前するものに属する実在的なものへと堕落してしまっているのではないか)——についてのこれ以上の議論としては、私の論文"Heidegger in and out of Place," in *Heidegger: A Centenary Appraisal*, given in 1989 at the seventh annual symposium of the Silverman Phenomenology Center (Pittsburgh: Duquesne University, 1990), 62–98を見られたい。「精神」と形而上学とナチズムの間の結びつき——1933年の『総長就任講演』中ではいっそうあからさまに明白な結びつき——については、Jacques Derrida, *Of Spirit: Heidegger and the Question*, trans. G. Bennington and R. Bowlby (Chicago: University of Chicago Press, 1989)〔ジャック・デリダ『精神について——ハイデッガーと問い』港道隆訳、人文書院、1990年〕を見よ。

(102) *An Introduction to Metaphysics*, 151.

(103) Ibid., 151.

(104) Ibid., 161.「暴力的な者」の一つ目の用例は強調されている。

(105) Ibid., 152–153; 強調原文。「法規」はSatzungの訳である。

(106) Ibid., 161. 私は「そこに存在すること」(being-there) を「現存在」(Dasein) に代えた。

(107) ハイデガーは、「勝利と見なされる」[ところの]、「数百万人が出席する大集会」の「亡霊」(ibid., 38) という言葉を、軽蔑の念をあらわにしつつ引用している——実際これは彼にとって、「ボクサーが国民的英雄と見なされている」(ibid.) のを知るのと同じくらいくやしいものである。これは明らかにジョー・ルイスのことを指している。

(108) ハイデガーはヘラクレイトスの次のような格言からインスピレーションを得ている。「戦い(ポレモス) は、あらゆるものの父であり王である」(Diels, fr. 53; Kahn translation)。ハイデ

ガーは次のように論評している。「ここでその名を挙げられている戦いとは、神的また人間的なあらゆるもの以前に力をふるっていた争いであり、人間的な意味での戦争ではない。…ここで言われている戦いとは根源的な戦いである。というのは、それは闘う者そのものを生じさせるのだから」(ibid., 62)。

(109) Friedrich Nietzsche, *The Will to Power*, bk. 3, sec. 822 (1888), in Walter Kaufman's translation〔『ニーチェ全集　13　権力への意志（下）』原佑訳、筑摩書房、1993年〕. この一節に関しては、Erich Heller,"Nietzsche's Last Words about Art versus Truth," in Heller's *The Importance of Nietzsche* (Chicago: University of Chicago Press, 1988), 158–172を見よ。

(110) "The Origin of the Work of Art," trans. A. Hofstadter, in *Poetry, Language, Thought* (New York: Harper & Row, 1971), 60–61〔「芸術作品の起源」『ハイデッガー全集　第5巻　杣径』茅野良男／ハンス・ブロッカルト訳、創文社、1988年〕.

(111) Ibid., 61.「現前する諸存在」はAnwesendenの訳である。たとえ「場所」そのものに相当する語がStätteでありもはやPlatzではないにしても、われわれはここに、『存在と時間』第70節で最初に見られた、ゆとりから場所へと戻る運動の根本的な論理を再び認める。しかし、問題となっている場所はもはや手許にはない。

(112) Ibid., 41. また、p. 18を参照。「われわれは、芸術が疑いようもなく実際に影響力を及ぼしている場所で（dort wo)、芸術の本性を発見するよう試みよう」。

(113) ここまでの二文の内容は、ibid., 61に見出される。私は、本章の初めの方での用例と一致させるために、ホフシュタッターの訳を何箇所か変えた。

(114) Ibid., 41. ハイデガーはp. 42で次のように言っている。「そこに立ちつつ（dastehend)、建物は岩盤の上で憩う」。

(115) Ibid., 56.

(116) Ibid., 41–42. また、p. 62を参照。「真理は、世界と大地の間のこの争いとしての作品の内で打ち立てられることを望む」。

(117) Ibid., 55.

(118) Ibid., 45. 世界の拡さについてはp. 42を、その「広々とした道」についてはp. 48を、「道を明けること」についてはp. 55を見よ。

(119) Ibid., 46.

(120) Ibid., 47. さらに、p. 46も見よ。「その内で作品が自分自身を立て返すようなもの（das Wohin)、また、作品がこのように自分自身を立て返すことの中で前面に出て来させるもの、それをわれわれは大地と呼んだ。大地とは前面に出て来つつ隠すものである。大地は自分以外の何ものにも依存せず、労苦や疲れを知らないものである」。

(121) Ibid., 47；強調引用者。

(122) Ibid., 46；この箇所は原文では強調。

(123) 両者の言い回しはともにibid., p. 47に出てくる。

(124) Ibid., 55. 大地が「出生地（der heimatische Grund）として姿を現す」のは、作品の世界が大地へと立て返される場合のみである。ibid., 42.

(125) Ibid., 42；強調引用者。

(126) Ibid., 50.「休息」はdie Ruheの訳である。ハイデガーは、それが単なる平和や調和と混同されるべきではないことを強調している。

(127)「内密さの単一性」という言い回しはibid., 49に、「共通のひび割れ」と「亀裂」という言い回しはp. 63に出てくる。

(128) Ibid., 63–64；強調引用者。私は「自己を閉じる」（self-closing）を「自己を閉鎖する」（self-

secluding）に変えた。

(129) Ibid., 64；強調原文。

(130) Ibid., 64. ここに出てくる「場所に固定すること」は feststellen（つまり、確かなものにすること、あるいは打ち立てること、しかしそれ以上にとりわけ、置くこと、あるいは安定したものにすること）の訳である。Stellen それ自体は、配列するもしくは据える、置くもしくは配置するという意味である。ハイデガーは、Stelle という名詞形を避け（それはおそらく、近世初期の哲学において端的な「位置」がもつ、派生的で動かしようのない身分に彼が気付いていたせいである）、stellen の由来を辿ってギリシア語の thesis、つまり、「隠れのないものの内に設立すること」（ibid., 61）へと遡る。しかしながら、この定式は大地よりも世界を優位に置いており、1956年に付け加えられた補遺で、ハイデガーは自分自身が言ったことを訂正している。いまや thesis は、「その光輝と現前の内で前面に横たえること」という意味だと解される。そしてこのことは、「「場所に固定した」における「固定した」が、硬直した、不動の、安全な、といった意味をもつことは決してありえない」（p. 83）ことを意味する。ある構図の形で真理を場所に固定することは、一定の位置へと真理を縛りつけることではない。それは〈開いたもの〉の内にある場所に真理を置くことであり、そこでは真理は変動しつつ光り輝くことができる。

(131) Ibid., 84.

(132) Ibid., 83.

(133) Ibid.

(134)「導きとなる基準」（weisenden Mass）については、ibid., p. 44を、「限度を設定すること」（Aus-grenzen）については p. 47を見よ。

(135) Ibid., 41.

(136) ハイデガーは作品の場所を Ort として、つまり、彼が単なる所在〔単に位置を占めること〕のためにとっておく語として特徴づけるのを拒絶する。こうした所在とは、たとえば神殿のそれである。「われわれはパストゥムにある神殿をそれ自身の所在地に訪ねる」（ibid., 40–41）。休息や憩いと調和する運動もまた単なる所在の変化（Ortsveränderung）ではない。これについては、p. 48。そして、作品の場所は芸術作品という物体を設置することにはまったく還元されない。「「創立する」とは、もはやただ単に配置する（blosse Anbringen）という意味ではない」（p. 44）。

(137) Ibid., 46.

(138) 芸術についての手仕事モデルに対するハイデガーの批判については、ibid., 58ff、とりわけ p. 64を見よ。作品の道具的な特徴の否定に関しては、とりわけ pp. 29–30を見よ。

(139) 作品の「自足性」（Selbstgenugsamkeit）については、ibid., 29を見よ。

(140)「作品中では、真理の生起が進行している。しかし、このように進行しているものは、やはり作品中でそうしている」（ibid., 58；強調原文）。

(141) M. Heidegger, "Conversation on a Country Path," trans. J. M. Anderson and E. H. Freund, in *Discourse on Thinking* (New York: Harper, 1966), 64〔「アンキバシエー　科学者と学者と賢者による野の道での鼎談」『ハイデッガー全集　第77巻　野の道での会話』麻生建／クラウス・オピリーク訳、創文社、2001年〕. 私はこの訳の随所を変更した。地平は「超越」と対にされている。というのも、表象的な思考は、取り巻く地平の方へと向かって対象を超越するからである。この地平はいわば、すべてを包み込む〈開いたもの〉の内的な表面である。

(142) Ibid., 65；強調原文。「方域」は Gegend の訳であり、「憩う」は ruhe の訳である。「そこに属すること」が、『存在と時間』で詳述されていた手許にある方域の「属すること」とは決定的

に異なることに注意せよ。

(143) Ibid., 66. とどまるという形で回帰することについては、p. 68を見よ。

(144) Ibid., 65. われわれに会いにやってくる作用は、地平の内にある対象がわれわれに会いにやってくる仕方と類比的である。「[地平が] 取り巻く視界から、対象の現われがわれわれに会いにやってくる」(ibid.)。この言明の内に、われわれは今一度、以前に何度か目にした、から／へと戻るという、空間に関わる根本的な図式を認める。われわれはまた、「こうして「われわれの前に現れて来ること」(Vorkommen) においてのみ、目下の世界は本来的に手許にあるのである」(*Being and Time*, 141. 原文では全文が強調) という初期の主張のこだまを聞き取りもする。

(145) "Conversation on a Country Pass,"66.「拡がり」(Expanse) は Weite の訳であり、この同じ語が「芸術作品の起源」では世界の「拡さ」を記述するために用いられている。

(146) "Conversation on a Country Path," 68–69.

(147) Ibid., 72.この箇所の「放下する」は、文字通りに「あるがままにさせる」という意味の gelässt の訳である。放下とは、自分自身を物へと解放することで物をあるがままにさせることである。「放下」の根本的な運動は、方域化するもの——「それとの関係で、放下が本来の姿で存在するような」(p. 70) ——の中に見出される。さらに特定して言えば、放下の内でひとは方域化するものを受容する。「そのように落ち着いた様子で確固としてある放下は、方域化するものの方域化の作用を受容することであるのかもしれません」(p. 81)。放下についてのより明快な議論としては、「野の道での会話」よりも前の論文、〔メスキルヒでの〕「記念講演」を見よ。

(148) Ibid., 72.

(149)「思考が方域化するものへの放下であるのは、その本性が、放下が方域化する作用にあるからなのです」(ibid., 74)。真の意味で自発的な思考は、その方域的な根拠により、「内に住まうこと」(In-ständigkeit) に達する。賢者は次のように言う。「そうすると、方域化するものへの放下の内に住まうことが、思考の自発性の真正の本性であることになります」(p. 82)。

(150) Ibid., 68.

(151) Ibid., 86.

(152) Ibid.

(153) Ibid., 89. その断片は Diels no. 122である。カーンは次のように論評している。「D. 122に記載されているただ一つの語が本物であることを疑問視する理由はない。しかしまた、文章に表された文脈上の手がかりもないので、この語を意味のある断片として解釈する方法もない」(C. Kahn, *The Art and Thought of Heraclitus* [Cambridge : Cambridge University Press, 1979], 288)。

(154) "Conversation on a Country Pass," 89. 私は「自分自身」を「あなた自身」に変えた。方域化するものへの固有化については、p. 73を見よ。「放下が方域化するものから生じてくるのは、放下の内で人間が方域化するものへと放下されているから、しかも実際、この放下そのものを通じてそうされているからなのです。人間が自分の存在において、方域化するものへと放下されているのは、人間が元々それに属する限りでなのです。人間が方域化するものに属するのは、人間が初めからそれへと固有化されて (vereignet) いるから、しかも実際、この方域化するものそのものを通じてそうされているからなのです」(強調原文)。ハイデガーにとって、そのような固有化は、人間が方域化されていること (Vergegnis)、つまり、方域化するものの近さの内へともたらされていることの一つの例証である。近さの内へとやってくる作用という概念に関しては、David Michael Levin, *The Body's Recollection of Being* (London : Routledge &

Kegan Paul, 1986), 134–137を見よ。

(155) *Being and Time*, 140；この箇所は原文では強調。「近さ」はNäheの訳である。

(156) "Inwiefern und weshalb? Sein qua beständige Anwesenheit hat Vorrang, Gegenwärtigung."

(157) M. Heidegger,"The Thing" in *Poetry, Language, Thought*, 165. ここでもまた「近さ」はNäheの訳である。

(158) Ibid, ハイデガーは次のように付け加えている。「距離をまったく征服してしまったにもかかわらず、物の近さは不在のままである」(p. 166)。「距離」はEntfernungの訳である。

(159) Ibid., 166. 別の言葉で言えば、あらゆるものは「いわば距離をもたないのである」(ibid.)。

(160) この最後の逆説については、ibid., p. 166を見よ。

(161) Ibid., 181 : "Dingen ist Nähern von Welt."

(162) Ibid., 178.

(163) 近づけることは、近さの本性であると同時に、物化に本質的なものである。「物の物化としての、近くにもたらすことの中では、近さが作用している」(ibid., 178)。さらに、p. 181も見よ。「近づけること（Nähern）は近さの本性である」。ほとんど同義の分詞Näherung〔近づけ〕は、*Being and Time*, p. 140ですでに用いられている――しかし、その趣旨は大きく異なる。物と場所の間の関係については、『物とは何か』と題されたハイデガーの1935年から1936年までの連続講演 *What Is a Thing?* trans. W. B. Barton, Jr., and V. Deutsch (Chicago : Regnery, 1967), 14–28を見よ。

(164) "The Thing," 177–178. ハイデガーがここで、『存在と時間』で用いていたのと同じ動詞nahebringen（近くにもたらすこと）を用いているのは印象的である。

(165) Ibid., 181. 全文は以下の通り。「物は四元をとどまらせる――それを集め合わせ、統一する。物は世界を物化する。それぞれの物は、四元を世界の単一な一性の生起へと至らせるべくとどまらせる」。世界そのものはいまや、「大地と空、神々と死すべき者たちの単一な一元」(p. 179) として定義される。

(166) Ibid., 178.

(167) *Being and Time*, 148.

(168) "The Thing," 181；強調引用者。

(169) "Building, Dwelling, Thinking," 151.

(170)「世界に埋没しているという意味（より精緻な解釈を要する意味）で、世界の「そばに存在すること」(Sein bei) は、〈内存在〉の上に基礎づけられたある一つの実存範疇である」(*Being and Time*, 80–81)。「世界に埋没して」はAufgehens in der Weltの訳である。

(171) ここでハイデガーが近づけの作用にはっきりと言及しているわけではないが、次のような言明中では確実にそれが問われている。「物それ自体は、それ自体が物として、それが現前する作用の内であるがままにされる場合にのみ、四元を保全する」("Building, Dwelling, Thinking," 151；強調原文)。物をそれが現前する作用（Wesen）の内であるがままにすることは、物をそれ自身の近さへと放下することである。

(172) "Building, Dwelling, Thinking," 154. 強調部分のほとんどは原文中のもの。私は「〔諸々の〕地点」(spots) を「〔諸々の〕位置」(positions) に、「用地」(site) を「在処」(seat) に変えた。建てることと住まうことの間の関係についてのこれ以上の議論としては、自著 *Getting Back into Place : Toward a Renewed Understanding of the Place-World* (Bloomington : Indiana University Press, 1993), chaps. 4, 5を見られたい。

(173)「所在地（Ort）は二重の意味で四元のための余地を作る（einräumt）。所在地は四元を認め（zulässt）、それを据えつける（einrichtet）」("Building, Dwelling, Thinking," 158；強調原文)。

橋－物は、こうして四元のための在処を提供するが、このことはわれわれに、プラトンが空間を「在処」（hedran）として特徴づけていたのを思い出させる。

(174) "Building, Dwelling, Thinking," 154を参照。

(175) Ibid.「境界」は Grenze の訳であり、「明けられていて自由な」は Freigegebenes の訳である。

(176) Ibid.；この箇所は原文では強調。

(177) Ibid., 155.

(178) Ibid., 155-156；強調引用者。

(179) *Being and Time*, 148；強調原文。

(180)「それら［つまり、距離、幅、方向といった物］が延長をもつあらゆるものに対して普遍的に適用可能なのが事実だからといって、数的な量が、数学の助けを借りて測定可能な諸々の空間や所在の本性の根拠（Grund）になるようなことは決してない」（"Building, Dwelling, Thinking," 156；強調原文）。場所ともども究極的な根拠づけを行うのが物である。「われわれが日頃通り過ぎている諸々の空間はさまざまな所在地によって与えられている。それらの本性は建物のようなタイプの物の内で根拠づけられる」（p. 156）。これら二つの引用中の「諸々の空間」（Räume）は、所在地あるいは局地性としての諸々の場所と等価である。

(181) "Building, Dwelling, Thinking," 157.「すでに与えられて」は schon eingeräumt の訳である。「〔単数の〕空間」は'die' Raum の訳である。

(182)「そして、死すべき者たちはまさにその本性によって諸々の空間をにくまなく身を広げ、そこにあますところなく存続するというただそのことのゆえに、それらの空間を通り過ぎることができる。しかし、われわれはそこを通り過ぎる中で、それらの内に立つことをあきらめているわけではない」（ibid., 157）。私はこの一節中の「諸々の空間」を、諸々の場所と概念上等価であると考えている。

(183) Ibid., 156；強調原文。

(184)「まさにここにあるこの地点を起点として、われわれはそこに、橋のところに存在する――われわれは断じて、われわれの意識の内にある何らかの表象的な内容のそばに存在するのではない」（ibid., 157）。*Getting Back into Place*, pp. 50-54での、ここ／そこの関係についての私の議論を見られたい。

(185) "Building, Dwelling, Thinking," 157.

(186) "Time and Being," 11；強調引用者。

(187) Ibid., 10.

(188) Ibid., 12.「時－空」（Zeit-Raum）については、pp. 14ff を見よ。実はこの言葉がハイデガーによって最初に用いられたのは次の箇所である。*Beiträge zur Philosophie* of 1936-1938, published in the Heidegger *Gesamtasugabe*（Frankfurt: Klostermann, 1989), vol. 65, esp. pp. 227ff. and p. 323. この箇所では、「時間－遊戯－空間」という合成句がそれとはっきり分かる形で用いられている。以下に続く〔本書〕第6節と第7節を見よ。

(189) "Time and Being," 15: 次元性は、「可能な測定の域としてというのみならず、むしろあまねく広がるものとして、与えかつ開くものとして……開く広がり（lichtenden Reichen）の中に存する」。外延的な量についてのこれ以上の議論、とりわけ、空間的また時間的な「パラメーター」の規定を考慮に入れたものとしては、"The Nature of Language," in M. Heidegger, *On the Way to Language*, trans. P. Hertz（New York: Harper & Row, 1971), 102f〔マルティン・ハイデッガー「言葉の本質」『ハイデッガー全集　第12巻　言葉への途上』亀山健吉／ヘルムート・グロス訳、創文社、1996年〕を見よ。

(190) "Time and Being," 15. 全文は以下の通り。「時間の三つの次元の統一は、それらがお互いの方

へと向かう相互作用の中に存する。この相互作用は、時間のまさに核心で作用する真の拡張、いわば——単にいわばというだけではなく、事柄の本性上も——四次元であることがわかる」。「相互作用」については、*Beiträge zur Philosophie*, pp. 169–170でも論じられている。

(191) "Time and Being," 15.「文字通りに始まりつつある拡張」は、an-fangende Reichen の訳である。

(192)「われわれはもはやこうした仕方では、どこということについて、また、時間のための場所について問うことができない。というのは、真の時間それ自体は、つまり、近づける近さによって規定される時間の三層の延長の境域は、およそ可能な「どこ」を最初に与える前－空間的な局地（vor-räumlich Ortschaft）だからである」(ibid., 16；私は「方域」(region）を「局地」(locale）に代えた)。ここでハイデガーは再びホワイトヘッドと接点をもつ。「時間のための場所」とは単に位置を占めることを意味している。

(193) Ibid., 16.

(194) Ibid., 15.

(195) Ibid., 15–16. 近づける近さは、「未来と過去と現在を、それらの距離を遠ざけることでお互いの近くにもたらす」(p. 15)。

(196) Ibid., 22.

(197) Ibid., 22–23. ハイデガーは次のように付け加えている。「〈存在〉は〈性起〉の内で消え去る」(p. 22)。この箇所の〈性起〉は Ereignis の訳である。それをより完全な仕方で英訳したのが、「〈性起〉の出来事」(event of Appropriation）である。

(198) Ibid., p. 202を見よ。そこにはこの節のエピグラムを見出すことができる。Ereignis〔性起〕(Ereignen「起こすこと」に由来する）の厳密な意味での語源は、er-äugnen、つまり、目の前にもたらすこと、つかむこと、目に見えるようにすること（Auge＝目）から派生したものである。「同一性と差異」についてのゼミナール"Identität und Difference"（Pfullingen：Neske, 1957）を見よ。この注記はフランソワ・ラフォールに負うものである。

(199) "Time and Being," 23.「空間」は Raum の、「起源」は Herkunft の、「場所」は Ort の訳である。

(200) "Building, Dwelling, Thinking," 157；強調引用者。こうして、フッサールの「絶対的なここ」の身体中心主義にいま一度異議が唱えられる。「自在野」〔時間－遊戯－空間〕という語は、先に注記したように、*Beiträge zur Philosophie* と同様、"The Nature of Language,"p. 106にも見出される。「開け放されて」という言い回しは同頁にもあり、そこでは空間は「局地性と諸々の場所とを開け放す」とされている。

(201)「二重の仕方で「空間を作ること」として［Einräumen、つまり「認めること」、かつ「据えつけること」として］、所在地は四元のための隠れ家である」("Building, Dwelling, Thinking," 158)。

(202) 空間（コーラ）が近世の無限空間を輪郭づけているとハイデガーが示唆するのは、『形而上学入門』においてである。つまりここでは、無限定なもの（アペイロン）というなおいっそう古い時代の観念に究極的にはその根をもつような、境界のないある一つの概念が別の概念へとつながっていくのである。*Introduction to Metaphysics*, p. 66、また、Charles Kahn, *Anaximander and the Origins of Greek Cosmology* (New York：Columbia University Press, 1960), esp. pp. 232 ff.を見よ。これらの文献では、空間の原形が無限定なもののにあると主張されている。

(203)「世界の四つの方域」としての四元に関しては、"The Nature of Language," 104を見よ。これらの方域は、単に空っぽの拡がりであるというのみならず、死、不在、夜、地下といった暗部を含む、さまざまな入り組んだ片隅を包含している。

(204)"The Nature of Language," 93.

(205)「橋は、流れの周りの風景として、大地を集め合わせる」("Building, Dwelling, Thinking," 152 ; 強調原文)。

(206)"Building, Dwelling, Thinking," 154.

(207)「近さ」については、"Time and Being,"p. 15を見よ。「近づき」については、"The Nature of Language,"p. 104を見よ。「われわれはこの点、つまりその運動という点での近さのことを「近づき」と呼ぼう」。

(208)ハイデガーがはっきりと言っているように、「パラメーターとしての空間と時間は、近さを生じさせることも測定することもできない」("The Nature of Language,"p. 104)。

(209)近隣関係が「最初に近さを創造するのではない。むしろ、近さが近隣関係を生じさせるのである」("The Nature of Language,"p. 101)。

(210) "The Nature of Language," 93.

(211)Ibid., 82. ハイデガーは次のように付け加えている。「二人の人間はお互いに顔をつき合わせて住まう。……一方は他方に顔を向けて住んでおり、他方の近さ(Nähe)の内へと引き入れられている」(ibid.)。

(212)M. Heidegger, *Hebel der Hausfreund*(Pfullingen: Neske, 1957), 13〔マルティン・ハイデッガー「ヘーベル――家の友」『ハイデッガー全集　第13巻　思惟の経験から』東専一郎/芝田豊彦/ハルトムート・ブフナー訳、創文社、1994年〕.「われわれはこの雑多な間を世界と呼ぶ。というのは、世界とは死すべき者たちがその内に住まう家だからである」(強調原文)。まさにこの直後の一文で、ハイデガー自身が、諸々の個別の場所が雑多な間を集め合わせると示唆している。「とはいえ、個々の家や村や町は、それぞれの例に関して、それら自身の内と周りにそうした雑多な間を集め合わせるような構築物(Bauwerke)なのである」。

(213) "The Nature of Language," 107.

(214)Ibid., 106. この文中に出てくる「すべて」は、「時間が立ち退きわれわれにもたらすこと」(ibid.)を含む。この同じ頁でハイデガーは、空間と時間のもつより能動的な意味――「時間が時間化する」や「空間が空間化する」という節で示されているような意味――を回復させようと試みている。そのより能動的な意味とは、空間の空間化が、「局地性(Ortschaft)〔集落〕や諸々の場所(Orte)〔町村〕を成り立たしめてそれらを空け放すと同時に、あらゆる物のためにそれらを自由にし、空-時〔空間-時間〕として時を同じくするものを受容する」というものである。優先性のこの突然の逆転は、場所の優位性と軌を一にしている。つまり、ハイデガーがここで空間に割り振っている役目を担うために、空間は場所そのものから、つまり、(最も近世的な見解に基づけば)空間自身の派生物と想定されるものから、固有性を借りてこなければならないのである。

(215) "Die Kunst und der Raum," in *Gesamtausgabe*, vol. 13(Frankfurt: Klostermann, 1983), 206-207〔マルティン・ハイデッガー「芸術と空間」『ハイデッガー全集　第13巻　思惟の経験から』東専一郎/芝田豊彦/ハルトムート・ブフナー訳、創文社、1994年〕.

(216) "Doch was ist der Ort?"(ibid., 207).

(217)Ibid., 207. 彼は次のように付け加えている。「しかし、このことは同時に次のような意味である。さまざまな物がともに属するようそれらを集め合わせること[によって]、それらを保護すること」(pp. 207-208)。「集め合わせること」(Versammeln)は、「さまざまな物をそれらの方域の内で解放しつつ保持すること」(p. 207)を意味する。

(218)Ibid., 208.　統治は、力を行使し、優越し、支配下に置くことを言外に含んでいる。

(219)全文は以下の通り。「したがって、造形的なもの[あるいは、三次元的な芸術]は諸々の場所

の具体化であるだろう。そして、これらの場所は、ある一つの方域を開き保護しつつ、それ自身の周りに集め合わせせられた〈自由なもの〉[〈開いたもの〉] を保持する。[その一方で] この〈自由なもの〉は、さまざまな物のための不変のとどまり (Verweilen) を、また、それらの只中にいる人間たちのための住まいを守る」。

(220) Ibid., 209.

(221) "The Nature of Language," 92-93. 私は「言語を以って」という言葉を省略した――このことは、限定されたいかなる話題（トピック）を省略することでもなく、その場所（トポス)、つまり、ハイデガーの後期の思考において他の話題にとって最も包括的な方域を省略することである。というのは、言語が可能にする探究は、西洋思想の歴史における〈存在〉の言辞の「導きの言葉」(Grundworten) を同定するのにもっぱら適しているからだ――この歴史は、それ自体がこうした言辞の場所の継起として把握されうる。探究についての明快な議論としては、Otto Pöggeler, *Der Denkweg Martin Heideggers* (Pfullingen : Neske, 1963), 280ff を見よ。

(222) Being and Time, 147. 私はここでもまた「単なる」(mere) を「端的な」(sheer) に変えた。

(223) 私が念頭に置いているのは次の一節である。「原理的に椅子は決して壁に触れることができない。たとえそれらの間の空間がゼロに等しいとしてもそうなのである。もし仮に椅子が壁に触れることができるとすれば、そのことは、壁が、椅子がそれに「対して」出会うことが可能であるような類の物だということを前提しているだろう。……二つの存在者が世界の内部で手前に現前しており、しかもそれら自体においては無世界的であるとすれば、それらは決してお互いに「触れ」合うことができない」(ibid., 81 ; 強調原文)。

(224) 私はここでハイデガーの言葉遊びを利用している。Gegend「方域」は gegen、つまり against「対して」や encountered「出会われた」を含んでいる――そこから、われわれが風景の内で出会うものとしての country「地方」が帰結する。この特徴をよく示しているのが次の一節である。「地方（方域）は、ただそれが地方であるというだけで道を差し出す」("The Nature of Language," 92)。

(225) その全文が本章のエピグラフである。このエピグラフは、1925年から1926年の『論理学』についての講義、the *Gesamtausgabe*, vol. 21, 267からの引用である。

(226) *Being and Time*, 148.

(227)「しかし、思考する詩作は真に〈存在〉の場所論である。[この場所論は、] そのような詩作にその本質の局所性 (die Ortschaft seines Wesens) を与える」(*Aus der Erfahrung des Denkens* [Pfullingen : Neske, 1967 ; written in 1947], 23〔マルティン・ハイデッガー「思惟の経験から」『ハイデッガー全集　第13巻　思惟の経験から』東専一郎／芝田豊彦／ハルトムート・ブフナー訳、創文社、1994年〕)。この言明についてのオットー・ペーゲラーの *Der Denkweg Martin Heideggers*, pp. 294ff. での議論を見よ。トール・ゼミナールでハイデガーは、存在の所在性という言い回しが「〈存在〉の所在性としての真理」を含意していること、また、この言い回しが「場所－〈存在〉の理解を確かに前提しており、そこから存在の場所論という表現が出てくる」ことを説明している（1969年9月2日のゼミナール)。9月6日のゼミナールでハイデガーは、〈存在〉の場所論へと向かう運動について、次のように説明している。「しかしながら、『存在と時間』において、「存在への問い」はまったく異なる方向に向かう。そこで問題なのは、〈存在〉としての〈存在〉への問いである。この問いは『存在と時間』において、主題としては「〈存在〉の意味への問い」という名前をもつ。この定式は後に放棄されて「〈存在〉の真理への問い」という定式に変わり――そして最終的には、「〈存在〉の場所への、あるいはその所在性への問い」という定式に変わる――、そこから存在の場所論という表現が出てくる。[私の] 思考の道の三つの段階を示しながら、お互いをより先へと進化させている三つ

の語。すなわち、〈意味〉—〈真理〉—〈場所〉(topos)」(引用の出典は、M. Heidegger, *Questions IV*, trans. J. Beaufret, F. Fédier, J. Lauxerois, and C. Roëls [Paris: Gallimard, 1976], 278;一つ目の引用はp. 269にある〔『ハイデッガー全集　別巻1　四つのゼミナール』大橋良介/ハンス・ブロッカルト訳、創文社、1985年〕)。

—第12章—

(1) Bachelard, *La terre et les rêveries de la volonté* (Paris: Corti, 1948), 379〔ガストン・バシュラール『大地と意志の夢想』及川馥訳、思潮社、1972年〕. バシュラールは「大地の」という部分を強調している。

(2) 精神(esprit)と魂(âme)の対比については、*The Poetics of Space*, trans. M. Jolas (New York: Orion, 1964), xiv-xviii〔ガストン・バシュラール『空間の詩学』岩村行雄訳、ちくま学芸文庫、2002年〕を見よ。

(3) Ibid., xi.

(4) 心的な「反響」(retentissement)については、Bachelard, *The Poetics of Space*, p.xiiを見よ。そこにはこの概念の出典として次の書が挙げられている。Eugène Minkowski, *Vers une cosmologie*, chap. 9. バシュラールは次のように書いている。「この反響において、詩的イメージは存在の響きをもつだろう」(ibid.)。その結果として生じる共鳴は読者の生の内へと広がっていく。「共鳴が、世界の内にあるわれわれの生の異なる平面に拡散するのに対して、反響は、われわれ自身の実存によりいっそうの深みを与えるよう誘う」(ibid.,xviii)。厳密に言えば、共鳴はイメージに属し、反響は読者の心に対する効果に属する。「共鳴－反響という姉妹語」についての議論としては、p.xixを見よ。

(5) Bachelard, *The Poetics of Space*, xix. 心的な内面性と外面性の対比については、chap. 9: "The Dialectics of Outside and Inside"〔前掲書、第9章「内部と外部の弁証法」〕を見よ。バシュラールは心的な場所あるいは空間が、デカルトやピロポノスが言う意味で延長しているとはっきりと主張しているわけではない。逆に彼は、そのような空間が「延長したものになろうとはせず、何よりもまずなお所有されていたいと願う」(p. 10)と言っているのである。とはいえ、魂はそれ自身の広がりや、それ自身の文字通りの延長〔ex-tension外に向けて引き伸ばされた状態〕、ハイデガーの言う意味でのその「拡がり」(Weite)をもつ。

(6)「空間はおそらく心理的な装置の延長の投影なのだろう。それ以外のいかなる由来もありえない。カントによるわれわれの心理的な装置のア・プリオリな規定とは違って、〈心〉は延長しているが、そのことについて何も知らない」(Note of August 22, 1938; in S.Freud, *Standard Edition of the Complete Psychological Works*, [London: Hogarth Press, 1964], 23: 300; 強調引用者)。没後に出版された『精神分析概説』でフロイトは、「空間の内に延長しており、便宜上ひとまとめにされ、人生のやむなき必要性によって発達させられた心理的な装置に関してわれわれが採用した仮説」について語っている(p. 196)〔ジークムント・フロイト「精神分析要約」『フロイト著作集　9　技法・症例篇』小此木啓吾訳、人文書院、1983年〕。

(7) バシュラールは*The Poetics of Space*, p.xxxiiiで、何階建てにもなった家が出てくるユングの夢を心の象徴として検討している。

(8) *The Poetics of Space*, 8.「〔諸々の〕局所性」はsitesの訳である——この語は、フランス語にでは英語よりも幅広い含意をもつ。「心理学的」という語は最も広い意味で用いられている。地形分析の内にいくつもの分野が収束していることについては、p. xxxiiを見よ。バシュラールは、地形分析が「精神分析に対する補足物」(p. 8)だと主張する際に、皮肉のつもりでそ

う言っている。地形分析は、それ固有の研究対象をもつ限りで、精神分析に従属するものではまったくない。その研究対象は、夢や症候よりもむしろ夢想や白昼夢である。

(9) Ibid., xxxii.

(10) Ibid., 8. 私は suite の訳として、「継起」(sequence) を「連続」(series) に変えた。この文中には、ベルクソン(角砂糖が溶解するような仕方で「溶け去るもの」としての時間)とプルースト(「過去の事物の追究に」)のことを指す部分が挿入されている。バシュラールが彼の思想をベルクソンの思想から区別しようと絶えず努力していたことについては、私の論文"Image and Memory in Bachelard and Bergson," in *Spirit and Soul: Essays in Philosophical Psychology* (Dallas: Spring, 1991), 101–116を見られたい。

(11) *The Poetics of Space*, 9.

(12) Ibid. さらに、「伝記よりもいっそう深遠な解釈学は、網の目のような時間の連鎖を歴史から除き去ることによって、運命のさまざまな中心を規定しなければならない。そのような時間の連鎖は、われわれの運命に対して何の働きも及ぼさない」(ibid.)。

(13) Ibid.

(14) Ibid., 8. バシュラールは、「空間はそのためにある」(ibid.) と付け加えている。

(15) ともに *The Poetics of Space*, p. 9 からの引用。フランス語の原文は以下の通り。"Ici l'espace est tout... "l'inconscient séjourne."。ハイデガーが性起について言っていることを、バシュラールはここで無意識について言っている——無意識が、受動的に与えられたものというより、性起する出来事に属するものなのを鑑みれば、このことはおそらく驚くにはあたらない。J. D. ナジオが(ラカンに言及しつつ)書いているように、「まさにその出来事の内には一個の無意識があるだけである。……[それは]あたかも、語る存在[つまり、無意識の]が、移行の場所である出来事の瞬間にだけ実在するかのように[である](J. D. Nasio, *Laure: Le concept d'objet a dans la théorie de Jacques Lacan* [Paris: Aubier, 1987], 41, 29)。この注記はフランソワ・ラフォールに負うものである。

(16) 無関心な空間とは対照的な、たたえられ愛された幸福な空間の関連概念については、*The Poetics of Space*, pp. xxxi–xxxii を見よ。対象化され等質化された空間を例示するものとして測量された空間を用いることは、フッサール、ハイデガー、バシュラールに共通している。

(17) *The Poetics of Space*, 12. さらに、Yi-Fu Tuan, *Topophilia* (Englewood Cliffs, N.J.: Prentice-Hall, 1974), passim も見よ。

(18) 「思考の詩作的な特徴はなお覆い尽くされている。」"Der Dichtungscharakter des Denkens ist noch verhüllt." (*Aus der Erfahrung des Denkens* [Pfullingen: Neske, 1965; written in 1947], 23)。「なお覆い尽くされている」に相当するドイツ語の言い回しは、『存在と時間』第22節で空間を記述するものと同じである。

(19) *Being and Time*, 138.

(20) 「しかし、詩作する思考は真に〈存在〉(Seyns) のトポロジーである。それは〈存在〉にその本質の固有の場所 (Ortschaft) を与える」(*Aus der Erfahrung des Denkens*, 23)。

(21) *The Poetics of Space*, xxxii.「われわれの内密な存在」ということでバシュラールが言いたいのは、われわれの最も内なる魂のことである。バシュラールとハイデガーは、詩の哲学的な様相を問題意識として共有しているという点で、体系的に比較される。私はこのことを、学位論文となった私の論文"Poetry and Ontology" (Northwestern University, 1967) で探求した。

(22) *Being and Time*, 62; 原文ではこの箇所は強調。

(23) Ibid., xxxii。

(24) Heidegger, *Hebel der Hausfreund* (Pfullingen: Neske, 1957), 13; 強調原文。個々の家は村々

や町々ともに、人間の居住を可能にするよう雑多な間を「集め合わせる」(versammeln)。ibid, 13-14.

(25) これらの言い回しはそれぞれ、*The Poetics of Space*, p. 4, 7に見出される。T. S. エリオットは「バーント・ノートン」の第一連で、「われわれの初めての世界」に言及している。

(26) 一つ目の節は *The Poetics of Space*, p. 5 から、二つ目の節は p.31からの引用。「もしわれわれがイメージの本当の意味でのはじまりを現象学的に研究するならば、居住された空間の価値を示す具体的な証拠が与えられるだろう」(p. 5)。

(27)「われわれは、単純な幾何学的形態への準拠からもはるかに遠く隔たっている」(*The Poetics of Space*, 47)。「家と宇宙は、空間をなす二つの並置された要素であるというにとどまらない」(p.43)。

(28) いずれも *The Poetics of Space*, p.47からの引用。素朴な小屋と、この小屋がイメージの中でもつかなりの潜在力については、pp.31ff、また、Joseph Rykwert, *On Adam's House in Paradise: The Idea of the Primitive Hut in Architectural History* (New York: Museum of Modern Art, 1972) を見よ。

(29)「家には日の当たる側と陰になる側がある。家が「いくつもの部屋」に区分される仕方は、これらの側に向かって方向づけられており、これらの部屋が道具としてもつ特徴に従ってなされるそれら内部での「配列」(*Einrichtung*) もそうである」(*Being and Time*, 137)。空間 (ラウム) のもつより広い含意は、"Building, Dwelling, Thinking"で示されている。「空間とは、定住や宿泊のために明けられたり解放されたりした場所という意味である」(*Poetry, Language, Truth*, trans. A. Hofstadter [New York: Harper & Row, 1971], 154)。

(30) *The Poetics of Space*, 14.

(31) Ibid., 15

(32) Ibid., 14-15.

(33) Ibid., 46.

(34) Ibid.

(35) 身体と家の間にある深いアナロジーについては、Kent Bloomer and Charles Moore, *Body, Memory, and Architecture* (New Haven: Yale University Press, 1977), 2-5, 46-49を見よ。私はこのアナロジーを、自著 *Getting Back into Place: Toward a Renewed Understanding of the Place-World* (Bloomington: Indiana University Press, 1993) Pt. 3, "Built Places"で探究した。

(36) 一つ目の言明は *The Poetics of Space*, p.18、二つ目の言明は p.19からの引用。

(37) Ibid., 19.

(38) Ibid., 25-26. 対照的に、家の二階にある寝室に向かう場合には、ひとは自分自身が上下両方に動いているところを思い浮かべる。これについては、p.26を見よ。

(39) Ibid., 6.

(40) Ibid., 25.

(41) この主題については、私の論文 "Toward an Archetypal Imagination," in *Spirit and Soul*, pp. 3-28を見られたい。この論文において、私は想像力のア・プリオリな構造についての体系的な「原-場所論」という観念を探究している。

(42) *The Poetics of Space*, 7.「存在の内部で、内部の存在 (l'être du dedans) の内で、包み込むようなぬくもりが存在を暖かく迎え入れる」。

(43) Ibid., 5. もしわれわれがイメージの本当の意味でのはじまりを現象学的に研究するならば、居住された空間の価値と、自我を保護する非-我の価値とを示す具体的な証拠が与えられるだろう」(強調引用者)。「満足」(bien-être) と「幸福」(être-bien) については、p. 7 を見よ。

「人間が満足の内に、つまり、そもそも存在に関わりのある幸福の内に置かれているとき」。
(44) "Building, Dwelling, Thinking," 160；原文では「基本的な特徴」(die Grundzug) という言い回しが強調されている。
(45) 一つ目の引用は"Building, Dwelling, Thinking,"p.147から（強調原文）、二つ目の引用はp.160から（原文では全文が強調）のものである。さらに、「われわれは、ただ住まうことができる場合にのみ建てることができる」(p.160)。バシュラールは『存在と時間』を「形而上学者」(p.212) の作品であると見なし、対照的に彼自身について、「私はどのようにして細部の哲学を取り扱うかということしか知らない」(p.222) と言っている。
(46) *The Poetics of Space*, p.216.
(47) Ibid., 218.
(48) Ibid., 212. これらの語は、「そこ」がハイデガーのDasein現存在の標準的なフランス語訳である"être-là"「そこに－存在する」という合成的な副詞句の一部になる場合には、とりわけ貧弱である。バシュラールはこの副詞句を念頭に置いて、「現代哲学の言語組織の幾何学的癌性変化」(p.213) について語っている。ここ／そこ、また、内に／外にということについて、私は *Getting Back into Place*, chap. 4, "Dimensions"で論じている。
(49) *The Poetics of Space*, p. 230.
(50) *The Poetics of Space*, p. 190における、ミロシュの『愛の手ほどき』からの引用。
(51)「部屋は、きわめて深い意味でわれわれの部屋であり、われわれの内に存在する。われわれはもはやそれを見ることはない。部屋はもはやわれわれを限界づけることはない。なぜなら、われわれは部屋の休息の、つまり部屋がわれわれに授けた休息の、まさに究極の深みの内に存在するからである。われわれのかつての部屋は、すべてこの部屋にやってきてそれと一体になる」(*The Poetics of Space*, p. 226；強調原文)。リルケは、『マルテ・ラウリス・ブリッゲの手記』で、このことの印象的な好例を挙げている。この作品を読むと、家が取り壊されて最後に壁だけが残っている光景がありありと目に浮かぶ。この壁の内には、前に部屋があったことが一目瞭然に分かる痕跡が残されている。「これらの部屋の強靭な生命は踏みにじられることを拒絶していた……ぼくはここのすべてを知ってしまう。だから、そのすべてのものはたちまちぼくの内へと入りこんでくる。そして、それはぼくの内で自分の家にいるような居心地のよさを感じてくつろいでしまうのだ」(Martin Heidegger, *The Basic Problems of Phenomenology*, trans. A.Hofstadter [Bloomington：Indiana University Press, 1982], 172–173〔『ハイデッガー全集　第24巻　現象学の根本諸問題』溝口兢一／松本長彦／杉野祥一／セヴェリン・ミュラー訳、創文社、2001年〕による引用)。この文献を指示してくれたことについて、デヴィッド・マイケル・レヴィンに感謝の意を表したい。
(52) *The Poetics of Space*, 223.
(53)「もしそのような内部と外部の間に境界－線となる表面が実在するならば、この表面はどちらの側にとっても痛ましい」(ibid., 218)。この一節は、バシュラールが幸福な空間だけに興味を引かれていたわけではないことを指し示している。内密な空間の「不安定な」特徴――また、その内での人間の「彷徨」――についてのこれ以上の内容としては、pp. 214–215を見よ。
(54)「空間とは、そのために余地が作られているようなもの、明けられていて自由なもの、すなわち境界つまりギリシア語で言うperasの内部にあるもののことである」("Building, Dwelling, Thinking," 154)。
(55)「強化された幾何学主義」という言い回しは *The Poetics of Space*, p.215に出てくる。p.220でバシュラールは、「心理学者が内密さの空間を支配しようとする際の手段となる、幾何学的直観という怠惰な確実性」について語っている。これに関係する、ユージェヌ・ミンコフスキーの

「病的幾何学主義」という観念を見よ（*Lived Time*, trans. N. Metzel [Evanston : Northwestern University Press, 1970], 277ff〔E. ミンコフスキー『生きられる時間——現象学的・精神病理学的研究２』中江育生／清水誠／大橋博司訳、みすず書房、1973年〕)。

(56) *The Poetics of Space*, 32.

(57) Ibid., 203.

(58) Ibid., 33. イメージの内で生きること——イメージがわれわれの内に存するという仮定上の心理学的な事実ではなく——が強調されているのに注意。

(59)「憩いの場所」〔棲家〕(gîte) としての家については、*The Poetics of Space*, p.15を見よ。変わらない記憶が家を造ることについては、pp. 5, 8, 9を見よ。

(60) Ibid., 215. 強調原文。「内密な広大無辺さ」については、『空間の詩学』第８章全体を見よ。『大地と意志の夢想』第12章第８節（「広大無辺な大地」）でバシュラールは、端的な物理的巨大さという意味での広大無辺さ、つまり「景観コンプレックス」の対象としての広大無辺さについて論じている。『空間の詩学』における広大無辺さは、「広大無辺さのイメージへのよりゆるやかな参加、小さいものと大きいものの間のより内密な関係」(*The Poetics of Space*, 190) を含み込んでいる。

(61)「ミニチュアは、形而上学的な新鮮さをもつ演習である。それは、ほとんど何の危険もなく、われわれが世界を意識するのを可能にしてくれる」(*The Poetics of Space*, 161)。芸術におけるミニチュア化、とりわけ東南アジアの芸術におけるミニチュア化に関しては、R. A. Stein, *Le monde en petit : Jardins en miniature et habitations dans la pensée religieuse d'extrême Orient* (Paris : Flammarion, 1987) を見よ。

(62)「空間は、広漠な空間は、存在の友である」(*The Poetics of Space*, 208)。「絶対的などこか別のところ」については、p.207を見よ。バシュラールはハイデガーを皮肉りながら次のように論評している。「ここに−存在することは、どこか別のところからくる存在によって維持されている」(p.208; 強調原文)。パスカルは空間の過剰を病んでいた。彼が空間を前にして不安を感じていたその限りで、彼は空間によってしめつけられていたのである（「不安」という語が語源学的には「狭い」という語にその起源をもつことがそれを示唆している)。

(63) *The Poetics of Space*, 218. バシュラールは次のように付け加えている。「このあいまいな空間の内では、精神はその幾何学的な故郷を失ってしまい、霊魂は浮遊している」(ibid.)。

(64) 内密な空間のもつさまざまな潜在的な様相については、*The Poetics of Space*, pp. 5, 227を見よ。禁止のない想像作用を読者の側に喚起するようなイメージの一般的な地位については、p. 229を見よ。

(65) Ibid., 218.

(66) Ibid., 193.

(67) たとえば、*La formation de l'esprit scientifique* (Paris : Vrin, 1938)〔ガストン・バシュラール『科学的精神の形成——客観的認識の精神分析のために』及川馥／小井戸光彦訳、国文社、1975年〕、また、*The Poetics of Reverie*, trans. D. Russell (Boston : Beacon Press, 1971)〔ガストン・バシュラール『夢想の詩学』及川馥訳、思潮社、1976年〕を見よ。

(68) *The Poetics of Reverie*, 196. バシュラールは「一つになる」を強調している。静謐な水のもつ、居住に関わる固有性についてはさらに、*The Poetics of Space*, 210、また、*Water and Dreams : An Essay on the Imagination of Matter*, trans. E. R. Farrell (Dallas : Pegasus Foundation, 1983), chap. 2〔ガストン・バシュラール『水と夢——物質の想像力についての試論』小浜逸郎／桜木泰行訳、国文社、1969年〕を見よ。

(69) *The Poetics of Space*, 191. これはユングによる「アンプリフィケーション」の方法と比較され

るかもしれない。この方法により夢のイメージは（そして、他のイメージも同様に）、心理療法の自由連想が進行するにつれて拡がっていく。

(70) 私は「多胞的な」という語をフロイトから借用している。「[自我の] 防衛もまた多胞的なものになる」（Draft N, May 31, 1897; in *Standard Edition of the Complete Psychological Works* [1960], 1 : 256; 強調原文）。

(71) イメージは、すぐに消えてしまうにもかかわらず、物質的元素でなければならない。「イメージは、大地や空、実体や形相を必要とする植物である」（*Water and Dreams*, 3）。さらに、「もしある夢想が作品に書かれるに足る一貫性をもって追求されるべきであるとすれば、……夢想は自らの物質を発見しなければならない。ある物質的元素は、自分自身の実体を、また自らの個別の規則や詩学を提供しなければならない」（p. 3; 強調原文）。

(72) 一つ目の言い回しは *La philosophie du non: Essai d'une philosophie du nouvel esprit scientifique* (Paris: Presses Universitaires de France, 1940), p.41〔ガストン・バシュラール『否定の哲学』中村雄二郎／遠山博雄訳、白水社、1974年〕。二つ目の言い回しは *Water and Dreams*, p. 159（この箇所は原文では強調されている）に見出される。サルトルは、『存在と無』での「情況」についての議論の中で「逆行率」という語を取り上げた。

(73)「存在と想像的なものは、サルトルにとっては「対象」、「存在者」である――私にとってそれらは元素（バシュラールの言う意味での）である、つまり、対象ではなく領野、穏やかな存在、非－措定的な存在、存在以前の存在――さらに、自らの自己記載を含み込むものである」（working note of November 1960; in *The Visible and the Invisible*, trans. A. Lingis [Evanston: Northwestern University Press, 1968], 267）〔モーリス・メルロ＝ポンティ『見えるものと見えざるもの』中島盛夫監訳、伊藤泰雄／岩見徳夫／重野豊隆訳、法政大学出版局、1994年〕。バシュラールの「元素」の観念の、メルロ＝ポンティ自身による創造的な我有化としては、pp. 139–140を見よ。

(74) *The Poetics of Space*, 210.

(75) Michel Foucault, "Of Other Spaces," trans. J. Miskowiec, *Diacritics* (Spring, 1986), 24〔ミシェル・フーコー「他者の場所――混在郷について」工藤晋訳、『ミシェル・フーコー思考集成 X 1984-88 倫理 道徳 啓蒙』筑摩書房、2002年〕.

(76) Ibid., 22. 全文は以下の通り。「今日われわれの関心や理論や体系の地平を形成するように見える空間が、新しく作り出されたものではないということに留意する必要がある。つまり、空間そのものが西洋の経験の内で一つの歴史をもつ以上、空間と時間の運命的な交差を軽視することは不可能である」。

(77) Ibid., p. 22–23を見よ。

(78) Michel Foucault, "Questions on Geography"〔ミシェル・フーコー「地理学に関するミシェル・フーコーへの質問」國分功一郎訳、『ミシェル・フーコー思考集成 VI 1976–77 セクシュアリテ 真理』筑摩書房、2000年〕. 1976年にマルクス主義の地理学雑誌 *Hérodote* に掲載されたインタヴュー。このインタヴューは次の書に再収録されている。*Power / Knowledge: Selected Interviews and Other Writings* 1972–1977, ed. C. Gordon, (New York: Pantheon, 1980), 69. フーコーによる次の言明も見よ。「言説のさまざまな実在を空間化する記述は、それに関係する権力の効果の分析に通じる」（ibid., 70–71）。

(79) "Of Other Spaces," 23. この講義は以下の文ではじまる。「周知の通り、19世紀の大きな強迫観念とは歴史であった。そこにあったのは、発展と停滞、危機と循環といった主題、おびただしい数の死者や迫りくる世界の冷却化とともに、絶えず集積していく過去といった主題であった」（p. 22）。もちろん、フーコーが彼自身の歴史主義――とくに、とりわけニーチェ的な

「系譜学的な」形態をした——を19世紀から借用し、それを今の時代に適用しているというのは逆説である。フーコーによる次の論評を見よ。「ニーチェ以来、真理への問いは変容してしまった。それはもはや「〈真理〉へと至る最も確実な道はどのようなものか」ではなく、「〈真理〉が辿ってきた最も禍々しい経歴はどのようなものか」なのである」(“Question on Geography,” 66)。さらに、次のインタヴューも見よ。“Truth and Power,” in *Power / Knowledge*, pp. 109–133〔「真理と権力」北山晴一訳、『ミシェル・フーコー1926–1984——権力・知・歴史』桑田禮彰/福井憲彦/山本哲士編集、新評論、1997年〕.

(80) “Of Other Spaces,” 22.

(81) ハイデガーの言葉を借りれば、隣り合わせになったものは、単に手前に現前するだけであって、手許にあるものにおいて問われるような類の純然たる「触れること」がもつ近さを欠いている。メルロ＝ポンティが明言しているように、「もし私の腕が机の上にあるならば、私は、灰皿が電話と並んで存在するのと同じような仕方で、腕が灰皿と並んで存在すると言おうとは決して思わないだろう。私の身体の輪郭は、普通の空間的な関係が踏み越えることのない一つの境界線である。このことは、身体のさまざまな部分が独特の仕方で相互に関係づけられていることからくる。すなわち、それらの部分は、隣り合わせになって散らばっているのではなく、お互いの内に包まれているのである」(*Phenomenology of Perception*, trans. C. Smith [New York: Humanities Press, 1962], 98; 強調原文〔モーリス・メルロ＝ポンティ『知覚の現象学』中島盛夫訳、法政大学出版局、1982年〕)。ここでメルロ＝ポンティは、空間内存在について並置のモデルを拒絶した上で、さらに近さについてのハイデガーの説明における失われた環、つまり生きられる身体を補っている。

(82) “Of Other Spaces,” 23. 私は翻訳を若干変更した。

(83) 「神聖なものの隠された現前」という言い回しは“Of Other Spaces,” p. 23に出てくる。そこでは、非神聖化されていない一連の対立についても論じられている。

(84) Ibid. ここでの主張の意味によりよく合うように、私は「さまざまな量」を「さまざまな質」に変えた。

(85) Ibid.

(86) Ibid.「光の多様な色合いによって彩られる」という言及は、*L'air et les songes*, (Paris: Corti, 1943)〔ガストン・バシュラール『空と夢』宇佐美英治訳、法政大学出版局、1968年〕でのバシュラールによる空の元素の分析を指している。

(87) “Of Other Spaces,” 24. 私はここでもまた翻訳を若干変更した。

(88) 「実在の場所をもたない用地＝位置」という言い回しはibid., p. 24に見出される。フーコーは、別の著作では異なる基盤に立ち、以下のような仕方で非在郷＝理想郷と混在郷を区別している。すなわち、前者が、完璧な未来社会を構想する場合にさえ、統語法や秩序を尊重するのに対して、後者は、社会的に秩序づけられたものの前提を崩し、そうして「統辞法を先んじて破壊し」、「発話を枯渇させ」、「語をその場で止めてしまう」(*The Order of Things: An Archaeology of the Human Sciences*, [New York: Random House, 1970], xviii〔ミシェル・フーコー『言葉と物——人文科学の考古学』渡辺一民/佐々木明訳、新潮社、1974年〕を参照のこと)。

(89) 「この種の場所［つまり、混在郷］は、たとえその所在地を実在の内で指し示すことが可能であるかもしれないとしても、あらゆる場所の外にある」(“Of Other Spaces,” 24)。私が言おうとしているのは、このことが「可能」でなければならないというにとどまらず、もし混在郷が、フーコーがそこにあると考えているような力の充溢をもちうるとすれば、それが必然でさえあるということなのである。

(90) 「われわれがその内で生きる空間に対する、神話的であると同時に実在的なある種の異議申し

立てとして、この記述［つまり、反用地＝反位置についての］を混在性トポロジーと呼ぶことができるだろう」（“Of Other Spaces,” 24）。

（91）“Of Other Spaces,” 26.

（92）ボルヘスのこの一節についてのフーコーの分析としては、*The Order of Things* の序文、とくに pp. xv-xix を見よ。

（93）第一原理は“Of Other Spaces”, p. 24に、第二原理は p. 25に見出される。以下の一節でフーコーは、二つの原理の間の緊張関係を認めることなく、軽率にも両者を並置している。「［第一原理は］あらゆる人間集団にとって不変のものである。しかし、混在郷は明らかにきわめて変化に富んだ形態をもち、混在郷の絶対に普遍的な形態などおそらく一つも見出されないだろう」（p. 24）。フーコーは、自らの思想の後者の方向――彼はこちらの方により強く傾倒していると私には思われるが――を強めつつ、次のようにも言っている。「それぞれの混在郷は社会の内部で一定の厳密な機能を担い、同じ混在郷が、それが生じる文化の共時態に従って、ある機能を担ったり別の機能を担ったりすることもある」（p. 25）。

（94）Gilles Deleuze and Félix Guattari, *A Thousand Plateaus*, trans. B. Massumi（Minneapolis : University of Minnesota Press, 1987）, 354〔ジル・ドゥルーズ／フェリックス・ガタリ『千のプラトー』宇野邦一ほか訳、河出書房新社、1994年〕.

（95）Ibid., p.369. フッサール自身のもとの議論は *Ideas*, sec. 74, “Descriptive and Exact Sciences”に出てくる。ドゥルーズ＝ガタリは漠然とした本質、つまりフッサールの言う「形態論的本質」について、*A Thousand Plateaus*, p. 367で論じている。著者たちは、「丸」（roundness）を漠然とした本質――円形（circle）の形相上の完璧さとは対照的な――の典型例と見なし、そうすることで、意図せずしてバシュラールの言う「円（roundness）の現象学」と再び接点をもつに至っている。この同じ言葉が『空間の詩学』の最終章の表題となっている。

（96）重厚と迅速の間の基本的な対比――重力法則と、水力学に属する非定形物理学との対比についての分析を含む――については *A Thousand Plateaus*, pp. 370–371を見よ。偏位については p. 489を見よ。「不正確な」という語は、Michel Serres, *La Naissance de la physique dans le texte du Lucrèce : Fleuves et turbulences*,（Paris : Minuit, 1977）〔ミッシェル・セール『ルクレティウスのテクストにおける物理学の誕生――河川と乱流』豊田彰訳、法政大学出版局、1996年〕からの借用である。「近似」は、バシュラールの初期の著書 *Essai sur la connaissance approchée*（Paris : Vrin, 1927）〔ガストン・バシュラール『近似的認識試論』豊田彰／及川馥／片山洋之介訳、国文社、1982年〕からとられた用語である。また、ここで言われる「偏向」は、クリナーメンという古代〈アトミスト〉の考え方にのっとっている。クリナーメンとは、どれほどわずかであれ原子が直線から逸れるときに示すずれのことである。計量幾何学、射影幾何学、位相幾何学の間の区別は *A Thousand Plateaus*, pp. 361–362でなされている。つきつめれば、この区別は、位相幾何学から射影幾何学へ、そこから計量幾何学へと秩序だって継起的に行われる、幼児による空間的な概念の獲得についてのピアジェの理論に由来する。これについては、J. Piaget and B. Inhelder, *The Child's Conception of Space*, trans. Langdon and J. L. Lunzer（New York : Norton, 1967）を見よ。

（97）ブーレーズにおけるこの区別については、彼の著書 *Boulez on Music Today*, trans. S. Bradshaw and R. Bennett（Cambridge : Harvard University Press, 1971）, 83ff を見よ。ドゥルーズ＝ガタリによるこの区別の我有化については、*A Thousand Plateaus*, pp. 477–478を見よ。

（98）*A Thousand Plateaus*, 371.「最小偏移」はクリナーメンを指す。「運河や水路」とは、あらかじめ規定され範囲を限界づけられた仕方で、たとえば何本もの平行な水流経路によって、水の流れを統御しようとする努力――水そのものの流れの気まぐれな変転に対するある一定の受容性

とは対照的な努力——のことを指す。リゾームという重要な隠喩の分析は、chapter 1, "Introduction : The Rhizome", pp. 3-25にある。

(99) 平滑空間は、「触覚的な空間、あるいはむしろ「視触覚的な」空間、視覚的であるというよりもはるかに音響的な空間である。方向の可変性や多義性は、リゾーム型の平滑空間の本質的な性格であり、それが平滑空間の地図を書き変える」(*A Thousand Plateaus*, 382)。

(100) *A Thousand Plateaus*, 382. 此性についてのこれ以上の議論としては、pp. 262-263, 276-277, 280を見よ。

(101) Ibid., 382. 逆説的にも、遊牧民にとって局所的な絶対であるものは、遊牧民について本で読むひとにとっては「絶対的などこか別のところ」——バシュラールの言葉で言えば、砂漠での生活について本で読むことによって生み出される場所という意味に相当するもの——なのである。(*The Poetics of Space*, p.207を見よ。「われわれを「ここ」という牢獄の内につなぎとめようとする力を阻む、絶対的などこか別のところ」)。局所的な絶対とは対照的に、「限界づけられ、また限界づけてもいるのが、条里空間、相対的な世界包括性である。この空間はそのさまざまな部分に関して限界づけられている。そして、それらの部分は、一定不変の方向を割り振られ、お互いとの関係で方向づけられており、区域によって分割可能であるとともに相互に連結可能である」(*A Thousand Plateaus*, 382 ; 強調原文)。

(102) *A Thousand Plateaus*, 383.

(103) ただ条里空間や相対的な世界包括性のみが正確な外縁をもつが、遊牧空間は厳格な囲いをもたない。「[二つの] 空間の間には厳格な差異がある。定住空間が壁や囲い、囲いの間の道路によって条里化されているのに対して、遊牧空間は平滑であり、行程によって消されたり置き換えられたりする「特徴線」によってのみしるしづけられている」(*A Thousand Plateaus*, 381)。さらに、p. 380も見よ。遊牧空間は「人間たち(あるいは動物たち)を開いた空間の内に配分する。この空間は無際限で交通がなく……境界線も囲いもない空間である」(原文では第一文が界線強調)。それにもかかわらず、平滑空間は実際には条里空間の間に、たとえば、範囲を限界づけられた森や野原の間に実在する。p. 384を見よ。

(104) 遊牧民は「いかなる点も道も国土ももたない。」(*A Thousand Plateaus*, 381) 運動を定義する点は定住空間の内にしかない。

(105) 「絶対をある一つの特定の場所の内に顕現させること——それは宗教の非常に一般的な特徴ではないだろうか。……宗教の神聖な場所は根本的に、あいまいなノモスを排撃するある一つの中心である」(p. 382)。この理由により、宗教は世俗的な国家に劣らず帝国主義的である。「この意味で、宗教は〈国家〉装置の中の一部品なのである……たとえそれがそれ自身の内部に、このモデルを普遍的なものの水準にまで高めたり、絶対的な〈帝国〉を建設したりする力をもつとしても」(pp. 382-383)。

(106) *A Thousand Plateaus*, 380. この前文は以下の通り。「道はつねに二つの点の間にある。しかし、間はあらゆる存立性を引き受けており、それ自身の自律性と方向とをともに享受する」(ibid.)。さらに、p. 478も見よ。「条里空間の内では、線や軌道は点に従属する傾向がある。そこではひとはある点から他の点へと進んでいく。平滑空間の内では逆である。そこでは点が軌道に従属する」。

(107) 「遊牧民」nomad という語は nem-という語根から派生したものであり、この語根は割り当てよりもむしろ配分、たとえばある領野の中での動物の配分を意味する。したがって、ノモスは法や正義の配分的なモデルにのっとり、このモデルは規則化や制限という観点から事を運ぶポリスのモデルとは対照的である。*A Thousand Plateaus*, p. 557 n. 51を見よ。そこで著者たちは、Emmanuel Laroche, *Histoire de la racine 'nem' en grec ancien* (Paris : Klincksieck, 1949)

を参照している。

(108) 一つ目の節は *Being and Time*, p. 138からの引用、二つ目の節は“Building Dwelling Thinking,” p. 154からの引用を変更したもの。もとの文は以下の通り。「諸々の空間はその存在を諸々の所在地（Orten）から受け取るのであって、「〔単数の〕空間」からではない」（原文ではこの箇所は強調）。

(109) *A Thousand Plateaus*, 494. 著者たちはこのテーゼを、彼らが生成変化を全面的に強調していることと結びつけている。「生成変化そのものと一体となっているのは、ある一つの絶対的なものである」（ibid.）。生成変化については、chapter 10, “1730 : Becoming-Intense, Becoming Animal”〔10「強度になること、動物になること、知覚しえぬものになること……」〕を見よ。

(110) Ibid., 383.「中心化され方向づけられた世界包括化や普遍化」とは、「世界宗教」の神聖なる中心に存在するという宗教的な経験のことを指している（バシュラールはこれには賛同しない。彼にとっては、普通の遊牧民はつねに砂漠の中心に存在する。「遊牧民は動き回るが、つねに砂漠の中心に、草原の中心に存在する」［*La terre et les rêveries de la volonté*, 379；強調原文］)。「さまざまな局所的操作の無限の継起」とは、「触覚あるいは手を介した微細な接触行動」の観念のことを指しており、平滑空間内部での「近いもの同士の連結」は、「最小偏移の空間」として解釈される（以上の一節中での「　」の部分はすべて先に p. 371から引用したもの）。基本的なテーゼは、平滑空間が「さまざまな局所的操作によって構成される空間」（p. 478)、たとえば、「自分の足で出向いていくこと」で構成される空間だということである。

(111) 遊牧民にとっては「いかなる点も中継〔乗り継ぎ〕であり、中継としてしか実在しない……遊牧民が点から点へと進んでいくのはただ結果として、事実に迫られた必要性としてのみである。原理的には、遊牧民にとっての点とは行程に沿った数々の中継〔何度もの乗り継ぎ〕である」（*A Thousand Plateaus*, 380）。さらに、p. 377も見よ。「外部性の形式は思想を平滑空間の内に位置づける。思想はこの空間を数えることなく占めなければならないが、そのために可能な方法、そのために把握可能な再生産は、ただ数々の中継や間奏曲や再開以外にはない」。

(112) *A Thousand Plateaus*, p. 479. この作品の前の方では、〈強度空間〉が古代国家と関連づけられ、その一方で、〈延長〉がその帝国主義的な等質化の傾向という点で近代国家と結びつけられていた。これについては、p. 388を見よ。〈強度空間〉についてのこうした解釈はハイデガーの解釈とは相容れない。ハイデガーによれば、「純粋に強度空間として表象された空間の内では、橋はいまや何らかの位置にある単なる何かとして現れる。そして、こうした位置は、他の何かによっていついかなるときにでも占められたり、単なる目印によって置き換えられたりすることが可能である。」（“Building Dwelling Thinking,”155）。しかし、ハイデガーは、幾何学的あるいは地理学的な次元性が主として延長を特徴づけるという点には賛同する。これについては、“Building Dwelling Thinking,”155.

(113)「われわれは、トインビーの提唱に従って、遊牧民について次のように言うことができる。彼らは動かない、と。彼らが遊牧民であるのは、動かないことによって、移住しないことによって、平滑空間を保つことによってである。彼らはこの平滑空間から立ち退くのを拒否し、唯一立ち退くのは征服しにいくか死ぬためにでしかない。その場所にいながらにしての旅。それが、あらゆる強度＝内包の名前である。たとえこれらの強度＝内包が延長＝外延の内でも展開するとしても」（*A Thousand Plateaus*, p. 482；強調原文）。動きつつ動かないことについては、さらに p. 381も見よ。

(114)「二種類の旅［つまり、平滑空間における旅と条里空間における旅］を区別するのは、測定可能な運動量でもなければ、おそらくは精神の内にだけ存在する何かでもなく、空間化の様態、空間の内に存在したり、空間に対して存在したりする仕方なのである」（*A Thousand Plateaus*,

p. 482)。
(115)消失を示す弧については、*Getting Back into Place*, pp. 199, 207, 216–218を見よ。
(116)*A Thousand Plateaus*, p. 479.「限界づけられないもの」については、p. 495を見よ。
(117)Ibid., 494.「近接視野が目に入るところでは、空間は視覚的ではない。というよりむしろ、目そのものが把握的で非光学的な機能をもつ。その場合には、空から大地を分かつような線はなく、両者は同じ実体に属する。地平線や水平線もなければ、背景も遠近法も限界も、輪郭や形態も中心もない」(ibid.)。距離と大きさの間の区別については、p. 483を見よ。
(118)Ibid., 493. 著者たちは次のように付け加えている。「方向づけは一定ではなく、一時的な植生や占有や降水に従って変化する。そうしたさまざまな方向づけを交換可能にし、また、外にいる不動の観察者のものと見なされうる変化しない集合の内にそれらを統一する、そうした準拠点に相当する視覚的なモデルはない」(ibid.)。
(119)Ibid., 494. 遊牧的な仕方で住まうことについて、これ以上の事柄は pp. 380–382、とくに次の主張を見よ。「[遊牧民が] 住まう営みをなすさまざまな要素でさえも、永久に彼らを動かし続ける行程という観点から把握される」(p.380)。この分析においてもまた再び、生成変化の重要性は明白である。
(120)Ibid., 381. 彼らは次のように付け加えている。「遊牧民に領土を提供するような仕方でそれ自身を脱領土化するのが大地である。土地は土地であることをやめ、単に地盤 (sol) あるいは支えになろうとする」(ibid.)。このことは全体としての大地に起こるのではなく、「特定の所在地」で、「森が後退していく地点や、草原や砂漠が前進してくる地点で」起こる (pp. 381–382)。「顔貌性」との関係における風景については、chapter 7, “Year Zero : Faciality”〔7「零年——顔貌性」〕を見よ。
(121)Ibid., 476.
(122)平滑空間の不定形な本性については、*A Thousand Plateaus*, p. 477を見よ。
(123)条里化から等質性が産出されることについては、*A Thousand Plateaus*, p. 488を見よ。
(124)*A Thousand Plateaus*, p. 494.
(125)〈限界づけられないもの〉や〈全体〉を支配しようとするこの努力については、*A Thousand Plateaus*, pp. 379, 495を見よ。切片化に関しては、pp. 206–207, 211–212, 222–224での「切片性」についての議論を見よ。
(126)*A Thousand Plateaus*, p. 474.
(127)この例については、*A Thousand Plateaus*, p. 363, 480を見よ。この例は、Paul Virilio, *L'insécurité du territoire* (Paris : Stock, 1975) における「牽制艦隊」というポール・ヴィリリオの観念の分析による。海洋空間は、「ますます厳しくなっていく条里化の要求に遭遇する最初のもの[平滑空間]」(p. 479) である。そのような条里化は次元性の規定と緊密に結びついている。私は経線による条里化についての興味深い事例を *Getting Back into Place*, chap. 1で論じた。
(128)*A Thousand Plateaus*, 500.「条里化されたものより大きな脱領土化の力をつねに所有する」ものとしての平滑なものについては、p. 480を見よ。
(129)Ibid., 372.
(130)Ibid., 478.
(131)Ibid., 486.
(132)“The Column,” in Jacques Derrida, *Dissemination*, trans. B. Johnson (Chicago : University of Chicago Press, 1981), 341.「〈バベルの塔〉、テクストの脊柱は、作品の筋に従って揺れ動く男根の柱でもある」。この引用では身体と建物とテクストが等置されている。
(133) “Philo-sophe, Archi-tecte”, a public discussion at Cooper Union, New York, September 28,

1988, p. 14 of transcript. 私は「ある一定の」(certain) を「何らかの」(some) に変えた。

(134) Ibid., 20. デリダは建築家ピーター・アイゼンマンを扱う際に、彼独特のやり方で次のような問いを投げかけている。「建築家にふさわしい語とは何か。あるいは、そのような本とは何か」、またとりわけ、「なぜピーター・アイゼンマンはこれほど良い本を書くのか」(J. Derrida, "Why Peter Eisenman Writes Such Good Books," in *Eisenmanamnesie* [Tokyo : A+U Publishing, 1988], 133-134〔『都市と建築』1988年8月臨時増刊号、エー・アンド・ユー〕)。最初の二つの問いは"Philo-sophe, Archi-tecte", p. 114で提示されている。論文の表題となっている第三の問で、デリダはニーチェの『この人を見よ』に出てくる「なぜ私はこれほどよい本を書くのか」という章題をもじっている。

(135)「存在の領野は、現前の領野として規定される以前に、痕跡の多様な可能性——発生論的かつ構造論的な——に従って構造化される」(J. Derrida, *On Grammatology*, trans. G. Spivak [Baltimore : John Hopkins University Press, 1974], 47〔ジャック・デリダ『根源の彼方に——グラマトロジーについて（上）』足立和浩訳、現代思潮社、1989年〕; 私は「存在者の領野」(field of the entity) を「存在の領野」(field of beings) に変えた)。「設定された痕跡」の重要性については、p. 47を見よ。「刻み目や版彫や図柄や文字に結びつけられたり、自らによって意味されるシニフィアンを一般に指示するシニフィアンに結びつけられたりする以前でさえ、記号書記［可能な筆記体系の単位］の概念は設定された痕跡という枠組を含意している」(強調原文)。「エクリチュールの舞台」に関しては、Derrida,"Freud and the Scene of Writing," in *Writing and Difference*, trans. A. Bass (Chicago : University of Chicago Press, 1978), 196-231〔ジャック・デリダ「フロイトとエクリチュールの舞台」『エクリチュールと差異（下）』梶谷温子／野村英夫／三次郁朗／若桑毅／阪上脩訳、法政大学出版局、1983年〕を見よ。

(136) *On Grammatology*, 65; 強調原文。痕跡化から空間と時間がともに産出されることについては、さらに、"*Ousia* and *Grammē*," in *Margins of Philosophy*, trans. A. Bass (Chicago : University of Chicago Press, 1982), 29-67を見よ。

(137) 時間の内面性と空間の無限性——とりわけ後者が〈神〉のような外観を呈する場合——に関しては、*On Grammatology*, pp. 66-67, 70-71を見よ。

(138)「特殊な地帯」という観念については、*On Grammatology*, p. 65を見よ。この原－エクリチュール (archi-écriture) の地帯は、「さまざまな痕跡の諸々の連鎖や体系」(ibid.) としてテクストが立ち現れるところである。デリダは、「これらの連鎖や体系は、この痕跡や刻跡からなる織物の内でしか輪郭を描かれることができない」(ibid.) と論評している。別の箇所でデリダがテクストと緊密に結びつけている「組織」もまた場所——それが織り合わせられる場所——を含意する。*On Grammatology* における次の言明も見よ。「空間と時間の経験の起源、差異についてのこのエクリチュール、痕跡のこの織物は、経験の統一性の内で、空間と時間の間の差異が分節化され、そのようなものとして現れることを可能にする」(pp. 65-66)。

(139) Derrida,"Freud and the Scene of Writing,"p. 206-215を見よ。

(140)「物質的で抵抗をもつ二つのもの［物体］が同じ場所を占めることは絶対に不可能である。しかし、非物質的なものは光のようであり、光は異なるランプから発せられても、同じ部屋中の至るところで相互に浸透し合っている」(Syrianus, as reported by Simplicius and translated by S. Sambursky, *The Concept of Place in Late Neoplatonism* [Jerusalem : Israel Academy of Sciences and Humanities, 1982], 59)。

(141) Derrida,"Point de Folie—Maintenant L'Architecture," trans. Kate Linker, *AA Files*, no. 12 (1986) : sec. 13. 彼は"fabrick"——18世紀の英語における「建物」あるいは「工場」——と"fabric"「織物」の間の結びつきを指摘してもいる ("Point de Folie"からの引用に際しては、

頁数よりもむしろ節の番号を指示する)。エリザベス・グロースは、テクストのメタファーが建築に応用される場合の限界を指摘する――彼女は根源的な外部性についてのドゥルーズの遊牧的思考というモデルの方をより好ましいとする。彼女の未刊行の論文、"Architecture from the Outside" (1994)を見よ。

(142) "Point de Folie," sec. 3. 原文は以下の通り。"une écriture de l'espace, un mode d'espacement qui fait sa place à l'événement."

(143) このため、デリダは"Point de Folie"で次のように書いている。「われわれにとってわれわれ自身の姿が現れるのは、建築によってすでにしるしづけられている空間化の経験を通じてのみである」(sec. 3)。また、身体は「この他の空間化［つまり、ひとが居住する建物］からの作用を受けることで、自らの身振りを発明するだろう」(sec. 10)。

(144) 建築を触発するこれらの規範に関しては、"Point de Folie,"esp. sec. 9を見よ。

(145) Gregory Ulmer,"Electronic Monumentality,"*Nomad* (1992)における引用。デリダ自身の手になる、ヴィレット・プロジェクトのための単純だが力強い設計図は、次のような概観をしている。

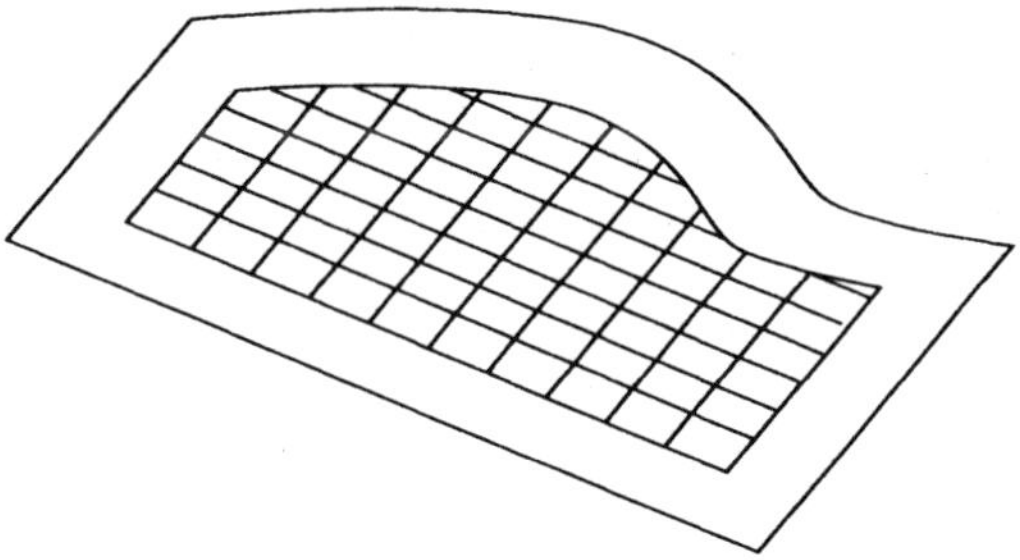

(146) イリガライとバトラーはともに、空間(コーラ)がそれに本質的に属さないものによって直接に形づくられることはないと論じている。このように、(男性による)強制と従属化に対する、空間に特有の抵抗がある。Irigaray,"Une Mère de Glace" in *Speculum of the Other Woman*, trans. G. C. Gill (Ithaca: Cornell University Press, 1985), 168–179, and Judith Butler, *Bodies that Matter: On the Discursive Limits of "Sex"* (New York: Routledge, 1993), 39–42を見よ。

(147) "Point de Folie,"sec. 3.

(148) *maintenant* のもつ複数の意味については、"Point de Folie,"esp ,secs. 1-3, 15を見よ。

(149) "Point de Folie,"sec. 15; デリダは「約束された」を強調している。翻訳は若干変えてある。

(150) Ibid., sec. 3; 強調引用者。ベルナール・チュミは、自らを語る最近の言明の中でこの点を明言している。「建築は、さまざまな空間そのものに関わるのと同様に、空間の内で起こる〔場所をとる〕さまざまな出来事に関わる」(*Event-Cities (Praxis)* [Cambridge: MIT Press, 1994], 13)。より具体的に言えば、「行動のない、あるいはプログラムのない建築はない」(*Event-Cities*, 117)。

(151) "Point de Folie,"sec. 3.デリダはここで、チュミの著作、とくに *Manhattan Transcripts* (London / New York: Academy Editions / St. Martin's Press, 1981) を参照している。この著作においてチュミは、建築とはさまざまなイメージや言葉からなる色とりどりで複雑な混合物であるという、自分の考え方を表明している。

(152) デリダはチュミの *Manhattan Transcripts* を再び参照し、遠回しな表現を用いて次のように言

っている。「しるしづけられたもの。それは誘発され、規定あるいは筆写され、捕捉されたものであるが、いずれの場合にもそれはつねに、移行（ある場所から他の場所への、あるエクリチュールの場所から他のそうした場所への転移や翻訳や越境、また、接木や交雑）の背景図法の内で動かされている」（"Point de Folie,"sec. 9）。

(153) Aphorism no. 37 in"Fifty-Two Aphorisms for a Foreword,"in A. Papadakis, C. Cooke, and A. Benjamin, eds., *Deconstruction : Omnibus Volume*（New York : Rizzoli, 1989）, 68.「がある（il y a）」としての出来事という主題についてはさらに、Jean-François Lyotard, *The Differend : Phrases in Dispute*, trans. G. Van den Abbeele（Minneapolis : University of Minnesota Press, 1988）, 59, 85, 164も見よ。デリダとリオタールの両者にとって共通の原形となっている概念は、ハイデガーの性起である。

(154) "Point de Folie,"sec. 8. この文の初めの方での引用は section. 4 からであり、従属化に関わる点は section. 3 に見出される。

(155) Theodor Lipps, cited by Rudolf Arnheim, *The Dynamics of Architectural Form*（Berkeley : University of California Press, 1971）, 86.

(156) 超建築については、"Point de Folie,"sec. 9 を見よ。この文の初めの方で引用されている一節は、section. 5 からの引用である。

(157) "Point de Folie,"sec. 9.

(158)「原－場所」、「共－場所」、「反－場所」については、*Getting Back into Place*, chap. 3 を見よ。

(159) "Point de Folie,"sec. 10.

(160) Ibid., sec. 8.「質料的なもの」は、建築における厳密な意味での物理的な要因を指す。

(161) Ibid., sec.10. デリダは次のように続けている。「そのような機会は、居住者や信奉者、使用者や建築理論家に対しては与えられない……［そのときひとは］もはや単に、場所の内であるいは道の上で、歩いたりうろつき回ったりぶらついたりするのにはあきたらず、場所や道を生じさせることでその［つまり、身体の］運動を変形するだろう」（強調原文）。チュミは次のように付け加えている。彼の建築において、「結果として新しい型の都市が生まれている。それは建物の塊や都市の軸からなる静的な組み立てに基づいているのではなく、一時的なものやつねに動いているものに関わる条件に基づいている」（*Event-Cities*, 193）。

(162) "Point de Folie,"sec. 6.

(163) Ibid., sec. 14.「非－構造化」dis-structuring についてのチュミ自身の言明としては、彼の著書 *Architecture and Disjunction*（Cambridge : MIT Press, 1994）と同様に、彼の論文"Parc de la Villette, Paris"in *AA Files*, no. 12（1986）: 175ff を見よ。*Event-Cities* でチュミは、「建築の内的な離接――空間と出来事の間の、建物とその使用の間の」（p. 279）という部分を強調している。

(164) "Anaximander's Saying,"trans. D. Krell and F. Capuzzi, in M. Heidegger, *Early Greek Thinking*（New York : Harper & Row, 1975）, 46–48を見よ。デリダはこの論文について、"*Ousia* and *Grammē*,"pp. 34–35, 66–67で註釈している。

(165) Bernard Tschumi,"Madness and the Combinative,"in *Précis V*（New York : Columbia University Press, 1984）; cited by Derrida in"Point de Folie,"sec. 14.「離接的な力」という言い回しは aphorism no. 40 in"Fifty-Two Aphorisms"に出てくる。「離接的な力を建築作品の内にもちこむことができるのは、次のような瞬間にのみである。何らかの秘密のあるいは否定された共働作用によって、はじまりと終わりの間の歴史、家の基礎を固める下部の土台と家の最上部の間の歴史、穴倉と屋根の間の歴史、ピラミッドの底部と頂点の間の歴史、つまり、たとえその次元がどのようなものであれ、こうした中断のない歴史における物語の秩序へと、この離接的な

力を統合することができるような瞬間にのみである」。バシュラールの分析によれば、家についての垂直的な力学において連続的で安堵を与えていたものが、ここでは非連続的でひとを脅かすものと化している。

(166) "Madness and the Combinative,"as cited in"Point de Folie,"sec. 14. さらに、デリダの次の言明も見よ。「空間化の解離の内に建築を維持している (maintaining) 赤い点－空間。しかし、このいま (maintenant) は単に過去と伝統を維持するだけではない。それは総合を確実なものにはしない。それは中断を、別の言葉で言えば、他者そのものとの関係を維持するのである」(ibid.; 強調原文)。

(167) "Point de Folie,"sec. 15. デリダは次のように付け加えている。「しかし、間で－断つもの＝中断するもの (インター・ラプター) は、他者との断絶と関係との両者をともに維持する。そして、それはそれ自体が、誘引と中断、干渉と差異の両者として、つまりは関係なき関係として構造化される」(ibid.; 強調原文)。

(168) 点のもつこれらの固有性については、"Point de Folie,"sec. 5 and 15を見よ。"*Ousia* and *Grammē*," における点についての論述としては、*Margins of Philosophy*, pp. 40ff を見よ。

(169) 「「脱構築的」かつ肯定的な建築の、基底のない根拠 (le sans-fond) は、めまいを引き起こすこともありうる。しかし、それは空虚 (le void) ではないし、そこだけぽっかりと穴の開いたような混沌とした残りものや、破壊による間隙でもない」("Fifty-Two Aphorisms,"no. 50)。

(170) モナド的なものとしてのアフォリズムについては、"Fifty-Two Aphorisms,"no. 24を見よ。「真正のアフォリズムは決して他のアフォリズムに言及してはならない。それは、世界であれモナドであれ、自分自身に対して言及するだけで十分である」。盲目性については、"Point de Folie," sec. 15を見よ。「この観点は何も見ない。それは狂気の内で生起するものに対しては盲目である」(強調原文)。

(171) "Point de Folie,"sec. 15.

(172) "A Letter to Peter Eisenman,"*assemblage*, no. 12 (1991): 11-12:「私は、脆さから廃墟へと目を転じる。私にとってそれは、足跡、痕跡、エクリチュールといったものの本質 (本質的なものではなく)、つまり脱構築の場所なき場所にふさわしい名であり姓である。そのような場所とは、脱構築が自分自身を記すところのことである」。アイゼンマン自身が場所 (トポス) の内部にある不合理な＝非場所的な (アトピック) 要素について語っている。「建築における「間」とは何か。もし建築が伝統的に所在化するものであるとすれば、「間に存在する」とは、何らかの場所と場所がない状態との間に存在するという意味である。建築が伝統的に「場所」に、つまり場所についてのある一つの観念に関わってきたとすれば、間に存在することは、「場所の不在」(アトポス)、つまり場所の内部にある不合理＝場所の欠如 (アトピア) を追究することである」(Peter Eisenman,"Blue Line Text,"*assemblage*, no.12 (1991): 150)。不合理な＝非場所的な要素――破砕する力――を場所へと導入するのがまさに点なのではないか。

(173) "Post / El Cards: A Reply to Jacques Derrida," in *assemblage*, no. 12 (1991): 17.

(174) 「身体の署名」は"Point de Folie,"sec. 10でデリダが用いている言い回しである。身体と建物の間の関係については、Kent C. Bloomer and Charles W. Moore, *Body, Memory, and Architecture* (New Haven: Yale University Press, 1977)、また、chap. 5, secs. 3-4, of *Getting Back into Place*,を見よ。

(175) Peter Eisenman, *Eisenmanamnesie*, 121; 強調引用者。

(176) 西洋建築の四つの不変項についての議論としては、Derrida, "Point de Folie,"sec. 8 を見よ。

(177) 次のインタヴューからの引用。"Jacques Derrida in Discussion with Christopher Norris," in *Deconstruction: Omnibus Volume*, p. 74.

(178) "Fifty-Two Aphorisms,"no. 29. ノリスとのインタヴューで、デリダは次のように言っている。「建築がつねに住まい――人間たちのための住まい、もしくは神々のための住まい――として、あるいは住まいの要素として、つまり、神々とひとびとが列席〔現前〕したり集まったり生活したり等々する場所として解釈されてきたという事実……［は］問いに付されうる価値［である］。」(*Deconstruction*, 74)

(179) "Fifty-Two Aphorisms,"no. 41.

(180) Tschumi, *Event-Cities*, 105.

(181) Ibid., 246–247. この設計について、チュミは次のように言っている。「われわれはまた、組み合わせれば「出来事」（イベント）を生産することになるような、きわめて特殊なあるいは「出来事に充ちた」〔イベントでいっぱいの〕さまざまな機能や活動をプログラムから抽出した。そこからわれわれは、イメージシアター、スカイラウンジ、ウェディングチャペル、アスレチッククラブ、ゲームセンター、高級食材売場、歴史博物館といったものの組み合わせという「舞台を設け」、それらをわれわれの発明した新たな複合的な建築要素に仕立て上げた。それがすなわち、プログラム上の換気装置あるいは「スカイフレーム」である」(ibid., 223)。

(182) ノリスとのインタヴュー、*Deconstruction*, 73. 建築における脱構築が起こるのは、「建築上の何らかの哲学や想定――たとえば、美学的なものや美の主導権、有用性や機能性の、生活し住まう営みの主導権――を君たちが脱構築してしまったときである。しかし、君たちはそのとき、これらのモチーフを作品の内部に再び刻み込むのでなければならない。君たちは、住まうことや機能性や美等々のもつあの価値を簡単に捨て去ることはできない（あるいは、そうすべきではない）」(ibid.；強調原文)。

(183) さまざまな対の中でもとくに内／外という対に対する脱構築的な見方としては、"Fifty-Two Aphorisms,"no. 49を見よ。さらに、私がこの二項を建築に付随するものとして論じている part 3 ("Built Places") of *Getting Back into Place*, , pp. 122–125も見られたい。アイゼンマンの作った有名な家のいくつかには、それらの内へと向かって建てられた切れ目がある。それは壁の内にある根源的な刻み目であり、この刻み目が家庭空間の居心地のいい連続性を破砕させ、居住者をだしぬけにこの空間から外へ、周囲の世界へと連れ出す。

(184) Tschumi, *Event-Cities*, 325ff., esp. p. 329を見よ。「横断プログラミング、つまり、いくつかの型のプログラムを、それぞれの空間的な布置が両立不可能であるのを度外視して組み合わせること」。その一例は、フランスの国立図書館のためのチュミの提案中で、フォーラム会場と陸上競技用トラックと閲覧室が組み合わせられている点に見出される。この図書館は「硬直した記念建築物ではありえない。そうではなく、出来事や運動へと変化しなければならない」(ibid.)。

(185) 建築における「企図＝投影」（プロジェクション）への批判としては、"Point de Folie,"sec. 8, and "Fifty-Two Aphorisms,"nos. 38, 39を見よ。

(186) "Fifty-Two Aphorisms,"no. 52. 建築における約束の役割については、1988年12月16日のイタリア・トレントでの講演、pp. 16–17を見よ。建築は、「自らを契約へと結びつけなければならない。この契約は約束でなければならない……仮に約束のいかなる構造もないとすれば、建築のこの「いま」はないだろう」。この講演の筆記録と"Philo-sophe Archi-tecte"とのコピーを私に見せてくれたことについて、ギヨーム・エールマンに感謝の意を表する。

(187) この語が「時代錯誤」（アナクロニー）と「無政府状態」（アナーキー）を念頭に置いて造られていることは疑う余地がない。この語はデリダによって、トレントでの講演中で論じられている。前掲筆記録 p. 15. さらに、"Point de Folie," sec. 9も見よ。そこでは、建築と無政府建築と超建築が簡単にまとめて比較されている。

(188) Tschumi, *Event-Cities*, 435.

(189) Philipe Sollers, *Nombres.* この詩は *Dissemination*, p. 321でデリダによってこのような活字組みで引用されている。

(190) Luce Irigaray, "Place, Interval : A Reading of Aristotle, *Physics* Ⅳ," in *An Ethics of Sexual Difference*, trans. C. Burke and G. C. Gill (Ithaca : Cornell University Press, 1993), 54〔リュス・イリガライ「場、間隔——アリストテレス講読『自然学』第4巻、第2～5章」『性的差異のエチカ』浜名優美訳、産業図書、1986年〕. 彼女は次のように付け加えている。「一方あるいは他方が自分の方が全体であると主張することなく、[二つの性が対にされているというのが実情ではないのか]。そして、彼の世界を閉じられた円環へと構築することなく。全体的とはどのようなことか。他者に対して閉じられていることである。そして、傷口を開く以外には外へと接近するすべはないと確信していることである。愛や美や世界の構築には一切参加せずに」(pp. 54-55)。傷つけることへの言及は、ティアマトを殺すことでのみバビロンを構築できるとマルドクが決めてかかっていたのを思い起こさせる。フロイトが(プラトンの『饗宴』を介して)アリストファネスを引き合いに出していることについては、彼の著作 *Beyond the Pleasure Principle* (*Standard Edition of the Complete Psychological Works* [1955], xxi : 57-58)〔ジークムント・フロイト「快感原則の彼岸」『フロイト著作集　6　自我論・不安本能論』井村恒郎／小此木啓吾ほか訳、人文書院、1970年〕を見よ。本節全体を通じて私が「ジェンダー」と「セックス〔性〕」を体系的に区別していないことを明らかにしておく必要があるだろう。これは、そのような区別の妥当性についてのイリガライの疑念を尊重してのことである——彼女の見解によれば、こうした区別は、自然(「セックス」)と文化(「ジェンダー」)の間の二分法を再び刻み込むものでしかなく、この二分法自体が問題を孕んでいる。彼女が関心をもつのは、性を特定された——「性化された」あるいは「性的にされた」と呼べるかもしれないが——身体的な振る舞いや実践なのである(私にこの分類を教えてくれたのはエリザベス・グロースである。彼女は本節に関して他にもいくつもの貴重な示唆を与えてくれた)。セックスとジェンダーの両者が文化的に規定されている——言説の効果として、パフォーマンスの様式として、あるいは一貫した歴史的な生成過程における段階として——と主張するひとびとは、まったく別のアプローチを支持している。これら三つの解釈モデルのうち第一のものとしては、Michel Foucault, *The History of Sexuality*, trans. R. Hurley (New York : Vintage, 1980), I : 154ff.〔ミシェル・フーコー『性の歴史Ⅰ——知への意志』渡辺守章訳、1986年、『性の歴史Ⅱ——快楽の活用』田村俶訳、1986年、『性の歴史Ⅲ——自己への配慮』田村俶訳、1987年、新潮社〕を、第二のものとしては、Judith Butler, *Gender Trouble : Feminism and the Subversion of Identity* (New York : Routledge, 1990), esp. pp. 24-25, 33, 115, 134-141〔『ジェンダー・トラブル——フェミニズムとアイデンティティの攪乱』竹村和子訳、青土社、1999年〕を、第三のものとしては、Ivan Illich, *Gender* (New York : Pantheon, 1982), 14〔イヴァン・イリイチ『ジェンダー——女と男の世界』玉野井芳郎訳、岩波書店、1984年〕を見よ。イリイチの上書によれば、「ジェンダーとセックスは、ある一つの両極性を指し示すための理念的な限界概念である。ここで言う両極性とは、「ジェンダー化する」システムから、「セックス化する」システムへの、産業上での社会変容のことである……セックスとジェンダーの両者はともに、生殖器官を社会的な実在へと転換させる」(強調原文)。イリイチはまた、pp. 105-126, esp. p. 123で「空間／時間とジェンダー」の間の関係について論じている。「ヴァナキュラーな空間[つまり、局所的な中間＝環境の寄せ集め]は、風景や家を形造ったり、それらをはるかに超えたところに到達するだけではなく、身体そのものにまで拡張するが、このことは女性に対しては、男性とまったく異なる仕方で行われる」。

(191) バシュラールの哀歌については、*The Poetics of Reverie*, chap. 2, "Reveries on Reverie ('Animus'—'Anima')"〔「第２章　夢想についての夢想〈アニムス〉—〈アニマ〉」〕を見よ。バシュラールはアニマに特有の夢想に話題を集中しており、それと比較してアニムスの主題を論じることは未来の作品——彼がそれを書くまで生き長らえることはなかったが——の課題として残している。ユングにおけるアニマについては、*Anima : An Anatomy of a Personified Notion*, ed. James Hillman (Dallas : Spring, 1985), passim を見よ。「女性への生成変化」についてのドゥルーズとガタリの議論としては、*A Thousand Plateaus*, pp. 275ff. and p.352を見よ。後者の箇所で著者たちは、女性への生成変化を「戦争機械」になぞらえている——そうして、インスピレーションという点で独断的に男性中心主義的なマルドクの戦争モデルに対して反撃し、形勢を逆転している。

(192) 全文は以下の通り。「流動性は根本的な条件であり、[われわれの] 必要に応じて諸々の物体への分割が——それに対する何の妨げもなければ——行われる」(Leibniz, *New Essays on Human Understanding*, ed. P. Remnant and J. Bennett [Cambridge, Cambridge University Press, 1981], bk. 2, chap. 13, p. 151)〔『ライプニッツ著作集　第４巻　認識論——人間知性新論（上）』谷川多佳子／福島清紀／岡部英男訳、工作舎、1993年〕。

(193) "Place Interval," 52. さらに、この一節を初期作品からの次の一節とも比較せよ。享受とは、「あらゆる仕方での展開がその内に刻み込まれうる無際限な奔流」である（*Speculum of the Other Woman*, 229）。子を産む身体－場所に対する価値付与と、オルガズムのための場所としてのその価値の引き下げについては、"Place, Interval," 52–53を見よ。イリイチは胎児形成の場所としての女性の身体を擁護しようとしている。「男性と女性の双方が、その動きの一つ一つを通してくつろいだ状態になる……しかし、ただ女性からのみ身体をもつ生命が世界へと生まれ出る」(*Gender*, 122)。

(194) "Place, Interval," 52. 場所によって含意される無限後退については、pp. 34–35を見よ。アルキュタスが次のように言ったという記録が残されている。「他の事物が場所の内に存在するのに対して、場所が無の内に存在するというのは、場所に特有のことである。というのは、もし仮に場所が何らかの場所の内に存在するとすれば、この場所もまた再び別の場所の内に存在し、同じことが以下無限に続くからである。まさにこの理由で、他の事物は場所の内に存在しても、場所は無の内に存在するのが必然なのである」(As cited by Simplicius from *In Aristotelis categorias commentarium* and translated in S. Sambursky, *The Concept of Place in Late Neoplatonism*, p. 37)。

(195) "Place, Interval," 52 ; 強調原文。フランス語は、"un *sans lieu* féminim."

(196) Ibid., 35 ; 強調原文。

(197) Ibid.

(198) Ibid., 34. イリガライは、「〈神〉の内なる無限性の探索」が、「無限にまで至る、女性の内なる母の探索」と緊密に関係づけられており、二つの探索が「絶え間なく交差する」と提唱する。これについては、p. 35を見よ。場所と欲望に関わる限りでの移行あるいは「間隔」という主題は、"Sexual Difference,"pp. 8–10〔「性的差異」、前掲書『性的差異のエチカ』所収〕で取り上げられている。

(199) *Speculum of the Other Woman*, 227.

(200) "Place, Interval," 35.

(201) 「彼女には何も欠けていてはならない——身体も、——内の広がりも、——外の広がりも。さもなければ、彼女はまっさかさまに窮地に陥り、しかも他者までもその巻き添えにしてしまうだろう（*elle s'abîme et abîme l'autre*）」("Place, Interval," 35)。プラトンの空間（コーラ）との

関係におけるイリガライについての炯眼な論考としては、Elizabeth Grosz,"Woman, Chora, Dwelling"（forthcoming）を見よ。この論考では、「男性の自己表象と文化的生産のための条件としての、有無を言わさず終わりのない、女性性の隠喩化」として空間を用いることの危険性が、とくにプラトンとデリダを引き合いに出して指摘されている。

(202) "Place, Interval,"p. 48. 性交において性的欲望が行動に移される際に、女性はこうして「場所の内にある場所によって再−包含される」(p. 53)。

(203) *Physics* 220a27（Hardie and Gaye translation）〔『アリストテレス全集　3　自然学』出隆／岩崎允胤訳、岩波書店、1968年〕. アリストテレスはこの公理を、時間に関わる「もはやない」と「まだない」に適用しようと意図している。しかし場所の場合には、関与に関わる対は、差異のないものに仕立てられた独立な二つの項によって構成されるわけではない。"Place, Interval"でイリガライは次のように問う。「場所の二つの原動力、場所の二つの原因［があるのか］。そして、それらが一つになるということ。二つの脈動とそれらの変容。一方の、他方の、またそれらの相互規定。少なくとも二つ。それから無限へと至るのか」(pp. 40–41；強調引用者)。

(204) 女性の有性性に本質的な、一より多いという主題については、"This Sex Which Is Not One," trans. C. Reeder, in *New French Feminisms*, ed. E. Marks and I. Courtivron（New York : Schocken, 1981), 99–106, esp. p. 103〔リュース・イリガライ「ひとつではない女の性」『ひとつではない女の性』棚沢直子／小野ゆり子／中嶋公子訳、勁草書房、1987年〕を見よ。「女性は実にどこにでも性器をもつ……［女性が欲望するのは］この一つのもの——たとえば、性の一方——よりつねに多い他のものである」(強調原文)。自己関与の欠如は二性の欠如の結果として生じる。このことを裏付けるのが、人間の肉（la chair）が「可逆的」である、つまり、他の事物に触れているときでさえ自分自身に触れているようなものであるという、メルロ＝ポンティの見解である（Merleau-Ponty, *The Visible and the Invisible*, 133–138を見よ)。"Place, Interval"と同じ連続講義中で行われたイリガライの講義には、これらのページを含む章について論じたものがある。"The Invisible of the Flesh : A Reading of *The Visible and the Invisible*, 'The Intertwining—the Chiasm,'" in *An Ethics of Sexual Difference*, pp. 151–184〔「肉の見えざるもの——メルロ＝ポンティ講読『見えるものと見えざるもの』」「絡み合い——交叉配列」、前掲書『性的差異のエチカ』所収〕を見よ。

(205)「別の空間を創造すること——あらゆる枠組みの外で——。開いた状態が開く作用」(*Elemental Passions*, trans. J. Collie and J. Still [New York : Routledge, 1992], 59)〔リュス・イリガライ『基本的情念』西川直子訳、日本エディタースクール出版部、1989年〕。

(206) "Place, Interval," 51. イリガライは次のように付け加えている。「諸々の境界の間には二つの接触があり、これらは同じものではない。その二つの接触とは、一方の身体の敷居での接触と、包含された他方の身体の接触である。さらに、子供の身体の内的な接触というものもある」(ibid.)。

(207) "The Envelope : A Reading of Spinoza, *Ethics*, 'Of God,'" in *An Ethics of Sexual Difference*, 85〔「包むもの——スピノザ講読『エチカ』——第一部「神について」」、前掲書『性的差異のエチカ』所収〕；強調引用者。

(208)「男性＝人間を規定する〈神〉を、男性＝人間が定義する」("The Envelope," 88)。

(209)「多孔空間」——条里空間と遊牧空間のどちらでもない重要な代替案として提示されたものの、著者たちによっては十分に探究されていない——については、Deleuze and Guattari, *A Thousand Plateaus,* pp. 413–415を見よ。

(210) Aristotle, *Physics* 212a19–20；Hussey translation.

(211) メルロ＝ポンティは次のように書いている。「肉＝次の事実。すなわち、私がそれであるところの見えるものが見るもの（眼差し）である、あるいは、結局は同じことになるが、それが内部をもつという事実、それに加えて、外的な見えるものが見られもするという事実、つまり、それが私の身体の囲いの内にその延長部をもち、私の身体がこの見えるものの存在の一部であるという事実」（*The Visible and the Invisible*, working note of December 1960, p. 271；強調原文）。イリガライならばおそらく、こうした事態は触れることができるという可能性が具体的な形をとって表れる状況でもあると主張するだろう——しかし、メルロ＝ポンティ自身もそうするだろう。これについては、The working note of May 1960, p. 254 of *The Visible and the Invisible* を見よ。

(212) 唇のもつ特別な特徴についてのこれ以上の議論としては、イリガライの“When Our Lips Speak Together,” in *This Sex Which Is Not One*, trans. C. Porter（Ithana : Cornell University Press, 1985）〔「私たちの唇が語りあうとき」、前掲書『ひとつではない女の性』所収〕を見よ。口唇は一致対称物であるが、陰唇は不一致対称物である——だから、それらには（口にある唇とは違って）「右」と「左」を指し示すことができる。「器官なき身体」の観念——この観念は、それと緊密な関係にある「欲望する機械」という身体の観念をほのめかしている——がドゥルーズ＝ガタリによって最初に展開されるのは、*Anti-Oedipus*, trans. R. Hurley, M. Seem, and H. R. Lane（Minneapolis : University of Minnesota Press, 1983）, chaps. 1，2，5〔ジル・ドゥルーズ／フェリックス・ガタリ『アンチ・オイディプス——資本主義と分裂症』市倉宏祐訳、河出書房新社、1986年〕においてである。この主題は *A Thousand Plateaus*, pp. 149-166, 256でも再び取り上げられている。

(213) イリガライは、「場所は事物の内に存在し、かつ、事物は場所の内に存在する」という趣旨でアリストテレスを注解する（“Place, Interval,” 40）。第1節は、もし場所が事物の内に存在するとすれば、場所が場所の内に存在することになってしまうというアリストテレスの危惧を反映している。イリガライ自身の立場はアリストテレスのこの難問を変形したものであり、それは次のように表現されうる。すなわち、場所は性化された身体の内に存在し、また（そのようにして）、そうした身体は場所の内に存在する。彼女はさらに次のように註釈する。「場所は運動の内部と外部に存在し、運動を伴う」（この箇所は原文では強調）。場所と身体の間の関係についてのなおいっそう一般的な説明——ただ、それはジェンダーを考慮に入れようという試みではないが——としては、自著 *Getting back into Place*, chap. 4, esp. pp. 104-105を見よ。

(214) 「女性的なものはどのようにでもなれる純粋な「質料」のように見える。静止したままでいることのない純粋な受容者。だとすれば、それは一つの場所でさえないのか。ひとを脅かす原初的な混沌につねに属するもの」（“The Envelope,” 90）。この主張は少なくとも部分的には皮肉である。というのも、女性はただひたすら質料あるいは純粋な受容者であればあるほど、よりいっそう単に混沌としたものになってしまう——場所でさえなくなる——からである。しかし、イリガライが肯定し続けるように、女性は場所である。

(215) *Elemental Passions*, 17.

(216) “Place, Interval,” 39.

(217) 「私が男性の場所の内に存在することは決してないだろうし、男性が私の場所の内に存在することは決してないだろう。いかなる同一化が可能であるにしても、一方が他方の場所をそのまま占めることは決してないだろう——〔男性と女性の〕双方はお互いに還元不可能なのである」（“Sexual Difference,” in *Elemental Passions*, 13）。

(218) “Place, Interval,” 強調引用者。

(219) 「子宮のような母の身体の輪郭は、揺るぎなさに対するあなたの欲求に基づいている。岩のよ

うに揺ぎない家庭に対する」(*Elemental Passions*, 80)。

(220) "Place, Interval," 39.

(221) 事物としての女性について、イリガライは次のように言っている。「もし伝統的に、しかも母として、女性が男性にとって場所を表象しているとすれば、そのような限界は、女性が事物になることを意味する」("Sexual Difference," 10; 強調原文)。この最後の段落における思考の路線は、同僚のマリー・C.ローリンソンとの対話によって得られたものである。

(222) "Sexual Difference," 10–11; 強調原文。

(223) 二つの文はともに"Love of the Other," in *An Ethics of Sexual Difference*, 142〔「他者への愛」、前掲書『性的差異のエチカ』所収〕からの引用。強調引用者。イリガライは次のように付け加えている。「最初にして最後の住まいに対する彼のノスタルジーは、彼が他者と出会い他者とともに生きることを妨げる。ノスタルジーは倫理的な世界への敷居を塞いでしまう」(ibid.)。ノスタルジーと場所の間の関係については、私の論文"The World of Nostalgia," *Man and World* 20 (1987): 361–384を見られたい。

(224) "Love of the Other," 143〔「他者への愛」、前掲『性的差異のエチカ』所収〕.

(225) "Place, Interval," 40.

(226) "The Envelope," 93.「概念把握=受胎」と「知覚」が、男性と女性が「共通に」もつものだという提案は p. 93に出てくる。そこではこれらの二つの語はそれぞれ、「受け身になること」と「能動的であること」として解釈されている。

(227) "Place, Interval," 54.「一方と他方の間には、運動の内での相互の包み合いがあるべきである。というのは、一方も他方も一つの全体の内部で動き回るからである」。「それぞれが相手に必然性と自由を与えること」については、"The Envelope," 93を見よ。

(228) "Place, Interval,"40. 相互の場所設定が可能となる以前に、ひとは自分自身の場所を見出し知っているのでなければならない。というのは、そのような場所設定は、「私たちのそれぞれが、彼あるいは彼女の原因を再び見出すために自分の場所に回帰し、それから他の場所へ、他者の場所へと向かって回帰するのでなければ」(ibid.)、生起しえないからである。

(229) "The Envelope," 93.

(230) 原因としての女性の身体、もっと言えば、自己原因という位置にある女性の身体については、"The Envelope,"pp. 84–85, 92–93を見よ。

(231) したがって、ジュディス・バトラーが論評しているように、イリガライにとって、「倫理的な関係は、相互性や尊重についての因襲的な概念の布置を問い直すような、親しさや近さや内密さの関係に基づくべきである。相互性についての伝統的な捉え方は、そうした内密さの関係を、暴力的な消去や代用可能性や専有〔性起〕を特徴とする関係へとすりかえる」(Judith Butler, *Bodies that Matter*, 46)。イリガライにおける質料性についての——とりわけプラトンの空間(コーラ)に関するイリガライの論述についての——バトラーの議論はとくに興味深い。ibid., pp. 36–55を見られたい。

(232) "The Envelope," 93.

(233) Ibid., 83. 強調原文。場所としての〈神〉についての異なる仕方での論述としては、自著 *Getting Back into Place*, pp. 17–18を見られたい。

(234) "Place, Interval," 53.

(235) Ibid.

(236) Ibid. フランス語のテクストは次のような文面になっている。"Ce lieu, production de l'intimité, est en quelque sorte une transmutation de la terre en ciel, ici maintenant." 錬金術は女性の霊性との関わりで二度引き合いに出されている。p. 53, and p. 54.

(237) Ibid., p. 50. 母胎と無限なものの方へと向かう二重の傾向については、pp. 50–51にも記述がある。

(238) Ibid., p. 51.

(239) われわれは以前にも、〈神〉が物理的な存在者だという観念——それはスピノザにおいて最も顕著な形をとるのだが——を目にしたことがある。生成変化する現実的な存在者としての〈神〉という観念は、ホワイトヘッドによって、*Process and Reality*, ed. D. R. Griffin and D. W. Sherburne（New York : Macmillan, 1978), esp. pt. 5, chap. 2, "God and the World"〔『ホワイトヘッド著作集　第11巻　過程と実在（下）』第５部第２章「神と世界」、山本誠作訳、松籟社、1985年〕で展開されている。

(240) "The Envelope," 84.

(241) "Place, Interval," 55.

(242) Ibid. ; 強調引用者。「場所を作り出す」は fait lieu の訳である。この言い回しは、先に第五節で論じた、デリダの好む「場所を与える」（donne lieu）という言い回しと比較されるべきである。

(243)「創造の追究」は次のような状況と対比される。「一方と他方が、そうすることで全体（le tout）を手に入れることができると信じて相手の場所を破壊する。しかし、両方とも幻想上の全体しか所有したり構築したりしておらず、双方の間の出会いや（誘引の）間隔を破壊する。世界は、性行為による接合というその本質的な象徴において破壊されるのである。世界は裂け目へと向けて開かれ、産出を、また創造の追究を迎え入れるためにわずかに開いた（entrouvert）ままではいられなくなる」("Place, Interval," 54 ; 翻訳は若干変えてある)。

終論

(1) プラトンの空間（chōra）がもつフェミニズム的な含意——デリダはこのような含意があることを否定し、イリガライは、往々にして遠回しにではあるが、肯定した——をめぐる炯眼な議論としては、Ann Bergren, "Architecture Gender Philosophy," in *Strategies in Architectural Thinking*, ed. J. Whiteman, J. Kipnis, and R. Burdett（Cambridge : MIT Press, 1992), 8–47を見よ。

(2) Aristotle, *Physics* 209a25–26 ; Hussey translation.〔『アリストテレス全集　第３巻　自然学』出隆／岩崎允胤訳、岩波書店、1968年〕

(3) より完全な言明は次の通りである。「もし男と女がどちらも身体と思惟であるとすれば、彼らはお互いに……ますます大きな包むもの、ますます広大な地平を、しかも、とりわけ、質的にはますます必然的でますます異なる包むものを与え合う。しかし、そのような包むものは、つねにはみ出している（débordées）」("The Envelope," in *An Ethics of Sexual Difference*, trans. C. Burke and G. C. Gill [Ithaca : Cornell University Press, 1993], 86〔リュス・イリガライ『性的差異のエチカ』浜名優美訳、産業図書、1986年〕; 強調原文)。同時に、イリガライは、男と女はまた、「有限性も、限界も、そして包むものを展開することで神的なものへ近づく可能性も、お互いに与え合う」(ibid.) と注意している。

(4) この *A Thousand Plateaus*, trans. B. Massumi（Minneapolis : University of Minnesota Press, 1987), 382〔ドゥルーズ＝ガタリ『千のプラトー　資本主義と分裂症』宇野邦一ほか訳、河出書房新社、1994年〕におけるドゥルーズとガタリの撞着語法的な言葉は、ライプニッツがその「「場所」は個別的であるか普遍的であるかのどちらかです。それが個別的であるのはこの物体

とかあの物体との関係で考えられるときであり、普遍的なものはあらゆるものに関係づけられていて、それとの関係で、何であれあらゆる物体のすべての変化が考慮に入れられます」（*New Essays on Human Understanding*, ed. P. Remnant and J. Bennett [Cambridge: Cambridge University Press, 1981], bk. 2, chap. 13, p. 149〔『ライプニッツ著作集　第4巻　認識論』谷川多佳子ほか訳、工作舎、1993年〕; 強調原文）という主張において予想している。明らかに、根本的な合理主義的見解では、場所は同時に個別的でもあれば普遍的でもある。このことは、ライプニッツの「もし普遍宇宙に固定されたものが何一つとして存在しなかったとしても、各々の事物の場所はそれでもやはり推論によって規定されるでしょう」(ibid.) という補足的な論評で明らかにされている通りである。

(5) Irigaray, "Place, Interval," in *An Ethics of Sexual Difference*, 41. お気づきかもしれないが、アイゼンマンの建築は往々にして、軸線がそれ自身の周りに巻きつくことによるらせん状のねじれに依存しており、このねじれは、身体の左右対称のゆがみの建築上の類似物と見なすことができるような、視覚上のよじれを作り出す。

(6) デリダの思想における出来事の重要性に関する最もはっきりした言明の一つは、ある最近のインタヴューに見出される。すなわち、「[出来事は] われわれがあえて取り除こうとも否定しようともしない（あるいは、単純に、あえて否定しようとしない）突発事がもつさまざまな側面の名前です。それは経験のもう一つの名前ですが、ここで言う経験とはつねに他者の経験のことです。出来事とは、何であれ他の概念に組み込まれることを、存在の概念に組み込まれることでさえ、自らに許さないものなのです」("The Deconstruction of Actuality: An Interview with Jacques Derrida," in *Radical Philosophy* (Autumn 1994): 32〔ジャック・デリダ「アクチュアリティの脱構築」港道隆訳、『現代思想』1994年8月～10月号、青土社〕)。注意すべきことは、出来事を「祭りを延期する」ものとしての「ある」(il y a) と見なすことにイリガライが批判的であるという点である (*An Ethics of Sexual Difference*, 14)。

(7) イリガライは、現実の社会生活のまさに中心に見出される性的差異に対する態度に、根本的な変化を引き起こそうとしている。これに対して、男性であるフーコーは、たいていの場合、社会の周辺部に存在する混在郷の価値を維持する。はたしてこれは偶然のことであろうか。

(8) "Place, Interval," 49.

(9) Ibid., 50.

(10) Alfred North Whitehead, *Science and the Modern World* (Cambridge: Cambridge University Press, 1926), 93.〔『ホワイトヘッド著作集　第6巻　科学と近代世界』上田泰治／村田至孝訳、松籟社、1981年〕

(11) Ibid.

(12) Irigaray, *Elemental Passions*, trans. J. Collie and J. Still (New York: Routledge, 1992), 59.〔リュス・イリガライ『基本的情念』西川直子訳、日本エディタースクール出版部、1989年〕。彼女はこれに、「もし空間性がわれわれの身体によって生み出されるとすれば、土地は荒廃したままではありえない」(ibid.) と付け加えている。このことは、ホワイトヘッドもそうしたように、場所がもつ包括的な力の基礎は身体に見出されるはずだ、と示唆している。

(13)「身軽なハトは、自由な飛行で空気を切り開き、その抵抗を感じて、その飛行は空っぽの空間の中ではもっと容易だっただろう、と想像しているかもしれない」(Immanuel Kant, *The Critique of Pure Reason*, trans. N. K. Smith [New York: Humanities Press, 1965], 47〔『カント全集　第4巻　純粋理性批判（上）』有福孝岳訳、岩波書店、2001年〕)。バシュラールはその法外な著作、*L'air et les songes* (Paris: Corti, 1943)〔バシュラール『空と夢』宇佐見英治訳、法政大学出版局、1975年〕において、開かれた空間における自由な運動というこの想像を探究し

た。

(14) Ludwig Binswanger, "Freud's Conception of Man in the Light of Anthropology," in *Being-in-the-World*, trans. J. Needleman (New York : Basic Books, 1963), 178で引用された。これに類似した思考法については、Nietzsche, *The Gay Science*, trans. W. Kaufmann (New York : Vintage, 1974), secs. 124–125〔『ニーチェ全集　8　喜ばしき知識』信太正三訳、ちくま学芸文庫、1993年〕も見よ（後者の参考文献については、ロバート・グッディング゠ウィリアムズのご教示を得た）。

(15) しかしながら、フッサールが論じているように、宇宙船に乗って大気圏外を通過することは、具体的な場所付与を逃れることではない。それはただ、故郷〔家－場所〕(Heimatstätte) を宇宙空間そのものに運んで、場所を他の場所に移転する〔再局所化する〕ことでしかない。その旅の間中、地球は「原－家」(Urheimat) であり続ける。フッサールの断片、"Foundational Investigations of the Phenomenological Origin of the Spatiality of Nature," trans. F. Kersten, in P. McCormick and F. Elliston, eds., *Husserl : Shorter Works* (Notre Dame : University of Notre Dame Press, 1981), 228ff〔フッサール「自然の空間性の現象学的起源に関する基礎研究—コペルニクス説の転覆」新田義弘／村田純一訳、『講座　現象学　3　現象学と現代思想』弘文堂、1980年〕を見よ。

(16) Jean-François Lyotard, *The Postmodern Condition : A Report on Knowledge*, trans. G. Bennington and B. Massumi (Minneapolis : University of Minnesota Press, 1985), 35, 66〔ジャン・フランソワ・リオタール『ポストモダンの条件』小林康夫訳、水声社、1991年〕; Wallace Stegner, "Sense of Place," in W. Stegner, *Where the Bluebird Sings to the Lemonade Springs : Living and Writing in the West* (New York : Penguin, 1992), 199–206を見よ。

(17) Jean-Luc Nancy, *The Inoperative Community*, trans. P. Connor (Minneapolis : University of Minnesota Press, 1991), 146〔ジャン゠リュック・ナンシー『神的な様々の場』大西雅一郎訳、松籟社、2001年〕; 強調引用者。

(18) Ibid., 146.

(19) ハイデガーの「「上」とは「天井に」あるものであり、「下」とは「床に」あるものであり、「後」とは「扉の傍らに」あるもののことである」(*Being and Time,* trans. J. Macquarrie and E. Robinson [New York : Harper & Row, 1962], 136〔『ハイデッガー全集　第２巻　有と時』辻村公一訳、創文社、1997年〕) という見解のことを想起せよ。

(20) メルロ゠ポンティの *Phenomenology of Perception*, 254–267〔モーリス・メルロ゠ポンティ『知覚の現象学２』竹内芳郎ほか訳、みすず書房、1974年〕における、奥行きをめぐる身体と場所という観点からの注目すべき再解釈を念頭に置いている。

(21) *Being and Time*, 137.

(22) *A Thousand Plateaus,* 493. 著者たちはこれに付け加えて、「ひとは事物から離れることはできるが、制作中の絵から離れるのはまずい画家である。あるいは、「事物」から離れるのはまずい画家だとも言える。セザンヌは、麦畑をもはや見ないこと、平滑空間での目印を失って迷ってしまうほどまでに麦畑に近づくことが必要だ、と語っていた」(ibid. ; 強調原文) と述べている。デ・クーニングは同様に、1960年代後半から1970年代初頭にかけての彼の絵画は、彼が東ロングアイランド周辺の風景を車で急いで通り抜けたときにかいま見た、その風景のクローズアップでの一瞥をもとにして描かれたものだ、と述べたことがある。「[私に] 霊感を与えているのはこの一瞥である」(Willem De Kooning, *Sketchbook I : Three Americans* [New York : New York Times, 1979], 6)。デ・クーニングの経験においては速度中心主義と場所中心主義が一つに収斂していることに注意せよ！

(23) *The Inoperative Community*, 148. 同じ頁では、「神殿と砂漠の経験については、残っているのは空っぽの神殿群を前にしての欠乏状態だけである」と言われている。

(24) Ibid. 149.「外への空間化（spacing out）」という言葉にハイフンを加えた。

(25) Ibid., 150.

(26)「これらの場所は、あらゆるところに拡がって、新たな空間を譲り渡し、それらを方向づける。それらはもはや神殿ではなく、むしろ神殿そのものを開き、外へ－空間化することであり、今後は留保もなければもはや神聖な囲いもない、転－移〔脱－局所化〕である」(ibid., 150)。

(27) Ibid., 148. 「空間はいたるところで開かれており、神の神秘や壮麗さを受容するような場所などない」。

(28) Ibid., 148.「われわれには、この空間の限界なき開放性を見ることが許されているし、われわれの時代には、われわれがいかに［不在の神の］この明け開きつつある素顔に委ねられているかを——最も透徹した学よりも鋭く、どの意識よりも輝かしい知識でもって——知る責任がある」。

訳者紹介

江川隆男（えがわ　たかお）

1958年生まれ。東京都立大学人文科学研究科博士課程単位取得退学。博士（文学）。哲学専攻。現在、首都大学東京都市教養学部人文社会系研究員。著書に『存在と差異——ドゥルーズの超越論的経験論』（知泉書館、2003年）、『死の哲学』（河出書房新社、2005年）、論文に「分裂的総合について」（『思想』第997号、2007年、岩波書店）、訳書にエミール・ブレイエ『初期ストア哲学における非物体的なものの理論』（月曜社、2006年）など。

堂囿俊彦（どうぞの　としひこ）

1974年生まれ。東京都立大学（現首都大学東京）大学院博士課程単位取得。哲学・倫理学専攻。現在、東京大学大学院医学系研究科特任講師。著書に『入門・医療倫理Ⅰ』（共著、勁草書房、2005年）、『入門・医療倫理Ⅱ』（共著、勁草書房、2007年）、論文に「カントの因果律理論」（『哲学誌』第43号、東京都立大学哲学会、2001年）、「ヒト胚と人間の尊厳」（『生存科学 B』第15号、生存科学研究所、2005年）など。

大﨑晴美（おおさき　はるみ）

1966年生まれ。一橋大学大学院言語社会研究科博士号取得。哲学専攻。論文に「ドゥルーズの哲学における主体の死と再生」（『哲学』第49号、1998年、日本哲学会）、「法の閾——ドゥルーズによるバートルビー」（『現代思想』2001年12月号、青土社）、“Killing Oneself, Killing the Father : On Deleuze’s Suicide in Comparison with Blanchot’s Notion of Death”, *Literature and Theology*, vol. 22, No. 1 , March 2008, Oxford University Press. など。

宮川弘美（みやがわ　ひろみ）

1963年生まれ。東京都立大学人文科学研究科博士課程単位取得退学。哲学専攻。論文に「集合と性質——ツェルメロによる公理的集合論に対するワイルの批判」（『哲学誌』第44号、2002年、東京都立大学哲学会）など。

井原健一郎（いはら　けんいちろう）

1967年生まれ。東京都立大学大学院博士課程単位取得。哲学専攻。現在、首都大学東京都市教養学部人文社会系助教。論文に「つねに欺かれることはいかにして可能か——デカルトにおける永遠真理の創造と形而上学的懐疑」（『哲学』第55号、2004年、日本哲学会）、「方法的懐疑における想像力の問題」（『倫理学年報』第56号、2007年、日本倫理学会）、訳書にガリー・ガッティング『一冊でわかるフーコー』（岩波書店、2007年）など。

著者紹介

エドワード・ケーシー（Edward S. Casey）

1939年生まれ。アメリカの哲学者。1967年にノースウェスタン大学で博士号を取得。カリフォルニア大学やエール大学で教鞭をとる。現在、ニューヨーク州立大学ストーニー・ブルック校教授。主な著作に、*Remembering : A Phenomenological Study*（1987），*Spirit and Soul : Essays in Philosophical Psychology*（1991），*Getting Back into Place*（1993），*Representing Place : Landscaping and Maps*（2002），*Earth-Mapping : Artists Reshaping Landscaping*（2005），*The World at a Glance*（2007）など。英訳書にミケル・デュフレンヌ『美的経験の現象学』（1953年）などがある。

新曜社

場所の運命
哲学における隠された歴史

初版第1刷発行　2008年7月31日ⓒ

著　者　エドワード・ケーシー
訳　者　江川隆男・堂囿俊彦・大﨑晴美・
　　　　宮川弘美・井原健一郎
発行者　塩浦　暲
発行所　株式会社　新曜社
　　　　〒101-0051　東京都千代田区神田神保町2-10
　　　　電　話(03)3264-4973・ＦＡＸ(03)3239-2958
　　　　e-mail　info@shin-yo-sha.co.jp
　　　　URL　http : //www.shin-yo-sha.co.jp/

印刷　亜細亜印刷　　Printed in Japan
製本　イマヰ製本所
ISBN978-4-7885-1118-7　C1010